我与石外的故事

“爱教育 爱学校 爱学生”文集

（上册）

强新志　主编

河北大学出版社
·保定·

我与石外的故事——“爱教育 爱学校 爱学生”文集

WO YU SHIWAI DE GUSHI
AI JIAOYU AI XUEXIAO AI XUESHENG WENJI

出 版 人：刘相美
选题策划：杨显硕
责任编辑：张梦雪
装帧设计：杨艳霞
责任校对：苏安邦
责任印制：常 凯

图书在版编目（CIP）数据

我与石外的故事 ：“爱教育 爱学校 爱学生”文集 / 强新志主编 . -- 保定 ：河北大学出版社，2024. 10. -- ISBN 978-7-5666-2480-2

Ⅰ . G40-03

中国国家版本馆 CIP 数据核字第 2024DP9953 号

出版发行：河北大学出版社
地址：河北省保定市七一东路 2666 号 邮编：071000
电话：0312-5073019 0312-5073029
邮箱：hbdxcbs818@163.com 网址：www.hbdxcbs.com
印 刷：保定市北方胶印有限公司
幅面尺寸：185 mm × 260 mm
印 张：50.75
字 数：930 千字
版 次：2024 年 10 月第 1 版
印 次：2024 年 10 月第 1 次印刷
书 号：ISBN 978-7-5666-2480-2
定 价：298.00 元（上、下册）

如发现印装质量问题，影响阅读，请与本社联系。
电话：0312-5073023

编　委　会

目　　录

高中部

初中部

公共资源部

高中部

GAOZHONG BU

我心于业、不负韶华

高中部　马采青

尊敬的领导、老师们：

教育是我多年以来全心投入的行业，它不仅是我的事业所在，更是我的热忱所在。“心系教育，乐在课堂”真实地反映了我作为教师的体验，不仅是我坚守的教学理念，也是我个人成长的根基与推动力。

一、心在哪里，脚下的路就在哪里

在多年的教学实践中，我吸收了众多教育理念，体验了多种教材体系，并尝试了诸多教学方法，成功培养了一届又一届学生。在这个过程中，我洞察教育现象背后的相似与不同。基于这些观察，我构建了自己的三个教学体系：特色教学体系、能力提升体系和班级育人体系。

经过多年的探索研究和教学实践，并根据学校外语教学的特色，我对人教版教材进行了创新性的整合。在这一过程中，我不仅将人教版教材的必修课程和选择性必修内容进行了系统化处理，还对相同主题的文本进行了层次化区分，构建了一个包含学生展示、主题引导、项目展示、活动学习和适时评价的综合单元教学模式。这一教学体系的建立，不仅让我在课堂教学中能够灵活地选择和整合教学素材，高质量地完成单元和不同课型的教学设计，还能够激发学生参与课堂活动的积极性，在语言实践中将知识内化，并在评价过程中不断提升语言运用能力。在石家庄市举办的各级各类培训和讲座中，我多次应邀就“单元教学”主题进行演讲，与同行分享我的教学心得和经验。通过交流，不仅优化了我的教学理念，拓宽了我的教学视野，还进一步完善了我的教学方案。

在三十年的教学生涯中，石外的外语教学特色和保送课堂实践为我提供了持续探索的广阔空间。因此，我构建了第二个教学体系——能力提升体系。这个体系融合了高考课堂与保送课堂、高考文本与保送文本，以及高考命题与英语四级、六级的选拔机制。我从文本的题材、体裁以及命题特点入手，深入思考了如何将人教版教材与辅助教材有效结合，并在日常教学中实现了人教版教材与保送培养的无缝对接，确保了教学的高效实施。能力提升体系的建立，为我的特色课堂注入了新的活力，使我们能够不断创造教学上的辉煌成就。

作为班主任，如何将育人理念与教育管理相融合？这是我构建的另一套体系——班级育人体系的核心所在。我坚信，班主任必须将学生放在心中；树立平等与赏识的意识；尊重学生的个性差异；运用恰当的教育方法；确保奖惩制度明确。坚持平等原则是实现班级管理的基础。一位优秀的高中班主任应当以宽广的爱心平等对待每一位学生，确保每个学生都有成长的空间。赏识教育是对学生具体优点的认可与赞扬，研究显示，赏识在学生心中留下的印记比其他任何刺激都要深刻且持久。因此，我总是寻找合适的机会，如通过作业批改、课前演讲点评、成绩分析、活动评价、考前交流、考后反馈等，对学生进行积极的肯定。

运用策略是我管理班级的另一项基本原则。在班集体成立和学生返校的关键节点，我会特别策划一系列团队建设活动，旨在通过这些活动发掘学生的优点，构建一个高效的班集体管理团队，确保每个学生都能展现出自己的优势和才能。在班集体成立之初，我利用班会时间精心设计了“为班集体命名”的团队建设活动。在小组讨论阶段，我注意到每个小组都有积极参与讨论的学生和擅长调动气氛的学生，这为我后续确定小组长和班委成员提供了重要参考。同时在展示环节，我会特别关注发言学生的自信程度和听众的反馈，这些信息有助于我评估发言学生的思维能力和领导潜力。在日常的班级管理中，我鼓励有潜力的学生主动承担班委职责，并在随后的班委选拔过程中采取了自我推荐与民主投票相结合的方式，让学生自愿报名，通过投票来决定班委的最终人选。

二、业精于勤，行成于思

我坚信“教而不思则罔”。勤于思考是发现课堂教学问题、育人环节问题，并寻找最佳解决方案的关键。英语课堂教学的显著特点是知识碎片化、杂乱无章且内容繁多。对此，我进行了深入的思考，英语教师绝非简单的知识搬运工，不能将英语课堂简化为单纯的词汇、短语和句法讲解，更不能将参考书中的内容机械地从书本转移到黑板上。这种搬运工式的教学方式会导致学生难以记忆、不会应用，甚至用错。相反，我们应当创造真实的情境和有意义的活动，激发学生主动去讲、去说、去用。

许多教学课件中呈现的阅读课程教学模式，往往局限于是非题（Y or N）和多项选择题（ABCD），这种做法对于提升学生的英语学习能力和长期理解力存在一定的限制，试卷化的阅读理解教学方法可能会限制学生的思考空间和语言运用能力。因此，在深入思考并观察了其他学校的公开课之后，我逐渐形成了以开放式问题为核心的“问题链”式教学模式，旨在培养学生的思维能力、语言组织能力和表达技巧。

三、居高临下，见树木，见森林

作为一名高中英语教师，我深信研究高考试卷是日常工作中不可或缺的一部分。在繁忙的教学工作之余，我经常深入分析高考试卷，探究其素材的出处，思考其主题的分类、命题文本的改编，以及题目分布的特点等。在日常的考试命题中，我通常以单元主题为基础进行选材，确保语言内容与单元主题相契合，让语言知识点与单元重点在试卷中得到体现。在命题研讨活动中，我与同行们在专家的指导下进行科学命题，不断提高命题的质量，而这一命题过程也反过来丰富了我的课堂教学，加深了我对英语课程标准的理解。

今年，我校荣幸地被选为新课程新教材示范校。面对学校提出的“质量提升三学年行动计划”，我会不断审视和改进自己的教学方法，深入领会新课程新教材的精髓，同时致力于将新课程的理念和目标落实到课堂教学中，积极为校本课程体系的开发和课程结构的构建贡献自己的力量。在教育教学的过程中，我的目标是不断提升学生的外语核心素养，培养出既有国家情怀、国际视野，又具备跨文化意识和卓越沟通能力的优秀人才。

我将以身边的同事为榜样，全心投入到我的教育教学工作中，明确自己的方向，沿着脚下的路，坚定地走下去。I have a long way to go.（我还有很长的路要走）

汲取爱的力量，在最美丽的时间遇见最美好的自己

高中部　王仙婷

各位领导、老师：

下午好。能站在这里我感到非常荣幸，作为一名年轻的教师和班主任，我想分享一些我在工作中的体会，并向在座各位做一个简短的汇报。

“在最美好的时间遇见最优秀的自己。”这是我经常对我的孩子们说的，也是我常对自己说的一句话，以此激励我们向着更高更远的目标迈进。如果说青春是一笔无价的财富，那么对我们来说更应倍加珍惜。因为人生就像一张单程票，没有彩排，每一次经历都是现场直播。我们“90后”曾在网上引起不少争议，被火星文和非主流文化所代表，甚至有时被贴上不切实际、个性鲜明的标签。然而，我们同样因为富有创新思维、个性鲜明和对新鲜事物接受能力强而被寄予厚望。这个时代为我们提供了更广阔的舞台，我认为我们需要做的，就是坚守内心最初的梦想，不让现实磨平我们的棱角，不侵蚀我们对梦想的追求。在最灿烂的青春里，塑造一个更加优秀的自己。

自毕业以来，我有幸加入高中部这个大家庭，在领导和前辈的悉心照顾与指导下，我仿佛站在巨人的肩膀上，每一步的成长都显得稳重而坚实。我的师父阮老师一开始就告诉我，教师不仅是一种职业，更是一种人生体验。他建议我首先成为一名合格的任课老师，然后尝试担任班主任，因为只有经历了磨炼，我们才能真正理解教师职业的深远意义。

在工作中，我经历了从授课到班级管理，再到与家长沟通的各种挑战。担任班主任近一年的时间里，我不得不剪短了曾经长至腰部的秀发，眼角也悄悄爬上了几道细纹，这些辛酸和苦楚，如同饮水，冷暖自知。记得去年夏天，同事戏谑地说：“别看你现在头发长，像个仙女，一旦当上班主任你就变成梅超风了。”虽然不至于变成梅超风，但我的嗓门确实变大了，也时常因为身体的疲惫和心理的压力濒临崩

溃。然而，每当我看到办公室的同事们那么执着，看到与我并肩作战的伙伴们那么富有激情，我便感到自己充满了无尽的动力。我理解了为何我们要将“三爱”精神铭记于心，因为爱的传递是我们不断前进的动力，是在我们疲惫不堪时的鼓舞，是我们倾尽全力后最温暖的回报。正如纪伯伦所说：工作是可见的爱，通过它我们表达对生命的热爱，从而探索到生命最深的秘密。

自古以来，人们赋予了“爱”诸多定义。有人认为，爱是珍惜、奉献和包容；也有人视之为呵护、承诺和伤情。或许，爱本无定义，也无确切答案。它如同空气和阳光，日复一日地环绕在我们周围，无形却不可或缺，是内心深处自然流露出的关怀与照顾。因此，针对不同的关系，我们有了对长辈的敬爱、对恋人的深爱、对朋友的关爱以及对世界的仁爱。对于学生而言，我想，爱应体现为一种博爱，一种既抽象又具体的激励人心的力量，它不仅仅是情感的投入，更是一种善于去爱的能力。

首先，爱的基础在于理解和尊重。我必须确立自己的立场和明确自己的态度，努力成为学生的贴心人。柳明姐曾指出：“我们面对的学生是充满活力、思维活跃的‘00’后新生代。作为教师，我们也应持续学习，不断提升自我，这样才能赢得学生的信任。”在对待学生时，我力求做到尊重，将每一位学生视为独立的个体，以成人的交往方式对待他们，赋予他们一定的权利和自由，以此增强他们的自尊心和自信心。在班里，除了班委和小组长，我还设立了“绿萝天使”负责浇花，花草问题无需我过问；“自行车管理员”“眼操王子”“粉笔管家”“艺术大师”等角色各司其职。通过“权力下放”，我将一些任务交给孩子们，让他们意识到自己对班集体的责任，从而激发他们的潜能。班上有个爱打扮的小男生，上学期因违纪停宿多达5次，但在一次“手机事件”中我发现了他的一个优点：讲义气、有担当。在询问手机归属时，其他男生或推诿或不知情，唯独他主动承担责任，并为他人辩解。我抓住这一亮点加以鼓励，果然他不负所望，交办的任务都完成得非常出色。在瑞典交流团参与的班会课上，他策划了送礼品环节，并安排我购买毛笔和火锅料，俨然一个领导者调动各方资源。他之所以这样做，是因为他感受到我理解并尊重他，因此对我更加信任了。而我，必须时刻提醒自己站在学生的角度思考问题，理解他们的想法，尊重他们的人格，强化他们的责任感和担当意识，为他们提供自我发展的空间。

其次，爱意味着包容。在教师的词汇中，不应存在“好学生”与“坏学生”的划分。冰心曾说过：世界上没有一朵鲜花不美丽，没有一个孩子不可爱。因为每个孩子都拥有一个丰富而美好的内心世界，这是他们潜在的天赋。我的父亲总是用他年轻时的教学经历来提醒我：对待学生应该像对待自己的孩子，无论他们多么调皮，或者犯了多大的错误，他们只是不成熟的孩子，没有不可宽恕的过错。去年开学不久，有一个男生因为早上起床磨蹭而错过了时间，被锁在宿舍里，生活老师打电话让我去接他，随后我默默地到校门口买了早餐放进他的抽屉里，并告诉他下课后再吃。第二天，家长反馈说，孩子回家后受到了一番责备，然后总结出一句话："只有王老师对我好，还给我买了早餐。"

后来，他成了我坚定的支持者，尽管偶尔也会像其他淘气的孩子一样犯些小错，但他私下总会跟我推心置腹的聊天。当"逃课事件"发生时，我提出让他值日一周，他却认为这不够，坚持要值日两周甚至一个月，以确保深刻反省并防止再次犯错，随后他带领着另外三个男生每天认真值日。我无法要求所有孩子都一样勤奋、好学、踏实、听话，正是这些积极分子和一些"不安分"的因素让我们的生活变得更加丰富多彩。正如金无足赤，人无完人，我们必须接受每一个不完美但又合理的存在。

最后，我领悟到，爱的传递需要艺术性的手法。对于学生的关爱，必须关注他们的需求，即所谓的因地制宜。现今许多孩子正经历着叛逆期，他们有自己的想法，并且容易坚持己见，没有孩子喜欢单纯的批评，那种越严厉就代表越关爱的观念已不再适用。因此，我将班上的孩子分为三类：第一类是敏感型，他们守纪律、爱学习，单纯而情感丰富，特别注重他人对自己的评价，这类学生以女生居多。对他们的关怀和帮助应以正面引导为主，在肯定其优点的同时给予更多鼓励，适时地给予心灵上的慰藉。第二类是嚣张型，这类学生通常无视规则、行为放纵，多为男生，他们喜欢"哪里有压迫哪里就有反抗"。与这类学生沟通需要有一个先柔后刚的过程。例如，我曾遇到一个被家里过分宠溺而直接顶撞我的男生，借助家长力量未能奏效后，我组织了一个小型和解仪式，先是赞扬他的优点，接着表达对他的期望，最后提出进一步的要求，教育他至少要对老师保持基本的尊重。第三类是麻木型，这类学生在学习上缺乏动力，对家长的批评和老师的谈话显得漠不关心，他们的外在表现与内心想法往往大相径庭。这类学生多数不懂得感恩，自我意识强烈，认为一切都是理所当然的。对此，我更倾向于耐心等待，等待一个合适的时机。例如，一个成绩不错的女生曾自视甚高，见到我从不打招呼，平时与同学交流也很少，当她考试失利无法自我排解时想到了我，而此时正是我与她交流的最佳时机。

总之，我坚信，教师的爱是一种无法取代、十分神奇的力量，它不仅让我的学生变得更好，也使我的心态逐渐成熟。爱的传递是双向的，在我感到极度疲惫、愤怒地将手机摔在地上，或是陷入绝望无助、默默自怜时，我的学生会跑过来，为我倒一杯水，递上一张写满鼓励话语的字条，静静地陪伴在我身边。我的快乐源自看到他们如花般的笑脸，听到那声悦耳的“老师好”，或是收到他们满意的答卷，当他们变得更加懂事，我便感到无比的幸福。这种相互的爱与陪伴虽不轰轰烈烈，也不刻骨铭心，但却实实在在地激励着我们尽职尽责，不懈努力。我期望我培养的孩子能够懂得感恩、明白荣辱、承担责任、勇于担当，即使身处逆境，也不丧失那颗向往高峰、仰望星空的心。与他们一起，带着诗意般的风度，去追寻远方的城市与田野。

以上是我工作中的一些体会和思考，主要基于不断地探索与实践。在各位经验丰富的前辈面前讨论，我深感自己的浅薄，似乎有班门弄斧之嫌。我也清晰地意识到自己在许多方面尚存不足，的确，对于我们这些刚刚踏上三尺讲台的年轻教师来说，前方的路途漫长，需要学习的知识和技能还有很多。

我要感谢各位领导的大力支持，以及我们班任课老师们的无私帮助，在我迷茫和不知所措时，总是能得到你们的帮助和指导。未来是属于我们的时代，这句话不仅是对我们的赞誉和肯定，更是对我们的期望和激励。在此，我与各位年轻教师共勉：既然我们已经站在了三尺讲台之上，便只顾风雨兼程，让我们用双向的师爱来激励自己，更加用心、更加投入地在教育这条路上奉献自己的力量，在这个最美好的时间中遇见最好的自己，留下我们这一代人的辉煌。

匠心筑梦　笃行致远　专注坚韧　稳行勇成

高中部　王仙婷

各位领导、老师：

下午好！非常感谢能有这个机会与大家交流我职业生涯中的一点感受和经验。自2016年毕业以来，我在学校工作已经有八年了。从一个初出茅庐的年轻女孩，逐渐成长为一位全能母亲；从一名普通的任课教师，到担任班主任，再到现在的年级主任，我一直在成长着和收获着。随着时间的推移，我发现自己变得更为沉稳和从容，少了急躁和焦虑；变得更加包容和开放，少了苛求和狭隘。我衷心感谢领导的指导和教诲，以及各位前辈的支持和鼓励，这让我每一步都走得坚实而自信。

每个人的成长之路都是独特的，宛如一场充满奇妙的旅程，其中蕴含着各种滋味。回顾我自己的成长历程，我深刻领悟到四个关键词：梦想、行动、学习和幸福。

一、梦想：初心与使命

梦想犹如灯塔，照亮前行的道路，为所有航行者带来收获的希望。2022年无疑是中国航天史上值得铭记的一年，我们国家在追逐航天梦想的征程中持续奋斗。11月29日，神舟十五号成功升空，驶向浩瀚的太空，而56岁的航天员邓清明终于迎来了他梦想成真的辉煌时刻。这一刻，他等待了二十五年。在此期间，邓清明曾三次成为载人飞行任务的备份航天员，却屡次与执行任务擦肩而过。尽管如此，他依旧坚守着“为祖国的载人航天事业奋斗终身”的誓言，坚持了二十五年，正是因为他怀揣着一个明确的梦想，才得以保持那不屈不挠的战斗精神。

在我们的高中部，众多教师勤勉尽责、孜孜不倦地工作。他们充满责任感，乐于奉献，勇于面对挑战，将全部精力投入到教育事业中，成为我学习的榜样。自从我踏入职场，我便不断自问：我应该成为什么样的人，我应该追求哪个方向，我又应该付出怎样的努力？作为任课教师，我致力于激发学生对学习的热爱；作为班主任，我努力营造一个充满责任感、勇于担当、懂得荣誉与感恩的班级氛围；而今作为年级主任，我想打造一个积极向上、稳健前行的团队文化。在每个阶段，我都有新的期望、新的规划和新的成长，始终坚守着教育的初衷和责任。正是这些目标和期待，赋予了我无尽的激情、勇气和力量。

二、行动：主动与承担

如果将梦想比作一幅自我勾勒的“精神画卷”，那么行动便是将梦想付诸实践的过程。一旦确定了远大的目标，便只管风雨无阻地前行。既然投身于教育事业，便应不计个人得失，全心投入，恪尽职守，努力完成每一项任务。我深知，作为一名共产党员，在任何时刻、任何环境下都应发挥党员的模范带头作用，树立全局观念和责任意识，始终保持党的先进性。因此，面对工作和任务，我会一直坚持奉献和服务的精神，始终走在最前沿。

我热衷于完成一项项任务，攻克一个个难题，享受工作带来的成就感。面对工作与任务，我从不逃避、不抱怨，而是积极应对、勇于承担，每完成一项任务，都是我成长的见证。我坚信，只有认真、踏实、勤奋和上进，才能获得更丰富的生命馈赠。

三、学习：积累与积淀

培养终身学习的理念对于教师的职业发展至关重要。为了实现个人成长，教师必须持续补充能量，更新知识储备，提升个人素质。

坚持思想教育为先，理论武装先行，我们必须持续深化政治理论学习，不断学习新的教学方法和技巧。同时，我们要根据实际情况灵活调整，与时俱进，顺应时代潮流，不断创新，以确保思政课程充满正气、底气和骨气。作为思政教师，我始终坚持以德为学、以德为教的原则，致力于立德树人的核心使命，引导学生树立正确的价值观。

作为年级的管理者和服务者，领导和老师们是我学习和进步的榜样。刘校长和柳明主任目光远大，对年级的发展进行了全面的规划。班主任团队展现出了强烈的全局观念和团结协作精神，所有人心往一处想，劲往一处使。高老师豁达开朗、洞察秋毫；郎老师细心周到、思维缜密；冯老师稳重而富有智慧；胡老师敬业且专业；孔老师勤奋又认真；文芳老师泰然自若、从容不迫；我们的年轻班主任们永远充满活力。

四、幸福：师爱与情怀

提及幸福，海子的诗句："从明天起，做一个幸福的人，喂马、劈柴，周游世界，从明天起，关心粮食和蔬菜，我有一所房子，面朝大海，春暖花开。"深刻阐释了幸福的含义。幸福往往蕴藏在日常而平凡的小事之中，需要我们亲自去创造和感悟。对于教师而言，幸福源自教学过程中的每一个细节，成功地讲授一堂课是一种幸福，见证学生取得优异成绩也是一种幸福。正是由于我们的付出，我们才能收获，而收获正是幸福的源泉。

我们对学生的关爱，学生是可以感受到的。当我们用爱去付出时，我们定会收获幸福。教师就像一束光，虽微弱却能照亮遥远的地方。给予爱，收获爱，这就是教师的情怀。

以上是我工作中的一些感悟与体会，在各位前辈面前深知自己的浅薄。有这样一句话："大其心，容天下之物；虚其心，受天下之善；平其心，论天下之事；潜其心，观天下之理；定其心，应天下之变。"这句话的含义是，要放宽心胸，以包容世间万物；保持谦逊，以吸纳世间善行；保持平和，以冷静分析世事；深入探究，以洞察世间真理；坚定意志，以应对世间变迁。让我们以此自勉，愿我们都能成为更优秀的自己。

真水无香　真爱无言

高中部　王　红

尊敬的各位领导、老师：

大家下午好！我演讲的题目是《真水无香　真爱无言》，演讲之前，我先给在座的各位老师深深地鞠一躬。因为你们是孩子们的良师，是我的益友，是值得尊敬的人。

今天，我站在这里代表高一启航团队，与石外高中部的各位兄弟姐妹分享我们的故事。这既是抛砖引玉，也是期望各位提出宝贵的意见。

习近平总书记说：“一个人遇到好老师是人生的幸运，一个学校拥有好老师是学校的光荣，一个民族源源不断涌现出一批又一批好老师则是民族的希望。”作为教师，我深知自己的价值和肩负的使命，作为石外的一员，我更感到无比的荣耀和自豪。自 2002 年加入石外以来，二十二年间，我从未放松过对自己的要求，日复一日，年复一年，勤勉工作，不懈奋斗。在担任班主任的过程中，我体验了教育工作的酸甜苦辣，同时，我始终以良心、爱心和责任心培养并送走了一届又一届学生。

一、爱学生，不断学习，提升自身的素养

教师是学生锤炼品格的引路人、学习知识的引路人，要成为学生的引路人，教育者要先受教育。

为了做好班主任工作，我经常阅读关于学生心理和指导班主任工作的专业书籍，每次我都受益匪浅，同时，我也会定期与其他班主任交流心得和方法，抓住每一个提升自我的机会。为了更有效地与学生沟通，我利用假期时间在中国科学院心理研究所攻读“儿童青少年发展与心理”博士课程。在学习期间，我每周日早晨 6:30 就要乘坐动车前往北京，然后转乘地铁到达研究所，全身心地投入到一天的学习中，晚上再回家。中国科学院提供的课程内容非常丰富，涵盖了《社会心理学

与人格发展》《积极心理学》等基础理论课程，《学习与脑科学》《多元智能与智慧成长》等专业课程，以及《媒介素养教育》《语言发展与研究》等实践技能课程，共30余门。在学习的过程中，我与来自全国各地的教育工作者组成了学习小组，并建立了"6S"高效学习策略实践研讨群，在群里我们每天都会进行深入的讨论。在心理学专家和同学们的启发与激励下，我将所学知识积极应用于班级管理和日常教学中，有效促进了班主任工作和教学工作的开展，而孩子们的进步反过来也激发了我学习的热情。

学习策略：(Learning Strategy)

1. 学习目标：明确具体的目标策略
2. 快乐学习：充满乐趣的学习策略
3. 学习环境：轻松专注的最佳学习策略
4. 激发潜能：激发内在潜能的策略
5. 认知结构：建构良好认知结构策略
6. 自我调节：有效自我调控策略

二、爱学生，以德育德，以行导行

孔子曾说："其身正，不令而行；其身不正，虽令不从。"榜样的力量是无穷的。在职业生涯中，我持续提升自己的道德品质与修养，留心自己的举止言行，以人格魅力影响学生。因此，我为自己制定了较为严格的标准：

1. 自信扬在脸上（接受　认可　喜欢　打磨　精进　修炼）
2. 善良长在心底（柔和的眼光　温暖的心　择善而行　爱人而不伤己）
3. 知识丰盈大脑（读书　底气　从容　情调　素养）
4. 骨气融进血液（安全感是自己给的　尊严是自己挣的）
5. 坚强刻进生命（愈挫愈奋　愈战愈勇）
6. 微笑挂在嘴角（阳光明媚　不世俗　笑纳人生）
7. 梦想藏在心里（探索　拥抱　新知）

Work hard! Be nice!（为人为学　追求完美）

例如，在处理学生与宿管老师发生冲突时，我是这样做的。事情的经过是这样的：晚上熄灯铃响后，宿管老师进行例行的休息检查和督促，赵德渊和同学们正在整理自己的物品，然而当宿管老师再次来督促时，赵德渊显得有些不耐烦，在宿管老师转身离开之际，他轻声嘟囔了一句不雅之语。第二天，宿管老师向我反映了这一情况，我随即把赵德渊请到办公室了解情况。起初，他辩解称自己受到了不公正对待，我回应道：“孩子，我没想到你会说出这样的话，这确实不妥，我和王柳明老师已经向生活老师表达了歉意。”他听后非常惊讶，表示：“这是我个人的行为，怎么能让您和王老师代我道歉呢?”我解释说：“你不仅仅代表自己，你还代表了你的家庭、你的学校和你的班。我们之所以道歉，是因为我们没有教育好你。”听到我的话，他感到非常愧疚，并真诚地对我说：“老师，我错了！我会亲自向生活老师道歉的，我现在就去。”我轻拍他的肩膀，鼓励道：“孩子，只要你愿意承认错误，并承诺尊重他人，不再说脏话，这件事我们就不再追究。你仍然是 Helen（我的英文名）眼中的好孩子。”这时，我注意到赵德渊的眼中闪烁着泪光。

著名教育家苏霍姆林斯基曾诚挚地提醒教师们：永远不要忘记，自己也曾是孩子。面对学生的冒犯，教师应自省：我宽容你，因为我爱你；我爱你，因为我理解你；我理解你，因为多年前我也是你。

最近在学生缴纳教材费的过程中不慎收到了一张 100 元的假钞。那一刻，我的心中掠过一丝不快，但很快我意识到这或许是一个教育孩子们识别真假货币、增长见识的契机，于是我将这张假钞带到了教室。孩子们对此表现出浓厚的兴趣，纷纷好奇地观察这张假钞的特征，并学习如何区分真伪。当班长询问如何处理这张假钞时，我表示那位交钱的同学肯定不知情，因此我决定自己承担这笔损失。然而，晚自习时班长李思仪和体育委员赵东怡向我递来了一把零钱，他们说：“我们班的同学都认为不应该让您来承担这笔费用，我们每人贡献一点，很快就能凑齐了。”我感到既惊讶又感动，孩子们的纯真和善良让我感到温暖，面对班长和体委那真挚的眼神，我接受了这 38 颗充满爱心的 100 元。第二天，我向全班同学表达了感谢，并决定将这份爱心转赠给负责板报的小组。在孩子们的微笑和掌声中，我感觉与他们的心连接更加紧密了。

三、爱学生，建立强大的支撑系统，营造舒心的学习环境

作为班主任，我们有责任向学生积极地介绍任课老师的优点，包括他们的性格、爱好、特长以及在教育教学方面的成就等。军训期间，我便隆重地向学生介绍了所有任课老师，孩子们感到非常幸运能够师从这样一支优秀的教师团队。开学后，我经常在学生面前强调并肯定各位任课老师的辛勤付出，随着时间的推移，学生们对任课老师的尊敬和信任日益增长。家长们也由衷地感慨，能有这么多优秀的老师教导孩子，实在是太幸运了。我在此代表他们向所有老师表达最诚挚的感谢：

“谢谢您”。

在高一 4 班成立之初，班集体不是很团结。男生的表现不尽如人意，女生们甚至批评说：“这 14 个男生在学习、纪律、卫生各方面都表现不佳，难道他们加入我们班就是为了拖后腿吗?”对此，我回应道：“我们班的男生就像等待开采的深层优质煤，相信过不了多久你们就会看到他们的优点。”我随即召集男生们开会，向他们强调了责任与担当的重要性，并通过投票选出了班长杨星洋。新任班长充满激情的就职演讲极大地提振了男生们的士气。此后，我开始细心观察并发掘他们的优点。例如，贾珂鑫因腿伤行动不便，刘士尧和刘家恺主动协助他请假；王雪晴放假时不小心将电子词典遗忘在书桌上，程帅淇发现后及时交给我保管……对于这些小事，我都会在班里予以表扬和肯定。女生们也多次为男生们的善举鼓掌，男生们因此受到鼓舞，变得更加有风度了：放学后，男生们会主动帮助女生将椅子翻转放在桌子上；换座位时，男生们会帮助女生搬动桌椅；在值日小组中，男生们会主动承担拖地和擦黑板等繁重工作；每次布置考场，男生们总是率先行动，确保女生无需动手……随着自我价值感的提升，男生们对学习和纪律的要求也日益严格，形成了良性循环。他们的学习成绩显著提升，期中考试前五名中第一名和第三名都是男生，14 名男生中有 8 名取得了进步，3 名保持了原有的年级排名。

积极营造环境，引导学生融入集体生活，使他们从情感上认同新的班集体，并产生强烈的归属感，这是班主任一项至关重要的职责。经过两个月的持续努力，烈焰 4 班的 38 名学生的心紧密地结合在了一起，他们相互支持，共同成长，营造了一个和谐欢乐的集体氛围。

四、爱学生，倾听孩子的心声，走进孩子的内心世界

当前班主任的角色内涵极为丰富，其不仅扮演着“学科专家”的角色，还身兼“管理者”“学生的朋友与知己”“学生人际交往的指导者”以及“学生心理健康的咨询者”等多重身份。在某些情况下，我必须像心理咨询师一样，细致入微地洞察学生的内心世界，深入倾听并与他们进行平等的交流，帮助他们解开心理的结，使他们能够轻松地面对挑战。

在处理学生问题时，我始终坚守的原则是：我们所看到的并不一定是事实的全部，每个现象背后都隐藏着深层次的原因。

【案例 1】小 A 展现出了男孩般的性格特质，她性格开朗、善于表达，但在情绪管理方面尚显不足，对周围环境异常敏感。在军训期间举办的歌咏比赛中，她提

出的许多建议我都很欣赏，并且采纳了好几条建议，因此她感到非常自豪，很快与我建立了深厚的信任关系。到了开学第三周，她哭着向我倾诉：班上的同学都很出色，相比之下，她感到自己毫无优势，非常担心即将到来的考试会垫底。我意识到，这孩子在社会适应能力方面遇到了挑战，自我价值感较低。在她哭泣时我没有打断，只是静静地扶着她的肩膀，耐心地倾听，直到她情绪稳定下来，我温和地对她说：“你说得没错，我们班的同学确实很优秀，感到压力是人之常情，我能理解你的心情。但是，你有没有注意到自己的优点呢？今天课间我看到你抓紧时间向田老师请教数学问题，作为课代表你每天认真负责地收发作业，这些都体现了你宝贵的学习态度和乐于助人的精神。老师非常看好你！”小 A 倾诉之后负面情绪得到了释放，我的话也让她重拾了勇气和信心，她擦干眼泪迅速地投入到学习状态，并在随后的考试中取得了班里第十六名的好成绩。

高中阶段的学生由于社会经验和生活阅历相对有限，因此面对挫折和困难时容易出现偏差。在这个阶段，他们最渴望得到老师的理解、关怀和帮助。老师的角色在于建立信任，用自己的沉稳为学生纷扰的心灵带来安慰，用信任向学生传递一个坚定的信念：放心吧，孩子们！无论何时何地，你们都是我最珍贵的宝贝，我永远是你们坚强的后盾。

【案例 2】小 B 平时沉默寡言，总是心事重重的样子，考试成绩也大幅下滑。我将她请到办公室，关切地询问：“是不是有什么事情困扰你？”她一听到我的问题便忍不住大哭起来。她原来是一个积极阳光、表现很好的学生，而转折点发生在一年多前，她深爱的亲人不幸身患绝症突然离世。面对这突如其来的悲剧，她难以接受，悲痛欲绝，但她的初中英语老师无意中的一句话深深伤害了她，她开始对老师产生抵触情绪，不再认真听英语课，尽管为了中考努力补习成绩尚可，但她的英语实际水平并不高。

听到这里，我也忍不住泪流满面，我紧紧地搂着她，安慰道：“老师并不知道你内心承受了这么多，Helen 理解你的痛苦，因为我也有过类似的经历，但是逝去的亲人希望我们这样痛苦吗？”她擦干眼泪，坚定地说：“当然不会。”接着，我与她深入探讨了人生的“长度”与“厚度”问题。经过一个多小时的深入交流，她终于摆脱了困扰她一年多的心结。她紧紧地抱着我，哭着说：“老师，这么长时间以来我心里憋得难受极了，又不敢告诉父母，怕他们担心，今天我终于可以完全释放了。”我递给她一张干净的纸巾，并提议：“让我们把痛苦的眼泪和过去一起包起来丢进垃圾桶吧。”她露出了一丝微笑，说：“好！让我们一起迎接新生活！”现在，她又恢复了往日的活力。我相信，在不久的将来，她的学习成绩一定会有明显的提升！

在与孩子们交往的过程中，我真切地感受到了孩子们的热情与可爱。我挥洒出辛勤的汗水，收获的是孩子们可喜的成绩；我尽情地燃烧自己，收获的是孩子们真挚的信任和丰厚的情感。

做新时代的“四有”教师

高中部　王　红

德国教育家卡尔·雅斯贝尔斯曾言：教育是关乎灵魂的塑造，而不仅仅是理性知识和认识的简单堆砌。教育的核心在于：一棵树摇动另一棵树，一朵云推动另一朵云，一个灵魂唤醒另一个灵魂。只有充满灵魂的教育，才能传递出温暖。每个孩子都拥有独特的个性、脾气、行为和习惯，教师的角色并非将他们塑造成千篇一律的个体，而是以师者的爱心去感化、去滋润每个孩子的心灵。习近平总书记强调，新时代的教师应当具备“理想信念、道德情操、扎实学识、仁爱之心”。要实现“四有”教师的标准，我们必须怀揣对教育的热爱、对学校的忠诚以及对学生的深情。

一、热爱教育，做有情怀的教师

教育是一个深具内涵的话题，我们每个人对此都有自己的见解。在我看来，教育远非一份普通的行业，它不应仅仅成为我们谋生的手段。教育是一项崇高的事业，它要求我们必须具有坚定的事业心、积极的进取精神和高度的责任感，勤勉尽责，无私奉献，始终以身作则，严格要求自己。

身为教师，我们应始终保持激情与热爱，对教育事业抱有不懈的追求和执着。我们需要为自己设定明确的奋斗目标，无论是短期的一年、三年，还是长期的五年、十年，这些目标都应相互补充，相得益彰。一旦目标确立，我们在工作中就会充满动力，怀抱美好愿景，拥有强烈的责任感和使命感。只有这样，我们才能在工作中不断寻求机遇，挑战自我，勇往直前，快速成长。

在当今网络时代与知识经济的双重驱动下，教育的含义已经发生了根本性的变化。“育人”不再局限于知识的传授，而是要着眼于未来，以明日建设者的标准来指导当前的教育实践。李镇西老师在探讨“新教育”时提出，新教育应当激发教师的理想与热情，唤醒学生的梦想与创造力，并使教育更加符合人的本性。他强调，教育的艺术在于与学生共处，保持一颗童心，以真诚的爱融入孩子的世界，共同发现、欣赏、创造并展现美，以此唤醒和启迪学生的生命潜能，同时提升教师自身的生命价值，实现作为教师的成就感与幸福感。

于个人而言，我认为教育的目标是培养积极乐观、自信满满的社会成员；是培育具备生活技能和自我成长能力的个体；是让孩子能够坦然面对生活，享受幸福成长的过程。

二、热爱学校，做有情感的教师

当我踏入石外这个神奇的校园时，个人的身份似乎变得微不足道。正如哲人所言：个人的身份并不重要，真正重要的是你选择与谁为伴。与勤奋的人为伍，我便不会懒惰；与积极向上的人相处，我便不会消沉；与智者同行，我将变得非凡；与优秀的人为伴，我将触及顶峰。因为这里汇聚着一群令人尊敬、令人感动的领导和老师，老师之间的友善相待，同事间的相互关怀，让我感受到了家的温暖。

老教师们勤勤恳恳，数十年如一日，默默无闻地坚守在教学一线，他们工作中的每一处细节都深深地打动并激励着我。年轻教师们充满活力，不甘人后，在教育教学领域中脱颖而出，学科活动形式多样，课堂教学扎实有效，班级学习园地和文化墙设计新颖独特。这一切都彰显了教师们的多才多艺，展现了这是一支多么优秀的教师团队。

日常的教学工作充分体现了我们学校对教育的重视和对学生的关爱。为了确保教学质量，我校高中部的领导和教师们倾注了大量心血，全方位地关注每位学生的学业、身体、心理、成长和亲子关系等各个方面。为了给孩子们树立良好的榜样，班主任每天早早到校，任课教师提前准备，确保课前准备充分。学校和教师们为提升教学品质付出了巨大努力，特别是班主任，他们细致入微，全天候地指导和陪伴着学生。教师的坚持与执着就像源源不断的清泉，滋养着学生的心灵，守护着他们的成长，助力他们实现自己的梦想和抱负。

三、热爱学生，做有情韵的教师

在与孩子们相处的时光里，我总是带着三面特殊的“魔镜”：第一面是放大镜，它能放大学生的优点。每当学生展现出优秀的一面时，我都会给予赞扬，以此来增强他们的荣誉感和自信心。第二面是缩小镜，它帮助我在对待学生的无意过失时保持宽容，并在安慰的同时引导他们一起反思和改进。第三面则是望远镜，它让我将目光投向学生的未来，摒弃急躁和功利的心态。我总是用一双“发光”的眼睛去观察班里的孩子们，发现他们身上的闪光点，并及时给予表扬和鼓励。

下面一段文字节选自宋佳琪同学的文章《我和石外的故事》，她被保送到北京大学。

听说读写行四方，写意人生视界旷。我们的班主任王红老师（我们都亲切地叫她 Helen）是一位具有亲和力的老师。她的温柔像江南烟雨，不经意间融进了我们的心田，但她又带着北方的刚强、坚毅和豪情。在高二、高三的生活中，她陪伴、引导着我们，像我们的知心姐姐，更是我们成长道路上的指路人。Helen 教给我做人要有水的气质，静默流深，波澜不惊，同时要有塔的坚守，坚强刚毅，正直挺拔。她是我的良师，亦是益友。

难以忘记培优课和口语课贾志峰老师和刘绎老师为我们准备的话题，告诉我们解题技巧，让我们现场演练，互相提问，同时让我们在小组讨论中碰撞思维的火花，教会我们真正去思考。培优课不仅锻炼了我们的能力，还开阔了我们的视野。

算练勾描绘曲线，加减乘除有洞天。田素霞老师对待学术认真严谨，可打起趣来也让人忍俊不禁。无论遇到什么问题，田老师不仅会认真解答，还会和我一起分析错因，最后还会语重心长地叮嘱我几句。感谢培优的赵惠宁老师，不知有多少次晚饭时去烦您，您总是不厌其烦地帮我解决难题……

四书五经历春秋，练达文章斥方遒。高虹老师对我们的每一份付出，月亮与星星都记得，我们也会记得。我们对高老师无私的付出充满敬爱和感激，一句“高妈”即是最好的证明。史硕婷老师虽然性格温柔，可到了培优课上是严肃的大姐姐，不怕苦不怕累，帮助我们打印资料、准备面试，难以忘记对我的每一句到位的点评与鼓励。赵美老师虽然只教了我高一的语文，却是对我影响最大的老师之一，她考前对我的鼓励仿佛是寒冬中温暖的阳光。

要感谢的老师实在太多太多。难以忘记王柳明老师别开生面的历史课，难以忘记江淇老师悉心整理的简历，难以忘记秦宝琴老师幽默地展示多彩的地理知识，难以忘记李振洲老师独到的见解，难以忘记苗蕾老师清朗的声音与活泼的教学风格，难以忘记武会兰老师和梁光洲老师为我们展开的精彩的理化长卷……

以上就是学生眼中我们的样子。

这就是我们石外学子的风貌，这就是我们充满温情的校园，这就是我们卓越的教育质量！每当我凝视校园时，内心便涌动着一种震撼人心、炽热的情感，那是所有石外人对梦想不懈追求的体现，正是这种精神不断激励我、鼓舞我、鞭策我。我深爱着我的学校，我为我们优秀的教师团队感到无比自豪！是石外赋予了我们展现自我、施展才华的平台，是石外赋予了我们奋斗的勇气与力量。我们将在这个平凡的岗位上，勤勉尽责，以诚相待，以爱传递爱，倾尽全力，去创造一个充满希望与成就的未来！

我和“00后”的孩子们

高中部　王柳明

正当我们还在回味“80后”和“90后”留下的深远影响时，“00后”这一代学生已经悄然在高中教育舞台上崭露头角。他们将对未来的社会变革产生重大影响，其个性鲜明、思想开放、价值多元和富有创新精神总是超出我们的预期。对于“00后”这一代，他们的成长背景包括：1. 社会环境：物质资源的极大丰富；金钱主导的社会风气；丰富的社会经历；影视和书籍的广泛影响；喧嚣的网络环境……2. 家庭环境：典型的“6＋1”家庭结构；隔辈教育的代沟；独立思考的空间；部分二胎带来的失宠；父母离异可能造成的心理影响；家长过高的期望……这些因素在我们高一新生中得到了集中的体现，也使得班主任的工作面临诸多前所未有的挑战。

一、细致接班，快速布局

暑假期间，我接到了刘主任布置的一项任务：与几位新晋的年轻班主任进行交流，探讨一下他们对新班的规划以及对即将到来的军训的构想。这同样为我提供了一个机会，在迎接新班之前，静心思考一些问题。尽管我是一名文科教师，但我身上却拥有一些更接近理科教师的特质，如注重计划性、条理性和严谨性等。

在军训开始之前，我在家中精心准备了一份《学生情况调查表》。该表涵盖了学生的姓名、出生日期、父母的姓名及工作单位、家庭住址、联系电话、中考成绩，以及个人目标与理想等信息。在此我要特别感谢宝芳老师提供的表格样本，它不仅包含了学生的基本资料，更进一步展现了孩子们的个性。通过这些文字，我们能够了解每个学生的兴趣爱好、性格特点，以及他们对即将加入的新集体的期待和对新班主任的希望或建议，这样的设计旨在帮助我们能够迅速而全面地认识每一个学生。此外，第三张表格则专注于记录学生在军训期间的日常行为，以便我们对学生进行客观和公正的评价。

得益于前期的多方位沟通与筹备，我们迅速构建了一个新的团队，并促使日常运作步入正轨。这一良好的开端为未来的工作打下了坚实的基础，有效减少了日常琐事的干扰，确保了师生能够全身心投入到学习中。

二、重新定义师生关系

“00后”这一代孩子往往不愿意与老师分享情感，原因有二：第一，他们生活得非常自我，感觉老师无法理解他们。第二，他们认为师生关系不平等，难以获得有建设性的帮助。于是我采取闲聊家常的方式，打开交流的通道，在与他们交流时更多地使用“你”，减少使用“我”，多分享感受少做结论，真正成为一个倾听者。班上有些孩子喜欢阅读，但大多数是出于娱乐消遣的目的，针对这一现象，语文老师刘萍做了很多努力。而作为班主任，我也会经常去阅览室巡视，观察学生在阅读课上的选书情况，并与他们分享我的书单，交流自身的阅读体验，待他们读完后一起讨论感受。处于高中阶段的孩子心智尚未完全成熟，他们不清楚自己未来的方向，也不知道什么最适合他们，所以他们许多行为都是出于内心的真实想法。因此，教师的角色应该是为孩子们提供方向感，在平等对话的基础上与他们达成价值共识，建立信任，帮助他们确立清晰而有意义的生活和学习目标，成为他们成长道路上的引路人。

三、火车跑得快全靠车头带

“00后”并非缺乏集体精神，实际上，他们展现出了强烈的集体认同感和荣誉感，他们更擅长以自己的方式建立社群，因此在选择班干部时，我们必须格外谨慎。在选拔班干部的过程中，我采取了自愿、竞争与指定相结合的原则，通常一个职位由两位同学担任，促使他们相互竞争，互补不足。我实施了两项具体措施：1. 班团委和课代表满意度测评：受学校评教制度的启发，每学期我都会进行一次满意度测评，以了解学生对班团委和课代表的看法。这样做可以避免私下不满的言论影响班集体工作的推进和内部团结，并根据学生的反馈进行针对性的调整。2. 班长负责制：班委是在班长直接领导下运作的，而非班主任。当我得知10月需要去承德出差时，我便在班里启动了“无班主任周”，将班集体事务交由班长统一协调。最初，两位班长在管理意识上有些不足，因此我们每天早上都会开碰头会，总结前一天的工作并进行反思。在我不在的几天里，班长和班委都能够较好地履行职责，确保了班集体事务的平稳运行。

四、眼中有人，心中有爱

爱心构成了班主任工作的根基，缺乏爱心的班主任是很难培养出一个充满爱的集体的，爱心的体现往往蕴含在日常的细微之处。例如，我每天进教室都会检查学生是否到齐，并询问他们是否吃过早餐；在天气寒冷或炎热时，我会提醒他们适时增减衣物；若发现学生的衣物不够整洁，我会轻轻地帮助他们整理；对于生理期感到不适的女生，我会贴上“暖宝宝”和沏一杯红糖水；对于住宿生因皮癣出现皮肤干痒的情况，我会准备好护肤膏；在突如其来的大雨中，我会借给学生雨具；自开学以来，我已经为11名学生庆祝了生日；在考试前，我会尽量为每个学生写一个“温馨提示”；在9月的小测、10月的月考和11月的期中考试后，我会组织形式多样的班集体表彰活动；对于所谓的“问题学生”，我不会急于求成，而是耐心发现他们的优点和潜力，并给予积极和鼓励性的评价……

五、绝知此事要躬行

陆游的名言“绝知此事要躬行”激励着我们不应仅仅满足于书本上的知识，而应在实际行动中巩固和提升理解，在实践中透彻认识事物。许多知识和技能往往是在经历挫折、克服困难、走过弯路之后，我们才能真正领悟其精髓的。关于班主任工作，我的体会如下：

自2012年调至高中部以来，我深感身边才智出众的人士众多。以我目前所在的年级为例，这里汇聚了诸多有思想、有洞察力的教师，他们有的文笔出众、口才了得，有的学识渊博、视野开阔，有的教学经验丰富、底蕴深厚，还有的行事有条不紊、从容不迫，专家就在我们身边，宝贵的经验触手可及。每位老师都展现出了大家风范，无论是交流还是请教，他们都会毫无保留地分享知识，倾囊相授他们的经验。

班主任的工作繁杂且细致，它深入到学生的思想、学习和生活的每一个方面，难以详尽叙述。简而言之，班主任既是连接各科教师与学生之间的桥梁，也是沟通学校、家庭与社会的纽带。有人曾说：如果一位教师未曾担任过班主任，那么他/她的教师生涯便不完整，总会留下些许遗憾。既然选择了这份责任，就要坚持到底，既然坚持，就要全心投入。在这片教育的沃土上，我将坚守对教育的初心，让我们师生在石外共同度过的每一天都成为最珍贵的回忆！

情系三尺讲台　不负青春热血

高中部　王娇娇

尊敬的各位领导、老师：

首先，我要向那些在生活中给予我们关怀，在工作中为我们提供无私帮助的您们表达最深的敬意，感谢学校给我这次交流的机会。今天，作为青年教师的代表站在这里发言，我感到无比荣幸，同时也伴随着一丝紧张和忐忑。我深知自己在工作中还有许多不足之处，还有许多比我更出色的青年教师。我的教学经验尚浅，经历有限，缺乏丰富的实践知识，在此，我仅想分享过去两年多来我在教学工作中的些许体会和感悟，恳请各位领导和老师批评指正。

两年前，我有幸加入石外高中部这个大家庭，我站上了三尺讲台，这是通过我不断努力得来的，因此我对这份来之不易的工作倍加珍惜。最初，我天真地认为教书是一项轻松的工作，但经过两年多的实践，我深刻体会到了这份职业背后的辛勤与责任。我意识到，仅仅依靠一时的新鲜感和激情是无法成为一名优秀教师的，我必须加倍努力，将心中的理想一步步实现，以尽快适应教师这一角色。幸运的是，学校为了帮助年轻教师成长，为我们提供了许多宝贵的学习机会。通过师徒结对、业务培训、科研团队课题研究等一系列活动，我们在教育教学方面取得了很大进步。

作为一名青年教师，我始终致力于探索更有效的教学方法，以更好地管理课堂并激发学生的学习热情。在两年多的教学实践中，我倾注了无数的努力和汗水，不断尝试和努力着。我深信，要想上好一堂化学课，除了要深入准备教材和了解学生的特点外，还应将微笑融入课堂，通过眼神、表情和语调传达我们对学生的关爱和期望，让学生在轻松愉快的氛围中学习；将趣味性带入课堂，注重挖掘教材中的趣味元素，运用生动的化学实验和现代教育技术让学生在学习过程中体验化学的乐趣；将歌声带入课堂，鉴于化学知识中记忆性内容较多，我们可以创作一些易于吟唱的口诀，帮助学生更好地记忆，如酸、碱、盐的溶解性顺口溜，以及将流行歌曲改编成化学版，如“化学版青花瓷”和“元素周期表之歌”，这些口诀不仅朗朗上口，而且充满趣味，既有助于学生记忆，又能激发学生的学习兴趣。化学是一门科学性极强的学科，化学教学同样需要科学性。作为化学教师，我们应善于运用化学实验的科学性和真理的力量来说服和感染学生，使他们不仅口服，更要心服。

在此，我非常感激化学组的前辈们在工作与生活上给予我的支持与帮助。我尤其要向我的师父武会兰老师表达最深的谢意。自打我初次站上讲台的那一刻起，武老师便始终如一地陪伴在我身边，给予我帮助，她教会了我如何深入理解教材内容，把握教学重点，攻克教学难点，以及如何有效地进行实验操作和关注学生的需求，进而实现高效教学。此外，武老师在班主任工作方面也给予了我极大的指导，传授给我与学生和家长沟通的技巧，如何调解学生间的冲突、家庭中的矛盾，以及如何关爱每一位学生，这些宝贵的经验让我在教育和教学工作中有了更足的底气。

在担任班主任两年多的时间里，“事无巨细，事必躬亲”这对我来说是一个巨大的挑战，尤其是对于一向粗枝大叶的我。孩子们的世界是精彩的，总是有无数的意外在等待着我们，这些意外有时是惊喜，有时则是挑战，它们曾让我这个缺乏经验的教师感到迷茫。然而，我很幸运地成为启航班主任团队的一员，在这里我遇到了一群可爱的同事：王柳明主任总是充满活力和智慧，她不仅能全面地统筹工作，还能深入细致地了解每个班的情况，在面对棘手问题时，她总能巧妙地解决；高虹老师全心全意地工作，她的奉献精神深深影响了我；梁光洲老师不仅聪明睿智，而且细心周到，他还是我们办公室的 IT 专家；王红老师积极向上，对待学生和蔼可亲；赵美老师工作认真负责，充满智慧，一直是我学习的榜样；生玥、李建会、史硕婷、高文芳老师都是我亲密的伙伴，我们经常交流工作经验，互相帮助，互相鼓励。我非常感谢这些可爱的人，在我“打怪升级”的道路上给予了我无私的帮助和关爱。

我所带领的班是一个物理组合平行班，在班级管理中，我特别重视赏识教育，爱学生、赏识学生是班主任工作顺利进行的基础。如果我们缺乏发现优点的眼睛，那么像璞玉般的孩子在我们面前也会黯然失色，只要我们以善意引导，善于挖掘他们的优点，他们就会在赞许的目光中重拾自信，勇敢前行。因此，我会及时表扬那些最早出操、最早到班、课堂表现积极、作业完成出色、黑板擦得干净、书写流畅的学生，赞赏他们的细心和认真。在日常管理中，我要求学生不迟到，每天早上7:00之前我都会到达教室；坚持与他们一起晨跑；早读时，我会和他们一起背诵古文，我们还经常举行背诵比赛，看谁背得更快；对于身体不适的学生，我会及时帮他们从校外购买药品；对于取得进步的学生，我会给予鼓励的话语；对于衣领不整的学生，我会提醒他们或轻轻地帮他们整理；当看到学生值日不认真时，我会拿起扫帚与他们一同打扫。常言道："教育无小事，事事皆育人。"我努力与他们建立友谊，尊重他们，信任他们，并且始终做到言而有信，用实际行动去影响他们。

自高一认识A同学起，我便注意到他学习习惯不佳，日常规范执行不好，且频繁迟到，有一次，我实在忍无可忍教训了他两句，没想到他却在全班同学面前公然顶撞我，甚至质疑我的班级管理方式，这件事给我留下了深刻的印象，并激发了我改变他的强烈愿望。随后，我不断与他进行深入交谈，与他的家长保持沟通，并多次分析他的日常表现和考试成绩。最终，我发现了他的优点：他非常喜欢数学，课堂上积极参与，课后作业也完成得十分出色，甚至在一次考试中取得了班里第一名的好成绩。我特地叫他出来向他表示祝贺，并告诉他老师们都很看好他，鼓励他继续努力，此外我还在班上公开表扬了他的学习态度。这些表扬让他感受到了被认可和赏识的喜悦，使他从经常迟到变成了班上最准时的学生之一，成绩也稳步提升。

在我出差期间，学生们得知是我的生日，便秘密策划了一场惊喜。当我出差回来时，办公桌上放着一个精美的笔记本，里面写满了学生们对我的祝福。桌上还有一块蛋糕和一碗用保温盒装着的鸡汤，这碗鸡汤是一个小女孩在家熬制后带来的。我走进教室，向学生们表达了我深深的谢意，孩子们说："老师，看你每天那么辛苦，一定要多喝点儿鸡汤！"教育就像一棵树摇动另一棵树，一朵云推动另一朵云，一个灵魂唤醒另一个灵魂。我每天陪伴他们直到深夜，从早上7:00到晚上11:00，陪伴他们早读、上课、自习，即使我因为牙疼一整天没吃东西导致早晨低血糖发作，头晕恶心，浑身冒汗，我也依然坚持，而他们也都看在眼里，记在心里。

后来，我让A同学在班上分享他的经验，他一开始并没有谈论学习，而是说："同学们，老师们真的很辛苦，特别是我们的班主任，每天早早就进入会议室督促我们学习，每天早上那句'同学们打起精神学习啦'，听起来可能有些刺耳，因为我还没睡醒就被叫醒了。但仔细想想，这就像我们学习路上的栏杆，它在关键时刻提醒我们、帮助我们、警醒我们要好好学习，这个栏杆虽然不讨人喜欢，但它是我们前进道路上的必要存在。老师愿意成为这样的栏杆，所以我非常感谢老师，大家也应该理解并听老师的话！"这段话让我既惊喜又感动，他真正理解了老师的辛勤付出。今年的教师节，我收到了他三年来唯一一次单独写给我的贺卡，上面写着："娇娇老师，节日快乐，我会尽力做到让您省心！"虽然只是简短的几句话，却让我感动得热泪盈眶。

作为一名青年教师，我深知自己经验不足，为了提升教学水平，我必须在实施新课程和新教材的过程中向每一位老师学习。特别是我们学校那些经验丰富的教师，他们不仅教学经验丰富，而且职业道德高尚。一方面我会虚心学习他们的教学技巧和方法，以期更快地成长为一名成熟的教师；另一方面，我也会学习他们热爱工作、默默无闻的奉献精神，以及无私的关爱每一个学生的态度，用心上好每一节课，用情关爱每一个学生。

“育才造士，为国之本”。教育的兴盛直接关系到国家的繁荣，教育的强大是国家强盛的基石。教育是一项功在当代、利在千秋的宏伟工程，它对提升人民的综合素质、推动人的全面发展、实现中华民族伟大复兴具有至关重要的意义。习近平总书记强调：“国家繁荣、民族振兴、教育发展，需要我们大力培养造就一支师德高尚、业务精湛、结构合理、充满活力的高素质专业化教师队伍，需要涌现出一大批好老师。”对于个人而言，一生中遇到一位好老师是极大的幸运；对于一所学校而言，拥有一批好老师是其荣耀的象征；对于一个民族而言，不断涌现优秀教师是其发展的根本保障和未来的坚实基础。作为一名党员教师，我将坚守初心，牢记使命，努力向总书记提出的标准看齐，力争成为一位有理想信念、有道德情操、有扎实学识、有仁爱之心的“四有好老师”。在集团“质量提升三学年行动计划”中、在新课程新教材示范校的建设中，我为自己制订了详细规划，积极听课、经常反思、重视合作、善于积累、勤于阅读，专注于核心素养的培养，坚持“五育并举”，将立德树人的理念贯穿于教育教学的各个领域和环节，坚持不懈、锐意进取，致力于培养全面发展的时代新人！

最后，再次向关怀和支持我的领导与老师们说声“谢谢!”。

手握戒尺，眼中有光

高中部　史硕婷

尊敬的各位领导、老师：

大家好！今天，我非常荣幸地站在这里。作为一名青年教师，我首先要向学校领导表达我最深的感激之情，感谢您们对我们青年教师的热切关怀，同时，我也要向所有给予我们真诚帮助的老师们表示衷心的感谢。此外，我要特别感谢石外高中部为我们提供了这样一个平台，让我们有机会实现个人的人生价值，并展现我们的风采。

一年前，我带着对教师职业的向往，为我的学生生涯画上了圆满的句号，迈入了教师的行列。初涉职场的我，感到局促且手足无措，这一年，我正好 26 岁。作为一位新晋教师，焦虑如影随形。初次站上讲台，无论我如何努力装作从容不迫，内心仍旧忐忑不安；尽管我备课时无比认真细致，却依旧无法完全摆脱紧张，担心无法回答学生的问题；无论我设定了多少个闹钟，仍旧会因担心迟到而惊醒；无论我怎样努力保持坚强，面对学生的不理解与不配合，我仍会偷偷落泪。

大学时期，老师的话语至今仍在我耳边萦绕："想象你的孩子将拥有怎样的老师，那么你就努力成为那样的老师。"尽管我还没有孩子，但自那时起，理想的教师形象便在我心中生根发芽。我衷心感谢领导对我的信任，在我初入职场之际，便赋予我高一 10 班班主任的重任。对于一个刚毕业的新人来说，这无疑是一种巨大的鼓舞。在陪伴孩子们成长的旅程中，我也见证了自己逐渐走向成熟。担任班主任的这段经历，充满了诗意与挑战，收获与付出，追求与努力，以及责任与义务。

"教育的目的是什么?"这是我担任教师一年来不断深思的问题。在一次青年教师座谈会上，许多同行分享了他们从教育工作中获得的幸福感，而我，作为一名新晋教师，当时并未体验到这种感觉。在高一这一年里，我发现自己总是能挑出学生的各种毛病，因小事与他们产生冲突，甚至感到手足无措、迷茫。然而，在我最无助的时刻，总有人伸出援手，将我从困境中解救出来。我深感荣幸能成为启航班主任团队的一员，在这里，王柳明老师掌控全局、高虹老师丰富经验、武会兰老师循循善诱、梁老师睿智英明、赵美老师谦虚谨慎、甄敏英老师亲切和蔼，他们毫无保留地分享自己的经验，无论我遇到何种难题，他们总是耐心倾听并帮我找到解决之道。正是在他们的帮助下，我逐渐找到了方向，开始重新认识教师这一职业。

对于我的班主任工作而言，转折点始于班上的小A同学。小A是一个极度叛逆的孩子，军训时顶撞教官，住宿时与生活老师发生争执，不完成作业、不遵守纪律，我曾无数次为此感到头疼、伤心和烦恼，并认为他是个典型的“问题学生”。我把我的困扰告诉了柳明姐，她提醒我不要过早地给学生贴上标签，对待每个孩子都应持有“空杯心态”。于是，我开始尝试用新的视角去审视小A，我发现他其实非常愿意帮助同学，对班集体事务充满热情。每当有任务需要完成时，他总是第一个站出来。通过与他母亲的交流，我了解到小A在初三时因成绩下滑而受到家长的严厉批评，这可能是他现在叛逆的原因。面对这种情况，我意识到需要改变教育方法，让他在赏识中成长。一次晚自习，我与他进行了深入的交流，我没有以教师的身份对他进行说教，而是以姐姐的身份与他探讨未来的人生规划。那天，他向我倾诉了许多，表达了内心的不安和上进的愿望。从那以后，我更加确信他内心的纯真与善良。交流之后，他似乎变了一个人，虽然偶尔还会说出令人烦恼的话，但他开始学会尊重他人，努力做好每一件事，甚至开始每天早上5:00起床学习了。看到这些变化，我感到无比欣喜，更令人惊喜的是，他在期中考试的作文中真诚地叙述了自己一路走来的心路历程，以及与我之间的故事，并感谢了我。这篇文章让我深受感动，一个曾经让我如此苦恼的孩子，现在成为他人的榜样，从班里的倒数第一进步到第二十名，再到第十五名，他正一步步向前迈进，孩子的进步给我带来了强烈的幸福感，这或许就是教师职业最大的收获。教育的核心在于人的质量、生命的质量，随着工作时间的增长，我越来越能体会到其他老师所言的那份成就感。当学生在生活中遇到困难向我倾诉时，当我在忙碌一天后回到办公室发现桌上的奶茶和面包时，当孩子们在感恩节为我写下一张张充满感激之情的明信片时，这些瞬间都让我深刻感受到教师这一职业的真正意义。

“教育需要老师如何行动?”在高二这一年，我担任了保送班的班主任，并同时负责高考班和保送班的语文教学工作，这对我来说无疑是一次新的挑战。初入石外高中部时，我几乎一无所知，幸运的是，我遇到了魏老师。他认真和耐心地帮助我改进教案，让我反复试讲，这极大地促进了我的成长。学校的师徒结对活动也让我收获颇丰，我的师父高虹老师经常鼓励我：“只要坚持，就没有做不到的事。”她用自己的行动阐释着教育的初心。高老师亲自指导我如何上好每一堂课，从课程的整体结构到每个具体知识点，她都毫无保留地传授给我。同时，刘主任也在不断地督促我进步，他经常来听我的课，并在课后对每一个细节进行点评，指导我如何更好地引导不同性格的孩子。他的监督和鼓励使我始终处于自我反省的状态，不断前进。此外，语文组的前辈们也会慷慨地分享他们的经验，每当我遇到问题时，他们总是积极地帮我寻找解决问题的方法。这一年，面对困难我不再感到恐惧，正是他们的悉心帮助和耐心指导，让我鼓起勇气，持续向前迈进。

教育的核心在于塑造人的品格，增进人的理解力。特别是在语文教学中，我们不仅要注重学生知识的积累，更要重视培养他们的人文素养。水总是比杯子更重要，我们不能仅仅提供给孩子们铁杯或瓷杯，而忽略了他们汲取知识的能力。从我的师父以及语文组的老教师们那里，我领悟到了教学的三个真谛：首先是认真。初登讲台时，我常常感到手足无措，是师父一课一课地帮我梳理，同时我也反复听其他教师的课，直到自己能够清晰地整理出教学思路。师父经常提醒我："上天不会辜负任何一个认真的人。即便天资不是特别出众，认真无疑是通往成功的捷径。"因此，我对待每一节课的教案都细致入微，从每一句话开始精心编写。在准备习题课时，我努力引导学生在题目中寻找解题方法，体会语文之美。其次是较真。师父总是强调："语文教学必须较真，每个词语都要精确落实，特别是知识点，必须准确无误地传达给学生，让他们明白语文学习必须严谨细致。"我衷心感谢语文组的每一位前辈，他们总是毫无保留地分享自己的教学经验，特别是在准备公开课期间，每位老师都会给予我宝贵的指导，帮助我更有效地向学生传授知识。最后是纯真。对待学生，我们必须设身处地为他们着想，真诚地对待他们，孩子们是能够感受到的。因此，我们必须以一颗纯真的教育之心为出发点，耐心地教导每一个孩子。教学的宗旨在于帮助学生掌握学习的方法和技能，特别是在语文教学中，我们不应将学生局限在应试教育的框架内，而是应激发他们对语文的兴趣，让他们在学习中获得文化自信。

面对新课程、新教材、新高考的挑战，我意识到必须自我更新。作为党员教师，我更应不忘初心、牢记使命，以更高的标准严格要求自己。我期望不久的将来能成为"明师"，即明理之师、明辨之师、明日之师，成为一位"手握戒尺，眼中有光，灵魂有爱"的教师。我渴望用我的公正与善良、真诚与光辉，在孩子们清澈的眼眸中映照出世界最初的美好，引导他们怀揣梦想，坚守信仰，在学习中学会做人，在做人中理解规则，在规则中学会敬畏，在敬畏中珍惜生命。

舒适感是成长的最大障碍，而痛苦则是成长的最佳标志。如果我们因恐惧不敢迈出关键一步，虽然可能获得短暂的舒适感，但却失去了美好的未来。我希望在未来的每一个挑战中都能积极应对，不畏惧失败。未来的道路漫长，我深知自己还有许多需要改进的地方。既然选择了教育，我将把“虚怀若谷，上善若水，静待花开”的情怀和最美的教育理想装进行囊，踏上这条朴素的教育之路。即使没有掌声和鲜花，即使不被理解和认可，我也不会随波逐流、安于现状。我将努力成为一名有教育情怀的教师，以梦为马，不负韶华。在这个纷繁复杂的世界中，我不会忘记为人师表的初心，明确未来的目标，因为教育是一条漫长而遥远的道路……

小缘始于“遇见”，小情深于“陪伴”

高中部　史硕婷

“小史姐姐，能发张弟弟的照片给我看看吗?”

2021 年 11 月 10 日，躺在病床上的我收到了一条来自加拿大的语音。那是我刚刚生产完的第一天，他口中的弟弟就是我刚出生的儿子。恍惚间，我被电话那头传来的声音拉回到了初为人师的时光。那是我带的第一个班，逐路 10 班，而来电的男孩正是其中之一。刚来到石外时，大学老师叮嘱我的话不断在我耳畔回响：“想自己的孩子拥有什么样子的老师，自己就成为什么样子的老师。”而当自己真正成为母亲时才深刻理解了其中的内涵。犹记得初为人师的惶恐与不安，迷茫与慌乱，但庆幸的是我和很多青年教师一样，遇到了为我们领航的人——我们的师父。

在高虹老师身上，我见证了理想教师形象的体现——诗意与艰辛并存，收获与奉献相随，追求与跋涉同行，责任与义务交织。她常对我说：“只要坚持，没有干不成的事。”这句话不仅是她的口头禅，更是她以行动不断阐释的教育理念。因此，在教室和走廊，总能听到学生们亲切地称呼她为“高妈”。我深感幸运，能遇到这样一位师父，也庆幸自己能成为语文组的一员，我要感谢语文组的每一位前辈，他们对我的帮助和指导是无价的。特别要感谢我目前所在的高二语文教研组，魏济岩老师高瞻远瞩、把控方向，张秀梅老师博学多才、幽默风趣，赵美老师春风化雨、严谨细致，陈宝方老师丰富经验、精益求精，以及唐贺宁老师温文尔雅、德才兼备。在与你们同行的时光中，我感受到了不期而遇的温暖和如期而至的希望。正是你们的引领，让我站在了充满光明的讲台上。

御霄 9 班，是我送走的第一届毕业班。时光虽然斑驳，却从未抹去记忆，反而让往事的涟漪不断涌现。在田径赛场和红跑道上，我陪伴他们度过了跑操的时光；在网络和摄像头下，我陪伴他们经历了云端课堂的岁月。多少个日夜，我本可以享受归家的温馨和家人的欢笑，却选择留下，与学生们一同等待月光洒满大地。正是在这样的陪伴中，我遇见了另一个自己。我们一起经历了无数的晨曦和夕阳，共同走过了最艰难的时光，成为并肩作战的战友，也是彼此的亲人。当两个生命相遇，改变不应成为我们的目标，真正的目标是给予彼此温暖。在忙碌一天后，办公室桌上意外的奶茶和面包让我感到温馨；在教师节，来自不同大学的明信片让我深刻体会到教师职业的真正意义。随着学生高中毕业，我陪伴他们的日子暂时告一段落，但班里负责制作学生去向图的同学也将“我”纳入其中，即便离别，我们依旧相伴。我希望我的陪伴能成为一种精神力量，无论他们在未来的人生道路上遇到何种困境，小史姐姐的肩膀永远为他们敞开。

今年 4 月，我刚刚结束产假，便迅速回归到班主任的岗位上。与初任班主任时一样，面对众多不确定因素，我感到有些不自信。在此，我要特别感谢刘校长对我的鼓励以及对我工作的支持和帮助，同时我也很感谢贾志峰主任和王柳明主任的关照。记得在接到任务之初，贾志峰主任的叮嘱和嘱托让我有了面对挑战的信心。在多次紧张忙碌的时刻，王柳明主任总是及时伸出援手，帮助我平稳度过适应期。我同样铭记启航团队的领导和各位班主任对我的帮助与关怀。

李朝强主任是我们坚强的后盾，他总是鼓励我们：“大胆去做，有任何问题我来负责。”金艳姐则是我们前进的坚实基础，无论遇到何种困难，她总是全力以赴地帮助我们解决。还有王红老师、赵美老师、苗蕾老师和高姗老师，她们总是耐心地倾听我的问题，并帮我找到解决之道。此外，美慧、佩青、韩进这三位充满活力的同事，她们的青春活力不断激励我向前迈进。

在接手新班的过程中，我进行了深入的思考，并预设了多种情景，包括第一次见面、第一次班会、第一次班委汇报、第一次违纪处理以及第一周的跟班，我都做好了充分的准备，以期达到最佳效果。然而，在与孩子们建立稳定关系之前，我们便匆匆地迎来了暑假。为了更好地了解他们的学习状况，我们约定每周见面，无论天气如何，从不改变。尽管偶尔有人未能赴约，但大多数孩子还是与我并肩同行，共同进步。定期会面使我们更加熟悉，但我仍感觉与他们之间存在一定的距离，因此，在新学期开始时，我为每个孩子写了一首三行诗，并将其贴在走廊上，希望他们一开学就能明确目标，增强信心。

紧接着，学生们迎来了“高二现象”，在这个关键时刻，济蒙 2 班的任课老师们给予了我极大的帮助。张永利老师、李振洲老师、郭杰老师和苗蕾老师经验丰富，总能给我提供许多实用的建议，帮助我解决难题；生玥老师和刘晓环老师深入学生之中，与我并肩作战，遇到问题我们共同面对；赵金艳主任、尚俊书老师、王猛老师和史琳娜老师，尽管我们班的小语种学生不多，但他们总是认真地与我分享每个孩子的情况，助力他们更好地成长。

踏上新的旅程，我面临着不少挑战。在照顾孩子的同时，我还得兼顾班主任的工作，完成每日的教学任务，面对纷繁复杂的事务，我感到压力巨大。就在我几乎被压力压垮之际，班上的一个女孩与我分享了她家盛开的花朵，并告诉我："您平日里给予我们无数精神上的支持和心理上的温暖，我们特别希望在这个时刻也能给您带来温暖，我们永远支持您，小史姐姐。"读完她的话，我明白了陪伴的意义在于相互给予力量。学生们对我的陪伴，正是我人生的"加油站"。

高二上学期，生玥老师提出了创建班级公众号的构想，旨在激发学生写作的积极性。我们迅速行动起来，整理手头的资料后惊喜地发现，学生们已经创作了许多优秀的作品。迄今为止，我们的公众号已经发布了三期内容。在此特别感谢邵明书记，他帮助我们将孩子们的文章推广到了学校的公众号上，孩子们看到自己的文字受到很多人的关注，纷纷向我表达了他们的喜悦之情。少年的文字如同仲夏夜的梦，充满了奇幻与想象，既浪漫又炽热。

就在前几天，我刚刚编辑完孩子们创作的小说集，闭上眼睛，我仿佛看到他们携带着月亮向我走来。我们总是喜欢在夜晚聆听故事，而那些擅长讲故事的人，就像是摘月亮的使者。我们阅读，我们倾听，我们体验，我们触摸，文字的温度总是让我感到依依不舍。

朝朝暮暮，岁岁时时，想起学生，便满目湖泊烟绿，碧海云天，那些美好的记忆在指尖、在耳畔、在心田。打捞起，反复斟酌，每当生命遭遇寒冬，它便破冰而出，引领我走向春天。"草，在结它的种子；风，在摇它的叶子，我们俩站着不说话。"在顾城的诗里，陪伴就是这样简单而美好。陪伴意味着把最美好的东西给了学生，那就是时间，它看似平常，日复一日，年复一年，甚至到最后成了一种习惯，但那却是最长情的告白。

小缘始于"遇见"，小情深于"陪伴"，三十而立，肩上除了清风明月还有多了一份责任与担当，希望我的陪伴能够引导孩子们心怀梦想不丢信仰，在读书中学会做人，在做人时懂得规则，在规则中懂得敬畏，在敬畏中不负生命。

2020，我的教育感悟

高中部　生　玥

尊敬的领导、老师们：

大家好！今天，我非常荣幸能在这里与大家分享我从事教师这一职业以来的一些体会。作为一名年轻的教育工作者，我深刻认识到责任重大且道路漫长。在这四年的磨砺中，我所经历的每一分每一秒都在为我未来的职业生涯奠定坚实的基础。带着这样的心态，我回顾并整理了这四年的教育和教学经历，并希望通过以下五个方面与大家交流我的一些想法。如有不妥之处，敬请各位提出宝贵意见和批评。

一、相信态度决定高度

像所有满怀热情和憧憬投身教育事业的年轻教师一样，我大学毕业后回到了中学，然而现实与理想的鸿沟让我一度感到沮丧。除了日常的教学和备课工作外，还有堆积如山的作业批改和背诵检查，自 2018 年担任班主任以来，纷繁复杂的琐事更是让我感到时间被割裂，工作缺乏明确的主线和重点。我曾怀疑自己所做的一切是否真的有价值。

最令我感到棘手的是，在高一新生入学时，我发现班上有几位学生的英语成绩始终徘徊在“前五名”（倒数）。在第一次考试后，我尝试与这些学生沟通，但始终未能找到激发他们学习英语的有效方法。面对成绩的挑战，我内心责怪他们上课不专心，作业不按时提交，虽然焦虑和无奈伴随着我度过许多日子，但这对解决问题毫无帮助。于是，我向组长王红老师寻求建议。

与王红老师的这次交流让我意识到，这些基础薄弱的学生更需要老师的关注和爱护。因此，我制订了一个计划，为这些学生每天布置一道特别的题目，并将其打印下来，我还指定了小张同学担任组长，负责收集这些“额外作业”。每天晚自习前，我会单独为这些学生讲解，经过一段时间的努力，这些学生的成绩都有了小幅提升，班里成绩落后的学生数量逐渐减少。

态度决定高度，教育工作需要积极面对困难的信心、耐心和恒心，需要对每一个细节持有坚定的信念。教师应以自己的行动向学生展示，“在乎”是学习中至关重要的品质之一，努力总会有回报。

二、相信信任的力量

2019年，高二分班之后，我接手了一个历史组合的普通班。在这个班中，有一群特别的女孩，她们是足球体育特长生。这些孩子在赛场上是勇敢的铿锵玫瑰，然而回到教室并非所有人都对学习抱有同样的热情。起初，我对这些孩子抱有一丝疑虑，她们的学习习惯不好，自我约束力较弱，我担心她们可能会不遵守纪律，影响班集体的风气。更让我担忧的是，她们可能会与这个集体产生隔阂。

然而，运动会上这群女孩的默契配合让我大为惊叹。她们积极组织同学报名，并带领参加接力赛的同学进行训练。在比赛中，她们不仅在各自的项目中取得了优异的成绩，而且在女子4×100米和4×400米接力赛中表现尤为突出，为班集体赢得了荣誉。赛后，女孩们坚持将所有的奖牌挂在我身上，这让我深受感动。她们对班集体的热爱，对老师的尊重，丝毫不逊色于其他同学。

运动会结束后，我们很快迎来了阶段性考试。我为这些体育特长生进行了详细的成绩分析，了解了她们各自的目标，并对她们提出了具体的要求。她们对我的鼓励和要求非常重视，课堂上的表现也越来越符合我的期望。

去年12月支教期间，这群可爱的姑娘自发组成了一个小组，为山区的孩子们带来了一堂精彩纷呈的风采展示课。经过半年的相处，我对她们充满了信心。正如我所预期的，孩子们的表现令人赞叹，她们不仅精心制作了课件，设计了有趣的比赛环节，还在讲台上激励孩子们追逐梦想，勇于面对挑战。在一个小组课件出现故障的间隙，她们还主动引导孩子们分享自己喜爱的球队和未来的梦想。这段时间，我不仅对她们在讲台和操场上的成熟与稳重感到惊讶，更被她们对山区孩子的热情和耐心所感动。

教师与学生之间需要建立信任。我们班有两位学生在远程学习期间表现得不好，学习效率不高，经过深入了解，我发现了他们背后的家庭问题。网络为我们带来了便捷的沟通方式，我更倾向于通过微信或电话私下关心他们，传递老师的关怀而非批评。教育的每一步都应建立在信任之上，正所谓“亲其师，信其道”。我也经常与这两位学生的家长进行私下交流，为他们提供指导，帮助他们认识到自身和孩子的问题，并让他们明白他们并不孤单，老师始终是他们坚强的后盾。

教师的角色犹如掌舵者，而学生们则是勇敢的水手，我们共同朝着一个目标前进。在这个过程中，相互之间的信任是不可或缺的。教师需要相信每位水手的潜力，清晰地指出航行的方向，这样大家才能齐心协力，使我们的航船行驶得更稳、更远。

三、相信教育需要思考

如何有效地组织琐碎的工作，使之条理化且富有成效，真正使学生受益，这是我一直深思的问题。我的答案是：从学生的角度出发。我们需要考虑学生的需求，我们希望培养学生的哪些能力，以及我能为此做些什么。

在这一阶段，学生的显著特点是自我意识强烈，渴望自主管理。针对这一特点以及我们班面临的问题，我构思并实施了几个策略。一是晚自习的管理方法。我与班委会成员共同商议，制定了一份无声自习承诺书，并在班会上与同学们进行了深入讨论。我们讨论了自习课时间的合理分配、自主学习与自我反思的重要性，以及自习课的到位时间和纪律要求。根据同学们提出的建议，我们进行了相应的调整，最终由全班同学签名确认，并将其张贴在教室后方的黑板上。这一措施得到了同学们的广泛认可，并有效解决了之前自习课上频繁出现的交谈问题。

二是培养学生的时间管理意识。在高一上学期期初，我注意到一些学生在时间管理方面存在明显不足，例如，一个晚自习下来作业仍未完成，周末回家后甚至不写作业，而是将所有作业积压到周日晚自习才匆忙完成。随着国庆小长假的到来，我意识到如果学生不能在家中自主管理时间，那么一个月辛苦建立起的学习习惯和状态可能会迅速瓦解。因此，我决定采取措施帮助他们。

我精心设计了一份“学习计划反馈表”，将学生的一天分为上午、下午和晚上三个时间段，要求学生记录自己的日程安排，并确保每天至少有 8 小时的有效学习时间。虽然这可能不是对每个人都适用的方法，但经过国庆小长假、学考放假和元旦三次实践，学生的自主时间管理能力得到了显著提升，尤其是寒假期间的作业完成情况超出了我的预期。更令人鼓舞的是，一位家长效仿我的做法，为孩子制订了详细的寒假作业计划表，并将其分享到了班群里。

经过一个寒假，学生的自主学习能力明显增强，部分学生的成绩也有了显著提升。高一 7 班的成绩让我感到自豪，他们稳步前进，在同级别班中脱颖而出。在分班时，许多学生取得了理想的成绩，我为他们感到无比骄傲。

作为青年班主任，要想胜任这份工作，不仅需要耐心，还必须具备创新意识和学习意识。在教育过程中，我们需要融入自己的思考，将点滴灵感转化为实际行动。这样，我们便能收获许多意想不到的成果。

四、坚信家校合作的力量

网络教学初期，我们普遍担忧学生在家中可能缺乏自律意识，因此，自开学典礼起，我便努力寻找方法，鼓励家长参与到教育过程中。例如，我每日记录学生各方面的表现，但经过几次反馈效果并不理想。一些家长虽未明确表达，但却明显感到为难，似乎我的反馈成了他们与孩子产生矛盾的源头。经过换位思考，我理解了家长与孩子长时间共处存在的挑战，而解决问题的关键在于消除家长与孩子间的沟通障碍。

在第一次阶段考试后，为了帮助家长更客观地认识孩子的优点和不足，同时更好地理解孩子的想法，促进双方的交流，我要求每个学生书面回答了“考后三问”：从学习态度、学习目标和学习方法三个方面反思自己的不足。在与家长沟通时，我利用发送成绩的私信机会，将我的观察和学生的反思一并传达给家长，并提出建议。通过这种方式，家长能够看到一个结合了老师、孩子和家长三方视角的立体画面。减少一分误解，便增加一分理解，这大大缓解了家长与孩子间的紧张关系，孩子们对父母的管理也不再那么抵触了。

构建了亲子沟通的桥梁后，我深知作为班主任的责任所在。许多家长实际上缺乏有效的育儿技巧，也不清楚怎样做才是真正地支持孩子。因此，对家长的培训和指导至关重要。每当我浏览到有关新高考的网络新闻或重要信息，我都会及时分享到家长群里；学校定期发布的那些对家庭教育和学生学习有帮助的文章，我也不会错过，确保家长们能够接收到这些信息。此外，对于那些有特殊需求学生的家长，我实施了个性化的指导，旨在让家长们懂得帮助孩子解决问题才是表达关爱的最佳方式。

五、相信团队的力量

教育的智慧不仅源于个人的灵光一现，更多时候是团队合作所激发的灵感。青年教师们拥有一个共同的“避风港”，即德育备课团队。刘校长对青年教师的成长寄予厚望，因此为我们安排了听课、公开课以及德育学习等任务。我们 11 年级启航团队，一个见证了我们这群年轻人成长的温暖的集体。在王柳明主任的带领下，经过两年的磨炼，我们已经成长为一个协作默契的团队。作为青年班主任，我经常借助团队的智慧。高虹老师总是提醒我关注班里的动态，遇到“问题学生”时，她会与我共同探讨解决方案；武会兰老师以其理科教师的果断作风，每次分享会都让我受益匪浅，我总是默默地记录下她的宝贵经验；红姐姐，即我的德育师父王红老师，我经常向她请教。王红老师在集体教研时乐于分享课堂管理的高效方法，比如，如何高效地检查学生背诵、如何调动课堂气氛等，给我们这些青年教师带来了极大的帮助；梁老师工作极为严谨，与他一起监考时我学到了许多考务工作的细节。自从我接手5班的英语课以来，与梁老师的配合非常默契，我们共同努力，学生学习英语的热情日益高涨；赵美老师在班级管理方面经验丰富，高一时我常在办公室看到她与学生进行深入交流，她设身处地地为学生着想，积极帮助家长解决问题。我们团队中还有许多充满活力和创新精神的年轻同事，如建会、文芳、硕婷、娇娇，他们都是教育教学的佼佼者，我们经常聚在一起讨论班级管理的各种问题，并分享各自的实践经验。两年的班主任经历丰富了我的人生，也使我的思维方式更加多元化。在这个充满正能量的团队中，我找到了无尽的灵感和永不枯竭的精神动力。

外语组宛如一个温馨的大家庭，在贾主任的带领下，每位成员都在努力充实自我，个个都成了学习型教师，在这种充满敬业精神的团队氛围中，我丝毫不敢放松。我的师父马采青老师总是慷慨地与我分享她的教学心得，每次观摩她的课我都能获得不少启发。在准备公开课、评优课时，她总是不辞辛劳地与我一起完善教案和授课细节，一遍又一遍地帮我磨课，这样的实践和陪伴让我在短短几年内迅速成长。我非常珍视这个团队，珍惜向每一位优秀、敬业、无私的老师学习的机会。

回溯与这所校园的不解之缘，故事得从2004年9月讲起，一切的起点是这片迷人的石外校园。当我再次踏入这片土地，我深刻铭记着自己的初衷和责任。我会永远珍藏初次踏入这所学校的那份憧憬，以及在校期间老师们孜孜不倦地教诲，还有重返校园时那份难以言表的激动。对一所学校的热爱，意味着愿意在这里倾洒青春，奉献自己的激情。我渴望将在这里汲取的知识、理想和信念继续传递给我的学生们，因为他们是一群充满活力、怀揣理想和拥有热情的孩子，尽管他们的表现有时不尽如人意，但回想起十年前的自己，我们又何尝完美无缺呢？爱这群学生，是因为在他们身上看到了青春的火花和理想的光辉。

最后，我要再次感谢我的母校，感谢我身边每一位优秀的老师，是你们不断激励我勇敢前行，使我成为一个更加自律、更加勤奋的教师。我将不断磨炼自己，坚守初心，牢记使命，不负韶华和理想，为石外的发展，为教育事业贡献自己的绵薄之力！

踏实做人，认真做事

高中部　冯立栋

尊敬的各位领导、各位老师：

下午好！首先，我要感谢领导对我的信任，给了我这个发言的机会。然而，坐在这里我感到有些不安。这种感觉源于两个原因：第一，会议室里有许多同事的表现都比我出色，因此，由我来发言我感到有些诚惶诚恐。第二，我的表达能力有限，这让我觉得有些勉为其难。

言归正传，今天我发言的题目是《踏实做人，认真做事》。自 2002 年加入我们学校以来，至今已有二十二个年头了，这些年里，我始终遵循这一原则来指导我的为人处世。教育工作难得有惊天动地的壮举，更多的是日复一日平凡而朴实的劳动。在此，我想分享几点个人的感悟。

一、用自己的言行感染学生

教师对学生的影响是无处不在、无时无刻的，它不仅源于教师口头上的教诲，更在于教师的知识水平、道德修养和个人魅力。这种影响力是教师通过自身的吸引力而自然形成的，它在某种程度上超越了知识的传递，使教师成为学生效仿的榜样。我始终秉持诚实守信的原则，以坦率和实事求是的态度影响学生，让他们认识到真诚和认真的价值。我要求学生做到的，自己首先身体力行；我禁止学生做的，自己坚决不做，以身作则，赢得学生的信任。例如，我要求学生不说脏话，自己就使用文明用语；我要求学生爱护环境，我就主动捡起地上的纸屑和瓶子；当学生提出我无法回答的问题时，我不会装模作样；我要求学生按时完成作业，我就保证自己每天检查作业；我要求学生不迟到，我就每天比大多数学生更早到教室，并且无论是否值班，我都会在晚自习时巡视班里……这些行为在潜移默化中塑造了学生良好的品质和道德观念，同时也赢得了他们的信任和尊重。

在此，我想通过上届学生的例子来说明问题：第一是雷卓群同学，她在高三期间取得了显著的进步，特别是在第二学期，她的成绩一直稳居班里前列。甄敏英和李悦老师经常用“小雷卓尔不群”来形容她高三以来的惊人转变。然而，与她高一时的表现相比，竟有天壤之别。记得高一期末考试时，我正好在她的考场监考，当场发现她在草稿纸中夹带历史资料。面对这种情况，我没有因为她是我的学生就有所偏袒，而是对她进行了全校通报批评。正是这样的处理，促使她改变了以往的侥幸心理，从而在高三实现了质的飞跃。第二是李子兆和黄杨森两位同学，他们在校时经常迟到，总是被罚做值日。毕业后，他们回来看我时提到被罚的经历，说：“老师您总是到校很早，言出必行，我们内心敬佩，因此做得不好而受罚是应该的。”

二、关心爱护学生，无私地帮助学生

真诚的关心和爱护学生，意味着不仅要在思想、学习和生活上给予他们关怀，更要在实际行动中平等地对待每一位学生。无论是成绩优异的还是有待提高的，无论是来自富裕家庭的还是条件相对困难的，无论他们是否犯过错误，班主任都应一视同仁，避免特殊化和偏见，尊重每位学生的人格，以公平、公正、平等的态度对待班里的每一个成员。记得上届有个学生叫张子涵，他在高三时才从外校转入，作为借读生，他的基础相对薄弱，加上身体状况不佳，每次考试几乎都是班里的最后一名，然而我从未因此而歧视或放弃他。每次考试后，我都会找他交流，帮助他分析原因，寻找改进的方法。在他回县里参加高考前，他特意送给我一个小礼物以示告别，并对我说：“老师，您不像我们以前的老师那样只看重分数而区别对待学生，我真心感激您对我的关怀。”

三、对待工作中的困难

在工作中，我们每个人都会遇到各种各样的挑战。面对这些挑战，如何应对成了摆在我们面前的问题。我的做法是尽量减少抱怨，保持一颗平和的心态，立足于现实解决问题。以去年高三 5 班为例，当学校设定高考目标时，我们班的目标是：一本录取 1—2 名学生，二本录取 10—13 名学生。鉴于我们班在入学时只是一个普通班，并且在保送分班和尖子班选拔的两轮筛选后，这个目标看起来几乎难以达成。刚进入高三时，我们班的情况并不理想，因此我重新审视了每位学生的情况，分析了他们的基础和潜力，并帮助他们制定了合理的目标。正如一句名言所说：“你无法统一所有人的思想，但可以统一大家的目标。”为了高考这一共同的目标，整个高三学年我们师生齐心协力，共同努力，最终在高考中取得了这样的成绩：一本录取 2 人，二本录取 13 人，实现了这个看似不可能的目标。在这里，我要特别感谢与我并肩作战的五位教师：赵美、甄敏英、刘强、李悦、杨红梅。正是他们勤奋敬业、脚踏实地的工作态度激励了我，也是他们面对现实、不轻言放弃、相信每位学生的态度感染了学生。同时，我还要感谢领导对我的信任，给予我足够的耐心，使我们有机会实现这一目标。

踏实做人，认真帮事，是我们高中部所有老师做人和处事的方式。好好体悟这八个字，值得我们受用一生。

谢谢大家！

爱的教育

高中部　朱丽欣

身为高中部的一员，我深知许多前辈学识深厚、热爱教育，同时也有许多新生力量充满活力、勇于创新，我从大家身上汲取了诸多知识与经验，因此站在这个讲台上，我感到些许不安。正如朱自清所言："燕子去了，有再来的时候；杨柳枯了，有再青的时候；桃花谢了，有再开的时候。"2020 届的学生已经毕业，而 2023 届的新生接踵而至。三年又三年，岁月流转，但每个三年都是独一无二的。我们陪伴着学生们度过了他们生命中不可复制的三年时光，我时常思考，我们应当如何竭尽全力、敬业奉献？又该如何热爱教育、热爱学校、热爱学生？今天，我演讲的题目是《爱的教育》，这也是借用一本书的名字，以此鞭策我在事业上要不断反思，不断总结，不辜负多年的班主任工作。

进入高三，每天早出晚归，备课、讲课、批作业，出题、做题、整错题，每天忙不完的琐事，永远有想做而没做的任务，这一天好长；进入高三，暑假的补课奋战像是昨日，好像刚刚才分班，可是一眨眼半个学期了，还有 193 天就要高考了。日子过得好快，还没来得及欣赏夏日的绚烂、秋日的静美，冬日就来了。

近代教育家夏丏尊先生曾说：教育没有情感，没有爱，就如同池塘没有水。没有水，就不成其池塘，没有爱就没有教育。这番话深刻而富有哲理。爱是教育的根基，是深远规划的出发点。

高三 10 班是高考班中表现最为出色的，然而与往年相比，这个班的基础相对薄弱，班里人数众多，但中考成绩普遍不高。具体来看，中考成绩在 620 分以上的有 3 人，600 分以上的有 8 人，590 分以上的有 5 人，这些分数段的人数均低于往年。而成绩在 580—589 分的有 7 人，570—580 分的有 9 人，几乎占了班里总人数的一半，他们的中考成绩都在 590 分以下。面对这样的班，如何进行教学管理呢？在与一位学生交流时，他表达了这样的想法："学习实在是太辛苦了，我的成绩也还算可以，就保持现状吧。"这实际上反映了一部分学生的心态，他们缺乏积极性，不愿意付出额外的努力。

在暑假分班后的班会上，我们的核心任务是统一思想认识，确立高三拼搏的决心。以班会为我们的主战场，我精心准备了课件资料，向学生们分享了励志视频和文章，让他们目睹了众多同龄人努力奋斗的身影。我深信，真正的关爱意味着为他们规划未来，这需要充分激发每位学生的学习热情，挖掘他们的潜力，确保他们能够全力以赴，迎接高考，不留任何遗憾。

持续的思想工作与其他管理措施必须同步进行。时间管理是学习中的一项重要能力，我们的班也应保持适度紧张的节奏，与高考拼搏的步伐相一致。我们借鉴了刘宏明老师上一届尖子班的作息安排，暑假补课期间，我和学生们坚持早晨 7:00 前到校，午餐时间提前 20 分钟开始学习，大多数学生的晚餐时间控制在 25 分钟以内，即使在班午休的同学也基本遵循了用餐时间的规定。

杨天行是一个特别稳重且勤奋的孩子，但他向我透露，尽管如此，周末在宿舍的学习效率并不高。我听后感到非常高兴，因为这表明他的自我要求和学习标准正在提升，这无疑是一个积极的开端，也反映出我们班级管理的成效。现在，他的晚餐时间快得令人难以置信。有一次，我注意到监控显示他在 18:15 点起身去吃饭，而到了 18:28 点再看监控时，他已经进入学习状态。

靳翔宇是一个在班午休的孩子。自从进入高三以来，他中午进入学习状态越来越快了。记得 7 月时，他通常需要 40 分钟或更长时间才能回到教室学习，而到了 11 月，他现在大约在 12:25 就能回到教室开始学习，他的成绩也在稳步提升。期中考试后，他曾向我反映："最近心态有些不稳定，面对难题时感到焦虑，也不太愿意去做。"我经常告诉孩子们："在学习和生活中遇到问题时，如果可以自己解决就尽量尝试，如果不行，一定要向老师或家长寻求帮助。"对于即将参加高考的学生来说，高三无疑是一个巨大的挑战，我很高兴看到孩子们在遇到问题时能够寻求帮助，并找到解决问题的方法来改善学习状况。我询问他："如果难题花费得时间较长，是否会导致每天的学习计划无法完成?"他承认确实如此，但他认为自己可以尝试一些难题。我肯定了他的学习态度，并指导他制订学习计划时要留有余地和弹性，给自己积极的暗示，静下心来攻克难题可能会带来更大的提升。总有一些学生会遇到困难，我希望在高三剩余的 200 多天里，能够陪伴他们一起努力，磨炼技能，透过现象看本质，洞察学生的内心，迅速找到问题的关键，并以恰当的方式解决问题。

若要深谋远虑，理想信念的教育不可或缺。开学伊始，侯老师便布置了这一任务。对个人成长而言，内心深处的目标理想是推动我们努力奋斗的动力，也是我们面对困难时的勇气之源。一位高三学生的家长向我反馈：“朱老师，你的学生真的把您推荐的学校作为目标了，他们说高三要全力以赴，一定要考上那所学校。”我询问家长原因，家长回答：“孩子们表示，他们想要治病救人、救死扶伤。”我们班的后墙报一直保留着一个项目，那就是展示每位学生的高考目标。期中考试后，我组织了一次以“高考目标”为主题的班会，一些同学对自己的期望值有了进一步的提升。我希望10班能够稳步前行，即使速度缓慢，即使暂时落后或遭遇失败，但只要持续不懈，最终定能实现他们所追求的目标。

从教学实践的角度来看，离开了“爱”，教学活动便难以持续。教学的核心在于激发学生大脑的思维过程，学生的天赋并非预先设定的模板，而是潜伏在脑海中的智力潜能。这些潜能需要教师用爱心去唤醒，只有活化的智力潜能才能吸收知识，进而转化为智慧和才能。

我们终究会一直在教育教学的路上走下去，带着“爱之，则为之计深远”的出发点，一路前行。

用爱，诠释为人师的价值

高中部　刘　英

各位同事下午好，很感谢领导给我这样一个和大家交流的机会，我交流的题目是《用爱，诠释为人师的价值》，在写这篇稿子的时候，真的是太多的回忆涌上心头。

一、爱在点滴之间，终将打开学生的心扉

让我先与大家分享一段个人经历。除了应聘我们学校之外，我曾尝试报考高能物理研究所的研究生，但遗憾的是分数未能上线，当时我有机会调剂至云南天文台，然而家里并不太支持我的决定。从小我的梦想就是成为一名教师，如今，我已经找到了一份令我满意的工作。我们班上另一位男生则被补录，毕业后他选择出国深造。后来，在我们的大学群里，我看到他回河北师范大学做报告，因为2017年引力波的观测获得诺贝尔奖，他所在的研究所也参与了该项目，并且他个人也取得了一定的研究成果。我曾半开玩笑地对我的爱人说："如果当初不是你，现在做报告的可能就是我了。"而我的爱人则幽默地回应："真的是呀，要不老天爷罚我给你做一辈子饭呢。"那一刻，我感到无比的幸福。我意识到，我一直从事着自己热爱的教育工作，并在家人无尽的爱与陪伴中成长，因此我青春无悔。我之所以与大家分享这个故事，是因为我也曾将它告诉过我的一位学生，现在上高二年级的蔡同学。在她高一时，我曾教过她，她的成绩一直很优秀，学习也很勤奋，但到了选科的时候，她变得特别焦虑。在一次晚自习时我与她交谈，她坦白说她非常喜欢物理，但缺乏信心，觉得自己不行，她一边说一边流泪。那时，我便与她分享了我的故事，并告诉她每个选择都会有得有失，永远不要被自己想象中的困难所吓倒。在做出选择时，我们应该思考我们能收获什么，以及如何规划才能更好地实现我们的美好愿景。尽管选择的道路可能充满挑战，但做自己喜欢的事情并为之努力所带来的幸福感，足以支撑我们一路前行。你可能不是最优秀的，但你一定会是最幸福

的。最后，她紧紧地抱住我说：“老师，我太爱你了，我现在一点儿也不纠结了，我会努力的。”高中的孩子们在心灵上有着很大的闭锁，他们保守着自己的秘密、喜悦与悲伤。老师和家长有时难以触及他们的内心世界，能够打动他们的，不是生硬地说教，而是坦诚的分享、默默的支持和无限的信任。不止一位同学对我说过：“老师，我觉得你晚自习太辛苦了，我一定会好好学习物理。”这就是我们的孩子们，他们能感受到我们的付出，日复一日，我们也就走进了他们的心里。

二、和志同道合的人一起谱写教育篇章

思考着二十年的教学生涯，尽管没有值得夸耀的成就，但我的内心却充满着满足感，这份职业自豪感的源泉是什么呢？是石外这个大家庭，是与我并肩作战的同事们。在学生进步缓慢，我深陷自我怀疑时，美美姐坚定的话语给了我方向和信心：“不要怀疑自己，我们按计划前进，放心，我会支持大家。”这让我重新找到了努力的方向。作为物理组最年轻的成员，我享受着来自团队的关爱与支持。我们每一位教师都是点燃彼此内心的火种，每天早上踏入大厅，看到忙碌的同事们、听到他们关切的话语，我便满怀热情。尽管有时会抱怨，但我依然会在课堂上充满信心地告诉孩子们：“没问题，我们再梳理一遍这个知识点，今天一定能掌握。”记得开学初的阶段考试，我们 8 班的数学和物理成绩不尽如人意，我和韩进老师感到压力巨大。我安慰韩进，问题早发现是好事，但作为教师的责任感让我丝毫不敢放松。我们逐一分析每个学生，划分小组，针对不同需求制定策略：有的学生需要增加任务，激发他们的竞争意识；有的学生需要紧盯作业，确保他们先纠正错误再学习新内容；对于学习状态和方法有问题的学生，我们先与家长沟通，调整状态后再谈成绩提升。在考试后的一周内，我们紧锣密鼓地实施各项措施，包括学生和家长的座谈会、精选试题、对重点学生利用晚自习进行基础训练等。虽然工作繁重，但内心十分踏实，对学生的期望也日益增长。这就是我们对教育最朴素而真挚的爱——尽我们所能，满怀希望地等待花开的那一天。当然，我还有高二物理备课组的伙伴们，梁光洲老师和李佩青老师与我组成的团队堪称完美。我们之间互学互助，梁老师总是慷慨地给我们分享优秀的课件、视频和习题，帮助我们解决各种难题。佩青老师勤学好问，做事高效，她管理班级井井有条，她的青春活力激励着我不断奋进。对我来说，最美好的生活方式就是与志同道合的人一起追求理想，回首有丰富的故事，脚下有坚定的步伐，前方有清晰的目标。

在石外的校园中，封存着我青春的记忆；在石外的教室里，记录着我对教育的

热忱；在石外的辉煌时刻，映照着我奋斗的轨迹。我与石外有着不解之缘，与教育事业相依为命。因此，选择一个事业，坚守一生，承担起责任，恪守其原则，我将继续用爱来阐释教师职业的真谛，践行“三爱”精神，与大家并肩作战，共同进步。我的分享就到这里。

陪你左右，陪你慢慢走

高中部　刘　萍

岁月流转，我在石家庄外国语学校已经工作二十年了。这里的一草一木、一砖一瓦都深深地印在我的记忆中。回想起二十年前，我带着青涩和羞涩站上讲台，对教师职业的热情如同初升的朝阳。如今，这份热情已转化为深沉而持久的责任感，虽不炽烈却稳定地发挥着它的力量。

如今，我既是教师，也是学生家长。每当听到女儿滔滔不绝地讲述每位老师传授给她有趣或新奇的知识时，我心中便充满了感激之情。我想知道，有多少像我一样的家长，每天都在与孩子分享学校带来的快乐？一个孩子的求学之路，牵动着多少父母的心！每当这些念头涌现，我便被激励着细致且尽善尽美地完成我的工作。童年的经历对一个人的一生影响深远，而现实生活对其品德塑造和社会性发展具有不可替代的重要性。教育是一项需要耐心的艺术，是掌握“度”的艺术。面对这样一群充满活力的学生，我们又怎能有任何懈怠的理由呢？现在，我愿意将自己的一些经验和感悟与各位同人分享交流。

一、做好德育细节——陪你左右，陪你慢慢走

随着金秋九月的到来，校园里再次充满了孩子们的欢声笑语。高一新生们正迈入人生新的学习旅程，并为未来三年向顶尖大学发起冲刺而积累力量。石外学生所展现的气质关键词包括专注、坦然、大气……培养出具备这些品质的学生，对学校和教师而言是一项挑战。实际上，教育理念可以精炼为一句话：守望成长。这里的“守”意味着陪伴，“望”则代表了指导和引领。对于任何学生来说，成长都是一个渐进的过程，而首要条件便是老师的陪伴。切实做好常规德育工作，是陪伴学生健康成长的坚实基础。

入学教育是高中生活的第一步。正如常言所说“万事开头难”，如果学生、家长和教师能够迅速熟悉彼此，适应期就会大大缩短。因此，三方的合作至关重要。

接下来，是我发出的信函以及家长的回复。

给学生的一封信

亲爱的同学：

你好！欢迎你以优异的成绩进入石家庄外国语学校高中部学习！

我是你的班主任，刘萍，女，1980年6月生人，河北省石家庄市人。河北师范大学教育硕士，在石外高中部教语文十七年。我希望能陪你一起尽快适应高中紧张有序的学习生活，为以后的学习奠定良好的基础。

就在我给你写信的此刻，我觉得你的名字对于我来说已经不陌生了。一方面是你的名字我已经录入好多遍了。另一方面是班主任这个头衔让我有种归属感，你我将同处于一个班集体缩短了我内心与你的距离。

尽管如此，我对你知道得还是太少太少，因为每个人都是丰富的。为了我们能有一个进一步沟通的基础，顺利度过未来三年，我想多了解你一些，尽可能多些。

所以，我想听听你对下面一些问题的看法，你愿意谈哪些问题都可以，如果你认为还有别的问题更重要，你也可以谈一谈，我只是希望通过你的“声音”，认识一个人，了解一颗生动独特的心。相互了解可以缩短我们之间的距离。(请认真回复，我将根据情况安排与你见面)

(1) 关于你自己：你认为自己是一个什么样的人?

包括：你的现状（生活方面、学习方面、人际方面……）；你的理想（梦想、幻想、未来……）；你的兴趣爱好（你喜欢的运动、你喜欢的音乐、你喜欢的书、你喜欢的人物、你喜欢的风景、你喜欢的色彩、你喜欢的生活方式……）；你的优点或者特点（你的身体素质方面的优点/特点、你的性格方面的优点/特点、你的人际交往方面的优点/特点、你的学习方面的优点/特点……）。除此以外，你一定还有很多关于你自己的认识……

(2) 请你简单谈谈自己的成长历程，当然也免不了有成长的烦恼。(可以概括性地随意谈谈，也可以就某些具体事件谈谈)

尽管你才十四五岁，你对生活最大的体会是什么？你成长过程中最大的收获是什么？对你影响比较大的人、事、书籍等等是什么？值得记忆的事情有哪些？你成长过程中很遗憾的或者觉得不尽如人意的事情是什么？

附件1可以帮助你理清思路，请填写后交回。如果你还有想特别说明的，也可以谈出来。

(3) 和爸爸妈妈在一起的时候——

你感觉怎么样？你愿意和他们谈论哪些话题？和爸爸妈妈在一起的时候(忙于学习的时候、假期的时候、你生日的时候、父母生日的时候、你身体不舒服的时候、父母过分劳累的时候……)，你都做些什么？作为家中的重要成员，你在家里都做些什么事情？你觉得在父母眼里，你是什么样的？

(4) 和朋友在一起的时候——

你感觉怎么样？你是否有相处时间较长的朋友？你觉得在朋友眼里你是什么样的？你觉得一个好朋友应该是什么样的？

(5) 在学校里——

你的感受如何？你是否有比较喜欢的老师？你觉得在他/她眼里，你是什么样的？你觉得一个好教师、一个好班主任是什么样的？

(6) 关于社会工作——

附件2有两个内容：

①调查你初中阶段担任的学生干部工作，请在相应处打“√”。你的工作完成得如何？是否得到认可和奖励？请在右侧空白处具体说明。

②了解你希望在新的集体里承担工作的意向，可以有多项选择。如果你选择某个职位，请用稿纸写出你的工作计划。如果你没有做任何选择，也请你用稿纸写出自己的想法。

注意：

①因为表格内所列职务并不全面，没有包括校外的工作、校内校级的学生工作(如学生会、社团)以及班内可能设置的一些特殊职务(如财产保管员、电教委员、班刊编辑、记者、宣传干事)，如果你以前曾经担任过附件内没有列入的某些职位，请把自己的情况写在“其他工作”栏目之下，如果你认为一个班里还应设立某些职位，并且愿意担当此职务，也请提出建议。

②高中鼓励学生担任一定的学生干部工作。这些鼓励一方面体现在日常教育中，另一方面体现在对学生的德育评价中。我个人认为，根据你自己的实际情况在班内担任一定的职务是有益的。

(7) 关于你的学习——

说明：此处是指广义的学习，如果你曾经参加过某些竞赛，请填写附件3。

(8) 你希望自己的14～17岁或15～18岁如何度过？

你对你的高中生活有什么样的想法？你希望你所在的班集体是什么样的？其中班主任是什么样的？同学呢？

一下子问了这么多问题，也许对于你不是每一个问题都重要、合适，你不必局限于以上问题，如果你对班主任、对新的班集体、对学校乃至未来的生活有任何想法都可以写出来，因为你的关切、你的问题、你的爱心、你的智慧都有助于形成一个积极向上、充实愉快的学习生活环境，这将使我们每个人受益。所以，对你的意见和建议我表示非常感谢！

该信内容是我了解你的重要组成部分，热切盼望收到你的回信！并请附上一张近期免冠寸照，以便我尽快认识你。

给家长的一封信

尊敬的家长朋友：

你们好！首先祝贺你们的孩子以优异的成绩进入石家庄外国语学校高中部学习，同时对你们在孩子成长过程中的艰辛付出表示深深的敬意！

我是孩子的班主任，女，1980 年 6 月生人，河北省石家庄市人，河北师范大学教育硕士，已教高中语文十七年。我希望能配合家长帮助孩子尽快适应高中紧张有序的学习生活，为以后的学习奠定良好的基础。

我写这封信主要是想初步了解孩子和其家庭环境。虽然这个年龄段的孩子有其共同特征，但每个孩子又因身体条件、成长经历、教育环境等的不同而各有特点。因此，教育要有针对性，对不同的孩子有所区别，不能千篇一律。

家长是孩子终生的老师。你们的一言一行无时无刻不在影响着孩子，教育着孩子。当孩子一天天成长，和孩子朝夕相处的你们如同再一次经历了成长的历程，伴随为人父母的喜悦和辛劳，你们对教育子女有了更深的体会。所以，我特别希望能了解你们的想法，这对学校全面把握孩子的情况、处理好每个孩子的独特问题、丰富教育方法等都非常重要。

为了方便你们回答，我把问题附在后面。

在此要特别说明的是，如果方便的话，我希望孩子的父亲和母亲能分别写一下自己的观点。虽然问题是一样的，但是父亲和母亲是两个独立的人，即使在同一个家庭中，因为处于不同的位置，也一定有不同的感受，回答的角度也不尽相同。所以请父亲和母亲尽可能单独作答，如果父母一方工作繁忙可以不答，但千万不要替代作答。如果父亲（母亲）一方想说明母亲（父亲）的看法，烦请您注明。

在这个世界上，也许有许多过失可以弥补，但是如果错误的教育把一个人领入歧途，代价是巨大的，因为我们的孩子耽误不起。作为石外的教师，我也看到在部分孩子身上存在着一些问题，有的甚至严重影响了孩子的健康成长，所以请你们不必局限于我提出的问题。在我的视野之内，也许有一些重要的问题被忽略了，如果你们看到了，请你们告诉我，为了孩子，我希望能得到你们多方面的帮助。

事情重大，时间紧迫，务请回复，非常感谢！

此致

敬礼！

班主任：刘萍

2020 年 8 月 25 日

附件：

同学的父亲（母亲）：

您好！

我想请您就以下几方面（或者其中某个方面）谈谈自己的看法，您还可以谈谈您认为重要的任何问题。（烦请回复，尽快给我）

①在您的眼里，孩子是一个什么样的人？

②请您简单谈谈孩子的成长过程。（可以概括性地随意谈谈，也可以就某些具体事件谈谈）

③您对孩子最大的影响是什么？

④谈谈在教育孩子过程中您最成功之处是什么？

⑤谈谈您教育孩子所遇到的不易解决的问题或困扰有哪些？

⑥在您的印象里，您的孩子在学校是个什么样的学生？

您对于孩子在学校担任一定的学生干部工作有什么想法？（高中是鼓励学生担任一定的学生干部工作的。我个人认为，根据孩子的实际情况在班内担任一定职务对其是有益的）

⑦在家庭里，孩子是什么样的？

和您相处得如何？孩子是否关心和理解您？具体表现有哪些？

和母亲（父亲）相处得如何？孩子是否关心和理解她（他）？具体表现有

哪些？孩子在家里做哪些事情？请具体说明。

⑧请说出您的孩子的10个优点/特点。（请至少包括一项身体素质方面的优点/特点、一项性格方面的优点/特点、一项人际交往方面的优点/特点、一项学习方面的优点/特点）

⑨您是如何看待教育的目的的？

您认为孩子在高中阶段的教育该是什么样的？

为了孩子全面健康成长和发展，结合您孩子的特点，您认为学校/班主任应该加强哪些方面的工作？

⑩您觉得一个好教师、一个好班主任是什么样的？

您的孩子是否存在某方面的具体问题？（如在学习方面、个性方面、人际交往方面、上网方面等）

来自家长的回信和寄望

尊敬的刘老师：

您好！虽然我们还未曾谋面，但从您致家长的一封信中已经深深地感觉到您对孩子的用情之深、之真！对您在高中之始对孩子的辛勤付出表示崇高的敬意，对孩子有您这样优秀的老师带领他们一起走过人生中最重要的三年感到幸运！

我是孩子的爸爸刘建举，1975年12月生人，虚长您几岁，毕业于中国人民大学，硕士学位。我深刻认同您在来信中提到的“家长是孩子终生的老师”这句话，孩子是父母的缩影，每个孩子身上都或多或少保留着原生家庭的烙印。我崇尚的家庭教育理念是教育专家尹建莉的一句话：最美丽的教育最简单，父母是孩子最好的老师！在孩子的成长过程中教育孩子“亲其师，信其道”，我们虽然没有孟母的三徙教和孔子的过庭语，但一直用父母“无心插柳”潜移默化地影响让孩子养成好的学习习惯，习惯有时比成绩更重要。为配合您的工作，下面我针对你您列出的问题一一答复：

在我的眼里，孩子是一个专注、担当、坚持、快乐、善良、遵规守纪、富有爱心、尊敬师长，又有一点儿自己想法的孩子。

孩子从幼儿园开始一直到高中，一直在43中就读，为了让孩子有完整的人生经历，一直与父母生活在一起，整个成长过程应该都是比较平顺的，学习成绩一直都比较靠前。初中阶段，在43中班内稳居前三，年级名次最好时在前十，一般稳定在前五十。

对孩子最大的影响是什么？我只能按照自己的理解说一说，但不一定是孩子认为的。我认为对孩子最大的影响是作为父亲一直管孩子的教育和学习问题，特别是在幼儿园时对孩子的坚持品质的养成有一定影响。那时孩子刚开始去超市买东西时，我告诉孩子，你去超市你有选择权，但你只能选择两样，选择了就不要轻易后悔。孩子到超市后就会认真挑选，最后选择她认为最满意的两样东西。此后她一直有这个习惯，她自己选择的东西就会一直坚持，包括练习舞蹈、画画儿时，就算发着烧也会坚持上课，从不轻言放弃。

在孩子教育过程中我认为最成功的是与孩子的平等相处。从小到大，遇到孩子的事情我都会比较民主平等地与孩子商量，争求她的意见。若是意见不一致，我会将这个事情讲透，以使其理解。一般孩子在初中会经历叛逆期，但我几乎没有感觉到子墨叛逆。

目前，我在孩子的教育过程中遇到的困扰是如何让她爱上英语。可能受我的影响，虽然孩子的英语成绩一直还不错，但她对英语的兴趣和热爱程度远远不如数学和物理。这也是在选择 43 中保送、二中省理和衡中过程中的纠结，但最后与孩子认真分析完高考形势后，我们选择了 43 中保送。

在我的印象里，孩子在学校认真学习，课下与其他孩子能开心聊天，是个快乐的孩子。我非常赞同您提出的“高中鼓励学生担任一定学生干部工作”的说法，这也是我想让孩子在高中加以提升和改进的一点。孩子在初中三年一直担任学习委员和小组长，我想让她在担任班长或者学生会干部方面加以尝试。

在家里，孩子能做到专注学习，不轻易受外界干扰，直到现在孩子还没有自己的手机，但有 PAD 供学习和适当娱乐所用。有空时，孩子会拿出一些时间与我聊天、探讨，例如，探讨一些社会现象，或近期我与孩子一起读《易中天品三国》《玄奘西游记》《康震评说苏东坡》等书的体会。孩子与我相处得非常愉快，也非常理解我的工作，比如，我在外应酬累了回家时，她会主动给我按按头，等等。孩子与她妈妈相处得也非常愉快，为了减少家庭教育的矛盾，我们家对孩子的教育有一定的分工，我管孩子教育，她妈妈管生活和保障。随着孩子逐渐长大，她也越来越理解父母的不易。孩子在家里一般是学习、读书、做自己力所能及的事情。

孩子的 10 个优点：一是孩子舞蹈过了 9 级，身体柔韧性较好；二是孩子的性格比较中性，与人为善；三是愿意融入团队，可以与陌生人很快打成一片，找到共同话题；四是学习专注，成绩优异；五是乐于帮助别人，特别是学习方面；六是韧性强，为了达到目标，锲而不舍；七是遵规守纪；八是富有爱心、尊敬师长；九是喜欢学习新的事物，并愿意与家长探讨；十是爱读书，自学能力和探究精神强。

我认为教育的目的一方面是增长和丰富孩子的知识，培养他们的学习能力，另一方面是培养他们健全的人格和良好的习惯，也就是社会适应力，让其成为对社会有用的人。高中阶段的教育，作为保送生来讲，一方面要着眼于应对保送校考全面而系统地准备，这是最重要的方面。另一方面要着眼于未来，提高孩子的综合素质。为了促进孩子的健康成长与进步，我认为学校应当从高一开始，为保送生制订专门的规划，指导他们如何为既定目标做好准备。

我觉得像您这样的老师就是好的老师、好的班主任。其实老师更多时候是孩子的一盏明灯，燃烧自己照亮孩子成长的路。

我认为我的孩子目前没有什么大的问题，看刘老师是否能给她在班长或学生会干部等职务上锻炼的机会。

路虽远，行则将至，关键而又忙碌的三年高中生活虽然刚刚起步，但有您的引领和陪伴，孩子与我们家长必将收获满满！

最后，再次感谢刘老师的辛苦付出，祝您身体健康！

每年金秋时节，充满活力的石家庄外国语学校高中部都会迎来大约 400 名新生和十几位新教师。他们汇聚一堂，与在校师生共同编织着新的精彩篇章，恰似“人”字结构，左撇右捺，相互支撑，共同书写着属于他们的故事。在此，我愿抛砖引玉，分享一些德育工作中的实践，希望从事德育工作的同人们、志趣相投的教师们，以及关心石家庄外国语学校发展的家长们，特别是那些无私奉献的妈妈们，能够从这些分享中获得一丝启发，这将是我最大的荣幸。

二、挺拔之姿——收获拔节生长的瞬间

（一）“我又不想造导弹……”——新的互联网时代孩子们的与众不同

北宋张载曾有名言：“为天地立心，为生民立命，为往圣继绝学，为万世开太平。”过去，我常以此激励学生，但面对现今的“00 后”，这些话语似乎不再奏效。我曾向他们讲述 2009 届苏晓伟同学研究核能的励志故事，他们虽然不直接反对，但似乎并没有被真正触动。

因此，在一次成绩分析会上，我向学生们提出了两个问题：首先，你们喜欢学习吗？其次，你们为何而学习？结果，没有一个孩子表示热爱学习，而他们对学习目的的回答让我感到困惑。有的孩子说，是因为父母的要求；有的说，是为了将来能找到好工作；还有的说，是为了将来能在凉爽的空调房里看着别人辛苦工作。亲爱的同事们，你们认为这些孩子们是变得更加成熟还是更加幼稚了呢？一方面，手机、电脑、短视频等的普及，让孩子们迅速接触到成人世界，并不断模仿。另一方面，由于生理年龄的限制，他们无法像成年人那样深思熟虑，导致大脑前额叶享受的部分过度发达，而吃苦耐劳和自律方面却未能有相应发展。这无疑为当代教师提出了一个新的挑战。

我的解决策略首先是倾听和理解，通过共情建立信任。只有当孩子意识到你并非意图说教或训斥时，他们才可能敞开心扉接受你的观点。当然，这一过程往往需要投入大量的时间和精力。但最终结果是令人满意的，孩子们逐渐调整了心态，并且理解了我们每个人都在不懈地工作和生活，以维持现在看似平凡的日常。重要的是，我们不应误解"努力"和"平凡"的真正含义。

（二）教是为了不教——事事有人管，件件有回应

在探讨班级管理时，我们常常听到"我的班我做主"的说法。然而，在面对"00后"高中生，特别是那些成绩优异的学生时，这一理念并不总是那么容易实现。

以蒋文旭的转变为例。当我了解到他的父亲在他小学时就已离世，我才意识到这个孩子外表的极度自尊背后，隐藏着一颗极为敏感的心。我悄无声息地引导他学会勇敢，他对于我的关注感到非常高兴。这位细心的男孩也帮我处理了许多日常工作，包括消毒水的配比、每日的通风消毒、日常值日表的编制，甚至包括酒精的开封和标签贴附等。有了他的帮助，这些烦琐的事务我都不必再费心。

钮云清、栾景雯和杨海清，三位既漂亮又倔强、个性十足的女生，她们在男女交往、贴大字报等问题上曾让我头疼不已。但随着时间的推移，这三个女孩也逐渐成长起来，其中一个进了保送班，另外两个考了雅思 8 分的高分，计划前往加拿大多伦多大学深造。此外，这两年来，她们还把黑板报和楼道的班级文化墙装饰得漂漂亮亮，我对此也无须再操心。

李佳喆，一位拥有 9 年班长经验的漂亮女孩，她能够轻松处理班里的大小事务。靳展和靳亦洋，一个擅长操作智慧黑板和遥控器，另一个则是大扫除的领头人，总是冲在最前面，最后收尾。陈司晨作为外语课代表，无论是早读还是晚课，无论是线上还是线下，她从未失职。

（三）暑假开学，班级“能量瓶”

“能量瓶”指的是调查问卷，旨在调查学生假期在家时的优秀表现。这不仅是家长给予孩子的“能量瓶”，同样也是老师向班级传递的“能量瓶”。

调查原因有三：

第一，缓解焦虑情绪，让孩子意识到“我很棒”。许多学生在假期中并未保持学习状态，回到学校后，目睹同学们的勤奋学习，难免会产生焦虑感。即便表面上看似风平浪静，他们内心可能已经波涛汹涌，却仍要装作若无其事。在这种情况下，如果老师和家长持续施加压力，只会加剧学生的心理压力，甚至可能导致极端行为。此时，我们不妨将指责的食指转变为鼓励的拇指，用积极的情绪去引导孩子。

第二，营造积极的班级氛围。为了培养孩子的优秀品质，首要任务是让他们认识到自己的价值，同样，为了提升班级的整体水平，关键在于让每位学生都感到自己在班里是不可或缺的。每当寒暑假或小长假结束后，我都会收集“能量瓶”，以此来表扬孩子们在假期中的表现。实践证明，积极的鼓励能够塑造出更出色的孩子。从家长们的反馈中，我欣喜地看到了孩子们一年来的显著进步。

第三，缓和尴尬的亲子关系。经过一个多月的相处，许多家长感到压力巨大，有时难以避免会对孩子发脾气。每一次责备都可能在亲子间留下微小的裂痕，频繁的责备可能导致亲子关系变得紧张。通过调查孩子出色表现的机会，我们可以帮助家长发现孩子的优点，同时让孩子感受到父母深沉的爱意。

孩子是可遇而不可求的，师生之间是相互成就的。你们是否听说过“竹笋定律”的故事呢？在长达四年的时光里，竹子仅仅生长了微不足道的 3 厘米，并且这期间它还深藏于土壤之下。然而，到了第五年，竹笋破土而出，以每天平均 30 厘米的惊人速度迅速生长，在短短六周内便能达到约 15 米的高度，相当于普通竹子的正常高度。在这看似缓慢的四年里，竹子其实已经在地下悄悄地将根系扩展了数百米。我正是怀着这样的耐心，期待着班上形形色色的“小竹笋们”茁壮成长。

三、珍惜同事——每一个人都是成长中的“贵人”

人的一生，从出生到离开这个世界，每个阶段都会遇到无数的陌生人、同学、朋友、老师、知己、同事……在这些偶然的相遇或日常的交往中，许多人可能将同事这一角色视为竞争对手，即便不是竞争者，也往往忽视了他们对我们影响的重要性。实际上，当我们仔细回顾自己的职业生涯，从多个角度来看，同事对我们的影响有时甚至不逊于上司或朋友。如果幸运的话，遇到优秀的同事，他们可能成为我们职业生涯中不可或缺的“贵人”。

人们可能会感到疑惑，为何同事能被称为“贵人”？同事是共同承担工作职责的伙伴，有时同部门的同事甚至可能成为竞争者，那么，为何称他们为贵人呢？年轻时，我也曾有这样的疑惑，但如今步入中年，四十不惑，我反而认为孔子的“三人行必有我师”是对这一现象的最佳诠释。优秀的同事是促进我们成长的贵人，他们让我们明白天外有天，人外有人；那些比我们年轻一些的同事，是让我们有机会锻炼指导他人能力的贵人；与我们能力相当的同事，通过相互观察和切磋，甚至是良性的竞争，更是激励我们不断前进的贵人。

我始终认为自己非常幸运，初入职场时，有刘树青、李会敏、李兰梅等老师真诚地手把手指导我；当我开始独立工作时，重点班的班主任田素霞、李悦老师对我这个新手老师给予了极大的包容；当我能够独当一面时，年级主任侯哥给予了我信任和支持；在遇到挫折、犯错或失败时，侯校长、刘校长、李主任、贾主任、王主任等领导总是给予我鼓励；在办公室里，有一群与我并肩作战、共同奋斗的同事，我们一同努力工作，累了就互相倾诉，然后再一起努力工作；在备课时，语文组的同事们以他们的智慧、灵性、稳重和博学为我提供了宝贵的帮助。还有那些每天早出晚归，在行政岗位上默默支持教学工作的同事们……写这篇文章时，我坐在桌前，认真地回顾自己走过的教学之路——重新成长，重新出发。我深爱我的学校，珍惜我的岗位，感激身边的每一个人，努力使每一天的工作都充满期待，这样，就没有什么困难是无法克服的了。

与爱同行　感动常在

高中部　刘　萍

尊敬的各位领导、各位老师：

大家下午好！首先，我要感谢领导对我的信任，给予我这次发言的机会。然而，我内心仍感到些许不安，因为我认为自己所做的工作仅仅是日常职责范围内的事情，而且这些工作成绩也是团队成员共同努力的结果，并没有特别之处。更何况，在座的各位老师中有很多人做得比我更出色、更细致。因此，我站在这里发言，心中难免有些忐忑。不过，让我们回到正题，我今天要分享的题目是《与爱同行　感动常在》。

“涉江采芙蓉，兰泽多芳草，采之欲遗谁？所思在远道。”这是高中语文课本必修二《古诗十九首》里我最喜欢的一首，和将老师比喻成春蚕、蜡炬，我更愿意把我们的工作和生活比做“涉江采芙蓉”，而我们就是“涉江采芙蓉”的行者。爱在左，情在右，走在生命两旁，随时撒种，随时开花，将这漫漫长途，点缀得花香弥漫。不忘初心，方得始终，我站在三尺讲台时刻谨记我的初心，我的梦想。我始终相信“爱心高于技巧，责任重于泰山”。

一、第一朵“芙蓉”，感动

在整理假期班集体照片时，高一的点点滴滴再次浮现在我眼前。从军训、拔河比赛、歌咏比赛到队列展示，从异程接力、运动会到篮球赛，再到联欢会……我仿佛重新体验了与学生们共同度过的时光，深感幸运能陪伴他们成长。在这一年里，我因班里日常扣分而对他们发过脾气，因迟到、未完成作业、自习课上说话等问题批评过他们；这一年，我习惯了每天早上 7:05 进入教室，陪伴他们学习；习惯了中午走进教室，与他们一同观看《经典咏流传》《朗读者》，并提醒他们注意午休纪律；习惯了课间巡视，看学生们围着老师提问；习惯了自习课时监督他们，及时解决学习中的小问题；习惯了晚自习前叮嘱学生持之以恒地进行听力训练；习惯了每次成绩公布后立即与学生谈话，帮助他们分析原因，设定目标……班主任工作中的苦与累，若非亲身体验，难以想象。然而，其中的甘甜，外人也难以体会。师生携手同行，共同为目标和梦想努力，同舟共济，甘苦与共，因此，我们共同经历了无数感动的时刻。

由于每天清晨便来到学校，且常常是早读紧接着上课，我的早餐往往被推迟。因此，我的办公桌上经常摆放着各式小零食和水果，有时是饼干，有时是一盒酸奶，偶尔是一个苹果。办公桌上还有写着温馨提醒的小字条，它们提醒我要按时进食或劝慰我不要生气。每当这些时刻，我便感到自己被如此多的“小棉袄”所包围，感到无比幸福。此外，桌上还常备着眼药水和治疗喉咙干痒的含片，这些细节让我时常感动。

亲爱的孩子们，感谢你们。我非常珍惜与你们共度的每一天，它们都是珍贵的回忆。与你们相处，我感受到了真诚，一句简单的话语，一份难得的信任，都给我留下了深刻的印象，并且给我的教育工作带来了意想不到的成功。时间悄然流逝，我与我的学生一同成长，在这个过程中，我们共同经历了喜悦与忧愁，收获了幸福与成功。

二、第二朵“芙蓉”，热爱

只有对工作充满热爱，我们才能不断超越自我，不断开拓创新。通过创新，我们可以营造一个快乐的氛围，提升班级文化的底蕴。我曾经也因日常工作的烦琐和枯燥而感到沮丧，面对学生接连不断的问题而感到无助，但是，无论抱怨还是无奈，都无法解决问题。那些只会抱怨的人会被痛苦所淹没，而那些勇于改变的人才能开创新生。只有不断地改变，不断地突破，不断地创新，不断地改进，我们才能适应时代的发展和学生的变化。因此，我将每一次创意活动视为自我超越的旅程，将烦琐的事情注入情感，将细微的事情深化，将平凡的事情变得独特。这样，常规变得精致，琐碎变得精细，平凡变得精彩。在不断创新中，我也实现了心灵的释放、自我的突破、职业的幸福和专业的成长。很多时候，我们只需要换个角度，想一点创意，哪怕是微小的变化，就能给工作带来很大的改变。

在侯哥的带领下，我们高二年级的班主任团队，无论是经验丰富的张永利、张振鹏、焦占婷三位老师，还是与我同辈的朱丽欣、李茹老师，以及四位年轻的小妹妹贺宁、晓环、仙婷、文静，都是思维敏捷、智商与情商兼备的优秀伙伴。我们的办公室洋溢着和谐与快乐的氛围。此外，我们的语文组也是一个充满创意的团队，米老师、郭姐姐、李主任、崔琼、唐唐，他们不仅怀揣着对星空的向往，也脚踏实地地致力于教育工作。因此，我们的学生完全有能力从这里走向世界！

我对教育事业充满热爱，享受着观察学生们在各种活动中充满活力的时刻。正是这些瞬间，让我深深爱上了与学生们共同度过的每一刻高中时光，这不正是诗意生活的生动体现吗？当一个人能够发现日常生活中隐藏的美景，即使是最平凡的日子也能感受到诗意，他的生活还有什么可畏惧的呢？无论生命的旅途如何起伏不定、充满挑战，总会有意想不到的惊喜等待着我们；无须惧怕时间的纷扰，成长的道路上自会充满欢乐；更不必担忧风雨雷电的侵袭，因为每个人的心灵花园里都盛开着浪漫之花。这样的教育，才是对精神的唤醒、潜能的激发、智慧的传递和幸福的缔造。

三、第三朵“芙蓉”，情怀

梁启超先生在《少年中国说》中阐述了“少年”的命运是与国家的命运紧密相连的。的确，一个民族乃至国家的繁荣昌盛，与未来栋梁之材息息相关。家国情怀，是指个人对国家和人民所怀有的深厚情感，它体现了对国家富强、人民幸福的追求。这种情怀不仅是一种高尚的道德情操，更是对国家的高度认同、归属感、责任感和使命感的体现。它深植于文化心理之中，是国家和民族在逆境中依然能够坚韧不拔、屹立不倒的精神力量。

作为一名语文教师，同时也是一名党员教师，我始终将培养学生的家国情怀作为教育的核心。在外国语学校，学生有众多机会走出国门，走向世界。然而，如果我们的教育仅培养出精致的利己主义者，缺乏大爱，即便学习成绩再优秀，也难以承担起应有的责任，难以走得长远。

因此，在我们的班会和课堂上，我们必须帮孩子们树立远大的理想，引导他们从小立志为人类造福，培养他们成为具有家国情怀的人。只有这样，我们的学生才能真正成为国家的栋梁之材。

2009 届的毕业生苏晓伟，是我曾教过的学生，李悦老师是他的班主任。5 月的一天，他回校送喜帖，并与我分享了他的经历。苏晓伟目前在深圳从事核能研究工作，由于工作涉及国家机密，提交的资料都是受国安保护的。尽管工作辛苦，且缺乏自由，他的月薪仅为 8000 元，这在深圳并不算高。他提到，如果他选择跳槽到华为等公司，解决手机电池发热等问题不是难事，而年薪可轻松超过 100 万元。

他的新婚妻子同样从事核能研究，专注于民用领域，而他则专注于军用核能，如航母上的核反应堆。当我询问为何不选择更高薪的工作时，他坦率地回答说，在40岁之前他不会考虑这些，因为他的父母都有稳定的工作和足够的退休金。他和妻子认为，目前的收入足以维持生活，更重要的是在年轻时想多做些研究，推动国家在这一领域的进步。

他自然地表达了这些想法。他还提到，他们这一届的许多同学都在各自的领域里默默奉献，如张益宁，刘主任的学生，在美国硅谷工作。这些年轻人向我保证，再过10年，当他们这一代人崛起时，我们的祖国必将实现新的飞跃。当我邀请这些优秀的校友回到我的课堂上分享经验时，我看到学生们眼中闪烁着光芒，我意识到他们心中点燃了希望之火。

同样让我感到欣慰的是，我们年级也有像杨子墨这样的学生，他的英语成绩非常优秀，参加各种比赛获奖无数。他告诉母亲，最令他兴奋的时刻不是自己的名字出现在大屏幕上，而是“石家庄外国语学校”的名字被展示出来。

在我多年的教学生涯中，感动的瞬间不胜枚举。教师节的祝福；家长发来的感谢短信；生日时收到的鲜花和卡片；学期结束时与学生深情的拥抱，他们的话语：“老师，您要保重身体，我们会回来看您的”……尽管教育之路充满艰辛，我们却乐在其中，收获着师生间深厚的情感，以及同事间的友谊。我衷心感谢我的同事们，与你们并肩作战，共同工作，真是无比快乐。难以忘怀每次考试后，我们一起分析成绩，你们给予我坚定的信心和勇气；难忘班里出现问题时，你们脸上的忧虑和眼神……没有优秀的个人，只有优秀的团队。我真诚地对我的同事们说：你们辛苦了，感谢你们。

每天清晨，我满怀喜悦地踏入教室，学生们琅琅的读书声，在我听来是世上最美妙的旋律；夜晚，我带着满足和充实的心情回家，在繁星点点的夜空下，一路回味着我的小确幸。即使涉水采芙蓉，再艰难再疲惫，也觉得无怨无悔。

教育是心灵对心灵的感召

高中部　阮铭武

一、年级团队的特点

风行团队是一个充满温暖与互助精神的集体，一个对工作充满热情和敬业精神的集体，一个勇于拼搏和无私奉献的集体。我的这一评价基于众多确凿的事实。

首先，风行是一个温暖互助的团队。在高中部，许多教师都是中年人，他们常常需要处理很多家庭琐事。每当有教师遇到困难时，总有人愿意伸出援手。在这里，我无法一一列举所有感人的事例，但我会分享几个具有代表性的故事：在期中考试期间，当有教师因紧急事务或健康问题需要临时请假时，寻找替代的监考人员往往是一项艰巨的任务。每位教师平均需要监考 4—5 场，同时还要承担阅卷工作，这使得指定替代者变得不太可能。因此，我在群里发布了一条求助信息，很快，马采青、曹月阳、檀文慧、成宏玲等老师便主动表示愿意接替监考工作。这不仅让两位请假的教师深受感动，也赢得了大家的广泛赞誉。此外，本学期中，每当有教师因公或因私请假，其他教师总是毫不犹豫地主动承担起代课和代班的任务，并且都以出色的表现完成了这些工作。

其次，风行是一个爱岗敬业的团队。我们经常可以看到教师们早出晚归，利用自习课时间辅导学生，与学生进行深入的交流，其中崔景雪等老师就是这一方面的优秀代表；李兰梅等老师在作业的布置与检查方面表现出色，他们设计的作业具有个性化突出、层次分明、针对性强等特点；鲁贵锁等老师对年级工作给予了大力支持，不辞辛劳，对于晚自习和周末课程的安排从不抱怨，即使自己遇到困难也总是设法克服；高东颖、何晓飞等老师即使身体不适或有特殊情况，也依旧坚持工作，从不轻易请假。这些事例展现了我们的教师始终将学生放在首位、凡事优先考虑学生的精神，真正实践了“一切为了学生，为了学生的一切”的教育理念。

最后，风行是一个拼搏奉献的团队。我们的教师们在完成既定的繁重工作量之余，还主动承担了额外的任务。刘宏明等教师在奥林匹克竞赛辅导方面投入很大精力，其工作量之重不言而喻；而我们的班主任团队，在确保班里工作顺利进行的同时，还肩负着年级层面的职责。许多创新措施和策略，都是班主任们集体智慧的结晶，并通过他们的头脑风暴得以实现。贾彬华老师多次为年级撰写激励人心的誓词和翔实的信息报道；陈宝方、杨新杰等教师为学生举办了深入的学法指导讲座；胡纯芳、曹月阳、冯立栋、张田蕾、郎荣肖、刘宏明等教师也曾在会议中心担任发言人或进行主题演讲。在这样一个团队中工作，无疑是一种幸福。

二、年级的主要工作和具体措施

在全体师生的共同努力下，我们的学生教育管理体系日趋完善。其核心内容涵盖了量化管理制度、班级奖励制度、学生自我管理制度、违纪学生再教育制度以及学情调研制度。今天，我将重点介绍学情调研制度。该制度特别强调评价功能，旨在深入了解学生的元认知能力、认知能力、自我效能感、学习策略以及情感、态度和价值观。在实际操作中，我还融入了“爱”的教育元素，旨在引导学生学会爱、理解爱，并培养他们的感恩之心。在我们的访谈提纲中，教师的提问都是正面设计的，并要求学生提供具体实例。例如，我们会问：“你喜欢哪些老师在自习课上的做法，请举例说明。”我们之所以要求提供实例，是为了避免学生不经思考地回答，更重要的是希望他们能够重现教师的积极行为，从而加深印象，强化感恩意识。在每次调研的最后，我都会问：“哪位老师对你帮助很大，你有什么想对他说的话吗?你愿意写下来吗?”并强调：“如果有话想说，就请写下来；如果没有，也不必勉强，我们希望看到的是你的真实感受。”在这次调研中，许多学生表达了对老师的感激之情，共有21位老师收到了38张表达感谢的字条。老师们，请不要小看这些字条，即便只有一张，它在小样本调查中也具有极高的代表性。如果排除抽样误差，我相信我们年级的全体老师都给予了学生极大的关怀与帮助。从学生的文字中，我们可以感受到他们对老师的深厚情感。同时，我们还发现，学生的期望其实并不高——只要我们多一些耐心，不讽刺打击，不放弃他们，就能够激励学生。

三、今后工作的方向

教育是人与人之间的相互塑造，心灵与心灵的相互呼唤。夏丏尊曾言：“教育没有情感，没有爱，就如同池塘没有水一样。没有水，就不能成其池塘，没有爱就没有教育。”卢梭亦指出：“凡是缺乏教师爱的地方，无论是品格还是智慧，都不能充分地或自由地发展。”真正的教育必须建立在相互尊重与信任之上，依托于宽容与乐观的期待。真正的教育发生在人与人心灵距离最短的瞬间，存在于无声的感动之中。因此，在未来的教学实践中，我们应当注入情感与爱。这不仅是为了提升教学质量，更重要的是为了改善师生关系，使我们的工作更加愉快，提高我们的生活品质。

师生关系是一种较为纯粹的人际关系，而人与人之间的交往本质上是“以爱换爱，以信任换信任”。马克思有一段广为人知的论述：“假定人就是人，而人对世界的关系是一种人的关系，那么你就只能用爱来交换爱，只能用信任来交换信任，等等。如果你想得到艺术的享受，那你就必须是一个有艺术修养的人。如果你想感化别人，那你就必须是一个实际上能鼓舞和推动别人前进的人。”或许有教师会问：“我已经付出了很多，我也尽力去鼓舞学生，为何学生仍感受不到我的爱，收不到爱的回应？难道我注定不幸？”我们必须明白，学生的认识是一个渐进的过程，有时只有在一定距离之外，他们才能感受到你的爱。教育需要耐心等待，实际上，又何止是教育，人类所有的智慧都凝结在两个词中：等待和期望。

以熹微灯火，点亮滚烫星河

高中部　孙晓雨

2018年9月，我满怀希望地加入了石家庄外国语学校的教师团队，成为这个大家庭的一员。在这片充满活力的教育沃土上，我这个年轻人得以扎根、茁壮成长，并不断汲取知识与智慧。教育是一项既充满挑战又肩负重大责任的事业，过去的六年里，我积累了无数宝贵的经验。

回顾往昔，我已从一个初出茅庐的大学毕业生，成长为现在初步合格的教师。这一路走来，我有过迷茫，有过失望，有过欣喜，有过悲伤，但拥有更多的是努力和坚持，这些经历都深刻地印在我的脑海之中。

一、追逐光

在过去的六年里，从实习到正式加入石外集团，我有幸得到了领导的无私帮助与支持。刘校长总是耐心地帮我分析现状，出谋划策，助我克服困难，并指导我进行职业规划；李主任作为我们数学组的中流砥柱，不仅在日常工作中给予了我大量指导，在专业成长上也提供了诸多帮助；柳明主任作为我在班主任岗位上的启蒙老师，她的每一次鼓励都极大地激励了我；贾主任为我们青年教师精心设计了一系列培养计划，让我受益匪浅；邵书记则成为我学习的榜样，她那温柔而专业的态度值得我不断学习。

同时，在这六年间，我被同组的老师们深深震撼。我见识到了数学教学的另一种可能，能够与这些老师共事，我感到无比荣幸，并时刻提醒自己必须加倍努力以跟上他们的步伐。在成为一位专业的数学教师的道路上，我不断前行、思考、收获。

在专业发展方面，我取得了显著的进步。2022年，我参加了区级的评优课，尽管准备过程充满挑战，但我特别感激刘校长、李主任和侯主任的鼓励和支持，他们不仅为我出谋划策，协调设备，还帮助我解决了一系列难题。我还要感谢刘宏明老师迅速组织的第一次试讲和数学组的大教研活动，以及听评课团队对我课程的改进。感谢崔老师、张永利老师、张君梅老师、田老师、甄老师、姗姐、宁哥、建会，还有韩进、心怡、小潘等同事，他们多次帮助我理顺思路，修改课件和教学设计。特别感谢我的师父李茹老师，从接到课题开始，她就一直陪伴我，帮我串讲教材、查阅教参、整理思路，即使新冠疫情期间，也通过云视讯帮助我改进设计，国庆假期期间更是不辞辛劳地听我试讲，直至最后提交课堂实录时，她还一帧一帧地帮我调整。在我最需要帮助的时候，她总是及时给予我指导和鼓励，为我指明了努力的方向，并一遍又一遍地帮我审课，给予了我许多温暖。记得当时试讲几乎用遍了高一年级的所有班，最后一次试讲是在 2 班，课后我对甄姐姐表示感谢，她转达了君梅老师的话："不用说谢谢，因为我们每个人都是这样走过来的。当你之后的年轻人需要上课时，你也会像我们这样帮助他们，那就是对我们最大的感谢。"这段话我铭记在心，我相信，正是我们数学组这种一代代传承的精神，让我们不断进步。

二、成为光

教育的终极目标不仅仅是传授知识，而是培养学生学会学习、学会生活和学会做人。只有专业知识扎实，才能赢得学生的信任。我经常思考如何将我对数学的热爱传递给学生，让他们感受到数学的魅力。经过一段时间的探索，我有了一些新的想法。我引导学生使用 GGB（一款跨平台的动态数学软件）来绘制图形、立体图形、展开图以及动态图形，使原本复杂的几何问题变得生动且直观。在统计学模块，鉴于这是我的专业领域，我对这一章节进行了全新的规划。在侯主任、朱主任以及杨姐姐和立新两位班主任的大力支持下，我重新整合了本章内容，让学生亲身体验了数据分析的整个流程，从在线搜集资料、数据收集，到数据分析，直至数据应用，最终形成了一份完整的数据分析报告。在这个过程中，学生们在潜移默化中掌握了知识，并且感到非常有成就感。在概率论部分，我翻阅了我的专业教材，并通过查阅资料向学生介绍了机器学习和人工智能的最新进展，使得新教材中新增的内容，如条件概率、全概率公式、贝叶斯公式等，具有了实际应用价值，学生们学习起来也充满了热情。随着时间的推移，我觉得自己影响了很多人，2023 届的学生中，不少人在大学选择了数学和大数据专业，还有更多的学生将他们在数学研究中学到的思想方法应用于生活的各个领域。

三、璀璨星河

2023 年 9 月，时隔三年，我再次担任了班主任一职，与以往相比，既有相似之处，也有不同。相似的是，工作内容依旧，依旧是早 7 晚 7 的忙碌，依旧是关注学生的早读、晚课、作业、纪律、仪容仪表、数据统计和费用收取。不同的是，我已升级为一个小姑娘的母亲。成为母亲后，我更深刻地理解了成长的不易，也更清晰地看到了学生成长中的挣扎与纠结。因此，我决心更加包容和理解学生，去发现他们身上的闪光点，去影响、改变、爱护、成就他们。基于这样的理念，我将我们班命名为“星河”，希望每个孩子都能发光，汇聚成一条璀璨的河流。

然而，当我真正投入到这个角色中时，我意识到，这一代孩子也升级了。他们自我意识强烈，兴趣广泛，思维多元，一言不合就可能顶嘴，这常常让我感到束手无策。当我为学生们的左耳进右耳出、重复犯错而苦恼时，年级主任朱丽欣老师提醒我：“他们终究是孩子，需要耐心。一次不成就教两次，两次不成就三次，一直不成就一直教，给孩子时间，他们终将学会。”面对他们不断出现的问题，我感到无所适从，但我的同事陆老师、茹姐、萍姐总是慷慨地与我分享她们的经验；我的好搭档立新、妹妹张洁、心怡、佳雨和弟弟李航，他们是我们团队的“智多星”，他们有创意，能深入孩子的内心世界，提出了许多好点子。还有我们战狼团队的“头狼”侯满生主任，他经常深入班里，为我提供策略，并始终相信和支持我，是我坚强的后盾。在大家的帮助下，我逐渐调整了心态，用言语教导，用行动示范，勤于沟通，坚持早中晚到岗，深入学生中间，平静地接受他们的一切表现，最大限度地尊重他们。

我们班调皮的小 f 不拘小节，热爱足球，在运动会上，他以 1 秒之差未能赢得 400 米比赛的奖牌。在团体颁奖前，他带着不甘心对我说：“老师，这次运动会我们班没有优势，但下学期足球联赛我们一定给您拿个第一回来。”我抓住这个机会与他交流，表扬了他的集体荣誉感，感谢他对班集体的关心，并告诉他：“不仅在体育上我们可以争第一，在学习上我们同样可以争第一，这也是班荣誉的重要部分。”看着他认真的表情，我知道他听进去了，果然在接下来的考试中他取得了很大进步。我意识到，当老师能够超越分数，看到学生各方面的潜力，并帮助他们成长时，他们也会给老师带来意想不到的惊喜。

作为一名党员教师，自入职以来，我积极投身于党员活动之中。新时代的教师肩负着新的使命，而新时代的党员教师则承载着更为重大的双重责任。我们致力于践行自己的初心和使命，不需要轰轰烈烈，只需要脚踏实地，尽己所能，勤勉工作，在务实的奋斗中展现新的成就。我努力成为那束能够照亮他人的光，并以此惠及周围的人。

教育是一场播种爱与榜样的耕耘，待到收获时节，我们将收获感恩与感动。这一过程循环往复，代代相传。耳畔书声琅琅，我期望孩子们能够追逐时间的翅膀，心之所向，无问东西，寻梦而行，一路追光。

莫道桑榆晚，为霞尚满天

高中部　李兰梅

一、坚守初心，爱教育，始终如一

习近平总书记指出：“教育是民族振兴、社会进步的重要基石，是功在当代、利在千秋的德政工程。”爱教育，好好做教育是人民需要、国家需要的。

我始终坚信，高中教师是世界上最美好的职业之一，它让人与人之间的交流充满了意义。青春，无疑是人生中最灿烂的时期。我们每天与青少年为伴，他们中的大多数思维敏捷、视野开阔、成熟理智、勤奋好学，与他们朝夕相处，我仿佛也汲取了他们的活力与生机。自 1992 年大学毕业走上讲台以来，三十二年如一日，我从未有过片刻的离弃。

二、不负所托，爱学校，涓滴尽力

我们的校园风景如画，我们的成就令人瞩目。然而，石外的美丽并非与生俱来，而是自 1994 年建校以来，石外人三十年的持续努力所铸就；石外的成就也不是一朝一夕之功，而是历届师生不断开拓创新、努力奋斗的结果。

面对新课程改革，迎战新高考，为了延续我们的辉煌成就，我们与志同道合的风行队员并肩作战，将对学校的热爱体现在工作的每一个细节中。刚刚结束保送生的选拔，我们没有时间休息，便立即投入到高考的准备中。由于年级的需要，采青和李莉迅速接手了 5 班和 6 班的英语教学工作；出于工作的需要，胡金婕老师和林进利老师也支援了其他年级的教学工作；会敏老师先后承担了 4 班和 11 班的语文课……风行团队的成员总是响应号召，一旦接受任务，便全力以赴。

高考重视的是综合成绩，因此我们必须像团队一样作战，单科突出不及各科均衡发展来得重要，风行团队的每个成员都深刻理解这一原则。在阮主任的带领下，以班主任为核心的班级团队和以教研组长为核心的学科团队迅速响应，实施了双周测验、单周测验、一周双测验等策略……每次测验结束后，全体教师都会聚集一堂，进行深入的分析、精确的定位、目标的设定，并将责任细化到个人。班主任负责班里的总体成绩，而教研组长则对各自学科的成绩负责。全校团结一心，集思广益，全体成员紧密合作：如果某个班在特定科目上有较大的提升空间，其他科目会相应调整以提供支持；如果某个学科在某个班表现不佳，整个学科团队都会积极思考，共同制定策略。正是凭借这种全局观念，风行团队共同促进了学校的发展。

在此，我想特别提及我们的语文组。我们的高三语文组无疑是石外的精英团队，五位成员中，年龄最小的 51 岁，最大的 53 岁，平均年龄为 51.8 岁。我曾担忧我们组年龄偏大，眼睛不好，出题和阅卷可能会遇到困难，但实际结果证明我的担忧是多余的。上学期，我和会敏负责的保送班任务繁重：与高考班进度不同，试题不同，备考方向也不同。我还同时负责一个保送尖子班和一个高考班，并且每周为保送尖子生进行一次长达一个半小时的语文培优工作，备课、找题、培训，压力巨大。高虹看到我焦急的样子，安慰我说："大姐，你们现在全力弄保送，高考班这边交给我。"会敏也说："放心，保送班这边的题我来负责。"彬华和胡纯芳老师每次阅卷都勇于承担重任，专门负责看作文。在这些兄弟姐妹的全力支持下，保送工作得以完美收官。在艰难的工作告一段落后，我们又立即全身心地投入到高考的战斗中。无论是双周测、单周测还是每周双测，我们这个团队总是在当天完成试卷的批阅，阅卷结束后，无论加班到多晚，我们都会集中备课：每个人都会说一说自己所负责的题目中学生暴露出的问题，并立即综合分析，制定提升措施。

为了确保 43 中的每个孩子都能拥有光明的未来，不辜负家长的期望，不辜负社会的厚望，不仅仅是风行队员，还有很多人在辛勤付出：我看到已经退休却依然每天早早到岗的你；我看到为了看清试卷而眯起眼睛，不断靠近电脑屏幕，反复放大字体的你；我看到耐心指导徒弟的你；我看到日复一日埋头于习题、选题、批改作业和制作课件的你；我看到为了弄懂一个问题而跨学科咨询、向年轻人求教的你；我看到处理完家务后带着疲惫的眼睛上课的你；我看到为了提高学生分数而早出晚归、千方百计的你；我看到即使身体不适，但一登上讲台就充满激情的你……感谢那些在教师岗位上默默耕耘、勤勉尽责的你。因为有了我，有了你，有了我们这些热爱石外、选择石外的人，我们的石外才一步步强大起来，赢得了声誉，未来必将更加辉煌。

三、立德树人，爱学生，固原培基

教育的终极目标不仅是传授知识，而是要教会学生如何学习、如何生活、如何成为有道德的人。唐代文学家韩愈曾明确指出教师的职责：“师者，所以传道授业解惑也。”我们对学生的关爱不仅体现在知识的传授上，更在于品格的塑造和精神的引导。因此，在过去的三十年里，我不仅传授知识，更致力于成为学生的精神导师和人生向导。

只有专业知识扎实，才能赢得学生的信任。随着时代的进步和知识的更新，我始终坚持终身学习的原则：无论是专业知识、教育学、心理学，还是包罗万象的保送考试内容；无论是传统文化中的“四书五经”、诗词歌赋、节日习俗、书法绘画，还是外国文化中的名著、名人、历史宗教；特别是那些我们学生常考的语种，如英语、法语、日语、俄语、德语、西班牙语、意大利语；时政新闻、社会现象，如脱贫攻坚、精准扶贫、“嫦娥”奔月、“蛟龙”探海、冬奥特讯、新年献词、内卷、躺平、网红经济、三孩政策、“双减”政策等。准确掌握这些知识和信息，建立扎实的基础逻辑，并使之系统化，才能使学生在各种考试和面试中应对自如。

精准的个性化辅导是促进学生快速成长的关键。要想“讲清楚”，教师必须下足真功夫；而学生要“学明白”，则需在各方面取得进步。影响学生“学明白”的因素众多，包括基础知识、智力水平、学习环境、学习习惯和思维方式等。“学明白”也涵盖了多个层面，如掌握知识、学习方法、培养思维、提高表达能力和应用能力等。在引导学生“学明白”的过程中，我更像是一个医生：对于王旗、王熙正这样偏科严重、基础薄弱的学生，我采用督促积累的方法；对于聪明但浮躁、习惯不佳的李天健、田浩博，我采取旁敲侧击的策略；对于态度认真但学习方法僵化的张琦琦、田沛阳，我提供思路点拨；对于表达啰唆的狄文博，我让他限时发言，只允许说一条；对于胆小怯懦的肖思雨、柴羿茗，我采用谈心鼓励的方式；对于受家长焦虑影响的马赵天翼、李家恬、韦一，我进行劝慰疏导；对于个性过于张扬的朱佳玥、刘家亦，我通过评语交流进行引导；对于抑郁、难以融入集体的刘皓宇、王翰冰，我采用倾听和锻炼抚慰的方法……我用各种方法，以爱为出发点，因材施教，促进学生的成长。

立德培基，才能确保学生长远发展。一个持久而坚定的目标能提供持久的动力；而责任感和担当精神则能帮助学生过滤掉世俗的干扰。我经常利用作文素材、人物传记、学生演讲、时事评论等，与同学们探讨理想和规划，引导他们成为有用、有爱、有度、有趣的“四有”青年。我们的心中不仅要装着自己，还要关心他人；不仅要过好自己的生活，还要倾听远方的声音。我们的学生是国家的未来和希望，是社会建设的新生力量。通过智育、情育、意育的综合培养，我们要教导他们坚定信念、无所畏惧，为未来的发展打下坚实的基础。

“最是人间留不住，朱颜辞镜花辞树。”时间永在流逝，爱在传递，爱会永恒。“莫道桑榆晚，为霞尚满天。”愿我们每一个人都活成一束光，光够亮，就福泽四方；光微弱，就惠及身旁。

我的发言到此结束，谢谢大家！

热爱当下，期待未来

高中部　李建会

尊敬的各位领导、老师们：

大家下午好，非常感谢领导给予我这个机会，让我在这里进行回顾与反思，我感到无比荣幸。同时，我也要感谢在座的各位前辈和同事，感谢你们愿意听我的分享。

自 2018 年起，我带着对教育事业的热爱和对学生的深情，迈上了三尺讲台，加入了石外这个温暖的大家庭，开启了我人生新的旅程。岁月如梭，转瞬间五年已逝。在这五年里，我承担了四个行政班的教学任务，担任了三年的班主任，并且送走了两届毕业生。回顾这五年的点点滴滴，我的工作可以用“忙碌而充实，平凡而简单”来概括。正是在这些平凡而简单的日子里，我体验到了无尽的惊喜与欣慰。我惊喜于课堂上学生们争先恐后地抢答，欣慰于他们取得进步后与我分享的喜悦。每当我站在讲台上，面对几十双渴望知识的眼睛，我深刻感受到“老师”这一称谓的重量，这由知识、情感、理想和信念构筑的三尺讲台，是如此神圣。因此，我逐渐领悟到何为为人师表，在教育教学工作中，我必须不断努力，持续学习，不断用新知识充实自己，确保能与时俱进，不断创新。于是，我的书桌上便多了教育专著和教学杂志，我开始“博采他山之石，琢为自家之玉”。在这五年的教育教学道路上，我也积累了许多体会和收获。

青春是通过奋斗铸就的。在青春的时光里，广泛地学习和审慎地选择，才能在人生的旅途中积累力量，适时地释放。五年来，我将所学专业知识与实践相结合，深入研究教材，积极参与教研活动，精心准备每一堂课，并致力于授课质量的提升，课后及时进行反思。我观摩同事的课堂，学习他们的教学方法，同时探索网络上的优质学习资源，观看高水平的课堂实录和讲座，不断在学习中进步。作为一名数学教师，解题技巧固然重要，命题能力同样不可或缺。目前，我尚不能独立创作高质量的原创题目，因此，为了不断提升自我，我致力于深入分析每年的高考真题，揣摩出题者的意图，并根据高考题目的考点进行改编，以增强我的命题能力。

在成长的旅途中，我曾遭遇过迷茫与困惑。我深感幸运，因为在我最需要帮助的时候，我的师父田素霞老师总是及时地给予我指导和鼓励，帮助我克服重重困难，并给予我许多温暖。同时，我也对李朝强主任心存感激，他在关键时刻为我指明了前进的方向。我感到非常幸运，在成长的道路上遇到了由刘宏明老师带领的数学团队。我的前辈们，包括甄敏英老师、高姗老师、张君梅老师、崔景雪老师，张永利老师和李茹老师，他们总会慷慨地给我分享宝贵的经验。每当我准备公开课需要帮助时，他们总是积极地协助我磨课，公开课结束后，他们也会提供中肯的反馈和建议，助力我的成长。

在过去的五年里，我担任了两届班主任工作。2019 年，当接到担任历史 3 班班主任的通知时，我感到欣喜，这是领导对我的信任和肯定，同时我也意识到，我面临的是一个新的挑战。这一年，我的班主任生活始于一场精心的准备，我利用暑假认真学习了如何建设一个班，并通过各种途径了解每一个学生，提前做足准备迎接我的每一个孩子。带完这届学生后，我暂时离开了班主任的工作岗位，去完成了另一件人生大事，迎来了我自己的宝宝。今年 5 月，当接到担任物理 4 班班主任的通知时，我的心情是复杂的，感谢领导的信任让我回到班主任岗位上，但考虑到自己的现状，一个哺乳期的妈妈，家里有八个月大嗷嗷待哺的孩子，经常出差的老公，看孩子很吃力的婆婆，我特别担心自己不能兼顾家庭和工作，担心自己的精力不能胜任班主任工作，怕辜负领导的信任和期望。这时，刘校长十分耐心地帮我分析现状，想办法帮我解决了一些困难。柳明主任和仙婷主任也给予了我很大的支持与帮助，并在我接班后深入我们班，成为我强有力的后盾。我的师父高虹老师耐心开导我，帮我出谋划策。他们的支持和帮助让我稍有信心但又有些许担心地迎接了我的新班。

进入新班，遇见了一群阳光有爱的孩子，在和他们朝夕相处的过程中我逐渐放下了担心，适应了忙碌而又充实的教学生活。课堂上我享受着全身心上课的快乐。我喜欢学生们听我讲课时专注的神情，喜欢学生们簇拥在我身边听我讲题，更喜欢他们身上的青春气息和不服输的精神，他们总是在无形中给疲倦的我带来一丝不可言说的力量。他们说遇上我真是幸运，其实我遇见他们也觉得很幸运。他们会在我生病时提醒我多休息，保重身体；他们会在晚自习前督促我早点回家；他们经常说老师交给我们的事您就放心吧，一定办好。有一次布置考场，我担心他们布置不好就去班里看看，班长看到我来协助他们布置便"语重心长"地批评了我："就这点事儿还需要您看着，快回家看孩子去吧。”他们乐观、有爱、懂事是缓解我疲惫的良药。

我非常喜欢美国诗人谢尔·希尔弗斯坦的短诗《总得有人去擦星星》：“总得有人去擦亮星星，它们看起来灰蒙蒙的。总得有人去擦亮星星，因为那些八哥、海鸥和老鹰，都抱怨星星又旧又生锈，想要个新的我们没有。所以还是带上水桶和抹布，总得有人去擦星星。”我的每个学生都像夜空中的繁星，有的明亮，有的黯淡，他们渴望成为夜空中最耀眼的星。我愿成为那个擦拭星星的人，让那些被尘埃遮蔽的星星重新闪耀。

我们班的小丁同学，就是一颗需要擦拭的星星。他个性鲜明，爱表现，在课堂上和自习时总是滔滔不绝，缺乏规则意识，难以自我约束。得知小丁成为我的学生后，我立刻与他交流，首先表达了对他的赞赏，随后赋予他班干部的职责，让他协助我建设班集体，最后动之以情，希望他能不辜负我的信任和期望。自那以后，小丁有了明显的转变，他不仅遵守纪律，还积极组织班集体活动，主持班会，上学期末还被评为三好学生，赢得了同学们的尊重。

我们班的另一颗星星是小张同学，他学习缺乏动力，行为习惯不佳，上课时常常需要老师提醒才拿出课本，自习时则总是分心，尽管受过多次批评教育，情况仍未见好转。我意识到，只有激发他的学习兴趣，才能改变他的行为。通过与家长沟通，我了解到小张有个双胞胎弟弟在另一所学校就读。我问小张：“你和弟弟谁的学习成绩更好？”他回避说：“老师，我们从不讨论学习。”我接着说：“你妈妈曾和我讨论过如何提高数学成绩，你弟弟的数学也不好。现在，我要交给你一个既艰巨又光荣的任务，和你弟弟比赛学习数学，你代表我，代表咱们的学校，为荣誉而战。如果你做得好，我会将你的故事写入我的教学案例中。”小张听后非常激动，他没想到我会关注到他弟弟，并为他设计了这样的挑战，他欣然接受了这个任务。之后，小张在学习习惯上有了很大进步，数学课上积极计算，英语晚课时也能迅速拿出学习资料，整个人变得更加阳光自信了。

教育是一场爱的坚持，一次温柔的修行，一种恒久的情怀，我带领着一群充满阳光、爱心但不完美的孩子。他们可能会遇到各种问题，有时甚至像被尘埃遮蔽的星星。在这样的时刻，他们需要我来擦亮他们，帮助他们拂去尘埃，重新闪耀光芒。

作为一名党员教师，自入职以来，我积极投身于党员活动，认真完成每月的学习任务。利用暑假时间，我还参与了党员教师下乡的帮扶活动。在教育的田野上，我坚信“强国有我”。作为一名年轻的教师，我向那些在我校教师岗位上默默耕耘数十年的专家型教师致敬，他们是我学习的楷模。同时，我也深知学海无涯，艺无止境，教育教学本身就是一场无尽的修行。在这漫长的教学旅程中，我将向下扎根——不断沉淀自我，静心学习和思考；向上生长——持续努力和探索，勇敢走出舒适区，拓宽自己的视野。

路在脚下

高中部　张春毅

2014年对每一个石外人而言，都是充满非凡意义的一年。向二十年校庆献礼，更是我们全体高三学子共同的愿望。的确，个人或许可以达到优秀，但完美却难以企及；而一个团队不仅能够创造完美，甚至能够创造奇迹。这奇迹正在我们手中孕育：175名保送生全部被高校录取，包括北京大学2人，清华大学2人，这不仅是历史性的突破，也开启了北京大学校长实名推荐的新篇章。在出国留学的学生中，加拿大多伦多大学、约克大学，澳大利亚莫纳什大学，日本立命馆大学等国际知名学府也不断传来好消息。然而，面对现实，高考的挑战依然严峻。全体高三学子积极思考，寻找对策，制订了详尽的计划，并一步一个脚印地前进。我们坚信，在高中部各位领导和刘树青主任的带领下，凭借这种坚持不懈的精神，我们一定能够达成目标。石家庄外国语学校是一片肥沃的土地，在这里，无论是老师还是学生，都有机会实现自己的价值，超越自我。接下来，我将从几个方面分享我的所见所思。

一、用责任见证成长

像许多普通教师一样，我从事着平凡的教学工作，既没有惊天动地的壮举，也没有感人至深的故事。从教二十年，担任了十八年的班主任，目前是年级主任，无论岗位如何变化，我内心对教育的执着追求始终如一。我每天都在默默实践着心中不变的理想——我渴望让每一个遇见我的学生都能健康快乐地成长，我渴望培养出具有伟大人格和高尚品德的学生，我渴望我的教师团队能够充实而快乐地度过每一天。学生的尊敬、爱戴，家长的期望和感激，同事和领导的鼓励和支持，都让我感到无比欣慰，激励我在这三尺讲台上勤奋工作，无怨无悔地奉献。

我始终服从工作分配，不抱怨、不自满，全心全意地带好每一个班，每一届学生。记得我第一次到高中部报到时，就被告知要接任高一班主任，并且立即参加为期10天的军训。尽管心中不舍年幼的孩子，但我还是毅然接受了任务。接下来的分班情况给了我沉重一击，一些知情的家长和老师听说我是新来的地理老师，纷纷将自己的孩子从 7 班转到其他班。看着一个又一个孩子被调走，我多么想告诉他们，请相信我，我能带好这个班，但我忍住了没有说。因为我知道，在没有实际成果之前，任何承诺都是空洞的。我理解家长的担忧，但我也感受到了一种无形的责任，为了这份责任，我告诉自己：只能前进，不能后退；只能成功，不能失败。为了这个信念，从军训开始，我没有离开过军训基地一天，与学生们一起站军姿、一起流汗、一起唱歌，就这样，我们的心连在了一起，我们的目标合在了一起，我们的班开始有了最初的团结。回到学校后，从军事训练转回日常学习，新的挑战又出现了。当时，我们班里有很多来自县城的孩子，他们初入城市，面临着许多新鲜事物和不适应，随着时间的推移，一些学生开始感到失落、自卑，失去了学习的兴趣；有的学生开始迷失自我，追求过去未曾拥有的奢华生活……这一切都需要时间去沟通，需要用心去搭建桥梁。为了每一个孩子，每一份责任，我利用了所有可以利用的时间，早上狠心将我的孩子独自留在幼儿园门口，只为了确保班里的学生都到齐，确保晚上有问题的学生能够找到我。中午，尽管家就在学校旁边，我也不回家，为的是能有时间与孩子们交流，如果太累，就在办公室的椅子上躺一会儿。晚上，我从不按时回家，只是想再看看他们，确保白天我没有照顾到的，没有考虑周全的地方都能妥善处理。付出总有回报，孩子们常说，我就像我的名字一样，总能给他们带来春天般的温暖，因为他们总能感受到我始终如一的爱、最真诚的温柔关怀、最坚定的信念守护。当我们班在 2004 年毕业时，有 14 人考入本科，接近 50％的本科率，当我们捧回校级和区级先进班集体的奖状时，我们所有人都感到自豪，因为我们是一家人，成绩属于我们每个人。后来，当我再次接手高一新班时，情况与第一次完全不同，我得到了最好的学生和团队。领导和同事们的信任让我感受到荣誉，但同时也带来了更重的责任感。记得一位高中老师曾对我说："我就把孩子交给你了，很放心。"只因为她曾经给我们班上过几节课，她说："虽然只有几节课，但孩子们踏实的学风和真诚的热情让她立刻感受到了集体的团结和正气。"就因为那几节课，她就放心地将孩子托付给了我。同事和家长的信任让我深知肩上的责任和使命更加重大，学生一批又一批，唯一不变的是我坚持用爱心和行动来完成我的责任和使命，让每一个学生不把学习视为负担，健康快乐地成长。

二、用坚持换回希望

在职业生涯中，我坚信只要态度认真，全心全意为学生的未来发展考虑，最终必将有所收获。我深知不付出努力就不会有成果，也明白即使付出很大努力，结果也可能不尽如人意。然而，最关键的是要先去努力，因为人生的机遇不会等人。因此，我认为工作不仅需要智慧，更需要那种愿意从头再来的勇气，这正是我对待工作的态度。我努力做到对每位学生一视同仁，不论他们的成绩如何，都真诚地为他们的现在和将来着想。我平时特别留心观察每位学生的心理变化，及时与他们沟通，无论是取得成就还是犯下错误，我都会尝试走进孩子们的内心世界，发现他们身上的亮点，帮助他们找到自信，并信任他们，鼓励他们，让他们自己找到前进的方向，走出误区。

记得我曾经教过的一个学生，在衡水中学读高一时因为谈恋爱，在那个竞争激烈的环境中引起了轩然大波，心灵受到了极大的伤害，不得不转学到我们学校重新开始。由于是重新学习高一的课程，她一度取得了班里第三名的好成绩，但到了高二，成绩明显下滑，她开始焦虑、怀疑，心理问题日益严重，甚至产生了结束生命的念头。那时，我几乎每天都会找她谈话，尽管如此，她仍难以完全摆脱心理困扰，最终不得不在家休息。她家住在桥西红旗大街，即便如此，只要有机会我就会和班里的同学一起去看望她，为她寻找榜样，帮助她缓解压力，并告诉她我们是一个不可分割的集体，缺少她就不完整了。尽管一次又一次的谈话和努力似乎没有效果，我们一次又一次地重新开始，在这个过程中，我也多次想要放弃，但每当看到家长那悲伤无助、充满期待的眼神，以及孩子那无生气的面容时，我总是提醒自己：“再努力一次又何妨？再尝试一次又怎样？如果这能为孩子和家庭带来希望，那不就是值得的吗？”正是这种不断尝试和坚持，她最终克服了自闭的心理，重新回到了学校，开始向老师提问，与同学们交流，脸上也重新绽放了笑容。最终，她以556分的成绩考入了理想的大学。她在信中写道：“您的善良与坚持，让我从枯萎的落叶变成了迎风摇曳的绿叶，恢复了生机。您教会了我自尊和自强，教会了我如何独立生活，如何面对困难并克服它，如何珍视学习机会，如何与人和谐相处，以及如何勇敢地承担责任。是您给了我信心，帮助我成长。我相信，在未来的道路上，我一定会走得更好。为了您的付出，我也必须努力前行。感谢您，我敬爱的老师。”当她和她的家长带着锦旗来到学校时，我感到庆幸，因为我坚持了自己对工作的责任感，对每个学生的责任感。在带班的过程中，我总是告诉自己再试一次，再试一次，不放弃任何一个孩子。无论工作中遇到多少困难和挫折，我都时刻提醒自己保持不气馁、不退缩的态度，坚信坚持就是实现梦想的途径。

三、用信念培养能力

学无止境，教学亦然。我校一直致力于走在教学改革的最前线，这对每位教师而言无疑是一项挑战。我们密切关注最新的教学动态，实施学科“四环节”教研活动，力求将教研工作置于教学活动的先导地位。要实现这些目标，每项任务都需要投入大量的时间和精力。从学习到实践，再到总结提炼，经过反复修改，我们才能分享出有价值的内容。这个提升过程繁杂，而更需要思考的问题在于时间从何而来？只有自己明白，成长背后蕴含了多少努力与艰辛。记得刚开始教高中课程时，那真是一种折磨。在课堂上，我难以轻松驾驭，无法做到深入浅出，更无法融会贯通，这样的课堂是多么生硬，如果某天出现了这样的课，我会感到特别难受。当时的我经验尚浅，确实还无法游刃有余，备课工作更是难上加难。我一个人负责一个年级一周 21 节课，没有可以商量的人，还要兼顾班主任工作。在学校，备课根本无法完成，常常需要工作到半夜 12:00 以后。幸运的是，吕建恒老师给我提供了很多帮助，但大多数问题还是需要我自己解决。那时，我自费购买了大量资料，不断参考、学习、进步。即便如此，由于有些问题难以理解透彻，我甚至在睡梦中也会被急醒，虽然不是每天如此，但一周至少也有三四次。记得那时我的头发常常翘起，连我们的领导都忍不住关心地提醒我：“你能不能把头发整理一下？”作为一个还算年轻的教师，我当然也想打扮得光鲜亮丽，但在教学和教育上，我哪一项都不敢放松。总是感觉时间不够用，焦虑和急躁，头发怎能顺滑呢！但我坚信自己能够坚持下去，在最短的时间内掌握课堂教学方法。于是，我开始了自我挑战，研究各种试题，不厌其烦地向本校老师求助，甚至主动联系特级教师做我的指导教师。三年里，无论刮风下雨，我每周都坚持去她的学校听课，然后将自己准备的内容讲一遍，再请她帮我修改和补充。就这样，第一次带高中生，一个人一带就是三年，当我得知有两名学生分别以全市第三、第四名的成绩考入北京大学，高考文综更是取得了全市第一名的成绩时，我的眼泪不禁夺眶而出。当时其他老师都觉得我的激动有些奇怪，但只有我自己知道，这是用艰辛换来的收获之泪，是坚持赢得的幸福之泪。正是凭借这份信念和执着，我一步步走出了困境。如今，虽然我不再年轻，但仍然活跃在省市教科研的各项活动中，参与命题、试卷评析、备考讲座等，不断学习，不断参与，不断进步，乐此不疲。

四、用真情打造团队

在我还未来得及沉浸于驾驭课堂教学的喜悦、体验班里学生自我管理的成果时，新的挑战又出现在我面前。2012 年无疑又是一个不平凡的年份，新的职责让我应接不暇，年级工作让我再次感到迷茫，我又开始了重新学习和定位的旅程。教师团队构建、年级发展规划、“问题学生”处理，每项任务都需要向领导请示、向同事求教，甚至监考表的编排也让我摸不着头脑。经过无数次的权衡、计算和重新安排，我才意识到这其实是一项多么简单的工作。幸运的是，我的部门领导始终以宽容和支持的态度对待我，我们年级的教师们也理解我。就这样，在不断摸索中，我召开了首次班主任会议、成绩分析会议，首次主持了学生大会和期中工作总结会议，首次安排了考务工作，首次协调了任课教师……慢慢地，我的工作逐渐变得有条不紊。我清楚地记得，当我考虑不周时，老师们毫无怨言地执行，然后给予我善意的提醒；当我忧愁时，老师们给予我各种建议；当我疲惫时，老师们无私地分担我的重担；当团队取得进步时，老师们投来支持的目光……所有这些都成为我工作的动力。我深知在年级工作方面还有许多需要学习的地方，前方的道路也更加崎岖，但我坚信，为了我们年级的不断进步，我们尊敬而可爱的教师团队将始终团结奋斗。

尽管道路充满挑战，我依然能够快乐而坚定地前行。除了上述原因，孩子们的信任和支持更是给了我前行的力量。以下便是他们给予我的力量。

“春毅，我们总喜欢这样称呼您，因为这已成为我们心中一个温暖的代名词。两年来，您传授给我们的不单是丰富的地理知识，更是做人应有的修养。您曾告诉过我们：‘不论成绩好否，都可以拥有自己的发光点。’您懂得欣赏每个人的发光点，积极鼓励我们去展示，让每个人脸上都拥有自信的笑容。在您眼中，我们都是孩子，我们所有的躁动、茫然、悲伤在您和风细雨般的话语中都被渐渐抚平，然后化为一种前进的力量。有时我们又是一个个大人，您懂得给我们自主、自由的空间，让我们学会对自己负责，所以我们均认为您的思想很‘前卫’，您是真正了解我们所思所想的，是我们这些叛逆孩子们前进道路上的卫兵。您以一个母亲般的爱爱着我们，我们也用孩子爱母亲般的爱爱着您。春毅，我们最亲爱的人。”

“春毅，叫您名字的习惯来自那句诗：‘红杏枝头春意闹。’一个‘闹’字境界全出，而您也确实是一个生动、活泼、亲切、可爱如‘春意’一般的人。我一直认为，您是上天对我们的眷顾与恩赐，我们是幸运的。真的，我感谢您给了我们一个自由的空间让我们展翅，感谢您对我们的宽容与理解，您给了我们母亲一样的温暖。您知道，我没有和妈妈在一起，但有时候您温柔地笑着看着我们时，我觉得您真的像我们的另一个母亲。有您在我们身边，我们觉得很温暖、很踏实。您是我们高中时代的里程碑，是一个永远的标志。您为我们指路，陪我们走一段路程，然后目送我们走远。现在，您又成了我们快乐的象征，看见您就像看见亲人。我会一直铭记您对我的鼓励和指导、关心和照顾，以及您关切的眼神和温柔的微笑。我想发自肺腑地说一句：'老师，如果有下辈子的话，我希望您还是我们美丽温柔的班主任，我们还是你快乐无忧的学生。'"

"很少见到那么认真的人，但您是一个；很少见到那么坚强的女子，但您是一个；很少见到那么充满活力的人，可您又是一个。求真、求精、求强是您的风格，认真负责是您的作风，一批批优秀人才是您的骄傲。您辛苦了！"

每当遭遇挑战，感到迷茫时，我总会翻阅孩子们给我的这些文字，内心便会涌现出一股股暖流。目睹他们的成长，我深感所有的努力都是值得的。正因如此，我坚信：无论从事何种工作，只要脚踏实地，一步一个脚印，终将迎来收获的时刻。我更加相信，只要坚持不懈，就没有克服不了的困难。

智慧　坚守　奉献　幸福

高中部　张春毅

今日，我在此发言，不仅代表我自己，更代表一个由30位认真、专业、热爱学生、负责任的教师组成的2014级高三备考团队。现在，我们正用充满汗水的每一步，测量着高考的征程，用坚定不移、无怨无悔地奉献，书写着2014级的历史与未来。无论高考备考之路多么艰难曲折，我们高三的同人们将始终把目光锁定在那遥远的顶峰。

一、我们是一支充满激情与智慧的团队

为了达成高考目标，高三教师不仅需要具备爱心、耐心和信心，还必须运用智慧和恰当的方法。成绩是衡量学校、教师和学生表现的重要标准。目前，高三学生面临的最大压力源自高考。我们每位高三教师都渴望看到学生取得优异的成绩，然而，我们绝不会为了追求高分而急功近利，将学生变成追求分数的工具。我们深知，我们面对的是充满活力和创造力的年轻一代，成绩绝不能通过违背自然规律的高强度训练来获得。我们需要深入挖掘学生的内在潜力，优化他们的复习策略，这样获得的成绩才是我们坚定不移的追求。

为了进一步激发学生的潜能，我们的班主任从高一就开始为学生规划人生，根据不同的阶段及时调整目标。特别是到了高三，我们帮助学生明确高考目标，这不仅是关于报考哪所大学和达到的分数线，而是让学生了解自己理想中的大学，设定具有个人意义的奋斗目标。当然，目标与实现目标之间存在着距离，但只要我们脚踏实地，认真度过每一天，实现一系列小目标，梦想终将变为现实。

目标分解听起来简单，但要制定出科学合理的目标，就需要深入了解每位学生的特点。因此，我们的10位班主任会逐一与学生进行深入交流，了解他们的思维方式、学习方法、性格特点、情绪管理以及家庭背景。除此之外，我们还要了解学生在学习上的具体困难，如偏科、做题速度慢、做题习惯不好、上课注意力分散

等。最终，我们帮助学生制定出既有挑战性又可持续的、明确的个人化目标。

我们将学生的目标分为三类：最低限度目标，即无论如何都要努力达到的目标；现实目标，即在正常发挥下能够实现的目标；理想目标，即在超常发挥时达到的目标。完成这些步骤后，学生看到清晰可行的目标自然会充满激情和动力。然而，这并非一蹴而就的，班主任们需要持续检查和跟进，严格监督，不断鞭策学生落实目标。因此，在每次月考后，我们都能看到班主任和任课老师在教室前、课桌旁、走廊上及时与学生交流，帮助他们分析和总结，不断调整目标，树立信心。此外，对于错题本、总结本、摘抄本、听写本等学习工具，教师们都会严格监督，确保一一落实。这些努力背后的汗水与辛苦，只有我们自己最清楚……

二、我们是一支坚守责任和乐于奉献的团队

在高三这一关键时期，我们肩负着重大的使命，作为高三教师，我们深刻认识到自己所承担的责任。面对 2017 年高考的目标与学生的现实情况，我们每位教师都深感责任之重。我们的应对之策是直面现实，研究策略，脚踏实地，通过不懈的努力和付出，来弥补学生的先天不足。常言道："人心齐，泰山移。"自高一起，我们便清晰地认识到，要实现 100%的任务目标，必须统一思想，齐心协力，并坚持三年，才有可能达成高考目标。正是由于年级教师的理解、支持和协作，我们得以在高一开学一周后开设奥数班，国庆假期补课，以及利用寒暑假进行培优补弱。从高一下学期开始，我们甚至利用周六日的一天半时间进行大讲堂，充分利用每一段可利用的时间。刚进入高三，我们的教师便坐不住了，纷纷提议：让我们开始上大晚自习，甚至利用周六晚上的时间！一年的时间算什么？我们不畏惧劳累和艰苦，我们已经坚持到现在，如果不全力以赴，怎能甘心……因此，在我的镜头下，每天都能捕捉到从早上 7:00 到晚上 10:30 仍坚守在岗位上的身影。这样高强度、高密度的时间安排，仅仅看看就令人感到紧张和窒息。没有奉献精神和舍我其谁的勇气，这是不可能实现的。但每年的高三团队都是这样艰难而坚定地走过来的。说实话，坚守有时是一个特别痛苦的过程，尤其是在我们看不到任何希望的时候，我们也会感到迷茫，想要放弃，特别是在身体和心灵都遭受双重折磨时。每当这种时刻，我背后的高三团队，特别是 10 位班主任，都给予了我巨大的动力。他们从不抱怨牺牲了多少个人时间，需要编多少试卷，批改多少作业，自己头上又添了多少白发，颈椎、腰椎又需要贴多少膏药……他们从不考虑这些，而是始终在思考，我们还能做些什么，怎样做，才能帮助我们的学生取得更好的成绩，才能为他们创造

更美好的未来。每当我看到老师们不顾个人病痛、家中老小的重负，依然负重前行时，我更加坚定了一个信念：无论目标有多远，困难有多大，2017 届的高考必须成功！因为我们相信，只要我们不放弃，付出足够的努力和坚持，我们就能看到希望。只要我们一路同行，砥砺前行，梦想终将逐步变为现实。

在此，我衷心感谢高三团队的每一位老师。由于时间有限，我只能挑选几个片段来表达我的感激之情：共有 30 位任课教师，其中 14 位年过半百却依旧充满活力地坚守在高三教学一线，他们是林进利、崔景雪、张永利、张秀梅、郭景坊、魏济言、侯满生、刘文羡、杨明丽、王文娟、武朝英、吕建恒、任建设、杨丽娟老师。尽管他们自己已步入中年，身体逐渐出现小毛病，有的甚至开始照顾孙辈，但他们仍旧不懈地奋斗在高考备考的最前线，甚至主动承担起教研工作。每天目睹他们头顶银丝，佩戴着老花镜，勤勉地上课、批改试卷和作业，我的内心总是涌现出深深的敬意和感动。

高三团队的 10 位班主任，他们不仅要承担繁重的教学工作，还要管理班级，事无巨细地关心学生，他们是高三的坚实基石。保送班的 4 位班主任陆秀丽、高姗、王丽娟、袁建红老师，几乎将除了睡觉之外的所有时间都奉献给了学生，他们的付出显而易见。张永利老师不仅教两个尖子班的数学，面对清北高考的巨大压力，还主动承担了高考班的许多任务，日复一日，除了上课就是埋头研究试题；朱丽欣和成宏岭老师常常不愿离开教室，无论是早读还是午休、晚上，她们仿佛与教室融为一体，她们表面温和，但对自我和学生的要求和期望却极高；韩文智和王柳明老师既是同科教师，又是高考文科班的班主任，他们的日常话题除了历史教学，就是两个班的学生。

我们还有 11 位教研组长：魏济岩、崔景雪、张君梅、马兰、陆秀丽、侯满生、胡晓峰、朱丽欣、韩文智、任建设、张春毅。在高三备考的关键时期，组卷成了他们每日的必修课。为了让学生更清晰地了解自己的知识掌握情况，确保训练的有效性，他们与同组教师一起讨论、做题、磨题，不知不觉中，时间悄然流逝，往往在调整完试卷格式、字体、间距后，夜色已深。

英语团队的 5 位优秀女教师通过资源共享，展现了团队间的默契合作。其中 4 位教师不仅担任班主任，还同时教保送班和高考班的英语课。她们每周要上多达 34 节课，工作日程紧凑，除了上课，就是备课和批改作业。她们常常清晨 7:00 前就到岗开始了一天的工作，中午进行口语检测，晚上 10:30 下课后，仍继续在办公室备课或讨论学生的学科问题。例如，陆秀丽老师有一次因劳累过度在办公室过夜；

而袁建红老师几乎每天都是早到校的教师之一；面对同行的忙碌，马兰老师主动承担了高考班的教学设计、命题任务以及所有高考班的读卡工作，全然不顾自己年幼的孩子需要照顾。

另外，侯满生、胡晓峰、赵建刚、朱丽欣、张春毅几位教师除了常规上课任务，还额外承担了数理化生地奥赛的辅导工作。特别是侯满生、胡晓峰、赵建刚三位老师，近两年来几乎放弃了所有周末休息时间，只要学校放假或有大休，他们就会主动为学生开设奥赛课程。

三、我们是一支充满职业幸福感的团队

尽管高三团队肩负着巨大的压力和繁重的任务，我们依然可以选择以乐观的心态去面对，时刻发现身边的微小幸福，让幸福的感觉在自己和他人之间流动，让阳光的温暖照进我们的心田。张永利、朱丽欣老师每天精心照料的办公室鲜花，那红的、白的、黄的小花，以及那些枝繁叶茂的绿萝，为高三办公室注入了勃勃生机；成宏岭、王柳明老师每天都会泡上一壶香茗，满室飘香，让每个人都能享受到品茶的乐趣，连我这个对茶艺一无所知的人，现在也能略知一二；韩文智、王丽娟老师经常带来自己制作的精致点心或自家采摘的新鲜瓜果；陆秀丽老师总是默默地将办公室打扫得一尘不染；杨秀君老师的幽默总能让我们在不经意间开怀大笑；焦占婷老师不仅承担着搬运饮用水的职责，还总是不辞辛劳地担任考务工作，从早到晚六场考试，他总是准时到位，毫无怨言；高姗老师作为年轻的教师，总是将最新的资讯和流行的软件教给我们，让我们与时代俱进。我们的办公室总是充满了欢声笑语。我们深知，只有幸福的老师才能培养出健康向上、充满幸福感的学生。

有人说，一个人生命中最大的幸运，莫过于在他年富力强时发现了自己人生的意义。我们高三的同人们正是这样一群发现了自己人生使命的人。追求卓越，本就是我们与生俱来的品质，我们只是顺应了这种天性的召唤，回归了最真实的自我。高三的兄弟姐妹们，让我们一起努力，让梦想在 2017 年 6 月翱翔；让我们共同奋斗，让雄心与智慧在 2017 年 6 月绽放光芒！愿我们都不负此生！

追随光，成为光，散发光

高中部　张　洁

成长的旅程中，我们无须畏惧路途的遥远和艰难。时间就像“林花凋谢春红”，迅速消逝；时间又如同轻柔拂过万物的春风，“让樱桃变红，芭蕉变绿”；时间是诗，它用最动人的词汇记录了我们每个人的成长轨迹。2020 年，我意外地开启了作为大四学生的实习生活，迈入了人生的下一个阶段。带着一丝青涩，我离开了熟悉的大学校园，踏上了教育的征途。如果时间有味道，那一定是成长的味道，虽然偶尔苦涩，但最终会转为甘甜。

“苦于笼中之身，逸于云山之外。”梁启超先生在《最苦与最乐》中提到：既有承担责任的“苦”，也有尽责之后的“乐”。苦乐相随，只有经历了承担责任的苦，才能享受到尽责之后的乐。

回顾过去，那个背着书包初次踏入石外校园的女孩，怎么也想不到，刚一入职就被任命为高一 10 班的班主任。我一脸惊讶和迷茫，一上岗就面临着双重角色的挑战，不得不放下书包，装出一副大人的样子。接到任命后，我开始紧锣密鼓地为新班建设做准备，夜以继日地思考如何给孩子们留下好印象，反复设想自己如何优雅从容地出场。现在回想起来，那时的自己真是既认真又可笑。我开始努力记住每个孩子的名字，提前整理好家长的联系方式，早早地建立了班群，贴心地准备了二维码，一笔一画地为每个孩子制作了 10 班的专属名牌，还提前准备了药箱。一切准备就绪，只待孩子们的到来。

我原以为一切安排得井井有条，但现实并非如此，突如其来的事件接二连三地发生。在高一 10 班的 38 名学生中，超过 20 名学生来自其他学校，面对新环境，他们显得极度不适应。我面对的是住宿生的失眠、内向学生的紧张不安、角落里发呆的无助、磨破的双脚、晒伤的皮肤，以及一张张请假条和家长焦急的电话……至今，我仍能回忆起背着孩子去医务室的情景，操场上安慰哭泣孩子的局促，深夜在宿舍给孩子擦药的慌乱。在那一刻，尽管自己还是个孩子，却不得不学会像母亲一样照顾他人。我强作镇定地解决着各种问题，踉跄地建立起了我的铁马 10 班。

为了公平地安排座位，我通宵达旦地制作小程序；为了班集体建设，我绞尽脑汁地构思创意；为了让孩子们平稳地从初中过渡到高中，我常常备课至凌晨 2:00。五个班，一上午的课程，课间还得抽空回 10 班查看孩子们的状态。20 多节课的压力有时让我声嘶力竭，大脑缺氧，但我从不敢放松。石家庄的深夜见证了我太多的焦虑和匆忙。

即便到了今天，我仍旧是个初出茅庐、不知天高地厚的小姑娘。两年的磨炼让我的步伐更加稳健，处事更加从容。我学会了如何赢得家长的信任，如何用真诚和努力换取他们的信赖，如何用恰当的处事技巧消除他们的顾虑……现在的我，面对问题不再急躁，不再急于求成，学会了先思考再行动，让爱与智慧并存。

向痛苦的学生传递安慰的话语，向孤独的学生送去温暖的言辞，向自卑的学生注入自信的鼓励，向迷茫的学生提供开导的建议，向沮丧的学生表达鼓励的勇气，向偏激的学生提出冷静的忠告，向懒惰的学生发出鞭策的提醒，向被冷落的学生说出公正的评价……或许我的肩膀不够宽厚，我的经验不够丰富，我的话语可能带有瑕疵，但我始终坚信付出总有回报。教育本质上是一个不完美的人带领一群不完美的人追求完美的旅程。教育是一场师生共同的修行，是情感的桥梁，是爱的传递。在这个过程中，因为有光，所以有爱；因为有爱，世界变得宽广而明亮，草木葱茏，花香四溢。

枫叶不经霜打不会变红，成长本就是一个苦乐参半的过程。在感到艰辛的时刻，往往正是量变积累成质变的时刻。多啃“硬骨头”，多接“烫手山芋”，多当几次“热锅上的蚂蚁”，保持一份初生牛犊不怕虎的莽撞，有时会获得最质朴的成果。几句勉励青年的话：不沉溺于空想，不追求虚名。努力——热血战胜怯懦，进取压倒安逸；借力——愿你生出翅膀，化作北冥之鱼；尽力——山高自有路，水深自有渡。心怀希望，寻光而行，沐光而进。在石外的日子里，总有一种力量激励着我，一种温暖包围着我，一束光指引着我。在追逐光的过程中，有热爱，有感动，有领导的关怀，同事的帮助，也有苦尽甘来的辛勤努力。我想我是幸运的，更是幸福的，尽管成长之路坎坷，路途崎岖，但总有一双双施以援助的手，将我扶稳在讲台上。

感谢与我一同经历风雨的任课教师们，你们在教育教学中为我提供了宝贵的指导和中肯的建议；感激历史组优秀的前辈们，你们的智慧让我在学科教学上避免了许多弯路；感恩我的两位师父张老师和朱老师，你们无私地教诲让我感到无比的安心；感谢班主任团队中的姐姐们，你们的宠爱和关怀让我渴望成为像你们一样的人；感谢如定海神针般的侯主任，你的坚定支持让我勇于承担责任；感谢领导和同事们给予的包容和耐心，感谢你们愿意等待这个努力成长的我。带着满满的诚意，无论步伐多慢，步幅多小，我只要不断前行就好。保持内心的坦诚，铭记每一份善意，在漫长的道路中，我会潜心耕耘，借鉴他人的智慧，精心发掘自己的潜能，汇聚众人的力量，在磨砺中不断前进。

追随光，成为光，散发光芒。心中有梦，眼中才会有光。我们只有不懈努力，才能让自己成为一束光，照亮自己，也照亮他人。如果说学生是种子，那么教师就是追光者，坚定地用爱与智慧引领孩子们进入一个充满关怀的世界，引导他们向着阳光生长。在座的前辈们，你们也是我的光。

爱在左，责任在右

高中部　张　艳

尊敬的各位领导、老师：

大家下午好！今天我有幸在此分享我的演讲，题目是《爱在左，责任在右》。时光飞逝，转眼间，我已在职场奋斗了二十四个春秋。记得刚大学毕业，我便加入了我们这所学校，那时的校园设施还相当简陋，连一个像样的操场都没有。转眼二十四年过去了，作为学校最年轻的形象大使，我即将迎来我的五十岁生日。这二十多年里，许多事情都发生了变化，但对教师这一职业的责任感却从年轻时的激情澎湃，转变成了如今的持续而深远，历久弥坚。在平凡与宁静中，岁月悄然流逝，我没有取得什么惊人的成就，也没有做出什么轰动的壮举，但正是这份平凡与朴实，让我用教师的职业道德，诠释了一个普通教师存在的真正价值。

我经常听到有人这样说："你是老师啊！真不错！每天就那么几节课，动动嘴就行了，风吹不着，雨淋不到，每年还有寒暑假……"每当听到这些，我只是淡淡一笑。只有亲身体验过教师工作的人，才能真正理解这份工作的艰辛。记得刚入职时，一位老教师告诉我："老师吃的是良心饭！"这句简单的话语，深刻揭示了教师精神的核心。确实，在这个平凡的世界里，我们固然需要英雄，但我们更需要的是那些在平凡岗位上默默付出、脚踏实地、充满责任心的人。我们就是这样一群平凡的人：每天从早上 7:00 到晚上 10:00，时刻陪伴着学生，给予他们知识和鼓励，分享他们的快乐，理解他们的悲伤。我们默默地奉献，无怨无悔，因为面对一教室的学生，我们心中涌现的，永远是爱与责任。

冰心曾言：爱在左，责任在右，走在生命路的两旁，随时撒种，随时开花，将这一径长途点缀得花香弥漫，使穿枝拂叶的行人，踏着荆棘，不觉痛苦，有泪可流，也不觉悲凉。或许，我无法成为冰心笔下那个随时播种便能开花的人，但我将竭尽全力，给予他们知识与爱，在他们成长的道路上，成为一架梯子、一支蜡烛，让他们踏着我的肩膀，在黑暗中借着烛光勇敢攀登。

爱与责任，如同明灯一般，永远照亮我前行的道路，也是在我感到孤独和疲惫时的坚强支柱。我深感庆幸和幸福，因为我身边有许多既充满爱心又深具责任感的领导和同事，他们总是陪伴在我左右。与我亲爱的同事们并肩同行，我感到无比温暖和充满动力。

最近，一部备受瞩目的电影《我本是高山》再次让我深刻体会到教育的力量和榜样的作用。张桂梅校长以无私奉献的“燃灯精神”创办了华坪女子高中，在偏远的山区，她带领一群刚毕业且经验不足的教师，成功地帮助100多名女孩改变了自己的命运。张校长那坚定的信念和无私的奉献精神，实在令人敬佩。支撑她无论遇到何种困难都能坚持下去的，是那些女孩们的未来和命运，更是她作为共产党员的坚定理想和信念，是她在党旗下许下的“青春献给党”的庄严承诺。为了她的学生们，她愿意献出自己所有的积蓄，甚至不惜将钱给学生家长，只为了让他们同意将孩子托付给自己接受教育。为了学生们，她即使身患疾病，在疼痛难忍的夜晚，一想到她们的进步，也觉得一切苦楚都是值得的。作为一位党员教师，我将张校长视为我最光辉的榜样，她的精神激励着我，让我无惧风雨，勇往直前。

教师的价值在于桃李满天下，我们的满足、快乐和幸福源自学生的成就。无论身处社会的哪个角落，听到学生的一声“老师好”，都是我最快乐的时刻。尤其是能成为学生尊敬和钦佩的老师，这对我来说是无上的荣耀。我曾不止一次收到已毕业学生发来的短信，他们说：“Flora（我的英文名），我多么希望能回到学校再听您的课。”我认为，这简单的一句话就是对我最大的肯定。我热爱我的学生，更享受给他们上课的过程。看着他们渴望知识的眼神，倾听他们积极的回应，感受课堂上阵阵的笑声，这些都构成了我最幸福的时刻。我对待每一名学生都是平等的，即使有些学生成绩不理想，我仍能看到他们身上的亮点。人与人本就不同，我们不能仅用一个标准来衡量学生的优劣，这个多元化的世界需要各种各样的人才，发现并鼓励学生发展他们的特长，也是教师的职责之一。在压力巨大的高中生活中，尽可能让学生轻松学习也是我所乐于做的。记得有一天，一个害羞的女生悄悄地递给我一张字条，上面写着：“亲爱的Flora，我特别喜欢您的笑容，每天上课，是您的笑容让我放松，不再紧张；是您鼓励的眼神和话语，让我勇敢面对失败。谢谢您！”我感到非常欣慰，能够滋养学生的心灵对于一名教师而言是多么荣耀的事情啊！

就在今年，我有幸被评为学校的专家型教师，这让我感到肩上的责任更重了。作为专家型教师，意味着不仅要在教书育人方面有所成就，还要在课题研究和指导新教师方面做出贡献。虽然在这个专业领域我还很年轻，经验不足，但这个称号对我来说是一种激励，一种动力。我愿意并且会全力以赴地学习、努力和奉献，让我的教师生涯无怨无悔，因为我曾经奋斗过！

我的演讲到此结束，谢谢大家！

倾情教育　幸福快乐

高中部　张振鹏

尊敬的领导、老师们：

大家下午好！我深感荣幸，能够与大家分享我在教育教学领域的一些思考与实践。我发言的题目是《倾情教育　幸福快乐》。

自1988年我大学毕业踏入教育行业以来，至今已三十六载。在这漫长的三十六年中，我带了十六届高三毕业生，并担任了二十九年的班主任。在教学领域，有两位老师对我影响深远。第一位是我在大学时期遇到的任老师，一位中国近代史和清史的权威学者。他治学严谨，专业知识深厚，授课时无需教案和教材，却能激情四射，极具感染力。受任老师的影响，我对每一堂课的内容都烂熟于心，授课时也无需教案，除非是为了引导学生查看教材中的历史地图或人物肖像。第二位是我在藁城一中工作时的王老师，他让我认识到学生是教育的核心，备课是永无止境的追求。自大学毕业以来，我始终将备课放在教学工作的第一位，并把备课的核心落在如何将知识以更适宜学生的方式呈现出来，以及如何帮助学生更好地吸收和掌握知识上。我的备课工作总是持续到最后一刻。

1998年7月，我加入咱们学校，至今已二十六年了。在此期间，我担任过班主任、历史学科主任、文综学科主任、年级主任，无论担任哪一职务，我都得到了领导的热心指导和同事们的真诚帮助，对此我深表感谢。同时，我也感谢我教过的每一届学生，是他们的勤奋和进取激励我坚守教育信念，不懈努力，并持续对教育工作有新的思考和感悟。我坚信，最好的教育是与学生共同成长。作为教师，我们必须对学生充满信心、爱心、耐心和包容心，同时给予他们足够的尊重和理解。在与学生沟通时，我始终遵循民主平等和换位思考的原则，总是让学生先表达自己的想法，从学生的角度出发考虑问题，这样学生才会坦诚相待，真正打开心扉。2016年高二分班时，张宇辰成为我班上的一名学生，一次晚自习，我计划与六名学生进行谈话，张宇辰是第一个，结果我们谈了三个半小时。她表达了对父母、老师和同学的不满和委屈，提出了需要开导的想法。我发现张宇辰是一个勤于思考、追求深度学习的学生，她对每个问题都有自己的见解，并坚持探究直至彻底理解。这种不满足于现状、独立思考的精神非常宝贵，是优秀学生的重要品质，值得我们去培养。那次谈话之后，张宇辰发生了变化，她经常在课后到我的办公室询问各种问题。在保送前夕，她告诉我她的理想大学是复旦大学，我鼓励她也可以考虑北京大学。最终，她参加了北京大学的保送选拔考试，并以第一名的成绩被北京大学西班牙语专业录取。

在我担任班主任的二十九年里，我始终保持冷静，从未对学生或家长发过脾气。面对学生的错误，我坚信预防胜于治疗，这就要求我对班里每个学生的家庭背景、成长历程、性格特点以及学习和生活状况有深入的了解，以便能够预见并阻止可能出现的问题。学生犯错是自然的，因为他们是具有独特个性的个体，正处于世界观、价值观和人生观形成的关键时期。在家长会上，我向家长们传达，如果我们为他们设定一个标准，要求他们不折不扣地遵守，即便是成年人也可能会偏离，我们又怎能期望学生完全不犯错呢？因此，学生犯错是正常的。同时，我认为学生犯错后，应该是我们班主任关注、关心和帮助他们的契机，而不是歧视、忽视或惩罚的开始。教育学生，既要“教”也要“育”，需要逐步引导、指导、帮助和激励。从这个意义上讲，我们所从事的教育应该是“慢”的教育，需要耐心和等待。只有这样，我们才能真正符合教育工作者的身份，才能促进学生健康快乐地成长。

2015 年，我担任高一 3 班的班主任时，班上有一名学生的父亲在她初中时去世了，在登记学生信息时，她依然填写了父亲的工作单位、职务和联系方式，直到她母亲来学校说明情况，我才得知真相。她母亲还提到，孩子在父亲去世后没有哭，情感和情绪一直压抑着，对一切都显得漠不关心，甚至有些玩世不恭。了解了这些后，我开始着重关注这名学生，一学期里与她进行了十几次谈话，但都没有提及她父亲去世的话题。通过谈话，我逐渐赢得了学生的信任，让她感受到我是真心关心她，为她着想的。在这种信任的基础上，我认为是时候帮助她面对这个问题了。我还记得与她谈话的场景：在下午第三节自习课后的教室外走廊上，我向她透露了自己知道她父亲去世的事情，谈到了她母亲独自抚养她的艰辛，以及老师和家长对她的期望，包括她已故父亲对她的希望，我还提到了她的表现和她应承担的责任。听到这些，学生突然放声大哭，然后说：“我不想上晚自习了，我要回家。”我说：“那就回去吧。”学生离开学校后，我立即给她母亲打了电话，告知了谈话的内容，并建议她回家看看孩子。学生家长回家后，给我回电话说孩子正在家里哭。这次谈话后，学生发生了彻底的改变。过去，她从不把手机给家长，晚自习回家后就把自己关在卧室里。而现在，她会主动把手机交给家长，在客厅学习，让妈妈坐在桌子的另一头看着她。从此，她学习变得非常努力和用心，成绩也有了很大提升。到了高三，她选择了保送，在保送前我与她谈话，她表示愿意报第四批次的学校，体谅母亲的辛苦，只要能上大学就行，但我认为选择她喜欢的第三批次学校西安交通大学才是更好的选择。晚上，她母亲打电话来说，为了满足孩子的愿望，她愿意让孩子报第三批次学校，即使考不上也可以选择出国。之前，她母亲坚决反对孩子出国学习，但现在她愿意为了孩子的幸福做出改变。可以说，这时母女之间已经实现了真正的相互理解和体谅。最终，学生顺利考入了第三批次，去了她心仪的大学。学生家长后来告诉我，她最高兴的不是孩子考上了好大学，而是收获了一个懂事、心智健康的孩子。

正是得益于石家庄外国语教育集团这一坚实后盾的支持，各位领导和老师的关怀、指导与帮助，加上历届学生的勤奋努力，以及学生家长们的信任与支持，我在教育教学领域取得了一定的成就。2015 年高考，我所带班本一上线率达到 100％；2018 年高考，我所带班本一上线率达到 100％，600 分以上人数达到 64％，历史学科平均分为 81.29 分；在担任班主任工作的这二十九年中，我所带班的学生李倩倩、睦静坤、石晗羽、范梦娅、王天、曹雨婷、张宇辰、李凯睿等被北京大学、清华大学录取；2017 年，我主持的河北省“十二五”规划课题成功结题。

自从业以来，我始终对教师这一职业怀有深厚的热爱和极大的敬意。教师职业的特殊性在于它与国家和民族的未来紧密相连，它承载着无数家庭的期望与梦想，它要求我们用良心和智慧去塑造下一代的心灵。我将一生奉献给了教育事业，因此感到无比的幸福和快乐。作为教师，我此生无怨无悔。

谢谢大家！

热爱，是的

高中部　陈宝方

尊敬的领导、老师们：

大家好，非常荣幸今天站在这里与大家共同分享和探讨我职业生涯中的一些经历与感悟。利用这个宝贵的机会，我对自己所承担的工作进行了深刻的反思。

一、爱学生

2019 年是我从事教育行业的第十二个年头。古人将十二年视为一个周期，正如木星绕地球一周的时间，十二年在时间的长河中确实是一段不短的岁月。然而，对我个人而言，这十二年却如同弹指一挥间，光阴似箭。我之所以感到时间飞逝，很大程度上是因为作为教师的我，一直与充满活力、年轻的学生们并肩奋斗在学习和高考的征途上。至今，我已经送走了八届毕业生，可以说，是这些学生见证了我的成长，从最初的青涩到如今面对高考的从容不迫。

人们常说，陪伴是最长情的告白，这句话用在师生关系上同样贴切。我相信，我们每位老师与学生相处的时间，往往超过了与家人相伴的时光。在与学生的日常互动中，我们尝遍了酸甜苦辣，而最终回味的，是爱的味道。作家张丽钧曾言："上帝为了区别于父母对孩子的爱，特地创造了教师这一角色。"教师对学生的爱更加理性和克制的。

爱学生，意味着记住他们的名字，了解他们的个性。每当我接手新班时，我都会提前准备一份调查表，记录每个学生的个人特点，以便迅速掌握每个学生的特质。通过书写学生姓名的方式，我能在最短三天、最长七天内记住全班同学的名字。当能够准确地叫出不熟悉的学生的名字时，我相信那一刻，师生之间的距离会大大缩短。

爱学生，意味着促进他们的学业成长。高中阶段是学生学习的关键时期，考入一所理想的大学是他们的梦想。作为老师，我们的角色是助梦者。在 2019 年毕业的博雅一班38名学生中，有34人成功考入保送班，其中戴蓉瑄同学成为2019年保送至清北的唯一一名非协议文科生。

爱学生，不仅仅是帮助他们取得高分、进入名校，更重要的是让每个孩子都能得到全面的锻炼和发展。受石外高中小规模、精品教育理念的影响，我们班有一句口号：“你是班集体中独一无二的存在。”无论是班集体事务的协调管理，还是负责一只水笔、一个窗台，每个细节都有人负责。在这样的班集体氛围中，我们一个仅有10名男生的文科班能够在跑操时喊出最响亮的口号，一个实力不强的文科班能够在篮球、足球、排球比赛中争先夺魁。

爱学生，更在于为他们创造一个即使分离后也魂牵梦绕的班集体。我认为，班集体虽然不会永远属于班主任，但它永远属于学生。带班七年来，我经历了七个气质相似又各具特色的集体：有令人睹物思人的“Seven up”，有愿做璀璨银河的“星云四”，有执笔为剑傲骨凌寒的“博雅一”，还有静心笃学勤以补拙的“弘毅六”。爱学生，我希望能像美国教育家雷夫的56号教室一样，为学生打造一间充满温度的教室，无论是文科的“博雅”，还是理科的“弘毅”。

二、爱学校

2019年是我加入石外的第七个年头。对于一个习惯了两点一线生活的人而言，这七年里，我几乎将全部时间投入到了这所红砖白顶的美丽校园。因此，石外对我来说，绝不仅仅是一个工作场所，和所有石外的教师一样，这里更是我满怀深情的土地。对我而言，对学校的爱难以用简单的言辞来表达。我相信，真正的爱校之情，体现在用行动努力做好自己的本职工作上。

在加入石外之前，我在衡水中学一直专注于教文科班和实验班，来到石外后，我的工作视野得到了极大的拓展。短短七年间，我几乎教遍了所有类型的班，从文科班到理科班，从高考班到保送班，从尖子班到普通班，从60多人的保送一班到仅有9名男生的高三七班。每一次班级类型的转变，都要求我调整教学方法和内容。尽管起初总是伴随着许多不适应，但我始终相信，学校领导的决策和安排背后一定有充分的理由和长远的考虑。我的职责就是带好每一个班，上好每一堂课。

对学校的爱体现在，当学校需要时，即便面临困难和顾虑，我也会毫不犹豫地接受任务。2019年，保一教学和清北培训刚刚结束，本以为可以稍作喘息，却被告知要再接手一个高考理科班。就这样，在2019年的高三，我一年内竟然带了三个班，这又是一次全新的体验。到了2020届高三，清北培训人手紧缺，我从高一转战高三，再次被动地接受了任务。尽管当时家中老人年事已高、孩子年幼、爱人工作繁忙，我本不愿意承担这个艰巨的任务，但当听说其他老师面临更大的困难时，我毫不犹豫地接下了挑战。

对学校的爱意味着面对挑战时要努力尝试创新。从今年开始，我当了教研组长，这对我来说是一项全新的工作。为了帮助本届高一学生应对新高考改革下语文考试的挑战，我在暑期提前准备了 32 组高一语文早读学案，确保全组老师一开学就有丰富且系统的教学资料可用，为一学期的教学工作做好了充分的准备。承担组长的任务，意味着不仅要完成自己的教学工作，还要尽我所能指导青年教师，因此，从今年起，我的所有课都成了唐贺宁老师的推门课。在前几天的区优质课中，我还与李兰梅老师一起帮助唐老师反复打磨公开课的内容。在这个过程中，我特别感谢李兰梅老师，她曾在我准备国家级、市级评优课时给予了我细致的指导。今天，我为青年教师所做的微小帮助，正是受到了前辈优秀语文人传帮带风尚的启发。

三、爱教育

2019 年，我 35 岁了。在我生日那天，学生们为我创作了一首长歌，其中几句歌词深深触动了我："十年饮冰，热血难凉，手持戒尺，炽热眼中有光。"我自认为正处于而立之年与不惑之年之间，随着年龄的增长，我开始对周围的事物有了更加客观和理性的认识。当 35 岁的自己向内心深处探询，是否对教育事业的热情有所减退时，我的内心给出了否定的答案。2012 年，当我决定离开衡水时，家人和同学为我联系了非教师的工作，但经过深思熟虑后，我还是婉拒了那些在他人眼中或许是好机会的岗位。因为我深信，人生中最令人愉悦的事莫过于从事自己喜爱的工作。我喜欢教书，尽管它没有惊天动地的成就，却拥有不求名利的小确幸。例如，在 2019 年高考前夕，我为学生们准备了 10 套考前试卷，其中一篇关于"大禹治水"的现代文恰好与高考现代文题目相吻合，一道概括题也恰好对应了当年高考语文的新题型。当学生们提到这种巧合时，当我第一次看到 2019 年高考语文试题时，内心的激动与喜悦真是难以言表。我喜欢教书，这份工作的快乐在于坚守匠人精神的执念。最近，我特别喜欢阅读肖培东老师的文章，他的公众号名为"我就想浅浅地教语文"。我认为"浅浅"二字，恰如其分地揭示了从事语文教学和教育工作的独特魅力。因为热爱，即使琐碎也不会成为负担；因为热爱，即使重复也不会感到机械；因为热爱，即使平凡也不会感到乏味。是的，因为热爱！

真情丹心育桃李　爱岗敬业铸师魂

高中部　武会兰

尊敬的各位领导、亲爱的老师们：

我深感荣幸能在此与大家分享我对“三爱”教育的深刻体会。时光荏苒，自2004年我加入石家庄外国语学校以来，转眼间已二十年了。在这二十年里，我亲眼见证了学校教育理念的不断更新，而我自己也在这一过程中逐渐成熟。对我来说，教师不仅是一份职业，更是一份因热爱而愿意全心投入的使命。我深爱我的学生，愿意像慈母一样接纳并尊重他们的个性与梦想；我深爱我的岗位，因此我始终勤勉尽责，不断提升自己的专业技能和知识水平；我深爱我的学校，将这里视为自己的家，把同事们当作家人，乐于分享，勇于承担。爱学生、爱岗位、爱学校，这三份爱缺一不可。因此，我对“三爱”教育的理解是：爱生如子，爱岗敬业，爱校如家。这种教育理念不仅是我作为教师终身追求的目标，也是我二十九年教育生涯中深植于心的情怀。

一、爱生如子，用爱心呵护每一颗渴望的心灵

一位优秀的教师还必须是一位优秀的班主任。自从我担任班主任的那一刻起，我的生活便再也没有了节假日的概念，我将全部的精力都倾注在了学生身上。特别是刚刚毕业的2018届学生，或许是因为我年岁的增长，这三年似乎尤为艰难。2015年9月，我成为高一6班的班主任。众所周知，第三层次的学生在基础能力上与高尖和小尖班的学生存在较大差距，因此，帮助他们树立信心、激发斗志变得至关重要。为了点燃学生的学习热情，我通过主题班会不断对学生进行习惯养成和励志教育，鼓励他们不要将自己局限在第三层次，要勇于与高尖班的学生竞争。每次考试结束后，我都会立即与学生一起分析成绩，并与他们进行深入的交流，激励他们挑战自我，超越极限。通过不懈的努力，高一上学期大部分学生的学学习习惯有了明显改善，我们班形成了一支以李世乾、李世坤（一对双胞胎，中考成绩分别为

583 分和 586 分）为代表的勤奋学习、深入钻研的学生队伍，学习氛围变得浓厚。

恰逢寒假，学校安排了培优工作。在理解学校的种种考虑后，我承担了化学培优的任务。当其他人可以享受假期时，我却进入了精心准备课程的阶段，整理各种专题，寻找大量典型题目，年前备课，年后上课，整个寒假我全心投入。起初，我的学生“乾坤兄弟”并未报名参加培优，而是打算在家复习，由于我深知这两个孩子基础扎实，我认为参加培优有助于提升他们的思维层次。因此，我主动联系了他们的母亲，与她沟通了我的想法，经过我的劝导，两个孩子最终按时参加了培优。后来，他们表示：“老师，非常感谢您，我们感觉收获巨大，差点错过了这么好的学习机会。”第二学期，他们俩自信满满，成绩突飞猛进，李世乾、李世坤两兄弟跃升至年级前三十名。在高二分文理科时，两兄弟都进入了高尖班。

随后，我接手了高二 8 班。我利用班会和家长会为孩子们进行学生生涯规划，并结合以往毕业生的发展情况，为他们提出了合理化的建议：如果家庭经济条件允许，出国深造比参加保送更有优势，因为海外学习能培养出复合型人才，未来就业机会更多；对语言有兴趣的学生可以努力争取保送机会；理科基础扎实的学生不应畏惧挑战，应全力以赴准备高考，选择自己喜欢的专业。通过我一次次的家长会和班会的引导，大多数家长和学生接受了这些建议。最终，高三共有 12 名学生选择出国深造，5 名对语言感兴趣的学生进入了保送班，17 名理科高考生中有 7 名学生取得了 600 分以上的高分，其中王梓源同学更是取得了 655 分的优异成绩，理综两名学生分数超过 260 分，平均分达到了 230 分左右。我班的其他学生也非常出色，6 名艺术加体育生全部考入了一本院校。

带完这届学生后，我有了更深的体会：高一的基础教育至关重要，而高考成绩的背后，是全体任课老师三年如一日的辛勤付出和不懈努力！

原本以为在带领高三学生度过紧张的一年后，我可以稍微喘口气，但没想到领导再次赋予我重任，让我在新学期担任高一 2 班尖子班的班主任。自从军训那天接过这个班，我的心情一直很沉重，这对我来说是一个全新的挑战。虽然领导的信任和同事们的鼓励是我前进的最大动力，但当我真正融入这个班时，我才意识到这将是一个多么艰巨的任务。

首先，让我们来看看班集体的构成。班里共有 45 名学生，其中包括日语、德语、法语和西班牙语的小语种学生 19 名，以及参与“2+2 项目”的学生 8 名。学生的多样性使得整个班在军训期间就显得与众不同——他们团结一致、充满活力，但同时也难以管理。这些小语种学生已经在初中阶段经历了三年的磨炼，彼此之间非常熟悉，感情深厚。他们身上的一些不良习惯，如懒散、不拘小节、纪律性差以及过于强烈的自我表现欲等也延续到了高中。

开学之初，我和任课老师们商议，决定先让学生们有一个月的磨合期，然后根据上一阶段的表现进行班委选举。鉴于小语种学生和英语学生之间还不够熟悉，缺乏凝聚力，我便暂时指定了代理班委。尽管我们利用学习型班会向学生灌输了习惯养成教育，帮助他们理解高中与初中的差异，同时严格执行学校的规章制度并制定了奖惩措施，但这些都需要学生在学习体验和行动上有所体现。然而，他们中的许多人仍然保持着初中的学习和行为习惯：课堂上，一些学生过于活跃，过分想要表现自己，甚至上课时与老师开玩笑；另一些学生则纪律松散，特别是在小语种的早读和晚听力课上，他们经常迟到，到了之后也不学习，而是玩耍；课余时间的管理也很糟糕，一些男生在课间打闹，不把学习放在心上。这导致了高一第一次阶段考试成绩惨淡，总平均分与兄弟班相差甚远，这让我焦虑不已，夜不能寐。

但是，既然接手了这个班，就必须全力以赴，这是我做事的原则，我开始寻找问题的关键点，并逐一解决。我要求学生早读时 7:05 点前坐到教室，要求他们迅速进入学习状态，小语种学生要提前进入外语小教室。晚自习前，我会多次检查一楼教室学生的到位情况，然后再跑到四楼观察小语种学生的学习状况，发现问题后，我会利用班会和课余时间与“问题学生”进行交流和谈心。

一个月后，我们选举了班干部，采取自由竞选的方式。新一届班干部产生后，我首先对他们进行了任务分工，然后进行了责任心培训，并制定了每周例会制度，一段时间后班里的工作逐渐变得井井有条。为了增强班集体的凝聚力，我充分利用班会和学校组织的各种活动，强化学生“班荣我荣，班耻我耻”的意识，让他们把班集体视为自己的家，每个成员都要积极为这个家做出贡献，成员之间要相互关心、爱护和帮助，共同进步。

就这样，班里的学习氛围越来越浓厚，学习成绩也在稳步提升，逐渐缩小了与兄弟班的差距。任课教师对学生的满意度也越来越高，我的心里也增添了一丝欣慰。我追求的是大爱无疆、施教无痕的教育理念，教育要让学生去体会，要淡化教育的痕迹。作为一名教师，我站在母亲的角度关爱学生，陪伴他们充实地走过人生关键的三年，这是我作为教师的目标。

二、爱岗敬业，在传道授业解惑中追求精业、专能的基本品质

歌德曾言：你要欣赏自己的价值，就得给世界增添价值。尽力履行你的职责，

那你就会立刻知道价值。教师的职责在于培养具有远大理想、追求真理、德才兼备、全面发展的学生，塑造视野开阔、胸怀宽广、知行合一的人才。为了培养出高素质的人才，教师必须具备优秀的品德，其中敬业精神是至关重要的。只有不断拓宽学生的视野和思维，为学生提供高质量的教育，才能培养出对社会有贡献的人才，这正是教师的价值所在。

我坚信自己是一名合格的化学教师。在课堂教学中，我努力营造一个民主、和谐、平等的学习环境，这有助于减轻学生的学习压力，激发他们强烈的求知欲，并促使他们积极主动地学习和探索。在课堂上，我以和蔼可亲的态度、饱满的热情和良好的情趣去感染学生，不时地提出一系列深入的问题，激发他们思维的火花。同时，我以充满欣赏的微笑倾听学生的发言，走进他们的心灵，成为他们学习上的伙伴。化学是一门自然科学，因此在教学中，我们教研组特别重视实验教学和探究活动，致力于激发学生的主动性和参与热情。我们引导学生通过实验、观察、调查、资料收集和讨论等多种方式，参与问题提出、假设猜想、计划制定、实验操作、证据收集、解释结论、反思评价以及表达交流等科学探究活动，以增进他们对科学探究的理解，提高科学探究能力，培养他们的科学素养。

三、爱校如家，无微不至地默默关怀让人感动

学校宛如我们的家园，一个洋溢着爱与温馨的所在。在这里，因为对学生的深爱，我们乐于无私奉献，不求回报。我的学生们曾给予我家庭般的温暖，那些充满祝福的教师节卡片让我爱不释手；他们亲切地称呼我为“兰姐姐”让我忘却了忧愁。我的同事们也是我不可或缺的家人，我们共同分享喜悦与悲伤，共同面对困难与挑战，我们全心全意地投入到工作中。年级主任王柳明总是早到晚归，对年级的每件事务都给予了充分关注，并及时解决问题，他的管理体现在细微之处；高虹老师作为办公室的领军人物，总是为我们出谋划策，听到她那充满正能量的话语，我便感到浑身充满力量；王延风老师勇于承担重任，既是班主任又教两个班的数学课，还负责奥赛培训，她常说自己一周能有半天休息时间就已经很幸福了；赵美老师做事有条不紊、勤勉尽责、细致周到；梁光洲老师业务能力出众、工作一丝不苟；王红老师和蔼可亲、严谨认真，是我们的心灵导师；生玥、孙晓雨、王娇娇、史硕婷这四位年轻的班主任，虽然资历尚浅，但她们新颖的教育理念和教学方法经常让我们耳目一新。

一位哲人曾说过：你是谁并不重要，重要的是你和准在一起。与勤奋的人为

伴，我不会懒散；与乐观的人为伍，我不会沮丧。石家庄外国语教育集团汇聚了优质的教学资源，拥有远见卓识的领导团队，以及众多省市级的优秀教师。这里，教师团队充满活力与热情，校园文化激励着每一位成员奋发向上。教师犹如海中的浪花，而学校则是浩瀚的海洋，只有将自己融入这广阔的大海，个体的生命之水才不会干涸。在忙碌的工作中，部门领导的一个微笑，生病时同事们的一句问候，这些都让我深受感动。是学校为我提供了展示才华和能力的平台，是学校赋予了我奋斗的勇气与力量，我将在自己平凡的岗位上勤勉尽责，努力工作，为创造更加辉煌的明天而不懈奋斗！

谢谢大家！

心存原野，追光而行

高中部　苗　蕾

一、心有所向，逐梦新程

2001 年 6 月，我刚踏出大学校门便有幸加入了石家庄外国语学校的教师团队，在这片充满活力的教育沃土上，我如同一颗种子，逐渐生根、发芽，并茁壮成长。转眼间，我已送别了七届毕业生，尽管许多学生的面孔已渐渐模糊，但在街头或地铁上偶然听到一声“苗老师，好久不见”，仍能让我沉醉于教师职业的幸福感之中。对我而言，幸福没有统一的标准，但见证学生的成长，便是我最大的幸福。

正如柳絮随风飘扬，葵花向阳而倾，尽管我已从教二十三年，但担任班主任的经历却仅限于 2012—2015 年。因此，当 2021 年我再次担任班主任时，与那些经验丰富、表现优秀的班主任相比，我仿佛是一个重新开始的新手。班主任的工作对我来说，既熟悉又陌生。熟悉是因为我即将回归那种“老母鸡”式的全天候工作模式：首先，勤奋是必须的。每天早 7:00 至晚 7:00 的工作时间，无论大小活动，我都要全程参与，确保一切顺利进行。其次，操心是常态。从卫生到早晚读，从作业检查到课堂纪律，从仪表着装到数据统计，再到费用收取，每件事都需要班主任细心监督并落实到位。再次，全能是要求。班主任需要十八般武艺样样精通，包括缝补衣物、诊断病情，以及“熬制心灵鸡汤”。最后，沟通能力是关键。班主任就像人的大脑，需要精准调控，随时解决学生与学生之间、学生与老师之间、学生与家长之间的问题，确保学生、学校、家长三方和谐共处，各项工作有序且高效地推进。

在 2012—2021 年近十年间，学生们经历了显著的变化。特别是“00 后”的孩子们，他们的自我意识日益增强，这让我有些难以适应。例如，在高一的时候，有个学生告诉我他打算休学一年，原因是想成为职业电竞选手，去追逐自己的梦想。当我询问他为何在高中这个关键时期选择电竞这条路时，他解释说，电竞行业依赖于青春和反应速度，随着年龄的增长，发展机会会受到限制。我们围绕电竞这个话题进行了深入的交流，他向我普及了相关知识，而我则帮助他分析了利弊。最终，这位学生决定安心留在学校继续他的学业。

另一个例子发生在高二的五一假期，班上有个学生做了一件让我们所有人都感到意外的事情——他从石家庄骑行至武汉。骑行是他最大的爱好，他的梦想是从石家庄骑行至西藏。为了实现这一梦想，他利用一切空闲时间在石家庄周边进行骑行训练，这次从石家庄到武汉的行程，他自行规划路线，并准备了一个月的时间。他的哥哥为此专门请假陪同骑行，而他的父母则悄悄开车跟随在后。通过这次经历，他离自己的梦想又近了一步。

“及时当勉励，江河无停流。”这句古语恰如其分地描述了“00 后”孩子们的特质。他们思维敏捷，对兴趣和爱好的追求超越了一切，想法层出不穷，而作为他们的新班主任，我每天都在应对着各种不同的挑战。然而，正如枫叶不经霜冻不会变红，既然心中有目标，我们就应该勇往直前，不畏艰难，勇于挑战“硬骨头”，即使像热锅上的蚂蚁一样焦虑，也要保持那份纯朴的坚持。有时候，正是这种不屈不挠的精神会带来最真挚的收获。

二、心向繁花，步履不停

人们常将老师比作园丁，而学生则是那些等待绽放的花朵。教育的过程，就像耐心地等待满园花开，需要我们以一颗真诚的心去呵护每一个孩子，让他们感受到温暖和关爱，从而点燃他们对学习的热情和成长的渴望。每一粒种子都承载着独特的故事，每颗种子的成长历程都是独一无二的。

以我们班的小 E 为例，一个男孩子，他在学校表现得很好，但在家里却仿佛变成了一个“小淘气”，尤其是网课期间，他轻信了二中本部同学说的和他一起打游戏吧，高中的知识一学就会。结果他开始不认真听课，作业也不按时完成了。尽管如此，我从未放弃过他。我密切关注他的学习动态，一旦发现他有任何问题，无论是上课出勤还是作业完成情况，我都会立即通过微信或电话与他或他的家长联系。由于联系过于频繁，连我的小儿子都记住了小 E 的名字。有一次，他问我：“是什么让你对这个孩子如此执着?”我想，这就是所谓的用心守护吧。我希望能成为一束温暖的阳光，给予他希望，让他看到光明。

每个孩子都是一颗种子，只是他们的花期各不相同。有的孩子像早春的花朵，一开始就灿烂绽放，而有的孩子则需要更长时间的等待。既然如此，我们不妨让心灵向着繁花似锦的方向，带着满满的诚意，即使步伐缓慢，步幅微小，只要我们一直在前进，那就是最好的。

三、心存热爱，追光而行

当人们相聚时，我们称之为团聚；当心灵汇聚时，我们称之为团队；而当心灵和意志紧密相连时，我们称之为优秀的团队。我深感荣幸，能够成为 2012 级启航这个团队的一员。在这个团队中，李朝强主任扮演着领航者的角色，他总是早出晚归，密切关注着年级的各项事务，及时发现并解决问题，他的细致管理体现在每一个细节之中，他最鼓舞人心的一句话是："有我，放心！"启航团队的副领航者是金艳主任，她是我们班主任团队的坚强后盾，总是比我们更早到达，坚守在楼道里，检查各班的到位情况。一旦有班主任遇到紧急情况，金艳主任总能迅速顶上。启航团队的二副则是由我们八位充满活力的班主任组成的，其中包括经验丰富的王红和赵美老师，她们总是耐心地帮助我解决班里遇到的各种难题。还有高姗、史硕婷、刘美慧、李佩青、韩进老师，她们是我们办公室的"智囊团"，无论是电脑操作还是课件设计，与她们共事总能让我学到新的理念和方法，让自己的教育生涯焕发新的活力。启航团队的核心成员是那些真正致力于教育的 34 名教师，他们每个人都在无私地全情投入。虽然道路遥远，但只要前行，终将到达；尽管任务艰巨，但只要行动，必将成功。

在石外，总有一种力量激励着我，一种温暖包围着我，一种光芒指引着我。人们常说，只要用心，没有什么是做不到的。无论时光如何匆匆，无论现实如何变迁，难能可贵的是我们仍能保持对教育、对学生的初心。我非常喜欢这样一个简单而深刻的假设：假如我是孩子，假如是我的孩子，我们希望遇到怎样的老师，就努力成为那样的老师。

手中的粉笔在轻盈地舞动中逐渐变短，耳边传来琅琅的读书声，我追逐着时间的翅膀，心之所向，不问东西，追梦前行，一路向着光明。

在石外沃土感受爱、播种爱

高中部　周雨菡

岁月如梭，转眼间我已融入石外高中部这个大家庭近一年了。在这超过 300 个日日夜夜中，爱的阳光温暖着我，关怀的雨露滋润着我，我在这片石外沃土上，不断吸收着爱的力量。

“爱教育　爱学校　爱学生”，石外的每一天都凝聚成了这“三爱”精神，它如同不灭的火种，代代相传，历久而弥新。

向所有老师汇报“三爱”精神的实践，是一件极其庄重的事。年级组赋予我这样一个新人如此重要的机会，让我感到无比荣幸。然而，我也清楚地意识到，自己尚未有机会为学校做出什么贡献，我的经验尚浅，见识有限，又怎能呈现一份令人满意的报告呢?

因此，请允许我大胆地对这份报告进行一些调整，与大家分享“教育爱我”“学校爱我”和“学生爱我”的真切体验。

一、“教育爱我”——语文组有催人奋进的魔力

语文不仅是一门学科，更肩负着教书育人的重任。语文组是一个致力于教育事业的团队。在这里，“教育”二字蕴含着无尽的魅力，吸引着每个人全情投入。

高虹老师身兼数职，既是班级的领航者，也是教研组的先锋，总是率先思考，率先行动；胡纯芳老师春风化雨、温和动人，常常能在教室里看到她忙碌的身影；李兰梅老师是团队的“定海神针”，她治学严谨，注重细节，总能发现我们忽略的教学问题；李会敏老师是实干的典范，即使在假期也不忘工作，总是能提前准备好并分享给全组备课资料；贾彬华老师则是团队的智库，无论是在天文、地理、文学还是逻辑方面，他都能答疑解惑，博学多才。

最令我难忘的是高老师处理工作的效率。记得期中考试后，我前往班主任办公室向高老师请教语文试卷的评分标准。在短短的半小时内，高老师先是解答了我的

疑问，紧接着又准确地回答了郎老师关于学生高考报名的问题，然后迅速安慰并鼓励了一位前来哭诉的学生，紧接着又忙着将学校的通知传到家长群里……这一系列工作流畅而迅速，我还没来得及反应，高老师已经完成了所有事情。高老师不仅以这样的效率打动了我，更是她勤勉尽责的精神深深感染了我。

这种发自内心的、震撼人心的热情，正是“教育”的真谛。教书育人，立德树人，年复一年，始终如一。目睹这一切，怎能不让人深受感动，又怎能不让人渴望追随呢？

二、“学校爱我”——石外高中部是最坚强的后盾

什么样的集体能够唤起“家庭”的温暖呢？我认为石外高中部正是这样一个集体。它与社会上那些令人畏惧的“发令机器”截然不同，这里的领导始终是我们坚实的后盾。从刘校长的“背不过的孩子交给我”，到柳明主任的“不到晚上七八点，心里总不踏实，还得去巡视一番”；从观摩课前李主任毫不犹豫地协调课表，到仙婷姐随时准备留守学校；从年级干部全面负责班级和学科确保升学率，到“行政为教育教学服务”的宗旨……在石外工作，我们无需忧虑不安，无需瞻前顾后，因为部门和领导总是考虑得更周全、行动得更出色。

每次考试结束后，年级的成绩分析总是既详尽又迅速，这是年级干事和领导们加班加点整理、处理、分析的结果。无论是两率一分，还是成绩的进退，甚至是强基上线率，每个学生的成绩波动清晰可见、触手可及。而这种分析绝不仅仅停留在冰冷的数字上，学生的性格、经历、家庭背景都得到了充分的考虑，人性化与人情味是石外高中部最耀眼的特色。石外的素质教育远不止于几门选修课程，而是真正地倾注心血于每一位学生身上，始终以学生的发展为核心理念与实践。

正是得益于部门的全力支持，我们教师才能有效地对每位学生进行细致的分层和个性化的分析，以最高效的方式激发学生的热情和提升学生的成绩。在这样的工作环境中，我又怎能不全情投入、全力以赴呢？

三、“学生爱我”——他们的青春让热情永驻

在刚刚结束的家长会上，最让我振奋的一句话来自一位学生的母亲：“孩子过去对文言文一头雾水，现在却能听懂了，回家后还会非常认真地整理笔记。”还有什么比这更能令一位新晋教师感到欣慰的呢？学生的理解、喜爱、主动学习，以及他们的质疑和思考，都是对教师工作价值的最佳肯定。学生的每一点进步，都是教

师辛勤付出的结果。石外学生的每一个动作都散发着青春的光芒，展现出最真挚的热情。这正是石外学生的独特之处。

为了让学生在寒假期间更加独立地学习文言文，我布置了一项特别的作业：每个学生负责讲解一篇文言文。开学后，我惊喜地发现他们的进步很大。最初上台的学生显得不够自信，内容也不够充实，但到了第三、第四个学生时，讲解已经变得相当完整和成熟了。这项小小的活动让我看到了他们巨大的潜力。经过二十多篇文言文的学习，他们不仅养成了整理的习惯，还积累了丰富的文言文知识，更重要的是，他们树立了自主学习的信心，不再对语文感到畏惧。

讲道理，会听；提建议，会做；纠错误，会改。虽然他们可能还只是未经雕琢的玉石，但他们的潜力是无限的，他们正以旺盛的生命力吸收知识，迎接未来，这是他们给予教师最珍贵、最朴实的爱。

“爱教育　爱学校　爱学生”，石外的“三爱”精神在过去一年中给我留下了无数令人感慨的瞬间。有了这些爱的滋养，石外的土地永远不会干涸，也不会贫瘠。学生就像一棵棵幼苗，在石外这片肥沃的土地上茁壮成长，最终成为社会大森林中的一棵棵参天大树。而教师，则是这片沃土上成长起来的坚强支柱，吸收着爱，固守着爱，更传播着爱。

作为一名青年教师，在石外的每一天都是新奇的。我一边像学生一样学习新知识，一边见证着学生们令人欣喜的成长。作为一名党员教师，在石外的每一天都充满热情，我将沿着前辈们开辟的道路，走出自己的立德树人教育之路。

虽然我在石外的生活经历尚浅，但在未来的日子里，我将坚持“三爱”精神，以前辈教师为榜样，脚踏实地，积极进取，勇于承担责任，永不松懈。我将成为“三爱”精神的传承者，成为万千学生的引路人。

走近“00后”

高中部　郎荣肖

尊敬的各位领导、老师：

大家下午好！今天，我站在这里代表的是十一年级的班主任团队。我将与大家分享我的成长历程，以及我们这些风行班主任与“00后”学生共同成长的故事。2016年，风行团队迎来了第一批“00后”学生。学生们成长背景的变化和思想行为上的差异，为我们的班主任工作带来了前所未有的挑战。理解“00后”并调整我们的工作方法，已成为近年来班主任工作的核心任务。对我个人而言，特别是自2019年以来，我面对的新挑战还包括接手新一届学生与往届学生在层次上的巨大差异。尽管困难重重，但幸运的是，我所在的风行班主任团队不仅充满奉献精神，而且经验丰富。刘宏明老师、马采青老师的宽容与接纳，胡纯芳老师、甄敏英老师和李丽老师的慈爱如母，冯立栋老师、陈宝方老师的严谨细致，以及胡金婕老师、刘晓环老师的认真负责，都深深地感动着我。很多时候，仅仅是观察这些班主任如何解决学生的问题就让我感到豁然开朗，受益良多。

21世纪以来，全球享受着市场化、商业化、网络化带来的便利，但同时也面临着社会阶层分化、贫富差距扩大等挑战。在这样的环境下成长的“00后”，在思想上展现出了鲜明的特征。根据我这几年的观察，我认为这些特征主要体现在以下几个方面：

一、自主意识强

“00后”一代以独立和反叛意识为特征的自我意识比“90后”更为显著，他们追求自由、关注个人，不再盲目跟随父母和老师的指导。记得今年1月16日，教育厅宣布假期开始时，刘校长提出了一个倡议，鼓励各班以小组为单位，家长参与监督，学生自愿参与的线上自习活动。当时，我和我们班的家委会达成一致意见，决定全班一起参与，因为班里人数本就不多，如果再细分小组，每个小组的人数就更少了，这可能会影响线上自习的氛围。老师和家长迅速达成共识，但当家委会将一切安排妥当并开始实施时，却出现了一个问题——一名学生出现了抵触情绪。据孩子所说：“并非我不愿意学习，而是不喜欢被摄像头监控的感觉。”经过与家长和孩子的沟通，孩子最终同意采取自主安排学习、家长陪伴、老师监督的方式进行。因此，除了定期巡视班里的自习情况外，我还会在中午和晚上两个时段通过电话了解他的学习计划和任务完成情况，有时电话一聊就是半小时。在第二轮自习（即春节后的自习）开始前，我先给他打电话了解他的计划，他第一句话就表示：“我愿意和大家一起自习，不想让郎老师因为我那么辛苦了。”事后，我也对此事进行了反思，如果放在几年前，我的处理方式可能会截然不同——要么施加压力让他随大流学习，要么让家长全权负责孩子的学习。实际上，在某些问题上，孩子的认识需要时间逐渐转变。我一直在思考，在一些非原则性问题上，我们为何不能退一步呢？在推进工作时，尝试坚持双向互动的教育模式，与他们平等对话、平等交流，往往能取得意想不到的效果。

二、抗挫折能力差

“00 后”一代展现出的强烈自我意识，实际上具有双重效应：一方面，它赋予了他们独特的个性。另一方面，导致了他们面对挫折时的脆弱。他们享有优越的学习条件，成长历程相对平坦，但内心却异常敏感，一旦遭遇不顺，便容易自我否定，甚至感到绝望，从而引发一系列心理问题。这要求我们教师在深入了解学生的基础上，实施个性化的教育策略。

大约四五年前，我开始注意到有心理问题的学生的数量逐渐增加，并亲身经历了我们班里一个学生从心理出现问题到自我康复的三年历程。经过这些年的观察，我发现中学生心理问题的成因主要包括家庭和学生自身两个方面。从家庭角度来看，特殊家庭结构，如离异或单亲家庭，父母忙于事业而缺少对孩子的陪伴，以及父母中的一方或双方过于强势，导致孩子在压抑的环境中成长，这些都可能对孩子的心理健康产生负面影响，使他们感到自卑、敏感，缺乏安全感。从学生自身来看，缺乏对自我正确的认知，以及目标与现实之间的巨大差距，也是导致心理问题的重要因素。对于这些学生，我们必须做到早发现和早干预。

在上一届学生中，我班上的一名学生在日记中表达了不想继续生活的想法。在与她母亲的首次交谈中，我从未见过一位母亲如此刻薄地描述自己孩子的缺点，她能连续批评半小时，让人感觉孩子一无是处。当我与孩子交谈时，我无意中提到：

"老师只关心你是否享受学习。"孩子听后泪流满面，她说："这是第一次有人关心我是否享受学习，在家里我和妈妈几乎无话可说。在我的记忆里，她很少表扬我，总是批评我，我不明白为什么我们之间无话可说，有时我甚至怀疑自己是不是她亲生的。"我意识到她心理问题的根源在于家庭，是与父母关系紧张造成的。这种紧张关系已经持续了数年，导致她压抑自己的情绪，进而变得自卑敏感。心理学认为，如果一种压抑的情绪持续时间较短，可以通过调整来消除，但如果这种情绪持续数月甚至数年，就可能演变成心理疾病，严重时会发展为精神疾病。对她而言，长期的压抑已经对她的心理造成了严重影响。

我主动联系了她的家长，非常诚恳地向他们说明了孩子目前的心理状况，并要求他们必须做出改变，同时建议他们寻求专业帮助。现在孩子已经上大学了，最近与她家长联系时，他们表示现在每天都能与孩子进行交流，孩子也愿意向家长敞开心扉了。但我清楚，要想让孩子实现根本性的转变，还需要老师、家长和孩子三方的不懈努力。在此，我也要提醒各位班主任，对于孩子们的心理问题，在必要时必须有专业人士的介入。

三、思想早熟，辨别能力较弱

"00后"中学生成长于新媒体时代，是新媒体运用最活跃的群体之一，庞大的新媒体资源拓宽了他们获取信息的渠道。然而，由于新媒体对社会百态的如实详尽报道，成人世界的一切不良信息都完全暴露在"00后"学生的生活中。他们生活阅历不深，对许多复杂的社会问题认识往往简单化、片面化，因此，班主任在对"00后"进行管理时，要抓住一切教育机会给学生树立正确的人生观和价值观。于是我利用班会时间和同学们展开了讨论，如中美关系、天问一号……一个个热点话题被我们请到班会课上，同学们在一次次思维碰撞中提升了认知。我常想，多年以后，我们在班会上说过的哪怕一句话对孩子的人生能起到作用，那就是我们当班主任最大的幸福。

"00后"终将会长大，而我与风行团队的故事也一定会一直书写下去。感谢风行班主任的每一位成员，更要感谢我们的领头人阮主任，成长的路上有你们陪伴，真好！

用心陪伴　用爱坚守　在爱中成长

高中部　赵建刚

首先，我要感谢学校领导给予我这次发言的机会。在这里，作为一名年轻的教师，在各位领导和同事们面前我有些忐忑不安，甚至有点班前弄斧。在接到领导布置的讲话任务后，我一直在深思熟虑："三爱"教育究竟应该从何谈起呢?

正当我一筹莫展之际，与女儿的一次对话启发了我。那天我骑自行车带女儿回家，她问我："爸爸，爷爷走路怎么一瘸一拐的?"我说："那是爷爷脑血栓后遗症，而且爷爷年纪也大了。"我紧接着追问："如果有一天爸爸也老了，走不动了，你怎么办?"女儿不假思索地说："爸爸你放心，到那时候我会好好照顾你的!"我顿时眼睛酸酸的，心里暖暖的……这就是爱，猝不及防地触碰到你内心最柔软的部分。也正是这段对话让我回想起了近三年来在这里的爱的点点滴滴……

记得刚参加年级的第一次例会时，李振洲主任说大家一定先要把小家照顾好，遇到什么困难兄弟姐妹都会帮助你，我顿时有种回家的感觉。还有一点我感触很深，这里的领导和老教师都很随和，而且对我们年轻教师都很照顾，记得有一次我上火了，嗓子哑了，赵晔老师急忙拿出一盒金银花说："小赵，看嗓子都成什么样了，快喝点吧。"

许多暖心的事件至今仍让我记忆犹新。回想起 2016 年寒假开学前夕，我的父母双双煤气中毒，不得不入院治疗。那时，学校的领导不仅亲切地慰问了我们，同事们也纷纷伸出援手。赵主任代表学校前来探望，他的话语温暖而坚定："如果你遇到任何困难，随时告诉我，我们大家都会帮你渡过难关。"我的师父田素霞老师也鼓励我："建刚，你就在医院专心照顾你的父母吧，学校这边的事情不用你操心，我们都在这里支持你。"在那个严寒的冬季，这些话语如同春风般温暖了我的心房。确实，在我最需要帮助的时候，是你们的支持和鼓励给了我力量，帮助我走过了人生中最艰难的时刻。值得庆幸的是，在大家的共同努力下，我的父母逐渐康复了。在此，我代表我的父母，向所有给予我帮助的领导和老师们表达最深的感激之情!

感谢大家！这里充满了爱，这是一个充满友爱的大家庭，在这里，我们相互扶持，共享着和谐与幸福。

我们都有这样的体验：与志同道合、相处融洽的伙伴共事时，心情格外愉悦，工作仿佛变成了一种享受。在这样的氛围中，我们班主任室三便是一处温馨的小天地。有句话说得好，当上帝为你关闭一扇门时，总会为你开启一扇窗。2016 年，正当我深陷于父母因煤气中毒而住院的痛苦之中，一个喜讯降临了——我妻子怀孕了。到了 2017 年 2 月，我迎来了我的第二个孩子，圆了儿女双全的梦想。亲朋好友纷纷向我表达祝福，有的送来红包，有的亲自上门探望，还有人帮忙为孩子取名。我们“情怀小屋”中的两位语文老师，赵美老师和高虹老师，从古典诗词中汲取灵感，给了我许多宝贵的建议。张振鹏老师、武会兰老师、王红老师、甄敏英老师、王延风老师、李茹老师，以及我们小屋的领头人李振洲主任，都纷纷献计献策。那时，我深切感受到，这不仅仅是我的喜事，更是我们所有人共同的喜悦。我们共同分享着这份快乐与幸福，这间小屋是多么温暖啊！实际上，在这里，我更多地感受到了领导和同事们在工作上给予我的帮助和启发。

记得那是在我初到时的一次全体会议上，会议结束后，裴校长特意叫住我，关切地询问：“建刚，适应得怎么样？有没有遇到什么困难？孩子的上下学接送问题解决了吗？”从这些话语中，我深切地感受到领导对一位普通员工的关怀与厚爱。还有一次，侯校长也特意停下脚步，向我了解工作和生活上的难题，并且为我的班主任工作提供了具体的指导和帮助。几位主任对我这个新来的教师更是关怀备至，我至今记得报到的第一天，李朝强主任亲自为我送来一个垃圾筐。

在教学方面，我初来乍到的第一年对学校和学生的情况还不熟悉，但我坚持每天观摩我的师父田素霞老师的课。田老师治学严谨，课堂管理得当，深受学生喜爱，我从她那里学到了许多宝贵的教学经验。田老师也通过听我的课，对我的教学方法进行了指导，正是在她的帮助下，我荣获了市级微课一等奖。赵晔老师对工作精益求精，她的教案编写得非常出色，我们组里的同事们都争先恐后地借阅学习。组内的其他老教师对我这个新手也是照顾有加，在大家的帮助下，我迅速适应了这里的工作环境，并在专业技能和为人处世方面得到了快速成长。

2016 年暑假我接管了高二 7 班，这是一个理科普通班，学生们的基础普遍较弱，学习习惯有待提高。尽管我之前积累了多年的班主任经验，但与之前在二中带领的省理科实验班相比，这个班的学生在能力上明显不足。因此，在接手初期，我确实感到有些措手不及，不得不从零开始探索如何管理这个特定层次的学生。

当时，班上有几个同学不仅学习习惯不佳，甚至可以说他们习惯了不学习。我将他们戏称为“四大金刚”。这四位在年级中颇有名气，而在班里更是活跃分子。为了给同学们营造一个良好的学习氛围，我不得不对他们采取严厉的措施，包括写检查、请家长、回家反省等。虽然这些方法能让他们暂时收敛，但不久后他们又会重蹈覆辙，这让我感到非常头疼。

记得有一次，刘树青主任与我的谈话让我豁然开朗。他指出，对学生不能一味严厉，适时地给予一些“甜枣”也是必要的。我理解刘主任所说的“甜枣”实际上指的是爱，是需要真心实意地关爱学生，耐心地向他们讲道理。我开始尝试这种方法，结果证明是有效的，这些学生犯错的频率降低了，最终他们开始认识到学习的重要性。班里的学习风气和整体氛围逐渐改善，学生的成绩也有了显著提升。

班主任工作是繁杂的，常常无法保证个人时间，家庭事务也往往难以兼顾。记得在我担任班主任的第一年，我还能坚持每天接送女儿上下学。当时有同事戏言：“小赵啊，好好珍惜现在吧，你还年轻，很快就会被委以班主任的重任。”我当时认为，既然都在同一个校园里，担任了班主任也应该能够照顾到家庭，但真正成为班主任后，我意识到这并不容易。我每天早上 7:10 到校，那时幼儿园还未开门，而学生晚自习结束后我才能回家，那时幼儿园早已放学一个多小时了。有一次，女儿问我：“爸爸，你就在我们幼儿园旁边上班，为什么不能接送我呢?”面对孩子纯真的眼神，我竟一时语塞。

我们这些班主任，每天都是早出晚归。现在，高三的晚自习要到晚上 10:40 才结束，班主任往往要等到最后，回到家已经接近晚上 11:00 了。

随着高三的到来，学校设定了目标——确保每个学生都能达到一本大学的录取分数线。然而，经过几轮考试，我们发现部分学生与一本线的差距相当大。与此同时，我面临着一个棘手的挑战：如何引导学生选择适合自己的道路——是出国留学、保送、学习艺术，还是参加高考？看到隔壁班的武老师在分流工作上取得了显著成效，我感到焦虑不安。武老师察觉到了我的困境，并慷慨地分享了她的经验。她强调，要从学生的角度出发，用爱心去温暖他们，融化他们心中的坚冰。我深受启发，并立刻开始行动。

我们学校的绿色通道项目颇受欢迎，我便在班里宣传，通过群聊向学生和家长传达信息，并进行一对一沟通。渐渐地，学生们开始对这些项目产生兴趣。最终，我们班有学生决定前往澳大利亚新南威尔士大学深造。武老师的话得到了验证：只要有学生开始行动，其他人也会受到影响。果不其然，随后又有学生决定前往加拿大多伦多大学学习。

尽管在保送分班后，我们班又迎来了一些基础稍弱的学生，但我们“情怀小屋”的每位成员都竭尽所能地为我提供帮助。我致力于用爱心温暖学生，通过一对一谈话、考后分析、心理疏导以及与家长合作进行生涯规划等方式，不断为他们提供帮助。

在全体任课教师的努力下，学生们的成绩有了很大提升。在高三的第一次质检中，我们班所有报考理工科的学生都成功跨越了一本线。在最近结束的第二次模拟考试中，我们班有 3 名学生跻身年级前四十名，仅有两人未能达到一本线（一人差 1.5 分，另一人差 7.5 分）。

爱是双向的。记得感恩节那天早上，当我来到工位时被眼前的情景所震撼。桌子上铺满了学生们写着温暖话语的卡片，还有一个满是涂鸦的书包，上面写着：祝赵老师越来越帅；愿赵老师的头发越来越浓密；老师，我们爱你；希望赵老师能晚点到……这些温馨、可爱甚至有些俏皮的话语让我心头一暖，我明白，学生们也在以他们的方式爱着我。

我爱这所学校，因为这里有关心下属的领导，有相处融洽的同事，有聪明可爱的学生，这里有我想要的充满情怀的教育！

谢谢大家！

唯有爱不可辜负

高中部　赵　美

各位领导、老师：

大家下午好！今天我发言的题目是《唯有爱不可辜负》。作为高三启航团队的一员，今天由我为大家讲述启航团队的故事。

“涉江采芙蓉，兰泽多芳草。采之欲遗谁？所思在远道。”是啊，转眼三载，我们高三启航团队的每一位老师都在采摘着最美的芙蓉，因为他们希望学生可以手把芙蓉，笑傲高考。一直觉得用“呕心沥血”形容教师的辛苦似乎太残酷了，我更愿用“涉江采芙蓉”来形容教师教书育人的人生。“所思在远道”，教师每天想的就是学生能三年磨一剑。为了三年一次的高考，他们青丝染白发，青春转眼逝，工位上说着腰疼腿疼胳膊酸，走上讲台比谁都欢实，课件、白板、实物投影样样不能少；餐厅里累得吃不下去饭，嗓子沙哑的聊天都懒得说一句，开始讲课时激情四射，音量高八度，下了课都恨不得再讲 10 分钟；碰面打个招呼话题中总绕不开学生，气愤着、疼爱着、关心着，五味杂陈都写在脸上。每一位启航团队的教师，都深知每一次努力都是幸运的伏笔，所以我们有理由相信，石外高三学子一定会取得优异的成绩。

看看他们美丽的样子吧，虽然我们每天抬头不见低头见，但谁又曾认真看过谁，谁又曾发现谁的鬓间陡生的白发、新添的疲惫、憔悴的小脸、黯然神伤的内心呢，抑或是谁又曾感动过谁的感动，谁又曾分享过谁的喜悦，谁又曾快乐过谁的快乐啊！就是这样一群生动可爱的老师们，用爱浇灌着理想，用爱呵护着生命，用爱创造着奇迹。“还顾望旧乡，长路漫浩浩。”回首走过的三年，唯有“爱”方可终老。

可以说，2018 届学生面临的挑战是独一无二的，他们不仅要适应新课程改革，还要使用旧教材，懵懂地选择课程。他们必须接受所有挑战，就像吃螃蟹一样，至于结果如何，只有我们自己最清楚。以高三 6 班为例，杨同学、赵同学和刘同学从高一起就在我的班，在选课时，他们坚持选择物理组合，认为自己能够应对物理的挑战。我与家长和学生进行了深入的交流，但说实话，我自己也不确定选课可能带来的影响。时间飞逝，两年过去了，这些孩子开始后悔当初的选择，我也认为他们或许更适合选择历史组合，而这就是尝试新事物的滋味。

自接手 6 班的选课工作以来，我为自己设定了明确的目标：承担起提升年级整体成绩的重任，确保最低分的学生能够取得进步。首先，我坚持严格要求学生，包括从着装仪表到行为规范，从礼貌用语到课堂纪律，从作业提交到自习习惯，以及从到校时间到课间休息的利用，我都制定了明确的标准。我致力于让学生清楚地认识到何为正确、何为优秀、何为高标准。

其次，我致力于培养学生养成规范的行为习惯，及时发现并解决问题，防止消极因素在班里扩散。以赵同学为例，他平日里思想松懈，对自己缺乏要求，奉行“差不多就行”的态度，对学校纪律视而不见。他曾试图辩解班主任无权没收个人物品，对学校规章制度持有质疑态度，甚至在课堂上公然表示困了就应该睡觉。更令人担忧的是，一些学生未能学到他的聪明才智，反而模仿了他的不良行为。尽管我尝试与家长沟通和在班会课上树立典型，但这些措施似乎对他不起作用。最终，我告诉他，他高中生涯最大的不幸可能就是遇到了一位既是语文老师又是班主任的我，无论他如何巧舌如簧也无法说服我。经过数次交锋，他逐渐意识到无法说服我便放弃了。我随即利用班里舆论，消除了他不良言论的传播环境。随着高考临近，这位学生在班里的成绩名列前茅。

最后，我致力于做好高中生的生涯规划工作。本着为学生未来着想的原则，我根据学生的性格和家庭背景，提前规划并逐步实施。我采取了多种方式与学生沟通：每周与班集体进行交流，对重点学生进行个别指导，与家长确定范围后进行深入谈话，通过集中会议促进学生间的相互交流，等等。我确定了出国路线和时间表，督促学生按时参加课外辅导班，并在学生参加课外学习后进行详细的统计和持续关注。同时在高三艺术高考工作中，我及时了解学生的情况，结合高考政策为学生寻找最佳的考试平台，并在最短时间内完成艺术生的报考工作。通过不懈的努力，我班已有 8 名学生出国深造，其中 3 人被加拿大多伦多大学录取，2 人进入英国曼彻斯特大学，还有 4 人参加异地高考，4 名学生成功通过艺术高考。

随着年级工作的不断推进，集团领导的精心策划和周密部署都起到了关键作用。“质量提升三年行动计划”、双新示范校建设以及山区帮扶学校的推进，都使得集团对年级的期望更加明确，为我们搭建的平台也日益提升。启航团队的每一位教师都充满活力，在侯校长、刘校长、李主任和贾主任深入班级指导提升的过程中，我们深刻体会到了部门领导对启航团队的深切期望。

市里质检工作结束后，领导们明确了跟班指导的目标，并且经常可以看到刘校长、李主任和贾主任携带笔记本进班听课，课后及时与授课教师进行沟通交流。在高考倒计时仅剩20天之际，李主任每天都会在高三教师群里发一段激励团队士气的话语，我们坚信，启航团队的每位教师都能从这些话语中感受到领导的关怀与信任。

作为一位班主任，我深刻感受到肩上的重担。每当我感到精力即将耗尽时，我们的班主任团队总能给予我前进的动力。这个团队是年级中最坚强的核心，由王柳明主任亲自领导，他事必躬亲，行动迅速，能够把所有事务安排得井然有序；赵金燕老师作为年级主任，她计划周密，总能预见问题，并给予我们温暖而贴心的支持。高虹老师经验丰富、自信乐观，她走在队伍的最前端，是我们精神上的支柱。武会兰老师总是用贴心的话语为我们提供心理支持，是我们的心灵导师；梁光洲老师则以其智慧和稳重帮我们解决着各种电脑问题，是我们的技术专家。生玥、李建会、王娇娇三位老师，无论是在行动上还是精神上都与我们同在，无论是清晨还是夜晚，只要天空挂着月亮，总能看到他们辛勤的身影。世上没有哪种爱能超越班主任对学生的爱，因为这份爱是多面的。班主任能够随时转换角色，扮演着家长、教师、警察、侦探、会计、心理咨询师、推理专家、职业规划师、卫生管理员、信息收集员、医生、保姆等。这种感觉，我想，正是源于爱；因为爱，所以怕，所以珍惜，所以坚强，所以脆弱。因此，当领导和老师们经过班主任室时，无意中听到他们的呼喊，请理解他们的无奈，以温柔对待；当在某个角落看到他们颤抖的肩膀，请原谅他们的脆弱，以关爱回应；当在不适当的时间听到他们喧闹的笑声，请原谅他们的放纵，以宽容拥抱。突然想起一首歌这样唱道：

会不会我们的爱
像星辰守护大海
不曾离开
我向你奔赴而来
你就是星辰大海

星辰守护着大海，确实如此，教师与学生、教师与教师、教师与学校之间，我们相互成就。我们就像星辰守护大海一样，在各自的舞台上熠熠生辉，绽放出最灿烂的光芒。

谢谢大家！

爱在事业　乐在奉献

高中部　胡小锋

今天站在这里，我感到十分惶恐。因为我自认为缺乏有效的教学方法，更不用说丰富的教学经验了，在这种情况下让我分享经验，确实有些不自量力。接下来，我将与各位老师分享我在日常教育和教学中的一些心得和实践，若有不妥之处，还望大家不吝赐教。

自大学毕业，至今已有十九个年头。我深刻体会到教师肩负的重大责任。从个人和家庭的角度来看，教师的工作影响着学生的未来和命运；从民族和国家的层面来看，教师的工作关系到民族的繁荣和国家的发展。因此，我从未将教师这一职业仅仅视为谋生的手段，而是将其视为我毕生追求的事业，并全心全意地投入其中。

一、用心灵塑造教师形象

"学高为师，身正为范"，这八个字始终激励着我。作为教师，仅仅学识渊博是不够的，必须将知识与品德相结合，才能成为一位合格的人民教师。教师是学生无声的楷模，只有当教师热爱教育事业，学生才会全心投入学习。如今，大多数学生是独生子女，是家庭中的宠儿。他们自幼在父母的关爱中长大，习惯了以自我为中心的生活方式，很少考虑他人的感受，也不懂得如何关心他人，从而养成了以自我为中心的不良习惯。在我们的教育工作中，向孩子们灌输爱的教育至关重要，这对于学生全面发展具有深远的影响。我通过讲道理和亲身示范，逐步引导学生去体会他人对自己的关爱与付出：父母的养育之恩、老师的教育之情、同学间的相互帮助，让学生感受到自己生活在一个充满爱的环境中，并且应该怀着一颗感恩的心去回报家长、老师和朋友。

二、建立良好的师生关系

建立和谐的师生关系是确保教学任务顺利完成的关键因素。只有当学生亲近并信任教师，他们才能对所学内容产生兴趣，乐于学习，并积极吸收教师传授的知识，从而提升学习动力。一位优秀的教师应具备对孩子的热爱，享受与孩子们相处的时光，坚信每个孩子都有成为优秀个体的潜力，擅长与他们建立友谊，关心他们的喜怒哀乐，并深入了解孩子们的内心世界。然而，我有时也会感到困惑，尽管我真心实意地对待学生，但他们似乎并不领情。常言道："良药苦口利于病，忠言逆耳利于行。"但为何学生往往难以理解这一点呢？要想与当代学生建立良好的关系，确实需要教师运用智慧和策略。

（一）平等对待学生，对学生满怀期待之心

在现代教育体系中，教师与学生之间的关系是平等的。教师的角色转变为能够有效激发学生兴趣的引导者，鼓励学生积极主动地运用所学知识参与讨论，像朋友一样与学生平等交流。在课堂上，教师不仅是知识的传递者，还是一个热心且耐心的倾听者，更应成为学生可以信赖的朋友。信任是人际交往中不可或缺的元素，它体现了对个人品质的认可与评价。学生的学业成就部分取决于教师对其能力的信心。期待，作为一种激励手段，能够激发学生积极热情的情绪，帮助他们克服困难，攻克难题，从而取得优异的成绩。反之，缺乏信心可能导致学业成绩的明显下滑。

以 2017 届高三 10 班的赵双琪同学为例，他在老师和同学眼中显得有些与众不同，有时与人交流似乎不在同一频率上。然而，他对化学的热爱使他与我交流频繁。他提出的问题有时与高中课程无关，但我仍会耐心地解答，哪怕需要花费一两个小时。即使在晚自习结束后，他也会追着我继续讨论，虽然这些问题可能与学习关联不大，但当他带着满意的答案离开时，我看到他的学习热情十分高涨，成绩也随之提高了，这让我觉得我的努力是值得的。

（二）尊重、信任学生

尊重与信任学生是构建和谐师生关系的关键要素。融洽的师生互动对学生的学习情绪有着直接而显著的影响，能够有效提升教学效果。在教学实践中，我会定期与学生进行交流，鼓励他们提出建议和反馈，同时我也会重申我对他们的期望和要求。这种做法有助于我们迅速达成共识，确保教学过程顺畅且充满乐趣。一项针对中小学生的调查显示，许多学生之所以喜欢某门课程，往往是因为他们喜欢那位教该课程的老师。因此，教师通过频繁的情感交流，关心、爱护、尊重和理解学生，能够极大地激发学生的学习热情和兴趣。

（三）用爱心关爱学生

以"爱"的视角观察学生，你会发现他们的眼中也充满了爱的光芒，让课堂洋溢着爱的氛围。这种爱，意味着不排斥任何一个学习有困难的学生，意味着理解学生的学习状况，意味着及时感知他们的情绪变化，意味着尊重学生的尊严。它并不总是要求你竭尽全力，有时候，这份爱可能只是一个微笑，一个鼓励的眼神，一次发自内心的掌声，一句充满关怀的话语。因此，请不要吝啬你的爱。如果你对学生产生了厌恶之情，那么你的教育之旅还未启程，实际上就已经画上了句号。高三 9 班的赵子强同学在吸收新知识上稍显迟缓，他提出的问题有时可能并不成熟，同学们会嘲笑他，但他依然勇敢地提问，无论问题多么简单。你总能在课间休息、自习时间、午休放学后，以及晚自习后看到他来找我寻求帮助。为了帮助他建立自信，我不仅会耐心解答他的疑问，还会鼓励他保持这种坚持不懈的精神。对于这样的学生，我们更应该给予更多的关爱，细心呵护他们，让他们能够茁壮成长。

三、苦练内功，提高业务能力

（一）理论先行

许多教师可能认为教育教学理论遥不可及，与我们这些身处教学一线的教师关联不大。然而，事实并非如此。那些在教育领域取得成就的教师，无疑对教育教学理论有着深刻的理解和独到的见解。要想形成独到的见解，持续学习是不可或缺的。在过去的几年里，我始终坚持理论学习，特别是在专业理论方面，我加强了对大学无机化学和有机化学课本知识的深入研究。我经常翻阅《中学化学》和《中学化学教学参考》等杂志，并经常前往图书馆查阅关于教育教学改革最新趋势的资料。《班主任》《每天进步一点点》等书已成为我床头随手可得的读物。这些理论知识的学习不仅拓宽了我的视野，还提升了我的专业水平，从实践的角度来看，这无疑将使我的教学工作更上一层楼。

（二）钻研教材

教师的核心职责在于授课。为了确保教学质量，教师需在课前完成一系列准备工作，这包括熟悉教学大纲、深入研究教材、查阅相关资料、了解学生需求以及编写教案等，这些活动统称为备课。只有当备课工作做到位，教师才能有效地传授知识。在备课过程中，深入钻研教材尤为关键，因为教材是由众多教育专家依据教学大纲精心编制的，它为教师的教学活动提供了坚实的基础，教师必须对其进行反复推敲和深入研究。实践证明，学习、分析、研究和处理教材的过程，实际上就是教师构建、提升和完善自身教学能力的过程。

（三）反思提升

一位教师即使编写了一生的教案，也不一定能够成为名师。然而，如果一位教师坚持三年的反思，他或许可能成为名师。反思是教师改进教学方法、提升教学技能的有效途径，也是提升个人能力和教学素养的过程。通过反思，教师能够正确地认识自我，客观地评价自我，从而提高教学行为的自觉性和专业性。

四、精心设置，全情投入，提升教学效果

（一）结合化学学科的特点，精心设计化学实验

兴趣是最好的老师，若学生缺乏兴趣，便只能被迫学习，难以谈及学习效果。在课堂上，我致力于在实验目的、操作程序、实验现象、结果分析等关键环节深入探究，精心设计悬念，引导学生经历“观察—惊叹—疑问”的过程，体验化学世界的奥妙。感知这些奇妙的变化，使学生学会动脑思考（问题的本质）和动口表达（描述实验现象），从而激发学生的学习兴趣。

（二）实施分层教学，鼓励学生学习上的“攀比”

由于学生之间存在着差异，因此我们可以采取分层教学策略，将学生分为A层（优秀）、B层（中等）、C层（学习困难）、D层（特别困难），旨在充分调动每个学生的积极性，激发他们的学习兴趣和参与感，进而转化为内在的驱动力。在课堂教学中，教师可以通过表扬、奖励、加分、竞赛等多种手段，激励不同层次的学生共同进步，从而提升整体的学习效果。同时，教师可以为不同层次的学生设定具体的学习目标，帮助他们找到自己的定位，增强学困生的自信心，让中等生明确达标的标准，让优秀生理解更高层次的学习要求。这种分层教学，有助于学生的“学”和教师的“教”更好地结合在一起。

讲好四班故事

高中部　胡纯芳

今天，我站在这里，既感到惶恐不安，又深感荣幸。我希望能利用这个宝贵的机会，与大家分享四班的故事。我发言的题目是《讲好四班故事》。

四班故事的主角无疑是四班的各位任课教师，他们这个团队由经验丰富的班主任和资深教师组成。回顾过去一年多的工作，我深信，怀揣爱心和奉献精神是支撑我们团队工作的根本。与在座的各位一样，我们怀揣着让每位学生都能成才的梦想，渴望能给予学生更多的知识和指导……正是这样的梦想，激励着我们的团队不断更新知识体系、持续学习和进步。我们致力于深入学习各种教育理论和知识，紧跟时代的步伐，并将其应用于日常教学之中，充分激发学生的主动性和创造性，开展了一系列富有成效的体验教育活动。这些活动有助于学生体验生活、领悟道理、找到自己的定位、掌握新技能、培养良好品质，使我们的班逐渐成为一个团结友爱、积极向上的集体。

高三四班是一个文科普通班，由 9 名体育特长生、10 名艺术特长生和 12 名成绩稍弱的文科生组成。我们团队提出了一个目标——确保每个学生都能达到本科录取线。我们采取了人盯人、手把手的教学策略，确保每个学生都能得到必要的关注和辅导，从而提高成绩。我们坚持不放弃任何一个学生，教学上严谨求实，工作上踏实奋进。作为班主任，我爱护每一个学生，尊重家长，以身作则，言行一致，赢得了学生和家长的广泛好评。我与任课教师紧密合作，积极沟通，深入了解和掌握学生的情况，记录他们的每一点进步。同时，我努力营造一个和谐的教师团队氛围，以便于大家努力工作。

有一次，王亚倩老师向我反映小张同学在课堂上沉迷于用手机看小说，课后我立刻联系了小张的家长，并与王老师一起与小张进行了耐心地沟通。我们三次邀请家长共同分析小张的成绩，并一起为他的未来出谋划策。家长和老师一致认为，小张同学的意志力较为薄弱，自控能力不足，容易反复，因此，对他进行思想教育不能仅依赖于一次谈话或一次反思。我们必须家校合作，坚持进行细致且长期的工作，从小事做起，防微杜渐。尽管小张有许多不足，但他有一个显著的优点，那就是在文学和历史方面表现出色。每次布置的拓展性作业，他都投入极大的热情，并完成得非常出色。最终，家长和孩子商定，小张将报考中国传媒大学的戏剧文学专业。有了明确的目标后，他的进取心被点燃了，自信得以恢复，学习成绩有了很大提高。

这件事让我深刻地意识到，孩子们的心灵宛如一片未耕作的田野，播下何种种子，便将孕育出相应的果实；教师的关爱犹如清晨的露珠，默默滋养着一切生命，只要我们倾注心力，便能收获成果。在教学的道路上，我始终秉持“与人为善”的理念，将爱心和“普遍的友爱”给予每一位学生。我努力在班里营造一个平等、和谐、充满友爱的环境，让学生们感受到集体的温暖，以及自己对班集体荣誉的贡献。记得在高二刚分班时，我几乎每天都会与学生进行深入交流，帮助他们树立信心，使每个学生都能满怀热情地投入到学习之中。学生们很快适应了新班的环境，树立了集体荣誉感，并逐渐形成了良好的班风和学风。

在构建学习小组的过程中，我始终秉持优中差的合理组合，确保在课堂提问环节每个学生都能积极发言，展现自己的才华，同时鼓励他们勇敢地表达自我。课前几分钟的课文背诵以及每晚自习前的数学小讲堂，已经成为学生们最期待的环节，大家全情投入，积极参与。作为教育者，我们应当对学生多一份关爱，少一份责备。爱意味着付出，而付出终将带来回报。在教师的引导下，全班同学相互支持，相互关爱，学业成绩稳步提升。与重点班的学生相比，我们四班的孩子们自尊心更为强烈，由于学习能力相对较弱，他们对外界的反应非常敏感，表面上看似坚强，但内心深处却非常渴望得到老师和同学们的理解与信任。因此，当他们犯错时，我们总是以平和的心态与他们交流，就事论事，绝不会在公众场合进行批评、嘲讽，或采取任何形式的体罚。

记得那是一个周六的午后，杨彩丽老师正准备上课，小刘和小曹两位同学之间突然爆发了一场激烈的争执。争执的起因是杨老师按照之前的约定，给小曹带来了一本练习册，而小刘这节课没有得到。小刘便利用自己手臂较长的优势，迅速夺走了练习册，小曹自然不甘示弱，两人因此争执不休。杨老师立刻严厉地制止了他们，一手一个将他们按回座位上，然后清了清嗓子，继续讲课，仿佛一切争执未曾发生。

课后，杨老师将他们俩带到了办公室，详细了解了事情的经过，并进行了调解，最终两位同学互相道了歉。天色渐晚，杨老师一直等到家长到来，亲眼看着两个孩子被家长接走后才离开学校。到了周一，我们邀请了小刘的家长到学校进行面谈，这才消除了误会，也让孩子对老师产生了信任。

在对待学生时，我总是这样思考：如果他们是我的孩子，无论何时何地，我都将竭尽全力去爱护他们。爱，不是轰轰烈烈的壮举，而是细致入微的关怀。因为这份爱简单而平凡，它不会因山高而显得厚重，也不会因河宽而显得浅薄。你还记得吗？那个满脸沮丧的男孩，你曾经给予过关心；那个泪眼婆娑的女生，你曾经给予过拥抱；那个受伤的孩子，你曾经给予过搀扶。

是的，我当然记得，是你，是我，也是他——那次匆忙骑车上班，被快速驶过的电车撞倒，你爬起来，连尘土都来不及拍打就赶到了学校，庆幸自己没有迟到；那次学生去网吧，你因为寻找学生而忘记了自己年幼的孩子，还是孩子的老师发来一个笑脸，说习惯了，宝贝没哭也没闹；那次家长因孩子不争气而与之争吵，你耐心地听他倾诉直到深夜12:00，甚至你温和地与学生交谈后，转身却对自己的女儿大声斥责，完全不顾女儿的困惑：一会儿是天使，一会儿是“老妖”；甚至，在处理完老人的后事后，你来不及整理自己疲惫的身心，就站在讲台上强颜欢笑。这些，我们都经历过，确实很累，但我们放弃过吗？不，绝不，因为我们是教师。面对孩子，我们是百变金刚，也必须是百变金刚。当他们胆怯时，我们给予勇气；当他们迷茫时，我们指引方向；当他们疲惫时，我们给予力量；当他们伤心时，我们是他们可以依靠的亲人。

我们倾注了爱，收获了快乐。这份快乐蕴含着深刻的内涵，它源自国家的需求，领导的关怀，同事间的相互支持，以及学生健康成长带来的欣慰。

十年树木，百年树人。既然我们选择了讲台，也就选择了奉献。当书桌上的灯光在晨风中苏醒，当辛勤的汗水改变了我们的容颜，当心血与汗水染红了理想，亲爱的同行们，让我们相互祝福并不懈努力吧！

一同前行，我们不孤单

高中部　胡金婕

尊敬的各位领导、亲爱的老师们：

大家下午好！非常感谢领导给予我这个机会，让我能与大家分享过去一年作为班主任的奋斗历程。自从加入 2019 级班主任团队以来，我便以一己之力，成功地降低了办公室的平均年龄和智慧水平。记得我第一天上任，恰逢周日晚自习。同样是监督晚自习，以往我做起来轻松自如，但这一次，我的内心却波涛汹涌，满是疑惑：作为班主任，我该如何监督晚自习呢？仅仅是用目光注视吗？我应该说些什么？万一说错了怎么办？糟糕，连班委都还没确定，我该如何是好？明天又该轮到谁值日呢？

尽管在上任前我已经进行了为期半个月的心理准备，并且观察和学习了马采青老师的教育教学方法多日，但当理论知识学习完毕，真正要开始实践操作时，我还是紧张得什么都忘记了。我一边给自己鼓劲，提醒自己要勇敢和自信，一边翻阅着这半个月来从领导和前辈那里收集的宝贵经验。陈宝方老师曾告诫："我最不能容忍学生的几个行为，首先是迟到，其次是不整洁，最后是不诚实；要先明确规章制度，先礼后兵。"我的师父顾老师则鼓励说："只要有决心做好，就会有解决问题的动力！先定下规矩，树立威信，慢慢一切就会步入正轨。"德育师父高虹老师也给了我信心："回想硕婷是如何做到的，你也可以那样做，我对你有信心！"带着这些名师的指导和鼓励，再回顾一遍刘校长的提醒和王主任的建议，整理好心情，准备出发。

在组织和管理班级方面，除了对班团委的建制和班规的制定这些明线的设计调整外，我还特别注重对暗线的梳理：我的学生就像我的孩子，我需要了解他们经历了什么，正在经历什么。当时已经是高二下学期了，我意识到留给我的时间并不充裕。为了帮助他们调整好心理和学习状态，我计划在第一个月的每周德育课上分享一些有助于鼓舞士气的关键词。我的保送三班的学生刚入学时就享有"优待"，感到自豪，甚至有些自满。然而，几次分班考试后，由于成绩不尽如人意，他们不得不接受自己被分到了相对较差的班的事实。这种前后反差让他们在情绪上感到不安全。他们意识到自己的天赋有限，却又被焦虑、怠惰、虚荣、侥幸等不良情绪所困扰，成绩受到了严重影响。我一方面真的很着急，着急他们为何不更加努力，抓紧时间做更多有意义的事情；另一方面，我也很心疼他们。

经过几次德育课上的鼓励和课后一对一的深入交流，学生们开始逐渐认识到自己的不足和努力的方向，并且在心理上开始接纳我这个班主任。从那时起，我和这群孩子之间逐渐建立起了一种家庭般的亲密关系：我们共同遵守规则，相互包容各自的缺点，更多地关注彼此的优点；即使在情绪激动时，也不会说出伤害对方的话；如果实在控制不住情绪，也只是轻声训斥几句，因为他们知道我的批评是出于对他们的好意。

不久前，班上的王同学与我讨论她在考场上的表现。我从她的言辞中察觉到了她因紧张和焦虑而产生的强迫性心理障碍。经过询问，我了解到她的强迫心理始于五六岁时，那时她就要求所有的书本和纸张必须摆放得非常整齐，任何轻微的改变都会让她重新整理。听她讲述时，我感到非常心疼，因为患有心理障碍的人往往承受着不为人知的痛苦。

当时正好是晚餐时间，我提议：“走吧，我们去吃点东西，你想吃什么？我们去吃汉堡包吧。”在去买汉堡包的路上，我告诉她：“心理障碍出现得越早，可能痊愈的难度就越大，但你可以学会与它共存，强迫症患者同样可以过上正常的生活。现在，我们需要找到一种思维模式来平衡考场上的焦虑。虽然方法有很多，但最终能够克服焦虑的，只有你自己。”

强迫症往往关注的是细节而非整体，是小事而非大局。我向她解释：“你所纠结的那些细节，其实别人并不太在意，所以我们应该更多地关注事物的整体和规律。”例如，在考场上，最重要的是完成题目，因此，根据题型和方法来解题是首要任务。

班上不乏有个性和脾气的学生，男生中不乏有不听话的，但以理服人是班主任的基本守则，而那些细腻敏感的女生则需要我们花更多的心力去了解和安慰。我们班有个爱哭的张同学，我曾经统计过，她每周哭的次数，不论时间长短，有三到四次。有一次，她对我说：“老师，这次只是小事，我就是容易哭，您别生气。”我半开玩笑地回答：“我生什么气呢？等你哭到第一百次的时候，我们就都习惯了！”她忍不住笑了出来。实际上，我曾多次直接或间接地询问过她哭的原因，班里的同学们也都习惯了。这次谈话，我主要是想了解她哭是否对身体造成了伤害，因为不久后她就要参加保送考试了。经过询问，得知她的身体状况一切正常，这让我放心了许多。于是，我耐心地听她讲了“童年阴影”。所谓的“童年阴影”是指她在年幼无知时，曾有被班主任当众训斥或讽刺批评，甚至叫家长来大声斥责的经历。虽然我了解她的个性和脾气，但我仍然难以理解她当初的班主任为何要这样对待一个年幼且心智尚未成熟的孩子。我告诉她：“童年的阴影在成长过程中可能会在某个时刻突然浮现，让你感到熟悉。如果将来某些经历让你想起了过去的委屈，尽量努力跳脱出来，提醒自己，那时的你年幼无知，但现在你已经成长，我们足够善良，可以坚强地面对一些看似无解的难题。跳脱出来，你就有机会重新认识自己，更好地进行心理建设。随着我们慢慢长大，许多问题会逐渐自愈，因为生活中还有许多幸运和美好。”她似懂非懂，又和我聊了一些班内外的小事，然后就去学习了。在接下来的许多天里，这个女生在英语课上表现得非常认真，她看我的眼神中充满了稚嫩而求知的光芒。

显然，班级学风的建设绝非仅凭德育活动和心理辅导就能达成，还需要一些有效的策略。作为一名经验尚浅的班主任，我不再年轻、精力有限，且肩负着抚养两个孩子的责任，面对挑战时常常感到力不从心，苦于缺乏有效的解决方法。然而，幸运的是，集体的温暖、组织的指导以及同事们的协助，让我的工作充满了美好。对于班里那些难以管理的学生，王柳明主任不仅私下给我“支招儿”，还亲自对他们进行教育教导。在课堂上，我的教学内容和节奏的掌握也得益于贾主任的细心指导以及顾老师领导的备课组的周到安排。马采青老师才华横溢，深沉如水，我努力着学习她的教学方法和敬业精神。李莉老师教学严谨，始终将学生的发展放在首位。保送班的工作紧张而繁忙，备课集中、压力巨大，班里也不乏个性鲜明的学生，但得益于老教师的指导，我们一路同行。在阮主任的领导下，我们每天都能自发地努力工作，他的关怀使我们的工作心情积极向上。办公室的核心成员刘宏明老师、高虹老师、马采青老师无时无刻不在带动和帮助大家。敬业、奉献、关爱学生的郎荣肖老师、胡纯芳老师、冯立栋老师也经常帮助我疏导情绪，助我整理心情，继续前行。亦师亦友、活泼健谈的甄敏英老师、孔卫华老师也给予了我许多关怀和帮助。借此机会，我想真诚地感谢这些前辈给予我的巨大帮助，并感谢大家一直以来对我的包容和支持！班主任工作有时纷繁复杂，我也想借此机会感谢各位行政干事的帮助和理解！

千言万语难以表达我这一年来的体会。我深知自己尚有许多不足之处，而有待完成的工作更是不胜枚举。感谢母校给予我成长的机会，让我能够坚定前行。感谢我的两位师父，顾老师和高老师，他们经常给予我指导，督促我不断努力，提升自我。

我的分享到此结束，不当之处请各位批评指正！谢谢大家！

撑一只长篙，向青草更青处漫溯

高中部　姜立新

记得有这样一句歌词："今天我终于站在这年轻的战场，请你给我一束爱的光芒；今天我将要走向这胜利的远方，我要让这世界为你点亮。"这句歌词让我想起成长过程中帮助过我的每一位老师，是他们当年给予了我不断前行的力量，也是他们让我今天能够踏上属于自己的教师舞台。

一、青春好景三分，二分耕耘，一分期许

转眼毕业已有四年，回顾在石外的这些日子，会发现四年前的那个早晨，我怀着紧张忐忑的心情报到时的场景还历历在目。短暂的教师工作像是生活在我面前打开了一个小孔，透过它我窥见了不同于学生时代的另一片天，那里有我的梦想，我对未来的期许。

初入职场时，教师对我来说是一个模糊的概念。我仅仅觉得这是一份谋生的工作，需要我认真对待每一项任务。我每天都干劲满满，尽管缺乏经验，但凭借对工作的热爱，我依然能够投入其中，乐在其中。为了准备一堂公开课，我曾通宵达旦；与学生交流而错过午餐成了常态；我的包里总是装满了学生的作业……随着时间的推移，我逐渐意识到，推动我前进的并非他人的认可，而是出于内心深处的意愿，愿意牺牲休息时间去精心准备每一堂课，愿意为了班里的和谐而不断学习，愿意为了改变一个学生而主动深入他的家庭。在这个过程中，无论是因心理问题导致厌学的学生，因脾气暴躁而诉诸暴力的学生，还是因家庭背景而自卑自闭的学生，或是正处于青春期陷入早恋的学生，我都尝试用各种方法解决问题。同时，我也会因学生的误解而感到伤心，因班级管理中遇到的困难而自我怀疑。然而，当我看到自己努力的成果使班里发生了改变，甚至赢得了学生的喜爱，以及我的付出得到了家长的认可时，我意识到这一切都是值得的。更令人庆幸的是，我发现我所欣赏的品质在自己身上得到了体现。正如老子所言："上善若水。"水滋养万物，无声无

息；包容一切，无怨无悔；清澈透明，公正无私。它能根据环境的变化而灵活适应，遇山则绕，遇坝则积，聚集成浪，滴水穿石，高处成瀑，低处成湖，蒸发成气，下沉育苗，永远适应环境而又不失其本性，这正是教师品质的真实写照。我期望自己将来也能像水一样，游刃有余地育人。

二、且将新火试新茶，诗酒趁年华

在追求梦想的旅途中，我感到无比幸运，因为我遇见的每个人似乎都闪耀着光芒。清晰地记得，当我刚踏入高中部时，便得知自己将担任班主任一职。那一刻，我的第一反应是震惊：这样的决定是否过于仓促？带着满心的疑惑，我正式开启了作为班主任以及两个班语文教师的旅程。

初涉职场，一切经历都是新鲜的，既激动又忐忑。首次站上讲台，我显得很稚嫩，为了迅速提升自己，我迫使自己拓宽视野，广泛学习和观察。每当遇到难题，我总能回想起魏老师常对我说的三个字——“没问题”，这让我一次又一次重拾信心。在不断查阅资料、构建课程体系的过程中，在刘校长全面而深刻的点评中，在语文组各位前辈的无私指导中，在同学们充满期待和肯定的眼神中，我不断地磨炼自己。每天的备课、上课、反思背后都有坚强的后盾：幽默风趣的米老师轻松地帮我把握住重难点，师父刘萍老师指导我的教育教学工作，善良的曹姐姐总是及时帮我解答疑惑，还有琼老师独到的见解总能启发我。

初次担任班主任，我感到既紧张又兴奋。在接到担任新高一班主任的通知时，我既惊讶又欣喜——这是领导对我的信任，同时也意味着我将面临新的挑战。对我来说，在做班主任的初期，最大的挑战并非教学方法，而是如何与这些学生相处。由于缺乏管理经验，加上炎热的天气和紧凑的开学安排，我力求在两周内让班里步入正轨。然而，随着班里的情况逐渐稳定，我开始遇到一系列琐碎的问题：学生上课插嘴、宿舍卫生不达标、晚上不按时休息、顶撞老师、意外受伤等。那段时间，我就像一个永不停歇的陀螺，不断应对各种突发状况。我意识到，仅凭临时解决问题是不够的，我需要制订一个长期的培养计划。有了明确的培养方向后，我将任务分解到每周，有了具体目标，后续的工作就变得更为顺畅。

到了高二八班，我更加注重营造良好的班风。正如《荀子》所言：“蓬生麻中，不扶而直；白沙在涅，与之俱黑。”环境对人的影响至关重要。在制定班规后，我重点维护这些规则。面对违反班规的行为，我明白急躁并非解决问题的良方，而耐心和坚持才是解决问题所需要的。随着时间的推移，迟到和吵闹现象几乎消失，因为学生们明白，尊重他人和维护学习环境是每个人的责任。主动打扫卫生的学生变多了，黑板被擦得一尘不染，班里充满了互助的氛围……这些小小的美好，正是正能量的种子。

在与学生相处的过程中，我逐渐深化了对爱学生的理解，认识到教师不仅要传授知识、解答疑惑，更要帮助学生健康成长，激发他们对真善美的追求。因此，我特别注重培养和传播班里的正能量，让它成为我们班风的基调，成为学生人生的成长基础。尽管班里仍存在一些个别问题，但总体上已经步入了正轨。当然，单凭个人的努力是远远不够的，我还要感谢所有支持八班的老师们。感谢办公室中那位在狭小空间中稳如泰山的侯主任，他总能一针见血地指出问题所在，并给予大力帮助；感谢我聪明的左邻右舍——杨老师和曹老师，以及智慧沉稳的师父和朱老师，思维缜密的李茹老师和袁老师，还有我的好姐妹张洁丽、胡金婕老师。尽管与一群天真无邪的孩子相处充满挑战，但大家的相互支持、鼓励，让每一天都过得充实而有意义。

作为一名青年党员教师，自入职以来，我积极参与党员活动，包括下乡帮扶、支部朗诵，以及各类志愿活动。新时代赋予教师新的使命，而作为新时代的党员教师，我们肩负着双重责任。践行初心和使命，并不需要惊天动地的壮举，而是要脚踏实地，尽己所能，兢兢业业，在务实的奋斗中展现新的作为。我努力成为那束光，照亮自己，也温暖他人。既然选择了远方，便只顾风雨兼程。

来到石外，总有一种精神激励我，一种温暖环绕我，一束光引导我。我要感谢领导的大力支持，感谢所有老师给予的无私关怀，以及学校为我们搭建的快速成长的平台。感谢生活，让我遇见了你们，不是我最美的时光遇见了你们每一个人，而是因为遇见你们，我的时光才变得如此美丽。作为一名青年教师，我们虽需时间成长，但学生却不能等待。教育无小事，我们必须先于学生成长，不能让学生成为我们成长的代价。对我而言，选择教师职业，就是选择了一生坚守的三尺讲台，在那里书写热爱，擦去功利。对于学生来说，他们的高中生涯只有一次，成长的机会也仅此一回，每当想到这些，压力便随之而来。但年轻人最需要的是韧性，面对越大的压力，我们越要反弹得更高，面对越紧张的工作，我们越要激发出更炽热的热情。正如汪国真所言：

我不去想是否能够成功，
既然选择了远方，便只顾风雨兼程；

……

我不去想身后会不会袭来寒风，

既然目标是地平线，

留给世界的只能是背影；

……

在未来的教师生涯中，我将继续坚守本心，力争上游，努力变成心中期许的教师的模样。

勤飞的拙鸟

高中部　袁建红

首先，我要感谢学校给予我这次机会，并对部门领导对我工作的鼓励表示感激。关于我发言稿的题目，我想稍作说明：当部门领导对我早出晚归的辛勤工作给予认可时，我深受触动，回以“拙鸟勤飞”这一自谦之词。在集团迈入“第三个十年发展规划”的攻坚阶段——2020 年，集团启动了“质量提升三学年行动计划”，高中部积极回应，致力于提升教育质量，力争更上一层楼。在这个大好时机，以及在一学期期中考试刚刚结束的重要时刻，回顾这半学期的工作，对于积累经验、弥补不足，具有重大意义。回顾这半学期，我真切地感受到其中的苦与乐，痛并快乐着。

一、首先是充满期冀的开始

当我接到担任班主任的通知时，心中充满了忐忑。撇开年龄因素不谈，毕竟我已多年未担任班主任职务，加之如今学生的思想、心理状态以及价值观可能与我存在较大差异，更何况今年高一全面实施新课程和新教材，面对如此庞大的新知识和新课程压力，我确实犹豫了。然而，得益于刘校长和李主任的信任，以及他们真诚的鼓励，我最终还是迈出了对我来说相当艰难的一步。

一想到即将教的是两个重点班，并且要担任重点班的班主任，起初我的心中充满了希望和期待。由于我之前有带普通班的经验，深知孩子们能够迅速适应并取得一些成绩；我也曾教过尖子班和重点班，体验过学生们思维的敏捷、对新知识吸收的快速以及知识的广博。我心想，这次要带的重点班应该会比以往带普通班更加得心应手，也会更加轻松。因此，在见到学生之前，我心中多了一份期待。

二、接下来是痛并快乐着的过程

今年由于特殊情况，一切都与以往大相径庭，包括开学流程和军训。通常，我与学生的首次接触是在军营，随后是十几天的同甘共苦，一起经历挑战，朝夕相处。在这一过程中，我能够通过深入、全面、细致的观察，了解每个学生的性格、情感以及他们的优点和不足，甚至触及他们的内心世界。然而，今年的军训安排在校园内，缺少了那份特有的氛围，军训时间也缩短了一半，此外，由于我还需要备课、研磨新教材和参加新教材培训，无法时刻与学生相伴，这在一定程度上减少了我对学生的了解。即便如此，在军训的第二天，我便注意到班上有两名学生显得格外不合群。每当训练休息时，一名男生和一名女生总是远离其他同学，静静地坐着，郁郁寡欢。我私下与他们交流，并及时与家长沟通，了解到男生性格极度内向，不善言辞，而女生则因为班上没有初中的同班同学，感到孤单。我首先通过言语给予他们鼓励和开导，然后鼓励全班同学，特别是那些活跃的同学主动与他们坐在一起，进行交流。尽管他们仍然显得有些被动，但相比最初，他们与同学的互动有所增加，脸上也偶尔露出了笑容。开学后，我为男生安排了一个积极乐观的同桌，并利用他在学习上的踏实、专注，以及生活老师对他的正面评价，对他进行鼓励和表扬，逐步帮助他建立起自信。渐渐地，他开始融入同学和集体之中。相比之下，女生的问题更为复杂。多位老师在第一次上课时就反映，她在课堂上的表现异常，且经常不交或延迟交各科作业，包括英语。除了向老师们逐一解释并请求他们给予更多关注外，我还时刻留意她的亮点，并及时给予激励和表扬。有一次，她负责管理饮水机，发现饮水机漏水后便在每个课间及时清理积水，并认真擦拭桌面。我拍下了这一幕，并在全班面前大力表扬，这终于换来了她逐渐舒展的眉头和不再延迟的作业。尽管这个过程令人疲惫，但看到孩子们的进步，我感到一种难以言喻的欣慰。

如果这两名学生给我带来的是一丝能够驱散阴霾的光芒，那么我未曾预料的是，随后还有数团乌云接踵而至。在军训中表现非常积极的一个男生，在正式上课后仍旧保持着他的“积极性”：开学伊始，他几乎每天都会迟到或勉强按时到达教室，但总是对老师的提醒和警告作出“积极”的回应；课堂上，他“积极”地四处张望，不停地与老师互动；手脚也不停地与邻座同学做小动作；每堂课他都会利用提问的机会详细阐述自己的观点，以致干扰了老师的教学节奏和课堂秩序；自习课上，他频繁地出入教室去洗手间；在担任值日班长期间，正值队列会操比赛，他利用所有自习课时间组织同学们排练，导致女体育委员和副班长多次落泪；他的小动作频繁，以致开学仅两天，我和同事们就注意到他所在的后两排成了课堂上的不安定因素；中午不回家，他在教室走廊游荡，敲门打扰其他班学生午休；声称脚崴请假不参加跑操，但在体育课上却十常活跃……因此，我几乎每天都要与他进行谈话，有时甚至不止一次。然而，经过几次交流后，我发现这个孩子在与人沟通时总是以“我以为”“我觉得”开头，坚信自己的想法和行为是正确的。谈话无效，我不得不采取强硬措施，调整了他的座位，并安排自律性强的同学监督和提醒他。初次与家长沟通时，家长提到曾怀疑孩子有心理问题，我表示可能是年龄较小，自控力不足，但随着问题的逐渐暴露，我认为有必要让他咨询专业人士。咨询结果显示孩子确实存在严重的心理问题，心智发育低于同龄人，自控力极差。因此，除了为他安排单独的座位外，我还与心理老师探讨了这种行为的成因和应对策略，并鼓励全班同学包容他，以沉默帮助他静心并减少发言。尽管我尝试了各种方法，但还是发生了他在晚自习课间约同学踢球后迟到被年级主任发现的事。我不得不违背“鉴于高中课程紧张且难度大，一般不轻易停学生课”的原则，与家长进行了约谈，并决定停课一周。在此期间，我与学生的父亲进行了多次深入的沟通，了解到家长早已意识到孩子的问题，但也感到束手无策，并一再恳求我给予孩子机会，甚至放下家长的尊严请求我让孩子早日返校，以免错过太多课程。现在，我与家长达成了共识，在学校我会密切关注他，放学后他必须立即回家，家长负责接送，确保时刻了解他的动态。总之，本着不放弃任何一个孩子的原则，我将不懈努力，尽我所能地帮助他向前迈进。

除了这位同学，班上还有一位起初让我颇为头疼的孩子。通过与家长的交流，我得知他在初中之前一直是在家自由成长，直到初中才开始接受正规学校教育。这导致他每天总是自言自语，思维独特，且在课堂上和自习时常常无法控制自己，做出一些出格的事情。与家长沟通后，他们决定使用计时器训练孩子止语，有想法就写下来。我也不断地在各种场合提醒和引导他，对他的亮点给予大力表扬，对不当行为及时给予默默地提醒。经过这些努力，孩子的表现有了明显改善，甚至在最近取得了班里第一名、年级第三十二名的好成绩。

还有一位我戏称为“我没有先生”的男生，每次我提醒他违纪时，他总是立刻反驳说“我没有”。尽管我多次警告，他仍然状况频出。后来，利用体育生家长会的机会，我们进行了家校生三方会谈，并为他制订了短期规划，现在他的状况也有所改善。

此外，还有两名男生因为发型问题差点与年级主任发生肢体冲突；全宿舍的男生因为纪律和卫生问题被停宿一周；任课老师不时反馈的各种“投诉”……总之，我每天都在努力应对各种状况，调动所有智慧，寻求各种资源，尝试各种方法，全心全意地履行我对学生们初次班会时的承诺——我会“倾心，倾力”。

然而，每当看到孩子们有了一点点的改变和进步，读到他们暖心的字条，听到他们纯真的感谢，我总能深刻体会到教育的意义和价值。同时，在感受到作为教育者的责任的同时，我也享受着只有教育者才能体验到的那份快乐。

三、最后是初心不改的坚持

数十年前，有句流传甚广的话：“选择教育，就选择了清贫。”如今，虽然不至于清贫，但挑战依旧存在。然而，有句俗语也提醒我们：“挑战即机遇，挑战中蕴含着机遇。”在第一次班会上，我向学生提出了“自律、自立”的目标，以及“准时、规范”的要求。我设定了教室和宿舍“整洁、安静”的标准，并对他们寄予了“成才、成人”的厚望。同时，我不断向学生们灌输“小赢靠智，大赢靠德”的理念，并让他们铭记“心怀感恩，心存敬畏”这八个字。相较于完美的成绩，我更重视修德修身。为此，我会鼓励学生在军训结束前，每人向教官写上一句温馨的感谢语；我会在雨中给快递小哥送上几块巧克力，以示感谢并提醒他注意安全；我会在群里鼓励学生在节日时向老师发送祝福，表达感恩之情；我会在学生因校服发放问题而费用收不全时自费垫付，并借此机会教育他们要细心并学会承担责任；当有学生因回答错误而被嘲笑时，我会在课堂上教育他们理解尊重他人的意义；我会展示学生认真擦拭墙面和门窗的照片，让全班同学明白何为专注；我会在班里大力表扬那些成绩虽不突出但尽职尽责、安排有序的卫生委员……我坚信，学生要想取得好成绩，依靠的是自控力、专注度和求知欲，但要想在未来取得成就，正身修德是不可或缺的。因此，我会坚持不懈，不忘初心，努力帮助和引导每个孩子顺利度过高一这个关键的习惯养成期，最终将其培养成为德智体美劳全面发展的优秀人才。

谢谢大家！

和认真的人认真地做事

高中部　顾红英

2020年的春季学期，无疑是一个不同寻常的学期。网络视频互动教学将我们每一位教师转变成了网络主播，然而，尽管我们满怀热情，万事开头总是困难的。回顾我们走过的道路，没有哪一段比初次尝试主播角色时更充满挑战和忙碌。缺乏课本、经验、技术，以及不可预测的网络状况，这些因素时常将我们推向崩溃的边缘。确实，担任主播是一项艰难的任务！尽管如此，我们是严肃认真的。

自收到学校关于网络授课的通知起，我便开始深思：应该讲哪些内容？采用何种教学方法？如何确保教学效率？如何确保教学成果得以落实？虽然经过长时间的思考，但我仍未形成一个最终的方案。在此，我要特别感谢我们团队的核心——马采青老师，她总能在关键时刻依靠她的教育经验和智慧为我们提供明确的指导。在她的指导下，我制订了详尽的教学计划。考虑到高一学生词汇量有限的现状，我们决定以词汇梳理为核心，辅以语法点拨，旨在为学生提供内容丰富、形式多样的语言材料。周一的课程主题为“新闻速递”，旨在让学生通过学习新闻来了解世界大事，同时掌握英语词汇和表达方式；周二和周三的课程主题为“单元话题”，重点在于课本基础词汇的应用，以达到温故知新的效果；周四和周五的课程主题为“美文鉴赏”，通过阅读经典作品，品味佳作，让学生在经典语篇中感受英语的魅力；周六的课程主题为“语法梳理”，旨在帮助学生构建系统的语法知识体系，并解答疑惑。为了确保每个教学环节的高效实施，我们坚持做到讲授与练习相结合，练习与反馈相配套，答疑与针对性并重，因此我们统一安排了每日作业。鉴于学生没有教材和参考书，我们要求每位老师必须自行设计练习，有针对性地进行每日的作业布置、批改和点评。此外，我们还制作了每日听力卡和英语早读卡，以确保学生能够持续进行听力和朗读训练。随着这一完美计划的实施，我们忙碌的生活也随之启动，与认真的人一起认真工作，忙碌，就是我们生活的写照。

忙，忙着组织好每一次教研活动。作为备课组长，我深知做好服务是我的职责所在，让大家做到忙而不乱是我的追求。首先，我依据周教学计划和每位教师的教学特长，合理分配备课任务，力求人尽其才。其次，我提前规划好一周的教学安排，确保每位教师都能做到心中有数。再次，我定期组织每周两次的学科教研活动，分享视频互动教学的经验，积极解决教学过程中的各种难题，并努力寻找提高教学效率的方法。最后，我认真处理日常的琐碎工作，提前收集并审阅教学材料，纠正格式错误，及时分发教学课件、学科作业和听力音频，确保教学进度的统一性，以便随时应对开学后的分班情况。我坚信，教学无小事，只有认真对待每一个细节，才能体现我的工作态度。

忙，忙着刷新闻。自从我主动接手“新闻速递”的教学工作以来，每天清晨醒来，我首先会拿起手机，浏览各大英语新闻网站和公众号，以获取最新、最适宜学生阅读的新闻资讯。接着，我会着手制作课件、编排练习题，并录制知识胶囊，全力以赴地准备开学第一课。考虑到当时的社会背景，我期望学生们能够及时掌握国内外的最新动态，即便身处家中也能保持国际视野。为此，我精选了英国《卫报》的报道，下载相关视频，调整课件内容，力求在教学中融合知识与方法。我还特别针对关键词汇设计了练习，并投入大量精力创造语言学习环境。然而，录制知识胶囊的过程颇具挑战。由于缺乏专业培训和学生的现场互动，独自完成这一环节确实不易。面对困难，我通过学习群内分享的小视频和经验，以及不断尝试，最终克服了内心的紧张和不安，成功录制了我的第一个知识胶囊。遇到忘词、发音错误、卡壳或杂音等问题时，我总是不厌其烦地重来，无论是白天还是夜晚，无论需要多少天，我都坚持不懈。经过无数次地尝试与修正，我终于完成了我的第一个知识胶囊，并忐忑地接受了同事们的检验和肯定。这段经历让我深刻体会到，一个认真学习的老师所拥有的力量是多么强大。

忙，忙着录课。在第一周的网络授课中，学校要求我们提交六个知识胶囊，这对于已经步入不惑之年的我们来说，无疑是一大挑战。我们大多数老师对电脑操作并不熟练，且未接受过专业培训，因此，要我们迅速制作出一个 40 分钟的录课视频，这听起来几乎是不可能的。幸运的是，我们有白妤昕老师，她总是充满活力，经常说“工作让我快乐”，她几乎独自承担了所有知识胶囊的录制工作。她不仅要精心挑选文章，制作课件，创作练习题，而且在自己的任务已经十分繁重的情况下，她还主动提出帮助其他老师录制课程，并且乐在其中。录制自己的课程已经颇具挑战，而录制其他老师的课程更是难上加难。她需要先熟悉课件内容，然后揣摩语言表达，研究如何顺畅地过渡，掌握节奏和重点……尽管我们进行了集体教研，但实际授课又是另一回事。然而，白好昕老师却能在短短一两天内录制两到三个知识胶囊，这让我这个需要两三天才能完成一个的人感到无比敬佩。年轻人认真工作的样子真是令人赞叹！

忙，忙着整合教材。课本教学始终是我们工作的核心。如何在缺乏课本、教学参考资料和练习题的情况下，高效地整合并传授单元内容？这一挑战落在了负责第一周“单元话题”教学任务的马采青老师肩上。令人钦佩的是，在接受任务仅仅一天后，她就向我们展示了一份令人满意的成果：两个精心设计的课件和两套原创练习。她的课件设计思路精妙，练习题编排实用，备课效率之高，不仅体现了她的专业能力和智慧，也为后续的单元教学树立了良好的榜样。值得注意的是，她当时还在术后恢复期，身体状况不允许长时间坐着，她是在床上，时而趴着、时而躺着、时而侧卧着完成这些工作的。虽然我们无法分担她的痛苦，但我们可以满怀感激地分享她的辛勤成果。马老师带病坚持工作的精神，令人深感敬意。

忙，忙着出好每一个练习。练习是检验学生学习成效的最有效手段。除了日常作业，我们还安排了每周三次的英语早读卡和一次英语周测，这是一项庞大且复杂的任务。我们团队的知心姐姐，成宏玲老师主动承担了这项任务。在她的精心策划和不断完善下，我们建立了一套完整且系统的早读卡体系，它既与我们的课本教学相得益彰，又确保了高效早读的顺利实施。对于每周进行的英语试卷，成老师不遗余力地从大量题目中精心挑选出适合学生的试题，所选材料新颖，试题紧扣教学要点，版面布局精准且美观。

忙，忙着整理每一次考试后的错题。错题是学生的宝贵财富，通过精心整理和反复练习错题，不仅可以检验学生上课时的注意力，还能巩固他们知识上的薄弱点，这是一项既高效又实用的策略。因此，我们小组有一个传统：在每次周测和阶段性考试后，都会对试卷进行深入分析，并对错题进行重组，让学生再次进行练习。为了完善考后练习，我们必须深入理解考题的重点，并对学生的易错题型有充分的了解。虽然这项任务没有明确的分工，但无论谁承担了这项工作都会立即与所有教师分享成果，特别是温海燕老师，她总是默默地将自己整理好的考后练习试卷上传至群组，供所有人使用。她不局限于自己负责的教学任务，总是全力以赴地帮助我们搜集资料，即便在婆婆生病住院期间，她也从未停下为教学和学生忙碌的脚步。正是由于她的认真，她总是忙碌的；也正是因为她的忙碌，她的生活充满了充实感。

忙，忙着研究教法。我们组唯一的班主任李莉老师，是一位实干家。长时间面对电脑屏幕，她的眼疾发作了，因此我们尽量减少给她安排备课工作。然而，她不仅高质量、高效率地完成了自己的“语法梳理”备课任务，还经常慷慨地与我们分享许多实用的教学技巧。例如，她会分享如何帮助学习有困难的学生进行试卷讲评，如何引导学生进行课堂展示，如何激发学生对经典阅读的兴趣，以及如何布置作业才能让学生既乐于学习又乐于完成……每一个创新的教学点子都是她勤于学习和深思熟虑的成果，都为我们的教学工作带来了宝贵的灵感。一个认真思考的老师，总是令人钦佩。

这，就是我们忙碌生活的一个个瞬间。忙碌已使我们的生活完全失去了时间的界限，昼夜的更替变得模糊，工作与休息的界限也变得模糊，我们随时准备投入工作，随时准备解答疑问……虽然疲惫不堪，但我们无怨无悔。因为与那些认真的人一起，全心全意地投入工作，本身就是一种幸福。多么幸运，能与你相遇！感激有你，一路相伴！

幸福的遇见　温暖的修行

高中部　高文芳

有一段话讲：爱在左，情在右，行于生命之路的两旁，随时播种，随时开花，将这一径长途点缀得花香四溢，使穿枝拂叶的行人，踏着荆棘，不觉痛苦，有泪可流，却非悲凉。作为一名普通的党员教师，我始终对这段话情有独钟，并渴望成为那个为他人带来芬芳的人。

2018 年 9 月，带着对教师这一崇高职业的敬意和向往，我踏入石外，成为一名高中英语教师，在这个陌生的城市开始了我的人生新篇章。这一年，我遇到了一群和蔼可亲的同事和一群可爱的学生，初尝了教师职业的快乐。虽然我刚从香港回到河北，对工作和城市的转变有些忧虑，但很快这些顾虑就被消除了。贾主任的鼓励让我信心倍增，外语组的每位老师都那么友好耐心。学校安排了经验丰富的王红老师做我的师父，她的气质、性格以及她的言传身教都让我深感敬佩。我暗自下定决心，要成为像师父那样的老师。

初到学校时，我担任高一九班的英语教师。王老师在上第一节课时就给予了我悉心地指导，让我顺利而自信地进入了角色。九班的孩子们真诚而善良，我们相处得非常融洽。他们喜欢叫我芳芳姐姐，争先恐后地担任英语课代表。我们一起探讨学习，一起在联欢会上玩抢凳子游戏，一起讨论关于未来的梦想……在我眼中，他们每一个都是独特的存在，他们对我的信任和支持让我感动，英语成绩在同层次班中名列前茅。我任教的第一个学期，我的教学满意度就达到了 100%。

在来到学校的第一个学期，我首次组织并参与了外语艺术节、全球基础教育研究联盟大会、中国日报社 21 世纪杯演讲比赛等多项活动。到了第二学期，我又接任了高一十班的英语教师。十班的孩子们纯真热情，偶尔有些小淘气，但在关键时刻能够正视自己的问题。当时，我们十班由我教英语、建会教数学、硕婷教语文、娇娇教化学，我们经常聚在一起讨论学生的问题，互相鼓励，一同前进。

在我升入高二的那个学期，一个周日的下午，突然下起了瓢泼大雨。我接到学校的通知，要求我去参加一个会议。会议结束后刘校长告诉我，我被选为保送班高二十班的班主任。那一刻，我的心情五味杂陈：既为领导对我的认可和信任感到欣喜，又担心自己缺乏经验，无法胜任这一工作。刘校长鼓励我说：“年轻人充满活力和热情，只要用心和努力，就一定能做好。”我暗自发誓，绝不能辜负领导的期望。

通知是在第一天收到的，而第二天我就要召开分班后的第一个班会，我的心情无比紧张。王柳明主任安慰我：“别担心，我们已经准备好了课件模板，你只需要在此基础上添加一些细节就可以了，无论遇到任何问题，我都会支持你。”在王主任的鼓励和班主任团队的指导下，我回去认真思考和准备，最终顺利地完成了新班的首次班会，并赢得了学生的初步信任。

王主任告诉我：“第一炮已经打响，接下来的升级教育是增强班集体凝聚力的关键。”在为期三天的升级教育中，我与学生们一起努力，一起欢笑，共同制定了班集体的名称、口号和班规，并初步确定了班委人选，为后续工作打下了坚实的基础。就这样，我与银河十班的孩子们一起度过了四季的更迭，共同经历了运动会、外语艺术节、接待外国学生的全英文班会，以及参加阳光小讲台支教等活动。在这些日子里，我和孩子们在默契中共同成长，他们在我生日、教师节等特殊日子里给我带来了惊喜和感动。

王主任总能在关键时刻给予我班级管理上的提醒和帮助，办公室的同事们也总能为我提供各种管理上的建议。我们会为了制作一个充实的家长会课件而熬至深夜，也会在任务完成后举杯庆祝。在这个大家庭的支持下，我逐渐找到了自己的定位，在学科教学和班级管理上积累了心得。面对工作中的挑战，我不再感到畏惧，而是开始享受学生进步带来的乐趣和完成挑战后的成就感。

保送班的外语备课量巨大，常常是早读加上四节连排课，再加上自习测试和大课间的口语演讲。从大学英语四级到六级，从专业英语四级到八级，从公共英语五级到硕士研究生入学考试题，再到雅思、托福和商务英语高级考试，为了丰富学生的语言材料，我坚持阅读和拓展。每次熬夜备考，我的丈夫都会戏谑地说：“当年你自己考专八时都没这么认真吧！”在冬季的三月宣誓时，孩子们的口号和目标是：“吃得苦中苦，全班985；清北浙交复，offer都入库。”经过扎实的备战，孩子们信心满满，最终全班38名同学考入了全国22所“双一流”重点大学，其中魏家朋同学考入北京大学，黄子禾同学考入浙江大学，李佳宜同学考入上海交通大学，齐潇轶同学考入复旦大学，实现了我们宣誓时的目标。在此，我要特别感谢银河十班所有任课教师的辛勤付出和无私奉献。

在过去的几年里，大石外的激励对我的教育教学成长起到了至关重要的作用。我荣获了学校颁发的高考突出贡献奖、十佳师德标兵以及十佳班主任等荣誉，并被评为裕华区优秀教师。我参与了河北省、石家庄市以及裕华区的评优课，均荣获一等奖；在河北省高考阅卷工作中，我获得了优秀阅卷员的称号。我连续多年指导学生参加全国中学生英语能力测试，并屡次荣获一等奖；同时指导学生在全国中学生基础学科创新能力大赛中荣获特等奖。因此，我被评为创新英语大赛全国特级指导教师、希望之星优秀指导教师以及“外研社杯”全国中学生外语素养大赛全国优秀指导教师等。我多次参与学校的直播课、山区培训课以及河北师范大学学生示范课，在石家庄市英语教师培训、名师流动课堂以及创新英语工作室主题活动中做示范课，并通过教研网向全国直播。我受聘为河北师范大学学生导师，指导外国语学院学生的教育教学工作。我撰写的论文《基于诊断测评提升高中生英语阅读微技能的教学实践与思考》被明师国际教育研究院收录，并由吉林教育出版社正式出版。我参与的“新课改背景下高中英语有效作业布置存在的问题和对策研究”以及“基于诊断测评提升高中英语教师教学能力的行动研究”等国家级课题，均以优异成果结题，进一步提高了我的教育教学能力。在此，我要感谢学校领导提供的机会以及外语组每位老师的专业帮助。

这几年，对我个人而言，是我人生中非常重要的几年。我完成了恋爱、结婚、生子这三件大事，并在这个城市找到了归属感。如今，我开始了新一轮的班主任工作，与清宴八班的孩子们携手同行。他们热情阳光，与他们相伴的每一天都忙碌与充实。由于家中宝宝尚幼，老人健康状况不佳，我在工作与家庭之间有时难以平衡。幸运的是，我遇到了一群包容我的同事，在班主任办公室和学科组中，每个人都是那么友善、睿智和勤奋，他们让我学会了更好地规划时间，提高工作效率。面对未来，我还有许多事情要做，为了心中的理想，我将坚持不懈地向前迈进。

十年前，我加入中国共产党，五年前，我加入石外。在此期间，我积极参与党员教师下乡帮扶送温暖及相关志愿活动，并有幸在产假归来后担任了一段时间的党小组长。我认真组织每个月的集中学习，定期召开民主评议会，带头开展批评与自我批评。我深知，自己还有很长的路要走，我希望能够为这片我热爱的土地贡献一份力量。

人生是一场修行，感谢石外这片沃土，在追寻教育梦的路上给我提供了广阔的平台，感谢高中部的每一位老师，让我的修行过程倍感温暖。也许，我不能成为冰心笔下那个随时播种便能开花的人，但我可以做一颗流星。在孩子们孤单寂寞或是踌躇满志时，偶尔还会想起：在他们的夜空中，曾有这样一抹光亮陪他们走过一程。最后祝愿每一位老师都能过上自己想要的生活，富足或自由，热忱或淡然，尽量把这短暂如梦的一生活成自己想要的样子。

谢谢！

学会感恩助前进，践行“三爱”促成长

高中部　高　姗

尊敬的领导、各位同人：

大家下午好！我是十年级启航团队的数学教师高姗。自从接受任务以来，我一直在思考应该分享些什么。我心中充满了思绪、感慨和想要表达的话语。然而，当我真正开始准备时，我意识到我所从事的工作，每一位在座的老师都在做，甚至做得比我更好，因此我感到非常忐忑。今天，我不敢说要分享什么宝贵的经验，但我愿意与大家交流我一路走来的成长经历以及作为新高一班主任的一些工作感悟。我今天的分享题目是《学会感恩助前进，践行“三爱”促成长》。

自2014年研究生毕业后踏入职场，至今已整整十年。我可以说是土生土长的石外人了。现在，我依然清晰地记得初来乍到时的青涩，以及初次站上讲台时的紧张无措。在这十年的时间里，我经历了结婚、生子，带了两届毕业生，并在今年重新担任了班主任的职务。一路走来，我衷心感谢各位领导对我的关怀与支持。

高中部是一个充满团结与友爱的大家庭。初到学校时，很长一段时间我都是最年轻的成员，受到了领导和各位老师的悉心照顾，让我感受到了家的温暖和集体的力量。从他们身上，我学到了作为一名教师要脚踏实地，勤于奉献，并不断提升自己的专业水平，用扎实的学识去教育学生，用独特的人格魅力去影响学生。

为了帮助青年教师提升业务水平，高中部启动了蓝青工程。我特别感激领导为我安排了两位优秀的师父——崔景雪老师和张君梅老师。两位师父性格随和，认真负责，治学严谨，教学有方，风格独特。她们不仅在教学上给予了我细致的指导，在生活上也给予了我关怀和爱护，我由衷地感谢我的好师父。

2015年，区里举办评优课时，我的师父崔景雪老师对我进行了细致的指导，逐字逐句地帮我磨课。2016年，市评优课前，我们数学组提前两周开始为我的课进行教研和磨课，一遍又一遍地修改和完善。比赛当天特别冷，飘着雪花，李朝强主任亲自开车，张君梅老师和张永利老师陪我去上课，那一天的情景我至今记忆犹新。

正如我的师父所说：“每一次公开课都是一次脱胎换骨的经历，每一次经历都是一次收获，而每一次成功都是团队共同努力的结果。我们要将这种优秀的品质传承下去，永远怀着感恩之心，保持低调踏实，不骄不躁。”在这条道路上，我始终踏实勤恳，眼中充满光芒，心中充满爱，在自己平凡的岗位上做着不平凡的工作。十年间，我收获了无数的感动、信任、支持和理解。我感恩遇见，并将在未来的工作中继续发扬不怕苦、不怕累的精神，用执着的热爱、默默耕耘和无私的奉献，诠释对教育的热爱。

爱，是教育的别名；热爱，则是最好的老师。在教育的道路上有这样一群人：起床不到五更天，大步急速教室赶；激励学生勤读书，督促学生勿偷懒；多种身份随切换，指导谈心不间断；大小事务虑周全，心底无私天地宽。班主任的工作：累并快乐着。十年级班主任团队是一支特别能吃苦，特别能战斗的团队，我们乘风破浪，团结、友爱、协作、高效。团长金艳姐思路清晰，雷厉风行，面面俱到，是我们团的主心骨；“大花团”王红老师、赵美老师、苗蕾老师、田宇老师经验丰富，带班有方，工作细致；“小花团”韩进、心怡、青春有活力，有冲劲，有担当；“弟弟团”小康，啥累活儿都抢着干，更是我们团的文字编辑担当。借此感谢大家开学以来对我的帮助，希望我们团一路乘风破浪，披荆斩棘。

在付出爱的过程中，我们尝到了甜蜜；而在付出爱的道路上，我们也经历了艰辛。新高一年级安排我接手清北班，这对我来说是一个巨大的挑战。为了更好地适应这一角色，我从暑假就开始策划新班的管理方案，虽然做了大量准备，向经验丰富的班主任请教，阅读了班主任管理的书，但开学后面对学生，可以说几乎每天都在忙碌中度过，忙到上班时孩子还未醒来，下班回家孩子已经睡着，甚至有时三四天没能和孩子说上一句话。新班的建设虽然准备充分，但每个孩子都个性鲜明，Y同学就是其中一位。由于腿部手术，她未能参加军训，在这段时间里，我与她交流了较多，发现她个性十足。

开学后，通过进一步的观察，我发现她对学习时间的管理非常严格，每天早晨6:30便能见到她在教室里埋头苦读。然而，她性格中似乎缺乏一些柔和的部分，有时在交流时显得过于直接，不考虑他人的感受。开学不到一个月，她已经和几位同学因讨论问题而发生激烈的争执，甚至在级会中由于未能选到自己心仪的题目，她直接表示不愿意参与展示。经过深入了解后，我得知她从小学到初中期间经历了许多不公平的对待，这些经历对她产生了深远的影响，导致了她目前的性格特点。经过我多次耐心沟通与交流，她自开学以来已经取得了很大进步，并且期中考试成绩优异。我相信随着时间的推移，她会逐渐变得更加体贴他人。我们需要给予她更多的耐心和等待。

每个孩子背后都有自己的故事。我们班的一位男同学从第一天报到起就给我留下了深刻的印象。初次与他交谈时，我几乎要凑到他面前才能听到他微弱的声音，他性格内向，面无表情，很少说话。据其他同学反映，他在初中的学习小组中，说话的次数屈指可数。起初，我担心会在无意中伤害他，但通过与家长的沟通和学生的反馈，我了解到他从初二开始上网课后才变成这样的。我开始尝试与他多交流，慢慢地，他打开了心扉。我建议他第一个月先与宿舍同学熟悉，每天至少说几句话，然后逐渐扩展到班里的每个人。同时在课堂上，我也经常向他提问，并在班会课上给他展示的机会。现在，我能清楚地听到他的声音，他也能主动提问，最重要的是，我能看到他的笑容了。

运动会是一项能够增强班级凝聚力的活动。尽管我们获奖不多，但孩子们在那两天里全力以赴，无论是在拼搏中展现的喜悦，还是在失利后的失落，都显得那么真实。我抓住这个机会，让团支书带领两位同学回班布置，黑板上写满了鼓励的话语。每当运动员回到班里，我们都热烈鼓掌欢迎。看到他们脸上的惊喜和随后的羞涩，我感到他们瞬间摆脱了疲惫，充满了斗志。后来，一个孩子对我说："老师，这真是太好了，太暖心了。所有的失落感在回班的那一刻都消失了。虽然我们在运动场上没有取得好成绩，但在接下来的考试中我们一定会取得优异的成绩，请您不要担心！"我经常告诉他们，我们不应只关注结果，更应享受过程中的收获，全力以赴的你们是最美丽的。现在，腾渊一班正稳步前进。在此，我要感谢所有任课老师，你们的努力让这一切成为可能，希望在我们共同的努力下，腾渊一班会越来越好。回顾期中工作，有收获，有喜悦，也有教训和不足，最大的体会是：只要我们付出爱心，投入精力和时间，不断学习和探索，总会有惊喜和收获。

身为党员教师，我们更要践行"爱教育　爱学校　爱学生"的"三爱"精神。唯有对教育怀有热爱，才能树立正确的世界观、人生观和价值观，才会爱学生；只有爱学生，将日常的教学工作与崇高的教育理想相结合，我们才能在教育事业中充满活力。"横眉冷对千夫指，俯首甘为孺子牛。""春蚕到死丝方尽，蜡炬成灰泪始干。"这些生动的描绘，正是教师无私奉献精神的写照。将希望寄托于学生，我们便会更加爱教育、爱学校、爱学生；而当我们爱教育、爱学生时，我们便愿意无私奉献。在对未来的憧憬和对事业及理想的追求中，我们编织着自己的故事。尽管这些故事看似平凡，但其结局必将是圆满的。

团结协作　三方合力　共促进步

高中部　高　虹

首先，我要感谢领导给予我发言的机会。在我们高三这个团结奋进的大家庭里，有许多比我更有经验、更聪明能干的同事。因此，能代表大家发言，我感到非常荣幸，同时也有些忐忑不安。如果我的发言中存在任何不妥或疏漏之处，恳请各位同人予以谅解。下面我就从相扶相帮、绝不言弃的高三班主任团队和班主任、家长、学生三方合力促进学生的成长、进步两个方面来谈一下我的感受和做法。

一、相扶相帮、绝不言弃的高三班主任团队

我们这个团队，相亲相爱如同一家人，用相扶相帮、绝不言弃来形容再恰当不过。11 月 13 日，保送班顺利成立，11 月 24 日，高考报名顺利完成。这两件大事，除了高中部领导，特别是侯校长的卓越贡献外，也充分展示了我们团队的团结和永不放弃精神。

保送班的成立，意味着我们需要留住优秀学生参加高考。进入保送班是石外高中文科生最大的梦想，即便如此，张振鹏老师和赵美老师依然成功地留住了一些成绩优异的学生。甄敏英老师和刘学珍老师虽然带的是文科普通班，但他们凭借个人魅力也留住了班里优秀的学生参加高考。理科班方面，王红、李茹、赵建刚、武会兰四位老师早早地提醒学生，理科普通班学生进入保送班的机会微乎其微，应将目标定在高考，全力以赴。因此，理科普通班的尖子生大多选择留下参加高考。而我和王延风老师带领的理科尖子班，明年高考能否取得优异成绩，关键在于我们能否留住年级顶尖的学生了。

王延风老师极具个人魅力，深得学生喜爱，她带领的九班，部分中考高分签约的学生已经出国，还有几个同学受出国同学的影响也选择出国，但剩下的学生中绝大多数坚定地选择与王老师一起冲刺高考。两位优秀的学生王辰睿和智镜伊都在她的班上，王辰睿从未曾动摇过与王老师一起拼搏高考的决心。特别值得一提的是智

镜伊，她最初选择走保送路线，签约清北。她的英语成绩一直保持年级第一，王老师本无意留她高考，担心耽误了她的天赋。我们私下讨论智镜伊时，都认为她未来在大学定会大放异彩，成为学校的骄傲。然而，九班浓厚的高考氛围深深感染了智镜伊，大约在5月的一个早晨，她突然宣布放弃保送，选择与同学们一起奋战高考。王延风和我对此感到非常惊喜，她说只有与大家一起拼搏才有意义。当问她是否一时冲动，将来会不会后悔时，她坚定地表示，一旦决定的事情，她从不改变。九班的第一、第二名都选择留下高考，这稳定了整个班的士气。因此，九班的前十名中只有一名签约学生选择了保送。

年级的第一、二名都选择高考，这对我们十班学生影响巨大。相比九班，我们班出国的学生较少，但中考签约的学生较多，而且高分学生都在我班，因此留下学生的工作任务相当艰巨。但是，那些签约并坚定走保送路线的学生，由于思想上的懈怠，成绩稳定在班里前十名的仅有三人，对我们班前几名学生的影响并不大。稳定在我们班前三名的幽霁洋、李子涵和张叔涵，分别是年级的第三、四、五名。李子涵签约清北，幽霁洋签约浙大，而张叔涵虽然中考只有602分，但她对化学的热爱使她从未考虑过保送。幽霁洋高一时一心保送，成绩在年级三十多名，数学悟性极佳，经常是班里的第一，还考过几次满分。通过与家长的沟通，了解到她从小对数字极为敏感，电话号码几乎过目不忘，初中以前几乎不怎么学习，成绩却总是名列前茅。她妈妈希望她在高中挖掘出所有潜能，将来考入清华大学数学系。经过几次专业引导和以前学生的例子，幽霁洋对数学的热爱让她在高一暑假坚定了高考的方向，学习态度发生了质的改变，一跃成为我们班的第一名。李子涵是一个聪明、沉稳的女孩，她的生物成绩一直是班里的第一名。她父母对清北有着执着的追求，但当他们意识到通过高考进入清北难度较大时，开始不断劝说女儿通过保送进入清北。我定期与李子涵父母沟通，汇报她的学习情况。直到高二暑假，因为北京大学夏令营的事，侯校长和我共同努力为她争取，最终打动了她的父母，他们决定尊重孩子的意愿，不再干涉她的选择。至此，我们班的前三名成功地留下参加高考，对后面的学生形成了积极的影响，前十名没有签约的学生也都留下了。最终，理尖班前五十名学生中，只有15人选择走保送，最令人欣慰的是年级前五名都留下了。时时刻刻的关注，点点滴滴的关心，所有的付出终将得到回报！

让我们再次探讨一下高考报名的挑战，这无疑是一场持久的较量。高二伊始，被学生们亲昵地称为“武妈妈”的资深班主任武会兰老师，便对班里的学生进行了细致的分析。她精准地判断出哪些学生适合参加高考，哪些更适合出国深造，以及哪些学生更适合学习艺术。她对班里情况的分析深入透彻，每当有出国项目时，她总能召集到合适的学生及其家长进行深入的交流与沟通。学生和家长都对她的专业意见深信不疑，因此她的班中选择出国的学生数量最多，达到了 12 人。对于艺术生的指导，她也显得游刃有余，轻松地说服了那些适合的学生。

在武老师的启发下，王红和李茹老师——我们办公室里形影不离的“姐妹花”，也开始提前规划班里的学生的未来。每天中午，她们在办公室里，坐在相邻的床上，用手指头数着班上的学生，交流意见，共同商讨。累了，她们就躺在床上，头对头继续研究和探讨。很快，她们班里选择出国的学生数量明显增多。

这一变化让从二中转来的赵建刚老师感到焦虑。由于缺乏经验，他尽管付出了巨大的努力，但进展缓慢。于是，他开始向周围的人寻求帮助。大家也乐于分享经验，特别是武会兰老师，作为同头班的老师，有时甚至亲自到他的班，向学生介绍出国项目的优点，反响极佳。七班的出国工作终于迎头赶上，赵建刚老师也逐渐积累了宝贵的经验。

我们常常戏谑地说：“小赵，你的进步真是神速！你已经成长为一名合格的石家庄外国语学校高中班主任了！”刘学珍老师，我们亲切地称他为“刘大哥”，他为人随和、宽容、乐观、洒脱，在班主任工作中从容不迫，总能把握好宽严尺度。无论是高考、保送、出国还是艺术生的培养，他都早早地开始为学生规划。

甄敏英老师有偏头疼的困扰，几乎每个月都会发作一次，疼痛难忍，全身不适。在此次高考报名中，她承受了巨大的压力，因为文科普通班的学生是全年级最需要支持的。加之刚刚经历分班，一些学生她还不太熟悉。她原本负责二班、三班，现在却要管理三班、四班合并后的班，可以想象她的工作难度有多大，压力有多重。即便如此，她还是坚持了下来。通过与家长和学生的不懈沟通，甄敏英老师最终取得了显著的进展。

张振鹏老师，一向温文尔雅，处理学生工作总是不慌不忙，井井有条，从不乱了方寸。他在艺术生的培养方面也取得了不小的成就。在所有老师的共同努力下，高考报名工作取得了超出预期的成果。正如侯校长所言：“老师们的坚持和韧性经受了考验！应该为全体高三班主任点赞！”

在我们办公室，还有一位不可忽视的重要人物，那就是我们的年级主任李振洲老师。他以长兄般的关怀，关注着我们每个人的工作和生活。当有人在工作中感到焦虑时，他会耐心地劝导；当有人带病坚持工作时，他会劝说他们早点回家休息。他常挂在嘴边的一句话是：“你们都比我辛苦，我要为大家提供最好的服务。”尽管自己的爱人上个学期不幸腿部骨折，至今无法工作需要照顾，但他却从未在办公室抱怨过。为了回报他的关心和信任，我们10位班主任都不愿拖累年级的工作，“不用扬鞭自奋蹄”，正是我们年级班主任的真实写照！

当然，和我们一样辛勤、敬业的还有其他高三教师团队。他们每个人都是我们年级的中流砥柱，都清楚自己的责任所在。备课、授课、出卷、阅卷、批改作业，他们无怨无悔，都在自己的岗位上默默奉献着。

二、班主任、家长、学生三方合力，共同促进学生成长、进步

在送走这届高三学生后，我担任班主任也有十五个年头了。我的体会是：教育工作者必须与时俱进，持续学习和自我提升，以提高班级管理能力，并激发学生学习的热情。我特别有成就感的一点是：通过微信平台有效地联合家长和学生，有助于形成三方共同促进学生成长的合力。为此，我创建了石外惊鸿十班家长群，并将所有家长添加为好友，以便随时沟通和交流，解决了许多家长会无法解决的问题。例如，在放长假期间，我会在微信群中向家长提出具体要求，并指导学生制订学习、运动、娱乐和家务活动的计划，要求他们将计划书面化并拍照上传至群内。对于不符合要求的计划，我会请家长督促孩子进行修改，并重新上传。这种做法得到了我们班54位家长的广泛支持，他们积极地督促孩子制订和执行计划。今年暑假，高三补课计划在执行了一周后被迫取消，我在安抚家长后为学生规定了与在校补课相同的作息时间：早上6:00起床，7:00开始学习，中午12:00用餐；下午2:00继续学习，晚上6:00吃饭，饭后可进行40分钟的户外活动，晚上7:00至11:30为学习时间。每天的学习内容需涵盖六大学科，并要求学生将计划以书面形式上传至家长群。这一要求得到了所有家长的积极响应，计划在一夜之间全部上传。在审核过程中，我发现一名学生的计划与众不同：他计划早上8:00起床，中午休息两小时，晚上9:00结束学习，之后娱乐一小时，10:00就寝。我立即联系了家长，她表示正期待着我的电话，因为她知道我会对计划提出异议。她无法说服孩子，甚至无法阻止孩子边学习边玩手机。她请求我去家访，因为她已经无法管理了。第二天上午，我进行了家访，分析了河北省高考的严峻形势、孩子目前的水平以及我对他的期望。经过两个小时的交流，孩子意识到了自己的懒惰，主动将手机交给我保管，直到高考结束。目前，这名学生进步显著，成绩已跻身班里前十名，并被赋予了班长的职责，他的目标是复旦大学。

有件事我必须提及，今年7月，我被三件事情深深触动了。在高三补习开始之

前，我将我的感受整理成一段文字，并将其发布到了我们班的家长微信群中，这引起了家长们极大的反响。原文如下：

亲爱的家长朋友们：

大家好！还有两天咱们的孩子就要上课了。咱们的孩子已经是一名不折不扣的高三生了。关于我对咱们孩子进入高三的要求，我想和家长朋友们沟通一下。最近被三件事严重地刺激了。第一件事，新高一招生，我负责初三两个重点班，一名平时很少考年级前一百名的女生中考发挥很好，考了 612 分，因为偏文将来打算学文科，对咱们的保送很感兴趣。学校承诺签约清北浙，家长又打了无数个电话，见面沟通了多次，附加了一堆条件，包括高一选文科班主任；高二留在文尖班，同样选文科班主任；要和某某在一个班；还要求教室和宿舍都得装空调；等等。学校能答应的都答应了。双方签了协议，学生报了名。最后一刻人家反悔了，去一中了，理由是咱们的老师没一中的好。何以得出这个结论呢？理由是高考没有高分，我无言以对，因为这届高三最高分 677 分，确实不够高，可那是一个中考 572 分的孩子考出来的呀，人家不听你解释，没有高分，所有的解释都是苍白无力的。第二件事，往年清华大学和北京大学都会各给咱们三个指标，但是今年清华大学不给咱指标了，北京大学给咱削减了一个指标，只剩了两个指标，理由是：给了你们也是浪费，根本考不上，因为咱们班学生两年综合排名没有在前两名的，北大两个名额落到了九班。第三件事，普通班有一名学生家长将孩子转到衡水中学去了，咱班有一名学生便动了心，理由是：去了衡水中学可以比在咱们学校考得更好。我们被自己学校的初三学生和家长嫌弃着，我们被清北等名牌大学鄙视着，我们还被自己教着的学生怀疑着，如果我们再不竭尽所能地去努力，亮出我们的高分，等到明年这个时候我们是不是也会嫌弃、鄙视、怀疑我们自己呢。所以家长们，让我们团结起来，行动起来，只有想不到，没有做不到，只要我们全力以赴，我们一定能实现孩子的目标。请家长们支持我的假期要求：1. 所有学生早晨 6:00 起床，住宿生去操场跑四圈，跑不了大步走三圈！走读生骑车或步行到校，尽量不坐车，锻炼锻炼一上午都精神。2. 上午 7:00 之前全部坐到教室里，写作业、做题、背单词、背课文，自行安排。3. 中午 2:20 坐好，延续老习惯，读会儿书，让心静下来。4. 晚上吃完饭后不要急于回教室，到操场走几圈，消消食，清醒清醒大脑，因为晚上还要连续作战四个小时呢。5. 按要求晚上6:35进班坐好开始学习，自己钻研，不讨论。6. 晚上10:30大晚自习下课，全力以赴高效学习的学生一定很累了，回到宿舍或家里，洗漱完再看一会儿书，11:30就入睡吧。7. 凡是在假期上课期间不写某科作业、迟到、上课睡觉、自习课说话、带手机到学校等违纪行为，一经发现、证实，停课三天，1000字检查，并通知家长领回家。（衡水中学都是停课两个星期，2000字检查啊！实在太让人心疼耽误的课了！咱就三天吧！家长们理解一下！吸取教训就行了，希望不要有开头的。家长们一定重视起来，尤其迟到问题，和家长关系巨大。我们对事不对人，只要通知您来领孩子就痛痛快快来。）希望家长和孩子一起做好高三吃苦、打硬仗的准备，我也一定全力以赴和孩子们摸爬滚打在一起，不留下任何遗憾，希望得到您的大力支持！

在发出这些话之后，所有家长都积极发言，表示已经指导孩子阅读过，并且孩子和家长都坚定地支持我。孩子们承诺会严格遵守规定，而家长们也表示会全力支持我。我们班的尖子生幽霁洋的家长私下联系我，告诉我她被感动得流泪了。原本她考虑将女儿转到衡水中学，因为她同事的孩子原本只是我们学校理科普通班的学生，去年转学后高考取得了640多分的优异成绩。她相信如果自己的女儿转到衡水中学，成绩会更加出色。然而，在看到我坚定的决心后，她决定放弃原先的计划，选择让孩子和我一起努力。她保证会尽全力配合我的工作。

所有的努力都不会白费，所有的心血都将得到回报。只有当学校、家长和学生三方携手合作，学生的进步才能指日可待。

走在路上

高中部　曹月阳

尊敬的各位领导、亲爱的老师们：

大家下午好！我深感荣幸能代表我们年级发言，若有任何不妥之处，还请各位不吝指正。

一、立足三尺讲台，爱国爱教育

教育是提升人民综合素质、促进人的全面发展的关键途径，是民族复兴和社会进步的重要基石，对于中华民族伟大复兴具有决定性影响。随着时代的发展，教育也在与时俱进。作为一名人民教师，我始终坚守对教育的热爱，三尺讲台是我展现才华的舞台。我是一名平凡的教师，自毕业以来，一直站在教育和教学的最前线，与一届又一届的学生共同学习、共同进步、共同成长。正如那句老话“一分耕耘，一分收获”，我曾挥洒汗水，克服困难，经历心灵的洗礼，却依然对这份在阳光下最闪耀的职业怀有不渝的热爱。长期以来，我忠诚地执行党的教育方针，默默付出、无私奉献，用爱心、知识和智慧点亮学生的心灵，培养了一批又一批优秀的毕业生，为教育事业的发展、国家的繁荣和民族的振兴贡献了自己的力量。

我为祖国育英才。百年大计，教育为本。教师是教育的根基、发展的源泉，肩负着促进每个孩子健康成长、实现人民满意教育的重任。作为教师，我坚定地树立了中国特色社会主义的理想信念，践行社会主义核心价值观，自觉提升立德树人、教书育人的荣誉感和责任感，努力成为学生学习的榜样和行为的楷模，引导他们健康成长。

我对党的教育事业充满热爱，坚信每位学生都有其独特的闪光点和优势。作为教师，我们的责任不仅在于传承人类的知识、智慧和精神财富，更在于培养社会主义事业的建设者和接班人。这不仅体现了教育者高尚的思想境界和道德修养，而且具有深远的社会意义。

二、美丽的石外，我们的家

石家庄外国语学校，一所充满魅力的学校。在这里，我度过了十六载春秋，从清晨到黄昏，校园的每一寸土地都铭记着我的时光与足迹。我曾拾起过师傅修剪下的榆叶梅枝条，辨识了连翘与迎春花的不同，细数过玉兰树上的个个花蕾，沉醉于紫丁香的芬芳，尤其是那些经霜的月季，它们的纯洁与高雅让我惊叹不已。我深爱着充满活力的石外！

我竭尽所能，努力完成学校和领导交办的每一项任务。2018 年，我代表学校参与了长城网高考全直播活动；2019 年，我与初三毕业班的班主任以及我校优秀高中毕业生胡可欣同学一起做客河北新闻广播，分享了我们学校在初高中衔接方面的优势；我还曾担任《燕赵都市报》高考直播活动的主讲嘉宾。通过这些活动，我为学校的宣传贡献了自己的绵薄之力，并在学校的成长历程中留下了自己的一笔。

三、以爱心滋养心灵，润物无声

以责任触动灵魂，宽严并济。作为教师，特别是班主任，我们的职责是让学生在学习和生活中感受到潜移默化的良好教育和熏陶，树立正确的世界观、价值观和人生观，成为对国家和社会有益的、充满正能量的优秀人才。在这一路上，我也深刻体会到了班主任工作的辛劳。我深知，每位老师都有自己的故事和收获，永远也讲不完。

师爱蕴含着宽容、信任与严格，它体现为关心、信心与耐心。作为一名人民教师，我深知自己肩负着的教育之爱，这是一种伟大的爱。我深刻理解，每位学生背后都有一个大家庭，无数双充满关切与期待的眼睛正注视着自己的孩子，以及孩子的老师。因此，在高中三年一千多个日日夜夜的陪伴与教育过程中，面对每一双对知识、对未来充满渴望的眼睛，我与所有同人一样，倾注了自己全部的爱与心血。

在石外的十几年里，我勤勉地在班主任的岗位上忙碌着。教师对学生的热爱和期望，能够满足学生的心理需求，使他们更愿意接受班主任的教育和管理。从迎接新生开始，我便利用自己作为语文教师的优势，通过日记更好地了解学生，掌握班级动态。无论是适应能力较弱、怀旧情绪浓厚的外校学生，还是面临初高中衔接问题的新同学，我都会及时通过写评语和自习课谈心的方式进行适当引导，并利用微信与家长保持沟通，同时安排班委多加关心和帮助，让学生逐渐融入班集体。我尽己所能分担他们的痛苦，关心他们的生活、学业和心理健康。

十几年的班主任工作，让我走遍了高中部三个年级，我深感幸运能遇到许多优秀且具有奉献精神的同事。我会虚心听取任课教师对本班学生的反馈，并统一目标，形成教学合力。我要向过去和现在与我并肩作战的教师们表达感谢。特别是9班筑梦团队的全体教师，他们为这群孩子倾注了无数心血，我也感谢高中部其他教师十六年来的帮助与支持。真心地说一句：感谢你们，人间的天使。

送走了一批又一批学生，我始终如一地用活在当下、脚踏实地的精神践行着自己的初心。我真心赏识每一位学生，用爱心为他们撑起一片天空。我经常与学生进行深入的交流，解决他们近期出现的各种问题，尤其是考试后，我会及时发现每个学生的问题，并给出建议。我希望学生能够全面发展，正视学习中的问题，并加以改进。为了早日实现这一目标，我会用心呵护、关爱每一位同学，积极了解他们的家庭背景、兴趣爱好、思想动态，努力做好学生的思想工作，与他们一起分享成功的喜悦，共同解决成长过程中遇到的每一个问题，争取成为他们的良师益友。

心灵的桥梁要用情感去架设，用尊重、信任和体贴去充实。今年，我班迎来了一位休学后复学的学生。通过宝方和江琪老师，我了解到她曾做过手术，内心承受着巨大压力，不仅错过了许多课程，还面临着从文科转向理科的挑战，以及她母亲情绪上的波动。这如同山岳般沉重，令人难以喘息。尽管我已有所准备，但面对这一切，我仍感到痛苦难耐。在一周内，我们进行了三次深入的交谈，因为她一时难以适应，好转之后又感到跟不上进度，便表达了不想继续上学的想法。如果她真的辍学，这个孩子的未来将何去何从？她的潜力岂不是要被埋没？她向我求助，希望我能伸出援手。于是，我与她海阔天空地聊了起来，谈论生活、她喜欢的书、鲁迅的作品、宝方老师的人格魅力，还谈到了缘分、我的故乡东北、我在初中度过的那一年，以及在高三时我们的相遇……最终，我们相视而笑，紧握双手，迅速缩短了彼此的距离。这是一个有追求、有深刻生命体验的孩子，或许她并不聪颖，也不出类拔萃，但当我看到她沉浸在知识的海洋中时，我感到无比欣慰。我坚信，她的未来将会绚烂多彩。

在人生的旅途中，我们不仅仅是独立的个体，还扮演着多重角色，肩负着重要的责任。在前行的路上，我们也要学会爱护自己，保持心情愉悦，充满活力，以快乐的心态重新出发。

我的发言到此结束，谢谢大家！

于无声处见精神

高中部　韩文智

各位领导、各位老师：

下午好！今天，我非常荣幸有机会与领导和同事们进行思想交流。如有不妥之处，还请不吝赐教。我将从以下几个方面分享我的思考和行动。

一、我的大海——高三团队

佛教创始人释迦牟尼曾向他的弟子提出这样一个问题：“一滴水如何才能永不干涸?”弟子们面面相觑，无人能答。释迦牟尼解释道：“将它融入大海之中。”我自视为那永不干涸的一滴水，因为我拥有我的海洋。去年高考结束后，我遵循高中部的安排，离开了一个充满关怀与支持的团队。在那里，赵军国主任、黄保华主任以及我的同事们，你们的关心和支持是我宝贵的财富，我衷心感谢每一位老师！

我全心全意地融入了新高三这个大家庭，成为其中的一员。在这里，我感受到了殷校长的信任，刘树清主任和张春毅主任的支持，以及我的新伙伴们对我的接纳、包容和无私帮助。得益于这片海洋的滋养，我也在不懈努力中实现着自己的价值。

2014 年对每一位石外人来说都是非凡的一年，向二十年校庆献礼更是我们全体高三学子的共同愿望。的确，个人可能优秀，但难以达到完美；而一个团队不仅能创造完美，甚至能创造奇迹。这奇迹正在我们手中孕育：2014 届 175 名学生被保送至全国 56 所重点大学，包括北京大学 3 人，清华大学 3 人，浙江大学 15 人，北京外国语大学 14 人。此外，131 人考入“985”高校，205 人考入“211”高校，创造了历史性的突破。在出国留学方面，我们同样收获了来自加拿大多伦多大学、约克大学，美国罗格斯大学新布伦瑞克分校，澳大利亚莫纳什大学，日本立命馆大学等国外名校的录取通知。同时，北京大学校长实名推荐计划的启动，标志着我们高中部的发展迈上了新的高度。

然而，面对现实，高考的挑战依然严峻。我们高三全体成员正积极思考对策，制订周密的计划，并脚踏实地地前进。我坚信，在高中部领导和高三年级张春毅主任的带领下，凭借这种坚持不懈的精神，我们高三团队定能实现我们的目标。

二、把信送给加西亚——努力成为像罗文一样的人

请允许我向大家推荐一本书——《把信送给加西亚》。它源自一个真实的历史故事：1898 年美西战争期间，美国总统急需与古巴的起义军领袖加西亚取得联系。加西亚藏身于古巴广袤的山脉之中，确切位置无人知晓，也没有任何邮件或电报能够送达给他。美国总统麦金莱迫切需要他的协助。在这种情况下，有人向总统推荐说：“如果有谁能找到加西亚，那个人必定是罗文上校。”

于是，总统召见了罗文，将一封写给加西亚的信交予他手中。至于罗文是如何历经重重困难，最终将信件成功送达加西亚的，我们不得而知，也不必深究。重要的是，他成功地完成了这一艰巨任务，这体现了一种能力——卓越的执行力，以及一种精神——罗文精神。

担任高三的班主任，就如同罗文接到了送信任务一般。如何将这封“信”送给“加西亚”，没有人给我具体的指示。

（一）了解学生，稳定班集体

高三无疑是一个充满变动的时期，学生和家长都面临着诸多选择和挑战：保送、高考、艺术、体育，还是出国留学？在这个阶段，新接任的我并没有急于开展工作，也没有立即制定严格的规章制度。我选择静下心来，借鉴汉朝初年的休养生息政策，为我和学生创造一个思考和接纳的空间。我要求每个学生写一篇自我介绍，并事先声明：由于我们彼此不熟悉，你如何描述自己，我就会如何认识你。这为每个孩子提供了重新开始的机会。

每个人内心深处都渴望得到认可和尊重。通过自我介绍，孩子们展现了他们真实的自我和理想中的自我，从中可以看出他们积极向上的态度。我采取的策略是暂时忽略问题，寻找与他们共鸣的点。每个孩子在我这个全新的老师面前都努力展现出最好的自己，我便抓住这个机会，放大他们的优点，很快班里就稳定下来了。

（二）保送分班，重建班集体

随着暑假的结束和保送分班的进行，我们班仅剩的 18 名同学正准备全力以赴迎接高考。然而，班里再次面临变动，需要向重点班输送额外的 6 名同学，这将使我们班的人数进一步减少。我们班中有几个艺术特长生、两个体育特长生，以及几

个在某些科目上表现突出的学生。令人遗憾的是，没有一个班干部或课代表选择留下。面对这样的情况，我承认自己最初感到有些沮丧。但冷静下来后，我开始思考解决方案。我与即将保送离开的班干部们进行了深入的讨论，以确定谁在学生之中具有较强的凝聚力，以及谁在哪些学科上表现出色。经过细致的分析，我们发现周怡然同学坚韧不拔，具有一定的领导力，适合担任班长，崔依宁同学正直且有毅力，适合担任副班长兼体育委员，随后其他班委成员和课代表也陆续确定，他们在周一的班会上进行了宣誓就职。

（三）关心学生，增强班集体凝聚力

每个人都渴望群体生活，因为脱离了群体，生存将变得异常艰难。作为学生，适应班集体这个小社会是至关重要的。苏霍姆林斯基曾经指出：集体的温柔和善良情感，以及集体的关怀，是一种强大的力量。它如同一股激流，能够触动最冷漠的心灵。因此，我们必须构建一个温馨且具有凝聚力的“家庭”，这个“家庭”能够提供温暖和关怀，使学生学会关心他人，爱护集体，成长为充满爱心的人。新班成立之初，恰逢一年一度的中秋节。我将学校分发的月饼带到了教室，与同学们一起分享。我开玩笑地说：“虽然我的孩子不在身边，但这里有 9 个孩子，我们就是一家人。”随后，我们拍摄了全家福，感受到了家的幸福。李梦琳同学主动提议建立一个二班 QQ 群，名为“高考二班党”，并表示：“虽然我从未担任过班干部，也没有为大家做过什么，但请让我担任管理员，为大家服务。”看到这个的孩子成长，我欣慰地笑了。之后，我被梦琳邀请加入了“高考二班党”，并取了一个幸福的名字——“和你们一起成长”。

第三次月考结束后，我们迎来了高三的第一个家长会。家长们带着满心的疑问：“优秀的学生都离开了，班里还有学习氛围吗?”“人数这么少，我们会不会被并入其他班?”“这个我们从未见过的班主任怎么样?”“我的孩子考试成绩如何?”带着这些问题，家长们开始了这次家长会。与以往不同，我安排了家长、孩子和老师们围坐在一起，这样迅速拉近了彼此的距离。每位家长都拿到了自己孩子三次考试的成绩单，我逐一分析了每个孩子这段时间的学习状况、优势科目和不足之处，并帮助他们找到了立足点，制定了切实可行的目标。在家长会中有这样一个环节：家长与孩子互相表达自己内心真实的想法。“妈妈，我知道你们说的一切都是为了我好，虽然我平时总是和你们对着干，但我心里都明白，我以后一定会更加努力，不辜负你们的期望……”听到这样的话，妈妈感动得流下了泪水，其他家长和同学们也被这温馨的氛围所感动，情感的交流和泪水交织在一起。所有的疑问和疑虑都消散了，我们畅谈未来，畅叙理想，心与心的交流使我们更加紧密地联系在一起。

（四）帮助学生，促其成长

学生面临各种问题是不争的事实，仅仅抱怨和批评并不能解决问题。我经常思考：与其进行无目的的批评，不如提供一些具体的帮助、一个支持的平台或一个实用的方法。

1. 培养领导力，提高执行力

打扫卫生看似是一项简单的工作，但对我们的卫生委员海旺来说，起初却是一项难以掌握的事情。同学们提议晚自习后打扫，他同意了；同学又提议早晨来打扫，他也表示接受。在老师眼中，他缺乏执行力；在同学看来，他缺少领导力。然而，我却看重他诚实的品质，因为不懂的可以学习，缺乏的可以培养。班规所定、大家共识的事情，必须坚决执行，不允许有任何借口拖延，这便是执行力。作为班干部，你所布置的任务若有人未完成，必须督促其完成，而不是等到老师询问时才行动，这才是领导力。经过多次指导和实践，我们班的卫生状况有了很大好转，经常得到表扬，海旺也在全班同学面前树立了威信。

2. 给孩子一个未来

我们班的吴青青同学原本是一名体育生，但在高二下半学期，由于脚伤，她不得不放弃体育训练。她的学习成绩并不理想，既没有资格参加保送，又对高考缺乏信心。在这一时期，吴青青萌生了出国的念头，但遭到了家长的强烈反对。面对困境，孩子一度失去了方向，出现了迟到、早退等不遵守纪律的行为，与父母的关系也变得异常紧张。

在这种情况下，我邀请孩子的父母来学校，希望我们一起坐下来讨论孩子的未来。然而，谈话刚开始不久，孩子和母亲就发生了激烈的争吵，当时我几乎想让这个不懂得尊重人的孩子回家。但考虑到她的父母不识字，面对孩子的困境束手无策，我意识到如果放任不管，孩子的未来将不堪设想。于是，我冷静下来，询问孩子是否还有其他特长。那一刻，原本激动的家长和孩子都平静了下来，仿佛突然意识到了什么。经过短暂的沉默，他们告诉我，吴青青在小学时曾学习过舞蹈，并且取得了不错的成绩。这让我眼前一亮，我建议她尝试报考舞蹈专业，走艺术生的道路。

在得到父母的同意后，我开始四处打听市里优秀的舞蹈培训学校，并最终通过朋友介绍找到了一家声誉不错的学校。有了明确的目标，孩子也重新找回了动力，在那里专心致志地训练。我经常与她保持电话联系，确保她能够获得必要的资料和按时缴纳学费，甚至在经济上给予了她一定的支持。艺考归来后，老师们纷纷反映吴青青像变了一个人似的，学习变得非常刻苦。她家住在桥西，但再也没有发生迟到早退的情况，二模考试的成绩也有了显著的提升。我真心希望这段经历能够帮助孩子实现真正的成长。

（五）自我成长，带动学生

联合国教科文组织曾进行了一项研究，结果显示：18 世纪时，知识的更新周期为 80—90 年；到了 19 世纪至 20 世纪初，这一周期缩短至 30 年；进入 20 世纪六七十年代，大多数学科的知识更新周期已缩短至 5—10 年；而到了 20 世纪八九十年代，许多学科的知识更新周期更是缩短至 5 年。进入 21 世纪，这一周期进一步缩短至 2—3 年。这表明，如果我们不持续自我成长和更新，就必然会被时代淘汰。

2004 年，我考取了河北师范大学历史教育学硕士。尽管这并未直接关联到薪资的提升，但它无疑为我日后的教学工作带来了深远的影响，并且极大地拓宽了我的视野。去年，我担任了班主任，这让我有资格参加我一直梦寐以求的心理咨询师培训。既然报名了，我便决心认真学习，我仿佛回到了学生时代，全身心投入到学习之中。

我每个周六早晨 6:00 起床，乘坐一个多小时的公交车前往培训学校，只为占据一个好的学习位置。中午，我只能在街边简单吃点东西，然后在桌子旁小憩片刻。傍晚六点左右我才回家。周日上午，我继续参加培训，下午则赶回学校给学生们补课，晚上还要监督晚自习。终于，在 2014 年春节前夕，我成功获得了国家二级心理咨询师的资格证书。我的学习热情也激励了我的学生们，班里的学习氛围日益浓厚，我自己也充满了干劲。有同事戏谑地对我说：“你就像守着几亩贫瘠的土地，明知收成不会太好，却还起早贪黑地劳作。”对此，我报以微笑回应。

我想要强调的是，执行力、合作意识、团队精神、自我提升和持续更新是每位团队成员必须具备的基础素质。我渴望成为一位秉承“罗文精神”的员工，致力于成为一位教育者，而不仅仅是传授知识的教师。我衷心感谢那些一直以来关心和支持我的同事们，以及高中部的领导和我们的高三团队。

严格管理，耐心陪伴

高中部　甄敏英

尊敬的领导、亲爱的老师们：

大家好，我是数学组的甄敏英。我们共同致力于数学教学，拥有相似的生活背景和经历，共同度过的时光甚至比与家人相处的时间还要多。在我看来，这是一种难得的缘分，也让我们更容易理解彼此。今天，我特别感谢领导给予我这个机会站在这里发言，我从两个方面进行了思考和整理：1. 青年教师的成长。2. 班级的管理。接下来分享的所有内容都是我个人的真实想法和实践。由于我的水平有限，如果有不妥之处，还请各位多多包涵并给予批评和指正！

一、个人成长经历

自2003年我在本校高中部实习以来，至今已有二十一年了。我来到了这里，从未感到过孤独。无论发生什么，总有人伸出援手支持我。我的青春留在了这里，充满了美好的回忆，我特别激动地想要分享我在学校的幸福时光。这里赋予了我全部的生活，给了我一个大家庭和一个属于自己的小家。它为我提供了广阔的视野，让我见识了各种人才和精英，结识了品德高尚的长辈和朋友。他们教会了我如何做人，如何提升工作能力，以及如何在这里找到幸福的生活。我始终坚信，用真心换取真心，用努力赢得认可，用品德建立信任和友谊，用智慧塑造自我。只要保持善良和努力，幸福就会伴随而来。

我有幸在数学组得到了许多经验丰富的前辈们的宠爱。记得在2006年，作为数学组唯一的青年教师，我参加了区级和市级的优质课评选。在崔景雪老师、张君梅老师、张永利老师、赵晔老师、冯金丽老师、王亚倩老师、田素霞老师、朱连科老师、林进利老师、李薇老师、王正旭老师、郝红宾老师和刘宏明老师的悉心指导下，我反复试讲，他们每次都真诚地提出建议。他们的无私帮助让我至今感动不已。在他们的帮助下，我成功地参加了石家庄市的优质课评选，并前往赵县参赛。

我的师父崔景雪老师和张君梅老师陪我一同前往，并给予了我宝贵的建议。张老师强调，尽管是评优课，但我们的目标是让学生真正学会知识，引导他们自主深入地探究。崔老师则告诉我，上台时要充满热情，因为这种情绪能感染每一个学生。

当时我怀孕两个多月，身体状况不佳，但师父们仍然一字一句地指导我。崔老师还多次示范给我看，田素霞老师则帮我联系赵县的学校，让我能提前与学生见面，熟悉环境，这些感动的瞬间永远铭刻在我的记忆中。每当我表达感激之情时，张君梅老师总是说："小甄儿，我们不需要你的感谢，只要你继续努力就够了。如果将来有年轻教师需要帮助，你也一定要尽力而为。"我深刻地记住了师父们的教诲，并且一直在践行这份承诺。产假结束后，我跟随刘贵老师学习，从这位大师身上我学到了许多宝贵的东西。例如，做任何事情都要用心，特别是作为教师，要清楚学生在哪些方面需要提高，并进行有针对性的教学；讲课时要将知识、思维和方法紧密结合起来，形成一个有机的整体。刘老师还是一位哲学家，他告诉我，任何事情都有两面性，不必过分计较得失，保持平和的心态，认真研究，才能有所收获。

除了数学组，还有许多领导和同事给予了我帮助。这些无法报答的情谊将成为我一生的动力。我也会继续成为一个传递努力、真诚和幸福的人。

在教学领域，集体备课是个人成长的关键。无论是在哪个年级，与哪几位数学老师合作，每次集体备课都讨论得热火朝天。赵晔老师和田素霞老师，作为资深的组长，对我这个年轻人的成长起到了至关重要的作用，帮助我逐步成长为一个合格的备课组长。我本非细心之人，但在他们的指导下，我学会了提前规划，包括印制试题、答案，确保阶段考试按时进行，以及计划购买教学资料和安排一轮复习等。我作为组长的自我要求是不断学习和尽我所能地做好每件事。除了集体备课为我们指明共同的方向外，我认为每个人的个性化备课同样重要。作为一名教师，我始终思考如何提升自己的专业水平，因为只有这样，才能在繁杂的班主任工作中保持较高的教学质量。

作为班主任，我也在不断进步和成长。与现高一班主任团队共同奋斗了三年，他们的帮助对我意义重大。现在，我又加入了高二班主任团队。年级主任李振洲常驻班主任室，总是用各种方式调节办公室气氛。他的话语、发放的红包以及定时浇花的细节，都温暖着我们每一个人。正是这种精神力量，让我们紧密团结在一起。张振鹏老师的稳重和博学、赵美老师的用心和才华、刘学珍老师的宽厚和真诚、王红老师的细致和乐观、李茹老师的严格和认真、赵建刚老师的谦逊和宽容、武慧兰老师的干练和全局观、王延风老师的细致和坚持、高虹老师的自信和刚强，这些优秀品质深深影响着我，让我逐渐体会到“累并快乐着”的真谛。我真切地感受到自己生活在幸福之中。你们让我感到幸福，我也要尽我所能地回报这份幸福。

二、班级管理

在探讨班级级管理之前，我想先分享一下我对普通班学生特点的个人理解。

我认为学生们面临的主要挑战在于阅读量不足，自我教育的程度不够，这导致了他们在学习习惯、方法以及吃苦耐劳方面略显不足。

既然有幸成为他们的班主任，我并不希望他们仅仅遵循中国教育的既定节奏，机械地从初中过渡到高中。教育的意义远不止于让学生在家庭与学校之间进行无目的的往返。我希望建立一种认识：对于一个人来说，学习在其一生中扮演着多么关键的角色。当然，这里所说的“学习”是广义上的，良好的学习品质是每个人不可或缺的。正如耶鲁大学校长所言，教育的目的不在于积累知识，而在于培养一种思维方式——即使在平凡琐碎的日常生活中，也能保持清晰的自我意识，不是被杂乱无意识的生活所牵引，而是由自己来主导生活。我希望他们能够掌握自己的时间，管理好个人物品，控制情绪，以及培养坚韧的毅力……只有这样，他们才能真正掌握自己的人生。我为这些孩子感到心疼，同时觉得应该为他们做些什么。因此，如何教会孩子们成为能够掌握自己人生的人，便成了关键所在。

接下来，我想分享一些我在班级管理中的具体做法。

措施 1：从“学做人”“爱父母”“尊师长”的教育开始

在我接任之初，经过深思熟虑，我为自己设定的首要目标是培养学生学会关爱他人，理解道理，辨识是非。因为只有这样，他们才会愿意接受父母和老师给予的教育。毕竟，一个连父母都不爱的孩子，又怎能去爱他人，听从老师的指导呢？

将家庭教育作为研究的重点后，问题逐渐显现。我越来越感觉到，许多家长无法有效地管教自己的孩子，或者无法妥善地管理他们。在一些家长看来，孩子永远是孩子，比如，我班上的一位家长，她只希望女儿健康快乐，没有其他要求；有的家长把男孩培养成了温室里的花朵；还有的家长虽然重视成绩，却只是一味追求分数，没有在纠正孩子不良习惯时采取坚定措施，也没有在需要耐心陪伴时给予足够的关注。我坚信这些孩子在能力上没有问题，问题出在习惯上。因此，我认为我们应当做的就是“严格管理，纠正坏习惯；耐心陪伴，助其树理想。”作为班主任，我告诉自己要克服对教育的恐惧，不害怕评价不佳，不畏惧学生不服从，敢于在全班同学面前分析某些不良行为，相信孩子们的洞察力和判断力，让同学们共同评判。这个过程本身就是一种教育。实践证明，敢于管理也能赢得学生的认可。班主任的评教结果从我接任时的89%提升到了现在的100%。在教学方面，二班、三班的综合评教也达到了100%（评价内容包括："工作认真负责""工作做得很好""爱您！老师辛苦了""注意身体""非常负责，很完美""不放弃任何一位学生""满意"）。这真是孩子们成长的最好证明啊！

作为班主任，我极其重视爱的教育。在班会课、大型活动以及班里出现特殊情况时，我都会与学生和家长进行沟通，并借此机会开展有针对性的亲情教育。我通过举办一系列主题班会，如"建设和谐向上的家庭是爱国的重要体现""与父母良好关系是交际的起点""家庭成员间分工合作，培养学生的责任感""文明是表象，教育是根本——一位母亲致儿子的信"以及"平衡顺从与个性发展，促进身心健康成长"等，引导孩子们学会爱父母、爱家庭。经过一个学期以上的教育实践，我班学生对父母和师长的尊重、积极向上的态度、责任感和自我约束力都有了显著提升。班里的风气和学习氛围空前浓厚，爱的教育成效显著，进一步证实了"先做人，再学习"的教育理念的重要性。

在此，我想特别探讨"顺从"与"个性张扬"之间的关系。过去，我曾倾向于推崇个性，但随着时间的推移，我越发认为社会上某些所谓的新教育理念在家庭中被过度解读。一些孩子将顺从视为无能的表现，然而我坚信，顺从并非懦弱无能，而是一个虚心学习、促进思想进步的过程。我认为，在听从父母和老师的指导、认真学习、成为合格个体的基础上，有目的地培养自己的特殊才能，是一种优秀的品质。这种个性的张扬应与尊师重教、孝敬父母的理念完全一致。

在爱的教育理念指引下，我班的任课老师团队给我留下深刻印象。首先，我要特别提到刘学珍老师。作为班主任，刘老师展现了许多值得我学习的品质，尤其是他那颗宽容的心。尽管我并非四班的老师，但通过四班孩子们的纯真可爱、井然有序以及他们的勤奋努力，我能深切感受到他们跟随刘老师所享有的幸福。我衷心感谢郝建国老师给予我和我的学生如长辈般的深情关爱，他引导学生阅读，这正是解决班里所有问题的关键。李颖老师每天早晨都会批改英语练字本，她的努力使得孩子们的英语书写变得美观、大气且整洁。她坚持每天早上听写，每周安排学生写作并认真批改，她深厚的语法知识赢得了孩子们的敬佩。毛淑敬老师严格把控课堂和作业，她的踏实认真赢得了家长们的高度评价，他们告诉我，孩子们认为地理老师非常优秀。在当今社会，无论从事何种工作，一个优秀的团队都是不可或缺的。我们的班是“致远三班”，我们的教师团队口号是：“雄心致远，学海掌舵乘风击水三千里，孜孜不倦桃李已成蹊。”

措施 2：实例鼓励

记得刚毕业时教的那个理科普通班，陈宝方老师担任班主任。高三时，经过重新分班，理普班的同学们最初连及格都显得吃力，但在陈宝方老师和各科老师的严格要求下，学生们积极配合，到了高考，他们各科成绩都有了显著提升，数学成绩尤为突出，最低分达到了 108 分，最高分 138 分，平均分更是达到了 119.83 分。因此，我用这届学生的实际进步来鼓励他们：从一开始面对试卷的茫然无措，到高考时能正确回答四分之三的题目，这并非一个“多么艰难”的过程。只要坚持不懈，脚踏实地地去实践，就能形成一个良性循环。实际上，这是一个不断进步、令人享受的过程。学生们备受鼓舞，士气高昂。

陈冰雅同学的成绩从年级五十多名跃升至年级第十八名，成为班里的榜样。随后，榜样数量逐渐增加，从陈冰雅、蔡晓涵两位同学，到白文迪、高易可、韩嘉懿等五位同学，再到崔胜达、李润达、肖卿韵等八位同学……越来越多的学生进入年级前七十名，甚至前五十名。他们相互激励，相互学习，积极进取，勇于挑战自我。我感到非常欣慰，并真心感谢孩子们的成长。

措施 3：强制形成好习惯，“分权管理”

我们设有专门负责各项活动的班长，同时也有兼顾学习的学委兼班长。此外，还有负责收费和处理各类回执的副班长，以及管理日常事务和组织班会的班主任助理。同样，宿舍和课堂的管理也由班主任助理负责。实践表明，这种分工的方式确保了每个学生都不会感到负担过重，同时各项任务也能井然有序地高效完成。各科代表的职位都是基于学生的自愿申请，我相信，积极性是完成工作的关键因素。

措施 4：提高执行力，不论大小

从要求学生早起读书，高举书本大声朗读，到英语听力练习必须配备相应的材料，再到规范的眼保健操和校服穿着，以及高效地交回执单和处理收费事宜，每件事都强调迅速而果断，行动要敏捷利落。

措施 5：抓落实

崔景雪老师是我的启蒙师父，他曾指出：“无论我们教学多么出色，如果学生不能将所学知识付诸实践，那么教学效果必定大打折扣。”随着时间的推移，我愈发领悟到这句话的深刻含义，并持续深入地反思，在这过程中尤其注重错题整理本的使用。通常，学生和家长认为只要认真完成作业并拥有整理本，就算是有效地完成了学习。然而，我认为，如果在处理作业和课堂问题时未能区分优先级，没有每天专注于解决几个关键问题，那么就不能算是真正完成了学习。因此，我建议并要求学生每天在每一科目上都要静下心来，切实地思考并解决几个核心问题。

“路漫漫其修远兮，吾将上下而求索。”作为一位教师，我的奋斗之路尚且漫长，我将坚持不懈地追求，努力前行，享受幸福。

初中部

CHUZHONG BU

执着信念　热爱坚守

初中部　2015级九年级理综组

随着季节的更迭，岁月流转，理综组的教师们带着对教育事业的热爱、坚定的信念和不屈不挠的精神，坚守在初三毕业班，迎接一届又一届充满希望的学生，缔造着中考的辉煌成就。他们中有的是目光远大的领航者，确保团队的航向正确无误；有的是勤勉尽责、无私奉献的中坚力量，为团队提供源源不断的动力；有的是温和如春风、细腻如春雨的启蒙导师，让团队的旅程变得舒适而愉悦；还有的是充满活力、积极向上的新星，为团队注入了新的活力。

在我们学校，有这样一群人，他们时而笑容满面，时而眉头紧锁，时而亲切和蔼，时而严肃认真，他们全情投入，不畏艰难，让我们一起来感受一下孙红玉、安闯两位班主任中途接手新班的挑战。毕业年级对学生们而言是一个充满奋斗和故事的季节，但对老师们来说却是一段充满挑战和痛苦、难以忘怀的历程。正如那句诗所言："醉里挑灯看剑，梦回吹角连营。"上一届的战斗余烟尚未完全消散，新的挑战号角已经吹响。百日誓师、理化生实验的铿锵誓言响彻云霄，六月的决战、中考的胜利，转眼又是一年。在这不断奋斗的循环中，回顾过去，许多老师已青春不再。正是这些老师的无私奉献，让理综组取得了令人瞩目的成绩！

大美人间四月天，正是我们最忙时。随着严冬的消逝和万物的苏醒，在这个可以与家人一同出游赏花的四月，理化老师们整月无休。我们无暇顾及户外的绚烂春光，无暇顾及嗷嗷待哺的幼儿，无暇顾及渴望陪伴的父母，无暇顾及日益哀怨的伴侣。我们整日穿梭于乾元楼与怀特楼之间，周旋于反复出错的学生之间，徘徊于实验器材和药品之间，埋头于充满漏洞的实验报告之中。在课堂上，我们用坚定的双手展示规范的实验操作，用锐利的目光注视着学生颤抖的手，用洪亮的声音指出学生微小的错误。然而，课后，无神的双眼、沙哑的嗓音、浮肿的双脚却成了我们的常态。理化生实验连续十天，跨越了两个周末，大多数老师在此期间的课时数超过50节，有的老师一天要上8节课，甚至有两位老师一天要上12节。天道酬勤，理化生实验考试中，1400 多名学生除了一人得 9 分外，其余均获得了满分。

为了学生的未来，为了集团的期望，为了心中的梦想，理综组的老师们全力以赴，精心做好教学的每一个细节。得益于他们的不懈努力，我校理综连续多年在全市中考中荣获两率一分的优异成绩。在过去十年中，他们协助年级团队赢得了 7 个全市中考状元，进入全市前列的学生数不胜数。在 2017 年中考中，有 7 名同学跻身全市前十名，理综组的贡献功不可没。虽然成绩属于过去，但我们期待着学子们能够一飞冲天，与风共舞，直上云霄九万里！

早谋划，集群力，巧做事

初中部　2019级七年级外语组

大家好，请允许我带领各位同人走进我们美丽的E之队，最之队。

一、人员最多，队伍最庞大，教师梯队最多样

今年，我们拥有一支由35位英语教师（包括3位孕妇）和4位多语种教师组成的团队。团队中不乏学科带头人许文主任，以及专家型教师王晨曦和康韶韦老师，同时我们还有骨干教师、经验丰富的教师以及7位新晋教师，共分为5个梯队。在校园的每个角落，都能看到外语教师们聚在一起，共同讨论备课事宜，无论是大型教研活动还是小型、分层或分组教研活动，教研始终是我们的核心。我们能够及时将信息和任务传达给每位教师，并在规定时间内迅速收集所有教师的反思、教案和计划等，这确实是一项不小的挑战。然而，作为E之队，我们心往一处想，劲往一处使，以高效率和满腔热情完成着每一项任务。

二、工作区域最广

外语教师办公室、班主任办公室、年级主任室、二楼程主任办公室，以及30个宽敞的大教室和8个小教室，构成了我们辛勤工作和奋斗的场所。在这些办公室中，年级主任许文老师以身作则，带领我们努力工作；王晨曦、康韶韦、刘丽芬、芦贺平老师为我们指明方向；班主任李玲、张红霞、白雪梅、聂翠翠、张燕则老师经常为了班级事务熬夜工作。

三、使用教材最多

我们全年级采用了剑桥出版的《English In Mind》、人民教育出版社的《Go for it》，以及《典范英语》作为阅读教材。前12个班还尝试开展了《21世纪英文报》报刊阅读。《English In Mind》教材以其新颖、有趣且贴近学生生活的主题受到青

睐，使学生在学习过程中能够深入体验国外学生的学习、生活和文化。然而，该教材也带来了不少挑战，如词汇量大、语篇长和难度高等问题。这就要求我们的英语教师必须精确掌握新教材的广度与深度，并将新旧教材的内容进行有效整合，深入研究课程标准，以确恰当把握教学重点。在短短两年时间里，我们已经成功创编并投入使用了《English In Mind》项目书和配套的单词项目书。

四、课时最多，课型最多，公开课磨课最多

我们每周安排了 14 节课，每天至少完成一个教案，同时开设了精读课、典范阅读课、报刊阅读课、试听课以及二外课。自 9 月开学以来，我们已经上了 31 节公开课、22 节磨课以及评课活动。尽管是小班教学，但我们的工作并不轻松，我们设定的中考目标是平均分超过第二名 5 分，这个目标一直是我们心中的执念。因此，我们全体外语教师从初一开始，就在培养学生英语兴趣的同时，将目光投向中考，这个 5 分的目标始终萦绕在我们每个人的心头。除了日常的教学任务，张微老师还额外在周二、周三和周日为多语种的学生补习英语，尽管工作辛苦，但她毫无怨言。

五、外语教师角色最多

众所周知，外语是我校的龙头学科，我们对成绩有着严格的标准，这要求我们每位教师必须是教学高手。我们需要运用各种教学技巧，从字母和拼读开始，耐心地引导学生，帮助他们逐步提高英语水平。在课堂内外，我们时刻体现着“三爱”精神。当外宾来访我校参观或交流时，我们化身为翻译官。在 10 月的教育联盟活动中，刘建奇、李蕾、刘潇、付焕、董景艳、李玲、关威、贾淋雯、赵维维、张微、袁敏、魏雪薇、郭译赛 13 位老师，不顾寒冷，放弃休息时间前往车站迎接外宾，并在周末加班陪同他们前往山区。会议期间，他们全程参与并及时翻译，并在外宾发言后迅速整理出中英文稿件提交外事办公室。芦贺平、张薇、曾燕燕、许可慧等老师则在会场全程服务。外语教师无疑是学校在跨文化、跨学科交流中的使者。我们的外语教师不仅上课风趣幽默，口语也十分流利，每次都能出色地完成各项任务。在即将到来的年度外语艺术节中，外语教师再次转换角色，成为导演、主持人、歌唱家、编剧和演员，指导学生编排课本剧，修改剧本、训练主持人、练习英文歌曲等。我们既能站在讲台上，也能站在舞台上。

六、最能合作，最八面玲珑

与班主任紧密合作。我们有 15 名英语教师担任副班主任，他们与学生朝夕相处，无论是晨练、合唱比赛还是足球赛事，他们的身影无处不在，他们不仅是优秀的外语教师，更是全能的指挥家。而其他英语教师也是如此，无论是在早读前、自习课还是放学后，都能看到他们与班主任沟通交流的情景。

与外教深化合作。在每次教研活动之前，两位外教都会分享他们超前的教学计划，他们的教学内容是我们课内新教材的延伸。学期伊始，我们就与外教积极协调每节课的教学内容和重点，包括期中口语考试，由外教负责测试，中教协助组织。在与外教的合作中，我们充分利用各种资源，从他们那里学习到了新颖的教学方法和生动有趣的教学活动，让我们受益匪浅。

同事间的协作。这是我们英语教师特有的小确幸和小挑战。想象一下双人跳水，我们共同朝着一个目标努力，心连心，互相支持，共同成长，你中有我，我中有你。虽然挑战重重，但我们从不抱怨，因为只有整体优秀，我们才能真正优秀。

单人授课，全组动员。在最近的裕华区优质课评选中，我们英语组团结协作，共同打造了白雪梅和聂翠翠两位老师的优质课。两节课内容丰富，效果显著，均取得了令人满意的成绩。两位老师提前做了充分准备，观看了全国优质课的录像，确定授课内容后，我们制订了周密的计划。备课团队由王晨曦和康韶韦老师领导，李蕾、许可慧、贾淋雯、魏雪薇老师团队负责白雪梅老师，付焕、董景艳、张微、赵维维老师团队负责聂翠翠老师。我们不分昼夜、不计周末，反复听课、评课、修改课件、精心设计教学方案、筛选视频，一遍又一遍地完善课堂的每一个细节和教师的每一句课堂用语。而两位同头老师曾燕燕和关威更是主动承担了大班教学的任务，减轻了白雪梅和聂翠翠的压力。在这过程中，我们被英语组老师的团结协作、追求卓越的团队精神深深感动着。

师徒之间，知识与经验的传递是毫无保留的。组内的 7 位徒弟怀着谦逊的态度，向每位师父认真学习，专注听课，并主动进行交流。在师父们的悉心指导下，他们迅速成长，同时师父们也在与年轻教师的互动中，感受到了他们创新的思维和独到的见解。魏雪薇感激地说：“我特别感谢我的师父晨曦老师，她不仅在工作上给予了我细致的指导，在生活上也给予了我无微不至的关怀。即使在课后时间难以协调时，师父也会立即通过语音消息给我提供指导。前段时间体检发现了一些小问题，师父得知后，即便到了晚上 10：00，她还在联系朋友，为我推荐经验丰富的主任医师。”袁敏分享道：“期中复习刚开始时，我还没来得及向康老师请教，她就主动找到我，分享她的复习思路和方法，并给了我很多中肯的建议，这让我感到非常温暖和踏实，也极大地激发了我的动力。”郭译赛表示：“我特别想感谢刘丽芬老师，因为我在教学上遇到了困难，感到压力巨大，情绪低落，而师父便以带我寻找美食为由，带我外出用餐，并不断地开导和鼓励我。”赵维维说：“我的师父许文主任虽然日常工作非常忙，但她为了听我的课特意调整了她的安排，并在课后对我进行了详尽的点评，提出了许多宝贵的建议。”英语组的师父们不仅在教学上给予了徒弟们指导和帮助，在生活中也扮演着良师益友的角色。同时，我们组的 7 位新教师无论在何处都始终保持着学习的态度，不断向他人学习，像海绵吸水一样，不断吸收各方面的精华，以完善自我。

七、最能吃苦耐劳，最有温度，最有情怀

提及办公室的灯光，无疑外语教师办公室的灯是最早亮起，最晚熄灭的，而那些在灯火阑珊处辛勤工作的身影显得格外美丽。我们与学生一起背诵、默写单词、批改小测验、探讨学习方法、交流人生经验。刘立芬、李玲、张红霞、白雪梅、聂翠翠、张燕、曾艳艳老师以及许文主任，每天都坚守在学校，他们深信，没有教不会的学生。7 位新老师关威、贾淋雯、赵维维、张微、袁敏、魏雪薇、郭译赛常常晚自习结束后才离开办公室，回家后仍不断思考着如何优化课堂教学和丰富教学设计。白雪梅老师周末亲手制作了数十枚红豆酥，以奖励那些在期中考试中取得进步的学生。尽管身体不适，刘丽芬老师却是三楼教学处打印机前最忙碌的身影，确保不让任何一个孩子掉队。许可慧老师虽然来校时间不长，但在“四环节”课堂教学方面颇有研究，多次在教研活动中分享智慧黑板的使用方法，同时在白雪梅和聂翠翠准备评优课期间，她做了大量工作，并无私地承担起周一第九节课班会期间培训青年教师的任务，为青年教师树立了榜样。我们的新老师忙于与学校“谈恋爱”，而老教师们则以初恋般的热情对待那些屡次挑战他们的学生。只要你不离不弃，我们也将始终如一。

尽管我们的工作量巨大，但各项任务都在有序推进。所有活动的顺利进行，都归功于全组老师在葛校长的关怀、程主任和魏主任的带领下，不断克服各种困难，提前规划，集思广益，积极进取。我们始终致力于打造一支团结友爱、关爱学生、勤奋学习、锐意进取的专家型外语教师队伍，培养具有国家情怀、国际视野和跨文化沟通能力的优秀中学生，实现学生在学习习惯、学习能力、学习成绩和核心素养

上的全面提升。

希望犹如炉中的底火，而感恩则是覆盖其上的炭粒，只要底火不熄，炭粒不散，我们便能保护自己，为寒冷的冬季带来温暖。毅力宛若坚固的炉砖，坚持则如同鼓风炉中富氧的风，只有当毅力坚定不移，坚持永不停息，我们才能发现自身拥有着熔铁炼钢的力量。七年级外语组的全体教师将一如既往地勤勉工作，怀揣着希望与感恩，继续努力，致力于让外语成为学生最喜爱的学科，让外语教师成为学生最敬爱的老师。

择一事，终一生，一封尺素诉真情

初中部　丁立芳

大家好，我是语文组的丁立芳。与石外结缘，是在十六年前的那个秋天，秋色浪漫，一见倾心，十几年的相知相守，让我更加笃定对她的热爱。一封家书，诉说我与石外的故事。

一、自此缘分起，一眼便万年

那是2008年的一个秋天，当时的我还在上大三，一次难得的机会跟随导师到石家庄几所名校听课学习。第一站来的就是石外，不必说银光闪闪的地球仪，高大的梧桐树，绿意葱茏的宥坐园，也不必说红砖白瓦的校舍，高标准的大操场，宽敞明亮的大教室，单是那节课就让我着了迷。我们听的是杜伟娜老师的一堂课，杜老师的优雅、睿智，学生的阳光、自信，刷新着我对传统课堂的认知。曾经沧海难为水，那天，我与石外虽然只有一节课的时间，但一眼万年，自此倾心。单相思持续了近一年时间，大四那年，石外去河北师范大学招聘，之后便经历了面试、笔试、实习等重重考验，终于，我拿到了石外的工作证，成了真正的石外人，也正式成为一名人民教师。

二、执子之手，砥砺前行

1. 青年语文教师——在最美好的年华遇见你

初到石外，心中有的是激情，有的是干劲。和所有青年教师一样，忙碌是工作的主旋律，白天除了上课，就是穿梭在师父和前辈的课堂里听课。张士军老师对文本的独特解读，杨玲平老师的课程设计，刘秀娟老师的大语文观都让我受益匪浅。除了伏案看作业之外，就是走进教室或辅导或谈心或参与班里事务，而备课只能留在夜深人静时进行。站好语文课堂，打造好自己的课堂品牌，上一节好课就是青年教师最大的幸福。

启智润心，因材施教，学生有各自的特点，教师也要有教育的智慧，既要关注集体的发展，又要呵护每一个幼小的心灵。同学小路性格较为内向，学习一塌糊涂，整天躲在自己的世界里，一次课上，我悄悄地走到他身边，他似乎没有意识到我的靠近，依旧埋头读着什么。在他的遮掩下我看到了让他入迷的原来是《明朝那些事儿》，一个念头闪过我的脑海。接下来的几周，我利用语文活动课的机会举办了几期“百家讲坛”，其中有两期“梦回明朝”反响强烈，因为这两期的主讲人是我特意安排的、平时“默默无闻”的小路。此时的小路因腹有诗书不再自卑，他引经据典，幽默诙谐，一期完了同学们强烈要求再来一期，小路腼腆的笑容里写满了自豪。小小的心思，让小路找到了自己的位置。

冬藏夏长，春华秋实，青葱岁月，与石外相处中，学生的成就就是做老师的幸福。学习之余，我带领学生积极参与各级比赛，一张张奖状的背后，是石外人在践行潜心教书育人、培根铸魂的教育家精神，是托举更多可堪大用、能担重任的栋梁之材的责任与担当。在最美好的年华里，我用心用情书写着自己的教育华章。

2. 参赛选手——悠哉悠哉，辗转反侧

“勤学笃行，求是创新”，教师要始终保持学习状态，站在知识发展前沿，刻苦钻研，严谨笃学，不断充实、拓展、提高自己。回忆起来，十几年的教学生涯中，除了产假那些日子，我几乎年年有幸参与各种赛课和展示课，从集团青年教师素质大赛、裕华区青年教师基本功大赛、名校联盟展示课，到最近几年的区级、市级、省级乃至全国的青年教师课堂展示。在备课时间里，夜里两三点睡觉是常有的事，孩子小，从来没有跟爸爸睡过，哭着要妈妈抱，匆匆抚慰后我便关起门来继续备课。辛苦着但是热爱着，享受着灵光乍现时的喜悦，也时时煎熬着思路走不通的愁苦，为一个设问可能就要苦思冥想好几天，为一张课件的呈现可能要几易其稿……厚厚的文献资料，几万字的备课日记，是备好一节课的必修课。每次的赛课和展示课都不是一个人在战斗，每到这时，张老师就像家里要“娶亲聘女”的家长一样，忙着组建备课小组和安排人员，于是组里的人就和我一起开始了没日没夜的备课。在学校，大家帮我备课到很晚，回到家，备课小组就转战线上，一教研就到了深夜，回顾磨课的这半个月，我时时刻刻被关爱和鼓励包围着。大语文组通力合作，其利断金。张老师全程指导，把握方向，字斟句酌，精益求精；谷静老师抽丝剥茧，找重点，在我最迷茫时给予肯定和鼓励；王雅莉老师总是能在山重水复之时找到突破，柳暗花明。还有身边的小伙伴，周颖、郭靖、王飞、孟德顺、刘亮……组里 19 个兄弟姐妹，仿佛这里的每一个人都是明天要上台的老师。无私、温暖、向上、阳光，汲取着语文组的智慧，我也将把这份温暖继续传递。

3. 语文教研组长——我们分担寒潮、风雷、霹雳；我们共享雾霭、流岚、虹霓

从2014年年初至今，除了担任了两年班主任外，我一直担任教研组长一职，在此感谢葛校长、宋主任的信任，承蒙张老师的辛苦提携和各位同事的大力支持，不才的我却担起了如此重任。身在其位，必履其职。每周一次的教研活动、组里的教学研讨、考后的成绩分析，还有组内各种琐碎但举足轻重的事情都要谋划在前，执行到位。各项活动使我在忙碌中慢慢发生了改变，一向没有计划的我学会了规划时间，总是着眼于自己小天地的我逐渐学会了顾全大局。

乐教爱生，甘于奉献，语文组每个人都有一颗仁爱之心，每个人都在用大爱书写着自己的教育人生。这大爱尤其体现在超越语文组11名班主任身上。张惠蓉老师和师慧芝老师都是经验丰富、老当益壮的老班主任，年年在一线，年年挑重担；郭靖、胡凯琳、谷菲菲老师虽然是青年班主任，但是激情满满，带班有条不紊，不仅班级管理出色，成绩也名列前茅；张欣老师届届委以重任，届届硕果累累，这重任的背后，是满满的责任感。孟德顺老师所带班届届不简单，被学生亲切地称为“老孟”，可老孟曾经也是清新帅气的小孟，青春送给了石外，沧桑留在了脸上；刘亮老师天不亮就到了学校，路灯亮起还不离开教室，早来晚走是他的标配，追求卓越是他的习惯；刘军君老师在班主任岗位近二十年，“桃李不言，下自成蹊”，是学生的良师益友，是老师的模范榜样；张梅老师以校为家，早来晚走，看着班里的孩子却时时忘了接自己的孩子；心细如发的王飞老师，手术伤口还未痊愈就回到了教室主阵地……他们平凡又伟大，辛苦又幸福，秉持“三爱”精神，践行“三爱”精神，他们是石外班主任们的缩影，也是所有石外人的日常，从他们身上，你是否也看到了自己：是那个孩子还嗷嗷待哺，却为了一堂堂好课中午都不回家的你；是那个有孕在身却听课、出题样样不落的你；是那个中午吃几口冷饭就去上课的你；是那个透过玻璃关注每一个学生的你；是那个隔着屏幕都能透出殷殷期望的你；是那个化身“大白”，守护师生健康的你……言为士则，行为世范，躬耕教坛，强国有我，石外每一个人时时刻刻用实际行动践行着新时代教育家精神。

三、青丝变白首，余生之幸事

在最美好的年华里遇见石外，是我的荣幸；青葱岁月里，你包容我，鼓励我，用有力的双手助我成长；青丝间华发，在成长的道路上，你为我搭建平台，助我在

教育教学上走出更广阔的天地。教育之路上，我和每一个石外人一样，始终坚定心有大我、至诚报国的理想信念，始终坚持胸怀天下，以文化人的弘道追求，努力做“经师”和“人师”相统一的“大先生”。我辈担当，感恩石外，躬耕教坛，强国有我。我将和大家一起，在石外这片沃土上，不忘初心，开拓进取，继续奋斗，续写下一个辉煌。

多彩教育梦，赤诚育人情

初中部　马德强

我的教育梦想是五彩斑斓的，金色象征着梦想的辉煌，蓝色代表着宽广的胸怀，红色映射出激情的火焰，而紫色则预示着融合的和谐。我对教育事业的热爱，源自石外给予我的归属感，源自在这里遇到的无数闪耀的灵魂，同时也承载着我对未来的无尽憧憬。

一、金色之于梦想

十九年前的金秋，一位怀揣梦想的年轻人踏入石外，开启了他人生中追逐梦想的旅程。十九年时光荏苒，他用青春的岁月走遍了石外的每一个角落，让这里的每一草一木、每一位师长和朋友，融入了他的生命。

回顾过往，我已带了六届毕业生，那些日子历历在目。难忘的是每天教四节数学课，难忘的是将作业和试卷带到行政楼单身宿舍批改，难忘的是周末依然来学校工作，难忘的是带领学生经历 21 天军训的艰辛……我已将我的青春献给了挚爱的学校，与学校一同成长。我忠于自己的职责，诚于自己的使命。面对学校的信任，面对领导的嘱托，我所要做的，就是全力以赴，为社会、学校、家庭培养出更多优秀且勇于担当的人才。

记得 2010 年，我担任了 22 班的班主任。作为新手班主任，日常工作的繁杂和琐碎让我应接不暇。尽管 22 班是重点班，但也有几个让老师头疼的学生，他们烧课本、拉扯女老师头发、厌学离家出走……这些都让我心力交瘁，夜不能寐。为了帮助这些学生回归正轨，我竭尽全力，深入探究他们问题的根源，并一一解决。

在这里，我想分享一个故事，关于我和我的 22 班，以及和一位“问题学生”之间的故事。如今，每年教师节和春节我都会接到一个祝福电话，是张晓宇打给我的。我曾问他为何不选择发短信或微信，而要亲自打电话，他却说短信无法充分表达他对我的敬意和感激，他还想听听我的教诲。记得他在22班时非常调皮，课上起哄，课下打架，吸烟、喝酒，几乎集所有"问题少年"的恶习于一身。在这种情况下，他的父母几乎对他失去了希望，初中后半段，他已经跟不上学校的课了，强烈要求离开学校，去校外的辅导班。虽然他离开对我来说或许会减少很多麻烦，但我深知，这样的孩子一旦失去必要的引导和约束必然会走向更深的歧途。在我的极力劝阻下，他选择留下来继续学习。于是，我为他制订了学习计划，并帮他逐科分析问题和不足，告诉他努力的方向，同时我还动员班里表现优秀的同学帮助他。在半信半疑中，晓宇开始努力，重新融入集体，但成长不会一蹴而就，惰性不会一次根除。有一次，他上课睡觉被我抓到，我严厉地批评了他，他哭着对我说："老师，要不你就放我走吧，就当没我这个学生。"我告诉他："我是你的班主任，是你的老师，现在是，未来也是，我有一个学生叫张晓宇，这个事实谁也改变不了。我可以让优秀的学生更优秀，但也绝不让一个学生掉队，我们是荣辱与共的整体。按照我们先前的约定，按照我给你制订的学习计划，我保证你可以考上高中。"或许是那次严厉的训斥给了他震撼，或许他内心深处仍怀揣着上进的梦想，从那以后，他有了很大改变，上课不再睡觉，开始专心听讲，并主动提问了。他的每一次进步我都看在眼里，功夫不负有心人，他最终考上了高中，尽管成绩不是拔尖的，但对他来说已是巨大的胜利。

如果说晓宇的转变是个例，那么现在22班中在清华大学、复旦大学读研，以及在美国波士顿大学、哥伦比亚大学、南加利福尼亚大学深造的同学，则更好地诠释了一个和谐集体的力量。

实际上，他们都是平凡的，如同沙粒，但每颗平凡的沙粒都怀揣着一颗金子般的心，内心深处孕育着一个生动灿烂的梦想。梦想不分高低，他们都在以自己的方式向梦想迈进。正是这些看似平凡的金色，汇聚成了熠熠生辉的金色梦想。

作为我人生中担任班主任的初次尝试，22班让我首次领略到了担任班主任的成就感，梦想就这样突如其来地成为现实。

二、蓝色之于胸怀，红色之于激情

22班的成就给我带来了巨大的勇气和深刻的触动，激发了我对教育本质、教育媒介以及师生互动的深入思考。我开始探索如何将教育实践转化为文化的主体，促进文化的传承与创新。

我第二任班主任的经历让我有了深刻的体会。我钟爱5班的学生，与他们在炎热的夏日初次相遇，在欢声笑语中结下了美好的缘分。5班是一个乐团班，学生们才华横溢，思维敏捷，每个人身上都散发着青春的活力。无论是英语艺术节上的精彩演出，班会上幽默而深刻的展示，还是毕业典礼上创意十足的节目编排，这些孩子都让我难以忘怀。在组织活动时，他们总是愿意邀请我一同参与，并且总能恰到好处地为我安排角色，让我这个缺乏表演天赋的人也能自如地融入其中。记得在初三的元旦联欢会上，学生们特意为我准备了一场节目，民乐、交响乐、合唱团都献上了他们最擅长的曲目，以我为素材的小品更是让我感动得落泪。面对这些胸怀宽广、热情如火的孩子们，我倾注了全部的爱心，助力每位学生都能成为最优秀的自己，在他们成长的道路上一路护航。而我，则沉浸在这份“水深火热”的幸福之中，无法自拔。

三、紫色之于融合

我钟情于紫色，它散发出一种难以捉摸的神秘氛围，正如外国人看待中国这个充满神秘色彩的东方大国。事实上，任何具备美术知识的人都明白，紫色是由蓝色和红色混合而成。清华大学的校徽是紫色的，象征着高贵与典雅，体现了清华大学的学术氛围和精神追求。今日的中国，正快速走在复兴的道路上，而教育本身便具有文化的吸引力和融合力。如何培养出具有独立意识的学生，是我未来努力的方向。恒毅4班的成立，适时地丰富了我对教育的思考。

2016年8月，正当我沉浸在5班学生中考取得优异成绩的喜悦中时，一个挑战突如其来。我被指派带领尖刀班，这个班汇聚了我校乃至全市优秀的学生。这些优秀的学生不仅头脑聪明，而且思想成熟，因此对教师的专业知识和引导学生思想的方法提出了极高的要求。

自从接手尖刀班以来，我一方面努力提升自己的业务水平，深入研读课程标准，精心准备每一节课。另一方面，我注重培养学生的思维能力，循循善诱，并及时向其他尖刀班的优秀班主任高聪双老师、谷静老师、马丽娟老师请教，力求迅速提高自己。然而，初带尖刀班，我不仅面临着巨大的挑战，也承受着家长和学生的质疑。特别是几次阶段考试后，4班的成绩不尽如人意，一些备受瞩目的学生表现得也不稳定，这严重打击了学生的信心，我的情绪也跌至低谷。但作为班主任，我是学生坚强的后盾，是班集体的灵魂，是学生和家长的希望，我必须坚持下去，帮助学生重拾学习的动力和信心，让他们看到希望的光芒。于是，我与所有任课老师一起分析学科成绩，确定目标学生，找出问题所在，并为每个学生进行成绩分析，找出他们的优势和不足，提出改进措施。我们还充分利用体育中考的机会，为学生树立了敢于拼搏、争取胜利的信心。

谈到中考，我和我的学生从初一开始便着手准备。每天放学后，我都会带领学生一起跑步，为了帮助体重过重的学生减轻体重，班里还特别购置了体重秤，每周测体重，互相监督减肥效果。我们都憋着一股劲儿，学生们发誓这次一定要打个漂亮的翻身仗。我也告诉他们，在通往成功的跑道上，唯有全力以赴，才能无怨无悔。体育中考成绩公布后，我们班平均分达到了 29.71 分，男生中除了一人在跑步过程中摔倒未能满分外，其余男生均获得了满分，同学们激动不已，许多学生流下了激动的泪水。凭借他们全力拼搏的精神和必胜的信念，以及对 4 班这个集体的热爱，他们不仅证明了自己的实力，更是对接下来一个多月的中考备战信心满满，志在必得。

我充分利用每一次教育机会，对学生进行思想上的引导，帮助他们构建丰富的精神世界。我致力于培养孩子们独立思考的能力，并鼓励他们勇于表达自己的观点。一个优秀的个体，其思想应当是自由、深邃且开放的。在中考最后一个月的冲刺中，恒毅 4 班的同学们达到了最佳的学习状态：他们在课堂上踊跃发言，深入思考；课间休息时，总能见到他们围在老师身边热烈讨论问题；晚自习时，他们专注学习的场景深深打动了所有值班的家长。在中考前夕的动员会上，尽管其他班已经离校，但我们班却举行了一次特别的班会，这是三年来最难忘的一次。在班会上，我和康韶韦老师亲手将祈福笔赠送给每个学生，并给予了他们深情的祝福和拥抱。2019 年的中考成绩是对我的最大回报，我们 4 班有三名学生跻身全市前十名，分别考了 627 分、625 分和 624 分的优异成绩，我也因此松了一口气，深感没有辜负学校和领导对我的信任。4 班的成功归功于领导的鼓励、指导和支持，葛校长和魏校长多次参与我们的成绩分析会，帮我们出谋划策，宋主任也多次深入学习小组给我们指明方向。当然，也离不开各位任课老师的精诚合作，以及我和学生们不懈的努力。

延续上一届“恒毅 4 班”的精神，我为这届 4 班命名为“博毅 4 班”。这个名字承载着我对学生的期望：心胸宽广，学识扎实，视野开阔，勇往直前，积极争取美好的未来！

四、永恒的亮色

最后，我想以我们学校的十二字培养目标作为今天的结束语：“爱国、交际、协作、文明、健康、创新”。这不仅是我们始终坚守的初心，也是我们愿意用一生去践行的誓言。展望未来，我们将一如既往地风雨同舟，携手共进，共创辉煌。“爱教育　爱学校　爱学生”，尊重师道，我们始终在路上。这是我们石外永恒不变的亮色。

家·石外

初中部　王　飞

尊敬的领导、各位老师：

大家好！我是来自七年级超越团队的王飞。2012 年 8 月，我踏入石外，从最初的“偶像派教师”成长为现在的“资深教师”。十年间，我的头发变得稀疏，身材也有所改变，但我始终相信，外表的魅力终将让位于内在的才华。在石外，我不仅收获了成长，也组建了家庭，还获得了无数宝贵的经验。今天，我将与大家分享我的家庭与石外之间的故事。

一、家·石外——因为到石外，我在这座城市安家

我从小在沧州的一个普通农村长大，父母一直希望我能摆脱农村生活，追求幸福。大学毕业后，我历经重重考验，最终成为石外集团的一名语文教师。父母得知后非常欣慰，特地来学校探望我，尽管他们未能进入校园亲眼看看，但在校门口徘徊良久，仿佛试图透过大门窥见校园的每一个角落。临行前，父母反复嘱咐我，既然学校条件这么好，一定要努力工作。

2012 年 8 月 19 日，我入职的第二天就被派往郊区的军营，陪伴孩子们军训。这些十几岁的孩子初次离家，自然遇到了不少问题：有的吃不上饭，有的因思家而夜不能寐，有的甚至在上厕所时遇到困难……我不仅要安抚他们的情绪，还要照顾他们的生活起居，对我来说，最棘手的任务是缝补撕裂的裤子。由于训练强度大，孩子们在踢正步时经常把裤子弄破，面对这些裤子，我毫不犹豫地承担起了缝补的责任。虽然经常扎破手指，裤子上还混合着汗水和尿液的气味，那股提神醒脑的味道让我终生难忘，但正是在这一针一线地缝补中，我缝出了师生之间的情谊。作为一位新教师，我也深刻体会到教育需要爱的滋养。

二、家·石外——因为有石外，我遇到更多的家人

自 2015 年起，我担任班主任一职，首次带班便取得了不错的中考成绩：班里前十名中有 8 名学生选择留在本校高中继续学习，并在随后的保送或高考中取得了优异的成绩。到了 2018 年，我再次迎接新的挑战，接手了备受瞩目的精品住宿班——八班。众所周知，管理住宿班的辛劳不言而喻，而精品住宿班更是学校倾力打造的重点班。我深知领导对我的信任，也让我感到肩负着沉重的责任。家长的分离焦虑、学生的日常生活需求、班集体的氛围，所有这些都成了我的职责所在。我耐心地解答家长们的各种问题，无论是关于班集体编号的调整，还是询问孩子的情况，抑或是传达家庭喜讯，我都尽力而为，从而赢得了家长们的信任。

我仍记得那个繁忙的早晨，两名男生在打闹中不慎碰伤头部，我随救护车奔波至医院，负责缴费、挂号、检查，直到下午孩子父母从邯郸赶来；我也记得每周日返校时，小辉总是紧紧地抱着西门的大树不愿进校，一直哭着找妈妈；还有小昊因家庭矛盾离家出走，我陪着家长找到凌晨 2:00……面对这些特殊状况，我们用智慧引导，用爱心陪伴，助力孩子们健康成长。

在初三冲刺阶段，八班全体同学表现出了空前的团结与拼搏的精神，全体教师也争分夺秒，紧跟班里的步伐。教师们的辛勤付出赢得了学生和家长的一致赞誉。有位家长感动地说："把孩子送到石外，是我一生中最正确的决定。"当孩子们毕业离校时，我与他们一一拥抱告别，如同家人般依依不舍。回想起这三年，我经常失眠，不时出现湿疹，体重逐渐增加，头发也在无数个不眠之夜中逐渐稀疏了。

2021 年，超越团队再次启程，葛校长亲自挂帅，刘主任、许主任、张主任各司其职，张俊彩、周玉真两位年级主任保驾护航。面对新的政策和挑战，葛校长带领团队积极贯彻"双减"政策，真正实现五育并举，促进学生的全面发展。德馨精神也传承到了十四班。这一次，我不再慌乱、不再急躁，我将用更多的爱和智慧陪伴孩子们健康成长。

三、家·石外——因为在石外，我拥有了幸福的家庭

2016 年 6 月，我迎来了我的女儿，这标志着我们幸福的三口之家由此开始。2019 年 9 月，女儿迈入石外幼儿园的校门，从那时起，我们一家三口就与石外结下了不解之缘，甚至远在老家的父母也自豪地说，我们的孩子就读于石家庄四十三中，那所著名的外国语学校。

在两周前的一个雨天，同事不经意间拍摄了一张我们夫妻俩送女儿上学的照片，他表达了深深的羡慕。然而，我想说的是，在幸福的表象之下，我们双职工家庭也面临着不少挑战。我担任初一年级的班主任，而我的爱人则负责初三毕业班，虽然我们在工作中尽职尽责，但最让我们感到愧疚的是对孩子照顾不足。女儿到今天一共过了5个生日，而我们夫妻俩只完整地为她准备过一次生日会。她的生日恰逢6月30日，那是一年中最忙碌的时刻：期末冲刺、山区扶贫、高中招生、毕业典礼……当我们回到家时，孩子要么已经吃过晚饭，要么已经进入梦乡。每个周日下午，初三的文综学科培优、促中、补弱一直持续到晚上6:40，而晚自习7:10就要开始了，我只能匆忙将孩子带到学校，与爱人进行快速交接。

今年9月，女儿即将成为集团小学的一名新生。我们一家三口共同经历了上学和放学的时光，同在一所校园里，这让我感到无比浪漫。十几年来，我的小家也随着石外这个大家庭越来越好。

最后，我想表达我最真挚的感谢。感谢石外的培养，感谢各位领导的无私帮助，以及各位同事的坚定支持。无论前方的路多么荒凉，这里都是我们的梦想之地；无论旅途多么遥远，这里都是我们的归宿。我将与大家一道，在石外这片充满希望的土地上，坚守初心，不懈奋斗，共同创造更加辉煌的未来！

谢谢大家！

掬一抔清露，烹一壶香茗

初中部　王雅莉

无论是工作还是生活，总是充斥着无数琐事和意外，那么不妨忽略那些无关紧要的杂念，只汲取叶尖上的一滴清露，泡一壶自己钟爱的香茗。今天，我与大家分享一些个人的烹茶心得。

一、醇香而养生的小青柑——教学工作

为师者，务精一艺。在这“一艺”的琢磨中，必能品出青柑般的醇香。作为语文老师，我们可琢磨的“艺”就是要教给孩子们学会真阅读、慢阅读、深阅读，并能在阅读中学会写作，而这也是最难见成效的一件事。于是我们从点滴做起，练字、听写，看到学生准确工整的书写那就是我们的清露；和学生一起慢慢阅读，坚持随笔，不管批阅随笔多么疲累，能遇上好的随笔，哪怕只有几个佳句，也是我们的清露；给个题目写不好，强迫自己和学生一起写，能引出几篇佳作还是我们的清露。

二、清火明目，润肺益智的苦丁——班主任工作

班主任的工作是极其繁杂、劳累且难以预测的。因此，我常常感到内心郁结，这时一杯苦丁茶便显得格外重要，它能清火明目、润肺益智。

我们班的入学成绩在年级前一百名的仅有 12 人，这与预期的成绩有所差距。我还记得一位临时授课的老师曾坦率地对我说：“我真的没觉得你们班有多好。”这确实是实情。

面对这样的情况，我采取了多种措施。对于课堂上表现认真的学生，我会树立他们为榜样；对于笔记做得好的学生，我会在投影上展示他们的笔记，并在家长群里予以表扬；对于书写整齐的学生，我会在黑板上进行小测验，让他们示范。我还邀请了班上写字最好的史影维同学利用午休时间给同学们讲解如何写好字，这激励

了一批学生主动练习书法。经过一段时间的努力，班里逐渐展现出良好的学习风貌，学生也学会了如何在课堂上集中注意力，积极思考问题，并向榜样学习。目前，年级前一百名的学生基本稳定在 20 人左右。

除了这些常规措施，多语种班的学生面临的最大挑战就是心态的调整。他们中的大多数在小学时是佼佼者，习惯了夸奖和表扬。然而，在高手如云的环境中，一旦心态调整不当就容易沮丧，导致成绩停滞甚至下滑。这样的学生并不在少数，他们需要我们细致的观察和耐心的帮助。在初中第一学期期中考试后，我们班上一位非常活跃、人际关系很好的男生仅考了班里的 40 多名，这对他打击很大，以至于期末备考前产生了厌学情绪。他的母亲也跟着焦虑，导致孩子一个星期都没来上学。我意识到如果这种情况持续下去，孩子会受到严重影响。因此，在收到家长的请假短信后，我主动拨打电话，告诉他如果身体不适可以暂时不完成作业，但上课非常重要，必须来学校。我注意到他来校时戴着帽子，情绪低落，但经过一两节课后他逐渐恢复正常状态。我明白，这其实是他面对困难时出现了畏难情绪。周末，我亲自去他家帮他补习落下的课，并告诉他，在缺勤的日子里，他负责的班级事务无人管理，老师非常需要他，我还向他说明，无故请假等同于旷课。通过这样的方式，他坚持到了期末。尽管成绩没有进步，但他依然保持着对唱歌、组织活动的热情，保持着良好的人际关系，依然是那个快乐的男孩。

管理多语种班的家长往往比学生更难应对，他们更焦虑，也更挑剔。一些家长一旦发现孩子的成绩不尽如人意，便会立即质疑教师的能力，声称自家孩子在小学时如何出色，仿佛期望所有老师都只关注他家的宝贝。然而，如果我们真的如此溺爱孩子，他们除了感到压抑外，恐怕不会再有其他感受了。面对这样的家长，单纯讲道理是不够的，如果告诉他们让孩子在班里自由成长是最好的状态，他们可能会认为老师缺乏责任感，不关心他们的孩子。那么，我们该如何是好呢？我们可以邀请这类家长他们参与班里的活动，让他们了解其他孩子的情况，看到其他孩子值得学习的地方，同时认识到老师们并没有给予其他孩子特别的关照。通过这种方式，他们还能了解到其他家长是如何陪伴和培养孩子的，使其意识到自己教育方式上的问题。

突发事件虽然难以预料，但往往提供了最佳的教育机会。期中考试前，我们班发生了一起事件，一名男生因被拒绝抄作业而愤怒地将另一名男生的脖子挠出了血印。我请来双方家长进行沟通，他们都很配合，问题得到了解决。但在整个过程中，那位挠人的孩子始终紧握双手，身体僵硬。因此，我决定留下他和他的母亲，我问他："孩子，你手里拿着什么呢?"当我打开他的手发现什么也没有时，我继续说："孩子，我觉得你可能有些委屈没有说出来，现在他们走了，你可以告诉我，我会为你主持公道。"他直视着我，生气地说："王老师，去年9月我的脖子也被挠成这样，但您一句都没问，而我今天挠了别人不到20分钟，您就知道了。"我听后非常震惊，急忙追问："是谁挠的你?"他还没来得及回答，旁边的妈妈就哭了。我这才明白，原来是他父亲打的。我突然觉得这孩子很可怜，这是缺乏安全感和爱的明显表现，回想他入学以来的表现，他总是面无表情，很少看到他真心的笑容。有一次，我开玩笑让他对我笑一个，他看着我，真诚而尴尬地问："老师，怎么笑?"我告诉他露出八颗牙齿，他给了我一个极为勉强的表情，那是一种紧张而没有笑意的笑容。我看了看他的母亲，她的脸上也写满了焦虑。我理解了他为何总是带着不满的态度对待老师和同学，他其实从未被父母接纳，也没有接纳自己。

从那天起，我每天都会给他一个微笑，也想起了刘长亮老师曾经说过的话："有时候，班主任什么都不用做，只需微笑地站在班里看着学生就够了。"最近，我注意到他开始笑了，更难得的是，在上周的随笔中他开始反思自己，并表示要开始为自己努力学习了，这在以前是难以想象的。前几天，他没有被选入数学培优小组，我找到他，说："在不在培优范围内的同学中，你的数学成绩是最好的，你们可以组成自学小组，坚持做培优试题，你来负责和李老师沟通，可以吗?"他欣然接受了这个提议。记得初一时，我让他担任课代表，他当时是拒绝的。

当我们用心地关注和发现学生时，他们也会主动回报我们，就像一杯微甜的苦丁茶，温暖我们的心，平息我们的怒火。在期中家长会上，我让班委们为每位同学写一张奖状，他们完成之后还自发地为每位老师也写了一张奖状，上面写着：××老师：祝贺你在2018—2019学年度上学期"风云教师"活动评比中荣获最受学生欢迎的教师（之一）。他们这份带着"之一"的真诚，就是送给老师们最温暖的敬师茶。

三、调和脾胃，排毒养颜的花果茶——生活

花果茶以其丰富的果粒和搭配的花草为特色，口味多变，既可甜又可酸，既可浓郁又可淡雅，这或许正是生活的写照。年轻时，我并未对教师这一职业抱有特别的热爱，但走过了二十四年的教学生涯，我已积累了不少经验，或许可以自豪地说："我做到了干一行爱一行!"我的性格本是活泼随性，却当了最为严谨的班主任，并且一干就是二十多年。我的身体先天不足，后天也未能好好调养，因此常常

在学生大考之际自己先病倒。2006 年，在石外首次送考时，我在考试前一天开始发烧，但我坚持完成了考前培训，并坚持送走了每一个学生。晚上高烧 40℃，我仍不断接听学生的电话，为他们提供心理疏导和作文辅导。到了后半夜，我甚至烧得说起了胡话；2007 年四五月，我因胆囊问题需要手术，为了不耽误工作，我硬是撑到了暑假才做手术，暑假结束后我继续担任班主任；2014 年送考时，我患上了腰椎间盘突出，学生考完后我趴在床上动弹不得；2017 年送考时，我患上了严重的神经衰弱，睡眠质量极差，还突发网球肘和肩袖损伤，即使好不容易入睡，一翻身也会因胳膊的疼痛而惊醒，生活几乎无法自理。我的同事们甚至给我起了个外号“王脆脆”，他们都会小心翼翼地避开我，生怕碰到我。尽管如此，我依然坚持做班主任，坚持去山区支教。如果说我在教育教学上的成就，一定要感谢领导们给予我磨炼意志的机会和平台，感谢周围同事们的厚爱与支持。

生活或许就是这样，充满了起伏和变化，既有酸楚也有甜蜜，但它却是如此真实而自然。那么，就让我们多喝些花果茶，调和脾胃，排毒养颜吧。

最后，把汪曾祺先生《慢煮生活》里的一段话送给大家共勉：“你很辛苦，很累了，那么坐下来歇一会儿，喝一杯不凉不烫的清茶。不纠结、少俗虑，随遇而安，一颗初心，安静地慢煮生活。”希望我们不管在什么环境下，永远不消沉沮丧，无心机，少俗虑，兴致盎然地生活吧。

穿行于书房和教室的教研之路

初中部　戈砚辉

尊敬的各位老师：

大家好，我是数学组的戈砚辉。今天，我非常荣幸站在这里，与大家共同探讨我对教研的一些见解和实践。

一名教师，应有自己的教育理念，借教研以精进，深研教材满足学生；一个学科，应有自己的团队文化，凭教研以创新，拓宽领域引领学术；一所学校，应有自己的思想建树，以教研为传承，延续智慧服务民生。

一、自我教研：如切如磋，如琢如磨

《诗经》中写道："如切如磋，如琢如磨。"自我教研的过程，正如古人治玉，需要用心雕琢、追求卓越。教育家于漪曾言：教师成长的根本在于内在的驱动力，是生命深度的觉醒。教师在教研中，首要任务是自我探索，研究如何实现自我超越和改进。坐在我身旁、听我说课的，是陕西师范大学的罗增儒教授。他凭借不懈的努力，从矿工成长为子弟学校的教师，进而成为大学教授、学界泰斗。他传奇般的职业生涯背后，是数十年如一日的坚定信念，是将教师生涯做到极致的誓言。他数百万字的教育文选，见证了他的笔耕不辍。

与这些大师相比，我们个人所取得的成就则显得微不足道。在他们面前，我唯有保持对知识的敬畏和对真理的追求，进而不断学习、反思和实践。我所理解的自我教研，第一是深化理解，正如古人"三更灯火五更鸡"，静下心来研读经典教育著作，仔细翻阅教育大家的书籍，倾听他们对教育的独到见解，汲取前人的智慧。第二，必须将所学知识应用于课堂实践，尝试新的教学方法，观察学生的反应，不断调整教学策略，在实践中获得新的发现，形成新的创造。

在最近的全国优秀课例展示中，《随机事件与概率》这节课获得了中国数学会专家的高度评价。本节课从理解数学、理解学生、理解教学等多角度出发，坚持单元整体教学，宏观调控具体教学措施，鼓励学生自主发现、自主创造、自主表达、自主应用，在这过程中，不仅教会了学生数学知识，更重要的是教会了学生思考、掌握研究数学的方法。这既是数学学科的理论坚守，也是我个人自我教研的思维底色。

二、群体教研：他山之石，可以攻玉

古人云：“他山之石，可以攻玉。”集体教研是我们交流经验、分享心得，共同进步的宝贵机会。“三人行必有我师”，每一位同事都拥有其独特的教学特色和优势，都是值得我学习的。王凤义老师的豁达幽默、魏胜寒老师的敏锐独到、吴霞老师的春风化雨、班亚玲老师的严谨敬业、池迟老师的精致耐心，他们都是我学习的榜样。

群体教研的关键在于教师间真诚的交流与合作共赢。九年级数学组是一个团结奋进的集体，张敏、姚兆俊老师负责审题把关；艾军、达虹云老师帮助全组出谋划策，给大家提供了许多建议；刘海艳、马利、闫云冈、池贝、朱雅彤老师作为班主任，尽管事务繁杂，但在教研中依然保持着高涨的热情和认真的态度；李勇炜老师的课堂幽默，深受学生喜爱；张欣、王悦新老师深入钻研教材，是教研骨干；年轻老师刘乙丁、张靖、李若慈坚持每天听课、录课，汲取经验，不断钻研。

在刚刚结束的裕华区评优课上，九年级数学组的王悦新、池贝老师分别荣获一等奖第一名和第二名，前两名均由同一所学校包揽，这在裕华区数学评优课的历史上是前所未有的成就。这不仅彰显了我校数学教师的良好素质，也是我校集体教研成果的最好证明。

感谢葛校长、宋主任、安主任对数学组的大力支持，感谢学校为我们搭建的教研平台，为我们提供了宝贵的成长机会。

三、长期教研：水滴石穿非一日之功

古人有云：“滴水穿石，非一日之功。”教师的成长是一个长期的过程，需要坚持长期主义。在金融投资领域，高瓴资本犹如神话般存在，成为众多机构投资者追随的风向标。那么，对于投资者而言，如何才能找到穿越周期和迷雾的指南针？如何才能持续创造价值？高瓴资本的创始人张磊在其著作《价值》中给出了答案——“长期主义”，即将时间和信念投入到能够长期产生价值的事物中，努力学习最高效的思维方式和行为准则，追求第一原理，不断探索真理。

第一，从“长期主义”的视角解读时间，意味着要认识到时间的跨度，做出明智的时间选择，并对时间进行有效的复盘。理解时间的价值，实际上就是认识到“复利”的力量。因此，年轻的数学人需要明确目标，集中注意力，特别是要设定每个阶段的具体小目标，然后集中资源和精力，才有可能在“点”上取得突破。

第二，从“长期主义”的视角出发，寻找并跟随专家学习，跟学模仿。有真才实学的专家必然是经历了时间的考验、锤炼和筛选的。如何选择教育教学领域的专家？这里提出三个评判标准：系统的理论修养（格局、境界、视野）；行业一线的实践经验（具备同理心、务实）；具有高水平的著作（展现出深度思考、行之有效、成果得到认可）。

魏胜寒教授曾多次向我推荐已故武汉市教研员裴光亚先生的著作《在书房与教室间穿行的教研人生》。今天，我也效仿他，将这一书名作为我的文章题目——《穿行于书房和教室的教研之路》。正如屈原所言：“路漫漫其修远兮，吾将上下而求索”，我期待着与各位在未来教研的道路上继续并肩前行！

认清自己　肯定自己　创造自己

初中部　牛菁野

大家好，我是七年级的语文教师牛菁野。在电影《老师好》中，有一句令人难忘的台词：“人生就是一次次幸福的相聚，夹杂着一次次伤感的别离。我不是在最好的时光遇到了你们，而是遇见了你们，我才有了这段最好的时光。”我出生并成长于东北的吉林，当我离开那个宁静的小镇，与家人挥手告别时，父亲对我说：“到了工作单位，一定要多向同事学习，吸取他们的优点，弥补自己的不足，这样你才能不断进步。”这句看似简单的话语，我真正领悟其深意却花了整整十二年的时间，直到我遇见了石外。

一、“过尽千帆皆不是，斜晖脉脉水悠悠”

当我踏入石外的大门，标志着我职业生涯的第三个工作单位开始了。回顾过往，我的旅程中顺境远多于逆境，曾几何时，年少轻狂的我因取得一些成就而沾沾自喜，自鸣得意。然而，真正的转变发生在 2016 年，也就是我加入石外的第三年。

从那一年起至 2020 年，我连续担任了五届毕业班的班主任，从圆梦团队、志鹏团队、腾飞团队、亮剑团队到卓越团队。在这五年里，我有幸成为多位老师的副班主任，他们不仅是我的合作伙伴，更是我的师父。许文老师、李娜老师、孙红玉老师在处理事务时总能顾全大局，把握分寸，展现出宽广的视野；王林芝老师、欧阳老师、王卓老师诲人不倦、兢兢业业，对学生充满爱心，如同对待自己的孩子一般；而我的师父王海生老师，话少人好，却以一句“做事多从对方角度想想，让对方舒适了，你自己也会很开心”给我留下了深刻的印象。他不仅言传，更身体力行，展现了榜样的力量。

与这些优秀的同事共事，我逐渐摒弃了过去那种骄傲自满的态度，不再像以前那样过分关注个人形象。我也不再仅仅是一个忙于完成教学任务的行者，而是开始虚心向这些经验丰富的班主任学习，深入分析学生和班级的情况，努力改进教学方法，以提升各学段的成绩。

通过一届又一届从初一到初三的循环教学，我在教育实践和教学理念上都有了很大成长和进步。我越来越深刻地认识到：优异的成绩必然源自课堂。在教研组专家型教师的指导下，我摒弃浮躁，静下心来，与前辈们一起研究“考试说明”和课程标准，深入挖掘课本内容，仔细分析每一套中考真题。我开始对“四环节”课堂有了新的理解，包括课堂问题的设计、激励与评价，以及课堂上的语调语速等，都成为我反思和改进的重点。经过五年的初三教学磨炼，我逐渐意识到，过去的自己是多么的无知和可笑。

“人与人之间的差异并非源自年龄，甚至不是来自经验，而是源自你周围的磁场。”在我的周围，有多少优秀的师父和朋友啊！谷静老师的课堂上，每一个字都闪烁着智慧的光芒，引人深思，她让我领悟到“一堂能够激发学生深度思考的课，才是真正优秀的课”；张士军老师对中考试题的研究深入透彻，通过她一次次精心设计的原创试卷，使我对考点有了更深入的理解；王雅莉老师始终强调以课程标准为指导，以课本为基础，在她的引导下，我更加注重对课本内容的深入挖掘；马丽娟老师是我的精神导师，她在教育教学和生活方面都给予了我无尽的力量，尤其是当我遇到负面情绪时，她总是第一时间帮我分析问题，让我在迷茫的黑夜中一次次找到前进的道路。在这里，请允许我真诚地向各位老师表达我的感激之情：谢谢，非常感谢您们！

一个活得通透的人，经历了三次觉醒，即“见天地，见众生，见自己”。只有正确认识自我，才能找到自己的归宿。如今，人到中年，我才真正理解中学时期老师常讲的“要学会反思，要学会整理，要学会总结归纳”；人到中年，我才深刻领会父亲的忠告“取长补短，你才能成长”；人到中年，我才真正认识到平台对个人成长的重要性。

感谢石外，五年初三的教学经历，与一群优秀的教师和团队共事，让我更清晰地认识自己的课堂，开始改变我对生活的态度，同时对这个世界的理解也变得更加清晰。

二、“山重水复疑无路，柳暗花明又一村”

2019 年，我正式成为卓越团队的一员。在那烈日炎炎的夏天，我接到了担任九年级 24 班班主任的通知，一时间，我简直不敢相信自己的耳朵。带着忐忑不安的心情，我找到了杨主任。她毫不犹豫地鼓励我：“小牛，你拥有高中班主任的经验，绝对能够胜任，任校长和我都对你的工作能力充满信心，不要犹豫，全力以赴吧!”她的话语坚定有力，眼中闪烁着信任的光芒，甚至比我自己还要自信。离开主任办公室的那一天，尽管内心压力巨大，但我更被领导的肯定和信任深深感动着。

在中途接手，我对24班的了解非常有限，这让我感到不安。在这里，我要特别感谢当时正处在孕期的李丽杰老师，她对我的帮助和支持让我对学生的学情和班里的情况有了更深入的了解。

那一年，为了更快地融入24班这个集体，暑假期间我多次参与小组建设活动。为了发现学生的优点，我开始记录下他们的日常行为：家铭主动擦黑板，泽琛为大家讲解数学题，毅恒在走廊里捡起一片纸屑，比邻在跑步比赛中获得第一名，凝涵在语文课上创作了一首小诗，东源主动为班里换水……这些点点滴滴，不胜枚举。我每天都会将这些小事进行整合、修改和润色，形成自己对人和事的感悟，并将其发布在班群里，让家长们能够及时了解孩子在学校的表现。每一篇文章都融入了我的观察、思考和真挚情感，既让学生感受到自己的价值，也让家长看到了孩子的成长，这成为我不竭的动力源泉。

那一年，我撰写了近十万字的随笔，粗略估算，这几乎是我之前五年的总和。后来，写随笔逐渐成为我的习惯，一直坚持至今。今年五一，我在整理资料时惊讶地发现，我的随笔竟然超过了三十万字。每当我在教学工作中情绪失控时，我就会用文字来表达自己的感受。随着笔尖的舞动，不知不觉中，我不仅能够释怀一些事情，还激发了我对教育和生活更深层次的热爱。

如今，写作对我来说已不再是一项任务，而是一种治愈，这是我发自内心的真实感受。尽管这些文章可能不够流畅，甚至缺乏文采，但它们教会了我思考，教会了我独处，教会了我与自己和解。

三、“长风破浪会有时，直挂云帆济沧海”

岁月如梭，留下了雪泥上的鸿爪。2020年的夏天，我再次随着领航团队启程，踏上了新的旅程。三年的班主任生涯，经历无数磨砺，让我深刻理解到，无论面对何人何事，唯有真诚相待，才能收获美好。

新入学的七年级学生家长，常常担忧孩子的未来，甚至出现焦虑的情绪。面对这些复杂多变的情况，我总是设身处地地为家长着想，始终保持平和的心态，从不抱怨。正如任校长所教导的：“坦荡无私，不卑不亢，真诚以待，一切终将好转。”

我对此坚信不疑。

“每个人一生中所经历的风雪，我们无法全部目睹。”正如饮水冷暖，只有自己知道。成年人的世界没有“容易”二字，对待教育，只有心中充满爱，才能乐在其中。在这三年里，为了增强班集体的凝聚力，我重视各种实践活动、劳动和卫生管理，以及两操——跑操和眼操，还有流动红旗……为了办好各类社会实践活动，我和家委会成员共同策划：推广普通话，我们走进山区；增强孩子们的体质，我们周末登封龙山、抱犊寨，前往西部长青；为了开展“我爱石家庄”社会实践活动，我们完成了 15 公里的徒步，走遍了城市的每一个角落，不仅宣传了 AED 自动体外除颤仪，更锻炼了孩子们坚韧的意志；在寒暑假期间，我们开展小组合作，积极参与“向日葵计划”……这些活动，让家校之间的联系更加紧密了。

因为信任，所以理解。在这三年中，无数个周末我都是与学生和家长共同度过的，无论是前往活动场地，还是通过云视讯进行线上交流，抑或是通过电话和微信沟通……多种形式确保了我们的沟通畅通无阻。三年来，我陪伴同学们完成了 1095 天的硬笔书法练习，从未缺席，直到他们升入高中的前一天才告一段落；三年来，我走访了每一位学困生的家庭，了解他们的实际情况，面对面交流，寻找最佳的解决方案。记得有一次，我走访到杨崔一凡家时，已是腊月二十九，却浑然不觉新年的临近……正是这份真诚和坚持，在领航团队的这三年，我不仅过得充实而有意义，而且深刻体会到了教育带给我的成就感和幸福感。

如今，我担任 2021 级七年级博志 29 班的班主任，这份职责再次点燃了我无限的期待。每一位学生都如同含苞待放的花朵，等待着我用心去研究，用爱去呵护，用努力去陪伴。爱，如同回音壁，孩子们也时常以温暖的笑容、体贴的关怀和真诚的话语回应我。尽管班主任的工作充满艰辛，但它促使我成长，引领我走向成熟。在此，我要特别感谢石外集团，感谢致远团队，感谢任校长、杨主任、寇主任给予我的支持和帮助，也感谢大语义组的同人们对我的包容和理解！

我深知，教育教学之路才刚刚启程，肩负的责任重大而漫长。“日日行，不怕千万里；常常做，不怕千万事。”展望未来，我将继续坚持“三爱”教育的理念，以身作则，成为学生的引路人，用我的真诚与耐心陪伴每一个孩子成长，努力成为一个有情怀、有水平、有温度的好老师。

愿化甘霖润桃李，无悔丹心育栋梁

初中部　艾　军

大家好，我是艾军，来自初中部八年级的腾飞团队。我衷心感谢领导对我的信任，数学组团队对我的支持与帮助，以及父母赋予我这个悦耳的名字和家人对我工作的理解。

我的母校是河北衡水中学，在那里我度过了 1982—1988 年六年的学习时光。那里严谨治学的理念塑造了我坚韧的性格，而老师们无私奉献的精神激励我日后也加入教师的行列。如今，我的许多学生也成为我的校友。1992 年，我从河北师范学院数学系毕业，至今已在教育行业工作了三十二年。2001 年，三十岁那年，我来到了石外，担任班主任至今已十六年了。正是这份对教育的执着和热爱，让我能够坚持下来，并在自己的岗位上取得了一些成绩。

在石外，我带了六届毕业班，期间荣获石家庄市骨干教师、裕华区优秀党员、裕华区三等功、裕华区教学标兵、裕华区德育先进个人、河北省论文大赛一等奖以及多项国家级辅导教师奖。2004 届的学生是我带的第一届，其中 9 人达到了 534 分的分数线，尹校长当时听闻此消息难以置信，又询问了一遍。2007 届是一个次重点班，班长孙思越被新加坡一所高中录取。2009 届的王汉秋同学成为美国艾奥瓦州和河北省的友好使者，梁邑铭同学被北京大学录取，并在今年保研本校法律系。2012 届的梅鑫洋同学在 2015 年高考中位列河北省文科第五名，被北京大学元培学院录取。2015 届砺志 9 班有 17 名学生中考成绩超过 600 分，王临轩同学更是以 667 分的高分摘得了石家庄市历史最高分状元。

时光飞逝，但我和学生们之间的故事却历历在目，我愿意在这里与大家分享。

一、故事一——老师，你还会管我吗？

在七年级下学期期中考试试卷讲评课结束后，2 班的一个女孩走到我面前，轻声告诉我：“老师，您面前站着的是一个成绩不好的学生。”正是她，在试卷上写下了："老师，您还会关心我吗？我会努力的。"听到她的话，我不禁感到一阵心酸，轻轻地拥抱了她，并安慰道："没关系，只要你勤奋学习，积极提问，老师一定会帮助你的。"在得到我的鼓励后，她每天向我请教问题，经过一段时间的努力，她的成绩竟然提升到了班里中上游水平。

如果我们把一个班比作一群孩子共同前进的队伍，那么哪个孩子能够代表整个队伍的速度呢？答案是：走得最慢的那一个。20 世纪 70 年代，美国著名学者艾尔伯特·赫希曼针对不平衡发展的问题提出了著名的"木桶原理"，这一理论在世界经济史上具有划时代的意义。其核心思想是，任何一个木桶都是由多块木板组成的，每块木板的长度可能各不相同，然而，问题在于，"最短的那块木板"也是队伍中不可或缺的一部分，我们不能将其视为无用之物而抛弃。因此，对于所谓的学困生，我们不能轻易放弃，而应努力将他们的短板变长。例如，1 班有个女生入学考试仅得了 35 分，但她语文成绩优异。于是，我鼓励她参加年级的汉字听写大赛，最终她取得了出色的成绩，增强了自信，连带着数学成绩也有了显著提高。我非常愿意带着满心的欣赏，引领我的学生们在充满希望的道路上越走越远。

二、故事二——玉不琢，不成器

11 月初，期中考试落下帷幕，我班的成绩不尽如人意，学生们受到了不小的打击，情绪也变得低落。尽管我身为经验丰富的班主任，表面上看似平静，但内心却波澜起伏。在走廊上偶遇宋校长时，她立刻察觉到了我的焦虑，她指出只有真正关心学生的班主任才会如此忧心忡忡，并建议我冷静地分析问题。冯主任也抽空与我班所有任课教师深入探讨成绩、审视班里的现状，并寻找改善方法。我更是通过分层谈话、绘制成绩折线图、调整座位等一系列具体措施，努力调整班集体氛围。人的思想工作是最具挑战性的，尤其是对于八年级的孩子们，他们有自己的想法，如何与学生和家长进行有效沟通呢？经过深思熟虑，我最终确定了家长会的主题为"名不显时灯不朽，再挑灯火看文章"。记得在八年级班主任例会上，语文老师刘秀娟分享了"玉不琢，不成器"的智慧。因此，我找到这篇文章，并融入自己的体会分享给学生和家长。从他们的眼神中，我感受到了认同和支持。随着各项工作的推进，学生们的成绩有了明显提升，只是在不经意间，学生们发现我又添了几许白发。

如今的孩子大多是独生子女，是家长眼中的宝贝，他们在小学时因成绩优异而备受宠爱，因此在面对挫折时显得有些脆弱。俄国著名物理学家列别捷夫曾言：

“平静的湖面练不出精悍的水手；安逸的环境造不出时代的伟人。”明代伟大的医学家李时珍曾三次考举人未果，最终立志学医，完成了传世之作《本草纲目》。正如“玉不琢，不成器”，老师正是那雕琢的工匠，既要耐得住寂寞，又要保持其独特的风格，其中的辛劳只有我自己最清楚。

在 2015 年中考中，9 班的王临轩同学和 6 班的郑乃谦同学分别荣获石家庄市最高分状元和裸分状元的殊荣。作为 9 班的班主任，我深信这不仅仅是个人或我们班的荣耀，更是所有任课教师共同努力的结果，也是我们年级每一位同人在教研工作中倾注心血的体现。我相信，即便状元的头衔没有落在 6 班或 9 班，其他班也定会有人脱颖而出。在领导的带领下，以及老师们不懈的努力下，我们初中部能够年年在中考中取得佳绩，这是对我们辛勤工作最大的肯定。

回想当初，王临轩同学刚入班时并非特别出众，但他具备良好的素质。正是大家的共同努力，从他担任组长到学习委员，从班里的十几名进步到第一名。正如马主任所言：“状元的成就虽难以预料，但努力总是与幸运相伴。”

三、总结：You Raise Me Up（你鼓舞着我）

初次听到《You Raise Me Up》这首歌时，我被它深深感动了，甚至眼眶湿润，随后便将这首曲子设为我的手机铃声。在我们数学组每一位同事身上，我都能看到那种无私和敬业的精神，这种精神我们称之为“数学精神”。我们的葛校长就是这种精神的代表。今年 10 月，数学组的两位老师出差参加培训，离开了整整半个月，因此我们安排了三位数学老师为 12 班代课，他们自己调整课程、确保课程内容的连贯性，并布置作业。在这过程中，说不辛苦是假的，但大家在相互帮助时却毫无怨言，彼此间的情谊如同兄弟姐妹般深厚。

成绩虽然耀眼，但背后却是二十多年来日复一日地默默付出。坦白说，有时工作繁忙也会感到委屈，但在我们石外，还有许多这样的教师，他们默默地奉献着自己，身体承受着巨大的压力，颈椎和腰椎的病痛常伴左右，但在关键时刻，他们总是以大局为重，勇于承担责任。每个人都有家庭和孩子，生活中难免有这样那样的事情，但大家总是尽量提前安排好个人事务，以免影响学校的工作。

四季轮回变换的是季节，但对工作的热爱和对学生的责任感却始终如一。我们这群志同道合的伙伴，拥有着一份稳定的工作，一个温暖的家庭，让我们携手同行。正如那句话所说：愿化作甘霖滋润桃李，无悔地用赤诚之心培育栋梁之材！

你不成长，没人替你成长

初中部　石玉立

各位领导、老师：

我是语文组的石玉立。今天，作为青年教师的代表站在这里发言，我感到无比荣幸。我深知自己在工作中还有许多不足之处，因此今天的发言可能有不当或不成熟的观点，恳请大家批评指正。

在五四青年节那天，我浏览了一条微博，发现自己竟然也符合其中几条描述，这让我意识到，我也曾不自觉地浪费过宝贵的时间。晚上，我阅读了艾青的诗作《失去的岁月》。沉思之后，我意识到岁月匆匆流逝，生命的有限性让我自问：我是否随之成长了呢？《你不成长，没人替你成长》，这便是我今天发言的题目。

作为青年教师，我们应如何成长？首先，我们应善于反思，反思是促进成长的关键。转眼间，我在学校工作已经两年了。记得去年在八年级时，我忙于适应新环境，熟悉新教材，与叛逆的学生斗智斗勇，上课考试，撰写信息报道……简而言之，我总是在忙碌之中或者正在忙碌的路上。整整一年，我的生活被工作填满。现在回想起来，那时的我仿佛一台没有思想的机器，这种混沌状态导致我的工作和生活都不尽如人意。整整一年，学生的成绩并不理想，我的教学水平也未见提升。所谓"工作无边，反思是岸"，又有"知人者智，自知者明"，来到七年级后，我做的第一件事便是自我反思，明确自己的不足之处，例如，我的"四环节"课堂还不够成熟，无法有效激发学生的兴趣；与学生交流不够，无法让所有学生接受我；课堂管理有待加强，课堂效率不高；个人工作效率低下，需要占用下班时间来完成一些工作。针对这些不足，我为自己设定了成长目标：在新的年级成为一名优秀的教师，同时学会享受舒适的生活。

其次，我们需要制订计划，让成长之路更加清晰。为了实现成为优秀教师的目标，我必须提高班级成绩，赢得学生的喜爱。为了提高班级成绩，我为自己制订了详细的计划：

1. 课前准备至关重要，务必在上课前写好详尽的教学方案。起初，这一过程有些烦琐，但完成后你会发现事半功倍。因为这样一来，课堂上所需讲解的内容将完全烂熟于心，即便是不同教学环节之间的衔接也变得自然流畅了。这种如行云流水般的教学方式，不仅让学生听的舒心，也使教师在上课过程中轻松愉快。

2. 提前五分钟到达教室等候上课是必要的。在这期间，我会提醒学生准备好所需的书，或者集体背诵某些内容，帮助他们迅速进入课堂状态。有时我也会利用简短的新闻或视频吸引学生的注意力。我会对学生说：“让我们以琅琅的读书声开启今天的语文课堂。”同时在课堂上我也会分享一些经典语句，对学生进行情感教育。

3. 维护课堂纪律不容忽视，时刻关注每位学生的听课状态。常言道，初中课堂管理“七分管三分教”，没有良好的课堂纪律作为基础，即便是优秀的教学设计也难以达到理想的教学效果。一旦发现有学生注意力不集中，我会立即点名提醒，若出现大面积不认真听讲的现象，我会立刻暂停教学，进行课堂管理，并在课后与学生交流。经过一段时间的努力，我发现学生与我之间的关系越来越融洽了，这或许就是郑主任所说的“近因效应”。

4. 定期进行小测验，及时批改并查漏补缺，反复强调重点。对于日常基础知识，如字词和文言文，应多次进行小测验。对于这些测验，我会亲自批改，总结学生普遍存在的问题，并在当天集中讲解，确保学生能够及时纠正错误。对于未能通过小测验的学生，我会安排他们放学后或自习课时间来找我背诵，直到他们测验成绩合格为止。

为赢得学生喜爱，我给自己制订的计划是：

1. 教师应以严爱并济的态度对待学生。过于严厉可能导致学生敬而远之，影响师生间的沟通，而过于宽容则可能削弱学生对老师的敬畏，影响老师的权威。因此，教师必须在严格与关爱之间找到恰当的平衡。在课堂纪律和日常作业方面，教师必须保持严肃认真的态度，但在课余时间教师应多与学生交流他们感兴趣的话题，如动漫、音乐、影视剧等，以此拉近与学生的距离。

2. 教师应善于与学生分享自己的教学感受。当学生上课积极性不高时，我会暂停讲课，向学生表达我对他们积极参与的期望；当学生纪律松懈时，我会让他们调整坐姿，提高专注力。

3. 教师应与学生分享生活中的点点滴滴。每当我看到励志的广告片、温馨的视频集或深具启发性的文字时，我都会与学生分享。这些分享不仅能够拓宽学生的视野，还有助于对他们进行情感教育。

最后，持续学习是促进个人成长的关键。正如孔子所言："三人行，必有我师焉。"个人的能力总是有限的，如果孤立无援、闭门造车，成长又从何谈起？因此，为了不断进步，我努力向同组教师学习。备课时遇到难题，我会向刘丽娟老师和马丹老师寻求帮助。我从不缺席每周三次的听课机会，谷老师细致的作文讲评，马老师的风趣与智慧，孙群老师的干练与果断，杜老师的温婉与低调，还有两位班主任李丽娟和边志新老师，他们都是我学习的榜样，此外，参与年级的外派活动也为我提供了学习和成长的机会，无论是撰写稿件、整理会议记录，还是组织和策划活动，都使我的条理性和组织能力得到了提升。总之，只要行动起来，许多事情都能在不知不觉中促进个人成长。

在此，我要感谢所有帮助过我的人——同事、领导以及整个年级。正值青春年华，我希望能与大家一同成长。

以爱之名，赋能成长

初中部　卢会明

尊敬的领导、各位兄弟姐妹们：

大家好。我是卢会明，2003年毕业于河北师范大学，之后在其他学校工作了十六年。石外集团良好的社会声誉和先进的教育理念一直吸引着我，终于在2019年，我加入了这个充满活力的大家庭。尽管我可能看起来像个经验丰富的老教师，但一来到石外，这里就让我重新燃起了青春的奋斗激情。因为我看到，从校长到主任，从老教师到教育界的新星，石外集团的每一个人都充满活力，不断追求创新。我感受到了来自集团领导和同事们的热情支持和无私帮助，这让我焕发了青春的活力，重新振作起来，凝聚了对学校的热爱，对教育的热爱，以及对学生的热爱，重新启程。

时光倒流至六年前，我迎来了我在石外的第一届学生，他们即将迎来2022年的中考。在百日倒计时的紧张时刻，我注意到同学们显得焦虑且信心不足。为了激励他们，我决定组织一次登山活动，以此为孩子们祈愿和鼓劲。我告诉孩子们，我们的班名为“登峰十六”，并借此鼓励他们将中考目标写在纸上，我将带着这些愿望攀登高峰。那是一个酷热的夏日，我和几位家长一起，一步一个脚印地攀登至抱犊寨的顶峰。在那里，我们将孩子们的愿望字条放置在最高处的台阶上。面对着山风，我们挥舞着旗帜，高声呼喊着口号，给予学生们最热烈的鼓励。当孩子们观看了这段视频后，他们的眼中闪烁着希望的光芒，最终，“登峰十六”班在中考中取得了令人满意的成绩。

2022年夏天我又迎来了新的“先锋十九班”。这是新政策下随机分班的第一届学生。我和孩子们一同努力，加上教师团队的齐心协力，使得十九班在七下区统考中取得了包括平均分、优秀率等在内的24项全部正值的优异成绩。在欢欣鼓舞的同时，我深知孩子的成长远非分数所能衡量，要真正凝聚班集体力量，培养优良的班风，我仍需不懈努力。这次，我选择了八年级开学之初的运动会作为新的挑战。

我期望带领孩子们在竞赛中取得佳绩，让他们收获正能量，并更加信任他们的班主任。

因此，我利用空余时间研究拔河视频，一有空就与体育委员开会，讨论最佳人选。每个周末天不亮，我都会和运动员们前往大学操场练习接力和投掷，到公园练习拔河。比赛前一天，我在班群里留言："明天是运动会，也是孩子们初中三年唯一的一次运动会，因为初一没有举办，而初三没有时间举办，所以请大家重视并珍惜这次机会。运动会是我们共同的节日，卢老师为这个节日准备了新衣新鞋，因为青春是最美的，时间是无价的，让我们珍惜每一天的相处!"最终，在没有专业田径运动员的情况下，我们班凭借第三名、第四名、第五名、第八名的成绩，取得了团体总分第四名的佳绩，成为石外唯一获得表彰的二外班。

记得那天下午，十九班同时获得团体总分、入场式表演、拔河季军、体育道德风尚奖的全部四项表彰时，孩子们和班群里的家长们无比兴奋。当比赛结束时，孩子们用最激动的声音高喊出："锐锋十九，实力加油。"回到教室后，我奖励了给每个人一块糖，并问："同学们，奋斗拼搏的果实甜不甜?"全班同学大声回答："甜!"

以爱赋能，培养孩子的拼搏精神。为了丰富孩子们的精神世界，在新中考制度下，中学生面临的学业压力骤然增大。作为教育者，我们的管理不应仅限于督促学习，而应积极寻求方法，为孩子们提供多方面的支持和激励，让他们体会到充满温情和乐趣的教育。在新学期开学前的一周，我没有布置繁重的任务，而是在夜晚通过跑步勾勒出一个"十九"的形状，以此唤起他们对锐锋十九班的记忆。同样，在我教的语文学科中，每次测试和竞赛成绩公布后，我都会给他们发奖品，让孩子们感受到快乐。例如，一个普通的笔记本，我却称之为"无字天书"；一支签字笔，我则称之为"随心如意之神笔"；一块巧克力，我则称之为"黑玉断续膏"。这些充满悬念和趣味的奖品，有助于引导孩子们在享受中学生活的同时，一步步地成长。

以爱赋能，用行动打造有温度的教育。班上的一位小男生有些娇生惯养，思维偏激，与同学相处不融洽，总是满腹牢骚。有一次，他因为被同学不小心碰倒，膝盖擦伤，便在家闷闷不乐。晚上，尽管妈妈耐心地安慰他，但他却情绪失控，离家出走。当我接到求助电话时，已经是晚上 10:00。我找到这个小男孩时，他正一瘸一拐地在东岗路上走着，那条擦伤的腿裸露在外，而他无助的妈妈则在几米后跟随。我停下车，一把将孩子拥入怀中，轻声说："孩子，看清楚，是我，卢老师。"小男生顿时在我怀中崩溃，就在那个夜晚，经过我的开导与交流，他终于变成一个坦率、快乐的小男孩。

以爱赋能，点亮生命。随着2024新年的临近，在孩子们经历青春期的关键时刻，我一直在思考如何为他们准备一份特别的新年礼物，以激发他们的活力，增强他们的自信。最终，我决定为每位学生写一封信，信中充满了希望、赞美和爱意。因此，在工作的最后两周，利用课后辅导的空闲时间，我拿起笔，以每个孩子的名字为焦点，以我们初次见面时的喜悦和期待为起点，在他们的班级手册上写下了超过万字的祝福。在2023年的最后一天，我将这些手册分发给孩子们，并告诉他们：“作为语文老师的卢老师，我将用我的‘语文’来传递爱与祝福。”当手册发到他们手中那一刻，原本喧闹的班突然安静下来，我感受到孩子们在不知不觉中从2023年迈向了2024年，他们正在慢慢成长。

爱在其中，乐在其中，迷在其中，就像钱梦龙先生说的那样：只要一走到学生中间，就像鱼儿回归大海一样，激发出无限的生命活力。再次感谢石外大家庭赋予我的力量，我深感荣幸能接受来自石外初中部三个团队的领导和老师的恩泽。岁月如梭，转眼间已步入中年，时光匆匆流逝，我时常感到困惑，在自己平凡的生活里，如何找到自己的位置？作为一名普通的中学教师和班主任，日常工作的烦琐、管理的复杂性以及沉重的压力，并非我所追求的乐趣。尽管收入有限，难以抚慰心灵的渴望，但我相信，唯有怀着一颗感恩的心，与这些充满活力的青少年一同奋斗，才是教师生涯中最大的奖赏。以爱之名，为学生赋予力量，实际上也是在实现自我价值的奖赏。愿在座的每位老师都能在平凡的世界中找到属于自己的那份快乐！

仰望山巅　心向往之　万山无阻　素履以行

初中部　白雪梅　张　庆

白：尊敬的铸剑团队的领导和各位同人，我叫白雪梅。

张：我叫张庆。我们的组名叫“张白”，跟历史上伟大诗仙李白的名字有一点点像。

白：很荣幸，今天站在这里，跟大家聊一聊网课期间的“武功秘籍”。

白：第一招：“刮骨疗毒”。

“纸上得来终觉浅，绝知此事要躬行。”初次尝试网课，心中充满疑惑。毕竟，屏幕相隔，老师的指导似乎遥不可及，而家长的在场又让每一堂课都像是家长开放日，压力之大不言而喻，这是网课的不足之处。然而，网课也有其独特的优势，如学生不必聚集在一起，上课纪律得以保障等。此外，面对网课的挑战，各种教学软件的开发和人工智能的应用在数据统计和量化分析方面发挥了重要作用。而且，通过网课，我感觉与学生相处的时间反而增加了，因为无论是老师还是学生，都无法离开家门，可以随时通过云视讯进行沟通。

孩子们的世界总是充满惊喜和意外，有时是令人愉快的，有时却让人措手不及。网课伊始，我们最担心的是学生不认真学习，或者态度不端正。果不其然，各种状况层出不穷，有的假装卡壳，有的声称麦克风故障，有的故意不露面，有的对老师的问题置若罔闻，有的不让家长陪伴，有的边玩手机边上课，甚至有人忘记关闭摄像头吃泡面。这些令人头疼的情况，简直让我气得卷发都变直了。

记得在观看电视剧《琅琊榜》时，梅长苏身中火寒之毒，无药可解，唯有刮骨疗毒。那么，如何“刮”去孩子们身上的“毒”，让他们从焦躁变得平静，从顽皮变得懂事，从漫不经心变得专注、细心呢？我认为“刮骨”的关键在于学生的自律。当然，自律并非易事，初期往往需要经历一个“他律”的过程。这就需要我们细心观察学生的行为，了解他们的思维，关心他们的学习和生活，并及时与他们沟通。

在我担任班主任的22班中，有个学生叫路瑷玮，她的英语成绩原本不错，但自律性极差，网课期间成绩下滑严重。有一次，她未交作业被发现后，坚称是忘了提交。我要求她限时补交，结果她提交了别班学生的作业，虽然字体无懈可击，但我总觉得事有蹊跷。考虑到她平时的能力，这些错误并不应该出现，我心生一计，平静地通过微信指出：“这不是你写的。”她有些紧张，但仍然坚持己见。我沉默不语，她便试探性地问我：“老师，您为什么这么认为?”我回复道：“以你的英语水平，能写出‘life is happiness.’这样的句子呗？不怕侮辱你的能力，也不怕侮辱为师的尊严吗?”在这里，必须使用“呗”这个语气词，传达出一种宠溺地责备感，而不是用“吗”，那会变成失望的质问。

她提出要通过语音解释，我婉拒了，打算给她一些空间去反思自己的行为。不出所料，半天后，她发来一条信息：“老师，我最近上网课退步了很多，我感觉我太不自律了。我最喜欢的英语课有时也不认真听，这篇作文不是我写的。我担心开学后跟不上进度，怕期中考试会不及格。老师，您能上课多叫我几次吗？我想找回原来的状态。”听完这些话，我心里有了底。这个女孩意识到了自己的问题，并且在她倔强的外表下，她仍然在乎学习、在乎成绩、在乎英语。能意识到问题并愿意自己去解决，教育的目的其实已经达到了。

我随即回复她：“在作业上敷衍老师，我会感到伤心，会有些沮丧。但如果你愿意尝试改变，我仍然会像以前一样对你好，你是个懂事且上进的孩子。我真诚地希望我的小瑷玮能及时调整状态，因为和你同段次的筱楚还在金字塔尖，那里原本是你的位置。”自从那天我们沟通之后，这个女孩每晚都会做英语拓展练习并私下发给我。虽然她的小毛病仍然存在，但最大程度地尊重她，相信她，让她感受到我是真心为她着想的。

我记得葛校长曾经说过：“老师们要放平心态，毕竟他们还是孩子。一定要把你的感情，尤其是赞美，大声表达出来，让他们感受到你的爱和赞扬。”因此，我们既要“站”起来引导孩子，也要“蹲”下去理解孩子。“站”起来是一种责任，“蹲”下去是一种态度。只有蹲下身去，我们才能与孩子进行真正民主、平等的对话，了解他们的想法，更好地满足他们的好奇心、求知欲和表现欲。正如陶行知先生所言：“我们必须会变成小孩子，才配做小孩子的先生。”

张：第二招：“金刚伏魔”。

我们每个人内心都住着一个孩子，无需改变，我就是那个纯真的小孩。产假并非轻松的假期，它是一段挑战、崩溃与觉醒的旅程，归来时仿佛获得了新生。在没有任何培训的情况下，我一夜之间转变了角色，婴儿期的孩子加青春期的“小心魔们”，外加激素不稳定期的我，这真是一场大戏。尽管与51名学生相隔屏幕，但爱意不减，在没有课本和资料的辅助时，我便依靠两台电脑和三部手机进行教学。这段经历教会了我：事情的本质不在于事情本身，而在于我们对待它们的态度。我衷心感谢葛校长的指导，魏主任的亲切关怀，张薇老师一对一的资料分享和培训，以及王晨曦、康韶韦、付焕、张园老师的鼓励和支持。董景艳老师在我公开课期间的细心照料，杨哲和刘建奇老师带来的新鲜气息，还有许多人的帮助，我都铭记在心。同时感激外语团队在王晨曦、付焕老师的领导下所展现的团结与大爱。我们所展现的，只是外语人和石外人的一个缩影，我们只是站在了巨人的肩膀上发声。

曾经让我感到艰难的，也是我深爱的。用成长的眼光来看，学生们每天的进步是我坚持的动力。我更重视过程性评价而非结果性评价，更看重习惯性行为而非不可控因素，更倾向于精神奖励而非物质奖励。我习惯于每天全方位地给予孩子们正面反馈，偶尔也会针对性地进行惩罚。童心无限，我愿意投入时间去了解他们，喜欢与他们的心理产生共鸣，激发他们对学习的热情。如果孩子们心中留下了一束光，想起我就像想起那束光，那么我就是成功的。对于那些聪明的学生，我始终持有一种开放和未完成的心态；对于那些在学习上遇到困难的学生，他们既让人头疼又充满可爱。我时刻提醒自己：如果觉得某个学生不好，那是因为我没有看到他的全部。我参加了4次家长会、6次分层会议、10次班委会，进行了30次视频通话，无数次语音通话，以及N+1次课后辅导。我用心完善每一次的教研课件，课堂上采用Pick or Diss的花式PK，树懒音和迅雷音的分体式朗读，努力使课堂既有趣又富有内涵。我努力做到作业当日秒评，第二天进行追踪订正，希望我的用心能够得到孩子们的回应，让他们对我既爱又恨，最终我们相亲相爱。

白：第三招：“和衷共济”。

飞扬21班和雄鹰22班构成了一个充满爱心的组合。我们拥有一群才华横溢、风趣幽默的教师团队，包括志辰老师、彦英老师、翠翠老师、陈凤老师、军艳老师、艳霞老师和小莉老师，他们以勤奋和智慧引领着我们。我们是一个团结协作、积极向上的集体。特别要提到我的师父高聪双老师，他不仅拥有丰富的教学经验，而且情商极高；还有才华横溢的曹传浩老师，他们为我提供了巨大的支持。在准备区级优质课的过程中，韶韦老师、晨曦老师、李蕾老师、可慧老师和慧博老师也给予了我支持和关怀。

本学期，张庆老师结束了产假，重返工作岗位。她的归来如同为我注入了一剂强心剂，消除了我上学期独自承担两个大班教学任务时的焦虑和不安。张庆老师是一位充满创意和工作热情的教师。幸运的是，我也是一个勤奋踏实的人，与张庆老师的搭档合作，让我感受到了压力、动力和活力。正如青年节那天哔哩哔哩网站推出的《奔涌吧，后浪》中所言：“弱小的人，才习惯嘲讽与否定；内心强大的人，从不吝啬赞美与鼓励。”我们确立了“和而不同”的工作原则。我们每天都会进行小型教研活动，统一教学进度、内容和步骤，保持作业的一致性，并分享好的教学想法。

通过观察，我发现张庆老师特别擅长激发学生的学习积极性。在短短三个月内，她已经将小班的学生管理得井井有条，这背后无疑倾注了她无数的心血和汗水。例如，我们俩几乎没有完整地休息过一个周末，经常合作出单元测试题，并利用周末时间在人人通平台上进行测试，然后熬夜批改。期中考试结束后，我们又一起在各自的英语小班开展了试卷分析工作，每晚通过云视讯与学生面对面分析，涵盖了学习方法、态度、后续计划和要求等。我们用了三周的时间，每晚 8:00 至 10:30 上线，才把两个小班的学生逐一分析完一遍。在这三周的每一天，我必须精确安排每项工作，仅能挤出 15 分钟的休息时间，这只够吃一包方便面的。我们希望让每位学生都积极参与到英语学习中，将全员育人和分层教学的理念落到实处。

张：我们的共识是合作共赢。课件共享，作业同步，互通有无。我们每天坚持利用课余时间陪伴孩子们进行限时阅读训练。在日常生活中，我们也会尽可能地相互照顾。例如，考虑到雪梅作为班主任的工作更为繁重，在她公开课期间，我主动承担了两个大班的许多任务。我们的相互监督和相互促进形成了一种强大的凝聚力，只要我们取得了一丝一毫的进步，心中便充满了温暖的甜蜜。

白：在张庆老师身上，我深刻体会到了她对学生深沉的爱与责任感，这不仅是所有外语教育工作者的写照，也是我们铸剑团队的缩影。我们追求进步，乐于奉献，勇于奋斗，展现了刚毅、坚强和美丽的品质。此刻，我找不到任何华丽的言辞来形容这种感受，心中涌动的只有两个字——强大！的确，我们外语人多么强大，外语组多么强大，铸剑团队多么强大，石外集团多么强大！这里有远见卓识的葛校长，温文尔雅的魏主任，聪慧且充满爱心的宋主任，积极向上的张主任，勤勉踏实的许文、安闯主任，以及每一位充满正能量、严谨谦逊的同事。当然，还有那个不断拼搏、努力到极限的自己。

张：身为石外的一员，我时常自问：我为学校贡献了什么？我守护了什么？爱是恒久的忍耐与恩慈，不求个人利益，不计较孩子们的无知，愿意去探究每一个幼稚行为背后的深意，对一切持有信念、包容和希望，这便是我的职业理想。我每天都在一条开放、探索、未完成的道路上，满怀期待和喜悦地前进。作为教师，我追求价值；我渴望教的深刻，育的通透；我愿意奉献我生命中的所有精华，将我这头的百分之一转化为孩子们和家庭那头的百分之百。否则，当我教师生涯结束时，我可能会发现，我从未真正当过老师。

白：我们认真备课，将每一堂课视为展示日；积极听课，汲取他人的智慧与经验；勤于反思，总结自己的成就与不足；尊重学生，因为他们是我们的未来；敬畏教育，因为那是我们的理想。所有这些努力汇聚成一个充满魔力的字——“爱”，对教育的爱，对学校的爱，对学生的爱。选择了勤奋与奋斗，我们便选择了希望与成就；选择了纪律与约束，我们便选择了理智与自由；选择了挑战与困难，我们便选择了豁达与成熟；选择了努力与超越，我们便选择了成功与辉煌！让我们仰望山巅，心怀向往！

张：万山无阻，素履以行！今天的石外人应逐“三爱”精神而进。微光吸引微光，微光照亮微光，我们一起发光，便能把石外照亮。

白：万分感谢！

默默成长，是对时光最好的回答

初中部　刘军君

从教二十载，潜心耕耘于石外。二十年，七千多个日夜。日升日落，冬去春来，时光一步步向前，点点滴滴的细碎与美好，遗落在逝去的光阴里。这珍贵而如常的过去，该如何来记录呢？我写下了：默默成长，是对时光最好的回答。

一、回望教育成长的原野

> 一个人遇到好老师是人生的幸运，一个学校拥有好老师是学校的光荣，一个民族源源不断涌现出一批又一批好老师则是民族的希望。
>
> ——习近平

第一次读到这句话时，我问自己：怎样的老师才算得上是好老师？好老师的标准是什么？

持续反思这些问题，不禁让我回想起我的初中班主任兼英语老师魏老师。魏老师时尚前卫，充满活力，她的热情深深吸引了青春期的我。她那纯正的英式发音和生动的授课方式，引领我们探索着英语的奥妙，让我们在学习英语的过程中感受到了乐趣。她那充满活力的生活态度，滋养了当时 12 岁、正处于成长阶段的我，她对我的影响，让我在后来的学习和工作中始终保持着积极向上的态度。多年后，我深刻地认识到，遇到一位优秀的老师是人生的一大幸事。正是在这样一位良师的熏陶下，“长大后，我就成了你”。

河北师范大学毕业后，我来到了石外。在这片教育的沃土上，我遇到了许多优秀的教师。仅在我们初三语文春雨团队中，就有许多令人敬佩的教师。

张士军老师温文尔雅，对每位“雨点子”都关怀备至，他无疑是春雨团队的领头人和核心；丁丽芳老师大气睿智，她在工作中总是井井有条、突出重点、充满创意；惠蓉老师思维敏捷，慧芝老师则以严谨和缜密著称，她们对文本的解读常常独树一帜，是团队中的定海神针。除了组长和老教师，语文组还拥有一群充满活力的年轻成员，他们的专业素养和教学能力无需赘言，他们的治学态度和教学方法同样独到，而他们出众的外貌和各具特色的气质更是让学生们过目难忘。

回想起我的魏老师，再看看周围的老师们，我对于好老师的理解愈发深刻。在我看来，作为与学生朝夕相伴的老师，我们不仅仅要传授知识、解答疑惑，更要启迪智慧、润泽心灵。老师应该对学生说美好、温暖、充满力量的话，让学生始终保持青春的活力；作为学生身边的成年人，老师应当成为一个有趣、追求美好的人，激发学生对学科、生活和世界的兴趣。因此，朝着成为优秀教师的目标，在石外这片教育的沃土上，我立志成为一位永不停歇的教育探索者。

二、追寻语文的星辰大海

在教学初期，我常常在语文课堂上扮演的角色是：教科书知识的传递者、单向讲解的演说家，以及严格而刻板的指挥者。尽管我的学生在考试中成绩优异，但这样的课堂氛围显得有些僵化和功利。在观摩了多位老教师和前辈的课堂后，我意识到语文教学可以更加丰富多彩。因此，我开始向周围的名师学习，在不断阅读、模仿和创新的过程中，我努力在每一堂课上寻找并塑造自己独特的教学风格。

在课堂上，我追求卓越，深入挖掘教材内容，反复推敲，利用一篇篇课文来提高学生的语文素养和思想境界。在学习《台阶》时，我引导学生跟随课文中的农民父亲一起经历建造台阶的艰辛，感受他的痛苦，从而理解农民的生活状态；在学习《唐雎不辱使命》时，我会扩展讲解春秋战国时期的四大刺客故事，让学生体会刺客的侠义精神和为大义牺牲的勇气；在讲解爱情诗歌时，我会讲述陆游与唐琬的凄美爱情故事，以及纳兰性德与表妹之间纯真的情感。在这样的课堂上，学生们总是精神饱满，听得入迷。

在日常学习中，我总是设身处地地思考，理解学生的所思所想，解决他们的困惑。初中阶段的名著阅读在语文教学中占据着至关重要的地位，然而，学生们常常因为时间不足、缺乏兴趣或阅读技巧而难以深入。面对这一问题，我设计了调查问卷来深入了解学生的困难所在。在无数个夜晚，当孩子们沉睡之后，我便拿起笔和纸，亲自绘制每一部名著的思维导图，帮助学生梳理故事情节、理顺人物关系，并切实教授他们有效的阅读方法和技巧，以教师之真阅读推动学生阅读。在初步阅读之后，我会组织各种形式的阅读活动，挖掘名著中的精神资源，从经典作品中汲取养分，滋养心灵，引导学生成长为更优秀的自己。

同时，作为语文教师，我非常重视培养学生的书写能力。书写整齐、美观的汉字是学生必备的技能，其重要性不言而喻。为此，我除了在日常教学中讲解汉字的书写规范外，我还会在初一的暑假与学生一起进行练字打卡。假期里，我每天都会早起，静心抄写经典诗句或名言警句，并将它们分享到班群里。渐渐地，每个孩子都感受到了老师的陪伴和坚持，练字打卡率几乎达到了100%，甚至有家长偶尔也将自己的书法作品与孩子的作业一起提交。我用自己的实际行动向学生证明，书写一手好字是每个中国人的基本素养，只要持之以恒，我们一定能达到自己的目标。

我认为，教师不应是一个高高在上的指挥者，让学生被动地配合老师的每一个动作和表情，而是应该走下讲台，深入学生之中，与他们融为一体，让思想和灵魂相互交流。语文的领域广阔无垠，语文课程在立德树人、培根铸魂、启智增慧方面具有独特的优势。在这条教育之路上，我将继续不懈探索，追求语文教育的诗和远方。

三、牢记教育的初心

在二十年的教育生涯中，除了我作为新手教师的第一届，以及两次怀孕和哺乳期外，我始终坚守在班主任的岗位上。2009级的17班是我首次担任班主任的班。作为新手，我虽缺乏经验，但幸运地遇到了一位雷厉风行的搭档——凤丽老师。在她的影响下，我逐渐发展出一套适合自己的管理风格。那时的我，既是学生的领导者，也是他们的朋友：我与学生们一起制定班名、班训、班规，选举班委，建立量化管理体系和奖惩机制，引导他们在民主与制度的框架内规范自己的行为，共同打造一个卓越的团队。年轻的我，热衷于庆祝每一个节日：精心策划各种有趣且多样化的班集体活动。无论是为学生庆祝生日、评选感动班集体的十大人物、分享六一儿童节的童年照片，还是圣诞节为学生准备礼物……这些特色活动不仅凝聚了集体的力量，也增添了快乐。年轻的我，对美有着追求：无数个制作精美的班会课件、家长会课件、班会方案和班集体活动方案，都是在夜晚或周末孕育而生的。直到现在回顾这些材料，我一直视其为宝贵的教育财富。

班上的王同学因病无法到校上课，尽管四处求医，病情仍无法缓解，最终不得不选择休学。家长和孩子都很焦虑，我也感同身受。因此，我鼓励每位同学给小王写一封慰问信。几天后，小王回信了。信中他表达了在最美好的年纪却只能在家静养的忧伤、无法与同学们一起迎接中考的无奈。当我读完他的回信后，教室里一片寂静，孩子们都流下了眼泪。尽管已经下课，走廊上人声鼎沸，但我们的教室却异常安静。我告诉孩子们："在奋斗的道路上，我们必须学会珍惜自己的身体，珍爱生命，更要珍惜现在学习的机会。"孩子们含泪回应："小王永远是我们班的一分子，我们要为他上考场，我们要为他取得最好的成绩。"

十四年的班主任生活，我每天晨光熹微时从家出发，星斗满天时离开学校；每天来自各方的数百条微信在等着回复；每天无数趟出入教室；班主任的工作烦琐而艰辛，但我始终清楚，我不是一个人在战斗！面对班里的"问题学生"，安主任陪着我一次次给家长做思想工作，每走过我们班门口仍不忘问问我，那个学生最近进步了没有；张主任深入教育教学一线，为老师和孩子们守住心理危机防线；宋主任在每次大考后，除了精准分析年级数据外，还总会抽出时间与16班的老师们坐在一起，帮着分析各科的优劣势；微机中考、实验中考、体育中考，葛校长站位高远，统筹安排，又总会奇迹般地出现在考场一线，陪伴在老师和学生的身边。

优秀的超越团队、优秀的超越人，坚定的目标，扎实的脚步，念念不忘、必有回响；足音铿锵、坚毅笃行，超越人以奋斗为笔，一笔一画书写教育担当，点横撇捺折射杏坛芳华。相信我们定将再创中考辉煌，为石外建校三十周年献上厚礼！

默默成长，向我的魏老师学习；默默成长，向身边每一位老师学习。你们步履不停，抱爱而行，总能给每个孩子带来一束光。优秀的你们，感染着我，带动着我。我也不断提醒着自己，尊重每一个学生的个性和差异，给予他们充分的信任和支持，身体力行地教会他们如何成为一个有道德、有责任、有担当的人，真正担得起、对得起学生给予我们的高度评价。

心　路

初中部　刘　亮

大家好！时光荏苒，一路走来，用心成长。尽管我来校时间只有七年，但其实从某种程度上来说，我也是集团兴起和发展二十年的见证者之一。为啥这么说呢？且听我细细道来。

一、若即若离，踏上石外路

1992 年，我 7 岁，刚上小学一年级。由于父亲工作调动，我们搬到了青园街的一个新建小区。虽然现在看来离集团的位置并不远，但当时它似乎处于一个较为偏僻的地带。

1994 年，我 9 岁，对乒乓球产生了浓厚的兴趣。我家对面住着一个刚升入 43 中初一的哥哥。他穿着鲜红的校服，自豪地告诉我："我们学校新添了好几张乒乓球台。"因此，在一个秋风萧瑟的下午，我和朋友们踏上了曲折的小径，前往 43 中。然而，看门的老大爷非常尽职，他眉头一皱，厉声喝止，我们就这样被挡在了门外。

1998 年，我 13 岁，到了升入初中的年纪，我清晰地记得我们学校组织了"小升初"的考试，我和一位好友约定好一起报考。然而，恰逢另一所重点初中也在招生，我开始犹豫不决。但我的朋友鼓励我说："我们一起努力考进 43 中吧，那里的外语是特色!"可当时的我或许过于固执，或者说是缺乏远见，尽管最终我同时被两所初中录取，但我还是选择了另一所学校。这让我与 43 中再次失之交臂。

2001 年，我 16 岁，该上高中了，我的中考分数不低，可以上 43 中。记得当时老妈还劝我："就报 43 中吧，离咱家近，而且这几年发展很快，肯定会越来越好!"可惜我没有听妈妈的话，再一次与 43 中失之交臂。

2007 年，我大四，临近毕业，我通过面试毅然投入了 43 中的怀抱。在第 43 中，我有幸遇见了尊敬的领导、亲爱的同事、朋友以及可爱的学生们。在这里，我逐渐形成了自己的教育教学风格，并在讲台上站稳了脚跟。同时，我也找到了人生中的伴侣，而我的女儿也即将享受到集团提供的优质教育资源。因此，我常怀一颗感恩之心，善者为师嘛。

二、善者为师，感恩成长路

在我初登讲台的那些年，许多人和事都给我留下了深刻的印象。回顾那些既平凡又充满激情的日子，我要感谢那些无私帮助我、对我提出批评和进行鼓励的领导。同样，我也感激那些团结友爱的同事和朋友们，这些感激之情难以一一详述，也不必详述，我将永远铭记于心。我还要感谢那些可爱的学生们，是他们让我深刻理解了“教学相长”和“生命共度”的真谛。

转眼间，送别了最初的两届初三毕业生后，2012 年 8 月，我加入了新初一畅翔团队，并且担任 15 班的班主任。我想，如果你深爱一个人，就让他去当班主任吧，因为这真的会帮助他很多；如果你对某人怀有怨恨，也让他去当班主任吧，因为其中的苦与乐只有自己知道。正如教育名家李镇西老师所言：班主任是一项甜蜜而又辛苦的工作。我们对班主任这一职业都有着共同的感受，尽管如此，我们仍会毫不犹豫地承担起了这份责任。

自从担任班主任以来，我便与午休告别了，将进校时间提前了半小时，离校时间则延后了一小时。每晚，在星光的陪伴下回到家中，我才能拥抱那已经一天未见的女儿，这或许就是班主任工作的艰辛与挑战所在。当然，我也从中收获颇丰。李莉主任是我们班的数学老师，堪称我们班的“半个班主任”，她那严谨、负责、敬业以及热爱学生的品质对我影响深远。在繁忙的年级事务之余，她经常向我传授经验，给予我指导。我们班的任课老师团队同样实力雄厚，我要特别感谢莉莉、张庆、樊志勇、谢蕾、海生、老纪、小胡、李隽等老师的辛勤工作。

与学生的互动中，发生了无数动人的故事。回顾过往，那些酸甜苦辣的情感涌上心头。作为教师，我们自然会有所感悟：面对现在的“00 后”学生，我们应当给予他们更多的理解，用更加亲切和委婉的方式去沟通，减少生硬直接的交流；保持从容不迫的态度，避免过于严厉的言辞。正如那句话所说：“尊重是生命的必需，信任是最大的幸福，鼓励是最有效的教育。”这些不正是构建良好班风和学风、促进师生关系和谐的肥沃土壤吗？现在，我的课堂秩序井然，我曾不安地询问一名学生：“同学们是不是害怕我?”孩子回答说：“我们不是怕您，而是敬畏您!”我想，这应该是在夸赞我吧。

我们班有个学生叫小宇，她并非传统意义上的“优秀生”。小升初考试时，她似乎没有发挥出最佳水平，未能进入尖子班，这让她消沉了一段时间。她的优点和缺点都很明显，优点是成绩优异，是全班第一；缺点是不够细心，容易粗心大意，心态也不够稳定。第一，我需要帮助她认识自我，发挥优势，避免劣势。我让她负责考勤和记录班会，从日常小事做起，培养她的严谨习惯。第二，我告诉她要注重细节，严格要求自己，强化追求满分的意识。经过一段时间的努力，她取得了很大的进步，成绩一直保持在年级前一百名。

上学期期末，由于一科成绩的失误，她首次未能跻身年级前一百名，这对她无疑是一个沉重的打击。假期前，她主动找我交流，我们共同定下了将下学期期中考试作为“雪耻之战”的目标。新学期伊始，她变得更加刻苦了。期中考试前夕，她在周记本上这样写道：“考试就像跳高，我渴望成功越过横杆，渴望在空中划出一道优美的弧线，也渴望一次完美的着陆。”我尽力为她减压，鼓励她保持平和的心态，相信自己的能力。果不其然，这次期中考试她取得了自初中以来的最好成绩——年级第三名。得知自己的成绩后，她在周记本上兴奋地写下：“我的努力终于得到了回报，那甜蜜的滋味让我想起了考前的奋斗。我曾感到伤心，也曾感到孤独，但当心中的天使战胜了懒惰，我终于坚定了自己的信念，继续坚定地前行。没有考前的辛勤付出，怎能有考后收获成功的甜美微笑呢?”担任班主任两年来，点点滴滴的体验、酸甜苦辣的感受逐渐化作一股股暖流，温暖了我的心田。接下来，我想分享我们班自成立以来的一些珍贵瞬间，通过这些片段，你们也能一窥我们畅翔团队的学习生活。我深爱着我的班，看着孩子们从初来时的青涩逐渐变得成熟，我深知，这就是成长的印记。

三、精诚协作，铺就“三爱”路

我要特别感谢我的对子班班主任付云香老师。记得有一次，14 班的语文成绩不理想，我感到非常自责，然而付老师却安慰我说：“别担心，慢慢来，学生们都非常喜欢你，我相信你的能力。”正如她所言，14 班的语文成绩随后有了很大提升。同样，我也要感谢充满活力、总是面带微笑的魏胜寒老师，无论是多么挑剔的听课者，甚至是外国人，魏老师都能从容应对，赢得他们的一致好评，连外国人都连连竖起大拇指，赞不绝口。

她们在教学和教育工作中的从容不迫让我深感敬佩。当然，我也要感谢我们德育备课组的核心成员刘秀娟老师，在我来校的第二年就和刘老师在同一个年级工作，她对我的指导和帮助非常大。去年，我们年级提出了“向刘秀娟式好班主任学习”的口号。面对工作挑战，她再次挺身而出，承担起繁重的班主任工作，形成了自己独特的教育风格。

不久前，刘老师在班主任会议上进行了一次题为《借势年级工作，高效开展班集体管理工作》的培训，让在座的班主任们受益良多。她认为：“智者善于造势，而聪明人善于借势。”她强调教育不能脱离实际，有时我们在培养学生的道路上会显得不够接地气，导致教育效果不佳。今年清明节放假前，年级向家长发出了一封信，这是为了给班级“造势”。但开学后，刘老师发现有些学生并未认真完成“家谱”和“家风”的收集整理，只是敷衍了事。于是，刘老师为每位学生的“家谱”撰写了评语，并利用班会时间再次强调，要求学生将信带回家，与父母一起讨论，共同完成。这样的做法不仅增强了家庭的凝聚力，也是亲子教育的良好机会。

之后，刘老师向家长们发送了一条短信：“教育无小事，孩子的成长往往在细节中显现。如果孩子频繁遗失物品，这可能不仅仅是粗心所致；如果孩子经常未能完成作业，这也许并非作业量过大；如果孩子经常抱怨，这并不意味着他们真的承受着巨大压力；如果孩子晚睡，这也不一定是因为学习；如果孩子认为许多事物无用，这并不表明他们已经成熟……”的确，教育不应仅限于空洞的说教，一封致家长的信却可以成为教育的契机。运用得当，它能成为一股“助力”，否则可能成为“负担”。既然我们要做，就应当全力以赴！刘老师的话语中充满了岁月的沉淀和对教育的深刻理解。

作为班主任，我应努力发挥学科教学的优势，用我的课堂牢牢吸引学生。去年秋天，我有幸参与了区级优秀课程的评选。我们学校的传统是“一人上课，全组支持”。在准备课程的过程中，领导和同事们提出的宝贵建议和给我的支持让我深受感动。宋校长和冯主任邀请了刘志忠老师为我提供指导，马主任为我的班主任工作提供了便利，李莉主任协助我管理班集体，小马主任为我加油鼓劲。教研组长张士军老师专门组建了评优课小组，每次试讲，刘秀娟、宋玲玲、刘军君、梁宁、孟德顺等老师都会到场支持。张梅、王飞、郭静等老师还慷慨地让我在他们的班试讲，并帮助我修改教案。钮丽萍、杨玲萍、高聪双、师慧芝、邵太宏、张惠蓉等老师也多次听课，不断地给予我鼓励。集体的智慧是无穷的，大家的思维碰撞产生了许多灵感。在正式讲课那天，我们组的小郭化身为“郭女侠”，亲自开车送我，德顺、王飞亲自为我加油。没有团队成员的支持，我怎会取得优异的成绩。

在当今时代，管理班级、教育学生、担任教师都充满着挑战。但我们深知，平等地关爱每一位学生，真正融入学生之中，保持一颗平常心，才是我们职业操守的真正体现。未来，我将继续与14班和15班的孩子们一起成长。健康的身心是孩子们飞翔的基石，知识和学养是助他们飞翔的翅膀。没有健康的身心，他们将难以展翅高飞，我们亦是如此。

现在，“四自主·四环节”新课程改革进行得如火如荼，我们正站在新一轮教育教学改革的起跑线上。机遇与挑战并存，压力与动力同在。我认为，无论改革如何进行，课程改革都应促进教育和谐发展，提升师生的“幸福指数”，让教育更加自由、畅快，充满生命激情与活力。正如苏轼所言：“人生到处知何似，应似飞鸿踏雪泥。”这是一种超然与淡定的态度。作为教师，如果我们能拥有这样的心态，那么我们所见之处，必将是春暖花开。实际上，做好自己能做的事情，本身就是不平凡的。昨天，前辈们创造了辉煌；未来，后辈们满怀信心。因为我们深知，“三爱”精神已经融入石外人的血脉。我明白，自己将继续踏上一段新的旅程。让我们共同努力，为集团二十年的庆典贡献自己的力量。

再次感谢大家！

腾飞之路，正待花开

初中部 刘 亮 李 莉

刘：请各位抬起头，暂时放下手机。我们整日忙于工作，确实已经有一段时间没有见面了。请仔细看我们，因为“流量”就在这里。

李：大家下午好，我是李莉。

刘：我是刘亮，我们是“力量＋靓丽”组合！

李：今天，由我们来代表九年级腾飞团队进行期中工作汇报，我们发言的题目是《腾飞之路，正待花开》。

刘：今天又逢初中部才子佳人齐聚一堂，我的心情非常激动，难以抑制。冬天来了，春天还会远吗？腾飞升入九年级了，中考的全面胜利还会远吗？

刘：回想 2015 年 8 月 12 日，那一天，注定是一个不平凡的日子，也注定是一个值得我们铭记的日子。那一天，2015 级腾飞团队正式成立了！朝看晨曦，暮浴夕阳，花开花落，云卷云舒，经历了又一个两年的摸爬滚打，2017 年 8 月，九年级腾飞团队再次成为石外集团万众瞩目的焦点。他们，其实一直就在我们的身边。他们是 2012 年培养了 323 名 600 分上线学生的志恒精英；他们是 2015 年培养了 2 名中考状元、299 名 600 分上线学生的畅翔精英；他们是冲刺 2018 年中考状元、全市前十力争 7 名同学、全市前百力争 50 名同学、600 分上线学生力争 400 人的腾飞团队。

李：九年级腾飞团队是一个团结向上、充满活力和战斗力的集体。自本学期开学以来，在学校和年级的领导下，全体教师顾大局，讲奉献，人心凝聚，紧密团结。从备课候课到课堂教学，从作业检查到小测批改，从课堂管理到课下对学生的辅导谈心，从年级活动的开展到班级管理的落实，从“四环节”教育教学的深入推进到创新人才培养模式的继续推广，我们的各项工作都落到了实处，高效地保证了九年级教育教学工作的顺利进行。下面，请随我们一起回到那一个个激情腾飞的日子……

一、火红8月——问渠那得清如许，为有源头活水来

刘：为了做好毕业年级的各项工作，从容应对2018年中考，我们早早就开始谋划。校领导高瞻远瞩，8月1日就带领全体干部研讨毕业班的工作思路和措施，并邀请学科主任、教研组长对计划进行修改。接着又约谈了部分班主任和任课教师，确保老师们更好地完成毕业班工作。

李：在年级主任的悉心部署和指导下，6名党员干部和艾军、刘秀娟、张军刚、王凤义等30位班主任，还有党员学科带头人冯志红、苏春燕等老师不避烈日酷暑和暴风骤雨，深入30个班的假日自主学习小组展开巡回指导。用我们的专业、用我们的热情、用我们的真心给学生带去具体的学习指导，激发了学生的斗志，凝聚了家校合力。

刘：8月23日，冲刺2018年中考的九年级腾飞团队成立大会隆重举行。年级领导满怀信心地介绍了腾飞团队的成员，热情邀请新加入腾飞团队的邵太宏、孙红玉、单会军、阎永广等28名精英骨干发言，勉励所有腾飞教师发扬石外毕业班团队“三爱五特”精神，站稳课堂主阵地，力争实现2018年中考目标，为集团“第三个十年发展规划”的实现迈出坚实的一步。

李：升级教育的顺利完成，为备战中考开了好头。在开学典礼上，九年级全体师生和200余名家长委员齐聚操场，年级领导带领腾飞团队全体班主任、学生代表在年级誓言条幅上签名，许下新学期的庄严承诺。

二、金秋9月——晴空一鹤排云上，便引诗情到碧霄

刘：年级以教师节为契机，分别进行了班主任、形象大使、骨干教师、成熟教师和青年教师的座谈会，进一步树立榜样，弘扬正气。年级还隆重举行了以“蓝青携手，共筑宏图”为主题的青年教师拜师会，促进了教师队伍的团结互助，凝聚了团队力量。

李：年级的发展离不开学科组的努力，语文组的众志成城、数学组的具体措施、外语组的目标规划、理综文综组的团结一心，都给了全体教师很大的精神鼓舞。宋校长、冯主任又分别召集三个德育备课组，就毕业班假日学习小组的组织管理进行了具体研讨。艾军、贺佳、欧阳贵宝、张敏等老师进行了班级学习小组的规划展示。9月底，结合第一次学科竞赛，刘峰主任做了“竞赛先行、能力提升、全力拼搏、一阶必胜”的学科竞赛成绩分析，同时语数外学科主任张士军、杨金钗、

徐坤燕老师也具体分析了各学科学生答题的优点和不足，加强了学生学科素养的培养，给老师们指明了努力的方向。

三、收获 10 月——腾飞冲天透石外，满城尽带黄金甲

刘：在全国人民共度国庆和中秋假期之际，我们的班主任和任课教师并没有休息，他们深入到每一个家庭自主学习小组，为学生进行答疑解惑，指导一阶段复习。假期结束后，我们又开始了一阶段考试系列工作。最让人感动的是考试结束后，老师们牺牲周末和晚上休息的时间加班加点，提前完成了阅卷工作，并且还在学生的试卷上写下了热情的鼓励语。同时，在接下来的试卷讲评课、展示课、家长开放日、学科组成绩分析、对子班成绩分析、师生面对面分析指导、家长会中，所有老师样样工作稳步推进，一丝不苟。

李：在一阶段成绩分析会上，教学处用喜报的形式分析了年级整体情况、班级实力、学科特色，从多个角度挖掘了教师们的闪光点，鼓舞了老师们的干劲。领导在会上大力表扬了全体教师的认真负责、无私奉献，并要求全体教师强化毕业班意识，抓好课堂主阵地。在日复一日高强度、高密度的常规工作中，年级涌现出一大批爱岗敬业的典型代表，他们不顾一天工作的辛苦，利用中午、课间、下午放学后的时间辅导学生。每天晚上 7:00 之后，六楼办公大厅和各班走廊仍然处处可见师生共同交流的身影。这些身影中有骨干教师教师杨金钗、范字勇、付云香、荆新、何英芬、马艳、潘秀玉、丁立芳、赫秀洁、徐坤燕、孙艳等，还有不甘示弱的年轻教师牛菁野、及丽菲、岳琴、吴霞、王悦新、戈砚辉、周洁、徐哲、郭云瑶、代艳艳、李杨、赵峰等，当然，更有直到组织好晚自习才肯离开的班主任们。

四、寒冬 11 月——不经一番寒彻骨，怎得梅花扑鼻香

刘：立冬以来，我们“腾飞人”就迈开了“奋战冬三月”的坚实步伐——异程接力赛增强了班级凝聚力，“激情燃烧冬三月”的板报营造了掘金一百天的信心，“思维导图耀古今”提升了历史学科素养，文综、理综学科竞赛给同学们创造了比学赶帮超的平台……

李：年级举行了“我最喜欢的老师”推选活动，学生们用自己的语言表达了对老师的喜爱：学识渊博奖、爱岗敬业奖、资深全能奖、精益求精奖、最美教师奖、敬业“慈母”奖、女神“妈妈”奖、良师益友奖、和蔼可亲好姐姐，等等，学生的赞扬给了老师们无穷的力量。11 月 16 日，九年级腾飞团队 1500 多名师生、家长齐

聚学校操场，按德育备课组分成三个区域，举行了一场别开生面的“奋战冬三月”动员大会。

刘：伴随着音乐响起，32个方阵的师生们整装待发，齐心踏步，迈向红地毯，用奔跑昭示着“腾飞人”敢于挑战严寒的气势。跑操队伍的核心是30个班的学生方队。同学们在腾飞教师团队的带领下，在家长团队的护卫下，意志坚定地跑过“腾飞门”，激情满怀地跨越“成功门”，展现了我们腾飞团队冬三月不畏严寒，敢于拼搏、勇于挑战的壮志豪情！

刘：秉持“三爱”精神，践行“三爱”精神，也用“三爱”精神来激励和感召着自己。然而，在“腾飞人”的身上，你是否看到了那个熟悉的自己？是我们，也同样是在座的各位……

李：是那个腰酸背痛，揉揉肩膀去上课的你；是那个没吃午饭，咬着面包批作业的你；是那个照看着全班同学却没去接自己孩子的你；是那个下班后忙着家访，顾不上家人的你；是那个颈椎不好还埋头做课件的你；是那个得了咽炎还在讲台上滔滔不绝的你；是那个满面笑容，目送学生远行的你！更是那个多少年后学生依然心心念念的你……

刘：我们，是凝心聚力的腾飞人；我们，更是光荣无比的石外人！“爱教育　爱学校　爱学生”，同样也是爱自己的工作和生活。选择了这样一份职业，就选择了一种生活方式，就选择了比别人付出更多的汗水。

刘：走过往昔，奋斗的汗水刚刚拭去。

李：回首旅途，凯旋的笑容正在蔓延。

刘：携手今朝，高歌这一路荣耀感动。

李：展望明天，伙伴们，让我们携手同行。

刘：冬三月，整百日，筹在心，争在今；

李：做事快，抢时效，拼在己，赢在冬。

刘：有兴趣，何为难？会学习，方法探；

李：持之恒，毅力撑，善始终，学必成。

刘：冬三月，金三月，执计划，有策略；

李：腾飞人，永登攀，战中考，誓夺冠！

谢谢大家！

遇见最美的自己

初中部　刘海艳

尊敬的各位领导、老师：

大家好！我是来自七年级超越团队的刘海艳。今天，我非常荣幸地站在这里，与大家分享我在石外成长的点点滴滴。自 2010 年踏入校园以来，已经过去了十四年。从一名青年教师成长为班主任，从青涩稚嫩到能够独当一面，我所走过的每一步都离不开石外所提供的平台、领导的悉心指导以及同事们的鼓励与支持。正是你们，赋予了我无尽的力量和帮助，让我在石外这片肥沃的土地上迅速成长，并在这里遇见了最美的自己。

一、初入石外奋力成长

在苍茫的大海上，狂风卷集着乌云。在石外的天空中，海燕像黑色的闪电，在奋力地飞翔。

2010 年，我踏入了石外的校园，那时学校周围尚未被高楼大厦所环绕。作为一名从高中教学转战至初中教学的年轻教师，我担心自己可能无法精准掌握教材内容，处理教学事务时可能会出现失误，内心充满了不安，甚至夜不能寐。正是在这样的时刻，我们的组长王淑敏老师向我伸出了援手。她鼓励我，作为青年教师应当多听课、多学习。在接下来的三年里，我坚持不懈地跟随王淑敏老师、杨金钗老师和何英芬老师学习。课堂上，我如同他们的学生；课堂之外，他们则成了我的良师益友。数学组的其他老师也毫无保留地分享他们的经验，无论是课上还是课下，我们共同探讨的身影随处可见。正是得益于老师们无私的帮助，我才能在初中数学教学领域站稳脚跟，重拾自信。在数学同心圆团队中，我时时刻刻都能感受到家庭般的温暖。

与此同时，作为副班主任，我积极参与班级事务，成为班主任的得力助手。在早读时间，我总是早早来到教室，帮助班主任组织学生进行早读；放学后，我频繁地进入班级，旁听班主任的班务总结；在室外课程中，我常常走在队伍的最后，观察班级的动态；自习课上，我利用一切机会与学生进行交流。通过这些方式，我不仅走进了学生的心里，也从班主任那里学到了许多管理班级的智慧。

“一年合格，三年成熟，五年独当一面”是石外人成长的轨迹。作为一位青年教师，我深感幸运，因为石外这片沃土为我提供了成长的养分。这里不仅有经验丰富的老教师作为榜样，还有一群情同手足的同事，我在这充满爱的环境中努力成长！

二、爱上石外，使命在肩

在苍茫的大海上，狂风停歇，乌云消散，在石外的天空中，海燕像黑色的闪电，在勇敢地飞翔。

在 2015 年的那个夏日，我接到了领导的电话，匆匆赶往学校。我预感到，将有一件大事发生。果不其然，我光荣地担任了班主任一职。与我结下不解之缘的，是青藤 16 班的 50 名学生。三年的时光里，我们共同流过汗水与泪水，拥有甜蜜与苦涩，尽管时光荏苒，但那些往昔的片段依然清晰如昨。

在报到的第一天，我便注意到了班里一个与众不同的孩子。他说话时总是低着头，眼神黯淡，脸上没有一丝笑容。果不其然，军训不到半天，小昊同学便向我抱怨：“老师，小江总是用手撞人。”我保持冷静，先是安抚了小昊，然后耐心地观察小江。后来，我发现他走路时身体协调性差，总是顺拐。在休息时间，我耐心地纠正他的动作，教他如何平和地与人对视，教他如何微笑。慢慢地，我赢得了小江的信任。一次课间休息时，一位老师急匆匆地跑到我的办公室，告诉我班里有人打架。紧接着，一位家长打电话来，希望为孩子调整同桌……在这一系列事件之后，我敲响了小江家的门。

起初，他的父亲并不愿意多说，只是表示会处理。但我注意到孩子紧张的神情，我意识到事情并不简单。我耐心地向他讲述了孩子在学校取得的进步，分享了我的带班理念。经过一番深入的交流，小江的父亲终于向我透露，他和孩子的母亲在小江三岁时就离婚了，自那以后，孩子就再也没有见过母亲。我注意到，他对孩子的学习非常重视，只是教育方法过于简单粗暴。全家人都对孩子的母亲怀有深深的怨恨，这种情绪也在孩子心中埋下了仇恨的种子。孩子脸上自然缺乏笑容，遇到问题只会用拳头解决。我感到心痛不已，世上哪有天生的坏孩子？他们只是需要我们的关爱和引导。我决定，就当自己多了一个儿子，以后为女儿准备的，也会为儿子准备一份。

每天走进教室，我会拍拍他的肩膀，问候他是否吃过饭，摸摸他的衣服，提醒他根据天气增减衣物；没有人关心他的头发，我就亲自带他去理发。我教他，情绪激动时可以用左手握住右手，控制自己的冲动；我告诉他，我为他争取到了参加年级心理社团的机会，他要好好珍惜，认真学习；我告诉他，要用自己的力量去保护同学。

随着时间的推移，我发现小江慢慢发生了变化，他可以平静地处理事情了，脸上的笑容也越来越多了。元旦放假时，我收到了他亲手制作的一件礼物和一封信。他在信中告诉我，在16班他感到非常幸福，他说忘记了妈妈的模样，觉得妈妈应该和我差不多。这封信是我收到的最珍贵的礼物。后来，小江的朋友越来越多，他真的成了班里的知心大哥。

在青藤16班，我们见证了许多令人心烦、心累又心疼的故事……我始终秉持着以爱为先，严以律己的原则。三年后的中考，孩子们以优异的成绩证明了自己：体育中考平均分达到29.1分，有7人成绩超过600分，普通高中的上线率高达94%。在孩子们最后一次返校时，我们共同庆祝，欢声笑语中，泪水不禁滑落。我与每个孩子拥抱告别，这些孩子虽小，但身体却拥有巨大的能量，他们即将从这里走向更广阔的世界。我深知，他们带走的不仅仅是丰富的知识，更是石外十二字培养目标的终身滋养。石外的爱将温暖他们，他们也将这份爱传递给世界。

作为50个孩子的“妈妈”，我深感亏欠自己的孩子。我忘不了无数个天蒙蒙亮的早晨，当其他孩子还在梦乡时，我不得不唤醒她，陪我一起到学校当班；忘不了那些漫长的晚自习，孩子在教室里陪伴我度过，回家的路上我们互相鼓劲，勇敢面对黑夜的路途；忘不了家长会上，一次又一次的等待，孩子在等待中疲惫地睡在板凳上，细心的家长将这一幕拍下，分享到家长群里；忘不了孩子在调查问卷上写给我的话：“妈妈，希望你能早点回家。”

三年的班主任生涯，充满了酸甜苦辣，只有亲身体验，才能真正品味其中的滋味。在此，我要特别感谢一路指导我的冯校长、刘主任，给予我包容的数学组同事们，一起奋斗的16班的兄弟姐妹们，以及腾飞团队的所有同人。是你们的包容与支持让我这只“海燕”能够不辱使命，勇敢前行。

三、感恩石外初心依旧

那苍茫的大海上，微风徐徐，白云飘飘，在石外湛蓝的天空中，海燕还是像黑色的闪电，在高傲地飞翔。

2018年夏季一个注定不平凡的日子，我再次接到了领导的电话，被召唤回学校。我预感到，又一件大事即将发生。我在思索，即将接手的班会是怎样的，又将遇到一群怎样的孩子？出乎意料的是，领导再次赋予了我一个提升能力的机会——担任年级主任，并同时负责精品住宿班8班的数学教学工作。我的内心充满了忐忑，面对新的任务和挑战，我知道我必须更加努力学习才行。我铭记着李莉老师在年级卫生检查方面的悉心指导，冯校长在适应新环境和规划工作上的宝贵建议，以及葛校长关于对待工作要追求卓越和拥有教育者大情怀的教诲。

到了2021年的新学期，我再次回归班主任的岗位。在校园里度过了十余载，我始终坚信，与孩子们相伴，见证他们的成长，是我此生最渴望的事情。在这里，我遇到了青藤18班的54个孩子。这个班里，有烈士的后代，有无法每天见到父母的孩子，还有内心脆弱、焦虑的孩子，他们迫切需要老师的关怀。这一次，我不再感到慌乱或急躁，我会用我的耐心和爱心陪伴孩子们健康成长。

新的学期，新的政策，新的挑战。在葛校长、刘主任和许主任的带领下，超越团队积极贯彻“双减”政策，提出了“减量提质”的目标。我们号召全体教师致力于提升每一堂课的教学质量，精心策划每一次作业，关注不同层次学生的需求，确保书面作业在校内完成。全体超越团队成员积极投身于作业课程的实施中，恪尽职守，持续优化工作流程。通过每月一次的问卷调查，我们深入了解家长和学生的实际需求。葛校长、刘主任和许主任更是每日深入各年级，细致地推进年级事务，为32个班的均衡发展出谋划策。超越团队，正以不懈的努力，奋勇前行！

十年树木，百年树人。作为石外人，我深知肩上的责任重大。在石外这片沃土上，我将不负使命，用实际行动回报领导的栽培、同事的鼓励；我将不忘初心，不辜负孩子的爱戴和家长的期许！感恩石外，让我在最美的年华，遇见了最美的自己。我将带领青藤18班紧跟全体超越人的步伐，拼搏三载，再创辉煌！

当好“接盘侠”

初中部　安　闯　王海生

安：尊敬的各位领导、亲爱的同事们，大家下午好，我是安闯，一名初三物理老师。

王：我是王海生，一名初三化学老师。

安：转眼又到暑假。每到暑假，我们哥俩就非常忐忑，因为不知道哪一天就会收到一个年级“大礼包”，背后的场景可能是这样的。

王：是时候请出“超级飞侠”了。

安：“超级飞侠”?

王：“超级飞侠”就是“超级接盘侠”，他们都是咱俩的朋友。

安：侠之大者，为集团接盘。

王：闯哥，咱们都是比较出名的“接盘侠”了，说说“接盘侠”的核心素养吧。

安：好好好，当好“接盘侠”，第一要“经得起折磨”。

“接盘侠”所承担的职责你明白，我们都曾遇到过这样的学生：有的每天迟到，有的在课堂上偷偷传递情书，有的沉迷于网络游戏，有的在校园外赊账消费……每一个改变都需要我们投入巨大的精力，并且伴随着无尽的挑战。这些后进生往往有着令人难以置信的家庭背景。我曾亲耳听到有家长认为女孩子学习好坏并不重要，嫁得好才是关键，你得告诉他们，首先得有嫁出去的机会；有的学生家长试图在班级管理中施加影响；还有家长正在考虑离婚，这时我们得劝他们暂时搁置，至少等到中考结束后再做决定。教学的压力已经够沉重了，处理这些家庭事务更需要我们具备“承受磨难”的能力。

王：是够折磨的，我也说一点，当好“接盘侠”还要“顶得住批评”。

在接手之前，班里就存在一些问题，接手之后，问题似乎成了我们班的标签。卫生和纪律问题频繁地引起领导的关注，我们的成绩也时常成为个别谈话的对象。

其他班或许只是有那么一两个“落后分子”，而我们班似乎从头到尾都面临着挑战。遇到一些特别的“难题”时，我们甚至被当众批评，但我们都能承受这些压力。

安：顶得住批评还要“受得了冷落”。

各种评比点名批评往往有你，优秀集体肯定没你。当了多年“灭火队长”，我们似乎很难找到几张值得展示的奖状。在这个时刻，你需要学会承受被忽视的现实。你必须不断地提醒自己，保持平和的心态，领导会注意到你的努力。看吧，现在领导终于认可了我们的工作了，一次就翻了两次“牌子”，真是令人振奋，感谢领导的肯定。

王：感谢领导，今天我有种登上人生巅峰的感觉，神清气爽。

安：生哥，这些年你“背锅接盘”，接过各种层次的班，想必你也有很多的感悟，说说你“接盘”的故事吧。

王：我确实接过很多“盘”，但我深知自己还有提升的空间。例如，石外班和尖刀班的任务我尚未接过。关于我接班的心得体会，我认为关键在于保持积极的态度。每当领导安排我接替工作时，我从未推辞过，反而总是主动询问领导：“您对我这个班有何期望?”我这样直接以“我这个班”来称呼，以便迅速融入角色。在我的观念中，我对自己有一个明确的认识：在石外工作，没有人会畏惧辛劳，也没有人会回避责任。

安：生哥，你说得很对，石外的每个老师都很努力，也都不轻松。

王：闯哥，今年你很不容易啊，听说做了好几次手术了，现在情况怎么样?

安：今年由于工作压力大，我过度使用眼睛，在上学期的第二阶段分析成绩时，突然眼前一片模糊，看东西都扭曲变形了。尽管如此，我还是坚持工作到周五，周六才前往医大一院就医。检查后，医生建议我转诊至省二院。随后，我接受了手术治疗。躺在手术台上，我下定决心要休息一下，但手术后，我却忘记了这个决定。第一次手术效果并不理想，因此在接下来的两个月里，我又接受了两次手术。我曾多次拿出准备好的辞呈，想要辞去班主任的职务，但每次都是犹豫不决，最终又放回抽屉里。如果我选择放弃，在初三这个关键时刻，作为第三任班主任，我无法想象领导会找谁来接手这个重担，也无法想象谁能够安抚家长和学生的情绪。

在个人与职责之间，在退缩与继续前进之间，我选择了后者。如果没有今天的汇报，那份辞呈的故事将永远不会为人所知。在一次手术中，医生强调术后必须充分休息，至少需要休息七天，前几天甚至不能睁眼，需要闭眼静养。然而，三天后我就回到了工作岗位，继续站在讲台上。我深知石外老师所倡导的理念：爱生、敬业、负责。记得在我手术期间，组里有三位老师因故请假，导致无人能代课。在二院住院部输液的我，内心感到不安，于是将输液速度调至最快，尽管感到眩晕，但我仅用两个多小时就输完了液。撕掉眼睛上的纱布后，我急忙开车前往学校，尽管视线模糊，但头脑清醒。半小时后，我到了集团大门口，停车后一路狂奔，最终在中午 11:25 的上课铃声响起时，出现在了 24 班的教室门口。当我气喘吁吁地走上讲台时，迎接我的是孩子们惊讶的目光，紧接着是响彻楼层的掌声。那一节课我讲得激情四射，痛快淋漓，它也成为我八年来最成功的一堂课。那种感觉难以言表，如果非要形容，我想说那是真傻，但傻得可爱。

由于休息不足，理化生实验前我又去了北京同仁医院，进行了第四次手术。像往常一样，我只休息了一天，便又全身心地投入到工作中，与亮剑团队并肩作战。

王：佩服佩服，五体投地。我们的老师们就是用这样的努力与拼搏才铸就了石外的品牌。但是，闯哥，咱得照顾好身体，咱得健健康康地为石外多干几年。

安：记下了记下了，再为石外健康工作二十年。生哥，你是理化组公认的才子，你的很多育人方式都走在了前列，以前你每天通过公众号来记录班里的故事，也曾成功地将弱班改造成强班，你总有一些奇招妙法，借此机会也给我们分享一下吧。

王：我所带的班都是速成班，最初是两年一届，但后来基本上改为一年一届了。别人在十八年里送走了六届毕业生，而我仅用八年时间就完成了同样的任务，这似乎是我们理化班主任的宿命。既然陪伴孩子们的时间有限，我们就必须追求高效率。接手新班后，我给自己定下了目标：一周内熟悉情况，两周内稳定局面，三周内让一切步入正轨。要想迅速熟悉，就必须每天与孩子们见面；要想稳定，就必须日复一日地进行管理；要想一切顺利，就必须建立起良好的师生关系。而这种关系，正是在我们共同面对每一个挑战时逐渐形成的。

初三阶段有十大重要战役，每一个战役都是需要我们抓住的关键节点，也是我们赢得学生和家长信任的机会。就在最近结束的体育考试中，我们团队以平均分 28.5 分的优异成绩创造了历史新高。在体育考试中，当我喊出学生的名字时，他们仿佛重获力量，像离弦之箭般冲刺。许多学生回校探望老师时，都会回忆起体育中考时激动人心的时刻，说考完后只想流着泪与老师和同学们紧紧拥抱。

每一次经历，都让师生之间的情感更加深厚，最终转化为孩子们对老师的敬爱，对班集体的依恋，以及对学校的不舍。此外，要想赢得学生的认可，我们还必须在教学上下功夫。学生对老师的尊重，很大程度上源自对老师教学能力的认可，如果课讲得好，班主任的角色也会更加轻松。尽管作为班主任事务繁杂，但只要有机会在教学上学习和成长，我都会努力尝试。

2015 年，我注册了个人公众号“王海生的化学世界”，为 2000 多名学生和家长提供了便利，并且记录了我一整年的化学教学内容。它现在成为我的一个网络教案本，我时常翻阅，回顾每天的教学活动，分析哪些环节容易出现问题，这对我来说非常有价值。2016 年，我开始研究微课，一年内制作了 100 多节。制作微课是一项既耗时又费力的工作，有时一个 10 分钟的微课就需要两三个小时来完成。我常常是下班后就开始工作，直到深夜才休息。但一年的努力也让我积累了大量的素材和制作经验。当有比赛时，我能迅速拿出作品，那一年我荣获了微课制作的区一等奖、市一等奖和省一等奖。

2017 年，我参加了区级评优课，并获得一等奖第一名；2018 年，我在市级评优课中获得一等奖第一名；2019 年 5 月 21 日，我代表学校参加了市级实验说课比赛，这是我们学校首次参加此类比赛，并且已经得知我们成功晋级省级比赛。虽然每次参与这些活动都让我感到筋疲力尽，但多年后回顾，我的每一年都不是简单重复，而是蕴含了成长。尽管辛苦，但这一切都是值得的。

安：是啊，一年年的轮回给了我们更多反思和提高的机会，使我们能更好地守护孩子们的成长。

王：咱光说管班了，咱们说说理化组吧。

安：2018 年中考理综两率一分全市第一，而且是所有学科里超过第二名分数最多的学科。

王：不知道其他组的同人们作何感想？我们可不是龙头学科，我们也不占课，我们留作业还非常克制。

安：2019 年中考理化生实验人人满分。

王：我再次找到了人生巅峰的感觉，神清气爽。

安：实验备考，理化老师连上 8 节课，人人不摔倒。

王：咱们不能倒下啊，一人病倒，全组受累呀，实在是不忍心呐。

安：实验备考期间我们开启了 777 模式：早 7:00、晚 7:00、一周干 7 天。

王：备考 10 天乐，煎熬也快乐，葛校长说得好，咱不怕受累，怕的是受了累还没有成绩。咱最后不是创造历史了吗？

安：成绩的背后都是付出啊。欧阳，右臂骨折没耽误一节课；刘晔，腰伤不下火线；张雪梅，放弃难得的国培机会，跑回来准备实验强训。

王：韩祥，不声不响生了个儿子，他整个陪护过程都是调课进行的，坚决不给年级添麻烦。安闯，左眼四次手术现在还只是“一目了然”……

安：其实，整个亮剑团队的所有老师们都是这样舍小家顾大家，他们都在自己的岗位上默默地发光放热。

王：相信我们的全力付出定会有圆满结果。

以爱之名　护航成长

初中部　许　文

我叫许文，是七年级筑梦团队的一名教师。2006年，我大学毕业后随即加入了石外，成为一名英语教师。教师这一职业，是通过生命去感动生命，用灵魂去塑造灵魂的。师爱，它既威严又宽容，虽然琐碎却伟大无比，恰到好处且充满艺术性。我们永远在付出，从不期待回报，全心投入，只为了学生的成长成材。在教育的道路上，随着学生们的成长，我对师爱的理解和实践也在不断深化。今天，作为一位肩负教学与班级管理双重责任的班主任，我无比荣幸地站在这里，代表七年级筑梦团队，代表我们的学生，也代表爱的名义，来分享我十八年的教育历程。

一、爱教育——勤学苦练助发展，热血丹心沃新花

记得当年外语组的节目里，几位年轻人满怀激情地唱着："上班了，上班了……"这反映了我们对学校和未来的无限热爱。初入职场时，每天的课程准备、磨课、公开课和反思成为我们的日常。那时，我们住在行政楼的教工宿舍，几乎每晚都讨论到深夜，第二天见面时又急切地分享经验，开始新的挑战。我们共同备课、学习、参加考试、朗读《生而为赢》、排练节目……那些充满最初梦想、汗水和奋斗的日子，构成了我们在石外的青春时光。

在我上班的第二年，由于英语教师短缺，我开始负责一个额外的小班。三个小班，我带了一整年。日复一日地上课、辅导、谈心，以及在作业本上写下长长的寄语，还有在外语艺术节期间穿梭于三个小班指导排练，都是我陪伴那90余名学生的方式。我的嗓子哑了，学生们会送来梨水和喉糖；感冒流鼻涕时，他们会从四面八方递来纸巾。学生们把我视作大姐姐，我的付出换来了亲密无间的师生情谊和学生们优异的成绩。

当我第一次带毕业班时，我唱给1岁的儿子听的儿歌是："爱我你就抱抱我，爱我你就陪陪我。"家中的孩子需要陪伴，学生对老师也有同样的期待。每天早上

6:30，我都会在孩子撕心裂肺的哭声中出门，一路上心情沉重，但一到教室看到学生们埋头苦读，我便忘记了自己家中的宝贝，满怀热情地投入到教学中，听课、磨课、辅导、谈心。终于回到家，可以拥抱自己的孩子，却常常是一手抱着孩子一手拿着书本，心里还惦记着哪个学生掌握了哪些内容，哪些还未掌握?

提及自己的孩子，我深感亏欠。我没有接送过他，生病时也是家人在照顾，尽管他还小，但他很理解并心疼我。他生病住院时，尽管疼痛，但却像个男子汉一样安慰我："妈妈，别担心。"有一天，我们回家后，我让他赶紧洗手，然后自己躺在沙发上随口说了一句："好累啊!"半天没动静，我去看时，发现孩子正拿着我没来得及洗的衣服在水管下冲洗，他说："妈妈，我来帮你洗衣服。"有时，我觉得孩子给我的感动远超过我给他的。

在担任任课教师的那些年，我的经历同样丰富多彩：担任年级小干事，负责检查班级会议、卫生和到位情况；作为副班主任，参与班会、不断学习管理方法；积极参加外办活动，为外教担任导游。作为青年教师，我必须不断提升自己的专业知识和教学能力，以适应学校的快速发展。参加评优课、全国外语骨干教师大会，在外国语学校杂志上发表论文，利用课余时间进修研究生……所有这些历练，都是我成长道路上宝贵的财富。作为新一代的党员教师，当学校需要时，我更是毫不犹豫地承担起责任。

二、爱学生——朝夕眼里映欢笑，涓涓岁月酿真情

2013年8月，军营中嘹亮的军歌响起，我的班主任工作也随之拉开序幕。那是一种既兴奋又忐忑的体验，仿佛初为人母。尽管缺乏带班经验，但我全心全意地投入其中。我买了大量教育类的书，勤奋阅读并做笔记，汲取教育大家的智慧。同时，学校推出的班主任培训、星光讲坛和名班导航等活动，也为我提供了很大帮助。

作为班主任，我深知管理班级既需要身教也需要言教，而后者是我日常工作中运用最频繁的方式。起初，我总是对学生进行说教，讲大道理，却发现这些话难以触动他们的心灵，效果甚微。我逐渐意识到，必须改进我的语言表达艺术和技巧。因此，每次班会，无论大小我都会精心准备，全身心投入，力求让每一句话、每一个细节都能触及学生的心灵，激发他们的共鸣。

为了让学生更深刻地了解学校的发展历程，并增进对母校的热爱，学校二十年校庆之际，我搜集了学校的发展历程图片，让学生们亲身体验。我告诉他们："同

学们，学校从初创到今天的辉煌，凝聚了无数老师的心血和不懈奋斗。同样，你们所羡慕的学长们的成功，也是他们不断努力和坚持的结果。”那次班会后，学生们对学校产生了更深的感情，并决心效仿学长们，走外语成才之路。

三年来，每次站在学生面前讲话，我都会深思熟虑，力求达到最佳效果。正如古语所说：“良言一句三冬暖，恶语伤人六月寒。”我努力使自己成为一个能言善辩的演说家、鼓动家和宣传家。

我以爱心治班，全心投入，扮演了多种角色：班会上激情四射、幽默风趣的评论员；运动会上疯狂的啦啦队长；班歌比赛中热情洋溢的指挥；在外语艺术节上，我更是集编剧、导演、道具制作和裁缝于一身，甚至亲自上阵演出。对于那些爱惹麻烦的男生，我成了默默感化他们的“好哥们儿”；在那些斤斤计较的学生面前，我又化身为不求回报的“冤大头”。渐渐地，师生关系更加亲密，同学们也成了彼此信任的好伙伴，每个人都愿意为班集体无私奉献。

每个学生都是独一无二的个体，拥有无限的潜力和未来。作为班主任，我不仅要爱那些优点多的孩子，更要关爱那些缺点多的孩子，让他们在集体中找到自己的位置。

班里有一个女孩，她的眼神中充满了恐惧，很少与人交流，缺乏安全感，行为偏执且异常。她是一个可怜的孩子，自幼父母离异，缺乏家庭的关爱，为了唤醒和改变她，我们付出了巨大的努力。我多方了解她的情况，与心理老师和专家沟通，鼓励同学们关心她，共同努力帮助她转变。当她在课堂上突然跑出教室时，我们紧随其后，安抚她；当她不讲理地将饭菜倒在其他同学身上时，同学们不顾自己被烫伤，先安抚她；当她突然紧紧抱住老师或同学时，大家都会微笑着拥抱她。每当她在生活和学习上取得进步，我们都会给她最大的鼓励。渐渐地，她开始以自己的方式表达感激之情。她会在午餐时为大家盛汤，而同学们也会欣然接受。年级领导也多次与她的父母沟通，耐心指导他们如何共同陪伴孩子。随着时间的推移，这个孩子发生了改变，毕业典礼上，她积极报名参加表演，上台表达了对老师和同学们的感激之情。所有见证她巨大转变的人都感动得热泪盈眶，为她送上了最热烈的掌声。在此，我要感谢所有领导和 17 班的老师们，是大家的爱心合力转变了一个孩子，拯救了一个家庭。我们坚信“不放弃每一位学生”的信念，让每个孩子都能得到适合自己的发展，让这个集体变得更加优秀。正如那句话所说：“真艰辛三载风雨，好灿烂一道彩虹！”

三、爱学校——为师之爱生，则为之计深远

圆满地送走了17班，我又迎来了新的挑战——乐团班。第一次见面，我就告诉同学们："我也热爱文艺，也学过弹琴，看！跟你们一般大时，我也在班里演过节目呢。既是知音，就能做知己。"韵扬，是孩子们给班集体起的名字，《韵扬之歌》也是孩子们自己作词谱曲完成的班歌。老师们都说："八班孩子有正气，乐奉献。"在八班，课代表也有一个成长规划路线图：收发作业好帮手—师生沟通小助手—讲题出题小能手—本学科领头人，指导方法后放手让他们去干，错了再指导。现在，班里的课代表们俨然一个小老师。

一花一世界，一叶一菩提。以上是我在石外第一个十年的成长过程，也是我校第二个十年的发展阶段。现在，正值集团第三个十年发展，也是我在石外第二个十年的开始。回望来时路，四度春风化绸缪，几番秋雨洗鸿沟。感恩曾经给我指导、与我共事的兄弟姐妹，感恩初中部这个和谐统一的大团队。转头望前方，士不可以不弘毅，任重而道远。以爱的名义，我会弥补不足，用心沉淀，蓄势未来！

三尺讲台育桃李，一腔热血写春秋

初中部　孙丽娜

大家好，我是八年级教师孙丽娜，感谢集团提供这个交流的平台，也感谢领航团队的领导给我这次发言的机会。今天，我发言的题目是《三尺讲台育桃李，一腔热血写春秋》。自 2007 年毕业有幸进入石外，十七年来，在我所热爱的三尺讲台上，在石外这片沃土上，我学习着、成长着、幸福着。

一、爱教育一路艰辛一路繁花

2014 年，我初次担任班主任，接手了 24 班。作为一名毫无经验的新手，我的内心充满了迷茫，然而我不愿意认输。既然领导对我寄予厚望，我便决心不辜负这份信任，勇敢地接受挑战，并迅速成长。我总是伴随着晨光来到教室，从不缺席早读、课间操、午休和自习课。放学后，我会亲自指导孩子们打扫卫生，而当我离开时，天上的繁星成为我的伴侣。这段经历让我深刻体会到了"披星戴月"的真正含义，而这仅仅是班主任日常职责的一部分。虽然人们常说班主任工作繁重，但只有亲身体验过，才能真正理解其中的艰辛与甘甜。上报各类信息表格、安排学生座位、培养班委、营造良好的班级氛围、组织大型活动、与学生进行心灵沟通、培养优秀学生、激励后进生、转化特殊学生……这些繁杂的工作都需要班主任细心照料，面面俱到。尽管班主任的工作琐碎，但学生的每一点进步和自己的快速成长都是对这份辛劳的最好回报。这或许正是教育的真谛——在成就他人的同时，也成就了自己。

在体育中考前夕，我做了手术，医生建议我卧床休息。领导得知后也劝我回家休养，但我的心却牵挂着班上的孩子们。记得有位学生曾对我说："老师，您是我们心中的指南针，是我们的主心骨。只要您在，我们就觉得安心。"经过一番挣扎，我决定回到孩子们身边。没想到，我的这一决定被一个学生写进了作文："孙老师脸色苍白地走进教室，声音比平时微弱。我注意到老师用手撑着讲台，身体一直在颤抖。后来才知道，老师刚做完手术就来上课了，许多同学都感动得落泪。”陪伴是最深情的告白，而努力终将得到回报，孩子们在中考中取得了优异的成绩。六年过去了，孩子们会寄来明信片，会经常回来看望我，逢年过节家长们也会在微信群里向我问好。我们之间的情谊，如同一家人般亲密无间。

二、爱学生一路陪伴一路成长

一位优秀的班主任不仅要能够培养出优秀的学生，更具有挑战性的是能帮助那些面临特殊困难的学生。著名教育家李镇西曾言：“教育，每天都充满悬念。”这里的悬念，通常指的是我们所说的教育难题。

2020 年，我担任 15 班的班主任。一天，一个孩子急匆匆地跑来告诉我：“老师，您快去看看岳同学吧，她在窗户边大哭。”岳同学情绪再次失控，她已被诊断出焦虑症，这让我时刻为她感到担忧。由于体重问题，她缺乏自信，总认为别人在嘲笑她跑步的样子；别的同学交谈时，她也感觉是在议论自己；家人经常将她与妹妹比较，指责她过于敏感；在她情绪失控时，她的父亲甚至用棍子打她。那段时间，她常常躲进厕所大哭到无法自已。每当她不在教室，我的心便悬了起来，急忙去寻找她。一天早晨，由于与家人发生争执，她没有吃早饭，当我递给她面包时，她泪眼婆娑地说：“除了您，没有人关心我。”在信息技术中考前，她情绪崩溃了，坐在地上哭，不愿起身。晚上放学时，我担心她出事便送她回家，在路上我们聊了许多。在小区门口，等待孩子的家长见到我们，感动地说：“谢谢老师，孩子遇到您真是太幸运了。”第二天，我安排了同学对她进行一对一辅导，她也主动申请了微机加练。考前，她的手冰凉，我拥抱了她，为她加油，而我时不时透过考场的小玻璃窗往里看，看到她对我微笑，我便知道她得了满分。那一刻，激动的泪水在我的脸颊滑落。高尔基曾说：“谁爱孩子，孩子就爱谁，只有爱孩子的人才会教育孩子。”一次耐心的陪伴是爱，一次真诚的对话是爱，同样，一块苹果、一块糖也是爱。

每个特情生背后，一定都有他们自己的故事。马同学总是说脏话，哗众取宠，上课时不停地插话，惹得老师们生气。于是，我每天傍晚都会和他一起跑步，有时给他一块苹果、一块糖，有时和他谈论一些他感兴趣的话题，这样的陪伴持续了一个月。一天，当我们聊起他的小学经历时，他告诉我，他在小学时遭受过不公正待遇，与老师和同学之间存在误会，他没有朋友，他感到非常痛苦。我终于理解了他为什么会是现在这样。他说：“老师，我现在觉得自己特别幸运，您对事不对人，没有因为我的调皮而讨厌我，每当我表现好时您都会表扬我，所以我尊重您。”在谈话中，他突然问起我脖子上的肿块，我安慰他说没事。让我意想不到的是，晚上他父亲发来信息，说孩子边哭边说他不想让老师生病，爸爸妈妈安慰他，让他别惹老师生气，让老师少操心。从那以后，他真的变了，上课认真听讲，课间帮助老师收发作业，帮助同学打扫卫生，有时还会特别认真地向我提问。讲完题后，我回到办公室才想起来答应给我家孩子打饭的事。孩子说：“习惯了，反正你一忙班里的事就记不起来我的事。上次你盯着微机，忘了告诉我爸爸接我，我知道你又在忙班里的事，就自己走回家了。”听着孩子的抱怨，看着他不高兴地跑出去自己打饭，我的鼻子一酸，眼泪流了下来。

在担任班主任的这些年里，我本着对每位学生负责的态度，坚守着自己的教育情怀，承担起为集团做贡献的使命。每接手一个班，无论这个班的初始状况如何，我都坚持做到像对待自己的孩子一样爱护他们，同时也非常关注班里的成绩和学生的发展。记得办公室的马老师曾说，找我很容易，不是在班里监督，就是在楼道批改作业，要么就是在办公室与学生谈心。尽管我面容憔悴，身形消瘦，但为了孩子们，为了集团的发展，我仍会坚定地走下去！

三、爱学校一路努力一路收获

在教育的征途上，我不断前行、不断思考、不断收获。自加入石外这个大家庭以来，我在教学领域取得了丰硕的成果。2019—2021 年，我连续三年参加了区、市、省级的优质课评选，并且都荣获一等奖。每当收到评优课的通知，我深知这不仅仅是个人的荣誉，而是代表了整个集团的荣誉，我必须全力以赴，只许成功不许失败。白天，我忙于班级事务、备课、授课和批改作业，只有到了夜晚，我才能静下心来修改评优课的教学思路和课件，熬至深夜两三点成了常态。为了达到最佳效果，我不得不付出巨大的努力。记得第一年参加区级评优课时，恰逢母亲手术，我仅回家陪伴了一晚。姐姐告诉我：“我们理解你，家里有我，你专心工作吧。”我强忍着泪水，返回学校继续准备比赛。2021 年体检时发现，我的甲状腺瘤和肝内血管瘤均有所增大，分别达到 7 厘米以上。由于肿瘤增长迅速，医院多次催促我尽快治疗。我的婆婆心疼我，让爱人劝我不要熬夜，但爱人理解我的执着，知道我既然承担了任务，就一定要为集团争光，全力以赴。每当我的思路被否定时，我都会彻夜难眠。我曾在卧室的飘窗上痛哭，爱人安慰我说：“再坚持一下。”哭过之后，我重新振作，继续战斗，终于迎来了新的灵感。第二天，我的新思路得到了组长的高度评价，真是“众里寻他千百度。蓦然回首，那人却在，灯火阑珊处”。确定思路后，我坚持高要求、严标准：课件上的每个字都精确无误，即使不看课件也能流畅表达，每个环节都精确到分秒，板书的速度和位置也都准确无误……然而我清楚，单打独斗无法成事，一个人的成功离不开团队的支持。我要感谢任校长、杨主任、寇主任以及年级主任的鼓励和支持，他们为我出谋划策，协调各科室，解决各种困难；感谢冯校长、宋丽佳主任、康韶玮老师、晨曦老师、孙艳老师带领的三个年级的听评课团队，是他们帮助我改进课程；更感谢一直陪伴我参赛的黄志丽老师、徐坤燕老师、王晨老师以及外语组的伙伴们，他们多次帮助我理顺思路、修改课件和教学设计……个人的成长离不开优秀的平台，我感谢集团，感谢领航，感谢大外语组。我唯有努力追求完美，才能对得起集团的培养，对得起大家的支持与帮助。

这十七年的时光，有生命前行中的顿悟，有岁月积累的生香。爱和尽心是我站在三尺讲台的全部价值。我会继续努力做一个行动着的思想者，贴地而行的追梦人，为集团做贡献的石外人。我会继续在三尺讲台育桃李，用一腔热血写春秋。

谢谢大家！

为了那淡淡喜悦

初中部　孙桂芳

最近特别喜欢《杨绛语录》中的几句话："即使世界偶尔薄凉，内心也要繁花似锦，浅浅喜，静静爱，深深懂得，淡淡释怀。"我就化用人家的话，今天我发言的题目为——《为了那淡淡喜悦》。我将分为三个部分——早早想，好好做，淡淡喜悦来分享我的故事，希望能给大家带来淡淡喜悦。

一、早早想

我不喜欢将教师比喻为"春蚕"或"蜡烛"。我姓孙，其拼音在英文中与"sun"——太阳相同。我更愿意成为像太阳一样的教师，既能照亮他人，也能温暖自己。凡事早早想，早谋划。每当接手一个新班时，我都会感到忧虑，然而忧虑无济于事，我只能自我安慰，就像在暴风雨中行至半山腰，必须勇敢地面对风雨。今年，我确实勇敢地面对了挑战，不仅担任了七班的班主任，还主动承担了两个班的语文教学工作。

既然自己比较渺小，又要干好班主任这件大事儿就必须早早谋划。一个核心的办法就是团结一切可以团结的力量。我们大石外集团高瞻远瞩，理念先进，任校长仁爱智慧，刘主任细致周到，杨主任雷厉风行，所以我非常重视学校年级布置的任务。我不仅认真完成，甚至创造性地完成任务，使班集体有很强的向心力。我待所有任课教师如亲人，2017—2020 年带 14 班时，我和副班主任陈军卫老师和兄弟班班主任庞巍老师成了无话不谈的亲人，副班陈军卫老师还一举成为本届的班主任。本届厚德 7 班，看现状发展不错，我真的觉得是因为我班被优秀的老师包围了。我们有幽默真情、尽职尽责的刘漪老师；低调、优雅睿智的钱银萍老师；激情澎湃、雷厉风行的王新媛老师；经验丰富、和蔼可亲的王江波老师；幽默睿智、可亲可敬的张军刚老师；沉稳大方、优秀负责的赵桂叶老师和阳光大气、专业过硬的庞巍老师。我班被这样的老师包围着，想不优秀都不容易。

为了凝聚班集体，我愿与大家分享几个数字。首先是数字 8。我所带的班设有 8 位班长，分为两套班委会，每套负责四周。两套班委会既相互竞争又相互协作，旨在充分挖掘每位班委的潜力，发挥每位学生的长处。只要发现学生的优点，我就会大力表扬。例如，赵同学虽然学习成绩不佳，但引体向上在全年级排名第一。每次跑操后他都主动要求练习引体向上，我就会在班上找机会表扬他。教育的真谛在于影响和鼓励，我努力每天以最佳状态来激励同学们，使他们也充满活力。就像一辆车，要想让它快速行驶，推拉是无济于事的，必须让它自己启动发动机向前冲，于是我便拿起鼓励和信任的武器，激发每位学生启动自己的发动机。第二个数字是 18。我班大约有 18 位家委会成员，只要热心，人人都可以成为家委会的一员，大家齐心协力推动班集体向前发展。第三个数字是 40。每当我接手一个新班，我都会特别关注最初的 40 天。在这段时间里，我会加班到很晚，确保学生们无论犯了什么小错，都能得到妥善的处理，以防止再次发生。经过这 40 天的努力，学生的良好习惯不仅得以养成，而且还得到了巩固。这样，一个充满活力、爱心和内在动力的班集体便基本形成了。

二、好好做

冰心先生曾言：成功的花，人们只惊慕她现时的明艳！然而，当初她的芽儿，浸透了奋斗的泪泉，洒遍了牺牲的血雨。在带班的过程中，我也确实经历了许多艰难时刻。2013 年，我仅接手 10 班一个多月，在一次陪孩子们晨练时不幸扭伤脚踝导致骨折，我不得不离开我那刚组建不久的班，回家休养。记得当时侯校长和魏主任亲自上门探望，尽管学校事务繁重，领导们仍关心着我这个病号，让我感到温暖和感动。然而，我心中始终牵挂着 10 班的孩子们。当我恢复得差不多，拄着双拐回到教室时，潘奎元同学体贴地将他的冬季校服铺在凳子上，轻声说："老师，坐这儿吧。"那一刻，我的眼泪夺眶而出。

正如休学的学生必须加倍努力追赶进度一样，接下来的三年里，我投入了双倍的努力。2016 年中考，10 班取得了令人满意的成绩。时光荏苒，到了 2016 年新学年，我被任校长安排负责年级工作，教 6 班和 7 班的语文课。起初，我很不适应，甚至记不清自己哭了多少次。但在苏航老师和张慧博老师这两位班主任的大力支持下，我在教师节收到了学生们充满真情的信件、小棒棒糖和小花。这份真情让我全身心地投入到工作中。我每周至少上一次晚自习，早读、上课、批改作业和作文、晚加课、晚自习，我尽可能多地与孩子们相处。渐渐地，我们适应了彼此，2017 年我们两个班的成绩显著提升。

随后，我又接手了命运多舛的齐心 14 班。正如我所担心的，第一个进班的孩子身高不足 1.4 米，且明显有些问题。那天还下着小雨，我的心顿时沉到了谷底。我下定决心，不让其他孩子歧视她，要让她感受到班集体的温暖。在接下来的三年里，我特别关注这个孩子，确保她身心健康地成长。不仅如此，14 班还有七八个基础薄弱的学生，语文听写常常得零分。我曾多次向任校长和杨主任诉苦，在领导的引导和鼓励下，我逐渐学会了接纳和默默付出，个中滋味只有自己能体会。用“九死一生”来形容这段经历一点儿也不为过。

初三伊始，我又增加了一个班的语文课。然而，家中突遭变故，我请了几天假。回来后，我发现任校长、刘主任和杨主任都站在我们班门口，说班里有些躁动。我和班里的任课教师再次埋头苦干，终于迎来了寒假，班里的情况基本稳定下来。然而，正当我们准备全力冲刺时，新冠疫情暴发了。我们初三没有耽误一天，立即开始网络课程。在蔡老师和袁晓红老师的带领下，我们语文组在网上进行培优、补缺、大考、小测，最终在 2020 年中考中，我们语文组荣获全市第一名。

现在，我带的厚德 7 班，虽表面上风平浪静，但在新冠疫情的影响下，有些孩子沉迷于游戏，家长也感到无助。有个学生情况较为严重，与家长发生冲突，晚上玩到很晚，早上不愿起床，甚至开始无故缺课。我中午下课后骑电动车直接去了他家进行家访，下午 1:50 将他带回了班里。从那以后，他再也没有随意请假，情况也有所改善。

我深信“凡事预则立，不预则废”，我努力做到高瞻远瞩，未雨绸缪。我认为，首先要讲德，讲真情，成绩自然会水到渠成。在班里，我总是强调：“一个人的内心，不是被高尚占领，就是被低俗占领。”这样的提醒多了，低俗的言行自然会减少。班里的每一件事，都是大事。如果教育的春雨能够滋润孩子们的心田，他们一定会茁壮成长。

三、淡淡喜悦

一滴水，只有放到大海里才能不干涸。在石外这个大家庭中，得益于领导的鼓励与支持、同事们的无私帮助、家长们的紧密配合以及学生们的全心投入，我亦能感受到一丝丝的喜悦。现在，我想与大家分享这份喜悦：2016 年中考，我班的张恺弋同学以 634 分的成绩名列全市前十，三年后他被保送至清华大学。2017 年，我所教的住宿班 6 班和 7 班在中考语文成绩上名列前茅。到了 2020 年，14 班在中考各项指标中均表现突出，三率一分均为正值，有 3 名学生留在本校的清北班。目前所在的厚德 7 班，表现依旧稳定且出色。道路漫长而遥远，我将不断探索与追求，希望我的教育之路充满活力与快乐。同时，我也祝愿大家每天都能在生活和学习中找到快乐，并收获那份淡淡的喜悦。

感谢大家！

好风凭借力　跨步上青云

初中部　李宝锋

尊敬的各位老师：

大家下午好！我是来自八年级超越团队的李宝锋，非常荣幸能在这里与大家分享我的成长经历。2008 年 10 月，带着对教育事业的热爱和憧憬，我踏入了风景如画的石外，开启了我长达十五年的教学生涯。经过十五年的磨砺，我从一个教学新手成长为教学骨干，这一过程得益于集团的培养、领导的精心指导以及同事们的鼎力支持。今天，我演讲的题目是《好风凭借力　跨步上青云》。

一、借榜样的力量，涵泳教学之心

（一）借助“蓝青工程”，从教学“小白”到教学骨干

为了促进青年教师的成长，集团实施了“蓝青工程”。人们常说，人生三大幸事之一便是：在求学阶段遇到良师、在职场中遇到一位优秀的师父、在家庭生活中遇到一个理想的伴侣。我感到非常幸运，因为我拥有两位师父——冯志红和孙振桥老师，她们是政治组中备受尊敬的老教师。在与两位师父的交流和学习中，我深刻体会到了她们深入挖掘教材的能力和对课堂节奏的精准掌控。更重要的是，我感受到了她们对教育事业的无限热爱和对学生无私奉献的精神。我深信，对教育的热爱意味着要全心全意地研究教学，不断提高自己的专业水平，让学生沉浸在知识的海洋中，并真诚地对学生负责。因此，我在备课上下了极大的功夫。课程标准和教学参考书是教学的“法”，我依据课程标准，逐字逐句地研究教学参考书的要求，并在深入阅读教材的基础上，思考如何设置教学项目，以及如何突破教学的重点和难点。准备一堂课往往需要耗费数日，绞尽脑汁，也正是这个过程让我更加体会到“台上一分钟，台下十年功”的艰辛。

成长总是在经历磨砺之后，收获总是在经历之后。在过去两年中，我连续参与了教育部的“一师一优课、一课一名师”活动，并在最终的评比中两次荣获部级优

秀课程的称号。这份荣誉的获得，更加激励我在日常教学中要精心备课，努力上好每一堂课，用高质量的课堂吸引学生，努力成为一名受学生欢迎的教师。

（二）借力中考研究，从青涩到成熟

在向师父求学的旅程中，我深感敬佩，师父对知识的细致剖析和对考点的精确掌握让我意识到自己在专业领域的不足。正如胡适先生所言：人与人的区别在于八小时之外如何利用。拥有时间的人未必能成功，而那些善于挤出时间的人往往能够成就一番事业。我并不追求成功，我追求的是时间。每当夜深人静，我便开始系统地刷中考题目，仔细揣摩每一个问题背后的出题意图，思考如何通过题目来评估学生的能力，并尝试模仿出题模式，进行试题的改编甚至原创试题。我牺牲了暑假的休息时间，搜集并整理了来自不同省市的中考题目，并对它们按照考点进行深入分析和汇总，以期发现中考命题的趋势和规律。几个小时下来，我的双眼常常因长时间盯着屏幕而感到酸涩，大脑也因高速运转而疼痛难忍。然而，当纸上的文字仿佛开始跃动时，我逐渐对中考题目的理解有了质的飞跃，对评估学生能力的方法也了然于心。这促使我在日常教学中更加注重学生能力的培养和训练，实施有针对性的教学策略，确保取得学生优异的成绩。

我很荣幸成为2017年成立的中考研究小组中的一员。我深知，教学成果直接关系到学校的声誉。对学校的热爱不应仅停留在口头，而应体现在为学校的长远发展贡献自己的力量上。在小组中，我将继续保持谦逊的态度，向经验丰富的前辈们学习，继续深化对中考趋势的研究，服务日常教学和学科发展，助力学生在中考中取得优异成绩，为学校续写辉煌篇章。

二、借团队的力量，体悟育人之魂

自2013年9月起，我走上了班主任的岗位。从最初的不知所措，到如今的游刃有余，这一路走来，绝非易事。

上一届的20班，是我第一届住宿班，挑战重重，坦白说，我曾考虑过放弃。但面对学校的工作安排，我本着对学生和家长负责的态度，毅然选择了迎难而上。没有丰富的经验，也没有巧妙高效的工作方法，我只能选择勤勉实干，用我的付出陪伴学生，用陪伴实现教育的目标。数不清多少次早操我与学生一同训练，数不清多少次夜里被电话声惊醒，三年，1000多个日日夜夜，我默默承受并付出着。家长们曾深情地说："李老师，这三年，我们看着您的头发一片片变白，您才三十出头，真让人心疼。"我报以微笑，但其中的苦楚只有自己知道。我忽略了年迈的父母，忽略了怀孕的妻子，每天顶着星辰到校，披星戴月回家，加上住宿班的管理事务繁杂，我感到身心俱疲，许多夜晚辗转反侧，难以入眠。但面对学校的重托、学生的期望、家长的信任，我坚持了下来。“爱教育　爱学校　爱学生”，这九个字虽简单，但我却用三年的班主任生涯去体验、去实践、去传承。

三年的住宿班班主任工作，自然少不了各种困惑和难题。每当此时，德育备课组为我提供了方法，教育互助给了我方向，我不断学习、反思、改变、成长。改变教育理念和方式后，再次接班时我多了几分从容。在这次期中考试中，得益于所有老师的精诚合作和同学们的不懈努力，我班的平均分排名从入学时的第七名跃升至第二名，各层次的学生人数均超过同层次的年级平均数，达标率排名第一。所有老师都反映，我们班的班风正、学风浓，班集体整体发展稳定。

这让我意识到，作为班主任，必须坚持立德树人，不断提升育人能力，成为传递光明的使者，成为充满爱心的思考者。爱，不是空洞的说教，不是炫耀，而是渗透在日常点滴中的滋养。

（一）爱是公平与尊重

每个孩子都是一颗种子，他们的花期各不相同。在我的眼中，孩子们没有所谓的好坏之分，也没有先进与后进的区别，只有性格上的内向与外向。我们的班歌是《我们都是好孩子》，这正是我对待每个学生的信念。不论学生的家庭背景怎样、成绩优劣或行为是否顽皮，只要他们是我的学生，我就会将他们视为己出，给予他们平等的关爱和阳光。我认为，公平对待每一位学生是对他们最大的尊重。当然，尊重学生也意味着要实践“己所不欲，勿施于人”的原则。我要求学生不迟到，因此我总是提前到教室；我要求学生认真书写，所以我从不在黑板上留下潦草的字迹；在清洁卫生方面，我总是率先垂范，亲自示范……我深知，我的每一个微小行为，如捡起一个粉笔头或一片纸屑，都能激发学生的模仿欲望，让他们感受到老师与他们之间的平等，从而赢得他们的信任与爱戴。

（二）爱是关怀与责任

“无爱则无教育”，爱心的体现往往在日常琐事中得以显现。例如，每天早晨和下午进入教室，我首先检查学生是否全员到齐，对于缺席的学生，我会立即与家长联系，了解孩子的情况；在天气寒冷或炎热时，我会提醒学生们适时增减衣物；在放学之际，我也不忘提醒骑自行车回家的学生注意安全。上学期，我们班遭遇了乙型流感的侵袭，为了遏制病毒的传播，我主动承担了放学后的喷雾消毒工作。对于在家隔离的学生，我担心他们跟不上学习进度，于是安排成绩优异的学生将笔记上传至微信群，以便孩子们在家自学，并在他们复课后提供个性化的辅导。正是这些看似微不足道的小事，展现了我们对学生的深情关怀，拉近了师生之间的距离，促进了师生关系的和谐。

（三）爱是规划与引领

班主任对学生的关爱与父母对子女的本能之爱有所不同，这种关爱应被赋予更深远的意义。在筑梦团队成立之初，葛校长深谋远虑，制订了一个为期三年的“筑梦超越亮剑”发展规划：七年级着重培养学生良好的学习习惯，帮助他们适应初中生活；八年级则注重方法指导，帮助学生平稳度过青春期；九年级则坚定目标和理想，满怀信心地迎接中考。根据这一发展规划，班集体成立之初，我便进行了全面的规划：营造积极向上的学习氛围，打造一个充满人文关怀的班集体环境。为了实现每个阶段的目标，我采取了多样化的策略：班长团队承担主要责任，强化小组建设，实施值日班长轮换制度，以及“师徒结对”等。这些措施的有效执行，激发了学生的主人翁精神，加强了班集体的凝聚力，提升了学生的责任感，营造了一个和谐友爱的氛围。

（四）爱是培育与滋养

教育的本质在于以真挚的情感唤醒情感，以人格的力量塑造人格，以爱心培养爱心，以心灵的光辉照亮心灵。在 2016 年国庆假期，得益于家委会的精心策划与组织，我们前往晋州安心养护院，向老人们传递节日的问候。学生们倾注心血为长辈们准备了精彩的表演，老人们笑逐颜开。面对行动不便的老人，孩子们主动提出要亲自将小礼物送到他们手中，并陪伴他们聊天，分享故事。活动圆满结束后，许多学生表达了愿望，希望利用假期余下的时间回乡陪伴自己的祖父母，尊老敬亲的美德在他们心中悄然萌芽。井陉县障城中学的樊德宁同学来我班进行学习交流，我们班同学给予了他无微不至的关怀。王信凯一家承担了接待任务，并协助制作了集团山区援助的宣传片。通过这些活动，学生们增强了社会责任感，提升了交际与协作技能，展现了石外学子的优秀精神风貌。

作为班主任，注定要经历无数的挑战。在教育的道路上，有委屈的泪水，有爽朗的笑声，有坚持的迷茫，有选择的困惑，有失败的警醒，有成功的自信……每一次经历都是一次深刻的领悟。只有亲身体验过，你才能从容不迫地应对各种情况。

三、借集团的力量，不坠青云之志

集团为我们每位教师精心规划了成长蓝图。在过去的十五年里，我成功实现了

“一年合格，三年成熟，五年迈向骨干”的个人目标。展望未来，我怀揣着自己的教育理想和愿景，爱教育，驱使着我积极参与集团提供的培训，不断拓宽视野；与优秀教师交流，以丰富知识；参与山区种子教师的携手活动，以实现互助学习和共同进步；把握每一次锻炼的机会，致力于向专家型教师的目标迈进。爱学生，促使我深入反思自我，巩固职业信念，在教育中激发生命的活力。我将承担起肩上的责任，坚守职业理想，浸染学生的心灵，培养学生的才智，共同谱写教育创新与改革的壮丽篇章。爱学校，激励我以勤奋、坚韧和务实的态度，为石外集团的第三个十年发展贡献自己的力量，实现个人的人生价值。

正如习近平总书记所言，“幸福是奋斗出来的。”同样，“三爱”精神需要我们一代又一代的石外人，用责任、勤奋和拼搏来传承和巩固。入职初期的“三爱”培训仍历历在目，榜样的“三爱”故事仍在心中回响。我将追随先辈的足迹，时刻鞭策激励自己，追求卓越的脚步永不停歇。在坚持教育梦想的道路上，我将一路高歌，勇往直前！

以上是我在多年教学生涯中的一些实践和感悟。再次感谢所有支持和帮助我的领导和同事们。对于我的不足之处，我诚挚地希望得到大家的宝贵意见。

心有兰芷，细嗅芬芳

初中部　杨书慧

当白天的喧嚣渐渐离我而去，自己可以安静地坐在书桌旁时，我喜欢翻开日记本，用笔记录下一天的工作。这些工作日记，不仅记录了我在石外集团的成长，更成为我生活中的一种习惯。这个习惯已经伴随我走过了整整十四年的岁月，而我加入石外集团的时间也恰好是十四年。

一、翻开日记，过往鲜活的日子，在脑海里一一浮现

寻常一样窗前月，才有梅花便不同——经历促我成长。感恩学生同行，2004年9月，我来到了美丽的石外集团，四年平行班、三年双语班、七年多语种班，三年一个轮回，四届学生，石外集团所有班型的班主任我在十几年里全部经历了一次。每隔三年，我们都会迎来一届新的学生，每一届都带来了新的挑战。面对日益优秀的学子，我的责任也随之加重。回顾过去的十四年，尽管伴随着压力，但因为始终怀揣着对学生的深情，我未曾放弃。

二、淡淡梅花香欲染，丝丝柳带露初干——爱心滋润心灵，陪伴学生成长

拥有十四年班主任经验的我，大部分时间负责管理多语种班，也就是尖刀班。在众人眼中，尖刀班的学生表现优异，纪律严明，成绩斐然，省心又出成果。然而，每个尖刀班的班主任都承担着不为人知的压力。尖刀班的孩子们或许没有普遍的纪律问题或冲突事件，但优秀成绩的背后，每个孩子及其家庭都承受着巨大的心理压力。因此，班主任不仅要有管理班级的能力，更需具备强大的心理承受力。他们既是班主任，也是孩子们的心理辅导师，甚至是人生规划的指导者。如果处理不当，可能会导致令人痛心的局面。

我清晰地记得，在我带的第一届小班中，有一个孩子在每次小测验中总是名列班里末尾，与其他孩子的成绩差距悬殊。在这样一个高手云集的班里，他如同行走

在薄冰之上，不敢参与小组活动，课间也不与同学们交流，甚至刻意避开老师，每天都不愿意来学校。通过与家长的沟通，我了解到这个孩子在小升初时通过大量做题进入了这个班，但随着正常教学的展开，他基础薄弱的状况逐渐显现，能力上的不足导致他每次测试都垫底。这些连续的挫败感让他彻底失去了自信，开始对上学产生了恐惧。

为了帮助孩子融入集体并重拾学习的自信，我与他父母进行了深入的沟通，全面了解了他在小学的成长经历。我们发现孩子在体育方面表现出色，不畏艰难，正是这些优点帮助他成功考入了小班。然而，他内心脆弱且敏感，面对挑战时容易迷失自我。为了帮助他摆脱困境，我让他担任我的贴身小秘书，这为我们提供了亲近的机会。通过协助我传达信息，他开始与同学们交流，我的肯定让他感受到了自我价值。同时，我私下与他所在小组的组长沟通，无论他考试成绩如何，全组成员都会给予他鼓励和支持。在小组展示时，我安排他回答一些简单问题，并在展示后带头为他鼓掌。这个过程中，孩子逐渐开始接纳同学，积极参与小组活动，并逐渐克服了自卑感。此外，在与孩子的互动中，我分析了他成绩不佳的原因，并提供了一些有效的建议，他的成绩开始逐步提升。到了八年级，我们成了无话不谈的好朋友，他甚至愿意与我分享他喜欢的女孩子。尽管他在班里仍排名最后，但他的年级成绩已经从 1000 多名提升到了 600 多名。然而，到了初三，连续的模拟考试又让他回到了七年级时的状态。每次考试结束后，我必须与他进行交流，以帮助他鼓起勇气继续学习。最严重的是，在中考前的几周，他在学校看似认真努力，周一至周四晚上也能在家正常学习，但一到周五晚上就躺在床上，什么都不做，无论家长如何劝说都无济于事。家长若逼得太紧，他甚至会以死相威胁。无奈之下，家长向我求助，经过一个多小时的电话心理辅导，孩子终于恢复了正常。从此，我的电话交流成了孩子每周五的心理支撑，直到中考结束。最令人振奋的是，孩子最终以年级 300 多名的成绩考入了他理想的高中。

实际上，对于小班的孩子们，我总是努力为每个孩子提供一份个性化的教育。我期望每个孩子都能绽放出他们最独特的光彩。在几年的教学实践中，我带的班摒弃了单一的严格管理模式，让每个孩子都能以自己的方式学习和成长，同时让他们清楚地知道规则和目标，因此一切都有条不紊。在重要的考试中，他们全力以赴，勇往直前；在各类活动中，他们积极参与，力争上游；在人际交往中，他们礼貌周到，乐观开朗。我们不再急于求成，不再压抑孩子们的天性。

他们的微笑真好看！我也越来越享受与孩子们相处的时光。在平凡中发现美好，逐渐成为我生活的一部分。我希望我的爱能够被他们看见、听见、感受到。与孩子们相处的过程中，我深刻体验到了教育的美妙之处，这种美妙，对我来说也是一种对抗工作压力的良方。

来校十四年，做了十四年的班主任。一路走来，并非一帆风顺，跌跌撞撞，欢笑与痛苦交织，压力与成长相伴。然而，当回顾那些日子，心中涌现的却是美好。纸短情长，难以详尽表达班主任的苦乐参半，也难以尽述与孩子们相处的欢乐时光。在未来的每一天，我仍旧愿意与孩子们相互成就，共同编织成长的故事，体验那份教育带来的美好。

缘于热爱·忠于传承

初中部　杨成文

尊敬的各位领导、各位老师：

大家好！我今天发言的题目是《缘于热爱·忠于传承》。时光不语，岁月不居，谦以待己，聿怀多福。今天，我感到非常荣幸，能够与大家分享我在石外这片“三爱”沃土上成长的经历。回顾这十六年的石外之路，我满怀感激之情，感谢学校以及每一位热情的同事，是无数石外人的光辉照亮了我前进的道路。

一、缘于热爱

我出生于张家口一个平凡的家庭里，父母的朴实无华、勤奋和善良深深影响了我的成长。在初中时期，我初次接触外语，便产生了用外语来回报父母、实现个人梦想的念头。在学生时代，无数次地模仿并跟读 VOA 广播，无数次地在图书馆翻阅英语读物，无数次地与室友比赛词汇量，这些经历为我开启了通往石外的大门。

在座的各位可能都听说过这样一句话：教哪个年龄段的学生，教师的专业水平就会停留在那个年龄段。在加入石外之前，我也曾有过类似的顾虑和担忧。然而，当我真正成为石外的一员后，我意识到，成为一名能够与学生同步的外语教师只是石外的基本要求。石外的外语教师还承担着多重任务，包括在会见领导和外宾时担任翻译官、为学校宣传片配音、在面对面活动中担任同声传译，以及担任沟通中西文化的使者等。

对于外语教师而言，我们的“专业基本功”有四项：第一，优美的语音语调；第二，地道的语言表达；第三，科学的教学规划；第四，具有个人特色的管理魅力。在繁忙的教学工作之余，我们如何确保自己的“专业基本功”始终合格呢？

冯云英副校长，作为集团外语教学的负责人，携手各部门外语骨干和学科领军人物集思广益，精心策划，成功开创了石外教师成长的“3A”培养模式。第一个“A”代表 Aim，即目标。每位外语教师都应时刻牢记：Aim High，Dream High。

只有设定了高远的目标和严格的标准，我们才能成功。我们必须磨炼出“金刚钻”的技能，才能完成“瓷器活”的任务，为国家培养出德智体美劳全面发展的外语人才。第二个“A”代表 Approach，即途径。外语教师需要在语言素养和教学技能上双翼发展。第三个“A”代表 Activities，即活动。我们深信，语言素养是在参与各种活动中习得的。每年的“朗读大赛”“词汇比拼”“口语表述”和“课堂展示”等活动，虽然给我们带来了不小的压力，但同时也为我们提供了自我提升的宝贵平台。

正是在这样一个团结友爱、积极向上的团队的熏陶下，我逐渐成长。我始终坚信：机会总是青睐那些有准备的人，而真正有才华的人终将脱颖而出。在日常的教学活动中，我与学生们共同参与“英语趣配音”，以此来展示我们的语音技巧，并一起写作文，锻炼我们的语言表达能力。这种互动式的教学方式，实现了教学相长。

2023 年 11 月 6 日，初中外语课堂教学示范观摩暨优秀教学课例展示活动在浙江杭州隆重举行。这是自 2019 年以来首次举办的线下教学竞赛，吸引了来自 29 个省份的 29 位青年教师现场展示他们的教学才能。作为全国范围内最高水准的学科教学展示活动，它吸引了超过 2000 名教师到场观摩。我感到非常荣幸，能够站在这个最高级别的舞台上。

二、忠于传承

本次参赛是我们初中部自 2004 年康韶韦老师首次参加此项赛事以来的第二次亮相。因此，从集团外专委的冯校长到七年级的任校长、杨主任、寇主任，再到两位年级主任，都对我给予了极大的关心和支持。外语组这个大家庭的支持更是让我感动不已，时时刻刻温暖着我的心。自 3 月 3 日接到市教研室的通知起，我首先根据市里的要求，对指定的教学内容——冀教版进行深入研究，并录制了视频课参加市级评比。在 4 月 21 日成功晋级省决赛后，我又根据省教科所的指导，对指定的教学内容——外研版教材进行研究，并于 5 月 16 日进行了线下的省级赛课，最终荣获省级一等奖。从 9 月 7 日开始，我便全力以赴备战全国现场课，直至 11 月 7 日 17:45 课程结束，经过 60 个日日夜夜的不懈努力和无数次的改进，最终使石外再次成为全场的焦点。

中国教育学会外语专业委员会理事吴晓威专家评价道：“整节课引人入胜，构思精巧，设计合理，文本处理与思维培养的结合体现了学习理解、应用实践和迁移创新三位一体的融合式教学机制，值得作为优秀案例在全国推广。”中国教育学会外语专业委员会副秘书长许时升专家也表示：“杨老师在课堂中对阅读方式的处理打破了传统的阅读教学模式，具有启发性、创造性和借鉴价值。最后的小组配音活动中，舒缓的白娘子小提琴曲与精选的杭州美景相得益彰，将学生的审美情趣、艺术修养和语言素养融为一体，设计精巧、画面唯美，令人耳目一新，效果极佳!”

感谢年级领导和同事们的支持与帮助，他们协调班里的事务，让我能够无后顾之忧地投身于比赛之中；特别感激初中部外语教师团队以及各年级的专家型教师，他们热情参与并指导我每一次试讲；苏亚丽老师承担了本应由我们两人共同完成的单元备课工作，对此我深表感谢；同时，也要感谢组内的刘博宇和赵心頔两位老师，他们不厌其烦地为我美化课件并制作了精美的视频，使我能够全心投入到对语言的打磨上。

难忘 11 月 4 日乘坐高铁前往杭州的路上，冯校长带着徐坤燕、康韶韦、李玲老师对我的文字稿进行了细致的打磨。难忘到达杭州后，我们从晚上 7:00 一直工作到次日凌晨 1:00，对 PPT 进行了逐帧的修改，从标点到间距，从字体颜色到字号大小，每一个细节都追求完美。难忘 11 月 5 日至 6 日，各位老师一对一地训练我的语言精确度。难忘 11 月 8 日返程高铁上的总结反思，以及写集团微信简讯的时刻。

我想这就是石外的传承精神，这种传帮带的优秀传统使石外在教育行业中脱颖而出。我也会将所学所感传授给每一位我教的学生。

2023 年 9 月，我再次与数字 21 结缘。这一次，我成为七年级致远团队 21 班凌云阁的班主任。我期望我的学生们能够“会当凌云顶，一览众山小”。作为班主任，我深知班级管理的烦琐与细致。我和在座的所有班主任一样，有着上班有点下班无点的忙碌，有着关键节点与每个孩子进行心灵的交流……正如陶渊明所言：“衣沾不足惜，但使愿无违。”这或许就是教师对坚守初心最深刻的诠释吧!

千言万语汇成一句话：心怀感恩、薪火相传，心之所向、行之所至、得之所愿!

怀感恩心做人，以责任心做事

初中部　杨丽红

尊敬的各位领导、老师：

大家下午好。我非常喜欢一本书中的一段话："感恩世间种种给予，以感恩的心来看待世界，这是做人的基本法则。做事要怀着责任心，以主动负责的积极态度面对任何一件事。"可以说，感恩是生命的觉悟，而责任是事业的高度。实际上，我们每个人在生活中、工作中，不都是这样做的吗？只有这样，我们才会感受到职业的幸福感，也只有这样，我们在工作中才能做到问心无愧。因此，我今天发言的题目就是《怀感恩心做人，以责任心做事》。

一、转变角色，迅速定位

2014年的暑假，经过一年的辛勤工作，我终于送走了名声显赫的初三10班。我满心期待着新学期的到来，心想学校总不会再次给我分配一个如此具有挑战性的班了。我渴望再次成为一位慈爱的班主任，然而，命运却另有安排。我被任命为年级主任，这下别说当亲妈了，连后妈的角色也与我无缘。面对这一角色的转变，我完全没有心理准备。虽然我相信自己能够胜任班主任，但管理整个年级似乎超出了我的把握。那时，侯校长、郑主任和魏主任都给予了我鼓励，他们说："杨，你没问题的。班主任是小班主任，年级主任则是大班主任。大胆去做吧，你肯定能行。"在这样的信任下，我开始了我的工作。那时正值暑假，人们都在休息，而我们年级的几个人却在忙碌地讨论人事安排、新生入学测试、集训、开学以及怀特楼的装修等事宜。工作两天后，繁杂的年级事务让我感到迷茫、忙碌和无助。那段时间，我曾感到沮丧，甚至想回到班主任的岗位。但每当想起侯校长的教诲：年级主任要有大局意识和服务意识，要能吃苦、肯付出，我就会在夜晚回到家中深思熟虑，提醒自己要振作精神，重新定位。于是，我写下了一些话来提醒自己：不要辜负学校的信任，以感恩之心待人，拥有大局观和全局观念，以责任心去工作，必须做到公而忘私、吃苦耐劳、乐于奉献。在忙碌的工作中，我始终铭记这些话，并且不断激励自己超越自我。

二、率先垂范、无私奉献

自投身教育事业以来，我始终以优秀教师的标准严格要求自己。担任班主任期间，我总是比学生提前 20 分钟到学校，特别是在初三的两年里，无论天气如何，我都会带领学生 7:05 准时到校，这比他们同年级的同学早到整整一个小时。如今，我的角色再次转变，我更需以身作则，为教师团队树立榜样。作为年级主任，我既是教师的楷模，也是学生的表率。我坚信，要求教师和学生做到的，自己必须先做到；要求教师和学生遵守的，自己必须先遵守。因此，我对自己的要求极为严格，常常比其他人早到半小时，中午不离开学校，下午放学后还会推迟一个小时下班。

记得有一次，云瑶来找我，好奇地问：“你到底是什么星座的？我觉得你应该属牛。”听后我不禁笑了起来。实际上，自我们出生在这个世界，命运就注定了每个人都必须经历辛苦、付出和奉献。命运也教会我们，必须坚持和勇敢地走自己的路。没有人能够不劳而获，也没有人会为我们的自私和懒惰买单。如果我们带着这样的信念去工作，相信每个人都能从工作中找到乐趣。

三、用心做事，力求完美

老子曾言：“天下难事，必作于易；天下大事，必作于细。”这句话深刻地告诉我们，应当全神贯注、专注工作，并且用心去做每一件事。我自认为不擅长表达，但我对自己高度的责任心和严谨的执行力从未有过丝毫怀疑。在我的职业生涯中，“差不多”这个词并不存在。我所承担的每一项工作都会追求尽善尽美和高效完成。

为了赋予年级团队名称以传承性，我经过深思熟虑并与老教师进行交流，提出了多个候选名称，并在会议上与大家共同讨论，最终确定了“追梦、筑梦、圆梦”这一主题。为了确保教育活动的实效性，我总是在每次活动前向郑主任和魏主任寻求指导，与庞巍共同商讨细节，并在周一的会议上敲定最终方案。

为了使班主任老师能有更多精力管理自己的班，每当学校布置任务时，侯校长都会带领我们主动分担，确保能由年级组自行完成的工作绝不给班主任增添负担。为了让早到校的学生能在安静的环境中读书，我经常在班主任到来之前就已经巡视了各个班。

为了确保年级工作的扎实有效，我力求在每一次活动中做到完美，对每一个细节都精益求精。在每一次展示中，我都期望能够达到最好的效果；在每一次检查中，我都追求完美无瑕的结果。正是这种坚持、执着和用心，赢得了大家的认可。

四、任劳任怨、勇于担当

带着一颗感恩的心，我对待工作和教育事业始终充满敬意。我深知自己肩负着学生、家长以及领导的信任与期望。自从踏入教育行业，我便给自己设定了这样的目标：在工作中，我从不说“不”。无论面对何种挑战，我总是努力克服困难，自行解决问题，避免给领导带来额外的负担。带 2013 级的七年级经历对我来说刻骨铭心，那一年，我不仅担负着年级主任的责任，还要承担组内诸多事务。当时，历史组师资短缺，我一开学便接手了五个班的教学任务，同时还要处理大量的年级事务、会议和活动。此外，裕华区的评优课活动、郭云瑶老师的公开课以及为初三学生制定三次阶段测试题目，这些工作从未间断。一个学期下来，不加班的夜晚寥寥无几。好不容易熬过了一学期，新学期伊始，又迎来了新的挑战：历史组仅剩三名教师，教研组长张老师调至九年级，我临危受命，担任七年级教研组长。面对组内仅有的三名教师，我该如何安排教学？记得徐泽文在微博上调侃：“人们总问时间都去哪儿了，我却想问，历史组的老师们都去哪儿？你们一人教 10 个班得了。”幸运的是，学校及时找到了代课教师。我和郭云瑶商议，必须调整备课计划，重点课程由我和郭云瑶、刘志轩共同承担，并且要详尽准备每一节课。开学初，备课计划已经修改了五次。期中复习前，我和郭云瑶各自承担了一个单元的复习课件制作任务，并为整个年级制订了期中复习计划。更为严峻的是，今年我们还要完成教学设计集的编写，作为组长的我承担了 18 个任务，这比语文、数学、英语等其他科目都要多。我的教学设计集几乎都是在周末加班完成的。这就是我的处境，一边是组里的事务，一边是年级的事务，一边是教学的事务，每一项都至关重要，都需要我全心投入，真是忙得焦头烂额，头都大了几圈。这时，我突然想起了李白的《蜀道难》：“蜀道之难，难于上青天。”有时家人看到我又在加班，便劝我：“别干了，把工作分给别人一些吧！”但每当这时，我就会想起另一句话：人活着，就应该有一种精神，一种不屈不挠、敢于竞争、勇于自我挑战的精神。只要拥有了这种精神，人就不会感到疲倦，就会充满激情，就会任劳任怨，勇于承担责任。精神，让你的生命充满活力；精神，让你的人生绽放光彩；精神，让你的生活变得充实。正是这种精神，赋予你激情，赋予你前进的动力，让你在挑战中品味喜悦；在跌倒后，能再次站起来，义无反顾地继续前行；让你能静下心来，默默耕耘；在收获的季节，展示你的风采。

五、谈一点感悟

1. 没有完美的个人，只有完美的团队

俗话说，单人不成阵，独木不成林，没有完美的个人，只有完美的团队。个人能力总是有限的，团队则如同力量的源泉，不断涌出能量。当工作量远远超出个人所能及的范围时，唯有借助团队的力量，我们才能实现目标。我深感庆幸，能在七年级这个团队中工作。这里有侯校长，他平易近人、睿智大气，为我们指引方向；郑主任稳重豁达，足智多谋；魏主任条理分明，踏实肯干；张主任雷厉风行，善解人意；任书记温柔漂亮，和蔼可亲；庞主任性格开朗，多才多艺。此外，还有许多可亲可敬的同事们。正是这样一个完美的团队，让我们能够相互学习，互补不足，和谐共事。难道这不是一种幸福吗？

2. 不为工作找借口

在日常工作中，很少有人能够完全倾听并接受他人的建议，耐心地执行分配的任务。他们总是为自己寻找各种借口，似乎在我们的潜意识中，“叛逆”被视为一种个性，并受到推崇。然而，我们往往忽视了“叛逆”同样需要以服从为前提。正如美国总统艾森豪威尔所言：“任何语言都是苍白无力的，你唯一需要的就是执行力，一个行动胜过一打计划。”的确，只有通过行动，我们才能体会到生命的价值，从平凡的工作中感受到个人的荣耀。而寻找借口，本质上是一种不负责任的态度。

事业，是我们幸福的根本。没有了事业，我们的幸福便是无根之木、无源之水。不要抱怨工作的烦琐冗杂，不要感慨职业的劳累艰辛，既然生活赋予了我们这份沉甸甸的责任，我们就应义不容辞地挑起。相信，挑战与机遇并存，幸福会在磨炼与考验之后悄然而至。投之以木瓜，报之以琼琚。事业回赠给我们的必将是丰硕的果实，甜美的感觉。

谢谢大家！

平凡中的坚守与奉献

初中部　杨丽红

我与集团的不解之缘始于一张报纸。十年前的六月，我在长安公园的长廊偶然发现了一张破旧的报纸。我本打算将它丢进垃圾桶，却意外地注意到了一则招聘广告，上面写着 43 中正在招各科教师。出于好奇，我决定尝试报名，这便是我与集团缘分的起点。转眼间，十年光阴已逝，这十年对我而言，是充满酸甜苦辣的岁月，更是个人成长与提升的宝贵时光。

一、班级管理中的“我”

刚踏入初中的学生常常面临着许多问题，比如缺乏规范意识、责任意识和纪律意识。针对学生的成长特点，以及学校倡导的“创新人才培养模式”，我始终致力于培养学生正确的人生观和价值观，确保在教育过程中不放弃任何一个学生。我特别注重培养学生的社会责任感、创新精神以及解决问题的实践能力，并将这些元素贯穿于每个孩子的成长过程中。在教育实践中，我深入学生群体，了解他们的实际情况，及时发现并解决他们面临的问题，鼓励并转化每一个学生。

我至今难以忘怀与那些调皮捣蛋的孩子们斗智斗勇的时刻；难以忘怀与那些心理脆弱的优秀学生深入交流的场景；难以忘怀手把手教住宿生整理内务的情景；难以忘怀半路接手新班时的挑战；更难以忘怀苦口婆心地开解那些来自离异家庭的“问题学生”的艰难。曾经有一个女生，在班里经常说脏话，和同学打闹，甚至与男生发生肢体冲突，在家中还与父母争吵。每当她回家，家中便会上演各种冲突。了解到这些情况后，我每天都会与她进行深入的交流，让她参与一些身边的小事。在圣诞节和她生日时，我会送给她礼物；在她考试失利时，我会给予她鼓励。孩子深受感动，我便引导她在母亲节、父亲节、感恩节时制作小礼物送给父母、老师和同学。经过不懈的努力，孩子的各种小问题逐渐消失，与同学和父母的关系也变得和谐。特别是到了初三，孩子将全部精力投入到学习中。中考时，她取得了 598 分的优异成绩，相比七年级时进步了 39 名。孩子和家长都非常高兴，她的父亲经常对我说：“杨老师，孩子真的变了，有时候我简直不敢相信这是真的，我不知道怎样感谢你！将来我的儿子如果能进 43 中，我还希望他能进入你的班!”直到现在，孩子的父母每逢节日都会给我打电话分享孩子的近况。

陶行知曾说：“谁不爱学生，谁就不能教育好学生。”实际上，当我们老师用爱心和微笑去关心学生时，我们自己也会被感化。这个教学相长的过程，不仅是爱学生的过程，也是教师自我塑造的过程。

二、教研组中的“我”

带着一颗感恩的心，我对待工作和教育事业始终充满敬意，深知必须对得起学生、家长以及领导对我的信任，这是我投身教育行业后对自己的期许。在我的职业生涯中，我从不轻言放弃，无论面对何种挑战，我总是努力克服困难，尽量不给领导增加负担。带 2013 级的七年级和九年级对我而言，是难以忘怀的宝贵经历。带七年级时，我不仅要适应新角色的转变，还要承担起年级主任的职责，以及组内的事务。历史组正经历着师资短缺的困境，我不得不接手五个班的教学任务，同时还要负责评优课、公开课、家长开放日活动、为初三学生设计三次阶段考试的试题，以及编写教学设计集。日复一日，除了上课，我几乎都在开会，没有休息的时间。一个学期下来，不加班的夜晚寥寥无几。好不容易熬过了一学期，新学期伊始，更艰巨的任务又摆在了面前。开学时，历史组只剩下三名教师，教研组长张老师调至九年级，我临危受命，接任了七年级教研组长的职务，面对新的挑战。组内仅有的三名教师，如何应对繁重的教学任务？记得当时有同事在微博上调侃：“大家都问时间去哪儿了，我却想问历史组的老师们去哪儿了？你们一人教 10 个班得了。”然而，面对困难，我总能找到解决的办法。我想到学校的领导、想到年级 1800 名学生、想到这些学生背后的家庭，我便义无反顾地承担起了这份责任。

2013 级的九年级同样考验着历史组的每一位老师。年轻教师怀孕，老教师健康状况不佳，导致 30 个班的历史课难以正常安排。这时，郑主任找我谈话：“杨，这学期对我们来说非常关键，你先承担额外的一个班的教学任务，学校正在努力解决这个问题，之后我们会减轻你的负担。”我明白郑主任所说的减轻负担意味着什么。当时，我感到一种难以言表的无奈和压力，一边是年级主任的职责，一边是毕业班的 12 节课，体育中考结束后，课时还将增加至 15 节，这大大超出了我的工作量。我的丈夫曾劝我：“你刚刚调整好身体，如果继续这样下去，你的身体会垮掉!”我们决定先坚持一个月，但一个月后，我发现自己无法放弃，我内心的责任感和对学生的爱不允许我这样做。于是，我默默告诉自己：坚持就是胜利！这一坚持，就是整整一年。每当感到身心疲惫时，我都会用一句话来激励自己：人活着，就应该有一种拼搏和吃苦的精神。有了这种精神，就不会感到疲倦，反而会充满激情。

正是这种精神，让我的生命充满活力，让我的人生绽放光彩，让我的生活变得充实。也是这种精神，赋予了我激情和前进的动力，让我在成功时品味喜悦，在跌倒后能够重新站起来，勇敢地继续前行。

三、课堂中的“我”

未曾听过我的课的学生，往往认为我是一位严肃、面无表情的老师，然而实际情况并非如此。据学生们反馈，即便我身体不适，一旦站上讲台，我便精神焕发，声音洪亮，妙趣横生，充满自信。在讲解抽象的历史概念、复杂的国际关系，以及敏感的时政新闻时，我总能让孩子们在每一堂课上笑声不断，因此他们对历史课充满期待。以今年的 2 班和 4 班为例，经过大约半个月的磨合，家长们开始向我反馈：“孩子对历史课的喜爱程度就像打了鸡血一样，一提到历史课，他们的眼睛就闪闪发光!”实际上，我也给予了孩子们极大的鼓励。比如，2 班的一位男生，他的母亲不幸去世，得知这一情况后，我和李老师毫不犹豫地决定为他补课。虽然这需要我们付出额外的努力，但孩子们都看在眼里，记在心里。当然，我也有自己的教学方法——频繁的小测验。不合格的学生必须来我的办公室接受面谈，这通常是他们最不愿意面对的事情。每周三，我不仅要检查不合格的学生，还要解答尖子生们的各种疑问。自从去年九年级开始，这种模式就一直持续至今。这些尖子生们的问题常常让我忙到晚自习开始，有时忙得连水都忘记喝，但每当看到孩子们的进步，我就感到无比快乐。在自己感到疲惫时，孩子们写下的鼓励话语，对我来说是一种精神上的慰藉。下面摘录一段：受诸多因素影响，可测者甚繁。杨先生独爱小测，自初一来，小测甚多。先生判小测当其时也，今日事，今日结，吾深表钦佩。每逢放学，常有弟子立待左右，俯身倾耳以待复测。

教学实际上也是一门艺术。当技术达到一定水平时，大家的表现都相差无几，关键在于谁更有爱心，谁愿意多付出那么一点点。

四、年级管理中的“我”

老子曾言：“天下难事，必作于易；天下大事，必作于细。”这句话深刻地启示我们，应全神贯注、专注工作，并以细致入微的态度去完成每一项任务。我性格内向，但这从未影响我对自身高度责任感和严格执行力的信念。在我的职业生涯中，“差不多”这个词并不存在。我所承担的每一项工作，都会追求完美与高效。

为了确保教育活动的实效性，我总是在活动开始前制订详尽的计划，并与主管领导进行深入沟通。之后，我会不断完善每一个细节，直至达到预期的教育效果。其中的付出，只有我自己最为清楚。为了减轻班主任老师的负担，我总是主动承担学校布置的任务，力求在年级内解决问题，不给班主任增添额外的负担。为了让早到的学生能在安静的环境中读书，我经常在班主任到来之前巡视各班。为了确保年级工作的扎实有效，我精心策划每一次活动，追求卓越，不遗漏任何细节。我期望每一次展示都能精彩绝伦，每一次检查都能完美无缺。

当然，我也为初中部这个大家庭做出了牺牲。今年暑假，在送走毕业班后，我本想好好休息，调整身体。然而，七年级的招生、考试、国防教育活动接踵而至。我原以为活动结束后能有几天休息时间，但没想到九年级的教育活动尚未结束，我就收到了报到的通知。那一刻，我的眼泪夺眶而出。我的孩子问我：“妈妈，怎么又是你留在初三了？老师又会说我是全班起床最早的小孩了！”听着孩子的话，我心如刀割。是的，孩子已经连续四年在初三的作息时间中度过：早上 6:00 起床，6:20 出门，7:00 到学校。尤其是在冬天，当孩子起床时外面还是一片漆黑，到校时天色依旧昏暗。这种经历，只有经历过初三的人才能理解。尽管如此，我并不后悔，因为我收获了团队对我的信任。

七年级的领导和同事们对我依依不舍，九年级的领导更是体贴我的难处。任校长、马主任考虑到我孩子年幼、家离学校远，总是给予我额外的关照。小马主任像一位姐姐一样体谅我。然而，当看到九年级以钮丽萍、刘漪为代表的班主任们默默奉献时，我深受感动。前段时间，颈椎不适，医生给我开了两周的病假条，但我仅休息了两天便又回到了自己的岗位上。

常言道：“孤木不成林。”只有当泥土足够深厚且坚实，才能孕育出绿色的希望；水滴只有汇入浩瀚的海洋，才能激起生命的浪花。世上没有十全十美的个人，但我们可以拥有一个完美的团队。想象一下，我们初中部拥有三位平易近人、睿智且大气的校长为我们指引方向，有雷厉风行、条理分明的主任们为我们掌舵，以及一群亲切可敬的同事们。在这样一个完美而幸福的团队中工作，难道不是一种莫大的幸福吗？

至今还记得《光荣与梦想》中的一句话：当有人说我们办不到的时候，让我们以这一永恒的信条加以回应——是的，我们做得到！作为一名教师，尤其是一名石外集团的教师，没有什么是做不到的，没有什么是不可能的，因为我们心中充满了爱！

慢慢走，欣赏啊！

初中部　宋红茹

在阿尔卑斯山谷深处蜿蜒着一条宽阔的汽车道，沿途的风光美不胜收。路旁竖立着一块标语牌，上面写着："慢慢走，欣赏啊！"这句标语旨在提醒那些急躁的旅人，放慢脚步，用心欣赏周围的美景，从而在品味与思考中获得更深层次的美感体验。然而，在这个快节奏的世界里，我们许多人就像在阿尔卑斯山谷中驾车疾驰的游客，匆匆忙忙，无暇顾及窗外的风景，使得这个五彩斑斓的世界变得索然无味，这实在是令人惋惜。

作为一名党员教师兼班主任，我深知肩负的责任之重。自担任班主任的那一刻起，我的心便与那个班的学生紧密相连。我日复一日地陪伴他们，怀揣着让他们成才的梦想，无私地奉献，耐心地守候。在陪伴学生成长的过程中，我既体验着辛勤的付出，也享受着个人的成功与快乐。在通往未来的道路上，我们不妨放慢脚步，细细品味沿途的风景。

一、执着于学生成长的探究

请各位想象一下，在严寒的冰雪世界中艰难前行，最终抵达一座小木屋的情景。屋内堆满了柴火，点燃后，火光不仅照亮了整个空间，也温暖了我们的心房。第二天，我们再次踏上旅程，心中充满了勇气与力量。虽然昨日的柴火已经熄灭，但我们能带走的，是那永不消逝的内心之光与温暖。谁还会记得那堆柴火呢？而柴火，又何曾关心是否有人记得它？如果我们可以成为那堆柴火，为人生旅途中艰难前行的人们提供一丝光亮和温暖，那便足够。

我非常喜欢看央视的节目《开讲啦》，正如主持人撒贝宁所言，这是一档专为青年打造的电视公开课。节目邀请了众多"中国青年心中的榜样"作为嘉宾，他们分享对生活与生命的深刻理解，为中国青年提供现实的讨论和心灵的滋养。每一期节目都是一次充满思考、疑问、价值观和锋芒的思想交流，一次温暖心灵的演讲。

我希望我的学生们，在这个紧张的时期能够聆听这些思想的声音。

因此，我几乎每期节目都不错过，观看时总会准备笔和笔记本，记录下那些精彩的故事和富有哲理的言论，以及它们出现的起止时间。由于九年级的时间紧张，没有自习课，加上事务性工作繁忙，以及需要有条不紊地组织“四环节”主题班会，班会课的时间并不完全属于班主任。因此，我必须精心挑选适合孩子们观看的视频内容，并严格把关。为此，我还学会了视频剪辑，截取最精彩的部分，希望在有限的时间内最大化地发挥教育效果，向孩子们传授如何做人、做事、做学问。

在视频的最后，我加入了一段林志炫演唱的《凤凰花开的路口》，我非常喜欢其中的歌词。虽然我不会唱歌，但我喜欢听歌，喜欢播放那些旋律优美、歌词富有内涵的歌曲给孩子们听。记得刚进入初三时，我举办了一次励志主题班会，播放了成龙的歌曲。歌词简单易懂，旋律朗朗上口，孩子们听了一遍后还想再听一次。当播放第二遍时，他们全情投入地跟唱起来：“很多时候我们都不知道，自己的价值是多少，我们应该做什么，这一生才不会浪费掉。不要认为自己没有用，不要老是坐在那边看天空，如果你自己都不愿意动，没有谁可以帮助你成功……”

班内的中考倒计时牌从99天开始悬挂。我告诉孩子们，每当十位数减少时，我们全班就要举行一次庄严的纪念仪式，每个人都要行“换牌注目礼”，并齐唱一首励志歌曲。我希望孩子们能够珍惜每一天，反思逝去的每十天。当他们齐声歌唱时，不知不觉中激发了面对困难的勇气，将心团结在一起。

二、欢喜于向师父学习的机会

所有带过初三的老师想必都有同感，初中三个年级中，毕业年级的工作最为繁忙：日常事务性工作一项不少，与中考相关的任务更是日益增多。我要感谢领导给我配了一位优秀的搭档，她不仅是我的好伙伴，更是我的良师益友，我从她那里学到了许多宝贵的经验，也让我的工作变得更加轻松。

作为一名党员教师，刘漪老师凭着对教育事业的深厚责任感，凭着矢志不渝的信念和热情，将对党的忠诚、对本职工作的热爱和负责，默默地融入她所担任的班主任工作中。

虽然听说过刘老师的人可能会觉得她很严厉，但那些真正了解她的人明白，她的严厉完全是出于对孩子学习和品行的严格要求。她对待13班、14班的孩子们一视同仁，将他们时刻放在心上。在学习方面，她不允许学生遗漏任何知识点，也不允许任何一个孩子偷懒。刘老师总是最早到校，最晚离开，与学生进行谈话和个别辅导的次数最多。在品行教育上，无论是迟到还是说谎，她都会毫不留情地批评，但批评时语言丰富，夹杂着成语和俗语，既威严又充满关切，使犯错的孩子能够及时反思自己的不足。

作为语文老师，我有更多的机会了解学生眼中的刘老师。在学生的作文中，刘老师总是以一个看似严厉，实则内心细腻、温暖的慈母形象出现。有的学生形容她“刀子嘴，豆腐心”，批评之后总是伴随着更多的关爱；有的学生回忆说，刘老师曾因谈心谈得太晚给他们买米线吃；有的孩子赞扬刘老师培养出了一个优秀的女儿；还有的孩子感慨刘老师因过度操劳，以至于头发花白了。这就是一位经验丰富的老师，她以爱来教育学生，关心学生，却让学生感受到她的严格；她批评学生、惩罚学生，却让学生体会到她的爱心。

在带领 13 班、14 班向中考胜利进军的征途上，刘老师已经高举起了冲锋的大旗。我唯一能做的，就是激励自己，加快步伐，紧紧跟上！

三、享受并肩同行的幸福

在几天前，我打开了我们班在百日誓师大会上的许愿箱。许多孩子在纸上认真地写下了他们对中考的期望和鼓舞人心的话语。逐页阅读这些愿望，我能深切感受到孩子们对即将到来的百日冲刺的决心，同时也回想起了我和刘漪老师在年级百日誓师大会上共同宣读的誓言。那时，我们俩的意见完全一致，认为口号必须铿锵有力，直击要害。因此，我们定下了这样的口号：“旌旗摇，号角催，百日炼真钢；仰天长笑，金戈利刃展雄风，所向无敌！血可流，头可破，斗志更昂扬；逐鹿考场，战鼓号角扬军威，百战百胜！”学生、家长以及我们两位班主任，共同带领 13 班和 14 班的同学们，高声呼喊出我们的口号。当我站在主席台上，目睹孩子们在呐喊时喉咙处凸起的青筋，我深知，距离中考还有百日，我们每个人都会全力以赴！

誓师仪式结束后，回到教室，我们难以抑制澎湃的激情，召开了一个小型班会。在那里，老师、家长和学生共同分享了各自的感受，表达了百日冲刺的决心，并在誓词上郑重地签下了我们的名字。从那以后，每天的第一节课前我们都会起立齐声宣读我们的口号。

我依然记得，在实验中考前夕，葛东莲校长亲自来到我们班，为学生们加油鼓劲；任克茵主任每天都会在教室门口关切地询问迟到的学生；康戈平主任机智地处理班里的突发事件；张征主任和刘峰主任在中午时分守护在教室和校门口，照顾受伤的学生；马丽君主任友情为我们班的尖子生及家长举办讲座；范自勇主任在上学路上为我们班提供指导；刘漪老师和甄密娟老师每天放学后都会单独辅导学生；何海鹏老师和李荣芝老师与学生深夜促膝长谈，在班群里上传资料，督促孩子们完成作业；李月乔老师和周俊然老师不顾疲惫，等到晚上七八点只为给那些偏科的学生讲解学习方法。

更难以忘怀的是我们这 26 位同行的班主任，无论我们走到哪里，总有人陪伴。早到时，班主任室里有人在；晚走时，班主任室里依然有人；在操场上，总能看到班主任监督体育课；在实验室里，总有班主任在坚守。这是多么辛苦却又温暖人心的陪伴啊!

每当走进教室，看到学生们自觉学习；每当卫生、纪律等方面受到领导表扬；每当看到孩子们围着老师提问；每当孩子们取得一点成绩就急切地想要与我们分享；每当放学后，孩子们背上书包，离开教室前真诚地说“老师再见”，所有的辛苦都化作了与学生并肩同行的幸福。

每一段人生都是独一无二的，每一段人生都是一道独特的风景。当你蓦然回首，所有的风景都已定格。因此，请务必认真地走好每一步，成为播撒快乐与阳光的人。让幸福滋润我们的心田，让我们在从师的道路上，花香满径，收获感动，收获芬芳，收获成功，收获希望!

爱的教育，美的回忆

初中部　宋艳霞

岁月如梭，我在咱们学校已经工作了十一个年头。时间的流逝让我从一个二十多岁、充满活力的“小宋姐姐”，变成了学生们亲切称呼的“老宋同志”。岁月不仅改变了我的外貌，也丰富了我的经历，使我逐渐走向成熟。今天，我想从三个方面与大家分享我的教育心得。

一、人本育人

德国哲学家卡尔·雅斯贝尔斯在《什么是教育》中说：教育就是一棵树摇动另一棵树，一朵云推动另一朵云，一个灵魂唤醒另一个灵魂。强校长主编的《我们的教育探索与实践》系列丛书中，专有一本书深入阐释了以人为本的教育理念。我们用三年时间，将一群天真烂漫的孩子培育成充满活力的青年。每位学生的心中都珍藏着与班主任难忘的时光。

这张让我心酸流泪的照片，是今年春天李宝峰老师不经意间捕捉到的我和女儿的瞬间。李老师评论道：“当你清晨步入教室，凝视着你的学生时，可曾意识到教室门外，你幼小的女儿也在默默守候着你。”的确，只有深爱才会守候。女儿对母亲如此，老师对学生更是如此。我们这些担任班主任的妈妈们，谁不是放下自己年幼的孩子，去守护班上别人的孩子。三年如一日的真诚陪伴，便是对学生爱的最好诠释。

初中时期正是孩子们世界观、人生观、价值观形成的关键阶段。我们以高尚的师德为学生树立榜样，有责任引导他们形成正确的三观。主题班会和集体活动是进行三观教育的主要渠道。当我察觉到许多孩子与家长出现沟通障碍时，我会组织他们去孤儿院探望，在活动中促进双方和解；今年春天，我们利用校园图书节的机会为患有血液病的平山男孩义卖图书，当看到子浩爸爸热泪盈眶深深鞠躬的那一刻，助人为乐给孩子们带来的自豪感和自我认同感胜过了任何教育形式。

郑主任常说："德育工作做得好，考试成绩自然水到渠成。"我担任初三班主任的那一年，是我最快乐的时光。前两年的关爱与付出，让我在初三成为孩子们最信赖的人。班里没有固定的值日组，每周五仅需一次大扫除，因为学生们已经养成了随身携带垃圾袋的习惯；我不担心课间学生打闹，因为课间要么是同学间互相讲解题目，要么是围着老师提问；每周五的领头雁学法交流会我们坚持了一整年，有家长参与，有学科老师指导，更多的是领头雁孩子们之间的相互学习和切磋。班会课是大家最期待的课，因为这是班主任亲自上的唯一一堂课，在这里，学生们可以自由地谈理想、谈奋斗和谈感情。

三年的陪伴结出了丰硕的果实。2016 年参加中考的 56 名学生中，有 10 人达到 600 分，30 人达到我们高中的录取分数线，54 人超过了高中提档线。这些成绩让我沉醉于班主任工作的成就感，成为我工作的最大动力。

二、科学育人

班级管理不仅需要爱心和责任心，更需要恰当的方法。这种方法涉及了解学生的个性，尊重教育的基本原则，并根据每个学生的不同需求进行个性化教学，采取针对性的措施。在班级管理的实践中，我根据学生在不同阶段的特点，努力营造一个开放而自由的环境。学生们逐渐从他律过渡到自律，从依赖集体约束到自我约束，最终形成共同的价值观。

在学生教育方面，我特别重视团队活动和心理班会的作用。多年来，我非常感激商亮老师给予的大力支持。当小组建设遇到难题时，我会通过团队合作的小游戏来增强小组的凝聚力。面对受挫后变得自卑和自暴自弃的学生，我通过心理班会的"优点风暴"活动帮助他们重拾自信。在考试压力大时，我通过"真心话大冒险"等游戏释放学生的压力，让学生在参与和体验中获得成长，这比单纯的说教和责备效果要好得多。

在我看来，那些看似孤僻、怪异或嚣张的孩子，内心往往隐藏着许多不为人知或令人心痛的成长故事。许多老师都记得河北省美德少年韩东宪同学的事迹，他是被辛勤工作的单亲妈妈抚养长大的，是我们班连续三年的最后一名，也是我投入最多心血和时间的孩子。从初一的满口脏话、不归还他人财物、在课堂上打闹，到初二成为班里的文明使者，为每位老师搬电脑、端水杯、帮助同学们发作业、打扫卫生，再到初三寒假时捡到装有 2 万多元现金的手包并归还失主，他的善良和美好品质赢得了所有老师和同学的尊重和喜爱。

随着担任班主任的时间越来越长，我越发认识到教育学生是一门学问，需要我们认真研究和探索。现在学校为我们班主任提供了研究的平台，在每周一的班主任会议上，我们德育备课组聚集一起，针对班里出现的问题和案例进行研讨，这让我学到了很多宝贵的经验。

三、合力育人

这是一个沉迷网络的孩子。由于他的父亲是一名警察，常常以对待罪犯的方式去网吧“抓”他，这种粗暴的教育方式导致了孩子离家出走。在孩子最后一次偷钱并离家出走被找回后，我感到束手无策，于是向年级主任郑老师寻求帮助。郑老师在简单了解情况后，迅速判断出问题的根源在于孩子的父亲。经过多次与家长的沟通和交流，郑老师终于说服了孩子的父亲。孩子的父亲后来表示：“我之前一直认为去网吧打游戏的都是不良青年，但郑老师让我意识到了自己的错误。”随后，父亲专门买了一台电脑，让孩子在家里玩游戏，结果孩子就不再去网吧了。父亲的改变带来了孩子的改变，疯狂玩了一个多月游戏的孩子，突然有一天对父亲说：“爸爸，我们先完成作业再玩游戏吧。”到了期末复习阶段，孩子又提议：“爸爸，你先收起电脑吧，等我期末考试结束后再玩。”到了初三，这个孩子如同一匹黑马，从班级后十名跃升至前二十名。在家长会上，孩子的母亲分享进步经验时激动落泪，她表示是43中挽救了她的家庭，拯救了她的孩子。年级领导的全力支持，家长的转变与配合，共同挽救了一个差点误入歧途的少年。这也让我深刻认识到教育合力的重要性。从这批学生开始，我有意识地邀请家长走进学校，参与各种活动，了解我们的教育工作，让家校合作共同促进学生的全面发展。希望我们所付出的爱的教育，将来都能成为学生美好回忆的一部分。

我的石外故事

初中部　张士军

1995 年 8 月，24 岁的我踏入了这个略显偏远荒凉，却洋溢着严谨与友爱氛围的大家庭——43 中，开启了我真正的教师生涯。至今，已经过去了二十九个年头。回顾这二十九年的历程，我认为可以用三种语文文体来概括。

一、语文老师的日子像童话，美好简单，滋润心田

在我初到 43 中时，我负责两个班的语文教学工作。我的日常包括备课、批改作业、深入研究教材，以及在钢板上刻印试卷。我们经常讨论一些如今已不再是问题的问题，以及那些依旧存在的问题。刘丽娟是我们的教研组长，快人快语，雷厉风行；刘秀娟则像一位温暖的大姐，总是无私地为大家提供帮助；张璇与我年纪相仿，外冷内热，我们共同经历了听课的考验，并在一路中相互支持。现在回想起来，那段时光如同童话般简单而美好。

1998 年 9 月，我开始教三个班的语文课。7 班是我校首届日俄班，学生们聪明且勤奋，对知识有着强烈的渴望；8 班是槐底班，学生们朴实懂事，但基础知识稍显薄弱；9 班是片内班，家长对孩子的学习关注不足，需要培养各种学习习惯。面对三个不同层次的班，我每天至少要准备三个教案。在有连续排课的日子里，我需要连续上四节课，这就意味着要准备四个教案。一周下来，我负责 4 个早读，18 节课，以及 18 个教案。每天我还要批改 200 多份作业，包括日记、作文、小测验以及各种难以分类的作业，当然还有个别辅导和谈话。每天工作结束时，夜幕已经降临。那时，人手不足，每个人都像是在做两个人的工作，尽管如此，我们每天都过得紧张而充实，但内心却感到宁静和踏实。现在回想起来，那段时光是多么宝贵。它教会了我，相同的教学内容需要根据不同的班的情况采取不同的教学方法，它也让我真正地走进了语文教学的殿堂，领略到了文字的魅力。每天上完课后，马丽娟、许静、张璇和我都会兴高采烈地分享课堂上的精彩瞬间，讨论学生的表现。这

些无意中的做法让我们认识到，课堂需要智慧、情趣和体验。我们一同品评孩子们的日记，理解孩子们需要真诚、慰藉和激励。这些充满情感的日记，是语文学科的宝贵财富，它们让我这个拥有近三十年教龄的教师依然保持着教学的初心。尽管面对堆积如山的作业，我却总能乐在其中。

二、班主任的日子像小说，起伏跌宕，却回味无穷

2004年，我正式担任班主任一职。任何小说都无法完整描绘班主任的日常生活：当孩子还小的时候，我清晨上班时他尚在梦乡，而晚上回家时他已经沉睡；当孩子开始上学，冬日的黎明，我不得不在微光中唤醒沉睡中的孩子，一同踏上上班的路途，有时孩子会在自行车上睡着。每位班主任每周至少要负责两次晚自习，(那时每个班都有住宿生，主科老师除了负责自己的班，还需照看对子班，每周三四次晚自习也是常事）有时在完成成人高考、自学考试监考或开完家长会后疲惫不堪、心力交瘁，连饭都顾不上吃就开始了晚自习。元宵节的晚自习，也是寒假开学后的第一个晚自习，惯例由班主任负责，窗外烟花绚烂，窗内班主任陪伴着埋头补作业的住宿生。那时中秋节还不是假期，班主任们会从家里带来月饼和苹果，与住宿生共度佳节，仿佛大家都未曾思念家中自己的孩子……那时的班主任生活就像一部现实主义小说，充满了辛酸与琐碎，而班主任就是小说中的主人公，将纷乱的局面梳理得井井有条，最终获得满满的成就感。

2007级有个女孩，名叫小红，她的故事几乎每天，不，每个课间都在上演。她会在教育处无人时顺手拿走刘志轩准备给学生办车牌的钱；她会未经李蕾老师同意就把学生送给她的圣诞节礼物转送给邻座的李勇炜老师；她会拿走刘楠老师收藏的各种笔，悄悄藏在饮水机旁的抽屉里；她会在课间趁同学上厕所时，在他们的桌上涂满滑溜溜的鼻涕；她会在接水后用空瓶子敲打每个经过的同学的后脑勺；她还会堵在教室门口，不让刚上完体育课的学生进教室……那时，她是整个年级毋庸置疑的“女一号”，每天、每个课间都在上演她的故事。训斥、责骂、叫家长，耐心谈话、轻柔安抚，所有方法都尝试过了，却都无济于事，她变得越来越敌对，越来越叛逆。我感觉她就像一颗随时可能引爆的炸弹，每天放学走在路上我都庆幸自己又过了一天，学生们更是对她避之不及，没有人愿意和她一组，更不用说和她同桌，甚至班长带着代表来向我抗议。在无奈之下，我开始查阅各种心理学的书，渐渐地，我不仅在理论上理解，而是真正领悟到，每个孩子都有一颗敏感的心，要想改变她的行为，首先得改变我自己作为班主任的态度。于是，我开始不再将她视为噩

梦，而是接纳她作为班里的一员，并努力让同学们接受她。经过通过多次谈话和班会课，以及老师们的亲身示范，学生们开始逐渐接近她，并在班长的提议下组成了“爱心”小组，课间与她聊天，结伴上厕所，室外课也不再孤单。我也真诚地与她交流，肯定她豪放不拘小节的性格，希望她能改变一些习惯。经过漫长的过程，不知不觉中，她在年级中的“出镜率”逐渐降低。令我意想不到的是，最大的收获是我的班，孩子们学会了包容和理解，学会了设身处地为他人着想，班里任何同学遇到困难，其他人都会全力以赴地提供帮助。李悦刚上初三就在体育课上骨折了，我每天安排同学去她家补课，一个月的时间里，没有一个同学迟到，也没有一个同学抱怨。

多年后，同学们回忆起这段经历心中充满了温暖和感激。感谢这个孩子和我的学生们，让我真正理解了教育的本质是尊重个性，唤醒心灵。

遗憾的是，我没有陪伴这群可爱的孩子们走进中考的考场，因为健康原因，我在 12 月 14 日，第二次阶段考试的前一天，不得不结束了我的班主任生涯，但这段经历让我回味无穷。有一届学生毕业后，不知是谁发起的，大家给我写了一封信，翻阅着那厚厚的本子，看着熟悉的字迹，读着感人的话语，我数次泪流满面，数次哽咽。还有一个学生，今年被腾讯公司录用，中秋节从深圳给我寄来一盒月饼！这些都是我教师生涯中最珍贵的财富，让我久久沉醉、回味无穷！

三、学科主任的日子像散文，真实自然，又优美隽永

2012 年，我开始担任学科主任，踏入了教师们的语文世界，领略了他们独特的魅力：邵老师、杨玲平、惠蓉，他们思想深邃，内涵丰富，展现出一种云淡风轻、举重若轻的美；刘亮、孟德顺、王飞、孙军国，他们学识渊博，精力充沛，彰显了独当一面、博学干练的美；小师、张欣、张梅、岳琴，他们热情洋溢，方法得当，体现了执着、睿智、宽容、真诚的美；军君、小丁、郭靖、丽菲，他们德行高尚，情怀深厚，散发出春风化雨、润物无声的美；凯琳、周颖不仅外表出众，而且充满朝气，展现了青春靓丽、活力四射的美。加入语文组，仿佛步入了散文的天地，形式自由，真实自然，清新明丽，意境深远。

我们组由 18 位语文教师和 12 位班主任组成，日常工作十分忙碌，学科组的任务也十分繁重。然而，每位成员在领取任务后都能迅速且高质量地完成。九年级伊始，我们成立了阅读组、名著组、作文组、作业组。在第一次教研会议上分配任务后，第二次教研时，阅读组的孙军国和邵老师已经准备好了议论文阅读的典型题型

答题思路课件，中考说明上的所有议论文阅读内容都已整理成篇；名著组在本学期需要完成 8 本书的出题任务，组长小孟经常与郭靖、周颖、凯琳、军君、小师一起讨论如何出题，以帮助学生更好地理解内容；作文组由王飞担任组长，他与杨玲平、丽菲、岳琴、张梅、刘亮共同制订作文计划，构思作文思路，苦思冥想如何激发不擅长写作的学生的创作热情，以及如何帮助擅长写作的学生获得更高的分数；作业组由张欣担任组长，他带领惠荣、小丁和我一起设计平时的作业卷和周末的小测验卷，既有长期规划，也有近期安排，分工明确，灵活多变。我们这些被分配任务的成员之间配合默契，不分彼此，不论年龄大小，没有人抱怨，没有人推诿，只有经过深思熟虑后的补充和完善。

在准备这篇报告的过程中，我意识到，我们每年都在为各种评比课做准备：2017 年小丁的区评优课，2018 年小丁的市评优课，2019 年小孟的全国赛课，2020 年刘亮的省评优课。每次评比课，大家都全力以赴，有人出谋划策，有人深入研读文本，有人代课支持，有人帮忙打印资料。当然，还有我们的大语文组，去年小孟参加全国赛课时，蔡景素老师、刘秀娟老师、马丽娟老师、王雅丽等多位老师多次参与，比赛前夜，谷静和孙群两位老师逐字逐句地审阅，那时，我们真正成了亲密无间的大家庭。

四、往后的日子，过成诗

若有诗意藏于心，便是人间好时节。陶渊明箪瓢屡空，却用诗和菊编绘了他的人生；李白仕途不顺，却让诗和酒微醺了他的生活；苏轼一生坎坷，却让明月清风诗画了他的心情。何况我，有为我们排忧解难的集团领导，有如姐妹般处处为我们着想的年级领导，有包容我体谅我的搭档们，有支持我滋养我的同事们。我深爱我的学校，热爱我的职业，喜爱我的学科，敬爱我的领导，珍爱我的同事。往后的日子不长也不短，我会用愉快的心情去感受生活的深深浅浅，接受眼前的各种花草，伴着温润的阳光，拿起手中的书，在讲台上来一场既有远方也有诗的旅行。

爱洒石外，润物无声

初中部　张士军　郭　靖

一、春雨如诗，不负年华

张：尊敬的各位领导、老师，大家下午好！我是八年级腾飞团队语文学科主任张士军。

郭：我是八年级腾飞团队语文教研组长郭靖。今天，我们代表语文组汇报交流的题目是《爱洒石外，润物无声》。

郭：语文组春雨团队现有教师 19 名，以“春雨”作为团队名称，取“润物细无声”之意，用师之春风化雨，换生之如沐春风，致力于让全体语文学子：俯首写好字，昂头诵诗篇，胸中有丘壑，下笔抒情感。

张：除了日常的教学职责，10 位语文教师还肩负着繁重的班主任工作，同时我们还有一位年级主任和一位教育主任。由于教师们平日工作繁忙，因此每周定期举行的教研活动成为我们交流经验、加强团队凝聚力的宝贵时刻。在新学期开始前，“幸福语文组”的微信群便已活跃起来，大家积极讨论着成长规划、制订教学计划、探讨课程项目、安排公开课日程，并确定每次教研活动的主题。学科主任和教研组长负责整合和归纳意见，教研活动的主持人深入研究主题，而备课主讲人则开始研读教材，提前投入到紧张的工作中。

郭：在每周例行的教研活动中，我们按照年级的具体要求，严格遵循教研流程，紧密围绕教研主题展开。活动伊始，我们通过展示教师才艺的方式，营造出一个和谐愉快的氛围。接下来，我们进入组内公开课的评课环节，大家分成“四环节”小组，每个小组一个观测点，并选出一位代表进行展示。在这一过程中，大家畅所欲言，各抒己见。在这里，我们不仅能够体会到自己努力得到同行认可的喜悦，还能听到最真诚和深刻的见解，从而获得极大的收获。

张：接下来是备课环节，我们在主讲人的引导下深入挖掘课本内容，细致的研读。记得有一次备课，我们对文言文中“之”字的用法产生了疑问，我们反复翻阅课本，查阅教学参考资料，甚至搬出了字典，并利用网络资源进行查询。最终，我们做到了对课文中每一个“之”字用法的彻底理解。

郭：我们热衷于参与教研活动，因为在这些活动中，我们总能获得课程设计的灵感。为了彰显母语的迷人魅力，每位语文教师在课程设计上都倾注了大量心血。

张：然而，单丝不成线，单木不成排，一节好课不仅需要授课者自己潜心钻研，更离不开教研组的群策群力。

郭：4 月初，语文组接到年级的指示，要求为河北省的名校联盟准备一堂观摩课。当时，尽管丁立芳老师正生病输液呢，但她还是毅然承担起了这一重要任务。面对日常教学、繁重的班主任工作以及班会课的展示任务，丁老师感到压力巨大。为此，语文组的作课指导小组迅速进入紧张的备战状态。小组成员如同影子一般紧随丁老师，参与听课、评课、改课以及再次听课的全过程。从那时起，办公室下班后的每个夜晚都能见到语文组成员忙碌的身影，他们从整体项目规划到每一个具体环节，从试课的安排到学生的确定，每一个细节都处理得细致认真。无论是午休时间还是下班后，都成了我们备课的宝贵时光。

张：通过反复试讲，我们不断激发新的创意，不断提出建议和修改课件。由于缺乏大块时间进行集体讨论，每位教师便利用零碎的时间与丁老师交流教学心得，课间说两句，候课铃声响起时抱着电脑匆匆交代几句。回到家中，一旦有了新的灵感，即便是在吃饭时也不忘通过微信分享。最终，在大家的共同努力下，丁老师的公开课表现得非常出色，赢得了众人的一致好评。

郭：每个老师上课都是全组老师一同上课，而每堂公开课都成了语文组展现其独特魅力的绝佳时机。站在讲台上的语文教师们风格各异，但无一例外地成为学生们喜爱的伙伴。在每次的教学评价中，我们总能收获满满的好评。

张：在我们的语文团队中，汇聚了众多才华横溢的专家和优秀教师。各类任务、活动和培训似乎总是对我们情有独钟，因此，代课已成为我们日常教学的一部分。在高峰期，我们一天需要承担多达七节的代课任务。每当有代课任务时，组长总是率先投入工作，即便是在晚上接到任务，为了确保次日早晨的课不受影响，组长也会连夜制定课程表，逐一联系并通知到每位教师。幸运的是，我们团队总是能够迅速响应，连夜准备教案，早晨上早读，以及连续教三节课都没问题。

郭：在语文组中，老教师们承担了最多的代课任务。索凤宝老师、杨玲平老师、刘秀娟老师，这些令人尊敬的老教师都已年过半百，却依然是组内代课的主力军，他们全心投入，毫无怨言。记得有一次，组里临时决定由索老师代课，他毫不犹豫地接受了任务。直到他离开的背影消失在视线中，我们才突然意识到索老师腿上有伤。因此，大家心里都想着，下一次代课时一定要考虑到索老师的身体状况。然而，到了下一次，索老师还是毫不犹豫地走在了前面。说到这里，仿佛又回荡起索老师常挂在嘴边的那句话："需要我代几节课，我就代几节，需要我代哪个班，我就代哪个班!"这是一个团结互助的团队，绝不会因为任何原因让孩子们少上一节课。

张：语文老师除了传授知识，还秉承着集团初中阶段"全面发展，打好基础"的教育理念，致力于引导学生认真书写，潜心阅读，从而激发学生学习语文的兴趣，培养他们的文学素养，为他们的全面发展奠定坚实基础。在 4 月举办的"读书节"活动中，一系列精彩纷呈的学科活动，如中华文化书法展、爱国主义演讲比赛、亲子朗读大赛、美文诵读比赛、精读《简·爱》绘制插图、绘制人物关系图、读者沙龙深度研讨等，让学生们每天沉浸在阅读的乐趣之中，极大地提高了他们学习语文的兴趣。

郭：为了带领学生前往裕华区参加演讲比赛，杨玲平老师在连续上了三节课后，连饭都顾不上吃，午休也省了，便急忙带领队伍出发。在途中，她还不断地与学生们讨论稿件内容。最终，他们取得了裕华区初赛第一名的好成绩。在活动繁多、人手紧张的情况下，团队成员常常放弃午休时间，加班加点的工作。师慧芝、和弦等老师利用午休时间，在炎炎烈日中组织了全年级 30 个班的硬笔和软笔书法作品的张贴工作。在读书节活动中，语文组共布置并张贴了 13 副展牌和条幅。组内的及丽菲老师和李中豪老师几乎是一下课就忙着打印材料，紧接着又开始制作展牌。烈日下、大风中，他们或蹲或站，克服了种种困难，尽管工作艰辛，他们却毫无怨言，认真细致地履行着自己的职责。

张：随着八年级的到来，我们学校在宋校长和冯主任的大力支持下，语文组经过严格的选拔，组建了汉字听写队。自海选阶段的连续出题，到每周的密集训练，教师们不辞辛劳，提前翻阅字典，为学生们梳理出重点和难点。每次整理超过 100 页的字典内容，备课工作量巨大，但我们丝毫不敢懈怠。如今，汉字听写队的同学们已经熟记了一整本字典，并且分类搜集、整理了大量字词资料。从最初的知识记忆，到如今对学习方法的深入总结，我们致力于让孩子们在这一勇敢者的挑战中有所得。

郭：八年级语文组始终积极响应并参与集团"第三个十年发展规划"中的"山

区教育帮扶工程”。为了确保每次活动的有效实施，教师们精心准备，提前与山区进行沟通交流，深入了解其实际需求，并以小组为单位深入研讨支教内容，致力于为山区教育提供高质量的教学资源。在集团的“山区百名种子教师培养计划”中，八年级语文组贡献了 8 位种子师父，他们与山区教师一对一结对，共同探讨教学内容，交流教育智慧，制订短期和长期目标，规划教育发展蓝图，共建幸福生活。我们携手合作，互助共进，致力于发挥集团优质教育资源的辐射作用，尽己所能贡献力量。

二、春雨如织，织绘蓝图

张：春雨如织，丝丝缕缕，正是这丝丝缕缕的奉献，织就了美好的未来。在集团的感召下，语文组的每位老师都秉持着“三爱”精神，在教育事业中奉献着自己的热血和青春，久而久之，习以为常，但又被身边的人看在眼里，记在心中。

郭：同事眼中的刘秀娟老师。刘秀娟老师是学校的老教师，自 1995 年来到石外以来，她一直致力于教育事业。由于家离学校较远，她中午无法回家，于是每天便利用午休时间与学生谈话，无论是表扬、鼓励还是鞭策，学生们总是带着些许紧张而来，满怀信心地离开。随着时间的推移，刘老师在多个岗位上辛勤工作，包括年级主任、教研组长和班主任，她在每个岗位上都游刃有余。然而，她从不提及这些成就背后是数十年如一日的辛勤付出。两年前，步入不惑之年的她送走了又一批毕业生，长期的劳累终于让她的身体发出了严重警告，她本可以借此机会卸下班主任的重担，但因工作需要，她再次接下了新班。尽管每天都在忍受着身体的不适，并依靠各种药物来维持日常工作，但她依然坚持亲自监督班里纪律、与家长沟通、指导学生等工作。多年来，在刘老师的带领下，她带的班不仅风气良好，而且成绩斐然，荣誉满载。

张：学生眼中的宋玲玲。永远记得初一第一节语文课，宋老师以一首“我是宋玲”的藏头诗与我们相识，风趣幽默。在我记忆中，玲姐总是那么强大，她每天似乎都能呼风唤雨。她能声泪俱下地开完班会，之后又不辞辛劳地进行家访。即使在深夜，她仍坚持为我们撰写那些让我至今仍忍不住反复阅读的家书，风雨无阻，每周一次。如今，当我回顾那些匆匆流逝的岁月，再看到玲姐那依旧温暖的笑容，我突然明白，宋老师是我最感激的老师，无论是过去、现在，还是随着时间的推移，这份感激之情愈发珍贵。

郭：领导眼中的岳琴。自 2015 年加入腾飞团队语文组以来，岳琴老师一直以身作则，积极投身于各项教学任务之中，全力以赴确保工作高质量地完成。作为一名年轻教师，她不仅在团队中承担了诸多职责，还在年级组内做了很多工作。此外，岳琴老师在担任 9 班副班主任期间，对学生展现出了深切的关怀和爱护，对班级事务倾注了满腔热情。自八年级起，她临时担任了 9 班的班主任，面对挑战，她勇敢地接下了班主任一职。到了下学期，她又接手了 17 班的班主任，再次证明了她的领导能力。这位充满活力的年轻教师面对每一次任务都无所畏惧，勇往直前，不辞辛劳地在楼层间奔波，为班级和团队贡献着自己的力量。

张：在我们语文组，以刘秀娟老师为代表任劳任怨、不计名利的老教师，像宋老师一样精益求精、尽职尽责的骨干教师，像岳琴这样事事冲在前面的青年教师比比皆是。

郭：师慧芝老师的孩子即将踏上大学的旅程，而她却因忙着学校的事情无法亲自送行，只能在家中与孩子含泪告别。

张：丁立芳高烧 39℃，当其他人午休时，她却在医院输液。输完液后，她毫不犹豫地拔掉针头，立即返回教室继续工作。

郭：张欣产假后马上接班，虽是片内班，但成绩名列前茅。

张：年级主任刘亮，刚刚成功送走了优秀的毕业班，现在又承担起了更为艰巨的任务——担任住宿班的班主任。他全身心投入到班级管理中，不知不觉间，他深深爱上了这份工作。在刘亮的带领下，7 班奋发向上，成为备受瞩目的王牌住宿班。

郭：张梅带着她 4 岁的孩子去“问题学生”家中进行家访。孩子的眼神透露出叛逆，行为举止显得异常。张梅耐心地、循循善诱地与学生交流，不知不觉中，夜已深了。虽然学生的问题得到了解决，但张梅 4 岁孩子的眼中却是满满的不安与恐惧。

张：日复一日的付出，无愧于学生，无愧于学校，无愧于自己钟爱的教育事业，却亏欠了家人，亏欠了孩子。八年级教育主任孟德顺兼任 6 班班主任，在教育教学中处处都独占鳌头的他，在孩子的眼中却是一位“隐形爸爸”。

郭：秉持“三爱”精神，践行“三爱”精神，用“三爱”精神激励和感召着自己。然而，在“我们”的身上，你是否看到了那个熟悉的自己？是“我们”，也同样是你们……

是那个腰酸背痛，揉揉肩膀去上课的你们；是那个没吃午饭，咬着面包批作业的你们；是那个面对着全班却没去接自己孩子的你们；是那个下班后忙着家访，却顾不上家人的你们；是那个颈椎不好还埋头做课件的你们；是那个得了咽炎还在讲台上滔滔不绝的你们；是那个满面笑容，目送学生远行的你们；更是那个多少年后学生依然心心念念的你们……

张：我们是亲如一家的语文组，我们是凝心聚力的腾飞人，我们，更是光荣无比的石外人！“爱教育　爱学校　爱学生”，同样也是爱自己的工作和生活。选择了一份职业，就选择了一种生活方式，选择了在石外做教育，就选择了比别人付出更多的努力。

郭：在石外，我们挥洒汗水，同时收获满满。在“一师一优课、一课一名师”中，语文组共有 11 位教师录制了他们的优质课程。学校为教师们提供了坚实的后盾，宋校长亲自监督，冯主任不厌其烦的联系和协调。我们拥有专业的录播教室、出色的录制团队，以及柳昆老师和赵文涛老师精心安排的课程表和挑选好的服装。这一切，教师们看在眼里，感激在心。

张：作为一线教师，我们总是能够第一时间掌握各类活动的最新信息。得益于集团的帮助和年级组的支持，我们致力于在自己的专业领域有所得，无论是说课比赛、微课制作、板书设计、论文评审、培训讲座还是课题研究，我们都在这些丰富多彩的活动中见证了自己的成长与提升。

郭：我们腾飞团队始终秉承“永远不要低估学生的能力”的理念，致力于学生能力的培养，并积极投身于各类竞赛之中。每当有活动安排，年级组总是提前为我们做好周密的规划，协助学生和家长之间的沟通，并主动调整带队老师的课程表。在这样积极向上的氛围中，我们的语文学子在各项比赛中屡获殊荣，满载而归。

张：春雨绵绵，处处万紫千红，愿春雨人不负年华，师生共同书写诗意人生。

郭：春雨如织，处处草长莺飞，愿春雨人和集团一同织绘美好蓝图！我们的汇报到此结束，谢谢大家！

在爱里相遇

初中部　张红霞

尊敬的领导、可爱的同事们：

大家下午好！我是张红霞，来自最团结最有爱的八年级砺剑团队，今天我分享的关于“三爱”教育的文章题目是《在爱里相遇》。

小时候，老师布置过很多作文：“我的理想”“奔向 21 世纪”“20 年后的我”“长大后，我”……无一例外，所有的作文我都会写到我要做一名光荣的人民教师。多年后，我站在了从小就向往的讲台上。面对着讲台下一张张稚嫩的脸庞，一双双信任的眼睛，油然而生的责任感让我至今对我的职业选择坚持并热爱着！

一、一个忙碌且幸福的英语老师

德高为师，身正为范，我的母校——河北师范大学把这两句话深深地刻在我的心里，它激励着我、鞭策着我，是我对待工作的基本准则。2001 年我调到石外，2011 年开始担任班主任，送走了七届初三毕业生。石外的英语老师是最忙碌的，还记得每天中午检查同学们背课文的情景；还记得每天拿回家的厚厚的作业本；还记得自习课上一遍遍地盯着学生改错；还记得带着三个英语小班，一周上 4 个早读和 18 节英语课；还记得一次次因为做学生工作直到深夜……

外语是我们学校的重点学科，激发孩子们对英语的热爱，使英语成为他们的强项，是全体外语教师不懈追求的目标。记得在六楼大厅，每天中午我周围总是围着未能通过早读测试的孩子们，每个孩子都必须背诵并默写出课文才能离开。为了确保不同水平的孩子都能有所进步，我将学生分为三个小组，让他们自主选择加入哪个小组，随后我会为每个小组的孩子布置不同的学习任务。一周结束时，我的记录本上详细记录了每个孩子的学习成果。对于那些未能通过小测验的学生，我会在放学后留下来，耐心地进行个别辅导，直到他们达到标准。即便在课间休息和放学后，我仍会逐一检查孩子们的课文背诵情况，甚至在晚上 11:00 之后，我还在英语学习群里为学生解答疑惑……

因为爱，我愿意在孩子们成长的道路上陪伴他们，愿意投入时间和精力；我愿意早出晚归，甚至熬夜加班，只为批完孩子们当天的考试试卷；我愿意牺牲自己的休息时间，督促他们背诵每一篇课文；我愿意不遗余力地翻阅字典，只为回答他们曾经提出的一个个悬而未决的问题；我愿意成为他们成长之路上的鼓励者和支持者……

二、一个用心倾情的班主任

2011 年暑假，我正式开启了班主任生活。作为处女座，我发现自己确实追求完美，对细节挑剔，且时常感到紧张。起初，由于缺乏经验，我不得不投入更多的精力和时间。记得在我负责的 17 班升入初三后，由于物理成绩不佳，我焦虑得整夜未眠；接手 12 班时，面对学生上课纪律松散的问题，我几乎天天在教室里听课，以便深入了解学生的情况；学生们在初一时未能养成良好的作业习惯，到了初二上学期，我开始每天检查各科作业，积极与学生沟通，并联系家长，很快，12 班从一个被视为最弱的重点班，逐渐变成了一个学习气氛浓厚的班。

到了 2016 年，我接手了 6 班。那时，我或许已经过了那个热血沸腾、事事较真的年纪。在班主任工作中，我更加注重用心用情去管理班级，心态也变得更加平和，恰巧我家孩子也处于这个年级，这让我更能理解学生，能够站在他们的立场上思考问题了。当我尝试从孩子们的角度看待问题，并与他们分享我的理解与想法时，许多原本棘手的问题似乎都迎刃而解了。经验丰富的教师都清楚，初二学生正处于一个难以管理的阶段，他们可能会出现各种问题，尤其对性别问题特别敏感，因此我利用放学后的时间分别给男生和女生开会。在与女生的会议上，我强调无论何时女孩都应该爱护自己，尊重自己的身体，并珍惜青春时光。我告诉她们，青春期对异性产生欣赏和暗恋是自然的情感，但作为女孩应保持矜持，自尊自爱。我还鼓励她们写下自己理想中的人生伴侣应该具备的特质，以及什么样的男孩更受欢迎。通过读这些孩子们对未来伴侣的描述，我可以看到她们内心的世界。

性格特质：正直、风趣幽默、乐观开朗、宽容大度、成熟稳重、孝顺父母……

在为人处世方面：品德高尚、善良正直、胸怀宽广、责任感强、勇于担当、诚信自信、忠诚可靠、宽容待人……

学术追求：热爱工作、治学严谨、学识渊博（有同学明确指出，理想人选应至少拥有硕士或博士学位）、高智商、非书呆子型、才华横溢……

此外，也有同学希望未来的伴侣不吸烟、不酗酒、生活有序、擅长烹饪、能做家务、兴趣广泛等。

随后，我为班上所有女生写了一封信，购买了信封，仔细封好，亲自递到每个女生手中。我希望：你们不娇气，拥有远大的理想和目标，像男子汉一样勇敢、大气，拥有坚定不移的决心，在追求理想的道路上奋斗不息，无惧风雨。无论是在学习中遇到难以克服的困难想要放弃，还是在体育课上几乎筋疲力尽，抑或在生活中遇到诸多挫折时，都要坚持不懈，坚持到底！

在元旦联欢会上，我为每组同学创作了一首藏头诗，每首诗中都隐含了该组同学的名字。当我那略显生涩的小诗呈现在他们面前时，却赢得了热烈的掌声。从他们的表情中我能感受到，这份礼物带给他们的不仅是震撼，更是深深的感动，他们感受到了老师深沉的爱和期望。

每当孩子们过生日，我都会送上一个小小的祝福。（喜欢内秀文静的你/阳光开朗的你，喜欢勤奋思考的你，喜欢认真负责的你，喜欢坚持执着的你！在这个特别的日子里，我送上最真挚的祝福：愿你在未来的一年，像蝴蝶破茧而出，翩翩起舞！）

每当班集体获得奖励时，我都会在扉页针对他们的特点写下一段话，或是鼓励，或是赞赏，或是建议，并且我会在班上举行颁奖仪式，让孩子们上台领奖，我亲自给他们颁奖。我认为这种沟通方式有时比面对面交谈更有意义。（季坤：老师想告诉你两个词：一是自信，相信自己！一是勇气，勇往直前，百折不挠！即使摔倒 100 次，也要在第 101 次站起来！笑着！小剧：你表面上看似什么都不在乎，但内心却有着坚定的信念！老师能感受到你的每一次在乎，每一次努力，每一次失败，每一次成功！因为你在乎，所以你坚持。我欣赏你！）

2019 年，我接手了博喻 3 班。我开始思考，我应该培养怎样的学生？我不止一次地告诉他们：无论二十年后还是三十年后，无论你们身处祖国的哪个城市，哪个岗位，你们都将成为中坚力量，是祖国建设的脊梁！因此，我对你们的培养目标是这样的：我希望我的学生都能成长为“懂得感恩，充满温情，善于交际，怀揣梦想，承担责任，知道努力”的人！我用实际行动践行着我的培养理念。为了教会孩子们感恩，每逢节日我都会要求同学们给老师发送信息，表达祝福。要成才，先成人，只有心怀感恩，才会懂得珍惜，懂得尊重，这是我们培养人才最基本的要求。在以“爱国”为主题的班会课上，面对学生机械地背诵政治课本的现象，我引导孩子们思考爱的真谛。我告诉孩子们：爱不是空洞的口号，爱是通过具体行动体现出来的。爱是当同学遇到困难时你的帮助；爱是有人跌倒时你伸出的手；爱是朋友失落时你真诚的关怀；爱是老师走进教室时你扬起的笑脸；爱是上课时你专注的眼神；爱是你认真地改每一次老师为你看过的作业……

多年来，我习惯记录下每天、每周的工作重点，包括需要与哪些学生谈话，班级建设应关注的方面，等等。每次考试后，我都会逐一分析各组和每个同学的成绩，并且在两周内争取与所有同学进行一次谈话。

上大学时，我想学历史和中文，但却阴差阳错地调剂到外语系。在生活和工作中我特别喜欢用文字来记录做一名班主任的烦琐和幸福，同时这也是一种非常好的和学生、家长沟通的方式。

在学生踏上中考的征途之前，我写道：

奋战中考的这一年，你们付出了太多的辛苦！从初二暑假开始的体育训练，学习小组；一次次阶段考试、模拟考试；奋战冬三月以及百日誓师大会；理化生实验强训；体育中考……

在这不断地磨炼中，老师感到你们真的长大了，也收获了更多：坚强、执着、拼搏、友情……你们曾经立下的誓言、曾经开心的笑容、曾经伤心的泪水……虽然已被定格在过去，但却被记忆、被彼此恒久珍藏。人生就是在珍藏中将思想沉淀，将幸福发酵。

此刻，无论老师有多么不舍，多么留恋你们可爱的笑脸，你们依然快毕业了，因为前方有你们更为远大的梦想和理想。可是老师想对你们说：“无论你未来的路走多远，这里都有老师对你们不变的守候！”

孩子们！当你们扬帆起航的时候，请记住老师对你们最后的叮咛：带着热情与宽容上路，带着严谨与勤奋求学，带着正直与善良做人，带着温暖与爱心生活！

新冠疫情期间，我写道：

今夜，以爱为灯，待春暖花开，愿所有美好如期而至！

让我们相逢在窗明几净的博喻 3 班，让我们奔跑在红墙绿草的石外操场，

我们一起大声倾情的读书，我们一起欢声笑语的畅聊，我们一起大汗淋漓的奔跑，我们一起争先恐后的消毒；

我们一起惟妙惟肖的模仿马帅老师、宝峰老师；

我们一起看值日班长的点评，然后一堆小朋友在黑板前盯着那个数字吵来吵去的日子。

三、念念不忘必有回响

凡事念念不忘，必有回响。因为它在传递你心间的声音，绵绵不绝，遂相印于心。所有的付出，孩子们看在眼里，记在心上。

正是由于我们对工作的严谨态度和对学生的悉心教导，17 班在中考中取得了辉煌的成绩，这份成就至今仍让家长记忆犹新。每个节日，他们都会通过短信或电话向我表达问候。同样，正是这份对工作的执着和对学生的关怀，12 班的班级文化和学习风气才得以根本性转变。在毕业典礼上，家长们满怀感激之情，热泪盈眶地拥抱我。每当孩子们回校探望老师，他们总会给予我一个温暖的拥抱……

由于真挚的爱与奉献，我们 6 班的家长和孩子们至今仍对我们班怀有无尽的留恋……每当节日，我总能接到毕业多年的学生打来的电话，收到他们发来的微信，或是他们手写的长信！正是这份真挚的爱与奉献，使得 3 班的孩子们即便在学业压力之下也能自由的成长。

这是一个浮躁的时代，作为教师，我们肩负着传承文化的使命，担当着文明的传播者，更是传递爱与温暖的使者。我想校园应该是宁静的，老师的内心应该是平和的。让我们一起静下来，发现生活中的美，享受作为教师的快乐，享受孩子们成长的过程！

那么就在这回想之中，结束我今天的发言吧。

共守同心缘，共画同心圆

初中部　张红霞　马德强

马：尊敬的各位领导。

张：亲爱的老师们。

合：大家好！

马：我们来自七年级铸剑团队，首先请允许我隆重地介绍一下我的黄金搭档——她就是张弛有度、红红火火、霞光万丈的张红霞。

张：大家好，我是张红霞。那么也让我隆重地介绍一下我的完美搭档——他就是马到成功、德才兼备、强记博闻的马德强。

马：今天非常荣幸代表七年级铸剑团队与各位老师分享我们在教育教学中的点滴——《共守同心缘，共画同心圆》。

一、爱学校——同向亦同心

张：去年夏天，带着终于不必再教毕业班的轻松心情，我重返校园，然而，得知我将负责3班时，压力骤增。在学校工作了二十年，我始终勤勉尽责，不敢有丝毫懈怠，自认为是一位极负责任且愿意全心投入的教师。然而，独立承担实验班班主任的一职，对我来说还是头一遭，内心难免忐忑不安，生怕辜负了学校的期望和领导的信任。当我得知我的搭档是马德强老师时，我稍微放松了一些。因为我认为我和马老师在教育理念和情怀上有着共鸣，而且马老师刚刚培养出了状元，在培养优秀学生方面拥有独到的见解和方法。

马：还记得2019年的夏天，铸剑学子报到的第一天晚上，张老师就给我发了一条信息："咱们俩一定要把3班、4班带成最好的班，不辜负领导对咱们的信任！"看到这条信息，我真的很感动，有这样默契的搭档一路同行，我的劲头更足了。

张：2001年我调到石外，2011年开始担任班主任，送走了七届初三毕业生。石外的英语老师是最忙碌的，还记得每天中午检查同学们背新概念课文的情景；还记得每天拿回家的厚厚的作业本；还记得自习课上一遍遍地盯着学生改错；还记得带着三个英语小班，一周上了 18 节英语课；还记得狠心把孩子放在食堂，自己奔向早读的教室；还记得一次次因为做学生工作直到深夜；更记得学生给我写的一封封信，表达着他们对老师无限的爱；更记得毕业典礼上，一群家长到后台接我，抱着我流下的泪水……我见证了学校的发展壮大，我骄傲，因为我也是其中的建设者和经历者。

马：带着大学时代的梦想，我踏入了石外，这里是我梦想起航的港湾。在这里，我度过了最珍贵的青春时光，石外的每一寸土地都印刻着我的足迹。石外已经融入了我的生命，成为我不可分割的一部分。我有幸在这里指导了六届毕业生，那些日复一日教 4 节数学课的时光难以忘怀；那些将作业和试卷带回家，在行政楼单身宿舍里批改的夜晚历历在目；那些即使在周末也坚持来校工作的日子记忆犹新；那些与学生一同经历 21 天军训的艰辛岁月更是刻骨铭心……我将我的青春献给了我们深爱的学校，与学校一同成长。面对学校的信任和领导的重托，我们唯有全力以赴，培养更多优秀的人才，这正是我们共同追求的目标。

张：选择了教师这一职业，我们便无怨无悔。对学生的热爱，是我们永恒不变的初衷，我们珍爱每一位学生，将他们视为独特的个体，给予尊重。我们的教育宗旨就是让每一个孩子成为更好的自己！

二、爱教育——同心亦同德

马：我们热爱学生，与他们暑日初相聚，谈笑有佳缘。我们默契十足，班集体名称也亲如兄弟，“博喻 3 班”“搏毅 4 班”。这寄托了我们对学生的希望：胸怀宽广，学识扎实，见识广博，勇毅前行，搏未来！

张：我们有着共同的育人目标：让学生成为懂感恩、有温情、会交际、怀梦想、担责任、知努力的人。我们要让自己培养的每一位学子都成为石外的骄傲！

马：为了这个目标，我们一起践行着自己的誓言，为了学生，再苦再累，付出再多也是值得的！每天清晨，张老师总是第一个踏入教室，她以灿烂的笑容和温暖的话语迎接每一个学生。早晨的她总是忙碌的：亲自指导学生进行卫生清洁，一步步引导课代表开展早读，教组长如何高效地收发作业……

张：中午时分，马老师总是忙得不可开交：他脚步匆匆，急切地赶往教室，要么对学生上午的表现进行点评，不时流露出赞许的目光，要么找个别学生进行深入交谈，言辞中充满了无尽的关怀。

马：每天下午的自习课，张老师一定是在 3 班的教室，或批改作业，或跟学生谈心，或是看着我穿梭在两个班的教室之间。

张：放学后，是班主任们最忙碌的时刻。经过一天的辛勤工作，尽管我们很疲惫，但仍然满怀激情地进行当天的点评、表彰、总结和交流。我们的目标是确保学生每天都能有所收获、有所思考、有所成长。此外，我们还会经常留出时间，与一些学生或小组进行深入的谈心，教授方法，增进感情，解答疑惑。

马：随着教学楼的宁静，我们一边敲打着僵硬的颈椎，一边开始谈论班里的琐事和学生的表现。我们互相提建议，互相鼓励……内心平静下来后，还要准备第二天的课，梳理次日的工作重点。无数次的早出晚归，无数次的披星戴月，无数次的风雨无阻，空旷的校园见证了我们对教育的热爱、对学校的忠诚以及对学生的深情。

马：“君子和而不同，美美与共”，从引导学生的人生理想到塑造他们的性格，从帮助学生设定目标到培养学习习惯，从周一的班会到周五放学前的小结，从班委会的组建到小组的构建，从确定家委会成员到组织每一次家长会，我们彼此学习，互相提建议。我们秉持一个理念：3 班和 4 班同呼吸，共命运，只有大家共同进步，才是真正的成功！

张：手机一直是令家长和教师最棘手的问题。合理使用手机能够助力学生学习，而滥用则可能成为他们成长道路上的障碍。我与马老师共同探讨了如何有效引导学生正确使用手机的问题。经过商讨，我们决定在各自班中推行以小组为单位的“手机自主管理文明示范小组”竞赛。我们把申请表格张贴在走廊的显眼位置，以便两个班的学生相互监督，共同营造一个文明使用手机的环境。

马：在期中和期末考试动员大会召开之前，我与张老师召集了两个班的学习委员和班长，向他们强调，我们 3 班和 4 班如同兄弟，共同面对挑战，我们的终极目标是实现双赢。从共同讨论挑战的目标和策略，到足球赛、艺术节等各项活动的创意构思、策划以及组织执行，孩子们之间的关系日益紧密，他们在团结中展现出竞争，在竞争中又不忘合作。

张：学生居家学习无疑给我们的班级管理带来了巨大的挑战。面对这些挑战，我和马老师数月以来一直坚持通过微信、电话和云视讯进行深入的讨论，经常工作到深夜，策划班里的各项事务。从早晨学生何时到校、晨会的安排、自习课的组织，到下午的演讲内容，以及放学时的总结，我们对每一个细节都进行了详尽的沟通。为了准备一场仅一个小时的分层家长会，我和马老师甚至在会议室里讨论了整整三个小时!

马：居家学习期间，为了培养学生自主学习和自律能力，我和张老师特别注重在班里树立学习榜样。我们在各个小组中推出了“免检作业”和“课堂明星”，这些举措极大地激励了学生。我们还利用晨会和午会的时间开展了一系列的经验分享活动，如“课堂之星”“作业之星”“复习方法小妙招”“我心中的榜样”“小组建设我最棒”和“战疫标兵”，从学习方法指导、小组建设到树立榜样等多方面对学生进行引导。我们努力在班里营造一种向榜样学习、不断完善自我、争做先进的氛围。同时，我们也在不动声色地观察学生，及时发现并解决问题，确保管理上的松紧结合。为了提高工作的实效性，我们对学生实施了分层管理与培养，每个层次的学生都有明确的标准和相应的措施。我们要求学生每天、每周都对照这些标准来调整自己，以更好的进步。

三、爱学生——共叙同心缘，共画同心圆

张：“黑发积霜织日月，粉笔无言写春秋。”在二十年的教育生涯中，马老师已不再是那个风华正茂的青年，但他始终保持着不懈的努力和对学生深沉的爱。在4班，有一个与众不同的女生，她的成绩与同学们有明显的差距，这让她显得有些孤立。实际上，最让马老师忧心的是全班同学对她的态度，如果同学们不愿意与她共同学习、合作，那么她在班里将难以立足，最终可能会被孤立。面对这样的情况，我们不能放弃任何一个学生，只有班主任展现出包容之心，并为全班同学树立榜样，才能促使同学们主动接纳她。马老师每天晚上都会额外辅导这个孩子，耐心地解答她的疑惑，反复检查她的作业并指导她改正错误。每当她取得微小的进步时，马老师都会在全班面前表扬她，用他那独有的包容和耐心激励着、影响着、守护着这个孩子。随着期中和期末考试的到来，这个女孩取得了令人欣慰的成绩，她在班里的朋友也越来越多了，笑容再次洋溢在她的脸上。马老师，您是如何看待这一切的呢?

马：作为教师，我们逐渐领悟到：教育者的胸怀是学生的天地，老师的胸怀有多宽，学生的精神天地就有多大。老师信任的深度，决定了学生施展才华的空间有多宽广；老师的包容度，预示着学生改变与成长的机会有多少。

马：“亲爱的老师，您如花般装点了我们的青春，转身构造了一片未来。花有残者，花有缺者。您却常开不败，您是我们心中永远的一抹红霞!”

我并不擅长表达情感，但每当目睹3班学生向张老师献上节日祝福时，我深受

感动。张老师以她对学生无尽的关爱赢得了他们的敬爱与尊重。她保存了众多的工作日志，通过翻阅这些日志，我们可以了解到她所培养的学生为何充满热情、懂得感恩、胸怀宽广……这些日志实为管理班级的宝典，记录了从学生的承诺书、家长的反馈、作业与课堂问题、每次考试后的个人与团队成绩分析及改进策略，到学生在学习生活中遇到的困惑，甚至是因教师变动而需进行的心理辅导记录等方方面面。这些细节无不体现了张老师对教育事业和学生的深厚爱意！在一次以“爱国主义”为主题的班会课上，面对学生机械地背诵政治课本的情景，张老师提出了一个问题：“爱究竟是什么?”我们还是请张老师来总结吧：

张：爱不是口头上喊出来的，爱是通过具体的行动表现出来的。爱是同学遇到困难时你的帮助；爱是有人摔倒时你伸出的手；爱是朋友失落时你真诚的关怀；爱是老师走进教室时你扬起的笑脸；爱是上课时你专注的眼神；爱是你认真地改每一次老师为你看过的作业……

张：作为老师，没有什么比看到孩子们的成长和进步更让我们开心和满足的了。一年来，看着这些孩子们学会感恩、学会交际、学会担当、学会上早读、学会上课、学会午休、学会自习、学会写作业、学会计划、学会了许多许多……所有的这一切都得益于3班、4班的全体任课老师，有了你们的帮助和支持，才让我们的孩子们更加优秀，才让我们信心百倍，越战越勇。

马：我们的任课老师们秉承“三爱”教育，永远把学校、学生放在第一位。日常与班主任的沟通成了家常便饭，班主任工位成了我们的“微型会议室”。夜深了，班里教师团队的微信群还在和班主任交流着学生的作业、小测和上课状态。

张：忘不了艳辉老师、孟伟老师每一次积极配合管理学生；忘不了谷静老师每个周日下午在语文群里对周末作业的语音讲解，每次都是几十段，周周如此；忘不了李蕾老师、晨曦老师早早的开始早读；忘不了许静老师每一次优秀作文的指导和点评；忘不了云瑶、宝峰每一次你争我抢的挤时间为学生指点迷津；忘不了胡迪老师和小莉老师每一次发到微信群里的知识提纲……我们两个班任课教师团队，珍惜我们共事的缘分，并且用彼此的真心守护着这份缘，我们共叙同心缘的这段岁月，一定会成为我们和学生美好回忆。

马：不仅仅是3班、4班的全体老师能够凝聚在一起，不求回报，奉献教育，我们全体铸剑人都是这样的工作理念：坚持以人为本，打造和谐团队，靠信念铸剑，用意志砺剑，凭本事亮剑。

心怀一种信念——永不言败，敢为人先。

锻造一种意志——锲而不舍，百炼成钢。

具备一种本事——剑锋所指，所向披靡。

我们一定以葛校长、宋主任、魏主任的领导和年级工作理念为圆心，年级全体同人初心不改，砥砺前行，

合：共守同心缘，共画同心圆。

特别的爱给特别的你

初中部　张俊彩

爱是教育的源泉，为此老师甘做草肥和泥土，只为营造一个充满爱的氛围，让教育回归育人本真。曾有一首歌让我铭记于心："特别的爱给特别的你……你让我越来越不相信自己。"这句歌词时刻提醒我作为一名教育工作者，把特别的爱献给我们的教育事业、献给我们的学校、献给我们的学生。

一、那年，我有一个特别的梦

不知道是什么原因，每当静下心来，我总会不自觉地回想起我的初中班主任。他是一位语文特级教师，拥有一头乌黑的头发，总是穿着一件洁白的衬衫和一条深色的长裤，他的态度时而温和，时而严肃，却也不失幽默——这便是我记忆中的班主任冯老师。他上课自然、亲切，字正腔圆、抑扬顿挫的普通话，一段声情并茂、慷慨激昂的朗诵，总能吸引我们的注意力，引领我们进入一个充满美妙文字的世界。无论是课程的开场白，还是对学生问题的详尽解答，他总能旁征博引，使人心悦诚服。当有学生发表不一样的观点时，他的眼睛会立刻眯成一条缝，而遇到令他不悦的事情时，他的眉头会紧锁成"倒八字"，严肃地凝视着那位学生，令人敬畏。冯老师不仅以他的语文知识和修养影响和熏陶了我，更让我深刻体会到教师职业的神圣与伟大，让我从内心深处感受到教师的人格魅力。就这样，在我心中悄悄种下了一个美好的梦想：长大后，我也要成为一名教师。

二、那年，我走进梦开始的地方

2011 年，我告别了充满活力的校园生活，怀揣着青春的梦想和初出茅庐的勇气，踏入了石外这片充满希望的土地。抬头仰望，甬道两旁的梧桐树挺拔而苍劲；低头俯瞰，翠绿的小草在阳光下生机勃勃，仿佛在向日微笑；静心聆听，远处操场上传来孩子们的欢声笑语；细细品味，书香扑鼻，令人陶醉。我漫步在小路上，夕阳的余晖将整个校园染成金色，“从这里走向世界”的标语在阳光下熠熠生辉，充满了生机与希望。那“爱国、交际、协作、文明、健康、创新”的十二字育人目标映入眼帘，凝聚了石外人的无私奉献和开拓精神，展现了石外集团的蓬勃发展和长远规划，美丽的石外深深吸引了我。我想，这里就是我梦想启航的地方。

带着朦胧的追求和满腔的热情，我踏上了三尺讲台，成为一名光荣的人民教师，这让我无比欣喜。然而，当我真正开始工作时，我意识到仅有热情是不够的。正当我苦恼之际，学校的“蓝青工程”为我的成长提供了及时的帮助，我非常庆幸，在职业生涯的起步阶段就遇到了优秀的师父王翠红老师。从那时起，我每天都去听王老师的课，不仅学到了教学技巧，更学到了与学生沟通的艺术。人们常说，被记住是一种幸福，对于学生来说，被老师记住更是莫大的幸福。作为政治教师，王老师负责 6 班和 7 班两个班，她能随时叫出每个学生的名字，了解每个学生的心理状态，并投以信任的目光，让学生感到既惊喜又兴奋。王老师的课堂上还有一道亮丽的风景线，那就是尊重和赞美，她总能发现每个孩子的闪光点，并给予赞扬和鼓励。这让我深刻认识到，和谐的师生关系不仅需要教师提升语言沟通的艺术，还需要提升个人的审美能力，培养发现美的眼睛，用充满爱的目光注视学生、用爱的微笑面对学生、用爱的语言激励学生、用爱的分享感染学生。有一次，我看到王老师和学生谈心，那种放松和信任的氛围让我羡慕不已。王老师教会了我：教师应用博大的爱去温暖每一个学生，只有热爱和尊重学生，才能培养出优秀的学生。

2015 年 8 月，我的工作迎来了新的挑战——担任班主任。作为一位年轻的班主任，我没有经验，步履蹒跚。正当我感到胆怯和徘徊在十字路口时，学校为青年班主任进行了师徒结对，我有幸成为王锦玲老师的徒弟。王老师风趣幽默、平易近人，对待工作认真细致，每天都能看到她早来晚走，与学生进行深入交流的场景。作为班主任，不仅要管理好班级的日常事务，还要关注各学科的均衡发展。王老师家就住在学校附近的家乐园小区，尽管离得很近，但她却坚持每天中午在办公室休息。我曾疑惑地问：“王老师，您家这么近，为什么不回家休息呢?”王老师回答说：“初一的学生正处于习惯形成的关键时期，中午这段时间可以找学生聊聊天、谈谈心，了解他们在生活和学习上的困惑，并提供针对性的指导，这有助于孩子们更好地适应中学生活。”她还坚持每天中午等待学生饭后回来，组织全班同学进行弱科的学习和测试，致力于促进学生各学科的全面发展。像王老师这样的资深班主任还有很多，如严谨敬业的艾军老师、循循善诱的徐丽英老师、博学睿智的邵太宏老师、沉稳大气的王东明老师等，他们依然坚守在教育教学的第一线，是青年教师的榜样。

感谢师父们的无私帮助，感谢团队教师的引领，感谢领导们的支持，更要感谢集团为青年教师提供的广阔平台，让我有幸站在巨人的肩膀上远眺。仰望他们，我更渴望成为他们那样的人。因此，我不仅要传承师父们严谨、敬业、爱生、负责的教风，更要学习他们不畏艰难、无私奉献的精神品质，成为更优秀的教师，让梦想在这里生根发芽，开花结果。

三、那年，特别的你绚丽了我的梦

2018 年 7 月，我再次以班主任的身份迎接了新一届的学生，心中充满了喜悦。我向孩子们承诺：在学校里我将是他们最亲近的人，无论遇到什么问题，他们首先应该寻求我的帮助。在班集体的建设过程中，我与学生们建立了信任，逐渐实现了“亲其师，信其道”的教育效果。孩子们亲切地叫我“俊彩姐姐”，这为班级管理奠定了坚实的基础。

作为班主任，我们的责任不是挑选适合教育的学生，而是为学生选择适合的教育方式。在我的班里，小溪同学性格孤僻、不合群，她不敢大声说话，没有朋友，经常因为声音小而被同学们嘲笑，她几乎没有什么存在感。她的爱好是画画儿，画中的天空、月亮和小兔子都是灰色的，这反映了她内心的孤独和世界的灰暗。小溪 8 岁时患上了皮肤病和骨刺，长期治疗未见好转，她的父亲工作繁忙，继母对她不闻不问，她只能和爷爷奶奶一起生活。得知这些情况后，我的泪水充满了眼眸，我非常心疼她，我必须尽我所能帮助这个孩子，让她感受到应有的母爱。每天早上，我会看似随意地走到她身边，轻拍她的肩膀，鼓励她说：“今天看起来真精神。”到了傍晚，我会悄悄地给她带些孩子们喜欢的零食，并提醒她记得回家吃。由于小溪性格内向敏感，公开的帮助可能会适得其反，因此我通过班会课和其他活动向学生们灌输爱心教育，组织手拉手互助活动，营造了一个团结友爱的班集体氛围。随着时间的推移，班集体的凝聚力不断增强，互助的氛围也越来越浓厚。有一天，班长告诉我第二天是小溪的生日，他们想在班上为她举办一个生日派对，我当然支持这个想法，于是我们秘密地准备了蛋糕、贺卡，还有同学带来了自己珍藏的礼物。在烛光中，小溪感动得泪流满面，她拥抱了我们每一个人。渐渐地，小溪变得开朗了，不仅学习成绩有了显著提高，她的眼中也闪烁着对生活的热爱。2019 年秋天，她参加了市级绘画比赛，并荣获一等奖，透过她画作中绚丽的色彩，我仿佛看到了她光明的未来。

实际上，每个班都会有几名个性鲜明、较为特殊的孩子，需要我们班主任特别关注。在我的班里，当小吴同学因为所谓的“失恋”而感到抑郁时，我用母亲般的爱心抚慰他躁动的青春期心灵。当小帆挑起争端时，当小张沉迷网络无法自拔时，当小李拒绝理发时，当有人嘲笑同学时，当家庭出现矛盾时……作为班主任的我，时而是心理疏导员，时而是家庭调解员，时而是解决问题的“消防员”。正是这些多样的孩子们，促使我不断思考和提高教育的艺术。虽然这些问题看似繁杂，但它们恰恰成就了我的教育智慧。我要感谢这些特殊的孩子们，是他们让我的教育梦想更加绚丽多彩！

感谢我的老师，为我埋下梦想的种子；

感谢博大的石外，为我搭建梦想的舞台；

感谢石外的同人，为我的梦想把舵领航；

感谢可爱的孩子们，为我的梦想涂上绚丽的色彩。

回望我第一个十年的奋斗路，虽然有苦有累，但我依然坚信人生中的苦都是向上的路。特别的爱给特别的你，作为一名党员班主任，我会继续坚守教育初心，牢记教育使命，坚持奉行“爱人者，人恒爱之；敬人者，人恒敬之”的为人处事原则，勤奋学习、砥砺前行！

怀一颗赤诚之心，育满园芬芳桃李

初中部　邵太宏

大家好！我是来自八年级的邵太宏，我发言的题目是《怀一颗赤诚之心，育满园芬芳桃李》。12 日，我正带领学生安静地上阅览课，一则微信消息把我带到了教育处王主任的办公室，郑校长温和地给我布置了今天的发言任务。我当时一愣，在人才济济的初中部八年级，自己只是普通一员，要说特殊，也只是年龄大而满工作量的男老师而已，被领导的慧眼盯上，惊讶之余也有窃喜，赶紧聆听郑校长的指导。郑校长高屋建瓴，寥寥数语，却似醍醐灌顶，过往的一切积聚脑海，梳理、酝酿成篇……

一、舟因水而高——集团是沃土，领导指方向，同志相扶持

我并非一个泥古不变的人。我曾坚信"父母在，不远游"的古训，但随着父母的离世，我开始深思自己的未来以及子女的成长。因此，在 2002 年夏末秋初时节，我加入了石家庄外国语学校。

当时，学校领导团团坐定，对应聘的佼佼者做最后的敲定。强校长问我："你为什么要到石家庄外国语学校任教?"我的回答是："为自己的发展寻找一片沃土。"

二十二载春秋轮回，石外人认真做教育的精神使我震撼！从"做'葛东莲式的好老师'"到"做'杨金钗式的好老师'"，从 2005 年的第 1 个中考状元到今年的第 14 个中考状元，从探索素质教育的改革到"创新人才培养模式"教育教学改革的深入推进，从石家庄外国语学校到石家庄外国语教育集团，我们学校的跨越式发展凝聚着每一位石外人的奋斗汗水，更彰显着石外领导集体的睿智、英明！

二十二年的实践证明：石外集团这一片沃土为每一位教师的专业成长提供了良好的发展平台，是所有爱教育，执着于教育工作的同人向往的单位。先进的教育理念，蓬勃发展的大好形势，彰显了石外集团以及年级领导的英明，和谐的工作氛围，同事间的相互扶持使每一位石外人进取着、骄傲着、幸福着……

二、班主任工作——目光所至，是你

“学校无小事，事事皆教育”。班主任是班级发展的引领者、组织者，三十五年的班主任工作沉淀下来的是勇挑重担的大局观念，是凝聚任课教师团队的专业精神，从爱出发又落脚于爱的工作思路。

中途接班需要有大局观念。在我三十五年的班主任生涯里，多次中途接手新班，其中最具挑战的一次是在2010年秋季。那时，学校迫切需要一位班主任，而我即将接管的班正面临着家长和学生的挑剔，面对这样的困境，我曾一度想要退缩。葛校长察觉到了我的犹豫，便帮我分析形势，鼓励我认真准备，他亲自向新班介绍我，并指导我在第一次家长会上发言。我也不遗余力地准备每一堂课，最终顺利地完成了交接，赢得了家长和学生的信任。在那年的教师节，我与几位新接班的班主任一同荣获了“勇挑重担”的光荣称号。

凝聚了任课教师团队的专业精神。多年来，在教育教学中，我始终认真倾听教师们提出的问题，并有针对性地进行处理。在课堂教学上，我始终从班级整体发展的角度出发，对教师的调课、加课、自习辅导给予全力支持，从不占用自习时间，甚至在工作纪律允许的范围内，我愿意将自己的课时与同事们互换。在此，我要真诚地感谢与我合作过的任课教师，包括王淑敏、刘漪、黄智丽、杨金钗、闫荣光、闫永广、张联霞、孙红娟、许晓玮、孙红玉、李勇炜等老师。特别是其中一些学科领域的专家，他们那种负责任、积极主动、无私奉献、专业敬业的工作精神，一直感动并激励着我。

2010年元旦刚过，东北大学向女儿发出了面试通知，而我所教的九年级正处于期末复习的关键阶段。面对女儿的未来和52个家庭的期望，我陷入了焦虑和煎熬。经过深思熟虑，我决定让在大学任教的嫂子陪同女儿去面试。8月下旬，我中途接手了一个九年级新班，而女儿也要开学了，国防升级教育后恰巧有两天休息时间，这次我决定履行作为父亲的责任。28日，我坐了一整夜的火车北上，在细雨中为女儿办理了入学手续，安顿她进入宿舍，并办理了饭卡。随后，我匆匆踏上归途，确保不耽误新接手的九年级学生的报到和开学工作。每当回忆起这些，我的内心深处总是充满了难以言表的辛酸。

马卡连柯曾言：“爱是教育的基础，没有爱就没有教育。”这一富有哲理的名言深刻揭示了教育的本质。我校多年前提出的“教学生三年，为学生一生负责”的教育理念，正是从爱出发，又以爱为归宿。爱学生，是教育的根本和最高追求。班主任的工作既繁杂又充满挑战，面对性格各异、个性鲜明的未成年学生，以及背景不同、期望多样的家庭，班主任必须以爱为先，注重工作策略和方法，以及沟通的技巧。

每当遇到青年教师，他们总是微笑着打招呼：“看！邵老师，总是那么气定神闲！”我报以微笑，心中却深知个中苦楚。记得2005年秋季，我接手了一个多次更换班主任、成绩不佳、师生关系紧张的18班；2015年，我又接手了成绩处于年级中下游的10班和名声不佳的12班；2017年，我再次接手了一个成绩落后、家长挑剔、时常向学校提出不合理要求的班。

面对这些挑战，我从未抱怨，始终服从领导的安排，理解这份信任，并且全力以赴。每当遇到问题，我总是提醒自己要保持冷静，分析情况，寻找解决问题的最佳方案。我常常在学校忙于教学和管理工作，在家中与家长沟通，了解情况，预防问题的发生，直到手机电量耗尽。通过不懈的努力，我所带过的班都逐渐稳定下来，并实现了良性发展。

记得前年这个季节，大约晚上11:00，我接到了家长的电话。由于学生与任课老师之间的一些误解和摩擦，加之老师生病请假，家长误以为老师在关键时期要放弃学生，准备来学校找领导理论。我立刻联系了得力的家委会成员，了解情况后迅速采取紧急措施。在漫长的等待中，我甚至做好了亲自上门解决问题的准备，大约凌晨2:00，经过家委会的几轮沟通，终于传来消息，情况已经稳定，风波得以平息。第二天一早，我与“肇事”学生进行了深入的交流，从规则意识、责任意识到家庭的期望，再到学生未来的发展，我耐心地劝导和教育。学生终于平静下来，意识到了自己冲动的行为对个人和班集体造成的影响，并主动提出在家长陪同下向任课老师道歉，请求全班同学监督。家长被我的耐心和细致的工作所感动，将一面写着“博学友善，师德高尚”的锦旗送到了学校，这不仅是对学校工作的认可，更是对我的肯定。半年后，这位曾让家长担忧的孩子顺利考入了理想的高中。

在中途接手新班时，我不会急于采取激烈的措施，而是稳住局面，以静制动。我会先深入了解新班、学生和家长的情况，观察班委、班级常规的运作，研究应对策略。通常在期中考试后，我会逐步实施措施，融入自己的管理风格。

2017届毕业生王可依的母亲表示：“邵老师以其文雅睿智的风范，以四两拨千斤的从容淡定，成功地将鸿毅10班管理得井然有序，生机勃勃。他的教育风格融合了严格与关爱，学生们对他有着既敬又畏的深刻感受。他既是严父也是慈母，在孩子们成长的道路上，始终以温暖的关怀和严格的管教相伴，如同一座灯塔，在黑夜的狂风暴雨中或白昼的风和日丽里，始终坚定地屹立着。这一切的背后，是他丰富的知识、高尚的品德、博大的爱心以及勇于承担责任的精神。他坚守不嫌弃、不抛弃、不放弃的原则，力挽狂澜，引领鸿毅 10 班的同学们团结奋斗，勇往直前，最终取得了优异的成绩，成功实现了逆袭。”

2018 届毕业生肖煦腾的母亲，来自河北地质大学的刘教授说道：“邵老师是一位温文尔雅、沉稳理性的资深班主任，学生们亲切地称呼您为‘老班’。正是您这位每天骑自行车最早到、最晚离开的‘老班’，对每位学生都持有不抛弃、不放弃的态度。您秉持着‘默默耕耘，静待花开’的耐心，不断传递‘做最好的自己，我就是冠军’的信念。通过交流思想、讲解道理、转变态度，您引导同学们树立学习目标，激发内在动力，用内在动力和外在规范来约束和引导学生。在您的带领下，九年级一年内，17 班从最初的落后、散漫、混乱，到毕业时，不仅有了 612 分的优等生，还帮助了 14 名原本在普通高中录取线以下的学生取得了显著进步。我们衷心感谢您!”

三、教学方面——I know I know you（我懂你）

多年的一线工作，使我对班主任工作与语文教学积累了一点认识，不敢在诸位同人面前奢谈什么经验，只是承蒙领导信任，跟各位交流一点个人的浅陋之见而已。

1. 关注中考动态，把握教学方向。
2. 抓住课堂主阵地，提高课堂教学效率。
3. 立德树人，提高业务能力，争做专家型教师。

作为语文老师，要树立大语文教学观，提高学生的整体语文素养，以自身的人格魅力感染学生，以扎实过硬的业务能力激发学生的学习兴趣。在三尺讲台上，教师必须摒弃一切干扰，始终保持充沛的热情，引领学生领略语言的奥妙，感受人物精神，并体验作者对生命的感悟。

三十五年的工作经历，越来越强烈、越来越清晰地告诉我：跳出分数看学生，才能发现提升成绩的门径。满怀爱心，温柔以待，悦纳学生，促其成长，才是教育的至境。

2005 届毕业生窦彤，毕业于加拿大湖首大学，经济学硕士，在她《十年转瞬间，少年已翩翩》的回忆散文中写道：

邵老师讲课总是声情并茂，从鲁迅的《从百草园到三味书屋》，再到周敦颐的《爱莲说》，现在想起来还能回想到老师上课时抑扬顿挫地朗读的场景。

对我而言，邵老师不单单是我初中时候的班主任，也是我人生的导师，很多话，到现在才更明白其中真谛。

2011级17班的王安周同学目前在英国剑桥大学深造，专攻基础数学与哲学。她回忆道：

在初三那年，邵老师接管了我们班。那时，同学们对即将到来的中考缺乏紧迫感，秩序松散，学习氛围并不理想。面对这种情况，邵老师采取了一系列有效措施。通过定期的班会和班委会，他不仅教导我们，还不断鼓励我们，及时发现并解决问题，最终成功地转变了班里的整体风气。邵老师的语文课教学风格独树一帜，即便在初三紧张的备考期间，他也并未单纯依靠题海战术和填鸭式教学。相反，他注重培养我们的语文能力，不仅在课堂上，也在课外拓展我们的知识视野，并给我们提供了许多应用和展示的机会，帮助我们培养了良好的自学习惯。

2013届20班的毕业生李佚凡，毕业于哈佛大学，主修工商管理专业。他回忆道：

邵老师从我们初二那年开始担任我们班的班主任，他讲话虽然平和却充满力量，简单朴实却饱含深情。他总是提前来到教室，对学生认真负责。邵老师不仅传授了我们语文知识，还帮助我们这些顽皮的孩子实现了梦想。他常站在讲台上，语重心长地说：“不要期望学习是一件轻松愉快的事，没有付出就没有收获。”从那时起，我便认为学习中的辛苦是理所当然的，因此能够坦然接受并勇敢面对学习中的挑战。这种心态为我后来申请出国留学并前往美国深造奠定了坚实的基础。我很幸运，在青春年华遇到了像邵老师这样优秀的老师，这份感激之情，将永远铭记于心！

郑校长称赞我是一个怀有教育情怀的人，我谦虚地回应：哪里哪里。为班级、为年级、为学校，我始终努力工作，这是我的责任所在。郑校长的表扬不仅是对我工作的肯定，更是对我未来的鞭策和鼓励。现在，我们站在学校新的“十年发展规划”的起跑线上，每一位石外人都充满激情，怀揣着一颗赤诚之心，致力于培育满园的芬芳桃李。最后，我想用康主任的诗句与大家共勉：“三尺讲台一片丹心，辛勤耕耘无怨无悔；百年育人满腔热血，自奋扬鞭有智有情。”

谢谢！

我拿什么给你，我的学生

初中部　欧阳贵宝

在石外工作已有十余载，作为一名化学教师，我经常在学年中途接手班主任一职，具体接了多少届已难以记清。每到暑假，我最感到忧虑的时刻便是领导找我谈接任班主任的事宜。我深知带领一个班走过一年的挑战与不易，但我也明白，除非万不得已，否则不会在初三更换班主任。作为石外的一分子，在面对困难时，我理应挺身而出，贡献自己的力量，这也是领导对我能力的信任与认可，因此我总是在犹豫与接受之间开始了新的班主任工作。

一、从见面眼红的“继父子”到理解彼此的同行者

众所周知，继父母的角色并不容易。在学生与老师初次见面时，我总是忐忑不安，因此，在与学生见面的前一天，我会站在镜子前自言自语，反复练习，幻想着如何展现自己最好的一面，给他们留下深刻的印象。记得有一年，当我进行自我介绍时，下面却是一片喧闹和私语，尽管我大声试图镇压，却只换来短暂的安静，随后便是他们不屑一顾和傲慢的眼神。我感到当头一棒，心中充满了挫败感，那一刻，我真想去找领导说我不想再继续了。但冷静下来后，我意识到领导将这个班交给我，是出于对我的信任，既然我已经答应了，又怎能食言呢？无论是主动选择还是被动接受，既然已经承担了这个责任，我就必须全力以赴。

我开始调整心态，晚上躺在床上反思，这些孩子不仅换了班主任，许多任课老师也换了。他们可能会有被遗弃的感觉，我又怎能期望他们立刻接受我呢？我对他们又有多少了解呢？要赢得他们的信任和依赖，需要一个过程。在接下来的军训中，我计划记住所有学生的名字，并了解他们的特长和爱好，我还会从副班主任和前任任课老师那里了解每个学生的具体情况。同时我会召开班委会，稳定班委团队，表彰优秀学生，树立榜样，制定明确的规章制度，确保奖惩分明，以此稳定整个班。

我深知，在每周评比流动红旗时，我们班总是问题重重，几乎与获奖无缘。我理解那种挫败感，知道在愤怒时说出的冲动话语之后的无力感，以及在一次次努力后被学生或家长打击时的难过。但我庆幸自己还保持着一份清醒，不断提醒自己不能发脾气，理清思路，找到班里的进步点，哪怕只有一点点，也要在班会中予以表扬。想到自己总是中途接手新班，在教师节表彰时经常被前一届领导忽略，我更能理解这些孩子是多么需要我的理解和认可。

我告诉自己，在班里不能只关注和表扬那些表现优秀的学生，那些默默无闻、那些面临问题的学生更需要老师的关注和鼓励。我会拿出我所有的耐心给予我的学生，只为了让我们不再是从见面时就心生芥蒂的“继父子”，而是愿意相互信任，携手同行的朋友。

二、从教书匠到教育的思考者

在一次初三毕业晚会上，校长在台上宣布了令人瞩目的成绩：8 名同学跻身全市前十名，45 名同学位列全市前一百名，更有 289 名同学的分数超过了 600 分。坐在台下的我，不禁为自己是石外人而感到自豪。然而，自豪之余，我的心中也掠过一丝苦涩——我们班没有一个同学达到 600 分。在那璀璨的舞台上，我们似乎只是陪衬的绿叶。尽管领导在接班时曾强调，这个班不以成绩论英雄，但我内心始终在反思：这一年来，我究竟给予了学生什么？如果无法给予他们高分，我又能给予他们什么？

同年 9 月，刚刚毕业的小成同学回校探望我，小成的中考成绩只有 500 分，他进入了一所非常普通的高中。记得初三时，小成性格内向，总以迟到著称，但我知道他其实是个正直善良的孩子，每次大型考试我都会让他负责布置考场，而他总是最后一个离开的。有一次周末体育测试，我让他担任体育委员，并在班上强调他周日必须早到，组织大家做好准备活动。当时，全班哄笑起来，有人甚至戏谑地说他肯定会迟到。但我坚定地表示：“我相信小成不会迟到。如果他迟到了，我，欧阳贵宝，自罚 50 个俯卧撑。”那天的体育测试，小成没有让我失望，他是第一个到的，甚至比我还早到了十分钟。小成告诉我，新高中虽然远不如 43 中，但他会努力学习的，并且他现在是班里的班长。临走时，小成感激地说：“谢谢您，老师，是您让我有了自信，让我明白了责任的重要性。您一直相信我，我绝不会让您失望。”

我该给予你们什么，我的学生，这两年来，我也一直在努力寻找这个问题的答案。自2016年做班主任工作以来，我每周都会在班会上分享一个故事，不仅有励志的故事，还有引发思考的现象和事件。下面，我想分享一个故事。

在南二环高架桥上，一位父亲骑着电摩载着3岁的儿子被交警拦下。孩子的父亲争辩说，前面的人没有被拦，为何偏偏拦他。最终，事态升级，警察将父亲按在地上并用手铐铐走，站在一旁的孩子哭得撕心裂肺。许多同学都因孩子的哭声而批评警察执法过当，我没有急于下结论，后来一位同学说警察的做法是正确的，因为孩子的父亲违反了交通规则且不配合执法。一时间，许多人开始反驳，认为违规处理是必要的，但不应该当着孩子的面进行。我接着引导他们思考：如果你是孩子的父亲，你会怎么做？他们回答：“如果是我，我会主动配合执法，这也是给孩子树立一个好榜样，告诉他们犯错就要承担相应的后果。”接着我又抛出如下问题：

因为饿，就可以上课吃东西？

因为开车堵车，就可以上学迟到？

因为放学有课外班，就可以不做值日？

因为昨天作业写太晚了，上课就可以趴着？

因为体育课很渴，就可以让老师站在讲台上等着，一群人挤在那接水？

我们本可以更有效地解决这些问题：早餐时吃饱，就不会在上午饿了，如果真的饿了，可以在课间补充食物；既然清楚学校门口交通拥堵，我们就应该提前离家；课外活动时，可以请其他同学帮忙，下次再轮到你帮助他们做值日；作业拖到很晚才写，就应该利用白天的零碎时间完成作业，而不是玩耍；既然知道有体育课，就应该提前从家里带一大杯水，或者在课前准备好，而不是等到老师上课时还在争先恐后地接水……班级就像一个小型社会，拥有自己的规章制度，每个人都应该具备规则意识，提前预见并避免触犯规则。

目前，每周的故事分享会已成为我们班会课不可或缺的一部分。我注意到，在分享故事的过程中，同学们都能够真诚地表达自己，他们的表达逐渐变得富有思想了，同时在这个过程中，他们也逐步树立了正确的世界观、人生观和价值观。我也尝试将这些教育过程中的感悟和片段记录在微信上。

这些年里，我不断提醒自己，对于那些遇到困难的同学，更应该学会接纳他们。因此，每次接手新班后，我都会去那些最需要帮助的学生家中进行家访，不期望他们一定能够考入重点高中，而是希望他们将来能够成为自己梦想成为的人。

三、一路走来，感恩有你

在这一路的旅程中，我经历了无数的艰难与苦楚。我已经记不清有多少次，因为处理各种问题而忙碌到晚上八点多才回家，巨大的压力让我在梦中也与学生进行着激烈的较量，以至于多次被爱人的尖叫声惊醒。因此，在周一到周五晚上，我不敢让儿子与我同睡，以免影响他休息。我特别感谢那些一路同行的同事们，感谢你们的鼓励，让我能够持续前进，我还要感谢那些在背后支持我的领导，在我疲惫不堪的时刻，领导的认可和鼓励总能让我重新充满动力。

在这个集团里，我或许不是最耀眼的星星，但我平凡而坚定，愿意用我全部的力量去照亮我的学生，引导他们前行。如果在未来的某一天，我的学生们回忆起他们的初中时光，能够记起有一位复姓欧阳的老师曾经教他们如何做人做事，那么，这就是我作为教师存在的最大价值。

最后用李镇西老师的一句话作为结尾：不必用堆砌的荣誉来证明教师的成功，教师的光荣就印刻在历届学生的记忆里！

铁血丹心铸剑情

初中部　聂翠翠　卢慧明

聂：教育就是爱和坚持，加之以针对性的方法。

卢：对的时间遇上对的人，加上对的方法，就是一种成功。

聂：我们没有成功的经验可以介绍，但是很享受这种教育的过程。

卢：1999 年考上河北师范大学，毕业后就留在河北师范大学附属中学任教。

在红旗大街的那片角落，我驻足了二十年，内心始终怀揣着一颗渴望仗剑走天涯的少年心。带着对教育的热爱，我踏入了这个行业，仿佛又变回了那个初入江湖的懵懂少年，面对眼前的一切，我目不暇接。石外的课堂精彩纷呈，校园管理井井有条，教育联盟、山区帮扶、社会实践等创新举措令人眼界大开。单是教研组老师们那从容不迫的风范，就让我心生羡慕。教师节那场细雨中的丝竹管弦之音，葛校长亲自迎接，魏主任、宋主任、程主任热情献花，都让我难以忘怀。在长夜的思考中，我辗转反侧，心中充满惶恐，担心自己的方法不够先进，措施不够得力。然而，我回想起金庸笔下的郭靖，初入江湖便遭遇高手梁子翁，对方招式变化莫测，而郭靖只用降龙十八掌的第一式，以真力应对，便让对方连连败退。这让我告诉自己，不必过于忧虑，只需全心全意地去爱。

我还记得，在入学录取时，我目睹了一位母亲在年级办公室里哭泣，她的孩子患有肾病，病情随时可能复发。我心想，这个孩子会被分到哪个班，班主任该多么忧心忡忡。结果，他被分到了 16 班。更令人意想不到的是，一个男生因为鞋子买小了，竟坐在电动车上不肯下来，母亲只能在学校的西门口与他僵持。还有一个尖子生因违规违纪，在全体师生面前与班长争执，最终与我发生顶撞，而他的母亲比孩子还激动，第二天要求查看监控，寻求解释。班里许多孩子的心理问题就像平静水面下的暗礁，16 班这艘船想要继续远航，我只能用爱如潮水，努力去淹没那些暗礁。在这种情况下，葛校长所强调的“爱”字当头，“严”在心中，我将其视为我的行动准则。只有当学生感受到你的真诚关怀，他们才会接受你的管理。因此，我心中总是记着他们最美好的时刻，想象着他们未来成功的样子。

爱的过程是走近学生。根据心理学理论，物理空间的接近能够促进心理上的亲近。学生一开学就很忙，我难以找到与他们亲近的机会，于是便选择利用周末时间进行家访。

爱的方式是真情付出。在首次参与卫生值周时，我注意到卫生委员的工作安排不太合理，导致走廊的清洁状况不尽如人意。我没有批评他们，而是立即动员了10名最能干的学生，向他们承诺中午我会为他们打好饭，让他们免于排队之苦，确保他们能够吃饱、休息充分，以便更好地完成卫生工作。我连续三天为他们打不同菜色的午餐，孩子们不负所望，完成了值日任务，而食堂的师傅们也认识了我。

虽然人们常说“大力出奇迹”，但我也清楚自己所采用的是一些传统的方法。为了学生更好的发展，我渴望找到更有效的策略。幸运的是，年级组将15班和16班结成了互助对子班。初次见到15班的班主任，这位同事身材不高，却精致而美丽，她平时开朗健谈，反应迅速，处理问题时思路清晰，机智敏捷，她的形象让我想起了金庸笔下的黄蓉。让我们一起听听她的故事吧。

聂：谢谢卢大哥夸赞！实际上，我也是教育界的新手。尽管六年前我曾担任过两年的班主任，但如今重返岗位，我感觉自己又回到了起点。幸运的是，在那段时间里，作为副班主任的我与多位老教师紧密合作，虽不能像我的初三搭档“黄药师”李勇玮老师那样游刃有余，但我也在耳濡目染中掌握了一些宝贵的教育技巧。然而，我深知自己的内功尚浅，仍需不断努力。

教育是一门专业技能，需要精湛的技艺。在接手新班之初，我做了大量的准备工作。首先，我翻阅了担任张瑞芳、李勇玮两位老师副班主任期间的工作记录，摘抄了他们的经典语录，并分析了具体案例。我领悟到，教育需要把握时机，注重分寸；可以少言，但言必行；班里问题层出不穷，不可能面面俱到，必须分阶段、有重点的解决，坚持原则；教育学生要因材施教，灵活运用策略，宽严结合，避免一刀切；班主任要放下架子，学会示弱，给予学生成长和锻炼的机会。其次，我利用周末时间“充电”，阅读了《什么是教育》《非暴力沟通》《班主任兵法》等多本教育管理类的书。我尝试理解孩子背后的真实需求，指导家长与孩子进行有效沟通，与孩子们共同制定班规，并严格执行。在每周的德育分层班主任例会上，优秀教师的经验分享为我提供了宝贵的指导，让我受益匪浅。最后，我经常在课后向李玲老师、程瑶老师请教，他们对班级情况的精准把握和对学生的全面分析不断提醒我，在布置任务时要考虑班级实际情况，关注过程指导，确保实施到位。

早起的鸟儿有虫吃，我坚持“朝五晚九”的作息规律。由于家中孩子尚小，双方老人都因身体不适无法帮忙照看，我只能自己带孩子，因此我养成了早睡早起的习惯。每天 5:00 起床，备课、批改作业、召开会议，梳理并总结前一天班里的问题，明确当天的工作重点，确保每件事都能提前思考，细致落实。这样的坚持带来了许多好处：班级工作更有条理了，改掉了熬夜的习惯，体重也控制在了 100 斤以内，可谓是一举多得！所有这些坚持和投入都源于我最纯粹的教育情怀：一切为了孩子，为了孩子更好的未来。作为一位母亲，我更能理解这份期望与责任的重量。

面对挑战，我与学生比耐力、比坚持，随着时间的推移，我的教育技巧也得到了提升。值得庆幸的是，我遇到了卢老师，他敦厚坚定、待人友善、充满温情，他的爱心守望让我领略到了教育的另一层深意。

卢：在黄蓉的帮助下，郭靖得以在江湖中闯荡，这仿佛是命中注定的安排。期中考试结束后，我搬到了六楼的办公室，15 班和 16 班的师生终于得以团聚，我也因此有了更多机会学习聂老师精细化的管理策略。每次上课前，我总会回想起聂老师对我的提醒：“卢老师，虽然孩子们和您一起上课时很开心，但一定要让他们坐端正再开始上课!”

新冠疫情，仿佛是突如其来的大军围城，包围了老师，包围了学生，大家仿佛都在孤军奋战，我们对子班一起想办法。

聂：2020 年，庚子之年，对每一位石外人而言，注定是不平凡的一年。我们的老师们始终坚守在“战役课堂”的最前线。当其他学校的教师享受着跨年级大班轮班上课的便利，“一人辛苦，众人幸福”的模式时，石外人却化身全职“最美主播”，精心准备教学内容，从升旗仪式、开学典礼、三五表彰活动，到石外学子千人学生会、家长会、全体教师会，我们一应俱全。通过云视讯，我们实现了实时互动的真课堂，真是前所未有的教学体验。同时，大石外领导的远见卓识和实干精神，也在不断激励着每一位石外人，引导着教师们思考如何将工作做得更精细、更生动、更实在。

网课初期，当老师们意识到“一屏之隔”带来的种种挑战时，我和卢老师却发现了网课的潜在优势：对家长而言，现在是了解孩子学习状态和学校教学安排的最佳时机，也是他们拥有更多时间辅导孩子的宝贵时刻。因此，家校共育变得尤为重要，我们邀请并指导家长参与学生学习管理，融入班级管理，居家学习，这是一次不可错失的机遇。

经过反复斟酌，我和卢老师不断改进我们的“独家秘笈”，最终，一日学情鉴定表从网课第一周起便投入使用。我们结合在班级管理中的经验，确立了以班主任为核心的班委家委团队云课堂管理制度。班级在线课堂管理由班委分模块负责，确保有记录、有点评、有汇总，明确职责。我们还共同制定了战役期间一日学情检测表，分阶段、有针对性的推进。从上学期的监测作业到网课初期的课堂作业双向监测日评，再到目前涉及十一项五维度的具体量化。家长和学生每天进行一次评价，每周进行一次汇总点评，分阶段、有侧重、分层次地进行点评，鼓励孩子们保持优势，设定薄弱专项考核，将专项考核与综合评比相结合，同时结合班级量化积分，每周公布，每两周总评，每月表彰。我们还推出了“高效作业930之星”“每月拓展王”“课堂发言周冠军”“博毅先锋榜样”“最美劳动”等阶段性表彰评比活动，分阶段、有针对性地指导孩子的过程性学习，突显了网课教学的透明度和共享性，实现了齐抓共管的局面，也逐渐引导孩子们从“他律”走向“自律”。

卢：方法隔屏，但人不隔爱，我们想方设法把关爱化作能量，输入到孩子的身上。

15班的尖子生小艳同学，在网课初期对手机产生了过度依赖。聂老师通过细致的学情观测发现了这一问题，并督促她进行自我反省和改正，同时将情况告知了我。我私下里给她发送了一份鼓励的“教主令”。

聂老师更是以他的细心，将对学生的关怀和爱护发挥到了极致。在上课时，他将观察到的问题转化为激励的话语，展示在学生的姓名旁边：“轩德，加油，你可以做得更好!”“翊宸抬头，知识将赋予你自信!”“王浩，做得好，整节课都在坚持!”对于那些在课堂上遇到困难、容易分心、基础薄弱的学生，聂老师都给予了极大的宽容和鼓励，展现了他的爱心和智慧。

每当我耐心地与学生沟通时，我总会回想起聂老师给我的建议，要有具体的方法，让学生和家长都能有所依循。正是这种合作方式，使得闫奕信同学在期中考试中取得了优异成绩，跃升至年级前一百名，同时两个班的学生也实现了共同进步。

聂：教育是人对人的工作，人能感染人，人能感动人。您是否还记得那次班集体月度表彰大会？在我们合影留念时，一个孩子突然喊出：“屈膝!”大家相视而笑，默契地接受了这个新指令，从此，“屈膝”成了我们的新口号，缓解了我面对镜头时尴尬的身高问题。同样难以忘怀的是去年11月，在一次评优课后，我出现了耳鸣、感冒和咳嗽的症状，但看到学生们每节课后留下的温馨留言和他们自发制作的带有签名的爱心海报，我的心中充满了感动。

每个孩子都是如此可爱，我们之所以有时会感到他们“可恨”，可能是因为我们尚未真正深入他们的内心世界，未能完全理解他们，或者尚未找到问题的根源，也未能给予他们有效的指导。这种指导应当是具体、细致、持久且坚持的，直到我们看到他们积极的转变。只要我们认可每个孩子微小的进步，并激发他们对自己优秀潜能的信心，我相信，每个孩子都会努力向前奔跑，即使他们的速度各异，目标不同，又有什么关系呢?

卢：其实回顾这些事情，无不是在石外集团的“四做”工作标准下进行的。

集团领导对在线课堂制定了严格的标准和要求。在每次会议中，葛校长都会反复强调要关注学生们的学习状态。自网课开展以来，魏主任始终坚持教学常规，同时宋主任和程主任对云课堂的每一个细节都给予了密切关注。年级团队制定了云课堂的评选标准，并确保其得到贯彻执行，同时对学生的分层培养进行了适时推进，所有这一切都不断地激励着我们。

聂：我们盯班上课期间也深深感受到了大石外老师敬业爱生，负责忘我的工作热情。

卢：为了确保学生们能够及时进行面对面打卡，李鸿老师上学期便开始将早餐带到学校。这学期，他更是抓紧每一分每一秒的上课时间，课后也随时准备辅导学生，成为15班和16班全体师生的榜样。年轻的樊老师则精心制作了充满青春活力的PPT，并在期中表彰会上发表了暖心感人的致辞，这些我们都看在眼里，心中充满喜悦。

聂：我深受感动，英语老师曾艳艳和政治老师闫军艳每天都陪伴着自己的孩子完成作业，同时也不忘为学生们解答疑惑，批改作业，无论是屏幕前还是屏幕后，她们都将学生视为自己的孩子。生物老师李丽娟尽管自己的孩子还小，班主任的工作繁重，地理老师张丽虽然身怀六甲，但她们都未曾忘记每周抽时间到班指导学生。

我本人也是一位母亲，自从网课开始以来，我五岁半的儿子已经习惯了自己阅读、独自玩耍、独立起床，以及自己找衣服、正确穿衣和我在上课时小声说话。

卢：侠之大者为国为民，教育工作也是如此，最平凡又最光荣。我们虽然对着一方小小的屏幕，但是爱在其中，希望在其中。

最后我们改编了电视剧射雕英雄传的歌曲《铁血丹心》，表达我们的心声：

依稀往梦似曾见
心内波澜现

疫情阻隔，云端课堂
眼睛累，刷屏苦
哪惧尘土满面
竞争合作同切磋
共扬，爱生情
相伴在云端
盯课堂，看作业
微信谈，电话访
哪惧隔屏艰难
兄弟班，心相连
重方法，意志坚
谱三爱克难关
博毅登峰共前行
铁血丹心铸剑情

谢谢大家！

心无旁骛促习惯，枕戈待旦向前行

初中部　郭云瑶

作为初中教师，中考无疑是我们面临的最大挑战，为了在这场挑战中取得胜利，我们必须从现在开始积极备战。然而，影响挑战结果的因素众多，但归根结底，战争的成败主要受人力和物力这两个核心因素的制约。通常情况下，拥有更精良武器装备的一方，胜利的概率更高。尽管如此，武器装备并非决定战争胜负的关键，真正起决定性因素的是人，是那些具备优秀素质的人才。对于我们来说，在中考这场挑战中，虽然拥有优秀的教师和完善的复习策略至关重要，但最终起决定作用的还是学生的学科素养。因此，培养学科素养必须从初一就开始，从培养良好的学科习惯做起。

一、兵马未动，粮草先行

面对刚入学的七年级学生，对于常年奋战在初三，很少下初一的我们历史学科组是一场挑战。在葛校长和魏主任的领导下，我们开始抛弃了原有的初三思维，重新梳理。

在反思过去初三接班时所面临的挑战时，我们发现学生在历史学习上存在诸多问题：他们往往不会有效地做笔记，而是简单地在书本上重复划线，缺乏重点；许多学生仅限于机械记忆，缺乏巧妙背诵的技巧；他们不清楚如何进行有效的复习，并在提取材料中的关键信息方面显得无从下手。经过深入分析，我们认识到学生的核心问题在于缺乏良好的学习习惯和有效的学习方法。针对这一问题，我们从历史学科的角度出发，为学生三年的学习发展制订了一个规划：七年级——着重于习惯的养成和方法的培养；八年级——承前启后，注重品德教育；九年级——针对中考，提升综合能力。因此，七年级的习惯培养是为中考打下坚实基础的关键。

每一种习惯的培养看似简单，实际上需要付出巨大的努力和心血，关键在于如何确保这些习惯能够真正落实。在这方面，我要感谢语文组的同事们，他们关于倾听的见解让我意识到，所有习惯的养成都必须关注细节。同时，我也要感谢学校为我们提供的中国知网账户，它使我能够查阅大量文献资料，从而构建出一套切实可行的培养好习惯的方法。

与以往相比，我们现在的学习习惯培养方案在于，它为老师在日常教学中如何检测每种习惯的养成提供了明确的指导，使得操作性更强、更细致。“兵马未动，粮草先行。”我们对学科习惯培养的规划先行一步，为教学过程中的实践提供了明确的指引。

二、射人先射马，擒贼先擒王

一场战争中所涉及的事情必然繁杂。若不辨主次，平均分配力量，必然会混乱无序，最终导致战争的失败。“射人先射马，擒贼先擒王。”我们必须先分析主次，把握关键。在历史学科的学习中，除了常规的预习和听课外，我们特别重视培养学生良好的笔记习惯。

为了养成良好的笔记习惯，我们在开学的第一堂课上就向学生提出了以下要求：1. 准备工具：使用双色笔（黑色用于普通笔记，红色用于突出重点）。2. 笔记内容：勾画重要内容（包括重点知识或老师反复强调的内容）、标注历史要素、补充课本未涉及的内容、记录答题技巧等。3. 笔记条理性：在清晰标注历史要素后，使用序号分段标注笔记。4. 个性化：记录课堂上的即时思考。通过这些笔记，我们旨在达到两个目的：1. 课后复习时能够迅速识别课堂上的重难点。2. 确保自己能够理解自己所写的每一个字。

我们不仅在课堂上反复强调，还通过展示教师笔记范例、检查学生课本中的笔记以及举办优秀笔记展览等多种方式，持续加强学生笔记习惯的培养。为了鼓励学生养成良好的笔记习惯，你会经常看到，教学楼里抱着一摞摞历史课本的课代表们，同时还有坚持抱着书爬六楼的李倩，站在讲台前认真检查学生笔记的张志邑，走下讲台巡视学生笔记的孕妇张宁，一边规定学生笔记位置一边热情呼唤陈老师的陈延潮，以及严格要求学生笔记、不容许多画一字的郭云瑶……这些方法不仅能够检查学生笔记的完成情况，还能让他们感受到老师深深的关怀，这是多么令人骄傲的事情啊！正是由于我们的不懈努力，学生们从最初的不会记笔记，到现在能够做出整洁、高效的笔记，作为教师，我感到无比欣慰！

除此之外，复习习惯的养成也是学生在历史习惯养成中遇到的一大难点。七年级学生对历史学科有很多“美丽”的误会：首先，他们不知道历史等学科需要在当天课后及时复习。其次，复习背诵时没有好的方法，导致记忆出现问题。最后，学生误认为历史只需要背诵即可拿满分。因此，针对上述问题，我们在教研过程中制定了策略：1. 年级统一印刷日常课小测，主要针对基础知识的背诵。2. 进行背诵方法的指导。3. 进行构建体系的方法指导：①时间轴：A. 标注重要的时间和事件。B. 对上述内容合并同类项，进行阶段划分，提炼阶段特征。C. 各阶段、各事件之间找出因果联系和相同点。②找相同点等需要比较的内容时可以使用表格。③对于找因果联系的内容可以使用思维导图。

培养良好的学习习惯能够简化行动流程，提高我们的效率。坚持好的学习习惯，就像是登上了成功的快车，最终将助我们所向披靡，奏响胜利的凯歌。

在挑战中成长

初中部　康韶韦

我叫康韶韦，是石家庄外国语教育集团初中部的一名英语教师。1998 年踏入教育行业，2000 年调入本校，并自 2003 年起先后担任备课组长、教研组长及学科主任等职务。我也担任副班主任和班主任，于 2008 年光荣加入中国共产党，成为一名党员。可以说，在座的领导和前辈亲眼见证了我的成长。

作为一名党员教师，我对我的工作充满热爱，坚守着这份简单而平凡的事业。我自觉践行高尚的师德，坚定树立以育人为本的理念，从我做起，从点滴小事做起，持续加强师德师能修养，不断提升专业技能。

石家庄外国语教育集团为我提供了个人发展平台。与我的同事们一样，我在这里从事着既平凡又有意义的工作。在石外工作的二十几年里，我既体验了成功的喜悦，也经历了成长的苦痛。在英语教学领域摸爬滚打了多年，我深信初中英语教学的核心在于激发学生学习英语的兴趣和培养良好的学习习惯，引导他们爱上英语，掌握学习英语的方法，并树立终身学习的意识。同时，我认为初中外语教师应当具备高尚的职业道德、深厚的专业知识和持续的研究意识。在石外，一个个任务、一个个挑战促使我不断成长和成熟。

一、要做有职业道德的外语教师

教师是一个充满挑战的职业，我们日复一日地忙碌着，面对各种繁杂的事务，有时甚至感到筋疲力尽，难以应对。然而，我们所面对的是正处于成长关键期的青少年，他们需要我们的帮助、尊重和关爱。出于对职业的敬畏和对生命的尊重，我们更应坚守岗位，尽职尽责。选择成为教师，意味着与辛勤工作为伴，在挑战中不断前行。但当目睹学生的成长与进步时，我们怎能不感到幸福呢?

随着 2010 年暑假的结束，我本已准备好迎接初三的教学工作，却突然接到通知，要我转而教初一年级，并从初三教研组长的角色转变为初一 1 班的班主任。我将面对的是学校首次成立的、仅有39名学生的实验班，这对我来说是一个巨大的挑战。虽然起初有些迷茫，但时间紧迫，因为新生报到是在第三天。除了当班主任，我还要教1班和2班的英语课，没有助教，这意味着我每周要负责4个早读和在外教到来之前每周16节英语课。由于是实验班，除了使用《Go for it》和《阅读与写作》两本教材外，1班和2班还需额外使用《综合英语教程》。可以预见，我的工作量比教初三时还要繁重。

面对这些任务，焦虑无济于事，我只能一件件处理：监督军训，了解学生，确立班级目标，建设班级文化，确定班级名称、口号，选举班干部，协商制定班规，培养30个良好习惯……其中，最困难的莫过于做学生的思想工作。我不能让他们产生过度的优越感或自负心理，确保他们拥有自信，同时既不能让他们在考试后承受过大的压力，也不能让他们缺乏竞争意识。因此，我组织了多次班会、家长会，以确保学生健康成长。一天下来，我几乎没有时间备课，晚上回家后，我要陪伴不满2岁的孩子，等她入睡后才是我的备课时间。事情繁多，我甚至没有时间去发愁或抱怨。作为教师，我必须认真对待班级管理和教学中的每一件事，因为我的学生是充满活力的、独特的个体。

在那段日子里，我遇到了许多难以处理的问题，我便向经验丰富的前辈和年级领导求助，他们给予了我极大的帮助，使我的工作得以顺利进行。回顾那段工作经历，尽管非常辛苦，但它让我积累了宝贵的教育经验。从班主任的角度来看待学生，我更加关注他们的全面发展。当你真诚地关心和帮助学生时，你一定能营造出良好的班风和学风，不仅成就了学生，也提升了自己。

二、要做有深厚专业素养的外语教师

在众多职业中，并非所有职业都要求具备专业素养，但教师这一职业，与医生、律师一样，需要深厚的专业知识和技能。教师应当具备优秀的道德品质、扎实的业务能力，以及健康的身体和过硬心理素质。在众多业务能力中，提升教学技巧尤为重要。

初到石家庄外国语学校时，我面临的首个挑战是如何让学生对我的课产生兴趣。面对众多优秀的教师和见识广博的学生，我压力巨大。如何吸引学生走进我的课堂，让他们喜欢我以及我的课，成为我当时亟待解决的问题。为了上好每一堂课，我投入大量精力准备教案，由于没有指导老师，我只能依靠自己独立备课。我会将教材、教学参考书和练习册全部铺开，仔细研究，确定教学重点。之后，我会反复审视教材，思考如何在全英语授课的环境中，利用学生现有的知识解决教学中的重点和难点问题。接下来，我会设计并不断调整教案中的教学环节，以确保教学过程自然流畅，符合学生的认知规律，避免产生认知障碍。在这个过程中，最有趣的部分是思考如何拓展和提升课程内容，当你对教材和学生都十分熟悉且感到亲切时，灵感往往就会涌现出来。一堂有亮点的课才能让师生达到情感共鸣，这是我与学生共同享受的时刻。

尽管我负责三个班的教学任务，每周要上近 20 节课，但我仍然坚持每天花 1—2 个小时备课。如果白天时间不够，我会选择晚上加班，熬夜几乎成了常态。正是这份坚持和对学生及自己负责的态度，让我赢得了学生的信任和爱戴，也让我拥有了坚实的教学基础。

对教学的认真钻研，以及对教材、教学方法和初中生心理特点的深入研究，使我能够灵活应对教材和学生的变化。在石家庄外国语学校，我使用了近十种不同版本的主辅教材和课外阅读材料，教过各个层次的班。正如那句名言所说："困难使心灵坚强，劳动使身体强壮。"我脚踏实地，勤奋敬业，不畏挫折，这让我在教学能力上有了很大提升，并在后来荣获河北省优质课评比特等奖、全国优质课评比一等奖、全国外国语学校优质课评比二等奖等荣誉。同时，我也帮助许多同事获得了区级、市级和省级优质课评比的佳绩。

在石家庄外国语学校工作的二十几年里，我应中国教育学会外语教学专业委员会、河北教育出版社、河南省科技创新教育委员会、《安徽青年报》、浙江大学、河北师范大学、石家庄市教育科学研究所等多家单位的邀请，进行示范观摩课、教材和教学培训，以及协助录制培训光盘和编写培训教材。

作为一名党员教师，我深知必须立足于教学岗位，与时俱进，不断学习，努力提升自己的专业水平。只有通过"台上一分钟，台下十年功"的不懈努力，不断总结，掌握科学方法，才能不断完善自我、超越自我，才能更好地为人民服务，教书育人。

三、要做新课改形势下研究型的外语教师

教育的进步离不开研究，教师的专业成长亦然。随着新课程标准的实施，教育改革的号角已经吹响。自 2008 年起，我们石家庄外国语教育集团也加入了课改的行列，致力于转变学生的学习方式和教师的教学方法，强调学生的主体地位，并树立终身学习的理念，这些正是新课程标准所倡导的新思想。面对课改，我该如何应

对？有句话说得好：“无论你多么强大，总有人比你更强；无论你多么优秀，总有人比你更优秀。因此，永远不要拒绝学习新知识，因为拒绝的不是别人，而是自己的成长。”基于这样的认识，我积极投身于“四环节”高效英语课堂模式的研究之中。2013年，在程主任和任主任的领导下，我和我的搭档王晨曦老师以及全体九年级外语教师开始了对“四环节”外语高效课堂模式的探索。作为学科主任和教研组长，我们多次进行示范课和公开课，通过这些活动，我们不断探索更适合九年级的教学模式，并结合上一届九年级的成功经验，确立了九年级“四环节”高效外语新授课模式，取得了显著成效。通过不断尝试，我们还确定了九年级下学期复习阶段的课堂模式，分为四个板块：阅读、背诵、讲解、练习，旨在强化学生的主体性，让学生学会自主学习、合作学习和探究学习，以最大化课堂效率。经过一年的不懈努力，我们圆满完成了九年级中考任务，并取得了优异的成绩。全年级外语成绩的优秀率和平均分大幅领先全市第二名，平均分达到116分，其中1班和2班有2人满分。

进入七年级后，在侯校长、郑主任和魏主任的带领下，我们又开始了新一轮“四环节”课堂推进和课堂设计的探索。侯校长、魏主任、郑主任等年级领导和教师们共同备课，深入课堂听课，课后进行评课，体现了务实和高效的工作态度。我在学期初多次进行“四环节”示范课和公开课的教学，并且每周都会帮助准备“四环节”课程的教师修改教学设计，之后再进行听课和评课活动。

一节课的成功与否，关键在于教学设计，没有合理的教学设计，课程效果一定大打折扣。本学期，在程主任和魏主任的带领下，我们以教学设计为突破口，将“四环节”课堂教学模式与外语课的各种课型相结合，实现了“四环节”课堂模式与不同课型的紧密对接，基本确立了外语阅读课、外语听说课、复习课、试卷讲评课和外语泛读课五种课型的“四自主·四环节”课堂教学设计。

为了更好地借鉴国际先进的课堂教学经验，我们抓住丹麦师生团来访的机会。我和丹麦老师英格·霍兰恩共同完成了同课异构的教学实践，丹麦老师对我的“四环节”课程给予了高度评价，认为这堂课效率很高，特别是任务前置的做法值得她们学习。她们非常认同我们学校的“四环节”英语高效课堂模式，认为这一模式不仅让学生有更多使用语言的机会，还能有效提升学生的问题解决能力和合作能力。

我坚信党员教师应积极投身于教育改革的浪潮中，在实践中不断提升自身的教学技能，成为引领和支撑课程改革的关键力量。张伟同志的事迹给了我很多启示，教育研究应始于自身的教学实践，通过在教学中、课例中以及实践中的研究与反思，不断促进个人成长，最终成为研究型和专家型的教师。

在当前大家热议中国梦的背景下，我也想分享一下我的个人梦想。第一个梦想是，我希望外语考试能够更贴近语言作为交流工具的本质，让教师和学生都能以轻松的心态去教授和学习。第二个梦想是，我希望每天都能沉浸在语言的海洋中，教师对英语的真挚热爱定能传递给学生，教师不断提升的语言修养将更有效地激发学生学习英语的热情，从而为学生营造一个真正的学习语言的环境。第三个梦想是，每位教师都能关爱自己，拥有幸福感的教师定能培养出同样幸福、懂得感恩的学生。

随着石外集团即将迎来建校二十周年庆典，我的第四个梦想是希望我们每一位教师能与石外集团携手，以积极和乐观的态度面对发展道路上的各种挑战，共同成长和壮大。正如这首英语小诗所表达的：

Challenges of life
Smooth roads never make good drivers.
Smooth seas never make good sailors.
Clear skies never makes good pilots.
Problem and hassle free life never makes a strong person.
Be strong enough to accept the challenges of life.
Don't ask life, "Why me?Instead say Try Me!"

最后，祝愿石家庄外国语教育集团的明天更美好，愿在座的每一位同事健康快乐。

心怀梦想　便是阳光

初中部　阎永广

时光匆匆，岁月不居，寒来暑往，斗转星移，转眼来到石外集团已十六年有余。很荣幸成为石家庄外国语教育集团的一名教师，在集团“爱国、交际、协作、文明、健康、创新”十二字培养目标的指引下，在这片“三爱”的沃土上，我开阔了视野，增长了知识，不断成长。记得《钢铁是怎样炼成的》主人公保尔有一段震撼人心的话：“人最宝贵的东西是生命，生命人来说只有一次。因此人的一生应当这样度过：当他回首往事时，不因虚度年华而悔恨，也不因碌碌无为而羞愧。这样，他在临死的时候，才能够说：我把整个生命和全部精力都献给了世界上最宝贵的事业——为人类的解放而奋斗。”时间可以丈量人生的长度，但不能衡量人生的价值。

时间回溯至2006年12月的一天，尽管那是一年当中最寒冷的日子，但我的内心却涌动着一股暖流。就在那一天，我正式加入了集团的大家庭，迎接我的是全新的环境、同事和学生。我依然清晰地记得报到时的情景，明校长鼓励我：“好好干，小伙子。”那一刻，深深地烙印在我的记忆之中。从2007年开始，我几乎每年都坚守在初三教学的第一线，见证了集团“第二个十年发展规划”的实施，参与了“四环节”课堂模式从初创到完善的全过程。现在，我们正迎来集团“第三个十年发展规划”的尾声。多年来，我们中考成绩斐然，赢得了家长的广泛赞誉。我带过的学生，如王临轩、高天鸿、张栩越等，在中考中取得了优异的成绩，许多学生更是进入了国内外顶尖学府深造。在此，我想分享几点感受，与大家共勉。

第一，从来好事天生俭，自古瓜儿苦后甜。2017年无疑是一个非凡的年份。在那个暑假，冯校长让我担任初三物理组的组长，并同时教2班、3班和4班的物理课。我顿感肩上沉重的责任，而此时我的爱人正怀有身孕需要照顾，我家老大还在上幼儿园，离不开家长的陪伴，家中的事务繁多，让我应接不暇。然而，冯校长对我的鼓励和信任，以及田雪岩老师、苏春燕老师和其他同事们的大力支持和帮助，让我有了前进的动力。每晚，在孩子和爱人安睡之后，我才开始工作，深夜里，一盏孤灯成了我的伴侣，而沉睡的美梦则变得遥不可及。经过一年的辛勤工作，我的身体状况大不如前，脉搏微弱到几乎难以摸到，以至于中医诊断后说："你虽然只有三十多岁，但身体却像七十多岁的老人。"尽管我坚持服用苦口的中药，可病情并未有太大改善，咳嗽持续数周，但教学工作不容有失。每当想到还有工作要做，我便重新振作精神。最终，中考物理实验部分我们实现了全班满分，中考物理成绩全市名列前茅。看到自己的努力得到了回报，我觉得这一切都是值得的，而这些成就的取得，归功于石外集团这个强大的平台，得益于各位领导的指导，以及石外集团教师团队的大力支持和帮助。对此，我始终心怀感激，特别感谢我的爱人一直以来对我工作的支持和理解。

第二，不经一番寒彻骨，怎得梅花扑鼻香。自 2009 年起，在学校领导和全体物理组教师的悉心关怀与指导下，我致力于深入探索专业知识。通过不断的磨炼、推敲、斟酌和思考，我持续向学术高峰迈进。在此过程中，我荣获了河北省青年教师评优课一等奖、部级优课奖、裕华区学科名师、裕华区教学标兵和优秀教师等荣誉。此外，我还积极参与全国展示课、省市级课题研究，并在石家庄市第 15 届、第 19 届、第 22 届初中物理名师大讲堂上进行示范课和讲座。我坚信，无论路途多么遥远，只要坚持前行，终将到达；无论任务多么艰巨，只要付诸行动，终将成功。成功是在坚持梦想的道路上不断学习、思考、实践和坚持的结果。这里有一个小故事：在课堂上，我总是关注每一位学生，尤其是坐在后排的同学。一次物理课后，一位家长通过短信告诉我："孩子认为您对每个学生都关怀备至，他很喜欢上物理课。"这番话让我深刻体会到，赢得学生的喜爱不仅仅是讲好课，更是教师不经意间流露出的爱，激发了学生对知识的渴望。

第三，落红不是无情物，化作春泥更护花。作为毕业班的班主任，我连续中途接手新班，其中的深意难以言表，仿佛是"此中有真意，欲辩已忘言"。人们常说作者痴情，但又有谁能真正理解其中的深味呢？面对复杂多变的情况，单凭一股冲劲是难以应对的。几回回梦里吹角连营，几时时秋心两半，才下眉头，却上心头。忧愁与爱意交织在心间，对于那些缺乏目标的学生，我帮助他们设定小目标，树立信心；对于那些缺乏纪律意识的学生，我引导他们学会正确行动；对于那些惰性较大的学生，我深入沟通，试图唤醒他们内心深处的潜能之火。

我经常利用班会和升旗仪式后的时间对学生进行感恩教育。例如，在一次期中考试结束后，我没有讨论考试成绩，而是引导他们分享自己的感受。随后，我朗诵了一首自己创作的诗，以此来表达我的观点。

感　恩

生我者父母，育我者老师
生我者给予我生命，育我者赋予我智慧
生我者哺育我成长，育我者照亮我心窗
纵然我年少轻狂，父母依旧伴我身旁为了我一路芬芳，老师给我指引方向
父母双鬓染白霜，老师额头满沧桑
我自当
感父母之恩汤汤，念老师之情泱泱
奋今朝之臂膀，书明日之华章

他们同样被这种力量所感染，我坚信这股力量将在他们内心萌芽并继续传递。我认为，将每个学生的事情视为己任，让他们感受到老师的关怀，用心灵唤醒那些沉睡的心灵，将他们从梦境中拉回到对梦想的追求，坚信心怀感恩之心将成就卓越，专注于细节将铸就辉煌。

岁月如梭，转眼已是不惑，岁月的痕迹虽然刻在我的脸上，但教师这份神圣的事业依旧散发着光芒。一年四季，躬耕于三尺讲台，一心扑在学生身上，无私无求，只为那桃花盛开的时候，相信心怀梦想，每天便是阳光。我用自己的行动诠释着对教育的爱，对学校的爱，对学生的爱。在今后的工作中，我将改进身上的不足之处，进一步严格要求自己，虚心求教，将“三爱”精神发扬光大，更上层楼。

最后我用一首诗来结束我的发言：

年年朝夕相处，时光匆匆如烟，旦为中考梦圆，今生不留遗憾，经历数九严寒，迎来春风送暖，夜里挑灯伏案，谁解百味辛酸，疾风才识劲草，苦后方知甘甜，此中欲说无言，却恨情长巾短，韶华易逝不还，少年自当非凡。

砺耕沃土，美好绽放

初中部　甄密娟

“我从山中来，带着兰花草，种在小园中，希望花开早，一日看三回，看得花时过，兰花却依然，苞也无一个，转眼秋天到，移兰入暖房，朝朝频顾惜，夜夜不相忘，期待春花开，能将夙愿偿，满庭花簇簇，添得许多香。”每当《兰花草》的旋律响起，我总是感慨万千。种植、珍惜、期盼花朵的过程，恰似我在石外九年的心路历程。我渴望通过坚守教育的信念，不懈努力，与石外融为一体，遇见美好，成就学生，实现我的教育梦想。

一、相遇薰衣草

九年前的八月，我初次踏入石外，尚未适应便接手了班主任的工作。那些孩子宛如一簇簇柔弱的薰衣草，迫切需要阳光和雨露的滋养，渴望绽放出绚烂的花朵。面对他们那充满渴望的眼神以及家长们的托付，我开始了在石外的初次挑战。家长们的信任从无到有，态度从怀疑转为支持，我通过辛勤的付出和对学生无私的关爱，赢得了家长和学校的理解与信任。在教育的征途上，我无怨无悔，全心全意地对待每一个孩子，倾注真心，这或许正是对“尽最大努力，留最小遗憾”理念的实践吧！

二、相识丁香花与仙人掌

那一年，我选择继续留在初三，尽管教学任务繁重，但那却是我最幸福的一年。我有幸结识了刘漪和宋红茹两位老师，以及那群可爱的学生们，他们宛如一簇簇丁香花，我们孕育着师生间爱的萌芽。这些孩子们特别懂事，加上班主任的得力管理，课堂上那一双双充满求知欲的眼睛不断触动着我。他们亲切地叫我“甄甄”或“女神”，在快乐的教学之余，我更收获了孩子们的友谊、依赖以及家长们的信任。一年的时间里，孩子们以优异的成绩回报了我的辛勤付出。

然而，幸福的时光总是转瞬即逝，我很快接手了我教育生涯中最令人心痛的24班，他们就像一丛丛仙人掌，浑身长满了刺，让每一位深爱他们的老师感到痛心，即便如此，我依旧竭尽全力，不愿放弃任何一个孩子。当他们初三毕业时，许多孩子紧紧抱着我，泪眼婆娑地说：“甄老师，回想过去，我们真是太对不起您了……”“老师，我会回来看您的……”就在前几天，他们回到学校谈及往昔，满是对老师的感激之情，以及对自己当年叛逆和无知的懊悔。

三、相伴雏菊

三年前，在那个阳光灿烂的早晨，我满怀期待地坐在会议室里，心中充满了对新班的好奇。我幻想着，将会遇到一群怎样的孩子，与我共同度过接下来的三年时光？当我的名字被叫到，我走上台前抽取签子，得知我将从住宿班和体育班中抽取时，我感到一阵迷茫。这怎么可能？我能做到吗？时间紧迫，孩子们即将入校，等待着分班结果，我无暇多想，手中已经握着属于我的孩子们的名单。我的大脑一片空白，双手颤抖，双腿发软，久久不能平静。在电梯口，我偶遇了葛校长，他紧紧握住我的手，亲切地对我说：“甄老师，不要有任何顾虑，你一定可以的，我们对你充满信心！”正是这份信任，开启了我作为住宿班班主任的生活，开始了与这些孩子们夜以继日的相伴。

小升初的集训让我震惊：一篇简短的感想，内容简单，却错字连篇；一道简单的计算题，竟有数十种答案。区摸底考试后，成绩尚未公布，但我已心知肚明，我接手的班成绩排在第三十名，比片内班的平均分低了整整10分。面对这样的现状，我释然了，心想，从现在开始，我们只剩下进步的空间了。在这样的自嘲中，博毅10班的老师们开始了艰难的旅程。

学生们基础薄弱，习惯不佳，从小就开始住校生活，家长的配合也不足，在这种情况下，老师需要付出百倍的努力，千倍的耐心，细致的指导和持续的教育。开学前两周，我每天早上6:35准时到校监督早操，形成习惯后，每周至少进行一次抽查。后来，我的作息变成了：早操7:00左右结束，和孩子们一起吃早餐，然后在7:40到教室，组织早读，打扫卫生。8:10稍作休息后，语文老师晓波和玉立继续带早读。上午的时间用于上课、批改作业、监督课间操，抽空吃饭。12:55放学，有30分钟的小午休时间。13:35回到教室监督午休，14:00是集体活动时间，可能是测试、评价课堂表现或点评宿舍。17:35放学后，仍然在教室和办公室忙碌。18:15组织晚读，晚自习随时关注学生状态，辅导学习。半夜有学生生病，我负责联系家长，安排就医；我的办公桌抽屉里常备着针线，以便随时为孩子们缝补衣物；当孩子学习缺乏信心时，我会利用晚上的时间进行辅导和谈心；有些孩子不适应学校生活，想家想到哭，21:00我还在安慰他们；22:30，我仍然在与家长沟通孩子的情况……乾元楼一楼的办公室，总是我最早开门，最晚锁门。

我们在这片贫瘠的土地上不懈努力，希望孩子们能在最美好的时光绽放出最灿烂的花朵。他们宛如一株株纤弱的雏菊，充满青春活力，活泼好动，需要我们不断地修剪和悉心照料。为了提升他们的成绩，我和王晓波老师自发地开始了晚自习加课，连续为两个班上课超过两个小时，常常导致我们嗓子沙哑。我曾多次想要找领导反映，希望能减轻工作量，但又担心给领导添麻烦，最终还是放弃了这个想法。我们的任课教师团队同样表现出色，王晓波老师、周洁老师、张志臣老师、高云峰老师、韩祥老师和刘烨老师每次都主动加班，不辞辛劳地辅导学生，纠正错误，与学生沟通，缓解他们的焦虑。张征主任多次为我提供心理疏导，帮助我减轻压力，排解烦恼，出谋划策，让我能够勇敢地继续前进。中考前夕，张主任更是常驻在住宿班，为孩子们加油鼓劲。我们所有住宿班的老师一直鼓励、影响和守护着孩子们，持之以恒，始终如一。

我们不仅关注孩子的学习成绩，更重视对他们进行情感教育和人生激励。我们努力抽出时间，带领孩子们观看《挑战不可能》《开讲啦》《超级演说家》以及尼克·胡哲的大型励志演讲等节目，以此激发他们的潜能，拓宽他们的视野，丰富他们的经历。经过一千多个日夜的悉心陪伴，我们见证了孩子们的成长和进步，他们学会了感恩，懂得了温情，明白了努力的重要性。在过去两年多的时间里，两个班的成绩稳步提升，并远超预期。这都是老师们日复一日、不厌其烦地讲解、纠正错误、坚持不懈努力的结果。

我们的付出赢得了家长们的认可。晚自习时，知道老师们来不及用餐，值班的家长总会悄悄地送来自己亲手制作的饺子、包子和大锅菜，用最朴实的方式表达着对老师的感激之情。

我们博毅10班，在中考这场战役中超额完成了学校设定的目标。胡子腾的爸爸在得知成绩后兴奋地向我报喜："我从未想过孩子能考上高中，是您的鼓励创造了奇迹！"每次孩子们回学校看我们时，带来的零食和润喉片都深深表达了他们对老师的感激和敬意。

校园如铁打，学生如流水。九年的时间转瞬即逝，尽管时间在变，学生在变，但对教育的热爱、对工作的追求、对生活的态度始终如一。我坚信，盲目的鼓励和宽容只会培养出温室里的花朵，真正的教育应该是宽严并济、奖惩分明的，真正的老师应该是管教同步、严慈相济的。我愿意成为一位手持戒尺、眼中充满希望的老师，竭尽全力地引导孩子走向正确的道路，点燃他们未来的希望。老师肩上的责任重大，承载着“为天地立心，为生民立命，为往圣继绝学，为万世开太平”的使命。我的孩子们或许没有兰花般夺目的香气，但他们像绿萝、吊兰、苔花一样，拥有顽强的生命力。我们用付出和真心感动着家长和孩子们，也把他们培养成非洲菊，坚韧不拔，充满爱心，懂得感恩。

感谢过往中遇到的每一个人，感谢团结友爱的数学组的兄弟姐妹们，是你们的陪伴、指导和鼓励让我一天天成长，体会生活中的乐趣；感谢生活中的每一件事，就在这一件件事情中让我变得越来越淡定、越来越平和、越来越从容；感谢葛校长的一路帮助和指导；感谢张主任、魏主任、宋主任、程主任和当时的郑主任的帮助、信任和扶持；感谢领导给我这个机会，让我静下来梳理九年来的心路历程。我只是做着所有石外人都在做着的平凡的事情，我相信每位老师也必将收获属于自己的满园芬芳！

心有阳光，快乐前行

初中部　甄密娟　石玉立　王晓波

大家下午好！我们是来自七年级筑梦团队大住宿班的老师，我是石玉立，我是王晓波，我是甄密娟。今年，我们三位教师共同承担了住宿班的教育教学任务。我们配合默契，每个人都有自己独特的风格：甄老师以其严谨和细致著称，王老师则以开朗和亲切闻名，而我自认为还算勤勉和进取。我们团队老中青三代结合，文理科背景互补，分工明确，共同度过了新学期的每一个普通而又不平凡的日子。

今天，我们站在这里，既满怀自豪，又略带忐忑，我们的所作所为与“三爱”精神相比尚存差距。实际上，我们所做的不过是班主任日常工作中平凡而微小的事情。自开学以来，我们这个住宿班经历了许多艰辛与快乐，付出了努力，也收获了成果。由于时间有限，我们每个人仅能分享一个方面的经历。若有不妥之处，敬请各位批评并提出宝贵意见。

一、爱学校，我们勇于担当（王晓波）

今年，对我来说是一段不平凡、不轻松、重任在肩的岁月。上半年的毕业班，我使尽浑身解数朝六晚八，育人于三尺讲台之上，嘶哑于四方教室之中，周旋于家校两点之间。回想三载耕耘，几多辛苦，几多付出，几多心血，全班师生同心协力，不负众望，初露锋芒。

8 月中旬，带着对新学期的憧憬和终于摆脱了毕业班教学任务的轻松心情，我们踏入了校园，却意外地迎来了担任住宿班班主任的重任，这一消息对我来说犹如晴天霹雳。除了担任班主任，我还需负责 9 班和 4 班的教学工作，这对我来说无疑是一项巨大的挑战。我家住在桥西裕西公园附近，单程距离 14 公里，对于石家庄拥堵的交通，我相信每一位通勤距离较远的老师都有深刻的体会。我每天固定的工作日程是早上 5:45 起床，6:20 出发，晚上 7:30 才能到家。每当想到清晨勉强克服睡意起床，晚上回家后疲惫不堪的情景，我便感到焦虑，再接手住宿班的工作，我担心自己能否承受得了。因此，我曾向葛校长和郑主任表达了我的担忧，希望他们理解我不愿意接受住宿班的立场。然而，领导们耐心而细致的开导逐渐消除了我的顾虑，我意识到学校也有其难处，领导们也有他们的不易，人手确实紧张。同时，学生们期待的目光给了我担任班主任的勇气，周围老师榜样的力量也激励着我战胜困难，他们用行动告诉我，没有什么是过不去的，困难总是可以克服的。想想甄老师，她的孩子正在读高二，正是学习上需要努力的关键时期，她除了负责两个住宿班的教学工作，还承担着繁重的班主任一职。如果将精力投入到住宿班的学生身上，势必会减少对自家孩子的关注，如何平衡这两者是她面临的难题，但她没有退缩，为了学校，她欣然接受了这一切。再看看石玉立老师，尽管年轻，但也到了适婚年龄，她接手了住宿班，每天都要处理各种大小事务，这让她难以静下心来考虑结婚这件人生大事。更何况，她自己也还像个孩子，需要别人的照顾，却要承担起照顾学生的责任。当石老师将这一情况告诉男友时，男友摇头表示不愿维持“异地恋”，学校的安排让石老师陷入了两难的境地，要么选择分手，要么放弃工作。谁不渴望拥有幸福美满的感情生活，谁不想享受浪漫的时光呢？我们周围还有许多像这样的老师，每个人都有自己的难处，谁不想过上安稳的生活？但如果每个人都选择退缩，不为年级和学校着想，那么43中这块响亮的金字招牌从何而来？我们这个先进团队又该如何形成？当我看到那些充满活力的学生们，我自问：我们总是教育学生要爱学校、爱学习，作为老师，我们更应该成为学生的榜样。教师的责任感和榜样的力量驱使着我必须克服所有困难，勇敢地迎接挑战，承担起这份重担。

在张征主任如大姐姐般的关爱与鼓励下，我们满怀领导的信任和学生的期望，勇敢地承担起了这份沉重的责任。我们所预想的困难逐渐被克服，繁重的工作不仅没有压垮我们，反而让我们获得了更多的关爱。甄密娟老师的丈夫，一个从不操持家务的大男人，开始主动承担起家里的三餐，心疼她早出晚归的辛劳。她的女儿也变得更加自主，为了不让妈妈操心，学习上更加努力，在本次期中考试取得了年级第四十七名的优异成绩。石玉立老师曾担心选择住宿班会导致与男友分手，但她吃苦耐劳的精神和强烈的责任心让男友对她的爱更浓了。我的儿子也变得更加懂事和听话，他安慰我说：“妈妈，校长和主任让你担任住宿班班主任，那一定是因为你是最棒的，最有责任心的。同学们都很喜欢你，你不用为我担心，我会照顾好自己的。”

一个个无私的身影，一个个培育未来的园丁，像一支支燃烧自己照亮别人的蜡烛，正是我们的老师。我为身为石外的老师而感到骄傲，为身边有如此众多优秀的领导和同事而自豪。如果说学校的发展如同浩瀚的银河，那么即使我不能为它增添耀眼的光彩，我也愿意成为其中一颗默默闪烁的小星，为了它的灿烂而努力。

二、爱教育，我们执着坚守（甄密娟）

自从我们承担了学校的任务，便开启了住宿班的日常，现在，让我来向大家介绍一下我们住宿班的日常作息。在开学的前两周，我们需在早上 6:35 准时到校监督早操，随着时间的推移，这已经成了我们的日常习惯，现在我们每月至少进行一次抽查。早操通常在 7:00 左右结束，之后我们会和孩子们一起吃早餐。7:40 我们到教室，组织早读，打扫卫生。8:10，我稍作休息，而晓波和玉立两位语文老师则继续带早读。上午的时间用于上课、批改作业、监督课间操，在忙碌中抽空吃饭，12:55 放学，我们有 30 分钟的午休时间。13:35 回到教室监督午休，14:00 是集体活动时间，活动内容可能是测试、评价课堂表现或点评宿舍情况。17:35 放学后，我们仍在教室和办公室里忙碌着。18:15 组织晚读，通常要到 19:00 之后我们才能离开。21:10 学生放学，但我们的工作并未结束，他们需要返回宿舍，而生活老师会在每晚 22:30 提供反馈。

尽管工作辛苦，如果能遇到成绩优异的学生，那也算是一种安慰，然而，现实往往不尽如人意。面对这样的挑战，我们感到困惑，不知如何是好，因此我们三位老师经常开小型会议，不断与任课老师沟通交流。我们住宿班的任课教师非常敬业，李慧老师和刘建奇老师总是提前备好课，并在讲课过程中不断拓展学生的知识视野；王芳老师在晚自习时耐心辅导学生，为学生答疑解惑；王玉婵老师以她的耐心教育和引导着学生；成欣兰和刘鹏两位老师总是早早来到小教室，耐心地辅导学生语法，纠正发音，一遍遍监督作业；刘丽老师经常在早读时耐心检查学生背诵，夯实基础知识。我们所有任教老师在课堂上耐心讲解，在课下加班辅导，逐步提升了学生的成绩。我们以特有的耐心，帮助、鼓励、影响并守护着每一个孩子，持之以恒，始终如一。

我们不仅重视孩子的学习成绩，还特别强调情感教育。利用周日晚自习的时间，我们会带领孩子们观看《挑战不可能》《开讲啦》《超级演说家》以及尼克·胡哲的大型励志演讲等节目，旨在拓宽孩子们的视野，丰富他们的生活体验，增长他们的见识。我们以积极乐观的态度，致力于完成一系列教育教学任务，潜移默化地影响着孩子们。在最近的期中考试中，三个住宿班的成绩显著提升，这无疑是对我们所有教师辛勤工作的最好的肯定！

看到孩子们的进步，我们也充满了快乐，虽然辛苦，但也幸福，值了，我想，这就是教育的幸福感。

三、爱学生，我们视生如子（石玉立）

实际上，作为住宿班的教师，我们的职责远不止早出晚归，也不仅限于在学业上为学生投入更多精力，更为关键的是，我们需要弥补孩子们在情感上的缺失。住宿班的孩子们周一至周五全天候生活在学校，他们无法像通勤班的学生那样，随时向父母倾诉心声或寻求安慰。他们之所以加入住宿班，并非因为他们出类拔萃，而是因为父母忙碌，无法给予足够的照顾。这些孩子往往缺乏心理疏导和温暖的关怀，因此容易出现情感、情绪和心理上的问题。作为住宿班的班主任，我们不仅要履行教师的职责，还要承担起父母的角色，担负起本应由父母承担的责任。

在过去的两周里，我几乎每天都会收到短信，无论是白天还是晚上，到了周五放学时更是频繁，那时我感到极度烦躁。作为一名语文教师，我本应传授知识、解答疑惑、品味文学、备课，但我的日常工作却变成了：×××，你妈妈让我提醒你喝水、吃药；×××，你妈妈提醒你要穿秋裤……我感觉自己仿佛成了一个高级保姆，不情愿地充当着信息传递者的角色。

作为住宿班，我们不仅要面对教育和教学部门的各项常规检查，还要应对生活老师对班里的各种评估。每天早上7:00左右，手机短信就会收到早晨检查的反馈：地面未清扫干净、镜子未擦拭、灯未关闭、床缝里有纸屑、垃圾未带走；××起床晚了；××未叠被子……22:30之后，生活老师的常规反馈又会接踵而至：××宿舍熄灯后还在说话；××生病了，家长接走了；最令人担忧的是××和××发生了争执。每当这时，即使我已经很困了，也必须开始思考如何处理和解决这些问题。如果当天没有收到生活老师发来的反馈，那晚我才能安心入睡。起初我感到困惑，一天这么多节课，学生们难道不疲惫吗？他们为什么放学后不直接去休息呢？每当我想到这些，我就不由自主地对他们皱眉怒视，但最终也只能无奈地说一句：“再扣分，我就停你们的住宿资格。”

起初，我对待学生的态度并非充满爱意，而是带有“嫌弃”之情：他们打架、骂人、告密，似乎对我“只备课，只教书”的做法感到不满，于是用各种事情来“丰富”我的班主任生活。那时的我，面对这些状况只会斥责。教育主任庞主任的开导让我意识到：“其实住宿班的孩子们也挺不容易的，他们小小年纪就离开了父母，不仅要学会独立生活，还要掌握学习的技能，我们应该慢慢培养他们。”此后，每当我感到愤怒时，我就会想起庞主任的话，以及他们年幼离家、孤独无助的处境。

有一天，班上的一个男生向我请假，说："老师，我想回家看看，家里是不是有什么事情?"这个孩子平时活泼好动，总是笑容满面，第一次住宿也毫无不适。我拒绝了他的请求，说："如果有事，你父母会给我打电话的。"但他继续说："老师，我只是想回家整理一下书包，就一晚，明天我就回来。"看着孩子红着眼睛，我问他："你是不是想家了?""没有啊，我只是想整理一下书包，没别的。"他依旧这样回答。孩子身材瘦弱，衣服在他身上显得有些宽松，眼神总是躲闪，似乎害怕我不相信他。他再次说："真的老师，就整理一下书包。"然后又低下了头。此时，我完全确定，他真的想家了。经过坦诚的交谈，孩子开始倾诉心声："每天看着走读班的同学放学后背着书包离开，我也想回家，哪怕一周只回去一晚。"看着他，我恍然大悟，现在的自己不也像他们一样，远离父母，独自一人在外奋斗吗?那一刻，我突然理解了他们。他们才十二三岁，每天早上6:00起床，打扫卫生要干净，叠被子要规范，跑操集合不能迟到，上课要有序，晚自习要守规矩；他们吃的是食堂的大锅饭，没有父母精心准备的美食；他们睡的是寝室，没有睡前父母的温馨叮嘱；他们面临的约束多，得到的关爱少。那晚，我批准了他的请假。

自那以后，每当收到家长的短信，我都会立刻转告孩子们，让他们明白，即便父母不能时时刻刻陪伴在身边，他们依然能感受到家人的关怀与思念。在宿舍生活中，我并不要求他们每时每刻都表现得完美无瑕，只要他们有所进步、付出了努力，我都会给予肯定。即使他们偶尔不遵守规则，我也不会严厉责备，而是给予更多的理解、耐心倾听，并以温和的语气与他们交流，偶尔还会用轻松的玩笑来缓和气氛。就这样，爱在我心中逐渐萌芽。

我慢慢理解了为什么甄老师21:00还在班里给男生缝扣子，她是在缝补她和孩子们的缝隙，那一针针一线线让学生找到了亲人在身边的感觉，离家的孩子需要这样的温暖，这样的安全感；我也理解了为什么王老师午休后还要和孩子们分享自己一天的乐事，那是在教会孩子们要热爱生活!

以前的我爱学生，只停留在对他们学业负责层面，而如今，作为住宿班班主任，我对孩子们多了一份宽容，多了一份耐心，更多了一份理解。

我们没有多么高尚，只是坚持做平凡的小事儿；我们没有多么伟大，只是心里装着学生。

我们，

王晓波：爱教育。

甄密娟：爱学校。

石玉立：爱学生。

齐：我们心有阳光，我们快乐前行。

守半亩花田　育桃李满园

初中部　蔡俊芳

我是蔡俊芳，现在担任八年级的英语教师及班主任。2001 年 7 月，我加入了石外的大家庭，至今已满二十三载。在这漫长的岁月里，石外的红墙白瓦、绿草如茵、赤色跑道以及法国梧桐，都已深深烙印在我的心间。回顾往昔，我的心中充满了无限感慨。

一、教育是一场师生相互成全的修行：鼓足勇气，勉力而为

2006 年 9 月，马曾伟老师开始担任年级主任，我随即接管了即将升入初二的星辰五班。马老师以满腔热情带领着五班，与学生们建立了深厚的师生情谊。对于我这样一个缺乏班主任经验的新手来说，接替马老师的工作无疑是一项挑战。至今，我仍对刚接班的那半年记忆犹新，每到周日晚上，我都会焦虑不安，背脊发麻，甚至有时会做噩梦。那时，我不太懂得教育方法，但凭借着年轻和充沛的精力，我坚持一个原则：认真对待班级管理中的每一件小事。我会仔细查看值日班长的记录本并写下评语，确保孩子们完成值日后才离开；对于未完成作业的学生，我会亲自监督他们补完作业；我还常在学生放学时去食堂吃饭，制造与他们偶遇的机会；周日晚自习前，我会提前一小时到校，巡视男女生宿舍；学生生病时，我会带他们去看医生……正如人们所说，陪伴是最深情的告白。经过一学期的努力，我明显感受到学生们开始信任和依赖我了。

班里有个名叫崔云剑的男生，性格内向，不善于与同学交流，成绩平平，一天，他突然没来学校，经过了解，得知他的父亲在水库游泳时不幸溺水身亡。我和马曾伟老师立刻前往小崔同学的家中，用行动向他表明我们永远支持他。小崔同学返校后变得更加内向了，精神恍惚，成绩也下滑了不少。而我能做的就是经常与他交谈，尽管他面无表情，很少回应，但通过持续的交流，逐渐打开了他的心扉。有一天，他泪流满面地告诉我，他因为父亲去世而感到非常痛苦和自责，因为在他父

亲去世前几天，他梦见父亲死了，他自责没有提醒父亲。看着这个孩子痛哭，我也哽咽了，这么小的孩子竟然背负着如此沉重的心理负担，我特别心疼。我能做的，只是陪他一起哭泣。

两年来，星辰五班经历了许多波折。初三上学期，由于数学魏老师怀孕，新老师郭老师接替了教学工作，郭老师和学生们之间经历了一段适应期。初三下学期，由于学生对“满意”和“比较满意”的理解差异，导致评教结果不佳，我在情绪激动的情况下晕倒在讲台上，被紧急送往医院……然而，星辰五班的孩子们也带给我许多惊喜。在我3月23日的婚礼上，班长刘韵娇和课代表李沅手捧鲜花来到现场(马老师和两位家长紧随其后)。婚礼主持人临时调整了环节，邀请这两位特别的小嘉宾上台，他们用英语和中文代表全班向我送上了祝福。当李沅那纯正的美音在婚礼上响起，当班长饱含深情的祝福让声音哽咽时，我站在台上，泪水模糊了视线……最终，星辰五班以优异的中考成绩圆满结束，刘韵娇和李沅也选择留在本校高中继续读书，并分别被保送到北京大学和上海外国语大学。

二、教育是一个不完美的人带着一群不完美的人走向完美的过程：蹒跚学步，步履维艰

2010年8月，我的女儿刚满八个月，我便根据学校的工作安排担任了秋实二十五班的班主任。经过在星辰五班的磨炼以及孕育生命的历程，我对教育有了更深的理解。因此，在班集体成立之初，我便像对待学习上的挑战一样，开始大量阅读教育类的书，包括魏书生的《班主任工作漫谈》和《好学生　好学法》，万玮的《班主任兵法》，李镇西的《做最好的老师》和《大夏书系：追随苏霍姆林斯基》，以及朱永新的《我的教育理想》等。

二十五班是一个混合班，学生的水平参差不齐，有的在年级排二三百名，而有的则在一千五百名之后，面对如此多的学习困难生，班级管理在各个方面都面临着巨大的挑战。最显著的问题是课堂上讲话的人太多，以至于影响到了某些科目的教学进度。我和二十六班的班主任尹铭伟老师达成共识，对于学生表现参差不齐的班，首要任务是严格监督。因此，我总是第一个到校，每个课间都会准时进班巡视，并在下一节课前返回办公室，直到放学后监督学生完成值日才离开。在教学过程中，我也逐渐接受了“班规治班”的理念，我引导全班学生一起讨论制定班规的必要性，与小组长和班委共同起草了班规，内容涵盖了学生日常生活的方方面面，并在全班再次讨论通过后开始执行。

班里有个男生叫王天，他的学习成绩尚可，但行为习惯很差，很快，提到王天，班上几乎所有同学都会不满和无奈，老师们也非常头疼。自从班规实施以来，每当他犯错，我都会让他根据班规接受相应的惩罚，如扣分、抄写班规、写反思报告、为班里做好事等。记得当时饮料瓶比较值钱，每个瓶子一毛钱，他为班里做得最多的好事就是每天捡 20 个瓶子作为班费。每次家长会，我都会公布全班的日常积分，而王天由于犯错频繁，他的积分总是倒数第一。王天的家长明白树立孩子规矩意识的重要性，因此非常配合我的工作。王天只是这二十几个孩子中的一个，在不断地引导和教育中，他们逐渐开始形成正确的价值观，班集体的良好氛围也逐步建立起来了。最终，二十五班以优异的中考成绩圆满结束了这一阶段的学习。

三、教育是一场温暖的修行，是一场静待花开的事业：山重水复，柳暗花明

2020 年，由于工作安排，我爱人不得不长期驻扎在单位，因此我开始了独自抚养两个孩子并同时负责两个初三班的网络课程。每天清晨 5:30，我便起床准备一日三餐，备课、授课、批改作业。我的女儿上四年级，她每天在自己的房间里上网课，负责登录云视讯、调整视频、打印作业、完成作业并上传，这一切都是她自己独立完成的。而我 4 岁的儿子，因为我在餐厅给学生上网课，他不得不保持安静，常常趴在地上，要么玩着各种小汽车，要么自己翻阅绘本。每当我的网课结束后，儿子就会兴奋地跑过来问我："妈妈，你下课了吗？能陪我玩吗？我好无聊……"听到这些，我感到非常心酸。

终于，在 7 月底，中考的喜讯传来，我们团队成功完成了任务。正当我以为可以稍微放松迎接暑假时，任校长、杨主任、刘主任找我谈话，希望我能加入新初一班主任的队伍，担任啸谷十班的班主任。作为一个四十多岁、拥有近二十年教龄的教师，同时见证着自己的两个孩子逐渐成长，这些经历让我在面对十班学生时，心态更加平和了。我能够坦然接受学生犯下的各种错误，正如孟子所言："人恒过，然后能改；困于心，衡于虑，而后作。"学生的错误正是我们教师引导和教育的契机，也是他们认识客观世界的重要途径。然而，十班这一年确实多灾多难，让我应接不暇。初一第一学期期中考试成绩不理想，随后就有家长质疑整个教师团队的教学水平；开学不到一个月，班里就发生了涉及五名学生的打架事件；在跑操中，因为步伐不一致导致一名学生摔倒，胳膊骨折；一名女生因为不满前面的男生，在课堂上用铅笔猛戳，导致铅笔刺入后背；初一下学期，崴脚、膝盖疼痛、感冒不参加跑操的学生近 10 人……面对这些情况，我总是第一时间处理学生的伤口、与学生

谈话、与家长沟通，一一化解问题。然而，似乎总有人挑战我的底线，这学期刚开学就发生了一起严重的事件。一名叫小禾的男生在数学课上公然挑衅池老师，出言不逊，辱骂老师。我立即与教育处联系，寇主任对此事非常重视，当晚就召集当事人和目击学生到教育处了解情况，并命令小禾停课回家反思，同时约谈家长予以警告处分。之后，寇主任还亲自到班，责令小禾当着全班同学的面向池老师道歉。经过这一事件，这名男生彻底改变了以往玩世不恭的态度，也使全班同学对尊敬师长有了更深刻的理解，并对个人行为与集体荣誉之间的关系有了更清晰的认识。

二十三年的教育生涯让我深刻认识到，教师在教育过程中不仅要将培养学生作为核心任务，同时也要注重自身的成长，毕竟我们也是普通人。既然我们自身并非完美无缺，那么我们就应该对学生所犯的错误持以宽容的态度，保持一颗童心，与学生一同成长。这个过程可能会充满挑战、压力巨大，然而，在我们感到极度绝望的时刻，只要我们坚守教育的初心，终将迎来柳暗花明的那一天。

公共资源部

GONGGONG ZIYUAN BU

在平凡中追求卓越

公共资源部　2016级八年级体育组

在今天这个中期工作总结的宝贵时刻，我有幸与各位老师进行交流，对此我感到无比荣幸，感谢领导和老师们的鼓励。在这次交流中，领导布置的任务是让我们教研组长探讨如何更有效地推进工作。在准备这次讨论的过程中，我不断回忆起一堂堂课程、一次次会议、一场场教研活动，这些生动的场景让我愈发清晰地感受到每位教研组长在工作中的专注、辛勤付出以及对教育探索的热情。我与众多教研组长一样，每天都在忙碌中度过，没有特别突出的贡献或独到的见解。在此，我想与大家分享我在工作中的些许收获和体会。

首先，请允许我介绍一下我们八年级教研组的老师们，正是有了他们的存在，我们才能有条不紊地推进每一项工作：

周鹏：为人低调，充满热情，授课生动活泼，深受学生喜爱，经常为八年级体育组的发展提供宝贵建议。王梓麟：全心投入教学，对学生既严格又充满爱心，积极承担组内工作，致力于推广中国健康体育课程模式。他在2016年全国篮球优质课展示中获得了专家们的一致好评。马超：勤勉踏实，默默奉献，致力于提高学生的身体素质，用心上好每一节课。周志辉：作为集团女足主教练及八年级10班班主任，他在早训、课间操、下午训练、班会、晚自习和个别学生谈话等各项工作中表现出色。王杨杨：体育组的各类活动中总能看到他忙碌的身影，踏实肯干，业务能力出众。刘丽娟：本学期体育教学工作完成得既保质又保量，身上永远充满正能量。王炎：个人业务水平持续提升，并专注于学生管理方面的研究。

古语云："用兵之道，以计为首。"无论是单位还是个人，无论处理何事，事先都应有周密的计划和安排。有了计划，工作就有了明确的目标和具体的步骤，就可以协调行动，增强工作的主动性，确保工作有序进行。明确的计划不仅能够指导工作，还有助于推动工作向前发展。制订合理的工作计划，是建立正常工作秩序、提高工作效率的关键。

近年来，集团愈发重视提升学生的体质健康水平。新入学的七年级学生体能基础薄弱，多项技术尚未掌握，甚至有学生立定跳远成绩不足一米。面对首次体质测试的成绩，我陷入了深思，并开始思考如何有计划、有目的地提升学生的体质。首先，我组织了体质测试成绩分析会，利用教研机会与老师们共同分析了学生的现状，集思广益寻找解决方案，并汇总了提出的有效措施。其次，根据年级和学期特点，将教研组讨论出的一系列活动进行合理安排。例如，七年级第一学期结合专项有效提升学生体质，提高学生课下锻炼的积极性，以及加强班主任对体育的重视；七年级第二学期安排了各种球类联赛；八年级第一学期在跑操后进行体能练习；八年级第二学期则将跑操速度提升至每圈 2 分 20 秒。最后，为每个阶段的中考体育三项设定了年级目标分数，以此激励体育老师和班主任。有了这些计划，并按照计划有序地安排工作，经过全体教师的不懈努力，中考体育三项年级均分提升了 8.4 分，达到 20.24 分，较上一年同期测试提高了 1.5 分。

一、争当名师，推进教师专业化成长

华东师范大学的叶澜教授在其著作《教师角色与教师发展新探》的导言中写到：我们坚信，教师生命质量的提升是高质量教育的基石；教师精神的解放是学生精神解放的前提；教师的主动发展是学生主动发展的关键；教师的教育创造是学生创造能力培养的源泉。

教师的专业化成长不仅对提升教学质量至关重要，也是教师个人幸福感的源泉。教研组作为教师专业成长的基层组织，是学科教师集体进行教学研究的基本单位。我们非常重视每周的教研活动，在教研活动中，教师们都会围绕主题毫无保留地分享自己的经验和见解。教研活动内容包括：教学目标的设定、教学重难点的识别、教学内容的选定依据，以及如何结合专项课程安排体能练习等。

此外，教研组的发展目标与教师个人价值的实现、教师的近期和长期利益紧密相连，这样的策略能有效促进教师的专业发展。自 2015 年 9 月以来，八年级教研组在教学领域取得了一系列成绩，荣获河北省青少年技能大赛一等奖、二等奖，以及“一师一优课、一课一名师”省级、市级优课各一节，并有三人考取河北师范大学在职研究生。

二、健康向上，组内大力倡导体育精神

提及体育精神，姚明给出了他个人的解读：人们可以用许多耳熟能详的词汇来

阐释体育精神，如永不放弃、坚韧不拔、勇敢面对挑战、坚持到底等。然而，体育精神并不仅限于体育竞技场上，它同样反映在我们的日常生活中。我坚信，每一位运动员都会将这种精神带入自己的生活中。

体育组的教师们来自不同的体育院校或专业队伍，他们都有过专业的体育训练经历，并且对体育精神有着深刻的个人理解。正如姚明所理解的，体育精神在赛场上表现为拼搏和永不放弃；在生活中，它体现为对美好生活的持续追求；在工作中，则是不畏艰难、不惧劳累，全心投入每一堂课，确保每位学生都能从中受益。八年级体育教研组的每位教师都充满正能量，这种正能量是相互影响、相互促进的。

常言道：“想要走得快，一个人走；想要走得远，一群人一起走。”我们是一个合作共赢的团队，愿我们的团队能够更加坚实地迈向实现梦想的彼岸。在未来的教研工作中，我们组将继续总结经验，改进不足，不断开拓创新，力求做到最好。

“三爱”教育记心间　责任来当先

公共资源部　王巧静

在石家庄外国语教育集团，图书馆是对学生实施素质教育的重要阵地，它是学生拓宽视野、陶冶情操、培养审美情趣以及获取知识的乐园，是他们成长和成才的摇篮。作为石外图书馆人，打造最好的图书馆是我们矢至不渝的目标和追求。秉持“三爱”精神，是我对教育事业坚守一生的座右铭，正是这份坚持和信念，让我们收获了2017年“最美校园书屋”的殊荣。这份荣誉背后，是无数平凡而辛勤的汗水所编织的星光。图书馆的故事虽起始于平凡，但绝不平凡。

一、岗位职责记心间，平凡也能不简单

与一线教师相比，图书馆的工作或许显得单调而普通。然而，在这份看似平凡的工作中，我们仍需用心去探寻那些隐藏的不平凡。

每天早上8:00，图书馆准时开放，我们开始打扫卫生：拖地、扫地、擦拭桌面、整理归还的图书、上架报纸、迎接学生上课，日复一日，年复一年。中午12:10至下午2:20，图书馆的老师们轮流值班，尽管疲惫不堪，我们依然坚守岗位。下午2:40继续上课，4:20下课后，我们还要整理归还的图书，本以为只需再坚持片刻便能下班，但我们依旧坚持到晚上7:00。你可能会认为这就是我们工作的全部，但实际上，这只是我们日常工作的缩影。学期伊始，我们要及时将课本分发给大约5500名师生，还要负责订阅杂志、收取书费、定期清理库存、修补损坏的图书等。每一项任务，我们都倾注了全部的耐心。因为心中有爱，我们为学生着想；因为热爱学校，我们始终保持着高度的责任感；因为对教育的热爱，我们愿意奉献自己的热情。在平凡的岗位上，只要我们持之以恒，将每件事情做到极致，那么平凡也将变得不凡。

二、以读书节的名义，让书香溢满校园

每年4月23日，即“世界读书日”，世界各地都会举办各种读书活动。这一天，对于石外而言同样是一个重要的节日。作为图书馆的一员，我们深感责任重大，不仅要营造浓厚的校园文化氛围，引领节日潮流，还要在活动中不断创新，以吸引师生的注意力。此外，我们还要坚持日常的教学和业余阅读服务，这无疑是对图书馆工作人员的一大考验。虽然2017年的“读书节”已圆满结束，但这圆满里浸透了我们辛勤的付出和汗水。

（一）活动是对学生潜移默化的教育

2017年春节，《中国诗词大会》这一档以古诗词为核心的文化综艺节目热播，引发了我对教育的深思。节目结束后，我萌生了一个念头：将中国古诗词的博大精深与读书节相结合，既能激发学生的学习热情，又能陶冶他们的情操，同时还能弘扬中华优秀传统文化。

在新学期伊始的学科组会议上，我的这一想法得到了同事们的支持，然而，如何实施这一活动是我们面临的最大挑战。简单模仿《中国诗词大会》的形式并不适合我们学校的实际情况，过于复杂的设计难以操作，过于简单又无法激发学生的参与热情。此外，封闭的活动空间无法营造节日氛围，而开放的空间又可能受到天气的影响。面对这些难题，我们不能盲目行动，而应集思广益。在多次学科组会议上，我们共同探讨，寻找解决方案。于是我们前往批发市场挑选合适的书签，与设计公司多次沟通展布的材质和设计图样，还与各年级的馆长商讨读书节的具体事宜。通过不断实践和思想碰撞，我们最终找到了可行的方案。

4月14日，当我手捧着学生提交的3000多张精美的作品时，我完全忘记了下班时间，反复欣赏这些作品，心中涌现出无限的情感。我被学生刚劲有力的笔体所感动，被他们对诗词的深刻理解所打动，更被诗词本身的无穷魅力所折服，唯恐辜负了大家的期望。

4月17日下午2:00，校园的林荫大道被印有中华诗词的条幅装点一新，一张张精美的卡片构成了古诗词长廊。参观者细细品味，流连忘返，感受着中国诗词穿越时空的魅力，路过的师生放慢了脚步，享受着节日带来的喜悦。随着活动的推进，中华诗词校园活动展为校园增添了浓厚的书香气息，缓解了中高考带来的紧张感。中华诗词校园活动的成功举办，给我留下了很多思考：尽管我不是一个完美主义者，但内心对教育事业的责任感驱使我努力将每件事做到最好。中国古诗词浩如

烟海，中华文化博大精深，如何在校园内更好地延续这一活动，将是一项未尽的事业。

（二）爱学生，永远不要低估他们的能力

每年的读书节都会举办徽标设计活动，旨在激发学生的创新思维和提升其实践能力。为了确保活动的规范性，使学生的作品得到充分展示，我们必须制订详尽的预案，并做到随机应变。

起初，我们是想通过美术组老师在课堂上向优秀学生征集徽标设计作品，然而，一周过去了，却没有收到任何作品。我急忙去了解情况，经过老师的提醒，我才意识到徽标设计不仅需要绘画天赋和平面设计能力，更需要敏锐的观察力和创新能力。

于是，我和国华老师迅速前往各年级办公室，与年级领导沟通。幸运的是，他们都非常支持图书馆的工作，并立即向各班发出了征集通知，这让我松了一口气。但是，我们没有考虑到读书节与期中考试的时间冲突了，导致无法在读书节当天展示学生作品。国华老师提出了一个睿智的建议："不要急，我们可以将这个活动视为考试后的调剂，读书节只是一个提醒我们读书的契机，书香校园不应只是一个口号。只要通知已经发出，作品一旦完成，展示的时间可以灵活安排。"在她的安抚下，我们决定耐心等待。

从 4 月 16 日到 4 月 23 日，无论是纸质作品还是电子版，徽标设计作品如潮水般涌来，学生们以小组或个人名义提交了 300 多份精美的作品。捧着这些作品，我的心里满是感动——感动于我们的付出终于有了回报，也感动于学生们的创新精神和实践能力。4 月 24 日，美术组的老师与我们一同评选了参赛作品。随后，这些作品被送往设计公司进行扫描、排版，并设计成展牌和徽标册子。最终赶在运动会前，这些作品在图书馆内得到了完美的展示。

这次的活动让我深刻体会到，无论哪个环节都离不开思考、沟通和行动。思考可以避免错误，沟通可以确保信息的顺畅传递，而实践则是获取真知的唯一途径。即使面对一张纸，我们也必须清楚地了解它的材质、重量、大小和形状，以判断它是否适合制作成册子。虽然开始一件事很容易，但要完成它却充满着挑战，这也许就是成长的过程——从无知到有知，从不敢到敢，推进了人的进步。

（三）活动精彩纷呈，书香溢满校园

2017 年春节期间，图书馆借助网络平台，与中国知网和初高中部联合举办了"爱文化·阅新春"中国传统文化系列阅读活动，以及"六周读懂红楼梦"阅读竞赛，这些活动极大地提升了学生的自主学习能力。在读书节期间，图书馆还展出了学生的获奖作品，进一步营造了积极向上的学习氛围。

过刊售卖：今年图书馆采取了新的策略，由指定的老师指导5名高中保送生负责此项工作，旨在让保送生在图书馆的实践中提高个人能力。

图书漂流活动：书籍漂流进班，方便学生阅读。同时，学生通过义卖活动，有助于提升自身的沟通交流能力，并将所得收入捐赠给需要帮助的贫困学校。

新书进校园活动，书店赠新书：让学生以优惠的价格购买到新书，而书店则以图书作为奖品赠送给学校，作为读书节活动的奖励。

各部门自主读书活动：包括读书心得展示、书法比赛、阅读征文展示、演讲朗读比赛和班级板报比赛等，这些活动的举办使得校园内的节日气氛达到高潮，书香四溢。

草长莺飞日，全民阅读时，阅读不应仅限于“世界读书日”。正如古人所云：“少年读书，如隙中窥月；中年读书，如庭中望月；老年读书，如台上玩月。”阅读应成为每个人心中的那一抹“白月光”，在时光中永恒。鼓励学生多读书、读好书、会读书，不仅是对学生的期望，作为教育者，我们也应抽出时间阅读，汲取知识的养分。只有不断提升自我，我们才能更好地教育学生，让学校的明天更加辉煌。让我们共同铭记这句话：“节日已落幕，我们快去读书”。

三、挑战不断，激情无限

2017年4月可以说是石外图书馆最忙碌的月份，读书节撞上了“全国最美校园书屋”的评选，图书馆人用对教育事业的那份执着拿到了“2017最美校园书屋”的荣誉。激动的同时我们意识到，图书馆工作还需要不断完善。

感恩学校，是你让我成了教育界的一员；

感恩领导，是你的赏识让我觉得自己也可以璀璨；

感恩同事，是你们的支持让我感觉不再孤单；

感恩学生，是你们促使了我不断改变；

感恩磨难，是你让我敢于接受更大的挑战；

双手合十，铭记恩情，让感恩永存心间。

大家好才是真好

公共资源部　王丽霞

今天，我有幸站在这里，首先我要向领导表示感谢，感谢您对我的认可与鼓励。接着，我要向我的团队表达感激之情，感谢他们给予我的支持与理解。至于经验分享，我并没有什么特别的，我们所做的一切不过是日常工作的点点滴滴，我个人没有什么值得夸耀的成就，因为成绩的取得是团队共同努力的结果。在此，我愿意与大家探讨一下我的真实感受。

一、团结、向上，我们的心朝着同一个方向眺望

自开学以来，我们团队便营造出一种积极向上的工作氛围，所有任务都在稳步有序地推进。冬季组织住宿生早操是一项艰巨的挑战，尤其是在早上6:00、气温较低时。由于参与早操的人员稀缺，杨冠雄老师主动提出增加自己的次数，以减轻人手不足的压力，通常情况下，他会连续参与三到四周才休息一周。刘敬老师在没有额外报酬的情况下也表示："只要需要，我随时待命！"丁增和王宇鹏老师除了日常授课外，每天下午还要负责带队训练，但早晨依然轮流参与住宿生的早操，他们的日工作时长达到了13个小时。团队中的每一位成员都未曾拒绝过任何工作安排，对于各种任务的响应总是简洁而坚定：行！

二、努力、共进，我们有着共同的目标和追求

为了有效提升学生的体能素质，增强体育课上体能训练的成效，我们深入研究了课前15分钟体能训练模式，并勇于尝试探索，不断完善修改。迄今为止，我们已经成功实施了第三套体能训练模式，并取得了显著成效。

每周四的教研活动是我们最珍惜的时光。以往的教研活动有时显得盲目，似乎为了教研而教研，缺乏明确的方向。但现在，每次教研活动都有太多的内容需要探讨、研究并策划，因此每次活动都感觉时间紧迫。在教研活动中，教师们围绕一个

话题展开激烈的讨论，畅所欲言，毫无保留，最终达成共识并统一行动。这种热烈而和谐的氛围已成为我们教研活动的常态，也是我们团队成员深感自豪的一大亮点。

为了实现强校长提出的中考体育成绩必须全市第一的目标，我们既有压力也有动力。体能的提升是一个长期而艰巨的过程，除了体育课之外，我们还考虑到周日的体能少年宫活动，专门针对体能较弱、体型较胖的学生进行额外训练。当我在班主任会议上提出这个想法时，我感受到了葛校长、郑主任以及各位班主任的支持。我衷心感谢团队中的教师们，除了承担训练任务的教师外，其他教师全部主动参与进来，哪怕牺牲周末的休息时间也毫无怨言。我想对所有老师说：“你们辛苦了，非常感谢!”

期中体质测试后，我们团队召开了多次会议，认真分析测试数据，通过数据发现问题，并通过问题寻找解决方案和方法，全力以赴地为提高学生的体能而努力。我们每个人心中都有使命感，作为体育教师，我们有责任为学生的体质健康尽心尽力。

三、共同的责任，我们有福同享、有难同当

我们这个大集团声名在外，经常举办各种大型活动和接待外宾，但组织全体学生录制视频，并在几节体育课上摆放几千个马扎的事情还是首次。这项工作的复杂程度，绝非三言两语所能详述。自任务下达之日起，体育教师便迅速响应，团结协作，分工明确，我们深知这项任务的重要性。在时主任的领导下，我们仔细规划每一个细节，确保每个环节都达到百分之百的精确度。时主任带领我们几位组长利用下班时间分配任务，并根据图纸精确标定坐标点，前期的准备工作我们体育组必须要做到位。几千个马扎需要指挥学生从器材室搬运至操场，并摆成 75 厘米的方阵，要求前后左右整齐划一。这项工程之浩大，学生无法完成的部分还需要老师们分工合作，一点一滴地完成。为了确保万无一失，窦校长不顾腰痛，亲自前往一线指挥工作，音乐、美术、科技的老师们也前来支援，这让我们深刻感受到了团队的力量和集体的温暖。老师们连午饭都顾不上吃，更没有时间休息，大家只有一个共同的信念：顺利完成这次拍摄任务，展现出我们大集团的实力。任务结束后，时主任的嗓子沙哑了，老师们也腰酸背痛腿抽筋，但当我们看到劳动成果的那一刻，真心觉得所有的付出都是值得的!

我们体育组是一个团结向上、充满青春活力的团队，是能够经受任何考验的团

队。我们将携手并进，为了共同的梦想而努力，追求我们所向往的，创造属于我们的辉煌！保持初心，继续前行！

大家好才是真的好！谢谢大家！

办法总比困难多

公共资源部　王国华

广州一家公司在报纸上发布了一则招聘营销人员的广告，其中详细列出了应聘条件、薪资待遇等信息，并明确了参加笔试和面试的要求。然而，令人费解的是，整个广告中并未提供任何联系方式。

许多人猜测这可能是招聘单位的疏忽或报社的排版失误，于是便耐心地等待报社发布更正或补充信息。然而，有三位求职者对这个岗位非常感兴趣，他们没有被这个疏漏所困扰：小王在网上输入公司名称，迅速找到了公司的联系方式；小张通过电话查询服务找到了公司的办公电话，并通过与公司办公室人员的沟通得到了所需的联系方式；小刘依稀记得该公司在某个商业区有广告牌，便骑车在城区内寻找了一下午，最终发现了广告牌，找到了公司的地址和邮编。

在招聘广告发布的第三天，大多数求职者仍在焦急地等待报纸中可能出现的更正或补充信息，而小王、小张和小刘的求职信和相关材料已经寄到了公司人事主管手中。随后，人事主管安排了与三位求职者面试。面试中，公司总经理对他们的材料和本人表示满意，并立即决定办理录用手续。

总经理表示，招聘广告本身就是一个测试，考察应聘者是否具备现代营销员应有的素质——开阔的思路和不拘泥于常规。三位求职者短时间内能够另辟蹊径，迅速找到公司的联系方式，这表明他们已经出色地完成了这份隐含的考题。

这个故事启示我们，要想成功完成一件事情，就需要充分发挥主观能动性，想尽一切办法去实现目标。正如我们常说的，解决问题的方法总是多于困难的。接下来，我将按照时间顺序，为大家讲述读书节的故事。

3 月 3 日、3 月 10 日：在图书馆组织的两次会议中，我们讨论了本届读书节的主题。目前，我们已初步确定读书节的主题为“成长”。此外，本届读书节将命名为“石家庄外国语教育集团读书节”，对此，公共资源部的领导表示赞同和支持。

3 月中旬，经过多次与初一年级的魏茜主任以及初二年级的冯云英主任的沟通，我们探讨了哪些类型的活动更受学生欢迎，以及更具有实际意义。

3 月下旬，我们制定了本届读书节的预案，并对各项活动进行了初步规划，同时起草了读书节海报和徽标征集海报。此外，李书记计划召集语文学科组和图书馆共同讨论读书节的相关事宜，但遗憾的是，这一计划尚未得以实施。

4 月初的几天，我多次向部门领导提出关于读书节的事项，并询问何时能召开部门协调会议。4 月 7 日，我参加了窦书记组织的会议，讨论了读书节的相关事宜，恰巧李书记也到场了，在会上我再次强调了读书节活动的紧迫性，指出如果再延迟将无法顺利召开。领导们随即决定，就在第二天，即 4 月 8 日下午 2:00，在行政楼召集各教学主任参与读书节协调会议。

4 月 8 日下午 2:00，读书节协调会议按计划顺利召开，与会者包括李书记、窦书记以及来自幼儿园至高中部的代表。在会议上，确定了本届读书节的主题和活动要求，并对任务进行了明确的分配。图书馆将承担制订活动方案、策划、营造校园阅读氛围以及总结读书节活动和奖品准备等工作。

4 月 11 日，读书节的海报和徽标征集海报已经全部张贴，各类条幅也已准备就绪。

4 月 13 日下午，我和韩涛将读书节的横幅提前悬挂在主席台前方。

4 月 14 日，读书节活动正式拉开帷幕，窦书记主持活动。

4 月 14 日—18 日，图书馆的老师计划对去年的杂志进行清点并打包，为过刊售卖做准备。韩涛负责打印相关表格，为过刊售卖做准备。与此同时，图书漂流社的同学们也开始了他们的忙碌时刻，我们为他们提供了打印表格的支持，协助他们开展活动。

4 月 21 日下午，我与韩涛、王巧静一起将条幅装饰了整个校园，为迎接次日的读书节活动做好了准备。

4 月 22 日—30 日，我校全面启动了丰富多彩的读书活动，包括过刊销售、新书进校园、图书漂流、徽标征集、班级板报制作、年级征文比赛、经典作品朗诵以及演讲竞赛等。这些活动的开展，为校园内营造了一片热烈而充满书香的氛围。

5 月 6 日，所有读书节的奖品已准备就绪。

实际上，我们的工作性质决定了我们常常会面临形形色色的新挑战以及那些看似无解的旧难题。面对这些情况，我们应当如何应对呢？

1. 面对问题时，我们应主动承担责任，避免推诿。

2. 正确地面对问题，冷静地分析问题的根源，并寻找解决问题的路径或方法。

3. 必须培养合作意识和团队精神，始终将整体利益置于首位。
4. 需要保持足够的耐心，不轻易放弃，因为往往再坚持一步就是胜利。
5. 始终保持一颗平和的心。

做平凡体育人　共促石外体育文化

公共资源部　王学武

尊敬的窦校长、马主任、时主任以及各位同人：

大家好。我非常荣幸能在这里与大家分享我们体育人的一些家常事儿。最初接到这个任务时，我感到有些迷茫，不知从何开始。“三爱”教育对我们每个人来说都那么熟悉，“爱教育　爱学校　爱学生”这不正是我们体育人一直坚持并付诸实践的核心理念吗?

体育人注重的是脚踏实地的工作态度和诚实守信的为人之道，能有机会做关于“三爱”教育的报告，机会确实难得。那么，就让我们来谈谈体育人在日常工作中的一些经历吧。在我们深入讨论之前，先让我们来探讨一下体育的真正含义。

体育是一种复杂的社会文化现象。它以身体和智力活动为基础手段，遵循人体生长发育、技能形成和机能提高的规律，旨在增强人的体质和运动能力、改善人的生活方式、提高人的生活质量，促进人的全面发展。这是一项有意识、有目的、有组织的社会活动。

体育是教育不可或缺的一部分，它是非常美好的教育形式之一。体育不仅是锻炼身体那么简单，其与社会的整体文化紧密相连。

一、特殊时期停课不停学，“超人”团队冲锋在前

在新冠疫情期间，“网课”成了一个我们频繁提及的词，特别是体育网课，它对我们来说是一个全新的领域。我注意到，其他学校的学生在网课期间主要是根据老师制订的训练计划进行自主练习，并定期向老师反馈进展。

然而，我们集团对初三体育教学提出了更高的要求，要求我们利用云视讯技术直播体育课程。这不仅要求体育老师设计适合家庭锻炼的练习内容，还要求我们通过视频把握学生的练习情况，并及时提供课堂反馈，监控运动强度。

在云视讯教学研究的过程中，我们常说：“超人团队开体育网课的先河，在全

国网课领域中遥遥领先。”这句玩笑话背后，反映了云视讯体育网课有效开展的困难，同时也彰显了团队的付出和努力。我们每周两次的云视讯教研会议，主要内容集中在教学内容的制定和教学经验的交流上。老教师们毫无保留地传授经验，而年轻教师则开拓创新勇于挑战。

为了最初的梦想，每位教师都在努力完成网课教学的艰巨任务。从最初的不熟悉操作，到现在能够熟练运用云视讯技术，从最初的迷茫到现在的思路清晰，我们坚信，只要我们保持这股韧劲，就一定能够站上体育教学的巅峰。这段话也展现了“超人”团队必胜的信念。

我要感谢“超人”团队的每一位成员，以及在这一过程中亲力亲为的部门领导，你们是我们坚强的后盾。我永远不会忘记我们团队在云视讯教研时全力以赴、无私分享经验、共同寻找解决方案、开拓新思路的情景。这更多地体现了体育人在面对困难时勇于前进、团队至上的优良传统。我们不仅是同事，更是兄弟姐妹，亲如一家人。虽然没有经历最后的中考，稍感遗憾，但我们仍然可以自豪地说：“我们是全市第一，遥遥领先。”再次感谢你们——我的家人。

二、充满挑战的初一教学

把学生从七年级带至中考结束，是我一直渴望完成的教学任务。为了实现这一目标，我在本学期申请加入了七年级教学团队，并承担了起始年级的田径专项教学工作。这对我来说既是机遇也是挑战：机遇在于我有机会从七年级开始规划针对中考体育的课程，挑战则在于我首次全面负责七年级的课程，对学生的学情和教学内容的掌握尚需进一步了解。

为应对这些挑战，我不断向经验丰富的老教师请教，并在教研活动中积极学习。同时，在实际教学过程中，我不断总结和反思。经过两轮的专项课程教学，我初步制订了适合初一学生的田径专项教学计划，并结合相关文献资料，撰写了一篇名为《“三分教学模式”下七年级田径专项教学（中考体育模块）初探——以石家庄外国语学校为例》的教学反思文章，该文已发表在《当代体育》杂志上。

在完成日常教学之余，我也经常撰写教学反思和随笔，将我的思路和想法转化为文字。至今，我已发表多篇文章，包括：《石家庄市区义务教育阶段体育与健康课程内容相互衔接的研究》《浅谈中考体育对体育教学的不利影响——以石家庄市中考体育为例》《浅谈学生对体育学科的重视程度——“两个问题引发的思考”课堂反思随笔》《“三分教学模式”下七年级田径专项教学（中考体育模块）初探——

以石家庄外国语学校为例》《有效课堂教学提升学生中考体育成绩的研究——以石家庄外国语学校九年级体育教学为例》。

三、致敬最美体育人

在体育组里我们有这样一群人，他们披星戴月、早出晚归，除了承担日常教学任务外，还承担着课余时间的体育训练队指导工作。只因对体育的热爱和追求，他们不求回报，渴望的是更多的理解与支持。让我们向这些辛勤工作、忠于职守的教练员们致敬。

我们经常强调“体教融合”的重要性。然而，我认为“训教结合”同样关键，如何将训练方法有效地融入教学之中，是需要我们探讨的课题。将竞技体能转化为体适能和健康体能，能成为我们教学的新方向？答案无疑是肯定的。

四、“三分教学模式”背景下，选项教学的有效开展

“三分教学模式”构成了集团体育教学的特有模式，旨在促进专项教学的有效实施，并催生了专项轮换制度。在这一制度下，每个专项的体育教学持续四周，这无疑对教师在课堂上的有效管理提出了挑战：1. 缺乏对学生情况的充分了解。2. 教育教学目标不明确。由于没有固定的班级，难以将目标细化至每个学生。3. 教学课时的安排是否真正有助于学生运动技能的掌握。

在新形势下，选项教学走班制有望成为体育课堂教学模式的主流。高中体育课堂已经采纳了选修课的模式，对于初中体育教学来说，如何调整专项轮换制度，以最大化地发挥“三分教学模式”的优势，以及是否能够及早开展选项教学或走班制模式，是值得我们深思熟虑的问题。

五、共促校园体育文化发展

校园文化的构建离不开体育文化的熏陶。体育所倡导的规范行为、公正竞争、积极乐观的态度以及奋发向上的精神，是塑造学生品德的关键要素。

体育教育的先驱马约翰先生曾提出体育迁移理论，指出一个人在体育活动中所展现的积极进取、勇敢拼搏和团队协作精神，将对其社会生活和职业行为产生深远影响。这说明体育活动中的表现能够更直接映射出学生的学业态度，因此，在体育教学中对学生进行规范教育显得尤为重要。未经雕琢的玉石无法成器，教育的过程就是雕琢的过程。对于以身体活动为基础的体育课程来说，这个“雕琢”的过程尤

为关键，且挑战更大。教师必须以身作则，有效实施课堂管理，培养学生的规范意识。

完善校园体育文化，我们任重而道远。想要以体树人、以体育德，提升校园体育文化的水平，需要班主任、任课教师、家长和学生等对体育有充分的认识和理解。

目前，我们能做的就是坚守课堂这一主阵地，不断完善教学内容，优化教学体系，并充分利用现有的模式和资源，将教学效果最大化。我们还需努力做好体育竞赛和体育家庭作业的科学研发与组织工作，充分发挥学生团队作用和同伴效应，让体育活动的本质作用在学习和竞赛中得到最佳体现。通过体育竞赛促进学习、教学和评价的深化与改革，需要我们通力合作。

在体育教学的道路上，让我们不忘初心，继续前进。

脚踏实地，让体育教学落地生根

公共资源部　王学武

一、回首过往、感恩遇见

依稀记得2011年首次踏入石外集团实习的那一刻，那迷人的校园风光和每位教师积极向上的工作热情深深打动着我，坚定了我成为体育教师的决心。转眼间，我已正式成为石外集团体育教师十三年了。在这十余年的职业生涯中，我体验了成功的喜悦，也遭遇过挫折和迷茫，但在这个大家庭中获得更多的是成长与收获。每一次成长都离不开体育组的团结协作与共同努力，无论是在工作还是生活中，面对困难时，我从未孤军奋战，背后总有强大的团队作为我克服困难的坚强后盾。在需要帮助时，他们总是给予关爱与温暖。团结协作是体育人的根本，也是我们永远传承的精神。

回顾过去，一切历历在目。在体育教学的成长道路上，我的师父时东良主任是引领我前行的灯塔。从一个没有任何教学经验的实习新手，到能够独立承担初三体育教学的重任；从观摩学习到独立授课，每一个阶段的转变都得益于时主任的悉心指导和耐心教诲。成长的每一步都离不开他的言传身教。时主任对体育教学的严谨一直是我学习的榜样。正是有了他的引领和关怀，我才得以实现从无到有的转变。

和谐的人际关系、积极的工作态度和饱满的工作热情，这些特质完美地描述了体育人，并构成了这个团队对教育热爱的源泉与动力。在这个大家庭里，我不仅提高了自己的业务水平，还学会了生活中为人处世的智慧。我们团队在工作中齐心协力，在生活中相互扶持，这种和谐的氛围是我永远珍视的宝贵财富。我感激遇见了大家，并向每一位老师致以最深的敬意。

“马超、李岳、世姣、学武，请留步，其他人可以散会了。”许多老师可能还记得这句话，我们几个也常常半开玩笑地提起它。其实，我们都知道“请留步”的含义，通常意味着有一些任务需要完成。无论是主动还是被动留下，我们都会愉快地接受并认真完成每一次布置的任务。

作为年轻教师，我们要学会感恩，铭记饮水思源的道理。前人种下的树，为我们提供了乘凉的机会，但我们不应仅满足于享受成果。我们的责任和使命是让这棵象征家的树更加茂盛，更加美丽，不断传承体育人的优良传统，让更多人能够享受到我们的“阴凉”。让我们不忘初心，继续砥砺前行。

二、初三磨砺、坚持不懈

对于每一位体育人来说，只有经历了初三体育教学的磨炼，才能真正体会到成长的滋味。

第一阶段：初涉初三、努力提升。

2013 年 9 月，是我职业生涯的起点。从那时起，我初次担任初三体育教师。回顾那段刚走上初三教学岗位的时光，我深刻体会到两个关键词：感恩与奉献。

关键词一：感恩。

作为一名初入教育行业的新人，我对于初三体育教学满怀热情，但在教学经验和方法上却有着明显不足，特别是在课堂管理方面，我感到非常棘手。在教学初期的第一个月里，我确实感到非常焦虑和困惑。我的组长李东涛主任迅速察觉到了我的困境，他多次深入我的课堂，与我进行深入的交流和沟通，帮助我分析问题的根源，并提出了宝贵的建议。这些建议让我对教学的发展方向和目标有了更清晰的认识。在我最需要帮助和最焦虑的时刻，团队中的每一位成员都无私地向我伸出援手，这让我对教授初三课程充满了信心和动力。

在担任初三教师的前几年，我经常会在操场上观摩其他老师的课，特别是在课堂管理遇到难题时，我会去听时主任、李主任和李指的课，学习他们的管理技巧；在技术教学方面遇到问题时，我会去听磊哥、辉哥、颖哥等老教师的课，吸取他们的教学经验。通过这样日复一日的努力和学习，到了我教初三的第三年，我终于形成了自己独特的教学风格，教学工作也变得越来越得心应手。在这里，我想再次表达我对前辈们在我最需要帮助时给予关爱和支持的感激之情。

关键词二：付出。

常言道“笨鸟先飞早入林”，而当时的我，虽然不自视为笨鸟，却也自知是个新手。然而，我清楚地认识到，为了不阻碍团队目标的实现，即便是新手的我也必须先行一步。只有自己不懈努力，才能确保不成为团队的负担。那时，我经常利用课余时间与同学们一起进行额外训练。起初，只有少数同学参与，但随着时间的推移，越来越多的同学主动加入，这让我深有感触。回顾过去，与同学们共同训练的时光，正是我技术理解飞速提升的阶段。针对不同群体，我学会了如何运用不同的训练方法来提高学生的体能水平。正是在那个时期，我逐渐发展出一套符合自己风格的教学方法。我感激自己在那个需要“先飞”的时期做出了正确的决定。对于那时的付出，我毫无遗憾。即使是最笨拙的方法，只要能带来收获，对我来说都是值得珍视的。

第二阶段：稳步前行、团队至上。

经过前几届初三的磨炼，我在教学自信上有了显著的提升，并逐渐形成了一套属于自己的教学风格，使得教学工作更加得心应手。我深感荣幸，能在王丽霞老师的指导下加入初三体育教学团队。她在教学中严谨的态度和不懈追求，始终是我前进的动力。现在，我想借此机会表达我对王老师的感激之情。

王丽霞老师，您是我们的领路人。正是您的指导，为我们指明了前进的方向。与您并肩作战的三年，是我个人成长和收获最为丰富的时期。您对工作的敬业精神令人敬佩，我将努力追赶，以您为榜样。在您的身上，我深刻领悟到了“勇于承担责任”的真谛。因此，我想真诚地向您说一声“谢谢”，感谢您三年来对我的悉心照顾与无私帮助。

第三阶段：坦诚相待、收获情谊。

与七、八年级的专项轮换制度不同，初三的体育教学可以让我与学生们共同度过一整个学年。对我个人而言，长期的相处使得我的教学方法更加得心应手。因此，初三的教学对我来说，还承载着一份难以割舍的师生情谊。我深信，对于每一位初三体育教师而言，与学生共同度过一年的时光，必将孕育出那份难以割舍的情感。从相识到相知，师生之间需要坦诚相待，需要彼此真诚付出，我相信学生们会感受到并铭记老师的付出。

这些信件和花名册我会一直保留，因为它们是我们美好回忆的见证。或许我只是学生们人生旅途中的一位过客，但我们共同奋斗、拼搏的时光，将永远是我体育教学事业的宝贵见证。翻阅学生们写给我的信件和留言，会让我感动得热泪盈眶，初三时与同学们共同上课的场景不断浮现。我衷心感谢每一届初三学子的陪伴，是你们激励我成为一名更优秀的体育教师。

三、比赛培训、丰富阅历

从区级、市级的比赛到省级、国家级的比赛，每一次比赛的过程都铭刻在我的记忆中。实际上，所有经历过比赛的教师都知道，赛前准备阶段是最为艰难的。正是这段“脱胎换骨”的准备，才能让你收获更多。我将永远铭记与战友们共同备战省级和全国级赛事的集训时光，那日复一日的体力与脑力的双重挑战，既痛苦又充满喜悦。三套广播操的循环播放，甚至让梦境中都回荡着“舞动青春，现在开始”的口号。我感激当年的不懈努力与付出，正是那段夜以继日的奋斗铸就了最终的辉煌，这份经历也一直激励着我坚守初心，继续前进。

每一次培训和外派任务对我来说都是一次宝贵的历练。珍惜每一次锻炼的机会，全力以赴地完成每项任务才会学有所成。自 2021 年起，我协助裕华区教育局组织区体育教师素质赛，再到组织省市素质赛、评优课，每一次经历都是我学习和成长的宝贵过程，对我的业务能力提升产生了很大影响。实际上，我参加这些活动更多是带着学习者的心态，多听、多看、多做、多思考。通过参与各种活动，我深刻感受到，在我们的工作中，我们应当沉下心来向老教师和前辈们学习，他们对教学细节的精准把握、对运动技能教学的深刻理解以及对体育教师基本功的扎实掌握，都值得我们年轻一代深入学习。

我有幸参与到体育中考政策和高中体育学考政策的制定工作中，这不仅提高了我自身的能力，也让我深刻体会到工作严谨的重要性。每一项任务都需要细心和谨慎，每一个环节都必须考虑周全。通过参与政策制定工作，我对自己提出了更高的要求，并且意识到了差距。我还有很多需要提升的地方，必须学会发现问题，善于总结，这样我们才能在前进的道路上不断进步。

四、稳步提升，完善自我

我希望自己理论与实践齐头并进，成为一名全面发展的体育教师。近年来，通过参与培训和参加比赛，我深刻体会到成为一位优秀体育教师的困难，并且意识到了自己与来自其他地区同行之间的差距。作为一名体育教师，保持良好的体能是基本要求，因为我们的资本就是运动技能。此外，不断加强专业理论知识也是至关重要的，尽管我拥有硕士学位，但我的理论知识储备仍不够。在日常的教学活动中，我经常遇到困惑，而当我试图解决问题时，却发现重重困难，这正是理论知识不足的体现。

展望未来，集团提出了培养专家型教师的发展规划。我明白，要想成为真正的专家型教师，必须在教学技能和科研能力上都有所建树，这将成为我未来努力的方向。在提升运动技能的同时，我将努力充实自己的理论知识。同时，我也需要学会更好地控制自己的情绪，这是我目前迫切需要改进的问题。有时，我确实需要静下心来反思自我。

我渴望成为一名勤奋、不懈追求的新时代体育教师，确保每一堂课都对得起学生，也对得起自己。

谢谢大家！

砥砺同行，成长在路上

公共资源部　王茜西

大家上午好！我是美术教师王茜西，感谢部门给予我这次交流的机会，我感到无比荣幸。作为一名普通的任课教师，我的贡献远不及在座的各位前辈和同人。在座的许多老师都是我的榜样。我们常说：快乐的时间总是过得特别快。确实如此！自从我加入石外这个大家庭，不知不觉已经八年多了，我从一个新手也逐渐成长为团队的中坚力量。刚加入石外时，我感到压力巨大，一直担心自己无法胜任。但幸运的是，我身在这个强大的资源部，在这里我遇到了许多有能力、有才华、有信念的同事和朋友，是他们不断地给予我支持和力量。八年的辛勤工作，我在忙碌中不断成长，收获颇丰！借此机会，我想与大家分享我在成长道路上的一些感悟。

一、在实践中磨炼

去年暑假临近开学，我收到了学校的通知，计划开设两门新的高中选择性必修课程：工艺和编织。得益于部门领导的推荐，我荣幸地成为这两门课程的教师。从零开始的新课程，仅剩不到三周就要正式开课了，这对我来说无疑是一个巨大的考验。新场馆的布置、工具和材料的采购、课程内容的构建，一系列实际问题接踵而至。

空荡荡的教室没有桌椅和柜子，马主任便迅速联系后勤部门，开始在学校内进行了一场地毯式的搜寻，以找到适合课程使用的桌椅。如何才能让工艺美术场馆的特点显现？范主任协助我们规划教室的环境创设，并划分了不同的功能区域。“众人拾柴火焰高”，在组长张莉娅老师的带领下，美术组的同事们纷纷伸出援手，精心挑选适合课程的工具和材料。在教学中，同事们你一言我一语，提出了许多切实可行的建议，让我在这个充满爱的团队中感到无比幸福。

我也静下心来深入研究，翻阅了大量相关专业的书籍，并自学了编织的专业技能。尽管教程中的结绳技巧看似简单，但实际操作起来却让我手忙脚乱。每当编织出错，我便拆掉重来，坚信勤能补拙，熟能生巧。通过不懈的学习和尝试，我逐渐形成了肌肉记忆，并总结出了一套属于自己的“编织方法”。

在部门领导的大力支持和同事们的帮助下，经过前期的精心筹备，编织课终于如期开课。看到学生们手中的线材逐渐变成一件件精美的编织工艺品时，我的内心充满了自豪。

二、在求索中提高

初次参与“一师一优课、一课一名师”，带给我的几乎是一连串的挫折和失败。由于缺乏经验且准备不足，我初次参赛便以失败的结果告终。录课当天恰逢休息日，而且我选择的班是时主任女儿所在的班。在上课的前一晚，时主任还在家长群里特别提醒学生注意事项。我的组长张莉娅老师也牺牲了陪伴孩子的时间，全程跟着课程，确保一切顺利。我的师父杨擎老师在录课前的十分钟还在帮我梳理课程内容。马主任也在开讲前提醒我要控制语速。然而，在实际上课过程中，面对摄像机，我紧张到忘词，大脑一片空白，导致了短暂的冷场。那种内心的尴尬和窘迫，我至今记忆犹新。

尽管初次参赛以失败告终，但我却从未后悔过。正是那次失败的经历，让我深刻意识到评优课不仅考验教师的教学技巧，更重要的是教师对课堂的掌控力和应变能力。它如同一面镜子，真实地映照出我的不足。有了这次失败的教训，我开始从优秀的课例中汲取经验，努力将每一节常规课都当作评优课来对待。我认为即使起初只是模仿，但只要不断尝试和反思，终将形成自己独特的教学风格。

我一直觉得自己很幸运，从未独自一人备课，也从未在孤立无援的情况下参加比赛。每次参与评优课比赛，组长张老师都会带领美术组的同事们牺牲休息时间帮助我搜集图片、制作教具、修改课件，并集合全组的力量帮我磨课。我师父也不厌其烦地为我整理思路、答疑解惑。幸运总是眷顾那些努力奔跑的人，在随后参加的比赛我都取得了不错的成绩。我深知获得这些荣誉是大家共同努力的结果。

三、育人育心

陶行知曾言：“千教万教，教人求真；千学万学，学做真人。”教育的本质在于培养人。这学期，我给 21 班的同学们上了第一节美术欣赏课。当我走进教室准备上课时，发现班上一片喧闹，几名男生聚在一起，一边用不怀好意的笑容看着我，一边窃窃私语。铃声响起，我正要开始讲课，一名男生突然拿起眼镜布向我扔过来，不偏不倚地砸在我脸上。教室顿时安静了。学生们表情各异，有的交换着意味深长的眼神，有的窃笑，还有的皱着眉头，神情严肃，似乎都在期待我的反应。我深吸一口气，保持冷静，微笑着对那位同学说：“你真是个细心的孩子，注意到我的镜片模糊了，谢谢你的眼镜布，不过使用场合很重要，如果是在课后递给我，我会非常感激。”话音刚落，那位同学羞愧地低下了头，更出乎意料的是，全班同学都为我的反应鼓起了掌。

九年级的学生虽然外表看起来高大，但本质上仍是个孩子。正处于青春期的他们，面对中考的压力和家长的期望感到愈发紧张和焦虑。与七八年级的学生相比，他们更渴望得到老师和家长的尊重与理解。对于他们，我们必须用爱去感化，避免硬碰硬的对抗，用爱和关怀去抚慰他们的心灵。

四、一路走来感恩有你

在成长的道路上，挑战和困难总是如影随形。我曾对坚持的理念产生怀疑，甚至考虑过放弃。然而，正是领导的关怀和信任，以及同事们的帮助和支持，才让我有了继续前进的勇气。

当我自暴自弃时，任校长的话提醒了我：“作为教师，你会遇到很多个学生，但对你而言，每一个学生都是他们生命中为数不多的老师之一。”当我松懈懒惰时，马主任鼓励我：“年轻人应该勇于尝试，静下心来练习书法，砸实自己的专业技能。”当我失去信心时，范主任的话语让我重拾希望：“我们相信你的能力，不要急躁，我们永远支持你，为你加油。”在遇到难题时，组长张莉娅老师告诉我：“你并不孤单，只需准备好课程，其他的事情交给我们。”当我彷徨焦虑时，我的恩师安慰我：“慢慢来，成功从来不是一蹴而就的，只有脚踏实地，才能走得更远。”

虽然一个人可以走得很快，但一群人却能走得更远。在成长的旅程中，我感激有这样一个温暖的集体与我同行。感谢这所美丽的学校，它为我提供了实现自我价值的舞台；感谢领导的支持、关心和信任，让我充满了力量和干劲。感谢身边的每一位同事，你们无私的帮助和指导，为我树立了学习的榜样。感谢这个充满温暖和爱的大家庭，让我得以迅速成长。

石外集团大草原，教学助我展翅飞

公共资源部　王梓麟

尊敬的领导、老师：

早上好，我是九年级的体育教师王梓麟。自 2014 年 3 月起，我从内蒙古鄂尔多斯民族中学加入石外集团。因为我对草原和蓝天怀有深厚的情感，因此我今天的演讲题目为《石外集团大草原，教学助我展翅飞》。

加入集团后，我感到非常幸运和幸福。我很自豪能在石外这个充满活力和希望的校园里担任教师。作为一名不算年轻的新人教师，我深知自己需要从头开始，我还有很多不足之处需要弥补和提升。我将以身边的优秀教师为榜样，把学校当作自己的家，努力钻研。转眼几年过去了，我的工作和生活可以用几个词来概括：充实、奋进、快乐、收获。

我始终不忘初心，坚持自己的信念。这一切都源于我的“初心”，即将教育教学视为实现个人价值的舞台。为什么我会将个人价值与教学联系起来呢？能够选择自己喜欢的事情作为职业，这本身就是一种幸福和快乐。不经意间，十多年教书的时光在平凡和宁静中流逝，虽然没有做出惊天动地的壮举，但至今我依然坚守在这里。我只想在这平凡和朴实中，用每一节课的四十分钟，诠释一个普通体育教师存在的价值！这是我对教育的理解。

根据教师职业特征，通常认为，5 年内是新手型教师，关注的是具体的教学技能；5—10 年是适应型教师，关注的是教学策略和学生的个性差异；11—20 年是成熟型教师，关注的是自己的教学理念；20 年以上是专家型教师。为了不断进步，我努力确保每年都有值得回忆的亮点，记录我成长的足迹。2014 年来到石外，我一切从零开始。2015 年，我考取了河北师范大学的在职研究生，虽然至今尚未毕业。2016 年 8 月，我在石外承办的“青少年健康评价与运动干预”研讨会、教育部重点实验室和华东师范大学体育与健康学院举办的“中国健康体育课程模式”实验工作的研讨会上进行了优质课展示和讲座，这是我首次在全国展示课的舞台上亮相。2017 年，在河北师范大学举办的国际体育交流研讨会上我做了一次报告。2018 年，我被评为裕华区教学标兵。然而，让我难以忘怀的是 2017 年我有幸成为一名初三教师。有句话说：“没有带过初三，不能算真正的体育教师。”因为初三体育教学有其特殊性，那就是将训练教学化，工作的重点由单一的教学转变为教育和教学并重，而且要抓得紧、抓得牢。一切为了学生的成绩，因此必须深入了解每一个学生，与他们进行心理和身体上的较量。

第一次带九年级体育课，我感到了前所未有的压力，三个班的情况各不相同，都面临着许多棘手的问题。例如，有的班氛围较差，部分学生纪律性差、专注力不足，有些学生似乎只是在混日子；有的班特体生太多，学生整体基础薄弱。面对这些情况，我多次深思，如何提高学生的身体素质？如何迅速提升体育成绩？如何让学生认可我？于是，我制订了短期提升教学能力的计划：第一，多听课，多读书，多上网查询资料；第二，多与班主任交流；第三，多进行自我反思。单靠这些还不够，我的教学能力提升的关键在于体育组良好的教研氛围。在李东涛组长的带领下，老师们集思广益，为中考体育第一的目标不懈努力，真正实现了资源共享。正是在这种良好的教研氛围和全组老师的大力支持和帮助下，经过短暂的磨合，我很快融入了初三教师团队。

感激之情溢于言表。我衷心感谢学校给予我锻炼的机会，感谢王老师的悉心关怀和教导，也感谢自己多彩的人生经历，特别是那些难忘的初三体育课。中考结束后，虽然有得有失，但更多的是感动。第一届初三的篇章已经翻过，但我的教育事业并未停歇。在感动之余，我深信，教师的敬业精神和乐于奉献，正是爱学校、爱学生的真正体现。

在公立学校工作多年后，我来到石外集团，重新找回了初入职场的激情。我时常自问，是什么促使我如此努力？答案是身边同事的感染和包容。

学校为教师提供了丰富的资源和快速成长的平台。这段时间的教学工作让我感到非常充实。我个人认为不能把“充实”与“忙碌”完全等同起来，“充实”是因为我的付出得到了回应。精细的教学设计、严谨的教研氛围、客观的听评课活动，锻炼了我多方面的能力，让我每天收获满满。融入石外体育组这个温暖的大家庭，我每天都沉浸在快乐与成功的喜悦中。领导的关怀、同事间的相互帮助、和谐的氛围，都让我迅速成长。在这样一个大家庭中，我的进步和改变都很大，这要感谢在座的各位领导和老师的关心与帮助。

上个月，在第五届中国健康体育课程模式展示活动中，作为执教者，我心中感慨万千。领导将如此重任交给我，是对我的教育教学工作的认可，也是希望我能快速成长。从接受任务开始，我就感到了一种无形的压力。在不耽误初三教学的同时，我利用课余和休息时间积极准备。我的师父王丽霞老师带领的篮球专项教研团队也帮我出谋划策。为了不影响正常教学秩序，我们使用了篮球专选班的学生、初二年级的学生，以及高中和初中混合的学生。在试课、改课、再试课、再改课的反复过程中，我们终于完成了课程的设计。但在出发前一周，大会筹备组告诉我无法按照我的要求提供场地和器材，这让我几乎崩溃。健康体育课程模式有三个硬性指标：首先，学生的心率必须保持在每分钟 140 至 160 次之间，并通过大屏幕实时监控；其次，学生的练习密度不得低于 75%，动作要领要简化成口诀；第三，学生的技能学习不能单一化，要在复杂情境中创设结构化的练习形式，高中还要涉及比赛战术。我这节课是篮球快攻战术，我认为这样的标准必须有相应的场地和器材作为保障。于是，时主任、我的师父王丽霞和我反复研究、设计、调整教学方案，在主体内容不变的情况下，增加了候场同学的自主练习内容，设计了自主练习任务卡。终于松了一口气，我们准备迎接专家教授的审核。然而，理想丰满，现实骨感，多种原因导致试课效果并不理想。怎么办？改！重新进行教学设计。然而，第二天中午我就要去大连报到了，下午和第二天中午的课程及午辅导也不能耽误。当时我思绪万千，各种念头涌上心头。我的师父王丽霞看在眼里，急在心里，中午也不顾吃饭为我备课，还不时地给我打气。经过一个无眠之夜后，第二天中午我奔赴大连。到了大连，我开始撰写教学设计，时主任帮我一字一句地推敲修改。正是他们的无私帮助和精神鼓舞，使我将压力转化为动力。展示课非常成功，现场掌声不断，学生平均心率达到了 162 次/分钟，平均练习密度为 83%。展示课结束后，专家的评课也给予了高度评价。从学生下课后经过你身边时那神采奕奕的表情，你就能感受到他们“玩嗨了”！体育的真谛是什么？难以言表，但你能从孩子们的脸上感受到。这一切的付出都是值得的，这就是我最在意的肯定，这就是对我的“初心”的最好诠释。

第二天凌晨三点多，两个行色匆匆的身影离开了大连理工大学，上午 10:00，我和时主任带着行李回到了各自的工作岗位。

通过这次全国展示课活动，不仅我的业务能力有了质的提升，也为我今后的教学工作指明了方向，同时让我更加感受到团队的力量和榜样的力量。感谢你们，谢谢你们。

“路漫漫其修远兮，吾将上下而求索。”作为一个拥有十多年教龄的教师，我又站在了一个新的起点。虽然对新环境还有些不适应，但凭借我对工作的热情，对学生的一片爱心和责任心，以及集团提供的高端平台和体育团队的齐心协力，我相信我已经适应并准备好在新环境中展翅翱翔。抛开过去的成就，让石外成为我的新起点，再次展翅高飞。

谢谢大家!

爱岗敬业　爱字当头　奉献青春　坚守始终

公共资源部　石　岩

人们常说教师工作是“太阳底下最光辉的职业”，这无疑是对教师职业的至高赞誉。作为一个从事多年体育教学和训练的体育教师，我深有感触地想表达：我们体育教师确实是每天在阳光下从事着最光辉职业的人。我们深知何为真正的风吹日晒、酸甜苦辣，同时我们也体验着成功与失败、鲜花与掌声、荣耀与梦想。

我热爱教师这一职业，因为它让我的生命充满活力，让我的生活更加多姿多彩。我深爱我的工作，因为它磨砺我的意志，让我从失败中汲取力量，走向成功，在挑战中超越自我、实现梦想。正是这份热爱，让我在这个岗位上坚守了三十年，从奉献中找到自我价值，并从学生的笑容中感受到快乐。

自 1994 年我初次踏入校园，不知不觉间，我已经默默奉献了三十载。回顾这三十年的春夏秋冬，我经历了喜悦与忧愁、欢笑与泪水，以及挫折与低谷、荣耀与辉煌。在这三十年的教育生涯中，我始终以一名优秀党员教师的标准严格要求自己，无论在哪个岗位，都以高度的责任感和事业心，全情投入到工作中，勤勉尽责、热爱学生、团结同事、勤奋学习，将“精于业务，乐于奉献”作为自己的行动准则，并执着地践行着。

今天，我想与大家分享我这三十年教育生涯中感悟最深的几点，希望能够与大家共勉。

一、爱教育，教师根本，爱字当头

从事任何工作，都应以“爱”为先，尤其是教师这一职业。当教师是个清苦、费劲的差事，是要一辈子拿良心做的一件工作，需要我们脚踏实地、一丝不苟地去完成。我认为，除了需要丰富的知识储备外，满腔的热情同样不可或缺。但最为关键的是，我们必须始终保持对教育事业的热爱。简而言之，爱是教育的核心。只有真正喜爱这份工作，并对其怀有深厚的感情，我们才能全心投入，不懈努力和奋斗。

记得1994年我初次来学校报到时，骑着自行车转悠了许久，最终穿过一片玉米地，沿着乡间土路，看到了一座白色的U型教学楼，那便是我的目的地。学校被一人多高的红砖墙和铁栅栏门围绕着，形成了一片独立的空间。回想起当时的情景，除了失望还是失望。那时，全校仅有30多名教师，规模甚至不及现在我们体育组的教师人数。六个新初一班，200多名学生，无论是学生的桌椅还是教师的办公桌椅，都是老师们亲自动手一件件搬运和摆放的。在强校长的带领下，我们打扫校园、整理办公室和教室，迎接了43中的第一位学生，准备了第一节课，成功举办了学校的首次开学典礼，正式宣布了43中学的成立。回顾建校初期，我们这个由30多人组成的教师团队就像一家人一样，将学校视为自己的家。多少次下班后，我们不回家等着办公用品运到学校，一起搬运到深夜；多少个节假日，我们加班完善学校的设施。尽管工作辛苦，但每位老师脸上都洋溢着笑容。我想，从那时起，我们石外人的精神已经在慢慢形成。

二、爱教育，业精于勤，硕果累累

自建校之初，我便以体育教师的身份在高中实验楼前那片狭小的水泥地上开始了我的教学生涯。由于场地是水泥地，我的课程主要集中在身体素质训练和体操上。为了购置教具，当时的学校李书记和我一起找到了附近村庄的一个小作坊，制作了一些接力棒和几块很不标准的海绵垫。尽管条件简陋，我们还是开始了体育课的教学，而楼前的小空地也见证了我们的教学计划、教学内容以及各类课程——常态课、汇报课、展示课。

出于对田径运动的热爱，我在1994年加入教师队伍后不久，便着手组建了我校的田径队。我从初一的六个班中挑选出身体素质较好的学生进行训练。起初，班主任们并不理解，认为训练会影响学习，而且选出的队员也缺乏对田径训练的正确认识，认为只需赛前临时练习即可。因此，我频繁地与班主任沟通，亲自到学生家中向家长解释，每天下午训练前都要到班里逐一召集学生。经过不懈努力，田径队终于展现出了新的面貌。1995年，在强校长的带领下，我校初一队员在石家庄市中小学生田径运动会上取得了第三名一项、第六名两项的佳绩，为学校赢得了荣誉。

随着学生人数的增加，我校田径队逐渐壮大。1996年，我校建成了300米的煤渣跑道田径场，并挂牌成为高校外语预科班；2001年，400米塑胶跑道的田径场建成，我校正式更名为石家庄外国语学校。学校的设施从无到有，从简陋到全国领先。学校在飞速发展，而我在这个自己热爱的事业上也坚守了三十多年。无论严寒酷暑，我每天都站在田径场上，将队员视为己出，不仅关心他们的学业和运动成绩，也在生活上给予他们关怀和照顾。对于家庭条件较差的队员，我经常自掏腰包为他们购买营养品。我曾资助过两名来自贫困山区的运动员。他们的家庭经济条件十分困难，我和另外两位教师将每月学校发放的饭票全部给了他们，让他们增加营养。

辛勤的付出得到了丰厚的回报，我所带的队员在市级、省级乃至全国比赛中屡获佳绩。其中，我培养的运动员梅冬洁在全国田径锦标赛中获得 100 米栏第二名；李海峰获得 110 米栏第三名，并在 2017 年全运会中获得第八名；张诚在全国田径锦标赛中获得铅球第一名；米程泽在青奥会选拔赛中获得 100 米第三名。2018 年河北省运动会上，我校运动员米程泽、武竹涵在男女 100 米、200 米、4×100 米接力项目中包揽六项冠军，再次为学校赢得了荣誉。多年来，我校向清华大学、浙江大学、北京师范大学、北京体育大学等全国多所高校输送了 100 多名学生，向河北省队输送了 8 名运动员。我个人也因成绩突出，被评为河北省优秀教练员、石家庄市优秀教练员、区优秀教练员，以及石家庄市优秀教师、区优秀教师，并多次获得政府嘉奖，包括一次政府二等功。

三、爱教育，不计得失，率先垂范

我热爱自己的本职工作，认真做好每一天，专注教学，扎实工作。无论是上课、听课、训练、教研还是集体备课，我都以踏实和认真的态度全心投入。记得在 2001 年，我校刚开始实行专项上课制度时，我每周要上 24 节课，加上课间操和训练，几乎从早到晚都在操场上度过。在 2015 年之前，我校的业余训练是没有报酬的，全都是无私的奉献，尽管我有时也会抱怨，但一旦站在课堂或田径场上，我就会全身心地投入其中。正是我们大家共同的努力，才使得我校的体育工作达到了全国领先的水平。

孔子曾言："其身正，不令而行；其身不正，虽令不从。"作为教师，我们应当以身作则，因为教师不仅是知识的传递者，更是思想的教育者和师德的示范者。教师的每一个言行举止，都是学生学习和模仿的对象。带队三十年，我通过自己的热情去感染孩子们，通过自己言传身教，用爱陪伴学生成长，逐步引导他们，培养他们坚强的意志、拼搏的精神和永不言败的品质。

四、爱教育，自重自尊，和睦相处

在生活和工作中，我尊敬领导，团结同事，关心每一个学生的成长。我坚信，能够一起共事是一种难得的缘分，同事间的相处应当以真诚、简单、相互支持和谅解为基础，开开心心上班，快快乐乐回家。面对同事间的矛盾，我们应学会沟通与交流，保持积极的心态，遇到问题时多自我反省。很多时候，坦诚的对话能够缓解紧张情绪。常言道：“家和万事兴。”我们的学校、部门、教研组就如同一个大家庭，与每位成员和谐相处至关重要。只有这样，我们才能愉快地工作，全心全意地投入到工作中。在做事之前，我们先要学会做人。做人要宽宏大量，做事要以理服人，坦荡无私，经得起各种考验。

五、爱教育，充实自己，学无止境

在新时代的背景下，教师的角色不仅仅是传统的知识传授者和人才培养者，更应具备强大的科学研究能力，以应对新挑战、分析新问题、解决新矛盾。正如那句老话所说：“刀不磨要生锈，人不学习要落后。”随着我校体育事业的蓬勃发展，教师们要不断更新和扩充自己的知识体系。我通常利用业余时间，广泛搜集资料、阅读专业书籍、转变教育理念、关注课程的最新趋势，并将所学知识融入到日常教学、教研活动、支教工作以及专业训练中，力求将理论与实践相结合。

在训练过程中，我经常会遇到一些专业性难题，一时难以找到有效的解决方案。这时，我会通过查阅资料并结合实际情况，逐步探索解决之道。此外，我还会定期与体校或河北队的高水平的教练们小聚一下，大家畅所欲言，分享各自的心得和经验。

六、爱教育，敢于创新，方法多样

为了培养出高水平的学生，教师不仅需要具备深厚的学识，还必须掌握高超的教育技巧，并与学生建立和谐的关系。具体而言，应做到以下几点：

1. 实施科学的教学方法，将教学和训练领域的最新理论成果融入课堂和实践活动中。

2. 利用高科技手段，选择合适且有效的教学方法，以直观和形象的方式呈现教学和训练内容。

3. 保持创新精神，探索新的科学训练和教学模式，以开阔视野，并在实践中提炼精华。

4. 根据学生的具体情况，科学地进行分层教学，制订个性化的教学和训练计划，确保教学目标的针对性和有效性。

5. 严明的纪律是克服一切困难的坚实后盾。

我们应始终怀有一颗感恩的心：感谢亲朋好友的关爱和祝福，为我们的工作注入动力；感谢领导的鼓励和支持，为我们的工作指明方向；感谢同事的勉励和帮助，让我们对工作充满信心；更应感谢我们的学生，他们的信任、支持和爱戴，给了我们坚定的信念。

展望未来，我将与石外集团携手共进，为实现集团第三个十年发展的目标而不懈努力。

抒写新时代华彩乐章

公共资源部　刘　晔

我是音乐组的刘晔，主要负责八年级的音乐创客专项课程、高中的音乐编创选修课程、小学的钢琴演奏与MIDI制作选修课程，以及键盘社团的活动。今天，我感到非常荣幸能站在这里与大家分享我的教学工作。如果有不当之处，请各位批评指正。

一、心有阳光追寻梦想

自幼学习钢琴的我，以全系第二名的优异成绩考入天津音乐学院。经过专业系统的学习，我对音乐这门学科有了更深刻的理解和热爱。一直以来，我的梦想就是成为一名人民教师。2010年，我通过了石外集团激烈的人事考试，实现了儿时的梦想，荣幸地成为集团的一员。怀着无比激动的心情，我开始了平凡而又神圣的教师生涯。

在校期间，我参与了多项大型演出和交流活动：2013年，我随范主任带领交响乐团65名学生赴美国参加河北省与艾奥瓦州结好三十周年庆典系列活动；带领的键盘社团与交响乐团常年合作演出；多次参与全球基础教育研究联盟大型演出活动；担任学生舞台剧《遇见·长恨歌》、大型情景歌舞剧《永远跟党走》的音乐总监，负责整场音乐的制作、录音等工作；与合唱团合作《五星红旗飘起来》《曙光》《我爱你中国》等作品；与琵琶社团合作《忆长安》《唱支山歌给党听》等原创作品。今年5月，我校大型情景歌舞剧《永远跟党走》在怀特艺术中心隆重上演，演出在各界专家、领导、家长和老师的热烈掌声中圆满落幕。在这场灯光与艺术共歌共舞的盛典，从接到任务到演出结束，仅仅用了1个多月的时间。在此，我主要承担串联整场音乐、音效，包括音乐改编、乐曲衔接、声音录制、画外音合成等艰巨任务。接到任务后，我意识到时间紧、任务重，为了让各部分第一时间拿到音乐开始排练，我便在清明放假的三天时间里一气呵成制作完第一版音乐，之后更是放弃了几乎所有的休息日加班加点给演员录音、修音、混音，进行合成衔接，前后对音乐进行了 14 次修改，最终在第 15 次定稿。彩排时，我又临时接到了另一项艰巨任务——演出中实时操控整场音乐。这个任务难度很大，在正式演出时出现一点点失误对演出都是毁灭性的打击。经过不断练习，我终于零失误地完成了整场音乐的操控，并且完美对应了演出中临时增加的场景配乐。在这次活动过程中，我感受到了大集团的团队力量。虽然台上的演出时间很短，但我能切实感受到每位演员台下的尽心付出。这次演出经历让我受益匪浅。

来校十年，硕果累累，感谢学校的优质平台，感谢部门领导委以重任。

二、音乐 AI 时代之音

大家请观赏，这段视频展示的是经过重新装修的艺术楼中的“音乐创客教室”。这间教室配备了 28 台电钢琴，每两台电钢琴为一组，每组都配有教学计算机。每台计算机都安装了专业的教学软件，此外，教室还设有一个专门的录音室。

音乐创客专项课程可能对大家来说还比较陌生，这门课程是在上个学期新开设的。在与强校长讨论音乐课程时，他提到了“培养适应未来人才”和“激发学生创造力”等教育理念，这激发了我在基础音乐教学中融入信息技术的想法。随着社会的不断进步，新一代的学生从出生起就生活在电子设备和互联网的环境中，对动画、漫画、游戏、二次元文化、电子音乐等新兴事物的接受能力非常强。在这样的时代背景下，音乐教育应如何适应未来的发展呢？在全球范围内，计算机已经在音乐创作、演奏和制作中起到了重要作用。随着时代的发展、技术的普及，利用计算机学习音乐能够提高学生的兴趣和成就感，这可能是未来学习音乐的最佳途径。

音乐创客专项课程以键盘演奏为基础，采用新的学习方法，在高度自由的环境中“玩”音乐，体验演奏、创作和录音的乐趣。在发达国家，孩子们已经能够使用计算机来表达他们的音乐思想了。音乐创客课程通过运用各种虚拟乐器，让学生创作并录制自己的音乐作品，从而体验创造音乐的乐趣。孩子们将在一个全新的音乐世界中主动学习、积极探索。

石外艺术衔接课程体系，以素养为核心，为每位学生构建起了适合其个性发展的学习路径。通过基础必修、拓展选修、特色校本、合作探究、实践活动、研学旅行这六种途径，我们教会学生带着对艺术的热爱去感知世界。

三、音乐科技走向未来

强校长曾经说过：“每个学生都是天生的学习者。”一次课上，学生们向我提出了一个问题：“什么是虚拟歌手?”他们看到了最近网络上清华大学虚拟学生华智冰在唱歌，对此感到好奇。起初，学生们以为虚拟歌手是通过后期处理真人演唱的声音制作而成。我立即向他们解释，每个虚拟歌手都拥有自己独一无二的声音，这些声音是通过电脑技术合成的，它们并非模仿人类，而是拥有自己的特点。与真人歌手相比，虚拟歌手的最大优势在于不受肺活量和语速的限制，能够随时唱出高音。

起初，学生们对此表示怀疑，于是我用虚拟歌手为他们演示了一段生日歌。他们随即提议：“我们何不邀请华智冰来演唱我们的校歌呢?”既然我们已经想到了创新的方法，为什么不将这首作品改编成更适合虚拟歌手的风格呢？这样岂不是更有趣？于是，我们打开了思路，学生们纷纷表达了自己的想法和观点。在改编过程中，学生们在保留原作旋律和歌词的基础上，对《心有阳光》的编曲和风格进行了重新设计。擅长钢琴的学生负责钢琴部分，学过吉他的学生设计了电吉他和贝斯声部，而接触过鼓的学生则负责节奏部分。永远不要低估学生的能力，他们的潜力是无限的。经过几周的努力，我们终于完成了改编。最终，由键盘社团的学生演奏，华智冰演唱学生们改编版的《心有阳光》诞生了。

其实，我们每位教师都希望赋予学生终身学习的能力。通过学校艺术课程的熏陶，学生不仅能够成为专业的作曲家，也能成为心中充满阳光、热爱生活的人。因为音乐无处不在，它能够让你身心愉悦，让生活变得丰富多彩，让你的人生更加精彩。

在此，我要感谢音乐组的同事们，感谢艺术团队的支持，感谢范主任在专业上的指导和帮助，感谢时主任的鼓励，感谢马主任在课程改革时给我提供的强大支撑，感谢任校长给我的指引和方向。

谢谢大家！

这就是爱

公共资源部　孙红玉

尊敬的各位领导、老师：

大家好。非常感谢大家给予我这次机会，让大家认识我、了解我的工作。我希望能够与大家分享我在工作中体会到的爱与感悟。2011年的夏天，我迎来了人生中的一个新角色——母亲，与此同时，乾圆楼七楼实验室也诞生了。缘分让我加入了公共资源部这个温暖的大家庭。与邢悦玲老师携手，我们一边呵护着家中的小宝贝，一边用满满的爱意共同培养着七楼化学实验室这个我们共同的“大宝贝”。

一、新学期，迎来新任务；调整状态，积极适应

在本学期开学的第一天，我接到了新的工作任务，被临时调派至初二年级，负责11个班的化学教学工作，这突如其来的变化让我陷入了深思。尽管我在公共资源部工作已近三个年头，但前两年因学校的工作需求，我一直在初三担任化学教师，直到去年9月我才重返化学实验室的岗位。我不断反思教学工作中的问题，并结合实验室的实际情况思考怎样才能发挥实验的最大效用，让学生从中获得更多的益处，以及如何使学生的分组实验课更加合理和科学。经过一学期的深入研究，我刚刚理顺了实验室的工作思路，并产生了一些新的想法，正准备付诸实践时，新的调令又下达了。

每个岗位的工作都应该是有持续性的。正如李书记所言，在一个岗位上努力工作几年，可以成为该领域的专家型教师。如果爱学校，对学校负责，对自己负责，那么无论哪个岗位，每个阶段的工作都能促进个人成长，让人有所收获。然而，频繁的调动让我质疑自己能否实现既定目标，我苦恼过、纠结过。但转念一想，作为一名党员教师，当学校需要我时，我怎能退缩？只要保持不断努力和积极进取的心，在任何岗位上都能有所收获，都能促进个人成长。因此，我静下心来，全身心地投入到教学工作中。

在初二年级的时间并不长，但实验室传来喜讯：邢悦玲老师怀孕了，身体状况不再适合继续在实验室工作。因此，我的工作再次进行了调整。我独立承担了乾圆楼化学实验室的所有工作，并同时兼任初二四个班的化学课。

随着工作重心的转变，我也迅速调整了我的工作策略，重新规划、统筹安排。面对一次又一次的工作变动，我不断调整状态，克服困难，用心对待每一个挑战。我感激工作给予我的磨炼，并且感受到了自己的改变：思想变得更加成熟，适应能力也得到了增强，无论是课堂教学还是实验室工作，都能够游刃有余。

二、每一项工作的目标不仅仅是完成，还要动脑筋思考如何把它做精、做细、做实

实验室工作的核心在于准备和整理各种演示实验以及组织学生进行分组实验。以初二年级学生分组实验制备高锰酸钾制氧气为例，需要准备 64 套包含 1000 多件药品和仪器的实验材料。这些药品和仪器如何统筹规划，合理利用，才能让学生能轻松地完成实验并从中有所收获？同时，如何在确保学生完成实验的基础上，最大限度地节约学校资源、减少开支？以下是在这项工作中遇到的几个具体实例。

在进行铁丝燃烧实验时，为了确保试验成功，需要使用非常细的铁丝。在前期准备阶段，谢静多次申请购买细铁丝，但最终购买的铁丝均不符合要求。我那段时间满脑子都是铁丝的问题。偶然间在库房的角落里发现了钢丝球，这让我想起了某位著名化学家，他也是在日常生活中得到了灵感，从而发现了苯环。但遗憾的是，从钢丝球中抽出的细钢丝在试验中同样不适用。最终，刘靖在自行车修理摊上找到了废弃的闸线，并与后勤师傅合作，将其切割成十几厘米长的小段。回到实验室后，马桥老师和我一起将每段铁丝捻开成十多根细铁丝，总共准备了 2000 多根，确保了初二年级实验课的顺利进行。在课堂上，老师向学生讲述了铁丝的来历，学生们深受感动，并将这份感动转化为节约使用铁丝的实际行动，实验也因此做得非常认真。这根小小的铁丝，不仅是实验用品，更承载着我们实验教师对工作的爱、对学生的爱以及对学校的爱。这一份爱，也传递给了学生，激发了他们对学校、班级和学习的热爱之情。

在实验中要用到集气瓶，每套试验配备两个，一个用于木炭燃烧实验，一个用于铁丝燃烧实验。木炭燃烧实验中使用的集气瓶容易因高温而产生裂缝，一旦出现裂缝，就将其专用于铁丝燃烧实验，直到裂缝大到无法有效收集和保存氧气为止。起初，学生们看到实验桌上带有裂缝的集气瓶时感到困惑，但在了解原因后，他们开始更加珍惜这些集气瓶，并学会了在实验中进行废物利用，将废弃物转化为有用的资源。学生们不仅从实验课中学到了知识和技能，还接受了爱护实验器材、节约资源的情感态度和价值观教育。最终，在128个集气瓶中，仅有少数几个破损。师生同心，为学校节约了宝贵的资源。

在收集氧气的实验中，我们还使用了导管。导管上的胶皮管容易老化和漏气，因此在实验前，我们需要对64个导气管逐一进行气密性检查，找出漏气的原因并进行修复，之后再进行反复的试验检查，确保不漏气。

类似的事情还有很多。实验室的工作就是这样琐碎而繁杂，绝非轻易就能做好的。如果你爱我，就让我到实验室工作，因为这个岗位能让我收获很多、成长很多；如果你恨我，也让我到实验室工作，因为这个岗位有很多琐碎、繁杂且高强度的工作。

三、任务集中、困难重重；且行且沟通，打破“不可能”

目前，我身兼两职：实验教师与初二化学教师。我常常在两种角色间转换，放下一项工作紧接着又投入到另一项中，利用一切空隙见缝插针地完成任务。即便如此，我仍经历过几次难以兼顾、感觉工作几乎无法完成的时刻。

（一）初三考试与初二实验课“撞车”

为了初三的模拟考试，我们计划借用乾圆楼的实验室作为考场。同时，初二的学生们也安排了分组实验，需要使用高锰酸钾制氧气，同样要在实验室进行。经过年级间的沟通协调，对初二的实验课进行了调整，推迟一周以避免与初三的考试时间冲突。因此，初三考试一结束，初二的学生便紧随其后使用实验室。尽管我们已经预先准备了64套、共计1000多件的仪器，但仅仅是将它们摆放到位就需要整整一天的时间。在短短一小时内完成这项任务，在现实条件下显然是不可能的。

谢静和刘靖来了，尽管付老师和焦老师身体不适，但他们也毫不犹豫地投入到了工作中。我们几个人齐心协力，终于按时完成了两个实验室的仪器摆放工作，确保了初二学生的实验能够如期进行。正是这种无私的奉献和团队合作的精神，将原本不可能完成的任务变成了现实。

（二）初二实验课工作还在进行，又迎来初三实验强训的脚步声

30个班的实验课上完了，工作才进行到一半，因为打扫“战场”这项任务比准备实验更加繁重。随着初三实验强训工作的临近，我们4个壮劳力马不停蹄地大干两天，漂亮地完成了卫生打扫以及仪器摆放工作。

（三）中考实验强训，全体实验老师克服种种困难，确保实验强训工作正常进行

焦金萍老师在强化训练伊始便因劳累过度而发烧并伴有头疼，但她依然坚持不懈，手中的工作从未间断。赵德荣老师尽管家中爱人患病，但他仍旧坚守在自己的岗位上，在完成本职工作的同时，他还帮助我们整理实验室直至深夜 11:00。张连荣老师尽管身体状况不佳，却从未耽误过任何工作；刘靖老师、谢静老师、韩涛老师在忙碌于自己的工作之余，多次前往乾圆楼帮助我。特别值得感谢的是，为了让他们三位能够来乾圆楼帮助我，王国华老师、马桥老师、付志强老师主动承担了更多的工作。种种困难都无法阻挡全体实验教师对学校、同事、工作和学生的热爱！大家全力以赴，确保安全，最终使得理化生实验取得了令人满意的成绩，每个学生都获得了满分。

我们衷心感谢各位领导的大力支持。窦书记、马主任以及王国华老师不辞辛劳，多次进行沟通协调、人员调配和现场指导……

要问：你幸福吗？

拥有像家人一样全心全意付出的领导和同事，怎么可能不感到幸福呢！

在这个充满爱的大家庭，一切皆有可能！

这就是爱，让我无数次感动，让我感到无比欣慰。我会在今后的工作中，把爱传递下去，爱工作，爱生活，爱同事，爱学生！

石外情，艺术梦

公共资源部　李翠翠

自加入石外以来，已经过去了十三个春秋。十三年前，我带着深深的敬仰踏入这片土地，而今，我对这里充满了深厚的感情。

2011 年，我满怀憧憬地走进艺术楼，马主任热情地迎接了我，并向我详细介绍了我需负责的内勤干事工作，这是一个我从未涉足的岗位。因此对我来说充满了挑战。面对会议室的音响设备，我感到无从下手；面对老师们的各种求助，我也常常不知所措，如门锁损坏、教学耗材短缺、大型活动进校预约、上报议题费用等问题。这些问题接二连三地出现，让我感到压力巨大，甚至一度怀疑自己的能力。为了激励自己，我曾在 QQ 签名中写道："我一定能成功。"幸运的是，范主任和侯主任在业务上给予了我细致的指导，帮助我迅速成长，走出了困境。

除了行政工作，我还担任集团民乐团弹拨乐声部的指导教师。自幼学习琵琶的我，为了适应工作需要，又深入研究了柳琴、中阮、大阮和古筝的演奏技巧。我始终秉持进步之心，每逢寒暑假，都会前往中央音乐学院、中国音乐学院进行学习，并参加国内顶级大师课程以提升自己的业务水平。近年来，我取得了一些成绩：2018 年，在小学开设琵琶选修课程，并于同年在中国文联出版社出版了参与编写的琵琶基础训练教材，至今销量超 10 万册。2019 年，作曲的原创琵琶作品《忆长安》荣获石家庄市中小学生艺术节一等奖；2020 年，指导的作品《欢乐的日子》获艺术节一等奖；2021 年，指导的琵琶弹唱《唱支山歌给党听》在集团大型情景歌舞剧中广受好评；2022 年，拍摄的大型宣传片《胜利》于 2023 年登上了央视舞台；五重奏《哦，苏珊娜》受邀参加央视综艺娱乐频道庆祝中国共青团成立一百周年文艺晚会，指导的多位学生在全国"小金钟"比赛中荣获金奖；2023 年 8 月，受邀在"毛里求斯历史首位女总统高级别会议"欢迎晚宴上演奏琵琶；2023 年 10 月 28 日至 11 月 2 日，随范主任带领 19 名学生参加了由教育部中外人文交流中心、澳门特别行政区政府教育及青年发展局联合主办的"人文交流小使者"展示中国澳门行活动。自从开设琵琶选修课程以来，我培养了近百名优秀学生，为中学乐团输送了大量人才，有效解决了弹拨乐声部缺失的问题，这是我为乐团和音乐教育做出的贡献。

2023 年 10 月 14 日，第七届全球基础教育研究联盟年会音乐会《中国印象》取得了巨大成功。集团师生以艺术为语言，经过半年的沉浸式准备，成功打造了一部融合诗画、舞蹈与音乐的大型民族交响音画音乐会，展现了人文与艺术的完美结合。

这场集服装、化妆、道具、舞蹈和舞台美术于一体的精彩演出，在怀特艺术中心大放异彩，并随后为全校师生及家长加演四场。如此巨作，离不开任校长的精心统筹和协调，她亲自与花都艺校负责人沟通，为化妆造型出谋划策，并在演出前为大家加油鼓劲。时主任负责具体执行和协调工作，与各部门紧密合作，确保了音乐会的顺利进行。范主任则负责整体创意策划，带领艺术主创团队及 300 多名师生演员进行联排。3 月她刚做完腰椎手术，就躺在病床上与我和李凌老师共同构思策划，探讨如何将《中国印象》系列化，并通过现代视觉艺术传递中国传统文化符号，打破节目独立边界，编导出一台具有背景主线、贯穿中国元素和传统文化、富有文化内涵的音乐会。她先后完成了冰屏视频、片头以及“中国文字”“名家画卷”“古代八音”三段片花的制作。李凌老师多次担任艺术总监，其见解独到。刘晔老师为了推进音乐会进度，即便国庆假期期间发烧 39℃也依然坚持到校录音，制作出第 16 版音乐。他在剧场总控室与张莉娅老师配合默契，使升降幕及特效精确到秒，衔接完美，令人称赞。在这次音乐会中，我除了担任民乐团和琵琶社团的指导外，还荣幸地担任了执行导演。这对我提出了更高的能力和经验要求，从音乐会的构思、选曲到集训、排练的时间安排和预算，再到带领学生排练节目，我都全程参与。最初，范主任确定了民乐团的演出曲目后，我与蔡贺老师立即召开内部会议，反复试听所有乐曲，挑选出适合孩子们演奏的精彩段落。那段时间，艺术楼夜晚灯火通明。9 月，音乐会初现雏形，悬着的心终于放下，随后又投入到场地、布景、化妆、预算、协调等工作中，以确保音乐会顺利举行。最终，音乐会呈现出了高质量的效果，向国内外嘉宾展现了石外的风采。在此，我衷心感谢部门领导的信任，感谢所有参与筹备的同人们的辛勤付出！

石外这片沃土助我成长，让我从一个懵懂的青年成长为一位有担当的教师，学会了面对困难与挑战，懂得了与人合作。让我们携手共进，以出色的成果回馈集团，为其发展贡献力量！

美浸我心润桃李　化作蹊边一片香

公共资源部　杨　擎

各位领导、亲爱的同事们：

大家好，我是美术组杨擎，占用大家的时间分享一些工作日常。

2003 年 12 月，我踏入石外的校园，一切美好都让我心生欢喜。融入这个充满活力的集体，并成为其中的一员，我感到无比幸运。时光荏苒，花开花落，四季更迭，转眼间二十一年过去了。在这二十一年里，石外的发展步伐从未停歇，我也随着石外艺术课程的发展不断变换着自己的工作任务。从最初的初中素描、工艺美术、美术欣赏等专项课程，到后来的高中必修课程、高中选修课程，再到现在的必修课、选修课以及选择性必修课三位一体的高中阶段综合美术课程，我一直在不断学习，努力成为一名合格的教师。

目前，我主要负责高中美术课程的教学工作。在高中的课程设置中，美术课的存在感真是不大，每周仅有一节课。然而，美术学科作为德智体美劳五育并举中的重要组成部分，承担着“美育”的重任。如何将一节课转化为真正的育人课程？如何增强课程的影响力？这一直是我思考的问题。

我的第一个尝试是给学生提供专门的绘画本子。这个本子除了记录课堂笔记和完成课上的小创作练习外，还鼓励学生将日常生活中的所见所感绘于纸上。这个本子大部分时间由学生保管，课代表会在每周上课前两天收齐并送至我的教室。我会仔细翻阅并给予点评，然后在课堂上返还给学生。通过这个过程，我看到了学生学习生活的点点滴滴。他们的喜怒哀乐都跃然纸上。现在，对许多学生而言，这个本子已成为他们在紧张学习生活中放松和宣泄情感的途径。一页页的涂鸦积累，悄然提升了学生的美术素养。

我的第二个尝试是开放教室。在和学生的接触中我了解到他们下午 6:00 到 6:30 有半小时的小空档，这是他们的晚餐时间，后来这个时间也成为美术教室开放的时间。现在，很多学生都会在这个时段推开美术教室的门，书法、篆刻、绘画，只要他们想试一试，我就给他们提供工具、材料以及创作指导。于是，经常会有学生踩着晚自习上课的铃声从美术教室飞奔而出，然后我再帮他们洗盘子、涮笔、收拾工具、擦桌子。真的不是想培养没有规矩的懒孩子，只是时间太紧张。整理结束，一般会是晚上 7：00 左右，这才是我的下班时间。在这半个小时里，我不但迎接了美术爱好者，还组织了一次又一次面向高中全体学生的高中美术学科活动。

我们的孩子，有才华，有情怀，我希望美术教室这个小小的空间能够成为学生们的心灵栖息地，能够为孩子们未来生活带来点点欢愉。愿他们不仅有面对各种考试的信心和勇气，更有场场“战斗”之后面对生活中的清心与平和。为此，我愿意搬桌子、挪椅子、洗盘子，收拾背后的种种琐碎，让那间教室充满吸引力。

今年寒假前美国艾奥瓦州访问团来访，我负责带领高中保送生和初中美术爱好者完成一幅 45 米长卷绘画。因为保送生活动安排非常紧密，画画儿的时间只有两个半天，根本没有时间进行技法培训，只经过简单的任务安排和分工就开始动笔了。我一开始最担心的是作品体量巨大，孩子们画画儿时太拘谨，放不开，画不完，但是真正开始落笔时，学生们挥毫泼墨，欣欣然快乐极了，而且自信极了。其间有个学生跟我说了一句话：“老师，放心吧，这个咱画过呀！”对呀，那颜料，那画笔，上课的时候不是都已经讲过练过画过了吗？只不过就是画纸改成了画布，只不过就是更大些而已，我一下放心了。我知道，平时的课程是真的教会了学生一些东西，也许是色彩调和的技法，也许是创作作品的快乐，再也许就是那种属于石外学子的阳光气质和松弛感，当然或许也有美术学科带来的学科素养吧！

每天在教学楼里行走，经过身边的学生一句一句问老师好，让我时常问自己：身为人师，每周一节课的老师，我给他们的够不够多？一天，我的微信上出现了一条添加好友的提示，是一个几年前教过的保送生从班主任那里寻到我。现在，这个学生生活在欧洲，工作之余以画为乐。看着她稚拙的笔触和多产的状态，我心里一种幸福感油然而生。基础教育工作者的使命就是成为一个播种人。我是一个美术老师，那就把一颗颗看世界、爱生活的种子在一节课一节课里播下，等待在未来的某时它生根发芽。当一个一个的曾经并不很熟悉的学生在走进大学，开始工作以后，由于种种人生际遇而想起我，联系我的时候，我知道，我的种子发芽了。

当美术老师这么多年，其实，我只做了一件事，就是让学生相信美术既是情感也是生活。总有一天，你会爱上美术。爱上它最好的时机，就是现在。

感谢石外的大平台给我成长的空间，感谢所有领导给予我的关爱、认可、指导和支持；感谢艺术学科的小伙伴们的帮助，感谢二十一年来所有温暖的过往。希望每个人都能心随境转，梦想成真！

谢谢大家！

“三爱”精神融课堂　我与学生共成长

公共资源部　吴伟力

学校提出的“三爱”无时无刻不渗透在我的工作、生活和学习中，影响着我的人生观和价值观。作为一名教师，就要勤勉尽责、脚踏实地的工作，并将这份工作视为一种乐趣。实际上，教育是一项塑造灵魂的崇高事业，在帮助塑造他人灵魂的同时，教师也在净化自己的灵魂。在此，我想分享一些我在工作中的小故事，若有不足之处，还望各位批评指正。

一、爱教育——丰富校园活动

对教育的热爱和奉献是教师职业道德的基本要求。一个教师的职业成就和价值体现，不仅依赖于其知识水平和教学能力，更关键的是对教育事业的热爱与忠诚。爱教育并不仅仅意味着管理好自己的班和上好自己的课，而是要将对学生的教育始终放在心上，履行教师应尽的责任。为了丰富校园大课间学生的体育活动，我带领健美操专项组的同事们根据中考体育项目创编了绳操。在这个过程中，尽管专项组的同事们非常辛苦，但看到孩子们通过锻炼获得成长，所有的付出都是值得的。

二、爱学校——感谢领导关心

爱学校，我将学校比做家，正如无人不珍视自己的家园和家人一般。在石家庄外国语教育集团这个温暖的大家庭中，我从一个刚踏出大学校门的新教师，成长为拥有二十年教学经验的教育者，从青涩少女成长为妻子和母亲，是这个大家庭见证了我每一步的成长，而我也目睹了它的发展与壮大。从最初的石家庄外国语学校到如今的石家庄外国语教育集团，学校的每一间教室、每一个场馆、每一个角落，我都是那么熟悉，因此我对学校、对这个大家庭怀有深厚的感情。在这里，每位领导都对我们的工作和生活关怀备至：马主任每次见到我，总是提醒我下班后要赶紧回家给孩子做饭，时主任则总是关切地提醒我要好好照顾孩子。

三、爱学生——我与学生做朋友感觉自己年轻啦

最后，我想谈谈对学生的爱。作为一线体育教师，学生的体质健康始终是我最优先考虑的。如何在教授专项技能的同时提升他们的体能，是我们每次教研活动的核心议题。本学期我教的年级多了，备课内容也相应增多，我每天都在忙碌的课程中循环往复。我为不同年级的学生设计了不同的教学内容和形式（初一作为起始年级，我在田径教学中融入了趣味性游戏以激发学生的练习热情；高一学生学习花球啦啦操；高二学生练习踏板操；高三学生则进行健身操类活动），学生们乐在其中。

我每天都会遇到各种类型的学生：有的热情奔放，有的温柔体贴，有的认真负责，有的羞涩腼腆，当然，还有处于叛逆期的少年。每个孩子都独具特色，又都那么可爱。我从不认为不听话的孩子就不是好孩子，我相信世界上没有不好的孩子，只有没做好的老师。记得刚入职时，我总是难以把握课堂的松紧度，但随着时间的推移，我越来越能够自如地掌控课堂了，无论遇到什么样的学生，我都能与他们建立良好的关系。例如，有一个特别有个性的学生，我在上第一节室内课的时候发现，她对我说的每一句话都要问“为什么”。起初，我心想这个孩子怎么这么多问题，并预感我们之间可能会有不断的争论。然而，在室外课上，这个“为什么”同学却表现得格外认真。经过几节课的观察，我意识到她只是在对不理解的事物提出疑问，并无恶意。因此，我总是及时解答她的每一个问题。这件事让我明白，只要我们充满爱心和耐心，每个学生都能在我们的课堂上闪耀光芒。

还有一次，一个女生因为私自调换小组被我批评，从她的眼神中，我看到了她的敌意和不理解。于是，我在课后把她留下，向她解释了批评的原因。在谈话过程中，她虽然起初一脸不屑，但最终敌意消失了。我问她是否认为我故意找她麻烦，她不好意思地点了点头，随后我又问她是否理解了我的立场，她表示明白了，并希望我能原谅她的错误。她也告诉了我她想换小组的原因。我考虑后觉得在不影响课堂秩序的前提下可以接受她的请求，便同意了她的申请。之后，这个孩子在下一节课给了我一张字条，上面写着：“老师，您是我见过的最好、最有爱心的老师！”从那以后，每次在校园里见到我，她都会主动跑过来拥抱我，给我一个灿烂的微笑。现在这个孩子已经毕业了，但前段时间回学校看望班主任时还专门来找我，像在学校时一样给了我一个大大的拥抱和灿烂的微笑。那一刻，我深感作为教师的幸福。

在过去的两年里，高中足球啦啦操联赛开展得如火如荼，孩子们的参与热情和积极性都非常高。起初，我和张林老师在策划比赛时有很多顾虑，比如，领导是否

会支持，如何让全年级的学生都参与进来，足球比赛是否能与健美操结合在一起，以及比赛时间的安排，等等。后来，单老师鼓励我们：“如果你们已经考虑周全，那就去做吧，方案你们定，我去和领导沟通。”经过讨论，我们制订了一个详尽的比赛流程。最终，我们的想法得到了领导的认可。就这样，第一届足球啦啦操联赛开始了，从入场仪式到服装，每个班的孩子都精心准备。当公平竞赛的音乐响起时，我听到旁边一个孩子说：“就像中超比赛一样，还有入场式，真正规!”我心里想，我们的目的就是要让学生知道正规比赛是什么样子，看来我们已经实现了一部分目标，接下来就要看比赛了。随着比赛的顺利进行，张林老师比孩子们还要兴奋，有时甚至忘了吃午饭。看着孩子们在比赛中奋力拼搏，看着女生们利用休息时间积极排练队形，我知道所有的辛勤付出都是值得的。

我的工作就是这样，不追求名利，将教学视为一种乐趣，将体育和学生视为我的全部。以上是我对“三爱”和教师人生观的一些看法，如有不足之处，还望大家多多指正。

在责任中坚守，在爱中成长

公共资源部　张　帆

今天，我非常荣幸能在这里与大家分享工作的点滴感受，我演讲的题目是《在责任中坚守，在爱中成长》。

一、日常门诊，爱心、耐心奉献学生

作为一名基层卫生工作者，面对孩子们纯真的面孔，我深感责任重大，丝毫不敢懈怠。我们对每一位前来就诊的学生都必须完成一系列严格的流程：问诊、对症状进行处理、与老师或家长沟通、及时转诊、记录完善以及必要时追踪病因。这就需要我们耐心和细心地处理每一个细节。

让我以一个简单的擦伤案例来说一下我们的工作流程。对于受伤的孩子，我们首先进行预检分诊的测温、登记，然后对伤口进行消毒处理，检查受伤部位的活动状况，并询问孩子受伤的原因以及是否有其他部位的疼痛或损伤。问诊结束后，我们会叮嘱孩子避免伤口接触水、定时消毒、预防感染。我们会不厌其烦地对每个学生重复这些指导，从不怕麻烦，因为学生的健康对我们来说至关重要。

每月我们大约要接诊近500名师生，这要求我们必须熟练掌握学校常见病、多发病以及急症外伤的诊断和处理。一旦有急症病人出现，无论在哪个年级或部门，我们总能迅速响应，并根据病情及时转诊，从未耽误过一个病人。

在各种大型活动期间，如考试、运动会、比赛等，我们不畏艰辛，始终坚守在服务一线，及时处理紧急情况，为活动的顺利进行提供了坚实的医疗保障。

二、加强传染病防控，用责任心守护学生健康

在门诊服务中，我们必须特别留意出现发热、皮疹等疑似传染病的学生，并做好详细记录和追踪，确保传染病能够早发现、早报告、早治疗。每日通过考勤上报系统，查看各班级学生的晨检结果以及因病缺勤情况，对频繁请假的学生访问其病

因。一旦发现传染病迹象，立即上报，并指导相关班级进行消毒工作，严格控制复课条件。

传染病的防控不仅考验着校园公共卫生的防线，更是对校医应急处理能力、责任感、团队协作精神的实战检验。我日常会协助王淑慧老师进行传染病的防控工作，深入学习相关防控工作的指导方针，仔细研究防治诊疗方案和防控指南，为校园防控方案的制定提供了坚实的理论支持。迄今为止，我已协助编写了超过万字的各类预案、方案和制度等防控材料，确保校园传染病防控工作有明确的规章制度可依，保障学生健康有法可循，以及在突发情况下有完备的应对方案。

三、肩负重任，责无旁贷，细心、奉献

2020 年是石家庄市创建国家卫生城市的攻坚年，而我校是市创卫工作的重要点位学校。在领导的坚定支持下，医务室团队在暑假和开学初期始终坚守在校园创卫的第一线，没有休息过一天。期间王老师因极度劳累出现尿血，尽管如此，她仅输了几天液后便重返工作岗位，用她的话说既然不需要输液，吃药在哪里都一样。经过一个多月的不懈努力，以及在部门领导的协助和图书馆老师的帮助下，医务室团队成功整理了 2017—2020 年度集团创卫档案共计 40 余盒，制作了 20 余本各类健康活动手册，布置了 10 余块宣传栏。我们迎接了区、市、省级创卫督导检查超过 10 次，并对档案进行了近 10 次的修改。9 月 17 日，医务室团队顺利完成了创建国家卫生城市的迎检任务。学校在环境布置和档案整理方面做到了全面、扎实、精细、生动，各项创卫工作开展得有声有色，赢得了广泛赞誉。

时光飞逝，转眼间我已在学校度过了十年。这十年间，我收获了成长，经历了挑战，享受了快乐，也认识到了自己的不足。无论怎样，我的内心充满了感激之情，我要感谢部门领导一直以来的大力支持和关怀，感谢吉大夫和王大夫的指导，以及感谢与我并肩作战的组长——王淑慧老师。

最后，我想说，虽然医务室只有 3 个人，但它却很重要，因为它肩负着学生的健康。我们的工作虽然烦琐，但我们愿意坚守岗位，将“爱教育　爱学校　爱学生”的精神融入到我们的工作中。展望未来，我将更加努力工作，在实践中不断学习和提升自身能力。

谢谢大家！

时光有温度　不负山与海

公共资源部　陈　昕

尊敬的各位领导、亲爱的老师们：

大家好！我是图书馆的陈昕，非常荣幸今天站在这里与大家分享我的心得。自入职以来，我始终遵循我们集团“爱教育　爱学校　爱学生”的“三爱”精神，在图书馆这个看似平凡的岗位上勤勤恳恳的工作，全心全意地为师生服务。

2017 年 5 月，我带着对未来的美好憧憬踏入了石外的校园，如果时光有味道，我想那应该是苦涩中带有成长的甘甜。面对新的挑战，除了紧张和不安，我更多的是对未知的迷茫。起初，我对图书馆的各项工作感到茫然，但幸运的是，王国华老师总是耐心地指导我。我记得王国华老师曾告诉我：“作为图书馆的老师，我们需要不断更新知识，工作中也要持续学习，探寻新的学习方向和路径，要经常与经验丰富的同事交流，并在日常工作中不断总结反思，以提升个人素养。”

2023 年 4 月，我有幸被任命为图书馆的组长。我深知，这份任命不仅是荣誉，更是责任，是对我的工作能力和潜力的一次重要考验。刚上任，我就面临着新的挑战：教材征订工作。“兵马未动，粮草先行。”教材的征订是教育教学工作顺利进行的基础，也是图书馆的一项关键任务。这项工作涉及与教育局、新华书店、各年级、管理中心等多个部门的沟通协调，征订范围广泛，包括初中和高中，而初中部分还需区分石外和二外，无形中工作量翻了一番。在填报过程中，我们必须确保准确无误，每一个细节都要严格要求，不能有任何疏忽。我和韩涛老师都打起了十二分的精神，一遍遍认真核对，及时发现并反馈征订过程中的问题，并采取针对性措施进行纠正和完善，确保征订工作顺利完成。

面对义务教育新课程改革，图书馆积极适应，确保图书、教材及教学资料的配发与新课程要求紧密结合。由于教师用书种类繁多，需求临时性强，且贯穿整个学期，我们按照新模式快速准确地发放了 2 万余册各学科参考书，及时满足了教师的教学需求，并做好记录，以便掌握各学科的需求情况。我还记得去年第一次接触专家型教师图书时的情景，由于每位专家型教师订购的图书不同，书商送来后，图书馆全体老师一起拆包、分类、整理并打包，方便教师们领取，这一做法得到了各部门领导和教师的一致好评。

在寒暑假期间，我充分发挥党员的先锋模范作用，恪尽职守，精心筹备新学期师生所需的教材，并细致地按照教学部门的具体需求采用新模式进行发放。由于初中部学生人数众多，教材多达 30 余万本，我们决定现场分发。发放教材前，图书馆老师进行了详细分工，包括维持秩序、引领签字、发放教材、检查核对等，每项程序都有专人负责。负责发放教材的老师在各自负责的区域等候学生，学生需在图书馆大门前排队，按顺序领书。领书后，学生在大门外清点本班教材种类和册数，有问题立即找负责老师。最后，我们将剩余教材整理归类存放到书库。

高中部由于每个班选修情况不同，教材种类多达百余种，共计 10 万余本，需要图书馆老师提前按班分好。由于种类繁多，发书时每班都需要十几名男同学才能搬完，有时甚至需要全班同学一起上阵，但得益于图书馆老师前期的充分准备和有序安排，领书当天一切井然有序。有的老师在门口组织学生安静等候、维持秩序，有的老师负责签字并告知领书注意事项，有的老师负责带领学生找到本班书堆，有的老师负责解决问题，还有的老师负责打扫卫生，确保每件事都有人负责。我们图书馆高效、有序地发放工作，无缝对接了学校的教学活动整体部署，展现了图书馆对学校整体教育教学计划的全力支持与高效响应。

此外，我们同样重视队伍内部的建设与专业素质的提升，不断开展多样化的培训活动。一方面，我们整合馆内资源，定期举办师德师风培训研讨会，倡导图书馆教师秉持崇高的职业道德，以身作则，传承教育精神，将对知识的尊重和对教育的热爱深植于每位图书馆工作者的心中。另一方面，我们紧跟时代步伐，积极引入并推广先进的图书馆管理系统，并提供相应的操作培训，力求不断提升图书馆团队的专业化水平和服务效率。

“师者匠心，止于至善；师者如光，微以致远。”我与陈娟老师、任怡老师、杨雪燕老师共同策划并精心制作了一系列必读书目推荐展板，旨在激发学生的阅读兴趣，培养良好的阅读习惯。为了全面提升学生的阅读素养和独立求知能力，每年的 4 月读书盛宴成为我们实现这一目标的重要平台。今年的读书节，我们精心策划了各类文化艺术活动，如“亦诗亦歌，书香石外”诗词朗诵和诗词大会比赛。本届读书节营造出的浓厚的文学艺术氛围，不仅激发了学生的创造力与表现力，更为学生提供了一个展现自我、锻炼能力的广阔舞台。在领导的带领和支持下，我们计划利用学校官方微信公众号定期推送图文并茂的图书资讯，确保学生无论身在何处都能及时、便捷地获取所需的知识信息。

为了在学生心中播下规则与秩序的种子，我们结合图书馆的实际运行状况和严格的管理制度，委派了经验丰富的教师，以生动活泼且深入浅出的方式向学生详细解读了图书馆的阅览规定与行为准则，借此熏陶和培养他们的自律意识和文明阅读素养。同时，我们非常重视学生的反馈，认真收集并深入分析他们在图书馆阅览过程中的各种意见，并通过对这些意见的细致梳理与分析，及时制定出针对性的改进措施，力求使图书馆的服务体系更加完善，更贴近师生的需求。

今天，我有幸在这里进行经验交流，这体现了部门领导对我工作的认可。取得这样的成绩，离不开图书馆老师们的帮助和支持，他们的创新精神以及工作中任劳任怨、无私奉献的态度，都是我学习的榜样。

云程发轫，万里可期。在领导的关心和帮助下，图书馆全体老师将继续砥砺前行。

完美的“遇见”，艺术的共鸣

——不忘初心，牢记教育使命

公共资源部　范　洁

“善始者实繁，克终者盖寡。”这是毕业时老师对我们的谆谆教诲。回顾毕业后的十八年职业生涯，尽管我没有太多值得炫耀的成就，但唯一让我感到欣慰的是，我依然保持着那份不变的“初心”，并在“勤能补拙”的教诲下坚守着一份“始终”。古语有云：“不忘初心，方得始终。”那么，初心究竟是什么呢？它是我们在人生起始时对自己未来的期许，是最初激励我们前行的念想，是让我们愿意忍受艰难困苦的信念，是推动我们逆流而上的力量。

岁月匆匆，当我回顾过往，既有欢笑和幸福，也有抱怨和辛酸，但我从未后悔。尽管过程中我有时会感到迷茫和无助，但更多的是惊喜和希望。十几年的辛勤工作和默默等待，我深深地爱上了教师这一既平凡又充满意义的职业。

2000 年，石家庄外国语学校与河北怀特集团携手合作。怀特集团的陈玉信书记对教育进行大手笔投入，校园规模得以扩大，教育资源也变得更加丰富，音乐课开始实行专项小班教学。当时强新志校长有一个宏伟的愿望，希望在此基础上组建一支中学生交响乐团。作为专业人士，我从河北省歌舞剧院调入学校，帮助学校组建乐团。

在乐团成立之初，学校从各个班选拔了一些有音乐特长的学生，最初只有 20 多人，乐器种类也相对单一。但随着时间的推移，越来越多的学生和家长开始了解并关注我们，如今乐团成员已有 100 多人。在各级领导和同事们的大力支持下，乐团凭借其独特的魅力，成功塑造了石外校园文化的品牌，成为校园中一道引人注目的风景线。

一、凝心聚力，团结共进

团结是成功的灯塔，当无数火焰汇聚一处，便能释放出璀璨的光辉。在最近闭幕的全球基础教育研究联盟大会上，大型舞台剧《遇见·长恨歌》在红幕缓缓降落之际，全体演职人员紧紧相拥喜极而泣，庆祝演出圆满成功。

任何活动能够取得圆满的成功，都离不开一位优秀的掌舵者和一群志趣相投的伙伴。部门领导的深切关注、同事们的热忱支持，共同展现了我们这支艺术团队的精神风采和战斗力量。

二、勇于创新，甘于奉献

党员教师要不怕流汗，要愿干、敢干、能干。工作原则要坚持，但也要敢于创新。光有吃苦的思想准备不行，还得实实在在身体力行。

交响乐团的发展离不开团队合作，离不开一批又一批优秀指导教师的无私奉献。面对荣誉，我们不能忘记对学校、对学生的承诺。

世间事，坚持一阵子易，坚守一辈子难。唯其艰难，更显勇毅，唯其坚持，才能实现梦想，成就事业。

三、不忘初心，方能致远

冰心老人曾说过，有了爱，便有了一切，有了爱，才有教育的先机。我们选择了教育，当了教师，就拥有了一份爱的艺术，那就是宽容、鼓励。我们的爱就像绵绵的春雨，随风潜入夜，润物细无声。

作为党员，只有让心中的“引擎”永不熄火，才不会在时间的长河中迷失方向。不忘初心，才会有“但使龙城飞将在，不教胡马度阴山”的强烈责任；不忘初心，才会有“雄关漫道真如铁，而今迈步从头越”的豪迈气概。不忘初心，方能致远。

唯有经历才有回忆，唯有付出才有收获，石外集团给了我们不一样的人生舞台。最后，感谢所有的朋友们，我的人生舞台因为有大家而更加精彩！

不忘初心　圆梦女足

公共资源部　周志辉

2005年，我离开了河北队，加入了石外集团，从一名专业的足球运动员走上了教师岗位。对足球的热爱和身份的转变让我迅速适应了教育工作。那时，我梦想着带领一支属于自己的球队，实现我的足球梦。然而，由于当时学校只有男足，我只能将这份梦想和热情深藏于心。到了2014年，集团决定成立女足，我内心的渴望再次被点燃，我毫不犹豫地承担起了女足教练的职责。当时，许多人对女足持怀疑态度，不愿意担任教练，因为女孩的训练周期较长，动作较慢，胆量较小，对抗性不足，参与训练的人数有限，且市场潜力不大。但我认为，越是充满挑战的工作，越能彰显我的人生价值和梦想。从我成为女足教练的第一天起，我就暗自立下誓言，既然要带领球队，就要拿出点成绩，既不辜负集团领导的信任，也要对得起每一位队员。

一、寻梦启程　往日追忆

清晰地记得首届招生时，在学校领导的关怀与支持下，我们从平山的两所学校和南王精心挑选了14名队员。为了组建女子足球队，在侯亚红老师以及平山女足教练路昶的支持下，我们第一次来到平山温塘小学。当孩子们得知石家庄外语学校的老师前来选拔队员时，她们个个表现得非常积极，脸上流露出难以掩饰的兴奋与期待。中场休息时的一个场景至今仍历历在目，孩子们围在我身边，用渴望的眼神注视着我，仿佛在无声地询问我是不是踢得特别好。望着他们因运动而泛红的脸庞，我满是心疼地提醒她们喝水，然后我们再一一讨论。孩子们仿佛接到了命令一样，迅速奔向水龙头，争先恐后地喝着。看着他们，我内心深受触动，这些孩子是如此可爱，如此真诚！有这样热爱足球的学生参与足球运动，真是令人欣慰。我再次坚定信念，必须带出成绩，必须对得起可爱的孩子们。

二、无谓困难　艰难前行

今年，我校女足已经走过了五年的风雨路程。在这五年中，我们经历了欢笑与苦恼、幸福与悲伤，但我始终坚守着组建这支队伍的初衷：为足球事业贡献一份力量，为学校争光，为孩子们的成长助力。在这五年里，我校初高中女足不仅赢得了无数荣誉，队伍规模也在不断壮大。

我要特别感谢我的前搭档李晓东和张琳老师，以及现任守门教练王宇鹏。没有他们的辛勤工作、无私奉献和默契配合，我难以想象自己能否坚持到现在。所有在座的教练员老师都有相同的感受，带队工作烦琐而复杂，不仅要负责日常训练、生活和学习，还要处理很多事情，如比赛报名、装备采购、交通安排等。在这五年中，我和王宇鹏教练早出晚归，全身心投入到女足身上。为了有更多时间专注于训练，我和爱人商量在学校附近租了房子。作为教练员，辛苦付出是众所周知的，只有持之以恒的努力才可能取得成绩。

为了让孩子们获得更多锻炼机会，我每周都会给孩子们联系比赛队伍，从老师到男足，到河北师范大学，再到地质大学的女足。孩子们通过比赛积累了宝贵的经验，成绩也随之提升。

然而，在这几年中，我们也面临着一些挑战，尤其是有两年的招生情况不太理想。为了吸引优秀的队员，部门领导积极沟通，我也多方面了解足球开展得好的小学女足训练情况。有一次，南王小学的几位家长联系了我，孩子也同意加入我们学校，但最终由于其他原因改变了主意。我和爱人亲自前往学生家中，深入了解情况，并多次向家长介绍我们的学校和球队，最终成功争取到了她们的队长。这样的情况年复一年，每年都有不同的挑战。这些年来，我深入调查了全市开展女足的小学，掌握了许多第一手资料，同时由于我校女足成绩优异，学习氛围浓厚，许多家长主动联系我。每当听说有优秀队员时，我都会尽快与家长沟通。去年，有 30 个孩子来我们队试训，最终经过领导和教练组的商议，我们选定了 10 个孩子。在日常训练中，孩子们的伤病、心理、情绪、学习和生活我都非常关心。我爱人常说："周志辉，你不是有两个女儿，你是 40 个女儿的家长。"

三、舍小家建"大家"

在过去的几年中，我最深感愧疚的是对我的爱人和孩子们的亏欠。有时，我甚至考虑过放弃一些事情，能有更多时间陪伴她们。每年的寒暑假，我几乎都是在训练和比赛中度过的，而我的爱人则成了女足的坚强后盾。在我忙得不可开交时，她总是无私地帮助我照顾女足的孩子们。暑假期间，我的家也变成了女足孩子们的临时食堂。

为了给孩子们找到合适的住的地方，我四处询问亲戚朋友，希望能找到一个既不给家长们增加负担，又能解决孩子们住宿的地方。今年暑假，我带领队员们去了唐山、大连、赤峰、石家庄二中和雄安新区，我们的目标始终如一：寻找一切机会为运动员搭建平台，以赛代训，不断提高他们的竞技水平和比赛能力。看到孩子们取得的优异成绩和获得的一级证书，我感到所有的付出都是值得的。

我的大女儿周文曦从三年级开始就自己上学，自己在食堂吃饭。有时，她会问我：“为什么你不能接送我上学放学?”面对这样的问题，我内心充满了愧疚，不知如何作答。我的爱人经常提醒我：“你总是忙于照顾女足的孩子们，却从未照顾过自己的孩子。”我的二女儿周文涵年龄还小，由于我们无法承担咱们幼儿园的费用，她只能在裕华区三幼就读，她经常问我：“为什么姐姐能在这里上学，我却不能?”这让我感到非常难过，不知如何向她解释。最让我心痛的是我 65 岁的父亲，他不仅要照顾卧病在床的爷爷，还要每天放学后接送大女儿去训练艺术体操。我深知，女足取得的每一分成绩都离不开我们辛勤的训练，更离不开家人对我的理解与支持。

四、展望未来　路途艰辛　一往无前

五年的时间很快，五年的时间也很慢，我们用五年的时间完成了球队的组建、队伍的成长和取得了一些成绩。我深知前方的道路漫长而遥远。目前，我们的女子足球队与省内强队保定一中相比尚存在一定的差距。保定一中每年从 300 多名学生中选拔出适合足球项目的队员，而我们的队员则是从 30 名学生中挑选出来的。即便在这样的条件下，我们与保定一中的差距在慢慢缩小。他们凭借二十多年的不懈努力，赢得了全国校园足球高中组的冠军。我坚信，只要我们持续不懈的努力和付出，不久的将来我们也能够登上冠军宝座，代表中国参加世界中学生足球比赛。

最后，请允许我代表全体教师，向一直关心、支持、爱护我们的领导表达最衷心的感谢和最崇高的敬意；向所有在平凡的岗位上呕心沥血、敬业职守的老师们表达我发自心底的敬仰！真诚地祝愿各位领导、各位同人身体健康、工作顺利。

谢谢大家！

择一事　专一心　用心做一个航模老师

公共资源部　郝　琪

尊敬的各位领导、老师：

大家上午好！自从2019年毕业有幸踏入石外校园成为一名航模教师以来，时间如白驹过隙，转眼间已经过去五年多了。在这段时间里，我有幸在石外这个平台上，从一个初出茅庐的新教师逐渐成长为一名青年教师。今天，我非常感激领导给予我这个机会，让我代表青年教师分享对“三爱”精神——“爱教育　爱学校　爱学生”的理解。接下来，我将从这三个方面进行阐述。

一、困难是成熟的催化剂

航模老师是孩子们口中的称谓，尽管在第一节航模课上我诙谐地介绍自己，以后可以叫我郝老师，并强调我也是一名优秀的教师，但似乎并未产生预期的效果。初入职场时，我渴望学生能够记住我，但似乎航模老师的角色与其他学科教师或班主任有所不同，这让我内心感到些许失落。然而，随着时间的推移，我从我的师父吕国力老师那里接过了航模少年宫的工作，开始对航模老师这一岗位有了更深刻的理解和感悟。如何成为一名优秀的航模老师，始终是我思考的问题，也是我不断努力追求的目标。

我是在吕老师和刘烨老师的指导下踏入航模领域的。起初，我对制作和操纵模型一无所知，但通过学习和实践，我逐渐掌握了这些技能。记得当我得知自己要教航模这门课时，马主任为我安排了第一位师父——刘烨老师。刘烨老师不仅对研究充满热情，还是一位音乐方面的专家。在他的带领下，我开始接触无人机航拍，并多次参与相关活动。有一次，在航拍学校大型活动时，作为新手的我竟然忘记带无人机的内存卡，我当时害怕极了，因为这是一次正式的活动，居然捅了这么大的篓子。但刘烨老师并没有责怪我，而是冷静地帮我解决了问题，甚至想到了使用汽车行车记录仪的内存卡。这件事让我吸取了教训，在之后的日子里再也没有犯过类似的错误。

后来，我正式拜了吕老师为师，成为他的关门弟子。在航模领域，我完全是个新手。为了能够胜任这门课的教学任务并尽快掌握技术，我不记得有多少次中午放弃休息，在航模教室里打磨木条，苦练基本功。有一天，师父早到教室，看到我努力却错误地打磨，他既感到好笑又心疼，于是开始了对我的指导。

最令我感动的事情是吕老师教我如何操纵固定翼飞机。为了让我学会飞行，他亲自寻找合适的练习场地，并牺牲自己的休息时间传授我飞行的技巧。那些日子，吕老师和师母几乎每天早上 4:00 开车带我去正定学习飞行，每次飞行持续 3 个小时，之后还要赶回来上课。我之所以选择一大早飞行，是因为对于新手来说，无风的环境是最理想的练习条件。通过一次又一次地练习，我逐渐掌握了飞机模型的操纵技巧，并能够在学校的操场上练习了。这并非一蹴而就，春夏秋冬，只要一有时间，我就会去练习。那时，我最害怕的是天冷和天热的时候。天热时，阳光刺眼，但可以通过戴太阳镜来解决，可是天冷呢就遭了殃，为了操作方便，不能戴手套，手都冻僵了。有一段时间，我甚至想放弃，认为航模不适合女生，但想到师父的付出，学校提供的平台，以及自己已经坚持了这么久，我不能放弃。最终，我逐渐掌握了所有技巧。

直到去年年底，我的师父吕老师退休了，我从有人指导的学徒变成了独立管理航模教室的老师。尽管之前跟随师父学习了两年的知识和技能，但当只有我一个人管理整个教室时，我还是有些慌张。以前，遥控器坏了可以问师父，模型坏了可以找师父，关于用电的问题也有师父指导。现在，我每天要管理所有的模型和教具。有一次，由于电池质量问题，充电时两条线搭在一起瞬间发热，我立刻反应过来，迅速将它们分开；无人机训练时摔坏了，我也在慢慢学习如何修理。同时，我尝试合理规划教室的功能分区，将其划分为模拟区、飞行区和制作区。为了让学生更直观地了解空气动力学知识，方便孩子们制作改进模型飞机，我还带领几位学生制作了微型低速风洞实验室模型，尽可能让学生在我的课堂上学到更多的航模知识。我正在尽我所能“传承和维护”航模教室里的一切。

二、教学相长是必经之路

一切为了学生，为了学生的一切。我的教育实践让我深刻理解了“爱”的真谛，也让我明白了如何教育和爱护我的学生。在五年的教学生涯中，尽管由于特殊情况，我带领学生外出参加比赛的机会不多，但每一次的参赛经历都成为我和学生共同的锻炼与成长的机会。在这段时间里，我们参与了河北省青少年科技创新大赛、石家庄市青少年机器人竞赛、石家庄市无人机竞赛，并在全国级别的比赛中也取得了优异的成绩，包括全国青少年无人机大赛二等奖、全国青少年创新大赛一等奖、全国青少年模拟飞行挑战赛二等奖。去年，我与劳动实践组的同事们共同努力，指导学生参加了石家庄市中小学生劳动技能大赛，并荣获一等奖。每一次成绩的取得，都凝聚了学生和老师们的辛勤付出。在赛前的集训中，羽毛球馆、滑冰馆都曾是我们的临时训练场。我至今记得，有一次带学生去上海参加比赛，一个孩子看到一架架飞机从头顶飞过，大喊："老师，快看飞机！"于是，我和其他几位同学一直陪他一起看了一下午。后来，这位同学毕业后回校探望我，兴奋地告诉我他被二中空军招飞录取了。他分享了在二中的学习生活，正是那次上海之行点燃了他成为飞行员的梦想。我为他感到无比骄傲，虽然我传授给孩子们的知识有限，但他们回馈给我的幸福感却是无尽的。这更加坚定了我作为航模教师的职业信念，也让我更加明白如何以航模教师的身份去爱护学生，守护他们的梦想。

三、保持热爱，继续耕耘

一个人可以不聪明，但必须勤奋；一个人可以平凡，但不能平庸。在我们组，有一直带领我们前进、富有智慧的葛老师，有教学经验丰富、追求创新的杨老师，有精益求精、心灵手巧的茱蕾老师，还有勇于担当、热爱教学的白老师、李老师、晨阳、张楠、世景，这些优秀的前辈与同事都是我学习的榜样。我会保持热爱教育这份初心，耕耘在航模教育这片领域，不断提高自己的能力，不断反思，努力学习知识，落实好每一节课，踏踏实实做好每一份工作。

热爱教育，让我成为一名教师；热爱石外，让我选择了航模专业；热爱学生，让我明白要守护好孩子们。最后，我想说：真心感谢石外的培养、感谢各位领导的帮助和同事的支持。我将和大家一起在石外这片沃土上，不忘初心，继续奋斗，共同创造更美好的未来！

心中有爱　笃行致远

公共资源部　贺永灵

大家好，我是公共资源部医务室的一名校医，从 1993 年参加工作至今已有三十一年了。2005 年 8 月来到石家庄外国语学校，2006—2021 年 8 月担任石外小学部保健室校医，2021 年 9 月调岗到公共资源部医务室，在石外集团的医务岗位上工作了十九年。作为集团的一名老员工，感谢学校领导对我工作的信任、鼓励与支持，让我在平凡的工作中务实求真、体悟成长。下面我给大家分享一下我在工作中的一些感悟和做法。

一、爱岗敬业　扎实工作

（一）岗位认识、学习先行

2021 年 9 月 1 日，我从小学部医务室转岗至中学医务室。面对新的工作环境、不同的就诊人群以及全新的团队，我的内心忐忑不安，担心自己无法胜任新工作，从而影响部门和同事们的整体表现。为了迅速适应新岗位，我在完成日常工作的基础上，努力调整自己的情绪，以积极向上的态度迎接挑战，并积极落实部门提出的“人人有提升，事事有落实”的管理目标。为此，我设定了多元化的学习目标，不断提升自我。

首先，加强对部门工作制度和要求的学习，深入理解学校各级各类文件的指导精神。我体会到，公共资源部是一个充满爱的大家庭，特别是参加资源部的学习会议，每次都能让我有所收获，感受到一种温馨和包容的氛围。能成为公共资源部的一员，我感到非常荣幸。

其次，积极参与上级组织的培训和考核。我会定期参加医师执业考核，并主动参加上级卫生部门举办的各类卫生培训和法律法规学习，将所学知识与工作实践相结合，进一步提高我在学校卫生保健、常见病和传染病防控等方面的技能和知识储备。

最后，重视团队学习的重要性。我坚信团队的力量，主动加强与同事的沟通交流，不断向经验丰富的王淑慧老师和张帆老师学习中学医务室的工作模式和方法，并与其他校医互敬互学。

（二）“三爱”奉献，知行合一

在政治立场上，我始终拥护党的领导。我怀着满腔热情爱学校、爱教育事业、爱学生，恪尽职守，积极传播“三爱”精神。我严格遵守学校的各项规章制度，尊敬长者，关爱儿童，并积极贯彻《学校卫生工作条例》和上级部门对学校卫生工作的要求，树立“健康第一”的理念。我坚持预防为主、防治结合的方针，明确校医的职责所在，并以爱心、耐心和责任心全身心投入到 24 小时的门诊值班工作中，确保工作的细致、扎实。

在业务实践中，我与同事们团结协作，分工明确，严格遵循集团工作的“四做标准”，即高标准、严要求，踏实勤勉。我主要负责门诊倒班、学校传染病的防控、常见疾病的预防与治疗，以及协助教师进行健康体检，加强学校卫生和眼保健操的监督检查等工作。

二、“爱在心中”实践细化医务门诊工作

医务室门诊服务的工作特色在于 24 小时无缝连接的闭环运作模式，始终坚持以人为本，珍视生命的价值。我们肩负着为 92 个初中班、27 个高中班以及为众多住宿生提供保健服务的重任。门诊工作的重要性不言而喻，除了日常处理常见病症、运动伤害、特异体质学生以及急诊外，我们还肩负着防控传染病的艰巨任务。在应对繁忙的门诊工作时，我们必须确保医疗服务质量与效率，同时利用诊疗服务的机会，不断向患者普及卫生与防病知识。为了实现这一目标，我们必须对门诊工作制度和交接班流程进行细致的管理和优化。

（一）细化首诊负责制工作

制定合理的值班表，明确每月的工作量，并实施首诊负责制。接诊医生应依法行医，遵守医疗规范，以和蔼的态度、关怀体贴的方式接待患者。在处理师生一般伤病事故和各项门诊工作时，必须确保无误诊、无延误，并且记录详尽；对于疑难或危重病人，应迅速安排转诊；在遇到突发紧急情况或学校发生意外伤害时，要立即启动应急救护程序，迅速通知班主任和家长，并努力将伤病影响降至最低，同时跟进患者的就诊情况。在就诊量大的情况下，应合理优化就诊流程，减少病人的等待时间，加强门诊诊疗的规范性，确保提供高质量的门诊服务。

（二）细化门诊交接班制度工作

为了确保医疗服务的连续性和高效性，我们制定了《医务室门诊交接班制度》。该制度将根据上级部门在不同阶段发布的文件精神和具体要求，定期进行更新和修订。我们明确了夜班工作人员的职责，以确保白班与夜班之间的无缝对接。在交接班过程中，我们强调“三清”原则，即交接班记录要写清、口头交要说清、事件内容要看清。

（三）细化工作流程，规范门诊档案

及时优化校医工作流程、传染病应对流程、发热处理流程以及学生复课流程。依据部门新颁布的体育活动规定，更新并细化石家庄外国语学校医务室的意外伤害登记表，做好门诊记录和电子数据上报记录。根据最新的上级文件指示，持续更新医务室的门诊登记表、预检分诊登记表、学生病因追踪登记表、传染病上报登记表以及学生复课登记表等，统一管理门诊工作档案，并积极准备以迎接上级卫生、教育、疾控中心等部门的督导检查。

（四）细化清洁消毒安全工作

确保医疗就诊环境的安全，保持医务室、诊室、隔离室、值班室以及医疗废物暂存点的清洁与整洁。所有室内设备均保持洁净卫生，所有物品均有序、整齐地摆放。值班医生负责每日进行室内空气喷雾消毒、每两天处理和转运医疗废弃物，并在每周日对医疗器械进行高压消毒，同时仔细填写相关登记表。此外，我们还需确保器械用电安全，离开办公室时及时切断水电，以消除任何潜在的安全隐患。

（五）细化药品安全使用

为确保科学合理的用药，我们必须对日常药品进行安全存储和合理使用，并对药品及医疗器械进行有效管理和维护。在药品管理过程中，我们需逐一检查药品的外观质量、批准文号、商标、批号、有效期和数量等关键信息，并将这些数据详细记录在案。药品应按类别和指定位置存放，并定期进行质量检查，特别要注重对药品有效期的管理。为此，我们建立了效期登记簿，并遵循“先进先出、近效期先用”的使用原则。此外，我们还制定了药品清点制度，确保随时记录和核对药品数量，及时补充采购。每个月末，我们会对库存药品进行盘点，确保药品的消耗与经费收入保持一致。

三、“爱有担当”勇于做好传染病防控工作

（一）学校安全先从重点传染病防控做起

考勤排查是发现学校传染病的关键手段。为进一步规范考勤报告和病因追踪流程，要切实做到对传染病的“六早”，切断传播途径，有效控制学校传染病的传播，梳理细化《考勤排查流程及注意事项》，确保考勤上报和排查工作统一规范。

认真落实学生晨午检，因病缺课登记、上报、病因追踪工作，每日按照考勤排查流程，发现异常及时向年级反馈核实；落实传染病防控，做好预检分诊、隔离、流调、转诊、消杀、后续追踪、健康复课各项措施；按传染病时限及时做好传染病报告；如有发现发热及传染病等突发公共卫生事件立即启动应急预案，落实相关应急处置工作，并整理完善传染病相关档案；充分做好各种活动的医疗保障工作，按照学校各项活动安排提前准备医疗物资，保障学校在大型活动和考试期间的突发公共卫生事件应急处理和医疗服务工作。

四、“爱满心田”集体与团队的温馨时刻

我深感荣幸能够成为“爱心团队”的一员，在侯亚红主任的领导下，王淑慧老师才思敏捷、妙笔生花，工作严谨规范，是医务室健康创新的领路人，不断为我们指引着前进的方向；张帆老师温和干练，心灵手巧，业务能力强，经验丰富，不仅是学校年轻有为的健康教育骨干教师，也是中学医务室的多面手；宋风玲大夫和蔼谦逊，医德高尚，拥有超过二十年的校医工作经验；新任校医张晓梅大夫勤奋好学，吃苦耐劳，为我们带来了宝贵的临床工作经验；新加入的王东老师，阳刚帅气，为学校健康教育注入了新的活力。

我希望自己成为爱的使者，用温暖的语言传递内心的爱，用真诚的祝愿让周围的一切都变得美好。今后我要不忘初心，用爱心、耐心和责任心，与大家一同脚踏实地践行岗位工作，为学生健康成长和校园平安保驾护航！

用行动践行“三爱”

公共资源部　葛茉蕾

各位领导、老师：

早上好！首先，我要感谢部门领导给予我的信任，让我有机会在这样一个重要的场合与各位分享我对“三爱”的理解。我的演讲题目是《用行动践行“三爱”》。

一、关爱学生，从守护安全开始

我是2009年加入学校的，负责教授初中机械加工课，其作为我校特色校本课程之一，是七年级学生的必修课，深受学生喜爱。记得一次课后，我在清扫木屑和清点工具时，注意到一个小组的工作台上少了手持车刀。通常情况下，它可能是掉在地上或被误放进了抽屉，但经过我仔细检查，这两种情况都被排除了。唯一合理的解释是学生不慎将手持车刀带出了场馆。于是，课间休息时我立即进班询问，最终发现一名女生因疏忽大意将手持车刀带回了教室。我迅速追回了工具，从而避免了因学生失误可能带来的伤害。

这件事促使我在每个班增设了设备安全员。现在，每次课程结束后安全员都会仔细检查各组工具是否齐全，确保无误后学生们才能离开场馆。这一措施不仅解决了工具安全的问题，还培养了学生们自主管理的能力。

二、爱学校，体现在课程建设中

随着教育改革的推进，学校引入了木工专项课程。集团领导对此课程给予了高度重视，并提出了多项具体要求。我有幸参与了木工课程从筹备到实施的全过程，其中前期工作主要集中在选择合适的工具设备和建设场馆上。

第一，关于工具设备的选择。通过参观家具工厂和商业木工坊，我对木工课程所需的工具设备有了深入了解。在学校的帮助下，我联系了专业的木工机械设备制造商，并实地考察了中国矿业大学建筑与设计学院的木工场馆，了解了其设备使用和课程实施情况。基于这些信息，我制订了适合我们学校实际需求的设备采购计划。

第二，场馆建设。在新场馆建设初期，我主动与施工方沟通，对木工场馆进行了全面的规划和布局，并绘制了场馆平面布局的草图。经过多次修改和调整，最终与部门领导共同敲定了最佳方案。

随着施工进度的推进，我多次前往施工现场进行协调，确保水电线路的铺设、工具墙的确定以及各个细节的完善。经过近两个月的施工，木工教室已初具雏形，接下来的主要任务是搬迁设备和工具。我独自一人用了四天时间完成了收拾和装箱工作。开学前一周，我协调了搬家公司，并得到了马主任和葛老师的帮助。随后，部门领导积极组织人员进行设备安装、场馆布置和环境清扫等工作。通过我们团队的共同努力，以及刘敬、杨杨、凯华、佳豪、袁爱军等体育教师的大力支持，工具设备已基本就位。至此，场馆建设工作暂时告一段落。

三、爱教育，践行在新课程路上

开设一门新课程，首先需要明确其定位。我们前期考查了江苏省和浙江省的几所学校，学习了这几所学校的先进经验，同时也注意到一些不足之处。我们发现，多数课程使用的材料是半成品，许多关键的木工工艺被简化，导致学生无法体验到真正的木工工艺。回到学校后，我们仔细研究了相关政策文件和课程标准，并结合我们集团的办学理念，初步确定了木工课程的定位——以传统木工工艺为基础，同时注重实用性和可操作性。

为了推进高中“双新”示范校的建设，我们将木工课程调整为在高中阶段开设，并相应地调整了授课内容。在充分考虑高中学生心理、智力和能力等客观条件的基础上，课程内容既包含了传统文化元素，又体现了时代特色。在基本理论方面，我们通过讲解传统木工知识来增强学生的文化自信，例如，介绍传统木工的分类：轮、舆、弓、庸、匠、车、梓，让学生了解木工在传统手工业中的重要地位；纠正了现代人对木工的一些误解，如“四腿八杈”，许多人误称为“四腿八叉”。在基本技能方面，我们将中国传统的益智玩具（五行机关盒）与现代解谜游戏（Puzzle）相结合，极大地激发了学生的兴趣，并取得了很好的教学效果。

整个课程建设过程，得到了多位领导的大力支持和同事们的热情帮助，才使得木工课程得以顺利开展。目前，高中木工课程已经进行了一个学期，尚处于起步阶段，仍有许多需要改进的地方。我们期待未来有机会与大家进一步交流和分享。

让“三爱”精神在平凡岗位发光

公共资源部　韩　涛

各位领导、老师：

大家好！我是图书馆的老师韩涛。自入职以来，已经过去了十四年，我始终坚守着我们集团所倡导的“三爱”精神：“爱教育　爱学校　爱学生”，全心全意为老师和学生服务。

一、纷繁工作　细致为先

教材是教师传授知识、学生获取知识的重要工具。“兵马未动，粮草先行。”教材的预订是确保教育活动顺利开展的首要步骤，同时也是图书馆的重要工作之一。

从接收新华书店的订单开始，到复印并分发给各年级以供填写，再到与管理中心联络以获取学生人数信息，并将这些信息准确输入电脑，直至将纸质订单提交给教育局和新华书店，整个流程需要与新华书店、各年级、管理中心等多个部门进行有效沟通。在这一系列操作中，容不得一丝马虎，任何疏忽都可能导致严重后果。因此，我在工作中都会打起十二分精神，反复核对，一遍遍沟通，确保预订工作顺利进行。

为了满足教学需求，图书馆每学期都会为各学科购置并分发教学参考资料。相较于学生用书，教师用书的领取过程虽然相对简单，但由于科目众多且需求变化多，贯穿整个学期。在这个过程中，我们均能做到随到随发，及时满足教师的教学需求，并做好详细记录，以便掌握各学科的具体需求。

根据集团的管理规定，每年 11 月中旬开始预订下一年度的报刊，这同样是我的工作。从向各部门分发目录、统计表、管理规定和注意事项，到收集订单并整理后统一交给邮局，再到邮局返回订单后的核对工作，每一个环节我都必须仔细审查。在此过程中，如果遇到报刊停刊或价格变动，我会不厌其烦地与教师沟通，确保信息准确无误后才开具发票。完成所有订阅工作后，我会将最终的订单打印出来，交由收发室分发，至此，整个预订流程才算正式结束。

二、寒来暑往　教材“接站”

每学期接收教材的工作至关重要。鉴于其特殊性，教材的接送时间可能会延迟，甚至安排在假日进行。新华书店负责运送书籍的均为大型货车，这些车辆只能在上午 9:00 之后进入市区，并且书店通常需要为多所学校配送，因此教材到我们学校的时间往往是在上午 11:00 或中午 12:00。为了便于后续分发教材，我们在接收教材时必须将各种书目分开，分区域摆放，同时为了确保与书店的结算无误，摆放完毕后还需核对种类、册数、定价与清单数是否相符。从开始卸车到核对完毕，通常需要两个小时，每次我都确保所有数据准确无误后才放心地简单吃口饭，就这样一转眼已到下午上班时间了。多年来，我已经记不清有多少个中午是在这样忙碌中度过的。

寒暑假期间，是接收新学期教材的关键时期，大量教材会分批送达，基本每周一次。由于书店通常提前一两天才通知送书时间，因此在寒暑假期间我只安排近距离的出行，以确保不影响新学期的教学工作，师生能够及时领取到教材。有时家中也会突然有事，这时我会事先处理好家事，若时间紧迫无法亲自安排，则会委托家人代为处理，确保学校工作完成后再赶回家中。

三、提高效率　解决疑难

近年来，为了推进书香校园的建设，学校充分利用计算机技术和图书馆管理软件逐步提升图书馆各项业务的管理工作。图书馆的借阅系统已经升级为网页版，并且特别配置了一台高配置的服务器。新版借阅系统界面清新、模块分明，并且增加了一些实用功能，最重要的是，新系统无需安装，极大地方便了师生的使用。为了确保新系统能够迅速投入使用，我多次与纵横公司沟通进行现场调试，并与学校共同确定了最佳的安放地方。

在使用过程中，我发现集团为全体师生办理的新一卡通需要读卡器才能读取芯片数据，于是我立即向领导汇报，并联系总务处进行配备。然而，即便连接后数据读取问题依然存在。我随即联系了一卡通公司，先是通过电话沟通并按照指示步骤操作，但问题仍未得到解决。于是，我迅速邀请一卡通公司的技术人员来校现场解决，他们前后来了五六次，最终发现是读卡器的问题，并在更换新型号设备后解决了读卡问题。

一波未平，一波又起。原以为解决了读卡问题后学生便能顺利借书，但实际操作时仍遇到了障碍，我立刻联系了纵横公司和一卡通公司，共同查找原因。经过反复调试，我们发现读卡器读取的数据与纵横系统中的借阅卡数据不匹配，导致无法完成借阅。最终，在不懈努力下问题得到了解决。

学校在二外阅览室新增了一台图书自助借还机，在高中阅览室门口新增了一台微型图书馆，需要对接不同公司的数据接口。为了使这些设备尽快投入使用，我将几家公司叫到一起共同解决技术问题。在使用期间，自助借还机系统操作复杂，需要多步骤才能借出一本书，导致设备前常常排起长队，因此我果断决定更换系统。新版系统不仅简化了操作步骤，节省了时间，还增加了指纹识别功能，使得师生借书更加便捷。

在学生借书的过程中，我注意到有些学生无法借书，系统显示书证不存在，经过了解，原来是学生丢失了旧卡补办了新卡，但旧卡数据尚未更新。于是，我联系了软件公司、一卡通公司以及学校负责补办饭卡的部门，最终由饭卡补办处每天将前一天补办的证件信息提供给我，我及时进行更新。最初，我是一条一条地更新信息，每天需要更新二三十条，工作量很大。后来，我与软件公司沟通，他们升级了补办证模块，增加了集体补证功能，现在更新新证仅需 5 分钟即可完成。

四、团结协作　共渡难关

分发教材是一项大工程。图书馆每年需要分发近 20 万册教材，所以，与初高中六个年级事先沟通，确定时间和人数，并制订详尽的预案就显得至关重要。

前期接书时，我们已经将教材按照年级和学科分类摆放，每一科都堆叠得如同小山一般。分书的过程，就是将它们以班为单位，根据人数进行整理。这个过程仿佛是愚公移山，愚公依靠的是坚定的决心和毅力，而我们除了决心和毅力，还有图书馆工作人员之间如同家人般的团结协作精神。在分书的那一天，场面非常壮观，图书馆的老师们，无论男女老少，齐心协力，干得热火朝天。年轻教师力气大，负责搬运，而年长的教师负责拆包，每个人各司其职，分工合作。

由于教材种类繁多，数量庞大，每个班都需要十几名学生才能完成，高中甚至需要全班同学一起上阵，场面如同打仗一样，但好在图书馆的老师们前期准备充分，安排得井井有条。在领书当天，根据之前的计划，有的老师在门口组织学生安静等候，有的老师负责签收并告知学生领书的注意事项，有的老师负责引导学生找到本班的书堆，有的老师负责解决问题，还有的老师负责打扫卫生，确保每件事都有人负责。

记得新冠疫情期间，复学复课前如何将教材安全地发放到每位学生手中，成为我们面临的一大挑战。经过领导层的反复研究和讨论，以及与各年级的沟通，我们最终决定将每位学生所需的所有教材预先装入一个袋子中，以独立分装的形式运送到各班指定的发放现场。

巨大的工作量单靠图书馆是无法完成的，因此领导协调安排了公资部的同事们参与进来。近 20 万册教材在规定时间内全部打包完成，并顺利地发放到每个学生手中，确保了师生的正常使用。在此，我们对所有老师的鼎力相助表示衷心的感谢！

五、帮助学习　不断进步

今天，我有幸在此分享我的工作经验，这不仅是部门领导对我工作的肯定，也体现了图书馆老师们对我的帮助与支持，他们的指导让我受益匪浅。

首先，我要特别感谢王国华老师。自 2007 年我来图书馆就一直随着王老师。她不仅详细地向我介绍了图书馆的工作流程，还让我认识到这项工作远比想象中复杂。在遇到工作难题时，王老师总是耐心地与我一起分析问题，并分享她的宝贵经验，提出建议，这让我做起事来事半功倍。

蓝秀蓉老师最大特点就是勤快，别看岁数大了，但她总是充满干劲，工作起来丝毫不逊色于年轻人。我们常说，与蓝老师共事，必须争先恐后，要不她早就干完了。

当然，还有许多老师，他们身上的创新精神、勤奋工作和无私奉献的态度都是我学习的榜样。

虽然今天是我个人的经验分享，但我想强调的是，我们图书馆、公资部的每一位同事都铭记着“三爱”的精神，并在各自的岗位上发光发热。正是我们每个人的努力汇聚成强大的力量，我相信我们的公资部会不断进步，我们的集团也将蓬勃发展。谢谢大家！

我与石外的故事

“爱教育 爱学校 爱学生”文集

（下册）

强新志　主编

河北大学出版社
·保定·

目　录

小学部

幼儿园

行政部门

小学部

XIAOXUE BU

爱就一个字

小学部　马学硕

年轻那会儿就听《爱就一个字》这首歌，一直觉得奇怪，一个“爱”字有什么可唱的。后来自己成了别人的女朋友、妻子、老师、妈妈时，才觉得这歌唱得真好，就这一个字能奔一辈子。

十六年的教学生涯，既不漫长也不短暂，在这段时间里，我经历了三次重大的转变。第一次转变发生在我儿子出生时，那时我深刻感受到生命的美好。曾经让我感到“厌烦”的孩子们，现在在我看来是如此可爱和有趣，我从内心体会到了母爱的伟大。第二次转变是在儿子进入幼儿园的时候，当我拿到老师布置的作业时我突然对所有家长充满了理解和敬意。从那时起，我开始在我的作业中避免使用“必须”这个词，我从自身经历中体会到了家长的辛劳。第三次转变是儿子上一年级，我满怀喜悦地带着他去报到，为他准备各种学习用品，坚持陪伴他学习和锻炼。在这些年里，我在自己平凡的岗位上深刻体会到了“教师”这一职业的崇高意义，并且收获了更多的爱。

首先，感谢学校，它是我们教育旅程中的“地心引力”。就在上个月，谢校长与我们共同阅读了《每个孩子都需要被看见》这本书。书中指出，教师的本意是导师，确切地说，是引导孩子的人。要想成为一位优秀的导师，教师必须与学生建立良好的依恋关系。优秀的教师不仅要开启学生思维的大门，更要赢得学生的心，实际上，不仅是孩子，每一位教师在工作和生活中也都渴望被看见，渴望得到学校的关注和爱护。作为石外的一名教师，我感到非常幸运，在“双减”政策和新课标的颁布与实施下，学校迅速成为我们教育道路上的引路人，设计和组织了各种教育教学活动，帮助教师快速成长。

为了帮助教师更好地、更深入地理解和应用新课标提出的理论知识，学校组织了一系列新课标培训活动。去年，我参与了在新课标指导下进行的“大单元”整合教学出课活动。这次出课活动从教材分析、整合到教学环节设计、上课，再到作业和教学反思，每一个环节都严格遵循新课标的要求。课后，我的心情久久不能平静，我不断地回忆、反思和总结自己的课堂，将教学环节再次与新课标对照，并记录下每一个可以改进和优化的方案，最终将这些方案落实到日常教学中。

学校为了帮助我们这些新班主任更快地适应班级工作，特别邀请了多位国内知名的教育专家和经验丰富的老班主任给我们培训和分享经验，手把手地教我们如何管理班级、如何组织班会、如何处理学生矛盾、如何与家长沟通……每次活动后，我不仅学到了许多理论知识，还收获了许多实用的小技巧和好方法。我非常感谢学校为我们提供了这样一个广阔的平台，也感谢各位领导为我们提供了这样宝贵的机会。

其次，依恋关系为和谐的师生关系指明了方向。老师是学生的楷模和学习的榜样，教师应以身作则，以心灵塑造心灵，以人格塑造人格。在教学实践中，教师若想获得真正可靠的影响力，必须运用自身的能力赢得学生的尊敬和爱戴，让学生真心喜欢并爱你。孩子的心灵是最纯净、最敏感的，唯有教师付出真心和真爱，才能换取孩子开心时的微笑、委屈时的眼泪、难过时的拥抱、需要时的寻找。

班上有个小男孩，大眼睛、高鼻梁，长得十分可爱。他从刚入学时的不写字、不思考、缺乏规则意识、辱骂老师、乱发脾气、不参加专业课、放学不排队自行离开，到现在无论是课堂上还是课下，以及行为习惯上他都能跟上大部队，从根本上发生了巨大转变。这种转变的原因是孩子从老师身上感受到了如母亲般的安全感。

例如，当他不动笔时，我就让他坐在我腿上握着他的手一起写；他不读书时，我就坐在旁边陪他读；他缺乏规则意识时，我就一次又一次地拉着他的手，看着他的眼睛重复着各项要求；他不参加专业课时，我就陪他一起上课；他放学不排队时，我就拉着他的手一起走；他因为拉肚子弄脏了衣服，哭着从厕所跑出来时，我为他擦干眼泪并安慰他、帮助他；他生病时，我坐在救护车里陪他去医院；他需要做检查时，我全程和他妈妈一起推着病床去各个科室……前几天和他妈妈座谈时，她告诉我孩子最听我的话，我说："那是当然，孩子什么样我没见过呢，跟亲妈没什么两样。"他妈妈一直说："能遇见您，是孩子的幸运。"

再次，爱孩子，成为他们可以依靠的人。每个留长头发的小女孩在低学段都会遇到"蓬头垢面"的尴尬。我的小班长，长得特别漂亮，学习、管理、干活儿都是一把好手，只要她在班里，我就特别放心，然而这个能干的小丫头却被梳头发难住了。一年级时，她急切地问我："Fiona（我的英文名字），你会梳丸子头吗？我下午有游泳课，妈妈中午忘了给我梳。"我嘴上说着会，心里却开始犯难，因为我根本不会。于是我看了半天视频，尝试了许久，虽然梳得不好看，但至少很结实。

看了看班里长头发的孩子还挺多，为了以防万一，我买了一批梳头发的工具：梳子、大皮筋、小皮筋、小卡子、大卡子……有了这些工具，即使不会梳头发的我也觉得自己能行了。果然，没过两天，小班长又来找我梳丸子头了。有了这些小工具，我便能展示我的技巧，结果在速度、质量和美观上都有了很大提升。那段时间，12个长头发的小丫头几乎每个人都顶着一个 Fiona 特制的丸子头，走路时自信满满。

春天，孩子们有过敏性鼻炎，我就为他们准备了软纸擤鼻涕；夏天，孩子们被蚊子咬，我就准备了青草膏和蚊香液；秋天，关着门上课太闷，我就准备了门挡；冬天，孩子们洗完抹布手干，我就准备了护手霜。指甲刀、胶带、铅笔、橡皮、直尺、红笔、作业本、口罩……只要孩子们有需要，他们总是第一时间来找我。孩子们都说：“有困难，在家找妈妈，在学校就找 Fiona。”

最终，接纳孩子的一切，跟孩子一起成长。难道我们只关注母爱而忽略学习吗？绝非如此。每天早上 7:40，下午 1:30，你总能在教室里看到 Fiona 与孩子们一起学习的身影。例如，当孩子们谈论“擦黑板”，他们会说“先横着擦，再竖着擦，一遍过后要翻转抹布”；提及“擦窗台”，他们会说“先用湿抹布，再用干抹布”；讨论“扫地”，他们会说“从前往后扫，再从里向外”；说到“记单词”，他们会说“通过自然拼读来记忆”；关于“书写”，他们会说“先追求规范，再追求美观”；提及“衣着美”，他们会说“保持干净整洁”；谈论“与同学相处”，他们会说“礼貌交流，谁先动手谁先错”……

班上有个小女孩聪明活泼，但因缺乏学习方法成绩不尽如人意。然而，她从未因成绩问题与我疏远，反而每次见到我都渴望亲昵。我总是回应她：“来吧，蔓蔓，Fiona 陪你再记几个单词。”正是由于她与我如此亲近，她的学习之路虽充满挑战，但从不退缩，无论是清晨到校、午间到校还是课间休息，只要有机会我们就会在讲台上一起朗读、背诵、听写。我陪伴在她身边，与她一起默默努力，在这次阶段测试中她的成绩有了明显提升。

教师这一职业，是充满良心的工作。正如陶行知先生所言：“捧着一颗心来，不带半根草去。”这正是对教师职业最崇高的评价。我们深信，凭借伟大的人格、崇高的威信和真挚的情感，广大教师一定能赢得学生的信任与敬仰，为我们的教育事业奠定坚实的基础。

最后，我想说，爱虽只有一个字，但我的爱却分给了周围每一个人，爱大家。

唯有热爱，能抵岁月长

小学部　马素敏

尊敬的各位领导、亲爱的老师们：

大家好！今天非常高兴能跟各位分享我作为一个普通老师从教的一些心得。我已经在教育岗位坚守了十七年，这十七年是光华荣耀的十七年，是倍感幸福的十七年，也是扛起沉甸甸责任的十七年。有人说，教育就是一棵树动摇另一棵树，一朵云推动另一朵云。我想，也许这棵树还不能遮阴蔽日，也许这朵云还很脆弱柔软，但是我们动摇和推动的理由只有一个字，那就是——爱。今天我汇报的题目是《唯有热爱，能抵岁月长》。

一、爱教育，不忘初心

爱是教育的灵魂，没有爱就没有教育。当我们选择成为一名教师时，就意味着我们选择了一份以爱为主题的职业。

爱教育，就是对工作的热情，对事业的坚守。从教十七年，6205个日子，从春到冬，从日出到日落，站在讲台上我总是充满激情，神采奕奕——我做到了这一点！即使生病时坚持讲课，即使身体疲惫不堪，我对教学的热情依旧不减。因为我深知，这份职业赋予了我最高的尊重与荣耀，我的幸福，正蕴含于“勤勉敬业”的精神之中，体现在“付出与奉献”的行动里。

爱教育，就是提高自己、完善自己的过程。正所谓“业精于勤，荒于嬉”，无论是外出学习还是参与学校组织的专业培训，我都努力学好每一节课，完整记录每一次笔记，将大家的先进教学理念不断融入自己的课堂实践，精心把握每一个教学环节，专注每一个教学现场，以提升教学技能，孕育教育智慧。

爱教育，就是带着一群人做着较真儿的事。借此机会，我要向多年来并肩作战的战友们表达最深的感激之情，感谢你们对我的无限包容与坚定支持。无论是清晨的朗读时光、课间的闲暇时刻、用餐时分，还是下班后的闲暇时光，我们一群人总是热衷于对某个问题展开激烈的讨论，争辩到面红耳赤。为了深入理解一个概念，我们反复翻阅课程标准，一遍又一遍地划重点、做标记。在教学参考书上，我们圈圈点点，记录下五彩斑斓的笔记。

二、爱学校，以身作则

学校是我的第二个家，是我成长的地方，也是我奋斗的地方。这里的每一片土地，每一堵墙壁，都见证着我的付出与汗水。我就像爱护自己的家一样爱护学校，关注学校的发展，积极参与学校的建设，为学校的荣耀和辉煌尽我所能。

爱学校，就是不让孩子们落下一节数学课。2013 年，我迎来了我的宝宝，产假尚未结束便接到了领导的电话，一位数学老师因腰部受伤急需有人代课，领导希望我能挺身而出。那时，我家住在北二环以外，每天骑电动车上班需要 40 分钟。在风和日丽的日子里，这段路程还算顺畅，但有一次下班途中我遭遇了猛烈的大风，狂风将我和我的电动车卷起，我几乎无法站稳，连眼睛都难以睁开，尽管我身材瘦弱，但依然努力前行，最终耗时一个多小时才艰难到家。那时，我的孩子已经哭睡了。

爱学校，就是困难面前再坚持一下。我身高不高，但腰椎间盘却异常“突出”。作为学科主任，我不得不面对旧疾复发的痛苦，痛楚如针刺般直冲脑门。尽管如此，我还是咬紧牙关，带领团队反复修改课件，精心练习直播的每一个操作细节。我不断地在站立与坐下之间切换，有时甚至不得不趴下以缓解疼痛，当疼痛变得难以忍受时，我甚至会在电脑桌前跪下……我不断告诉自己：“再坚持一会儿！”就这样，我度过了一整个学期。我可以自豪地说，我没有错过一节课、一次眼保健操、一个课间休息……

爱学校，就是做一块砖，哪里需要哪里搬。2023 年新学期伊始，二年级的孩子们刚刚适应了学校生活，却恰逢搭班老师休产假，在这种情况下领导找到了我，希望我能够接任这个班的班主任工作。当时，我肩上已经承担着两个班 95 名学生的教学任务，同时还要肩负学科主任的职责。得知这一消息，我感到很大压力，甚至血压骤升，坦白说，我的内心充满了复杂的情绪和压力。然而，在经过两天的深思熟虑后，我意识到这不仅是学校对我的信任，也是领导经过深思熟虑后做出的最佳决定，于是我带着这份责任接受了班主任一职。由于多年未亲自带班，我必须逐步熟悉每一项工作，从早晨的考勤管理，到日常的消毒工作，再到各种表格的填写，我都利用手机定时提醒自己一件一件地完成。是爱的力量让我仿佛拥有了三头六臂，让我变得无所不能。我将一如既往，以身作则，不断前进。

三、爱学生，润物无声

“每个人都是一轮明月，有着自己的阴晴圆缺，更何况是孩子。”作为教师，我们应当做有温度的引路人，带着爱心走进学生。

爱学生，就要做到立德树人。教育工作犹如培养一棵树，只有根深蒂固，树木才能茁壮成长，抵御时间的侵蚀。优秀的教师应当致力于立德树人，将培养人才作为己任，用智慧、精神和理念去塑造孩子们的成长轨迹。在我的教育实践中，我始终将“三正”作为追求的目标：正直的品行、公平的判断和积极的能量。以身作则，行得正，无需多言，学生自会跟随。例如，我要求学生诚实守信，因此当我犯错时也会在全班面前公开承认并道歉。公平正义意味着对待每一个学生都应一视同仁，不偏不倚。在班级管理中，作为班主任，我不会因学生担任班干部或属于某个小团体而有所偏颇，而是坚持事实为依据，道理为准则，处理班级事务时坚守原则。传递正能量，意味着要培养孩子们积极向上的生活态度和价值观。在班会课上，我利用身边的素材向学生们介绍那些在逆境中勇敢前行的“最美逆行者”的故事，让孩子们明白，即使是在家中学习，做好身边的每一件小事也是对国家的一种贡献。

爱学生，就是爱中有严。身为教师，正是出于爱，我们对学生寄予厚望并提出要求，同样因为这份爱，我们不断地给予他们指导。正是这种严格的要求，使得孩子们能够养成良好的习惯：课前准备时，将所有必需品整齐地摆放在桌子的左上角，练习本翻开至所需页面；在课堂上，他们专注地注视着发言者，双手平放在桌面上，双脚稳稳地踏在地面上；课后作业时，他们书写工整，保持卷面整洁。

爱学生，意味着我们要走进他们的内心，浸润他们的心灵。每个学生都是自己故事的主人公，面对着充满机遇与挑战的未来，而我们教师就是那引导者。我们的日常或许平凡无奇，我自身的光芒或许微弱而渺小，但正如冰心所描述的那盏小橘灯，在这漆黑的夜晚，可能无法照亮太远的距离。然而，正是这些平凡的点滴，汇聚成了每个灵魂的非凡。

2007 年，我大学毕业满怀激情地踏入校园，被那一张张纯真的笑脸所吸引。然而，一个名叫小高的小男孩很快就让我感到头疼，他在课堂上总是钻到桌子底下，其他学生也会向我告状，说他乱涂乱画、在地上爬，甚至乱吃东西，就连专业课老师也抱怨他上课不守规矩，似乎每个人看到的都是他调皮捣蛋的一面。但随着我深入观察，我发现小高在被欺负时从不反抗，这引起了我的注意，我开始努力了解他的情况。后来，我得知小高父母离异，父亲听力受损，因此他们之间的交流非常有限，他由年迈的爷爷奶奶抚养，但他们的教育能力有限。他还有一个机灵的堂妹也在同一个班，与堂妹相比，他似乎更加自卑。于是，我开始尝试接近他，轻抚他的头，但他总是躲闪，当我试图与他交谈时，他只是低头不语，偶尔回应几句，表达也不够清晰，这让我意识到要真正走进他的内心世界我还有很长的路要走。因此，我改变策略，不再谈论学习或纪律问题，而是谈论他喜欢的漫画和他画的画。他开始向我敞开心扉，告诉我他喜欢画车和枪，尽管话题有限，但我思索着如何让他放下戒备，寻找机会与他亲近。一次，当他正在画车时我站在旁边观看，并向他提出：“小高，你能教我画画儿吗?”他疑惑地看了我一眼，但还是开始指导我如何画车。当他看到我的画作时忍不住笑了，并开始详细讲解车头的画法和车身的注意事项，我们的对话也逐渐多了。从那以后，我们以画作为媒介，交流越来越频繁。两个月后的一天放学，小高的奶奶找到我，说：“马老师，小高最近总是提起您，他以前从不谈论学校的事情。”从那以后，奶奶也经常和我分享小高在家的表现，我对他的了解越来越深入。或许他感受到了这份关爱，也开始向我讲述学校和家里的事情，甚至是和妹妹的争执。我知道他已经把我当成了朋友，于是我开始在学习上对他提出更高的要求，并嘱咐班干部在课间多与他交流。一个学期过去了，令人欣慰的是，小高能够按时完成作业，计算正确率也有所提高了，尽管他的学习成绩仍有待提高，但那个在地上爬的小高已经不见了，他与同学们的相处也变得更加和谐。转眼间，孩子们升入了初中，我仍然通过他的妹妹和其他同学了解他的情况，那份牵挂始终存在。现在，孩子已经毕业了，而继续关注他似乎成了我的习惯。我将继续用爱心去爱护学生，默默关注他们，助力他们成长。

爱教育，爱学校，爱学生，这不仅是我们的职责所在，更是我们的情感所在。当我们看到一个个稚嫩的生命在我们的呵护下茁壮成长，当我们看到他们因为我们的付出而绽放灿烂的笑容，那种成就感和幸福感是无法用言语表达的。这就是教育的魅力所在，也是我们为之奋斗的动力所在。

最后，我想用一句话结束我的汇报：“爱是教育的基石，也是我们永恒的追求。让我们用爱浇灌每一个花朵，让他们在阳光的照耀下绽放出最美的光彩。”

在此，也祝所有同人身体健康！生活幸福！工作顺心！

谢谢大家！

幸福

小学部　王玉彩

美女作家张爱玲曾经说过："生命就是一袭华美的袍。"这个"袍"指的就是旗袍。我这身旗袍虽称不上华美，但意在表达：花无百日红、人无年少时，希望我们不负时光不负卿，拥有一个精彩、华美而幸福的人生。

何谓"幸福"？这是一个仁者见仁，智者见智的话题，今天我就聊一聊作为教师，我的职业幸福感。

一、虔修道德　以德树人

作为教师虔修哪方面的道德品质，以达到立德树人的目的呢？我将其归纳为六点：

1. 爱国守法：爱国是一个公民起码的道德，也是中华民族的优良传统；守法，作为教师要遵守各级、各类法律法规，规章制度，红线、底线，坚决不能触碰。

2. 关爱学生：就是尊重学生、欣赏学生、坚持以学生为本，这是教师职业的基本要求。

3. 爱岗敬业：在工作中踏踏实实、认认真真、勤勤恳恳、高度负责，这是教师职业的本质要求。

4. 教书育人：教书是手段，育人是目的，教书育人则是教师的天职。

5. 为人师表：在工作中要做到谨言慎行，自己的一举手一投足，一言一行都要成为学生的榜样，言传身教，以德树人，这是对教师的内在要求。

6. 树立终身学习的思想：当今社会的发展可谓是日新月异，知识总量翻番的周期越来越短，这就表明：学历教育将被终身教育所取代，因此在工作中要增强学习力，终身学习是教师专业发展的不竭动力。

我们为何要虔修道德？春秋时鲁国大夫叔孙豹称"立德""立功""立言"为"三不朽"。"立德"，即树立高尚的道德；"立功"，即为国为民建立功绩；"立言"，即提出具有真知灼见的言论。“立德”之所以被摆在首要位置，就是无论时代如何更迭交错，道德永远是一个人安身立命的根本。当一个人拥有高尚的道德品质，高山仰止、景行行止，都会获得：德身兼佳、德学兼优、德才兼备、德财兼得、德寿兼具、德者得也。

二、学习孔明　善借东风

（一）善借团风

音乐组是一个积极向上、团结奋进的团队。在李燕楠老师和赵静备课组长的领导下，我们音乐组团队的学习氛围浓厚。我们深知：若你我各持一个苹果，交换之后，我们仍然只有一个苹果；但若你我各持一种思想，交换之后，我们便拥有了两种思想。正是在这样的探究与交流中，我们学习并汲取着每位老师的智慧。在此，我要向各位老师表达我的感激之情！

（二）善用暖风

暖风，指的是无论走到哪里，都会让人感到温暖，让自己成为一个温暖的人，它体现在：

1. 学会微笑。因为微笑的人是美丽的，微笑的人是有魅力的，微笑的人更是有影响力的。微笑不分种族、不分国界，它生而就在我们每一个人的脸上，它会丰富那些接受的人，而又不使给予的人变得贫瘠。学会微笑也是一种人生态度和工作态度。

2. 学会包容。子贡问过孔子的一句话：“老师，有没有一句话或者一个字，可以作为终身奉行的原则?”孔子想了想说：“那大概就是‘恕’吧。”“恕”就是包容、理解、原谅……在工作中，用爱去包容学生，理解他们，原谅他们的过失，尊重每一朵花盛开的理由，尊重他们的花期，海纳百川，有容乃大。

3. 真诚。《中庸》谈道：“诚者，物之终始，不诚无物。”就是说真诚是一切事物的起点，没有真诚一切将无从谈起。因此，在工作中我会捧着一颗心来，不带半根草去。

三、沉醉于教　甘做匠人

记得有个老师曾经问我：“王老师，您下辈子选择什么职业?”我斩钉截铁地说：“我还做老师，而且我要当主科老师。”同事笑着说：“您这辈子还没当够呀?”是的，没有当够！这就是我的选择，沉醉于心做教育，甘做匠人永不悔！匠人的最高境界，就是精益求精，对我而言工作没有最好，只有更好。

总之，在当今世界行走，恰似逆水行舟，不进则退。我们没有退却的理由，只有前进的选项。站在世界百年未有的大变局的当口，愿我们都能不负使命、不负时代！

做最好的自己

小学部　王辰霞

我们所从事的教育教学工作纷繁复杂，千头万绪，老师们普遍有这样的体会：学生越来越难教，教师的角色也变得愈加艰难。特别是在与“80后”和“90后”家长打交道时，我们发现这些家长普遍受教育程度较高，对孩子的教育也更为关注，这当然是积极的一面。但问题在于，这些家长在阅读了一些教育类书籍和育儿文章后往往形成了一套自己的育儿“理念”，倾向于过分强调接纳、宽容、爱与自由。虽然接纳、宽容、爱与自由本身是积极的价值观，但若走向极端就会出现问题。例如，在需要辛勤耕耘的时候选择袖手旁观，在需要及时纠正错误的时候却放任自流，仅仅期待孩子自然成长，这无疑给教育工作者带来了前所未有的挑战。

面对这样的挑战，我们必须调整自己的方法，以适应时代的变迁。我们追求的是适应而非盲目迎合，因为我们拥有丰富的实践经验，并且我们是持续学习、反思和进步的专业人士。这种专业自信是我们做好工作的基础。

接下来，我想分享一些我在实际工作中的具体思考和做法，希望大家批评指正。

一、树立“育人”比“教书”更重要的理念

记得刚当老师时，我有次公开课讲《小萝卜头》。在描述渣滓洞中江姐和其他革命烈士遭受的残酷折磨时，我详细讲述了敌人如何将竹签一根接一根地钉入江姐的指甲中，并伴随着威胁：“招还是不招?”我的描述可能过于生动，以至于全班孩子异口同声地喊出了“招!”那时，我们没有现代的电教设备，仅凭一支粉笔和口头讲述，孩子们甚至未曾见过刑具的真面目，也未曾模拟过鞭打，他们便已“屈服”，台下听课老师们都震惊了。这件事让我深刻反思——我们究竟在培养什么样的人？从那以后，每年九一八国耻日我都会向我的学生们讲述国耻、七七事变，中国人民在艰苦卓绝的抗战中所表现出的坚韧不拔，并强调落后就要挨打的道理，以

及当今中国面临的挑战；每年国庆假期前，我会讲述新中国如何从百年耻辱和战火中崛起，经历了哪些曲折的道路才赢得了今天珍贵的和平、稳定和幸福生活；每年的双十二，我会讲述西安事变，以及国家独立和富强是多少人毕生追求的梦想；在传统节日或节气，如清明、端午、中秋、重阳，以及立春、冬至，我都会向孩子们介绍中国的传统习俗和家国情怀，努力让外国语小学的孩子们理解中华优秀传统文化的深远意义。

这个孩子你们可能有所耳闻，他是我们班最活泼好动的一个，现在他已经加入了省足球队。他在集训间隙回校探望老师和同学时赶上了运动会。在运动会的入场式上，尽管没有监督和命令，他甚至是从训练场直接赶来而未佩戴红领巾，但当国歌响起，五星红旗缓缓升起时，他肃然起立，庄重地行队礼，目光坚定而虔诚。这一幕被我班的摄影师荥爸捕捉了下来。我想，这正是教育的真谛，抛开所有外在的约束和管教，留在孩子内心、影响他们一生的东西才是最宝贵的！

二、发挥传统文化的作用，与《好习惯 25 条》相结合，共同育人

在我们班里的黑板边缘，常常可以看到各种简短的提示语。这些提示虽简短，却在育人方面发挥着重要的作用。

1. 君子慎独：良好的习惯在实施过程中不应流于表面形式或向老师展示，在独处时依然能够坚持这些习惯，才是将教育目标真正落到实处的关键。

2. 君子不重则不威：尊重自己才能赢得别人的尊重，对应《好习惯 25 条》中“讲究卫生、尊重他人、守时惜时”的习惯。

3. 吾日三省吾身：对应《好习惯 25 条》中“善于反思”的习惯。

4. 亲君子、远小人：对应《好习惯 25 条》中“善于观察、与人合作”的习惯，引导孩子避开那些可能对自己产生负面影响的人和事。

5. 千里之堤，毁于蚁穴：细节往往是成败的关键。若一个人不断在细节上放任自己，最终可能会因微小的疏忽而遭遇失败。在班里，每位学生都应警惕自身潜在的“蚁穴”，即那些可能被忽视的小问题。我们应勇敢地识别并消除这些隐患，注重每一个细节，无论是做操时动作的精准度，还是作业中书写的每一个字迹，抑或是保持好的言谈，避免任何不雅之词脱口而出……

针对青春期孩子故意违反规则以彰显个性，从而吸引他人注意的行为，我通过讲述古今中外名人的故事来教育他们：那些刻意追求标新立异、哗众取宠的人，在他人眼中都是滑稽可笑的，如同跳梁小丑。在中国人的传统美德中，我们倡导低

调、含蓄，韬光养晦、内外兼修，要学会不迎合他人，坚持自我，成为最优秀的自己。

同时，我将积分制度与日常评价（包括自我评价、相互评价、班干部评价和教师评价）相结合，使孩子们理解养成良好习惯的目的并非仅仅为了累积高分或换取物质奖励，而是为了成就“最好的自己”。我坚信，这样的价值观才是让孩子终身受益的最佳奖励。

三、树立“学习过程和学习结果同样重要”的观念

爱动是孩子们的天性，他们正处于一个天真烂漫、充满活力的年龄。然而，传统的教育方式往往严格限制了孩子的行为，要求他们双手必须背在身后，身体必须坐端正，言谈必须谨慎，否则便会受到批评，这种做法实际上是在压抑孩子们的天性。在我看来，解决孩子的问题就像治理洪水一样，宜“疏”不宜“堵”。如果一处被堵住了，水流就会在其他地方泛滥。不断地堵塞，最终只会导致死水一潭，表面上看似平静，实则潜藏着汹涌的暗流，一旦决堤，后果将不可收拾。表面上看，孩子们活泼好动似乎与教学目标相冲突，但实际上，我们完全可以通过引导，将孩子们的这一特点转化为教学上的优势。我是这样实践的：

1. 在课堂上，教师应鼓励学生在小组内就项目进行深入而自由的讨论。教师要激发学生的想象力和表达欲，鼓励他们大胆思考和发言。讨论结束后，每个小组轮流选派代表汇报讨论成果，其他同学可以进行补充或提出疑问，从而避免了课堂上仅少数人发言而大多数人被动听讲的情况。

2. 我们应摒弃“插话即不礼貌”的传统观念。学生插话表明他们在认真听讲并积极思考。教师应放下权威，允许学生在学会举手发言的基础上，主动参与课堂讨论，给予学生表达自己观点的机会，并与学生进行平等的交流。

3. 教师可以设计形式多样的课堂活动，以丰富教学内容。例如，课本剧表演是学生喜爱的方式之一，它不仅满足了学生的表演欲望，还加深了他们对文本的理解。此外，将学到的小诗配上旋律演唱，分组辩论课文内容，甚至模拟记者访问文中人物，这些活动都能够有效激发学生的积极性，实现教学效果的增长。

在这一过程中，我们不仅活跃了课堂气氛，更关键的是充分调动了学生的积极性，激发了他们的探究欲望，提高了课堂参与度。学生在这样的环境中体验到学习的乐趣，从而实现了从被动学习向主动学习的转变。

四、培养积极的思维方式

作为班主任，我们经常会遇到形形色色的家长和学生。无疑，每个班中总有那么几个学生让我们特别头疼，虽然他们只是少数，但往往占据了我们大量的时间和精力，有时甚至会影响我们的情绪。每每这个时候，我都会提醒自己：任何事情都有其原因和结果，以积极的态度去应对将有助于我的成长。的确，正是这些特殊案例促使我们看似已经对班主任工作驾轻就熟的人重新开始学习、思考和总结。这难道不正是促进个人成长的过程吗?

此外，我认为积极的心态还意味着我们应该更多地关注学生的优点和亮点，而不是他们的缺点。皮格马利翁效应也强调了这一点，将其应用于教育领域，我们可以这样理解：每个孩子都是开放的，他们拥有多种发展的可能性，而关键在于我们如何看待我们的教育对象，这个教育对象就会根据我们的期望和态度去成长。

常言道，世上没有两片完全相同的树叶，同样，也没有两个完全相同的人。学生在智力、能力、心态等方面都存在差异，这些差异是无法完全消除的，如果教师将消除差异作为教育的目标，最终只会导致教师和学生感到疲惫不堪。如果学生像野草一样顽强，我们就应该帮助他展现出野草的生机；如果学生像鲜花一样绚烂，我们就应该帮助他绽放出最美丽的花朵……因材施教是我们祖先的智慧，即使在今天这一原则依然适用。我们应尽量减少对学生的横向比较，而是将注意力集中在每个学生自身的成长上。

五、树立终身学习的理念

21世纪并非仅是教育的世纪，而是学习的世纪。在这个时代，不仅学生需要学习，教师同样需要树立终身学习的新理念。回顾这些年的教学经历，我认为自己取得的每一点进步都应归功于对学习的重视、勤于思考以及广泛吸收各种知识。我非常珍惜每一次学习的机会，无论是听课、参加讲座还是接受培训，我都全心投入，从中提炼精华，并将其转化为自己的知识和技能。特别是我们六年级组的教师团队，他们认真、敬业、自我要求高，不断追求完美，在与他们相互学习、交流的过程中，我收获颇丰，进步明显。

无论我们是在培养乔木还是荆棘，鲜花还是野草，我们的责任是帮助它们成长为最好的自己。在这个过程中，我们与孩子们一同成长，不断更新我们的教育理念和教学方法，成为最好的自己，成为最好的教育者。

谢谢大家！

发扬“三爱”精神　助力教育质量提升

小学部　戈朋英

尊敬的各位领导、老师：

大家好！今天，我深感荣幸能有机会与大家分享我的工作经验，感谢领导对我的信任与支持。我发言的题目是《发扬“三爱”精神　助力教育质量提升》。接下来，我将从团队和个人两个维度展开讨论。

一、建设高精敬勤的体育教师团队

我校体育学科精心设计了7门校本课程，并组建了9个校队。与其他学科相比，体育教学在开放的环境中进行，学生大部分时间都在参与活动或运动，这不仅对学生的自我管理能力提出了更高的要求，同时也给教师的课堂管理和教学技巧带来了不小的挑战。目前，体育组共有25名教师，其中14名教师年龄在35岁以下。如何引领这支充满活力的年轻团队深入研究专业知识，提升教育教学质量，打造一支德才兼备、热爱教育、敬业奉献的体育教师队伍，确保学生在快乐和安全的氛围中进行体育锻炼，享受体育课带来的乐趣，并持续增强体质，这一直是我作为学科主任所关注和探索的问题。

（一）依托团队，专业成长

构建目标共同体，促进同年级、同专业的教师形成备课团队，充分展现党员教师的先锋模范作用。首先，教研组每周会共同研读一篇与体育教育教学相关的文章，并鼓励每位教师每学期至少阅读一本书，不断提升自我。其次，我们严格执行个人备课、集体备课、个人再备课的“三级备课制”，以课堂实践为基础，以实施校本教材为核心，开展教研活动。最后，通过教师说课、青年教师分享感受、骨干教师点评的过程，我们寻找差距、进行比较、重视反思，从而提高集体备课的效率和质量。

骨干教师积极参与各级评优课和素质竞赛等活动。经过领导的沟通协调和团队的多次磨课，张琛老师在“一师一优课、一课一名师”活动中荣获市级优课和省级优课；俱培培老师在裕华区研讨课中荣获市级评优课一等奖。

“精彩源自磨砺，成长需要助力”，在相互支持、共同经历挑战的日子里，我们一起学习、磨炼、研讨。我们立足于课堂，深入研究教材，不断打造精品课程，收获着属于我们的精彩时刻。

（二）积极备赛，硕果累累

在日常教学活动之外，体育教师对校队训练和选修课程的投入越来越多，每个训练队都制订了为期三年的发展规划，并严格执行训练计划。由于学校对教学时间进行了整体调整，训练队的训练时间被定为每天下午 5:30 至 7:00。训练结束后，教练会将队员们安全送至校门口，直到家长接走所有孩子后才离开。开学伊始，学校收到了已经停办两年的区田径运动会的参赛通知，张戈、白伟、王栋、吕仕豪四位教师面临着一个紧迫的任务：在短短十几天内选拔队员参赛。在王校长和班主任们的协助下，他们深入各班挑选合适的学生，并在不影响学生文化课学习的前提下，利用晨练、大课间和体育课时间对学生进行强化训练。在 4 月 10 日至 12 日的裕华区中小学田径运动会中，我校取得了男女总分第二名的优异成绩，更有两名学生代表裕华区参加了 4 月 30 日的石家庄市中小学生田径运动会，分别荣获第一名和第二名的好成绩。此外，我校足球队在裕华区选拔赛中脱颖而出，积极准备市级比赛；孙贝尔同学在河北省体育传统项目学校小学生乒乓球比赛中荣获女子单打甲组第一名；由唐威、许敬老师指导的队伍在石家庄市中小学羽毛球联赛中荣获小学 C 组男子单打第五名。这些成绩的取得，离不开领导的全力支持和教师们的辛勤工作，也让孩子们深刻体会到了为学校争光的荣耀。

二、关注学生习惯和兴趣培养，提高课堂教学质量

在过去的十八年里，得益于领导的关怀、前辈的无私传授以及自我的不断反思和探索学习，我已从一名新手教师成长为一名资深的品牌教师。在此，我愿意给大家分享我的一些日常教学经验和做法。

（一）习惯成就人生，体育保驾护航

小学低年级阶段是习惯养成的重要时期，培养学生良好的课堂常规需要对其严格要求、严格管理，使之内化为学生的自觉行为。

第一，集合站队“快静齐”，前后左右成直线。向学生（特别是刚入学起始年级的学生）明确阐述“快静齐”的具体要求：“快”指的是教师吹哨后立即开始计

时；“静”意味着一旦加入队伍就应保持沉默；“齐”则是指每位学生应站在自己预定的位置，注视前一位同学的后脑勺。

第二，运用“三声哨”。即上课吹哨集合、课中吹哨安静、下课吹哨点评。我要求，在三声哨响之后，所有学生必须保持安静并注视老师。当“三声哨”响成为唯一的指令时，孩子们就会逐渐养成良好的行为习惯。

第三，课堂处处强调安全，落实安全教育。明确见习生的休息区域；划定游戏区域的界限；确保在意外发生时能立即通知老师，以此预防安全事故的发生。

（二）抓住学生心理，提高课堂质量

教师要充分利用小学生对新鲜事物的好奇心，在备课时深入分析学生情况，在“教会、勤练、常赛”的教学理念指导下，从准备活动、教学方法、场地布置等方面着手，为学生营造一种新颖且充满好奇的学习环境，从而激发他们课前的最佳心理状态，同时巧妙运用多样化的教学方法，让学生享受竞技的乐趣。因此，在足球教学中，我会引入小组竞赛、设置多个球门、让男生女生参与竞赛、定时轮换角色，以及评选最佳射手和守门员等多样化的教学形式，这样不仅能够激发学生的斗志，还能使课堂氛围更加活跃。

三、发挥体育育人功能，提升学生良好品行

在体育教学中，我们致力于培养学生的意志力、团队合作精神以及竞争意识，旨在塑造他们成为全面发展的“博·雅少年”。新学期伊始，拥有退役军人背景的何维捷和王栋老师，充分利用自己的特长，巧妙地将国防教育与健康育人理念相结合。他们利用每一节体育课的时间，以队列训练、作风培养和国防知识为核心内容，对学生进行了一整月的国防教育课。在这一过程中，学生们从退役军人那里学到了坚韧不拔、吃苦耐劳的优秀品质，体会到了和平时期人民军队艰苦奋斗、顽强拼搏的精神。学生们在组织纪律性、自主能力、团队协作等方面均取得了显著进步。

领导层的支持为我们开展校园体育活动提供了强大的后盾，而家长们的认可则成为我们不断进步的动力。在这个充满活力的年纪，我们相遇并共同成长。在集团实施“质量提升三学年行动计划”的指导下，我们将坚守立德树人的教育宗旨，致力于实现“享受乐趣、增强体质、完善人格、锻炼意志”的综合教育目标。我们将“内修素养，外强体质”，让每个孩子都能展现出自信和阳光的笑容。

世上无难事，只怕有心人

小学部　田　亚

今天，我与各位分享的题目是《世上无难事，只怕有心人》。时光飞逝，岁月的车轮总是转得飞快。我担任小学烹饪课教师已十二年了，回顾过去，我从图书馆转岗至烹饪教室的那一刻仿佛就在昨日，这些年经历的许多故事宛如电影般一幕幕浮现在脑海中。“爱教育　爱学校　爱学生”的“三爱”精神构成了我工作的核心准则和动力源泉，它支撑我在平凡的教师岗位上不懈努力，践行着教育者的责任。

一、临危受命，要做就做到最好

2012年10月28日，我接到丁校长的通知，指派我管理烹饪教室，并确保在11月12日准时开课。面对尚未完工的施工现场，以及将一个缺乏经验参考的学科转变为小学备受期待的校本课程，我感到了巨大的压力。在短短两周的时间里，如何将工地改造为教室、如何授课、教授哪些内容、孩子们需要哪些工具等一系列问题在我脑海中不断涌现，面对这个全新的挑战，当我感到迷茫和无助时，丁校长和希校长给予了我极大的鼓励。她们认真地对我说：“田亚，你能够胜任的，细心就是你最大的优势。别急，先仔细考虑一下需要准备些什么，我们尽快采购所需物品。”在两位校长的支持下，我当晚认真思考，设想各种情景，并制订了详细的购置清单。第二天一上班，我便开始监督施工进度、催促材料供应、确定安装位置，并与食堂师傅沟通确定授课内容，同时准备组织家长体验活动。那段时间，我夜以继日地工作，周末也不例外，只要有机会推进工作我绝不拖延。最终，功夫不负有心人，11月9日，课程比原计划提前三天顺利开课，并且在11月18日的“全国创新人才培养模式与学生自主能力培养”观摩交流大会上，我们的课程获得了与会代表的一致好评。

二、爱校如家，用心打理教室的每一个角落

最初，我接到的任务仅限于管理烹饪教室和监督上课的学生，而烹饪课程则由食堂的专业厨师负责教授。这样的安排持续了一段时间，但随着食堂人员的变动，我很快独自承担起管理学生、授课以及烹饪过程的全部事务。面对挑战，我坚信既然已经开始，就不应轻易放弃，不尝试怎能知晓自己的潜力呢？因此，我下定决心，像种子一样在这里扎根并茁壮成长，期待着有朝一日能够绽放出美丽的花朵。

在过去六年多的时间里，我深刻体会到烹饪教室不仅是我们小学的窗口，也是集团对外形象展示的重要平台。在接待参观团时，它代表了我们小学乃至整个集团的形象，因此，每次有参观活动王校长都非常重视烹饪教室的接待工作。他总是亲自前来，从参观者的视角感受教室的优势与不足，并从我的角度出发考虑如何改进和完善，进而提供切实可行的建议。我不断提醒自己，在日常工作中，无论是卫生状况、环境布置还是课堂管理，都要做到心中有数，大到课堂内容的设计，小到一块抹布的摆放，力求每一个细节都达到尽善尽美。有时，我会和同事开玩笑说：“我对烹饪教室的每个角落都了如指掌，甚至比自己家的厨房还要熟悉。”这或许就是我对学校深沉爱意的最佳诠释吧。

三、爱生如子，珍惜每一个孩子对烹饪课的喜欢

身为两个孩子的母亲，我总是对学校里的每个孩子都怀有一种特别的亲切感。自从成为母亲，我便将对自家孩子的爱延伸至每一个我所遇见的孩子，孩子们是纯真的天使，他们能感受到我们对他们的关爱。因此，在学校举办的教师评教活动中，我每年都能荣幸地被评为“最受学生喜爱的老师”之一。孩子们的喜爱对我来说比任何奖项都更令人自豪。

我非常珍视孩子们对我的这份喜爱，因此我从不轻易请假。我深知，一旦请假，许多班将无法上烹饪课，我不想让孩子们从满怀期待变成失望。即便在怀第二个孩子期间，我也是将产检安排在周末进行，以免影响周一至周五的教学。尽管如此，还是发生了一个小插曲，我家的第二个孩子急切地想要加入我们，提前一个月来到了这个世界，可即便是在去医院的路上我还在给纪主任发消息请假，并协助安排后续课程。

产假结束后，我立即承担了每周 24 节课的教学任务，我的日常生活除了上课就是匆匆赶回家，甚至写随笔也只能等到晚上孩子们入睡后才能进行。随着大儿子

刚升入初中还未完全适应，我的生活变得更加忙碌了，这种生活的滋味实在是难以用三言两语来表达。尽管如此，我依然坚持在烹饪课上亲自指导孩子们清洗工具、折叠围裙，并教授他们基本的烹饪技能。

四、爱教育，我是老师，重任在肩

随着学校深入推行“四自主·四环节”的教育理念，我们的烹饪课程成为这一教学理念的最佳实践平台。在课程开始之前，我会将各种食物的制作方法拍摄成图片，并制作成图示，以便学生能够自主学习并尝试操作。我鼓励学生们在实践中主动发现并解决问题，从而培养他们的思考能力和动手能力。在这个过程中，那些平时在家被精心照顾、很少参与家务的孩子们得到了宝贵的锻炼机会，他们的动手能力在不知不觉中得到了提升。例如，通过制作馒头，他们学会了揉面的技巧；通过制作玫瑰花卷，他们掌握了擀面片的技能。

在设定教学目标时，我的宗旨是不仅要让学生掌握技能，还要激发他们在学习技能的过程中发挥创造力。技能的提升是一个由浅入深的过程，确保孩子们既不会感到困难，又能保持浓厚的兴趣。

在习惯培养方面，我采取了明确要求和制定规则的方法。无论是课前准备、课堂活动还是离开教学场所，学生都必须牢记并严格遵守规则。由于烹饪课程涉及大量动手操作的过程，课堂上不可避免地会有交流和走动，这就需要老师及时进行调控，确保学生在教室内的行为得到妥善管理。

五、一花独放不是春，百花齐放春满园

我的成长离不开领导的悉心指导和团队的无私帮助，这让我有信心追求更高的目标。特别是今年小学部提出了富有启发性的“博闻趣学，雅习尚美”育人理念，以及王校长在学期初专业组会议上深入阐释的“博·雅文化”理念，它指导着我们在学生心中播下对知识的广泛兴趣和优雅习惯的种子。在曹爽主任、乔晋老师、张熙主任和梁海霞主任的关怀与支持下，以及科学组和五年级团队老师的协助与启发下，我的教学方法变得更加灵活，教学思路也更加明晰了。拥有这样一个强大的团队，我将继续努力提升和完善自己，争做“博·雅”品牌教师。

正如古语所言：“天下难事，必作于易；天下大事，必作于细。”我只是一个平凡的教师，像我一样在各自的岗位上默默奉献的老师还有很多。古语也说：“不积跬步，无以至千里；不积小流，无以成江海。”我坚信，只要我们每个人都将对教

师职业的热爱和对学生的责任感深植于心，在平凡的岗位上也能创造出非凡的成就。让我们携手为学校的发展贡献力量，为孩子们的成长保驾护航！

谢谢大家！

爱，让一切追寻成为可能

小学部　付　洁

自古以来，无数文人墨客孜孜不倦地追求着诗意的人生境界。李白曾言：“长风破浪会有时，直挂云帆济沧海”，展现了他豪放不羁的胸怀；刘禹锡则吟咏：“晴空一鹤排云上，便引诗情到碧霄”，流露出他超然物外的情怀；王维亦有“行到水穷处，坐看云起时”的淡泊明志。尽管我自知不及这些伟大先贤，但我仍怀揣着梦想，在人生的征途中寻找一盏明灯，它不仅照亮我前行的道路，也温暖着周围的人们。正是这份力量的鼓舞，促使我不断提升自己的教育技能，为孩子们指引方向：为优秀的学生锦上添花，为普通的孩子开启智慧之门，更为那些暂时落后的学子雪中送炭，努力让每一个生命都绽放出独特的光芒！

一、不忘初心，方得始终

教育，如同用真挚的旋律弹奏出生命的交响曲；教育，宛若用智慧的画笔绘制出绚烂的色彩，绘成一道迷人的彩虹；教育，恰似用教师的爱心捧起璀璨的星辰，守护着孩子们成长的天空。自站上讲台的那一刻起，我始终深信不疑：每个孩子都是一朵含苞待放的花蕾，只要我们愿意给予无私的关爱，他们便能在阳光的照耀下绽放出最耀眼的光芒。因此，我期望每一届学生都能成为“健康、乐观、自信、坚持”的阳光少年，并将“让他人因我的存在而感到幸福”作为自己的人生信条，带着“尝试即可能，努力即胜利”的精神去面对人生的长路。多年来，我始终致力于用爱去滋润学生的心灵，用文化去奠定学生人生的基石，我对学生抱有坚定不移的信念，并随着个人经验的积累而不断更新。

（一）走近学生潜藏师爱

在成长的道路上，我从最初的青涩逐渐变得成熟而从容，这一过程与所有教师的经历并无二致。我通过发自内心的行动去塑造学生的价值观，这或许正是对职业热爱的真谛所在。为此，我归纳了五条《关爱孩子的具体行为准则》，并将它们张贴在镜子旁，时刻提醒自己：

爱孩子就要每天用微笑面对孩子；

爱孩子就要和孩子用眼神交流；

爱孩子就要给孩子讲幽默的笑话；

爱孩子就要积极正面地鼓励孩子；

爱孩子就要不断学习新的教育方法……

在我接管新班之初，我经常与孩子们一同上课、学习、交流，努力融入他们的世界，在这个过程中，我们共同编织了许多难忘的故事。记得在一次元旦庆祝活动中，我为每个学生准备了一份特别的礼物——一颗星星，孩子们视若珍宝。这些星星是我利用业余时间亲手制作的，我期望每个孩子在新的一年里不断进步，成为班里最耀眼的“明星”。第二天，有几个学生向我透露，他们拆开星星后发现了老师对他们的期望，感到既惊喜又感动。星星里藏着这样的话语：“你的过去送给岁月，你的今天美好精彩，你的未来我最期待!”正如泰戈尔所言：“日光把金色的诗琴，赠给恬静的繁星，让它们弹奏永恒的光明。”

（二）信任包容成就博爱

有人曾经说过：“我们都不是伟大的人，但我们能够用无边的爱心去完成生活中每一件普通的事情。”带着这样的心态，我将博爱的种子播撒给每一个学生。面对那些调皮捣蛋的孩子，我在教育的天平上增加了更多的信任与宽容。小张的家人觉得对孩子有所亏欠便过分溺爱他，导致他形成了任性的性格，他不愿意与人深入交往，遇到问题只会用暴力解决，缺乏集体意识，经常违反课堂纪律，破坏公共财物，同学们都对他持有戒心，而我也时刻担心他会引起麻烦。面对这个难以捉摸的孩子，我花了一周的时间每天课后与他交谈，从他的行为举止到理想抱负，我了解了小张的许多情况，并试图寻找解决问题的方法。我发现他外表的刚强实际上源于内心的不安全感，他像一只刺猬一样竖起尖刺，只为了掩饰自己的恐惧。

我还注意到，他特别希望别人能看到他内心的情感，他尊敬并重视他的婶婶，梦想着将来有能力时能够回报婶婶的养育之恩。我利用了他这一心理，鼓励他证明自己不能光用拳头表达，还要用实力展示自己的才华，让婶婶为他感到骄傲。为了激励他，我利用他胆大心细的优点让他担任午休班长。他告诉我：“老师，您这么信任我，我一定会好好表现。”因此，我让他在每天的午会时间总结午休情况，并在班会上对他进行表扬，以此增强他的自信心，让他感受到大家的宽容和友好。我在这个孩子身上倾注了大量心血，我相信，只要用心，有一颗关爱学生的心，学生就能找到开启心灵之门的钥匙。

经过近一年的努力，他确实发生了改变，我从他的行为中看到了希望。正如那句老话所说，功夫不负有心人，我的付出终于得到了回报。他在一篇作文中写道："我的成长离不开付老师，付老师是我永远的老师。"的确，作为永远的老师，这句话是我用爱心对待每一个学生所得到的最美好的回报。看着孩子们在细水长流的关怀下茁壮成长，我感受到了作为一位普通教师的幸福，也深刻体会到了自己人生的价值。

然而，这一路走来并非一帆风顺。在五年级下学期的一天，小张再次失控，随手拿起一根金属棍打伤了班上的同学，由于事情严重我请来了他的家长。在办公室，家长愤怒地追赶他，他大声呼救："付老师，救救我，带我回家吧，我愿意跟你走。"我既对他感到愤怒，又对他感到同情。于是，我静下心来教他如何与同学相处，并告诉他在遇到问题时如何管理自己的情绪……最终，爱带来了收获，他的自控力有了明显提升，也学会了主动关心和帮助其他同学。小张的家长感激地说："老师，在我几乎要放弃他的时候，您的关怀让我重拾信心，让我们一起携手前行，真是太感谢了！"

（三）接纳理解诠释真爱

2015年偶然的出差机会，让我有幸与心理老师霍秀彦进行了一次深入的交谈，这激发了我对心理学的浓厚兴趣。我随即购买了大量书籍，沉浸于这场精神盛宴，通过研究心理学案例中那些我们常常忽略的细节，深刻洞察人性的微妙之处。当人性得到滋养，即便是普通人在面对生活时也会流露出善意和同情。简而言之，爱可以从我们亲近的人那里被感知。想象一下：虽然只有少数人能成为耀眼的玫瑰，但我们中的大多数，你、我、他，可能只是普通的蒲公英、勿忘我、茉莉，甚至只是阳光下默默无闻的小草。然而，我要说，只要我们懂得自我"灌溉"，无论是花还是草，都能像花一样绽放，留下一抹芬芳在人间。

如今的孩子们被幸福包围着，过多的关爱有时会使他们迷失方向，父母的辛勤付出、长辈的苦心教导、做人的道理，这些他们往往视而不见。不止一位家长向我诉说孩子的种种问题，面对这些共性问题，我决定借助家长和老师的力量唤醒学生内心深处的美丽心灵。利用周末的时间，我通过手机联系了每一位家长，邀请他们给孩子写一封信，记录下孩子成长中难忘的瞬间。在周一的语文课上，我们围绕"感受亲情"这一主题，分享成长的故事，然后让孩子拿出家长的信。家长真挚的话语深深触动了每一个孩子，十年的养育浓缩在这一纸之上。虽然他们此刻无法用言语表达，但脸上的表情告诉我，他们已经理解了“可怜天下父母心”的深意。

随着母亲节的临近，我利用语文课指导孩子们创作诗歌《等我当了爸爸/妈妈……》，并举办了小诗展览。家长们表示，他们曾认为“望子成龙”是每个父母的强烈愿望，但现在他们更重视教育孩子如何做人，希望孩子能用自己的行动去探索世界，同时希望孩子是健康的、阳光的。他们认为，只有健康的身心，才是面对人生挑战的坚实基础。因此，我希望我的学生能够成为一群平和、开朗、健康、豁达的人，面对困难和挫折不会轻易退缩，拥有克服困难的勇气和决心，以一个心理健康的阳光少年的形象示人。

二、身兼重任，运筹帷幄

责任，责任，唯有爱才能赋予责任。我从宏观的角度出发，关注细节，对学生进行人格塑造。我以静待花开的心态对待学生，激发他们以积极乐观的态度面对生活。然而，培养学生的责任心远不止这些。

记得在一个秋日午后，我和学生共同阅读了绘本《失落的一角》。故事讲述了一个破碎的整圆，它缺了一角，一边唱着歌一边寻找失落的部分。有些角太大，有些又太小，它经历风吹雨打，最终找到了与自己最匹配的那一角，组成了完整的圆。然而，圆发现它再也无法歌唱，于是轻轻放下已找到的一角，继续独自踏上寻找的旅程……阅读完后，我与学生探讨了一个问题：“你愿意成为半圆，还是整圆?”选择半圆的学生占了大多数，这是一个多么奇怪的结果。学生们坚信，只有半圆才能欣赏沿途的风景，体验生活的美好。选择半圆意味着，尽管外表不完整，但生活充满了乐趣，每个个体都能闪耀出独特的光芒。而整圆虽然外表完美，却无法掩盖滚动的遗憾，错过的可能是我们最需要和最珍贵的——生命的不同体验。这就是所谓的“半圆哲学”。

回顾教育史，苏霍姆林斯基强调：作为儿童欢乐的创造者——教师的权利，恰好在于为幼小的儿童打开通往生活的大门，追求生命的意义，而不是追求完美。因此，我们的教育应该深入每个独特的生命，挖掘学生的内在潜力，提升生命的价值，享受丰富多彩的生活。我们班将“小事成就大事，细节铸就完美”作为我们的集体目标，每位学生都将集体的事情铭记于心，这样集体的凝聚力才会空前强大，这也是推动集体前进的动力。

在组建班集体之初，我就实行了每周轮流担任班集体小助手制度。学生们自编了童谣：“我是班集体小助手，凡事都需我出手。不用督促万事通，管理事务最拿手。”我任命了“班集体小记者”“着装检查员”“工具管理员”“领背员”“书记员”“帘手”“铃手”“户手”……在班级管理上，我提倡“人人有事做，事事要做好”，鼓励所有孩子点燃对集体的热情。学生之间相互理解，师生之间的距离也拉近了，“为班争光，为班服务，为班奉献”成了我们共同的信念。

三、甘当绿叶，推陈出新

雨果曾言：果实的事业是尊贵的，花的事业是甜美的，但是让我做叶的事业吧，因为叶总是平凡而谦逊地垂着绿荫。教师，就如同那些默默无闻、无私奉献的绿叶，始终衬托着花朵的绚烂。作为班主任，我愿意成为这样的绿叶，为了学生的全面发展，我将班级文化建设置于首位。在接手新班之初，为了增强班集体的凝聚力，我鼓励孩子们从自己的角度出发，写下“我的发现”。张欣瑶分享道：“自从升入四年级，我妈妈就不再学习上帮助我了，因为她相信我到了这个年纪应该学会自我管理。”孙童则表示：“吴老师对改错要求非常严格，这说明她是一位注重细节的老师。”李若松坦白：“我常常走神，我更怀念我们的旧老师，我希望这一切只是一场梦。”郭烨桐则描述了新班的景象：“来到新班，我遇到了新老师和新同学，老师面带慈祥，同学们笑容满面。”尽管每个人对 3 班的看法不尽相同，但大家对班集体的爱意却是一致的。为了让学生们享受学习的乐趣，成为班集体的积极参与者，我重视学风建设，努力营造一个积极向上的学习氛围。我在班里推出了“两人 PK 赛”“小组诵读对抗赛”“课本剧表演”“美文共赏”“漫游诗词王国”以及“学习古人做学问”等一系列活动。这些活动不仅激发了学生的学习热情，还培养了他们的创造力和创新意识。

四、耳濡目染，风雨兼程

自踏入石家庄外国语小学的校门，我便融入了一个又一个优秀的团队：与张彦平和白晓芳老师合作，我学会了深入研究课程、寓教于乐；与梁海霞主任和尹巧娜老师合作，我领悟了对学生无私的爱与关怀；与吴丽芸和李迅老师合作，我明白了严谨治学、积极向上的重要性；与丛珊和赵文熙老师合作，我学到了不懈追求、创新进取的精神；与霍秀燕和李占宝老师合作，我体会到了勤奋工作、无私奉献的情怀……虽然忙碌中不乏辛苦与疲惫，但更多的是在真爱付出后感受到的幸福与满足。选择教育，就是选择了奉献，“痴心一片终不悔，呕心沥血育英才”，在这个教育岗位上，我已经走过了十八个年头。在未来的人生道路上，我将继续在教育这片多彩的百花园中辛勤耕耘，每当看到孩子们的成长和灿烂的笑容，我都会情不自禁地微笑，因为这是爱的力量。它虽不同于惊天动地的壮举，却如同涓涓细流般清澈而温馨。我将倾注如阳光般的爱心，奉献我无悔的青春，尽情展现生命的色彩，我无怨无悔！因为——爱，让一切追求成为可能。

在实践中成长

小学部　吕婉明

感谢领导的肯定和同事们的支持，让我有机会站在这里与大家分享工作中的经验与感悟。由于我的文字表达能力有限，如果内容上存在不连贯之处，还望各位多多谅解。

一、教育事业是我毕生的追求

自 2010 年毕业以来，我有幸成为石家庄外国语小学教师团队的一员，并担任科学教师。在此期间，我还担任了综合实践和美术学科的教学工作。这些跨学科的教学经历不仅拓宽了我的视野，提升了我的教学能力，还加深了我对教育的多维度体验和理解。每学期伊始，我都满怀期待地迎接新学生，陪伴他们探索和成长的过程充满了希望与幸福。

小学科学是一门启蒙课程，它不仅能够引导学生认知世界，还能为他们日后的初高中理化生学习打下坚实的基础。这门课程的综合性要求教师具备广泛的知识面，正如那句老话所说："一人知识有限，众人智慧无穷。"我们科学组教师在每周的教研活动中团结协作，各展所长，共同打造精品课程，这种集体合作的方式不仅弥补了个人知识上的不足，还突破了小学科学领域的局限，实现了与其他学科的融合发展。在这个过程中，我收获颇丰，特别是在实验操作方面，从最初的对仪器感到陌生，到后来能够熟练地操作，甚至自制实验教具，这些进步都是在同事们的热心帮助下取得的。

除了常规的教学内容，我们还关注科技前沿的报道。因此，在日常备课时我们经常讨论如何将科技新闻与课堂教学相结合，以提高课堂与现实生活的紧密联系，并激发学生对科技创新的兴趣。

二、学校给予了我成长的平台

2019 年是我在学校大力支持下快速成长的一年。我参与了区级和市级的素质竞赛，并成功通过了市级和省级实验说课的多轮选拔，最终在青岛完成了“全国中小学实验教学说课活动”的现场展示赛。回顾这一年，集团是我坚实的后盾，领导的支持激发了我前进的动力，团队的力量赋予了我坚持的勇气。

在九个月的时间里，我参加了两次素质赛、三次视频赛和三次现场赛，我不断修改课稿，反复磨课，多次忙碌至深夜才回家。在思维枯竭时，韩洋和陈琳老师为我出谋划策，鼓励我继续前进；王甫和刘光宇老师在我忙不过来时分担我的工作；尹雪薇老师不辞辛劳地陪我参加比赛，帮我搬运沉重的教具；我的师父武敏星老师更是多次陪我加班修改课稿，准备青岛的决赛。我们曾开玩笑说，希望 10 月能去青岛参加决赛并品尝海鲜，最终我们不负众望，成功抵达青岛的决赛现场。参加这次全国比赛的选手都是经过严格选拔的，河北省中小学仅有 10 名教师进入现场赛，而我们石外集团就有 2 名教师。这次青岛之行让我既兴奋又紧张，兴奋于能首次参加这样高规格的比赛，紧张于担心自己表现不佳辜负大家的期望。最终，我不负众望，取得了优异的成绩，展现了我校教师的最佳精神风貌，并获得了省市专家的一致好评。

这些成绩的取得离不开领导的大力支持。纪敬芝主任和曹爽主任帮我协调年级和专业组的工作，让我能更专注于比赛；集团教研室的姜玉彩主任帮我协调录课事宜，确保我在比赛中能展示出最好的课程视频；丁云霞校长和王燕洁校长不仅关心我的成绩，更关心我的健康。在比赛中途我曾因病住院，他们每次见到我都关心地说：“小吕，你太瘦了，要多吃点，长点肉。”这些温暖的关怀时常萦绕在我心头，让我深刻感受到在石家庄外国语小学工作的幸运与幸福。

在那之后，我并未停止前进的步伐，而是继续提升自己，寻求新的突破。上学期期末，科学组在完成校本教材编写的同时，还协助韩洋老师参加了今年的实验说课。我们多次往返于电子城、五金城、化工材料城，课件和教具几经修改，我们共同度过了许多加班的夜晚，甚至有一次被锁在教学楼内，最后不得不麻烦门卫师傅来开门。暑假期间，在乔主任的指导下，我参加了以“垃圾分类”为主题的演讲比赛，这是我初次涉足演讲领域，成绩虽不理想，但这次经历让我认识到了自己的不足，并指明了努力的方向。我特别感激这些经历，它们让我有机会成为更好的自己，让我能够接触更多专业领域的人士，也让我继续深入思考我的教学能为孩子们带来什么。

这些成绩的取得，离不开丁云霞校长、王燕洁校长、曹爽主任、纪敬之主任、集团教研室姜玉彩主任的大力支持。在此，我向各位领导和同事们表达我最真挚的感谢。当然，我最应该感谢的是我们石家庄外国语教育集团，感谢集团为我提供了成长的平台，让我有机会体验到教育事业的幸福与成就感。路漫漫其修远兮，我愿意脚踏实地，继续前行。

三、学生的成长是我前行的动力

教学是我们的“主阵地”，而学生则是教学活动的核心。在激发学生兴趣和培养良好习惯的过程中，我常常从日常生活中汲取素材，引导他们发现生活、热爱生活，从而掌握运用科学知识解决实际问题的能力。

植物作为生命科学的关键分支，其重要性不言而喻。学生们能够对珍稀植物如数家珍，对植物的光合作用等概念了如指掌，但对于身边常见的植物，如小区里的树木或日常餐桌上的食物却了解有限，这种现象揭示了知识与实际生活之间的脱节。因此，我们经常组织以“熟悉的陌生植物”为主题的学习活动：观察校园甬道上的梧桐树，学习区分梧桐叶与枫叶；观察路边的灌木丛，了解不同颜色的树木品种，认识到它们并非都是“冬青”；在家中帮助家长择菜，观察蔬菜的特征，了解叶子形状的多样性，等等。通过这些课程，我们逐步培养了学生观察周围事物的习惯，并教会了他们观察的方法和步骤，进而将好奇心转化为探索世界的内在动力。

漫步于校园之间，经常会偶遇那些曾经教过的学生，我们总会愉快地交谈一番。他们向我传达了许多积极的反馈，例如，他们在小学时学到的生物学知识为他们在初中阶段的生物学习打下了坚实的基础；初中所使用的显微镜是我们在科学课上使用过的高级版本……每当这样的时刻，我便深深感受到作为一名教师的幸福。

正如罗曼·罗兰所言：“信仰不是一种学问，而是一种行为，它只有被实践的时候，才有意义。”对于教师这一职业，我怀有自己坚定的信仰和执着。我渴望为每个孩子奠定坚实的知识基础，为他们未来的成长提供助力。因此，在这条实践的道路上，我将持续不懈的努力前行。

谢谢！

随风潜入夜，润物细无声

小学部　朱素花

今天，我跟大家分享的题目是《随风潜入夜，润物细无声》。在这次分享中，我先为大家朗诵一首耳熟能详的诗。

好雨知时节，
当春乃发生。
随风潜入夜，
润物细无声。

唐代诗人杜甫的《春夜喜雨》是我最喜爱的一首诗，我常感觉自己如同一缕微不足道的细雨。自二十七年前初次站上讲台的那一刻起，我便不断提醒自己，这是一份平凡而普通的职业。然而，我深知自己肩负的责任重大，因为对于每一个与我相遇的孩子而言，我的一言一行、一举一动都可能对他们的未来产生深远的影响。这些年来，我主持了无数次家长会，并不止一次地向家长们表达："我真心热爱教师这个职业！"因为我能够带着微笑，见证一代又一代的孩子们，从懵懂无知的孩童成长为充满活力的少年，最终成为各行各业的佼佼者。这份职业给予我的是无尽的成就感和幸福感。"桃李不言，下自成蹊"，这便是我职业生涯中最大的追求。现在，我将从三个方面分享我这颗"小雨点"在工作中的一些感悟。

一、寻找契机，浸透教育

作为教师，我们必须要有一双善于发现的眼睛，发现身边的美好，发现孩子们的闪光点，更关键的是发现那些稍纵即逝的教育良机。

（一）"小拥抱，大魔力"——身体的距离近了，两颗心的距离就近了

开学第一天，为了让学生们充分感受新学期的新气象，并以阳光般的笑容和积

极向上的态度迎接新生活，我计划以最灿烂的微笑迎接他们，用最温暖的怀抱给予他们鼓励。清晨，我身着精心挑选的绿色连衣裙（绿色象征着和谐、健康和活力），为了避免打扰他人同时捕捉这美好时刻，我携带了自拍杆，早早地站在教室门口迎接孩子们的到来。“早上好！你们想我了吗?”我亲切地问候。孩子们一边回应着，一边像欢快的小鸟一样扑进我的怀抱。一句句温馨的问候，一个个温暖的拥抱，消融了我们一个月未见的陌生感，孩子们带着心中的温暖和满面的笑容开始了他们新的生活。

（二）“教师巧用心，蒜苗也能赛黄金”——奖品不一定多么贵重，但一定要契合学生的心

为了激发孩子们的写作热情，我设计了一项特别的游戏活动：让孩子们参与 3 月的主题课程“种蒜苗”，在整个种植和生长过程中仔细观察，并将观察到的有趣细节记录在写作本上。完成写作后，我们根据文章的质量进行评选，选出五名表现最佳的学生，并给予他们一把蒜苗作为奖励，让他们回家亲手制作蒜苗炒鸡蛋。考虑到蒜苗数量有限，为了提升奖励的价值，我特意为每把蒜苗系上了红色丝带作为装饰。

比赛开始后，孩子们每天都会仔细观察，积极思考，每个人更是文思如泉涌。经过一场紧张而激动人心的角逐，五名优胜者脱颖而出，他们站在领奖台上，脸上洋溢着自信的笑容。

接近中午时分，我突发奇想，提议让这五名学生将蒜苗带回家炒制，下午再带到班里与全班同学分享。孩子们每天精心浇水、照料蒜苗，亲眼见证其成长，最终品尝到自己亲手种植的蒜苗，喜悦之情溢于言表。

这次活动不仅让孩子们领悟到“一分耕耘，一分收获”的道理，更让他们深刻体会到分享的快乐，既拉近了同学之间的距离，又增强了班集体的凝聚力。

二、爱的羁绊，情的升华

（一）“一件外套，淘气包变身小暖男”

作为教师，我不期望投桃以报李，但求君心似我心。我所做的一切，从未期待过孩子们的回报，只希望他们能像我一样，心中充满爱，由己及人。然而，令我欣喜的是，我们的关系如同柳树般茁壮成长，随着时间的流逝，孩子们在不知不觉中受到了我的影响，我们之间的感情愈发深厚。

记得那是一个周二的午后，由于上午课多，我中午忙于加班写材料未能休息片

刻。下午第二节课是音乐课，我处理完工作后感到疲惫不堪，便想趴在桌上小憩一会儿。不久，下课铃声响起，我突发奇想，想看看孩子们发现我在休息有何反应，于是假装睡着了。很快，孩子们叽叽喳喳地走进教室，第一个发现我在休息的孩子立刻做了一个“嘘”的手势，并轻声告诉其他同学：“朱老师累了，正在休息，大家安静!”随后，孩子们立刻变得鸦雀无声。不久，一件棉袄轻轻地盖在我的头上，而那位默默为我盖上衣服的孩子悄然离开。不久后，上课铃声响起，我抬起头询问身旁的孩子：“是谁给我盖的棉袄?”他回答说：“老师，是陈楷天!”这个答案让我震惊了，竟然是那个总制造麻烦、时不时惹我生气的陈楷天？那一刻，一股强烈的暖流涌入我的心房。后来，在家长会上提及此事时，陈楷天的父亲也被深深触动，眼含热泪。会后，他特意留下来对我说：“朱老师，我家孩子真是幸运，遇到了您!”

（二）“雨中送伞，老师，让小小的我来保护你”

3月的最后一个周五，我们的活动主题为“种种子”，在孩子们的精心照料下，种子在希望的滋养中逐渐发芽。正当我们把花盆安置到种植区时，一场暴雨突如其来，我急忙催促孩子们回教室。在我放下最后一盆花，从花池中跳下的一刹那，一件红色的棉马甲盖在了我的头顶。我转头一看，原来是班上的丁一郴担心我被大雨淋湿，脱下自己的马甲为我遮雨。我来不及多言，接过马甲将其盖在我俩头上，紧紧地搂着他一起向教室跑去。途中，我们遇到了李木子、成森宇和杜勃序，他们迅速递给我一把大伞，然后转身跑开。雨势愈发猛烈，而我的泪水也随着雨水一同流淌……

爱是什么？或许，它就是我们与孩子们之间那份相互的牵挂；或许，它就是教育中“润物细无声”的最高境界。

三、阳光、健康、积极向上

“良好的习惯，意味着持之以恒，将一件平凡的小事转化为日常。”在上学期期末大会上，陈校长对我们班的体质健康测试成绩名列全校第一提出了表扬，这个消息让我大吃一惊，我甚至怀疑自己是否听错了。虽然我平时注重引导孩子们进行体育锻炼，但没想到我们班的成绩竟然如此出色，因此我们班荣获了“裕华区先进班集体”的荣誉称号。在此，我要感谢领导对我工作的认可和鼓励，接下来，我简要介绍一下我们的做法：

首先，我坚信“我能行”。要想成功，必须在思想上给予足够的重视。就我个人而言，我对运动充满热情，并且深知健康的重要性。我经常向家长和孩子们强调：“健康是‘1’，而学习、经济能力、外貌等都是‘1’后面的‘0’。没有健康，这些‘0’都失去了意义。”因此，要想成就一番事业，首要任务就是确保自己的身体健康。

其次，“一个好汉三个帮”。作为班主任，单凭个人力量是远远不够的，还需要与家长和体育老师紧密合作，形成协同效应。因此，在训练开始时，我便与体育老师沟通交流，使其在课堂上能够详细指导孩子们各项测试内容的训练技巧和要点。此外，我还通过家长会和微信群将我的理念、体测项目、训练方法以及体育老师教授的要点与家长们进行充分沟通，让他们理解健康的重要性，并以积极的态度与学校合作。

最后，“台上十分钟，台下十年功”。通过不懈的努力，孩子们在各项成绩上都有了很大提升，不仅体测成绩进步了，孩子们的身体也变得更健康，心态也更加阳光了。这种积极的循环，为他们的学习提供了坚实的保障。

“野径云俱黑，江船火独明。晓看红湿处，花重锦官城。”此时，杜甫的《春夜喜雨》又回荡在我的眼前。我不求大雨如注，唯愿做一滴细雨，静静地滋润万里桃园，尽享桃李争艳的芬芳！

为了心中那份爱

小学部　刘东宇

尊敬的领导、老师们：

大家好！今天我分享的题目是《为了心中那份爱》。领导曾这样对我说："让做经验交流，第一，这个班是你从一年级带到六年级的，你与学生之间建立了深厚的情感，这份情感的重量本身就值得分享。第二，通过多次交流，我们发现你的学生讲义气、重感情、为人厚道、不自私，这些都是教育的成果，同样值得探讨。第三，随着毕业季的到来，向大家展示工作阶段性成果，相信你会有所感悟。"感谢领导的信任与鼓励，接下来，我就讲讲过去六年里我和四班孩子们的故事。

一、重用男生

如今，幼儿园和小学阶段的教育大多由女性教师承担。在小学的一至三年级，女生似乎主导了整个课堂，无论是课堂表现、班干部职务还是参与活动设计，她们都显得游刃有余。相比之下，男生们似乎提不起兴趣，甚至在班干部选举中女生们也占据了绝对优势，这让我感到非常忧虑。然而，在阅读了《培养男孩》这本书后，我开始懂得如何培养男孩，使他们更具有男子气概。因此，从四年级开始，我决定给予男生更多的机会，虽然起初他们可能会把事情弄得一团糟，但我并不畏惧失败，因为没有失败就换不来成功。

我首先赋予男生们更多的责任，让他们建立自信。在10个班干部中，有8个是男生，课代表也大多是男生。起初，他们确实表现得不尽如人意，作业收不齐，交办的任务也是丢三落四。但随着时间的推移，他们逐渐掌握了技巧，加上我的信任和鼓励，他们表现得越来越好。现在，我们班里越来越多的男生能够独立自主，展现出正义感和责任心了。比如，彭家辉，他不仅是大队委，还是体委，意大利团出访回来后，韩蔚老师对他评价极高，称赞他考虑周全，细心大胆，勇于承担责任。其他男生如武小峰、芦世聪负责修理坏桌椅；卫骏确保饮水机始终有水；李明德、张祖瑜、朗逸一负责登统工作；孙亚东、戴瑞轩在电脑连接、维修和课件制作方面是专家，老师们只需上课，其他都不用操心；刘子硕虽然个子不高，但号召力极强，管理自习课纪律井井有条；我们班的鱼缸里养着 8 条金鱼，崔照阳和冯楚桥负责定期换水，从不寻求他人帮助。

我逐渐意识到，当一个班的男生变得强大时，班集体的凝聚力也会随之增强。如果给予男孩们正面的引导，不良风气就会被清除。对于男生之间的打闹，我持客观态度，男生之所以好动，是因为他们内心深处都有英雄情结，渴望保护弱小，希望正义战胜邪恶。他们常常幻想自己拥有超凡的技能，与恶势力斗争，成为人们心中的英雄，我虽不支持他们打闹，但在处理这类问题时会采取较为客观的方法。当两个孩子发生冲突时，我会让他们单独去一个地方，让他们自己分析事情的前因后果，判断正义是否战胜了邪恶，或者邪恶是否压倒了正义。我通常给他们十分钟到二十分钟的时间，让他们自己解决问题。之后，我再进行裁决，指出谁是正义的一方，谁是错误的一方，并要求错误的一方道歉。自从我采取这种方法处理冲突以来，打架事件反而减少了。

二、倾听的力量

在班里，我始终扮演着倾听者的角色，几乎所有孩子都乐于向我倾吐心声。每当课间休息时，我周围就会聚集一群孩子，他们争先恐后地向我分享趣事，而我则静静地听着，任由他们自由表达。记得有一次，一个学生告诉我："刘老师，我妈妈说其实仔细看，您也不算特别好看，为此我和妈妈争执了一番。"在家长会上，我半开玩笑地说："你们家大大小小的事情，孩子们都跟我说了。你们何时出差，去哪里用餐，家里来了哪些客人，你们对我的评价，我可都了如指掌，所以，要小心哦。"家长们尴尬地回应："我们的孩子已经不太愿意和我们交流了，他们逆反心理很强，总是和我们对着干，为什么他们对刘老师就没有这样的态度呢?"我回答说："你们希望孩子能与你们交流，但在交流时你们是否真的在倾听？正是你们不经意的忽视导致了与孩子的隔阂。孩子们之所以愿意与我分享，是因为我是一个合格的倾听者，我为他们提供了一个放松的环境，给予了他们平等、自尊和自信。"只有当父母给予孩子应有的尊重，并且善于倾听孩子的心声时，孩子才会敞开心扉，愿意与父母进行交流。

三、充分利用"人生讲堂"和"社会实践"活动拓宽学生视野

我们班的"人生讲堂"开始于三年级，当时学校并未要求各班开展此类活动，

而是建议邀请家长进班为孩子们朗读绘本。然而，随着活动的深入，有声音提出是否可以向孩子们传授一些课本之外的知识，因此家长进班讲课逐渐变成了一项常规的集体活动。家长们依据自己的专业知识和职业背景，为孩子们设计了一系列精彩纷呈的课程，如来自交警部门的家长讲解交通规则，来自印钞厂的家长教授如何鉴别人民币的真伪，环保局的家长分享保护环境的重要性，邮政局的家长介绍邮票的小知识和设计理念等。我们班的“人生讲堂”持续了三年之久，学生们从中受益匪浅，不仅知识面得到了拓展，而且在语言表达、人际交往和品德修养等方面都有了很大进步。

除了校内的“人生讲堂”，我还积极带领孩子们参与校外的社会实践活动，这些活动同样开展得有声有色。我们班有一群热心的家长，每当有活动策划时，他们总是充满激情，积极地参与讨论。在家长们的共同努力下，我们成功举办了多次大型、中型和小型活动。例如，我们一年一度的植树活动，最初由于缺乏经验，树木的成活率并不高，但通过不断总结经验教训，我们现在一次比一次种得好；家长们还组织学生参观宁晋服装厂，孩子们亲眼见证了从棉花到线，再到布料，最终制成衣服的全过程；在田间地头，孩子们体验了刨红薯、摘苹果的乐趣，并向农民伯伯学习了翻地的耕作技巧；我们一同参观了北京的鸟巢和水立方，感受奥运健儿曾经的竞技激情；多次前往儿童村，看望孤儿并赠送礼物……通过这些丰富多彩的社会实践活动，孩子们不断成长，开阔了视野，也逐渐突破了课本知识和技能的界限。

四、与家长成为好朋友

管理班级不能只靠教师的努力，让家长参与进来，就会实现事半功倍的效果。我会从家长的视角出发考虑问题，让他们感受到学校和老师对孩子的深切关怀。我不仅关心孩子们，也像朋友一样关心家长们。例如，当小崔同学的奶奶去世时，我亲自上门慰问，这让家长既惊讶又感动；在家委会成员过生日时，我会送上生日礼物……我还积极利用家长的特长，为他们提供展示自我的机会，特别是在外出活动时，我会鼓励家长参与班级管理，无论是带领队伍、进行讲解还是提供后勤支持，增强了大家的团结协作精神。

六年的时间转瞬即逝。对于这个班，我心中既有遗憾也有欣慰，虽然明白世事无常，但确实难以割舍。记得在一次语文课上，我提到了“昙花一现”这个词语：昙花从绽放至凋谢只有短短两个小时，但它在这有限的时间里极尽所能地将所有光彩呈现出来，然后以一种高贵的姿态凋谢。我家也有一盆昙花，每年盛开十几朵，光彩照人，满屋飘香，尽管我尝试了各种方法留住它们，但都未能如愿，于是，我选择在每次花开时静静地欣赏。欣赏和赞美，就是对它生命价值的最大肯定。孩子们，其实在你们的生命中，刘老师和小学生活就像昙花一现，我多么希望能留住我们一起度过的快乐时光，但时光无法倒流，那就让我们一起静静地欣赏吧。珍惜每一天的精彩，珍惜共同度过的时光，即使多年后你们可能已经淡忘了这里，至少在你们的生命里，曾经有过一段灿烂、快乐而阳光的童年时光！

在爱的路上幸福前行

小学部　刘　佳

作为一名小学教师，我深感荣幸能与各位一起探讨“三爱”这一主题，这体现了学校领导对我的认可与信任。在过去五年的教学实践中，我并不认为自己拥有可供他人借鉴的丰富经验，但我坚信每位教师在职业生涯中都形成了自己独特的经营爱的方法。因此，我结合个人的成长历程，分享一下我对“爱教育　爱学校　爱学生”这一精神的理解。

教育的核心是爱，沿着这条充满爱的道路前行，我感受到了满满的幸福。我儿时的梦想就是成为一名教师，2011 年，我踏入了石家庄外国语小学这个充满爱的大家庭，我意识到我的梦想成真了。在这个温馨的家里，我得到了领导的鼓励和同事的支持，在教育的旅程中，家长的信赖和学生的喜爱伴我左右。我幸福地在爱的道路上前进，开启了一段洋溢着爱的教育之旅。实习期间，我遇到了爱的使者——付洁老师，短短两个月的时间里，我从她身上学到了对教育的执着和对学生如母亲般的无私关爱，这在我心中种下了一颗爱的种子。工作的第一年，我遇见了爱的领路人——我的师父樊春潮主任，他课堂上和谐的教学氛围和风趣的授课方式至今对我影响深远。工作的第二年，对我来说是一个全新的开始，我遇到了爱的师父——姬路娟主任。她对教育事业的热情引导我在爱的道路上不懈努力，将爱的芬芳传播到每一个角落。

在这条充满爱的道路上，我不是孤单一人，而是与大家并肩同行。青春二年级这个充满爱的团队给予了我温暖和力量，我们每一位老师都是爱的小花，将爱与快乐传递给周围的每一个孩子。小花的成长离不开阳光的照耀和水分的滋养，而领导正是那温暖的阳光，那滋润的清泉。在爱的滋养下，我们这些小花将爱传递，让整个园地充满馨香，一路芬芳。爱是奉献，爱是传递，爱让我们在孩子们心中播下幸福的种子。

一、爱就是给予孩子关爱

在我教第二届学生期间，班上有一个听力受损的孩子。他因幼时持续高烧导致耳聋，尽管佩戴了助听器，但在日常交流中如果说话声音太小或语速过快，他仍然难以听清。因此，每次上课讲完重点后，我都会特意张大嘴巴、放慢语速，重复讲解重点内容，确保他能够理解。有时，我还会在课后单独为他辅导，直到他完全掌握。就这样，他的语文成绩一直名列前茅。

然而，学习问题解决了，他在社交方面遇到了困难。他常常独自一人坐在座位上，沉默寡言，眉头紧锁，或者只是羡慕地看着其他同学玩耍，他的眼神中不时地流露出想要参与的渴望。发现这些后，我有意安排了一些性格温和的同学与他同桌，鼓励他们成为朋友。起初，同学们与他交流并不自然，作为老师，我看在眼里，急在心里，因为我知道拥有朋友对孩子的身心发展至关重要。

于是，课间休息时我会走到他身边，关切地询问他学习和生活的情况，时间久了，孩子们也开始围过来，并逐渐习惯了与他交流，我们开始谈论周末的活动、看过的电影等。慢慢地，孩子们开始主动与他沟通，他也找到了好朋友。在课堂上遇到听不懂的问题时，他的朋友们会主动帮助他；课后，他们也会邀请他一起玩游戏、下跳棋、阅读书籍。不久，孩子的奶奶打来电话，激动地告诉我："孩子变了，他现在会分享学校里的事情，性格也变得开朗了，甚至周末还会邀请同学来家里玩。"奶奶为孙子能够融入这个充满爱的集体流下了激动的泪水。

孩子确实发生了变化，他变得更爱笑、爱说话，学习也更投入了，整个人都散发出阳光般的活力。去年，姬主任带领我们班的几名学生参加了市里的一项活动，活动结束后，有人向孩子们提问："听说你们班有一个听力障碍的孩子？"孩子们回答："没有啊。"当被追问道："那不是有个孩子戴着助听器吗？"他们说："他只是带了助听器，但他和我们一样，我们一起学习，一起玩耍，他并不特殊。"如果你走进这个充满爱的集体，你根本不会察觉到他的不同。

爱孩子意味着要关心他们，理解他们，读懂他们的心。有时候，一个眼神、一句话语就能在学生心中留下深刻的印象。爱是永恒的，是传递的，虽然我现在不再是他的老师了，但只要有机会孩子就会抽空来看我，分享学习中的趣事，聊聊他的好朋友。

二、爱就是挖掘孩子的潜能

2015 年 9 月，在希校长和樊主任的带领下识字课题组正式成立，得知自己成为其中一员时我感到无比兴奋，同时也肩负着不小的压力。虽然我每年都在教识字课，但将它作为一项研究来开展对我来说无疑是一项挑战。一年级新生的识字水平参差不齐，如何在教学中激发他们的兴趣成了我每日需要思考的问题。

在识字教学初期，我和同事高学学老师利用课余时间搜集资料，编写有趣的句子。为了进一步激发学生的学习热情，我们精心挑选素材，制作课件，并将音乐和动画视频融入其中。

起步阶段，我们专注于认识学生的名字。我和高老师每人负责两个班，每天都要准备两套不同的课件。为了帮助学生更好地记忆，我们都会提前研究字的起源，并将学生的名字打印出来贴在黑板上，以实现看字和发音同步学习的目标。

摸索阶段，我们从认读名字逐渐过渡到课文中生字的学习，每课的字词都会以组词、单字、句子的形式呈现。为此，每周一下午的识字组备课时间，我会与樊主任、王薇老师、王方旭老师一起交流讨论，有时为了探究一个汉字的起源，我们常常下班后还在继续讨论，直到彻底弄明白为止。随着识字教学的不断深入，最具代表性的识字条应运而生，这些看似简单的识字条，背后是我们日复一日地讲解、查找和反馈，每个字都是经过我们反复斟酌和精心编写的。有时为了编出一个合适的句子，我和高老师会各自创作几句，然后挑选出最合适地组合在一起。在准备资料和编写句子的过程中，我虽经历过痛苦和迷茫，但我从未放弃，因为我坚信，我的努力最终会让学生们受益，想到这些，我便开始为自己加油鼓劲，信心满满。

2015 年 11 月，学校举办了“大手拉小手”识字验收活动，由六年级学生对我们四个识字班进行检测。测试结果公布时，我和高老师激动得热泪盈眶，兴奋不已，连六年级的学生都惊叹：这些孩子们太厉害了，竟然认识 800 多个字，有些字连我都感到陌生。在识字课题结束前，我们进行了第二次测试，孩子们已经能够认读 4000 多个生字了，这令负责测试的六年级师生都感到震惊。

一年的识字教学工作结束了，在这一年里，我见证了孩子们的进步和成长，挖掘了他们的潜能，发现了每个人独特的闪光点。每个孩子就像一只勇敢的雏鹰，飞越高山，穿越丛林，我愿他们能够锻炼出坚强的翅膀，勇敢地搏击风雨。每个孩子的潜能都是无限的，而我也渴望成为那个发现并挖掘他们才能的引路人。

三、爱就是不忘初心

2015 年 8 月 17 日，我们的青春团队正式成立，我深感荣幸能成为这个充满活力的集体的一员。在学前教育准备阶段，我向姬主任提出了一个想法：我们是否可以创建一个微信平台作为对外宣传的窗口，让家长更好地了解老师们的工作和孩子们的校园生活。经过两天的紧张筹备，8 月 19 日，我们的平台诞生了。起初，只有我和姬主任两人负责撰写稿件和制作内容，我们希望取得一些成绩后再与年级老师分享。起步阶段我们确实遇到了不少挑战，我利用一切空闲时间关注集团平台的动态和其他订阅号的内容，学习制作与排版技巧，同时我下载了各种软件自学并不断尝试，我们的平台就这样逐渐成长起来。从无到有，从简单到丰富，从稚嫩到成熟，从小心翼翼、忐忑不安到勇敢尝试，在发布第一篇文章的那天起我就告诉自己："精心打造每一篇内容，用心书写每一篇文章，用爱记录每一个瞬间。我们要持续关注，不断探索，深入思考，积极传播，这是一场心灵之旅，让每个人见证不一样的青春，遇见全新的自我。"随着平台的关注者日益增多，在姬主任的领导下，我们成立了年级信息组，姜锐、吴婧婉、冯晓培三位老师的加入也为我们团队注入了新的活力。

我依然清晰记得去年艺术节时，我们信息组四人一起编辑信息、挑选照片的情景。为了向大家呈现一篇完美、精致、高效的文章，我们从家长摄影团拍摄的 400 多张照片中精心挑选出 20 张。我们反复校对信息，不断发送到手机预览，即便是标点符号的位置也要调整到完美，直到版面布局整齐划一。在忙碌中，不知不觉已是晚上 10:30，我们忘记了饥饿，忘记了时间，这时，我们开始陆续接到家人打来的电话，家人的支持和理解给了我们莫大的鼓励。

令我难忘的是今年六一活动结束后，我们从邮专回来的第一件事就是赶往年级办公室拷贝家长拍摄的照片。简单吃过午饭后，我们顾不上休息就开始选图、修图、改稿，目的是让家长和更多的人看到我们精彩的活动，了解我们的学校。每次家长会和家长培训结束后，我们总是第一时间发布稿件，家长们都说："你们的速度真快，我们还没到家，信息就已经出来了。"发布完信息已是晚上 10:00，走在空荡荡的教学楼里，只听得到我们自己的脚步声，而这样的夜晚已经不记得有多少个了。

我们日常需要教学，那么编写信息的时间从何而来呢？我们便会利用中午休息时间、下班后的时间，但更多的是周末在家编写。有人问我们到底追求的是什么？这或许就是梦想的力量。我们并不觉得自己有多了不起，而是感到我们的工作是有价值、有意义的，我们不仅能够近距离见证孩子们在活动中的成长，还能用独特的视角捕捉主题活动课的精彩瞬间，更能亲身感受到老师们工作的认真和不懈努力。

身为教师的我，要不断学习，努力提升自己。我们经常说不忘初心，什么是初心？初学者的心，初始者的心。在教育事业上我还是一位初学者，但我永远记得当初的选择，唯有爱，我才能在教育的路上走得更远！

选我所爱，爱我所选。既然选择了这份神圣的事业，就安于平凡的工作，在平凡中享受快乐。爱是一种伟大的力量，在我们付出的同时也会得到回报。把爱传递，孩子们就能开出美丽的花；把爱珍藏，孩子们就会心怀感恩；把爱分享，孩子们就会心胸开朗。爱的路上有花香，有芬芳，有微笑，有泪水，有你，有我，做一名幸福的老师，在爱的路上前行！

用心投入，做教育路上的追梦人

小学部　闫世玉

尊敬的领导、老师们：

大家好！我是来自高学段四年级筑梦团队的闫世玉。今天，我想与大家分享关于班主任工作中的一些实践与体会，我的汇报题目是《用心投入，做教育路上的追梦人》。

此刻，我站在这个讲台上心中很紧张。在座的每位老师都有自己独特的教学技巧和管理经验，而我尽管在教育领域工作多年，曾担任过初中英语教师和小学英语教师，但却未曾涉足班主任这个岗位。直到上个学期，我才开始担任这一职务，可以说是一个真正的新手班主任。面对大家，我深感自己的经验尚浅，真是感觉有些班门弄斧了。

我还清晰地记得去年刚得知自己要担任班主任时的心情：紧张、害怕、忐忑、不愿，也还记得开学初由于缺乏经验、理不出头绪导致每晚加班至深夜、心力交瘁。但幸运的是，我工作和生活在一个优秀的团队里，优秀的集体使人乐观上进，这么多优秀的老师在我身边，让我“如入芝兰之室”，染其香、得其美，在和谐上进的环境中提升着自己。学段里每一次的班主任治班经验分享、每个月的优秀随笔分享都能教给我许多切实可行、拿来即可用的班级管理好方法；年级班主任会上老班主任们毫无保留分享的小妙招，好操作又特别实用；师父们的耐心引领、办公室里的有问必答、楼道里遇上后的随时交流支招都使我受益匪浅。她们从最初如何安排座位、如何进行座位轮换、如何更合理地安排值日小组、如何开好第一次家长会开始，一点点引领我们这些新班主任高效顺利地开展工作。因此我今天的发言不能说是经验交流，而是给大家做一个工作汇报，希望大家多提宝贵建议。

班主任的工作千头万绪，很容易让自己转得像个陀螺也收效不大，这就需要我们静心思考，想尽一切办法调动学生的内驱力，使他们的齿轮转起来，逐步形成自主意识，使班里的各项工作高效运转。尤其面对四年级的学生，一切都是新的开始，我们要抓好这个关键期，使班级管理达到事半功倍的效果。

一、班级管理

（一）凝聚班级向心力——你很重要

班级的凝聚力是确保一个班级积极向上的基础。自学生初入集体之际，我便不断强调：“从今往后，你将在这个全新的集体中塑造一个全新的自我。”在学校组织的队列比赛、合唱节等各类集体活动中，以及在日常的升旗仪式、列队行进中，我经常利用午会和班会时间向学生展示拍摄的照片和录制的视频，引导他们反思在集体活动中的每一个动作都会影响到整体，从而体会到“我很重要”的内涵。

在每周常规检查结果公布时，我会引导学生感谢自己一周来的努力，正是因为每个人都能尽其所能，班里工作才能取得良好的成绩。通过这种方式，让学生深刻感受到“我很重要”，并认识到自己是班集体不可或缺的一部分，个人的利益应当与集体的利益保持一致，从而树立起“班荣我荣”的集体主义信念。

（二）学生参与班级建设——你是主人

在更换壁纸的过程中，学生们投入了近两周的时间，独立完成了测量、拼接和粘贴等各项工作。尽管某些部分的完成效果不是那么完美，但我认为，让他们亲自参与班集体建设，自主完成任务，比起仅仅贴出一块完美的壁纸更有价值。实践证明，他们会更加珍惜自己亲手创造的优美环境，以及会主动擦拭墙上的污迹，同时发现作品栏中的优秀作品松动时也会自觉地进行固定。这种方式培养了他们自觉维护班级环境的良好习惯。

在制定班级公约时，我首先引导学生讨论了制定公约的重要性以及如何制定合理有效的规则。随后，学生们分组讨论并逐条通过了公约，确保他们深刻理解遵守公约不是为了学校和老师，而是为了自己。最终，我们实现了让学生自觉自愿地遵守学校纪律和班级公约的目标。作为班集体的重要成员，老师也必须遵守公约，以身作则，为孩子们树立榜样。无论是端正的站姿坐姿、整理桌椅、保持桌面整洁、捡起地上的纸屑，还是轻声慢步地进入教室、利用零碎时间高效做事，老师都应成为孩子们的示范。

（三）组建一支威信高、能力强的班干部队伍——你是榜样

班干部是班集体腾飞的“翅”，是引领班集体前进的“头”，因此，选拔合适的班干部至关重要。面对性格各异的学生，我倾向于从活泼外向的学生中挑选有魄力和有能力的担任管理型班干部，他们的职责是组织、管理、协调和带领全班同学；

从沉默内向的学生中挑选细心耐心的担任实干型班干部，他们的主要任务是处理班集体日常琐事。通过这种方式，我们能够确保每个学生都能在其擅长的领域得到充分的锻炼和提升。

对班干部进行培训时，首先我会明确他们的责任与义务。担任班干部意味着要无私奉献、付出，并且要为集体和同学们提供优质的服务，而不是高高在上地指挥他人。接下来，我会逐步教他们如何在集体面前展现得体的姿态和眼神，如何在全班面前自信地发言，以及如何迅速有效地使同学们安静下来。通过培训班干部，其他同学也会潜移默化地学习到良好的行为规范。

起初，我注重细节的指导是为了将来能够放手，现在，班干部们已经从最初的不善管理、被动执行命令的状态，转变为能够主动思考、运用智慧管理班集体了。例如，在眼保健操、卫生等方面，他们能够自主制定评比方法和奖惩措施；自主制作并打印积分表，为积分优胜者颁发奖状，并兑换奖品或是一些“小特权”，如自主选择座位、担任一天的值日班长等。这些奖状还可以累积作为过程性评价的参考，辅助期末的综合评比。

（四）人人有事做，事事有人管——你很出色

在班里实施“人人有事做、事事有人管”的制度，确保每个学生在集体中承担起明确的责任，从而感受到自己的价值所在。通过这种参与方式，培养了学生强烈的责任感，使每个人都拥有自己的“责任田”，为集体贡献自己的力量。

从本学期开始，我引导学生轮流主持午间会议，让他们从个人视角观察并记录集体的情况，并在午会时进行点评。在这个过程中，学生们必须自行组织语言，并对某些事情提出自己的看法。目前，班上大多数学生已经有过主持午会的经历，他们参与班级管理的积极性非常高，这种人人参与的管理方式取得了良好的效果。

（五）有效利用班会课，组织开展专题活动——发现优秀的你

通过班会课开展专题活动，有助于在班内树立正确的舆论导向，培养优良的班风和学风，为学生打造一个积极向上的学习环境和氛围。例如，“夸夸我的同学”旨在鼓励学生发现并赞扬彼此的善行，上学期我们以“我眼中的你”为主题，引导孩子们发现身边的美好行为，并注重培养自身的良好品质。本学期我们将继续这一主题，并结合学校的教育重点，寻找在自主管理方面表现出色的同学，观察并讨论他们的具体做法，以及为何认为这些做法值得称赞，从而潜移默化地引导学生将自主管理的行为内化为自己的习惯。

二、在爱中成长

（一）尊重、赏识的力量

有这样一个故事：曾经有个小女孩总是不拘小节，在泥地里摸爬滚打，弄得满身污垢，父母尝试了各种方法——责打、训斥、哄劝，但都无济于事。一位退休的女教师得知此事后赠予了女孩一件漂亮的连衣裙，自那以后女孩再也没有在泥地里打滚了，因为她不忍心让这件美丽的裙子沾染污渍。实际上，我们每个人的心中都藏着一条美丽的连衣裙，那就是对认可和赞美的渴望。在班级管理中，适时给予学生赞美往往能取得显著的效果，而这正是尊重和赏识的力量所在。观察学生时，我们不应只关注他们的不足之处，而应发现他们的潜能和优点，以此为切入点帮助他们树立自信。例如，班上的小赵同学常常不注意个人卫生，衣领敞开，桌面杂乱无章，书包里也是乱糟糟的，经常一提起书包里面的东西就会散落一地。然而，我注意到他对班里的事务非常热心，于是便指派他担任小组的卫生组长，自从他上任以来，他们小组的桌椅总是摆放得整整齐齐，卫生状况也大为改善。我拍摄了照片在全班分享，大力表扬了他的责任心，此外我还私下与他交流，提出了改善个人卫生的具体建议，结果他的个人卫生状况有了很大改善。

（二）创设“提示语”和“表扬专栏”，让学生感受到同学间互相给予的温暖和爱

经过一段时间观察学生轮流主持午会的情况，我注意到他们倾向于关注同学们的不足之处，提出批评的声音比较多，而这种做法往往无法区分哪些行为真正需要批评，从而不利于营造积极的舆论氛围。因此，我引导学生反思我们进行这项活动的初衷和目标，鼓励他们在关注不足的同时学会发现和赞赏他人的优点。我们共同建立了“提示语”和“表扬专栏”，鼓励学生记录和分享同学们的善行和积极表现，以此作为学习的榜样。对于需要改进的地方则记录在“提示语”专栏中，目的是让每个人都能够引以为戒，预防问题的发生。通过这种方式，“表扬”和“提示”不仅传递了同学间的相互鼓励和支持，也让集体充满了爱与温暖。

（三）让“与众不同”的学生感受爱与包容

每个班都有一些与众不同的个体，确保他们能在班里感受到安全和归属感至关重要。我们班有一位严重口吃的同学，自四年级开学以来我便特别关注他。每当他尝试回答问题时我总是耐心倾听，即使他的语速缓慢，伴随着重复和停顿，我也会在全班同学面前保持平常心，不表现出任何异样。我希望树立一个榜样，向同学们

传达一个信息：每个人都应受到尊重。

起初的几个月一切顺利，但这个学期开始不久我注意到当这位同学回答问题时有的学生会偷笑，为了处理这一情况，我找了一个他不在教室的时机将这个问题坦率地摆到了全班同学面前。我引导同学们设身处地地思考："如果换作是我，我能否像他一样勇敢地参与课堂讨论，积极回答问题？如果换作是我，我能否像他一样保持阳光和自信呢？"通过这样的换位思考，学生们立刻意识到了这位同学的勇气和努力，不仅嘲笑的现象不再发生，而且每当他回答完后同学们都会给予他真诚而热烈的掌声。我相信，他们已经真正领悟了尊重的意义。

三、家校共育，形成最大合力

家庭与学校之间的紧密合作和有效沟通是促进学生全面发展的关键。通过及时交流，教师能够更全面地了解学生，从而形成对学生更为立体的认知。在日常教学中，教师不仅要在学生遇到学习困难或身体不适时与家长联系，更要在学生取得进步时及时向家长反馈，分享喜悦。通过这样的沟通，教师和家长可以共同分析进步的原因，巩固成果。

然而，与家长沟通时我们可能会遇到仅以简单训斥来解决问题的情况，这并非沟通的真正目的，教育家长如何进行有效的家庭指导同样重要。在班集体组建之初，我与家长进行了个别座谈，根据每个学生的不同情况实施了分类辅导。有的学生需要小组指导，而有的则需要一对一的关注。例如，班上的小马同学在处理事务上缺乏条理，常常导致自己的事情一团糟，课堂作业效率低下，经常是班上最后完成作业的学生。为了帮助他改善这一状况，我找到了一个切入点，就是让他每天回家整理书桌，以此培养他的条理性，并提高做事的规划性和效率。同时，我与家长约定，他们每天都要拍照反馈孩子的进步情况。在与家长沟通时，我强调了捕捉孩子小进步的重要性，并鼓励家长及时分享这些变化，尤其是当面表扬孩子。一段时间后，家长高兴地告诉我，孩子做事的速度明显加快，拖延现象减少了，这个小小的改变带来了令人欣喜的效果。

在谈论教育时，"爱"是一个不可或缺的主题。我将爱融入每一个鼓励的眼神里，每一次对学生的深切关怀里，以及孩子们日常生活的点点滴滴里。教育不正是隐藏在这些简单而平凡的小事之中吗？当我全心投入，抓住这些简单而又平凡的细节时，我惊喜地发现，我努力将班级管理做出了一点儿不那么平凡，也不那么简单的事来。

这是我班主任工作中的一点小小收获和感慨，我深知自己还有许多需要学习和探索的地方，希望大家多多请教。我们都在教育这条路上，共同体验着追梦人的艰辛与快乐，怀揣着三尺讲台的梦想和一颗赤诚之心，在未来的道路上，让我们一起加油！

心中有爱，面向未来

小学部　安雅琳

尊敬的各位领导、亲爱的老师们：

大家好！我是专业组的教师安雅琳，今天非常荣幸能站在这里与大家分享我教学生涯中最普通却意义非凡的故事。2024 年是我来到石外的第十五个年头，这十五年里，石外不仅目睹了我从一个新手教师成长为今天的我，更教会了我如何精心准备每一堂课，如何高效管理课堂，以及如何成为一位深受学生喜爱的专业课教师。自工作以来，在“三爱”精神的鼓舞下，我始终追求着成为一位“爱教育　爱学校　爱学生”的好教师。

一、我与学校

2009 年，我大学毕业踏入了石家庄外国语小学的大门，然而，我与石外的缘分可以追溯到 1999 年。那年夏天，我还是个六年级学生，首次踏入石外参加中学入学考试，当时的我甚至未曾见过完形填空题型，考试时将答案填错了位置，就这样，我与石外暂时告别了。但是，我们班的班长以出色的成绩考入了石外初中部，这让我羡慕不已。从那时起，我便坚信这是一所优秀的学校，只有最优秀的学生才能成为其中一员。

2005 年，我再次踏入石外的校园，坐在教室里，这一次，我真切地感受到了石外老师们的力量——敬业、博学、温柔而坚定。至今，我仍记得马兰老师拿着试卷，面带微笑地对我说：“你的英语很棒！作文写得很好，只扣了 3 分，这可是高分作文哦。”这件事深深触动了我，我从心底感受到了老师对每位学生的肯定与鼓励。虽然当时我还不了解“三爱”精神的含义，但在老师的言传身教中，我体会到了那种激励每个孩子积极向上的力量。

2009 年，我大学毕业了，成为石家庄外国语小学的一员，带着学生时代的憧憬我站在了讲台上，当年老师们给予我的爱，我也要一届届地传递下去。“爱教

育　爱学校　爱学生”成为我的工作信条，我将带着这份“三爱”精神去开展每一项教育教学工作，在我的教育生涯中认真贯彻“三爱”精神。

二、我与教育

（一）爱教育，就要塌下心来研究教学

音乐，作为一门传递快乐的艺术，应当以快乐的方式传授给学生。我深入分析了音乐课程中学生应掌握的知识与技能，并依据国家教材标准创新设计了一系列寓教于乐的音乐课程。2019 年，我荣幸地成为石家庄外国语教育集团“十五年衔接教育系列丛书”的主编之一，将这些创新型音乐课程融入校本教材，形成了小学音乐学科校本课程教师教学用书。这套教材的使用，不仅有效解决了音乐学科幼小衔接的难题，还为校本课程增添了趣味性，提升了教学效果。

教师职业的核心在于教学，对教育的热爱首先体现在对教学内容的深入研究上。努力就会有回报，我在省级评优课中荣获一等奖 1 项、二等奖 1 项，在区级评优课和素质赛中荣获特等奖 1 项、一等奖 4 项、二等奖 1 项，并指导青年教师获得区级评优课一等奖。此外，我还荣获了裕华区优秀教师、优秀德育工作者、社团工作先进个人等多项荣誉。研究与教学相辅相成，2023 年，我参与了石家庄市教育科学“十四五”规划课题《“双减”政策背景下小学音乐教育课内外一体化模式应用研究》，并顺利结项。

（二）爱教育，就要抓准教育契机

在 2021 年一节音乐课上，一年级学生正在学习四分音符和八分音符。那天正是 7 月 1 日，正值中国共产党成立 100 周年之际，天安门广场举行了盛大的庆祝大会，全校师生通过网络直播观看了这一历史时刻。在那天音乐课上，我随机询问了几个学生：“你们在大会上看到了什么？”“你们有什么感受？”起初，我以为学生可能会给出一些简单的回答，如“看到了习爷爷在讲话。”“看到了天安门上升起的国旗。”然而，孩子们的回答出乎我的意料，他们说：“我看到天安门上空有飞机飞过，喷出的烟雾像彩虹一样绚烂。”这样的描述让我感到非常欣喜，并对一年级孩子们敏锐的观察力和丰富的想象力表示赞赏。当我进一步询问“我们小学生应该怎么做”时，孩子们的回答更是让我感到惊喜，他们说出了“听党话跟党走”和“长大了要贡献自己的力量”这样的话语。我被孩子们认真的态度深深打动了，显然他们认真听了哥哥姐姐们的朗诵，并将这些话铭记在心。因此，我利用学生们提供的语言素材稍加润色和押韵，创作了一首专属于这个班的歌曲，并以视频的形式记录

下来，作为他们成长的纪念。教育的契机并不总是随处可见，但当它出现时我们应当及时把握。小学阶段是孩子们世界观、人生观、价值观初步形成的宝贵时期，抓住教育的契机往往能够达到事半功倍的效果。

（三）爱教育，就要善于发现孩子的闪光点，适时托孩子一把

我们的音乐老师在每堂课开始前五分钟都会安排一个特别的环节——“外小达人秀”。这个环节欢迎所有关于音乐的表演，无论是唱歌、演奏乐器、舞蹈还是曲艺都可以，并且所有学生都可以参与，不论他们的水平如何，即使演奏不够精准，歌唱的音准有待提高，这个小舞台也都给予了他们最大的包容。正是这种包容性，激励了更多学生愿意在班里展示自己的才华，从唱歌、跳舞到快板、钢琴、小提琴、大提琴、长笛、二胡、琵琶、唢呐、葫芦丝、竖笛、陶笛、拇指琴、空灵鼓、非洲鼓……你能想到的，孩子们都能展示出来。

视频中演唱的孩子名叫赵泊涵，当时他还是一年级的学生，圆圆的脑袋和憨厚的表情非常惹人喜爱，有一天他向我表达了想要演唱《萱草花》的愿望，我正准备找音乐时周瑞洋跑来告诉我他会弹这首曲子。于是，我突发奇想决定让这两个孩子合作一次，结果这场即兴表演出乎意料的精彩。赵泊涵通过这次经历得到了巨大的鼓舞，从此成了班上的小歌手，一首接一首地唱下去。到了二年级，我不再教他们了，但他每次上完音乐课都会跑到我的教室，兴奋地向我展示他新学的歌曲。对于热爱唱歌的孩子，我觉得有必要为他提供更广阔的发展空间，因此，我推荐他加入了刘威老师的合唱团，在那里他接受了更专业的演唱指导。在今年 6 月的“博·雅杯”艺术展演中，赵泊涵脱颖而出，成为为数不多男生歌手中的佼佼者。看着他在舞台上闪耀，我深刻体会到，孩子们的梦想可能就是在我们不经意间帮助他们建立起来的，我们应当成为有心人，适时地托他们一下，让他们成为更闪亮的自己。

三、我与学生

教师对学生的爱，被学生真切地感受到时，就会给教师带来意想不到的惊喜。小林是一个听力有障碍的孩子，仅能听到 50％的声音，在她的班主任孙世老师的介绍下，我有幸认识了这位文静的女孩。她在课堂上寡言少语，偶尔只是默默地翻阅音乐书，她的发音并不清晰，因此很少主动发言。为了确保她能听清我的课，我特意将她安排在离我较近的位置，并在讲课时提高音量，以便她能多听到一些内容。起初，我并未抱有太高的期望，直到有一天我亲眼见证了那朵迟迟的花朵绽放了。那天，“外小达人秀”需要一名主持人，我扫遍了所有举手的孩子，意外地发现小

林也举起了手，我几乎不敢相信自己的眼睛，急忙请她上台。她接过节目单，落落大方地开始报幕，尽管她的发音不够清晰，口齿也不够伶俐，但她自信的样子着实令我感到惊喜。课后，我表扬了她，她对我报以一个淡淡的微笑，那一笑仿佛在我们之间架起了一座爱的桥梁，那份情感溢于言表。

“三爱”精神重在“爱”，如果教育没有情感和爱，就如同干涸的池塘。教师的爱是学生成长的不竭之源，作为教育者，我们肩负着传递这份爱的使命。播撒“小爱”，终将收获“大爱”。愿我们在教师的职业生涯中始终“心怀爱意，展望未来”。

心中有梦　砥砺前行

小学部　许　敬

尊敬的各位领导、亲爱的老师们：

大家下午好。我是来自专业组的羽毛球专业课教师许敬，非常荣幸今天有机会与大家分享我的工作经验。每个人都有自己的梦想，它是对未来的一种美好期待，心中有梦，便能看见远方；心中有路，便能踏实前行。回顾我在石家庄外国语小学工作的十六年，我越发庆幸自己当初的选择、庆幸自己多年来的坚持，以及庆幸自己有一个执着的梦想。

一、播种梦想

2008 年春天，我经过一系列严格的面试荣幸地加入了石家庄外国语小学，实现了我的愿望，成为一名羽毛球专业教师。当时，我们小学是石家庄市唯一一所开设羽毛球专业课的学校，学生们在五六年级时便有机会在体育课上接触羽毛球运动。起初，学校并没有专门的羽毛球场地，我只能在小操场的弧顶进行教学，2009 年学校决定建设专业的羽毛球场地。那个暑假我几乎每天都守在工地上，为了赶工期，无论是晴天一身土还是雨天一身泥，我都毫不畏惧地奔波忙碌，与工人们沟通，提出设计方案，必要时甚至亲自上阵。工人们加班加点，最终提前 10 天完成了施工任务。新学期伊始，我梦寐以求的羽毛球场终于迎来了孩子们，在这里，我播下了自己的梦想：让孩子们享受羽毛球运动的快乐，并在其中拥有一个光明的未来。新球场成了我心中最珍爱和牵挂的地方。

有了这五片羽毛球场，练习羽毛球的效果一下就不一样了，学生们不仅能够学习到更多的技术动作，对羽毛球运动也有了更深入的认识，羽毛球课逐渐成为学生们最喜爱的课之一。从那时起，课余时间总能看到学生们拿着球拍结伴来球场打球，听到他们的笑声、看到他们的身影，我便有了一个新的梦想——开展羽毛球专业训练。于是，我挑选了几位身体素质较好的学生，开始坚持每天放学后进行训练。他们从不迟到，训练时认真刻苦，从零开始学习挥拍、击球、步法，逐渐进步。出乎意料的是，小学生对羽毛球的热情“感染”了初中的孩子们。当他们得知小学有专业教练指导羽毛球训练时，也主动要求加入，共同提升。羽毛球项目成功地连接了小学、初中和高中，我亲眼见证了学生们从零开始的成长，并对每个人的特点和优缺点了如指掌，为他们量身定制学习和训练计划。看着参与训练的学生队伍日益壮大，看着他们对羽毛球运动的热情如火如荼，看着他们在球场上日益娴熟的技巧，我更加坚定了自己的梦想，也更加坚定了朝着心中的梦想坚定前行。

二、追逐梦想

对于追求事业的人而言，首要的是拥有坚定的追求和远大的目标。既然我已经明确了目标和方向，接下来就是寻找路径实现梦想。

我会利用零碎的时间反复观看羽毛球比赛和训练视频，在脑海中不断重现技术动作的细节，有时我甚至还会在走路时不自觉地挥动手臂，感受动作的要领。同时，我还阅读了《人是如何学习的——大脑、心理、经验及学校》《认知天性》《运动改造大脑》《如何学习》等书，将理论与实践相结合，让我对各种技术要领有了更深刻的理解和体会。

基于此，我为中小学生量身打造了一套“许老师小口诀训练法”，这套训练法和动作讲解模式非常适合他们的生理特点和运动习惯，能够帮助他们快速掌握动作，提升技术水平。在思考与实践中，我一步步地接近我的梦想，孩子们也跟随我的步伐，进入了羽毛球的快乐世界。

然而，追逐梦想的道路从不会一帆风顺，坎坷与成功总是相随。例如，有个队员叫刘学洋，他非常调皮，我简单举个例子，他的破坏力极强，以至于他妈妈经常来学校赔偿同学们被损坏学习用具。尽管他身材矮小，没有明显的运动天赋，但他对羽毛球的热爱却非同寻常。第一次带他参加比赛时，他输得一败涂地，但因为敢于参赛，我在班上表扬了他。这次表扬似乎给了他自信，经过一年的刻苦训练，他第二次参赛时尽管只赢了一场球，但我还是在班上表扬了他坦然接受失败、勇敢面对挫折、永不放弃的精神，这进一步坚定了他继续练球的决心。最终，刘学洋凭借羽毛球特长考入了理想的大学。

再如于晓航，他在五年级时开始接触羽毛球，由于起步较晚，他不得不比其他队员投入更多的时间和精力。记得在河北省第十五届运动会中，晓航代表石家庄市羽毛球队参赛，而比赛时间恰巧与初三理化实验学习时间冲突。晓航和他的家长非常焦虑，一边是四年一届的省运会，一边是人生中唯一一次的理化实验。我找到初三年级的校长、主任、班主任说明了情况，并保证不会影响成绩，同时联系了理化实验老师为他单独辅导。最终，晓航不仅赢得了团体冠军，理化实验考试也取得了满分。

最难忘的一次经历是 2018 年队员们首次参加中国中学生羽毛球锦标赛。正值盛夏，酷热难耐，场馆内如同蒸桑拿一般，即使静止不动，不到十分钟也会汗流浃背，T 恤湿透。在这样艰苦的条件下，队员们坚持了九天，每天早晨 7:00 开始热身，晚上 9:00 才离开赛场返回驻地，12 个小时的高强度训练和比赛，作为教练员的我，除了提供赛场技术指导，还要督促队员们反复热身、放松，提醒赛事进程，安排饮食和休息，确保队员们每场比赛都能保持最佳状态。最终，我们以团体第三名、男子双打全国冠军的优异成绩圆满完成了比赛，为学校赢得了荣誉。

三、放飞梦想

在这十六年里，我未曾虚度光阴，每一次都充满了挑战与收获。为了确保学生们的学习不受影响，我长期坚持在放学后和下班时间进行训练。我从未在晚上 8:00 前离开过球馆，每个周末也总是与队员们一起训练和比赛。自 2011 年起，我带领羽毛球队员参加了全国、河北省和石家庄市的青少年羽毛球比赛，共赢得团体冠军 50 个、单项冠军 100 个，有 23 名队员成功考入重点大学。在 2017 年河北省第十五届运动会上，我们取得了 11 枚金牌的佳绩，我也因此荣获河北省政府颁发的“二等功”荣誉称号。在中国中学生羽毛球锦标赛中，2018 年获得团体第三名和男子双打全国冠军，2019 年获得团体第三名和男子单打第三名；2020 年，我们荣获全国中学生羽毛球锦标赛团体第一名。

尽管我只是一名小学体育教师和羽毛球教练，但我渴望将对羽毛球运动的热爱和执着传递给我的学生和队员。我希望他们能够热爱生活，勇敢且坚韧地面对人生中的困难与挑战；我希望他们能够成为给予他人力量和阳光的人；我希望他们能够成为最好的自己！我相信，他们的未来充满无限可能，而我愿意为他们照亮前行的道路。

关于梦想，每个人都有自己的理解。人生中能实现的梦想并不多，如果我们仍怀揣梦想，并且有机会去实现它，那就不要犹豫。只要我们心中充满热情，怀揣梦想，我们就能永远保持年轻的心态。

教师的幸福

——看山还是山，看水还是水

小学部　李　琳

宋代禅宗大师青原行思提出参禅的三重境界：参禅之初，看山是山，看水是水；禅有悟时，看山不是山，看水不是水；禅中彻悟，看山仍然山，看水仍然是水。这是参禅的三重境界，亦是教师成长的三个阶段。我从初为人师到桃李满门，近十二年的历练，体味着做一名教师的苦辣酸甜，也享受着这一职业幸福感的加持与馈赠。今天能站在这里，我备感荣幸，同时也诚惶诚恐，因为我只是众多班主任中普通的一员，我的经验都是老师们智慧的结晶。在我的发言中，你可能能感受到自己的影子，因为这次的经验之谈我更多的代表了曾经给予我帮助和启迪的老师们，所以我只谈点滴体会与大家共勉。

一、看山是山，看水是水时，幸福是付出

刚来学校时就像是初识整个世界，一切都是新鲜的，眼睛看见什么就是什么，人家告诉我这是山，我就认识了山，告诉我这是水，我便就认识了水，告诉我这是学生，我就认识了学生。

一来学校就接手一年级，说真的那时的我也像个一年级的小孩，什么也不懂什么也不会，一天到晚懵懵懂懂，站着手足无措，坐着局促不安，只知道一味地拼命，但真的是重拳打蚊子不知道怎么用劲。我记得那个时候还有住宿班，刚开学的前几天我走得很晚，路过住宿班时陆主任叫住了我，让我帮忙一起哄哄想家想得要哭的孩子。我搂住一个小女孩问她怎么了，她说："我想回家，我想妈妈，老师，妈妈是不是不要我了?"说着说着我就掉下眼泪，最后我和这孩子抱作一团，号哭不止。那时候的我不给大家添乱就是好事。

十几年前，当时家长资源没有现在发挥得那么好，所有现在家委承担的任务几乎都是我们班助来干，买校服、收班费、开荒保洁、盯值日送队。说真的，我每年

最怕的就是收学费和买校服，文科出身的我经常数钱一会数多一会数少，特别挠头。天天都是早上 7:30 准时到班，到了下午 6:00 都不愿离去，每天都要干到骨头散架，第二天又拼好骨头继续战斗。当时的我每天问自己的话不是“累不累”而是“有没有做好”，一天下来衣服湿透，但塌湿的汗水就是我为孩子们付出的幸福见证。

特别幸运的是，我当时一进学校就跟着一位特别优秀的老师——张薇老师搭班。薇薇特别有经验，什么事先干什么事后干，遇到这样的事该怎么办、那样的事该如何处理，她都能处理得井井有条、干干净净。当时学生中午在校吃饭，我们两个一起下班经过小学食堂的时候她还在给我传授第二天给孩子们打饭的工作细节，感觉这一幕像是昨天刚刚发生似的。紧接着第二年我又遇到了韩小先老师，韩老师特别有教育智慧，记得班上有个叫小李的孩子做数学题比较慢，总被一个叫小王的孩子嘲笑，韩姐便不动声色地把两个孩子叫到跟前，说要给他们俩来个比赛，小王特别得意，心想做数学题小李肯定比不过他，没承想韩老师让他俩比跳绳，还让全班同学当评委。小李虽然做数学题不行，但跳绳是强项，小王在全班同学的见证下输得一败涂地，从此再也不敢嘲笑任何人了。韩老师只用了一招就让这个孩子心服口服，也让所有同学明白了什么叫作“尺有所短，寸有所长”的道理。接下来的几年我又遇到了几位优秀的班主任：李占宝老师、卢宽老师、杜婷婷老师，他们各有各的风格，从他们身上学一点，哪怕是皮毛，都够一个新班主任用好几年了。小草看到苍松的伟岸，便立志发奋图强，学鸠看到扶摇直上的大鹏，便有了鹏程万里的豪迈理想，正因为我面前有很多前辈同事做了很多榜样，做班主任后才能让我少走弯路、自信应对。

二、看山不是山，看水不是水时，幸福是无私的倾注

这个阶段山自然不再是单纯的山，水自然不再是单纯的水，一切的一切都已负载了主观意志，所谓好风凭借力，送我上青云。六年后我终于有了属于自己的班，有点“十年媳妇熬成婆”的意思。这时候的我经历了很多事，积累了一定经验，也有了相关的理论作支撑。而再看学生已经不是眼睛里的学生，而是心里的学生。

用文字抒发内心感受，当时的三八班是我创作的高产期：过年时给孩子们写一首藏头诗、英语艺术节时给孩子们写一篇鼓舞的文章、毕业时给孩子们写一信留念、用孩子们的名字串成赋体文作为礼物送给大家。

八班赋永杰天成，晋豫其祥，昔博洋挥洒，今佳熠成辉。政锟仁和，承祐天恩，坤阳乐施，只一偶得。男儿有跃扬龙门之志，念祖成光之情，如锐鹏展翅几千尺，似明月当空之浩然。宇哲天地之气概，睿洋豪情及八方。东铭西成，启焱福康，恩泽遍布，子承其强。天一思鸣，初露锋芒，鹏辉子赫，裔裔皇皇。少阳当空，梓柏轩昂。西方有鸟，一鸣惊人。立身彤阳，直飞冲霄。嘉阳临风，智勇双全。一琛天宝，古今无双。昊宇穹宙，盛世齐享。山以仙而名，水以龙而灵，八班娇子驰骋于琼楼，扬名于外小。

惜我八班女儿，超男若男，不让须眉，艺康端庄，佳怿窈窕，浩宇秀雅，悦萌乖巧。有沉鱼落雁之容，开颜倾国之貌，楚楚然兮，晔遴婉丽，珈彤灵秀，家（佳）人绮丽。欣玥欣琰，如珠落盘，丁零之声，不绝于耳。孟禹歆恬，如琬似花，菡萏初开，娉娉（品）婷婷。奕晓子杰，顾盼流转。琪歌曼舞，若溪流年，熙雨从云，落雨橙江。锦东年华，思君之遥，棠雅桃李，希芮芬芳。吾不知来日之事，但惜今日韶光。

虽说我当时积累了一定的经验，有了一定的方法和技巧，但还是在不断摸索前行，可以说一边舔干羽毛，一边练习飞翔。幸运的是，我遇到了马素敏老师和王越老师，马老师经验丰富经常帮我出谋划策，王越老师年轻有为，深受学生的喜爱，我们三人并肩同行，八班的孩子们在我们的关注中的进步、呵护下成长。

三、看山还是山，看水还是水时，幸福是欣赏

这是参禅的第三境界，在这重境界里你会有种任你红尘滚滚，自有清风朗月的境界。此时回首看山，原来山还是山，不再是想要征服山，而是欣赏它的高大挺拔，不是想要跨越水，水还是水，而是瞩目它的隽永与灵动。

2016 年 9 月，我成了当时一四班的班主任，有了真正意义上的第一个班，幸运再次眷顾我，有了宋海虎老师和李占海老师两位非常优秀的老师从旁指引和协助，使我可以从容淡定，心无旁骛地欣赏每个孩子慢慢绽放的过程。

第一，大处落墨，小处着色。活动中少不了家长志愿者，每次活动结束后，家长志愿者爸爸妈妈们不是马上离开，而是集体在教室里接受所有孩子的感谢。此时，我会帮孩子们分析哪些事是我们自己可以做的，以后就不用麻烦叔叔阿姨了，哪些事是现在不能独立完成，需要叔叔阿姨从旁协助，等长大之后一定要自己完成的。这次的研学我们班就完全体现出来了，研学前的准备工作除了教育要讲文明守

秩序外，我还告诉了孩子们两句话："第一句，不给别人添麻烦。第二句，如果身边的同学需要帮助一定要伸出援手。"出发在即，我们班全都是自己背着野餐垫，家长们一身轻松。整个研学过程安安静静，秩序井然，因为他们知道自己做不好就是给别人添麻烦。

第二，以身作则，凝心聚力。活动中班主任参与度越高孩子们得到的锻炼就越多，在二年级合唱节中，我厚着脸皮给孩子们当伴唱，声音一出来都担心影响军心，但也不敢半途而废，便使出全力挑出夹杂哆嗦声的高音，急匆匆地完成了仅有的两句词，下来后已大汗淋漓。最后现场的评委估计是被我的勇气所"吓倒"，都打出了挺高的分数，我们班取得了一等奖的好成绩。

第三，打造"书香班级、诗化班级"。首先，孩子们可以利用零星时间向其他同学推荐自己最近在读什么书，这本书好看在哪里，喜欢的同学可以当场借走。这样一来孩子们不仅可以了解其他人在看什么书，而且也有助于知识在孩子们中间相互传播。其次，每月都是"读书节"。学校组织的"读书节"是孩子们期盼已久的活动，但每年只有一次有点儿不过瘾，所以我就借鉴学校读书节的形式稍作改变，先是根据班里的行为常规让孩子们争取"班级货币"，用货币在每周一次的书市上选购自己喜欢的书，看完之后还可以再兑换成货币。最后，爱上诗词，启蒙灵秀娃娃。上个星期我看到了白莹老师开放日的《中国诗词大会》特别震撼，简直就是殿堂级的诗词盛宴。于是，我在一年级便进行了诗词大会，刚开始进行诗词大会遇到了很多障碍，如孩子们的诗词储备量很少，在活动中几乎玩不起来，所以我们就以一个月为期和他们来个约定，不管用什么办法利用回家的时间尽快背古诗。渐渐地，孩子们背得古诗多了诗词大会也就充满了趣味，每个星期的诗词大会成了孩子们最期待的课。短的古诗很好记忆，时间一长没有了挑战性，我就让孩子们尝试背长一点的古诗，如《春江花月夜》《琵琶行》等。面对这样一座"高山"，孩子们起初非常畏惧，感觉自己根本不可能完成，于是我让他们看了我儿子卜卜（4 岁）背诵的视频，他们一下子信心倍增，不出几个星期就全部背熟了。教育就是一棵树摇动另一棵树，一朵云推动另一朵云，一个灵魂唤醒另一个灵魂。在我们班里，我摇动孩子这棵树，孩子又在摇动家长这棵树，家长推动孩子这朵云，孩子又在推动我这多云，灵魂与灵魂相互交融，孩子们在有古诗浸润的土壤中积极和谐地向上生长。

十二年的风雨历程，磨去青春的棱角，洗去青春的铅华，年轮一圈圈地划着。不是没有过迷茫，也不是没有过困惑，但一看到眼前的孩子们我就感到无限的满足和成就。感谢出现在我教育生命中的每一个人，因为是你们让我看到了如何用微弱之光点亮教育之火。“岁月不居，时节如流；弦歌不辍，薪火相传。”这是教师的人生，教师的幸福，教师的领悟，教师的心态。“桃李春风一杯酒，江湖夜雨十年。”最后，我想以我在朋友圈发的一句话作为结束语：迎着朝阳，身披繁星，不敢说自己在太阳下最光辉，但敢说我们身负使命，从不懈怠。所以我相信，教师是最幸福的，因为他们拥有全世界最纯真的爱。

用爱的和弦，奏出高质量的乐章

小学部　李　媛

各位领导、老师们：

大家下午好！今天我和大家交流的题目是《用爱的和弦，奏响高质量的乐章》。正如苏霍姆林斯基所言：热爱孩子是教师生活中最主要的东西。对教育的热爱，对学生的热爱，这是我们作为教师的职业本能。2020 年，正值集团实施“质量提升三学年行动计划”之际，我将用爱作为和弦，恪守职责，承担责任，共同奏响高质量的乐章！

一、身为班主任——点滴教育皆是爱

时光荏苒，从 2003 年我第一次站上讲台，至今已二十一载，担任班主任也已十一年了。在培养学生的过程中，我深刻体会到班主任对学生的影响是直接、全面且持久的。如果说教师是塑造人类灵魂的工程师，那么班主任便是这工程的首席，在班主任工作中，我以观察细、思考细、要求高、标准高著称，我是一位较为严肃的老师，孩子们对我有些敬畏。我深爱着他们，尽管不擅长用肢体语言表达这份爱，但我给予他们的是一种“严父式”的关爱，通过细致的观察和严格的要求，帮助他们养成良好的习惯，为他们的成长助力，使他们走得更远。

2019 年 8 月，我再次成为一年级班主任。在学生报到的第一天，我望着这 43 个活泼的孩子，心中感到欣喜的同时也大致了解了 10 班孩子们的特点：他们充满活力、积极向上，善于表达，但在倾听方面还有待提高。针对这一特点，我制订了“扬长避短”的计划，即保护和发扬孩子们的优点，同时在培养倾听习惯上下功夫。如何培养？我用四个词概括：“嘴巴闭，眼睛看，耳朵听，动脑想”。首先，从能够静下来开始，我提出“安静进班”的要求。在学前教育第一节课上，我明确指出：早晨进班时要静坐阅读，中午进班时要静坐抄写。接着，我亲自示范，走出教室后重新进入，向学生展示了如何“静坐阅读”，然后通过模拟场景，让学生亲自体验。

接下来是落实阶段，我利用9月好习惯培养月巩固安静进班的习惯，营造一个安静的学习环境。至今已近一年半，无论是早晨还是中午，学生们一进教室就会自觉地放轻脚步、轻声细语，整理书包、交作业或阅读，保持安静有序。有了“静”的意识，倾听习惯也随之提升。在课堂上，学生们能够迅速安静下来，闭上嘴巴，专注地看着老师，认真听讲，积极思考，将倾听的好习惯延伸到日常生活中。入学一个月后，在家长约谈中，张珈涵的妈妈激动地对我说：“才上学一个月，孩子就有了明显的进步！以前让她做什么她都不好好听，现在和我聊天时能看着我，认真听我说话了，还是学校的老师会教育!”这简单的话语，体现了老师在孩子成长中的重要作用，用心培养，巩固好习惯，学生定会从中受益。这就是我作为启蒙老师能给予他们的最深的爱。

同样，每当学生取得进步我都会及时地给予他们真诚的肯定和表扬。人性中深植着一种需求，那就是渴望被赞扬、得到认可，希望自己的价值得到他人的肯定，尤其是孩子们。陶行知先生曾经说过：真正的教育是心与心的交流，只有发自内心，才能触及心灵深处。表扬绝非空洞的夸奖，而是要真心实意地赞赏学生的进步和优点，让他们感受到老师的真诚。蔡雨铮是一个思想较为成熟的男孩，他总是有自己的见解。在家长会面时，他的妈妈告诉我：“李老师，我想向您学习如何恰当地夸奖孩子。昨天蔡雨铮没有让我提醒就完成了作业，我立刻表扬他说‘你真棒’。他却说：‘妈妈，同样的话，你说和李老师说感觉就是不一样。’我好奇地问他有何不同，他回答：‘李老师是因为真心觉得我做得好才表扬我，而你只是希望我以后能继续听你的话。’”孩子坦率的话语让我忍俊不禁。我意识到，我们之间的差别在于“真诚”。真诚的语言、真诚的眼神，发自内心地给予孩子肯定和爱。

对于外人而言，班主任是一个肩负重任的岗位，承载着神圣的职责，只有身处其中的我们才真正了解班主任工作的忙碌与复杂。即便如此，我们依然会在繁忙中抽丝剥茧，理清思路，使工作井井有条。我们深知自己肩负的教育使命，带着对教育的敬畏之心，从未放松；我们坚守对教育的信仰，满怀热爱，用心灵启迪心灵，用真情唤起真情；我们言传身教，潜心培养，教育的每一个细节都充满了我们浓浓的爱意。

二、身为语文老师——爱使教学有了暖暖的温度

学生与教师的关系是相互依存的，没有学生，教师这一职业便失去了其存在的意义。正因为我面前有学生，他们听我讲课得我引领，我才得以成为教师。因此，

学生是我教育旅程中不可或缺的一部分，无论他们是否聪明、是否乖巧，是否表现出色，我都会平等对待他们，善待每一个学生。

赵近普是一个活泼好动的孩子，同时也是一个学习“困难户”。他识字量有限，书写不够整洁，经常犯错，正如他妈妈所说“一拿起书就头疼，一写字就浑身不舒服”。为了帮助他，我们三位任课老师和副班主任共同努力，无论是在课堂上提醒还是课后督促，我们都投入了大量的精力。他的变化发生在网课期间，云视讯上课的一个优点是可以进行交流沟通，每天下课后我都会和孩子们聊会儿天，然后再关闭视频。有一天，赵近普兴奋地告诉我，他最近认识了很多昆虫，并能如数家珍，我的脑海中突然闪过一个念头：这孩子可能最近阅读了科普书。我立刻赞扬他：“哇，你真厉害，你是从哪里了解到这么多昆虫的?”他自豪地回答：“昨晚从书上看到的。”我意识到这是一个机会，便继续说：“哇，那你再看看书，明天再给我分享一些昆虫的知识好吗?”从那天起，他每次阅读后不仅会向我讲述，还会向同学们和父母讲述，正如他妈妈所说，孩子终于开始主动阅读了。随着赵近普阅读量的增加，他的识字量也在不断提升，9 月一开学，我惊喜地发现他能够独立阅读课文，不再像以前那样因为不认识字而感到焦虑了，同时也能跟上课堂的节奏，走神的情况也少了，基本上能够完成课堂作业，尽管书写仍需改进。于是，我抓住机会多方面鼓励他：课堂上表扬他听课认真，奖励小印章；课后特意把他叫到身边，夸奖他作业完成速度快，继续奖励小印章；放学后还特意让他妈妈来接他，并当着她的面夸他整体都有了很大进步。看着他既激动又害羞的脸庞，我趁机提出一个小要求：“试着把字写得更漂亮些吧!”这个孩子红着脸点头答应。第二天，当我看到他那一页页工整的字迹时，我内心充满了感动。

学生是我们教育道路上的磨刀石，有了他们，教师的爱就有了起点、支点和落点。爱让平凡的教学工作充满了温度。

三、身为班级同行人——帮学生收获多一份的爱

由于一、二年级的延时巩固，学校增设了一个新岗位——副班主任。副班主任是班主任和学科老师的得力助手，由于副班主任职位的特殊性，人员更换相对频繁，在我的班中已经先后有 8 位副班主任加入。在与这些副班主任合作的过程中我积累了一些宝贵的经验。

首先，我认为给予副班主任尊重至关重要。用当下流行的一个词来说，我们都是“打工人”，没有人比别人高一等，尊重是建立合作关系的基础。其次，培养副

班主任实际上也是在为自己培养一个得力的助手。我的做法包括：第一，帮助副班主任明确他们的职责和定位。许多副班主任都是刚毕业的大学生，缺乏足够的教学经验，尽管他们已经通过了岗前培训，但实际操作又是另一回事。每当有新的副班主任加入时，我都会详细解释他们需要负责的工作，并亲自带领他们实践，向他们传授方法和注意事项。我现在的副班主任刚来时对自己的角色定位不是很清晰，甚至有时会帮助孩子们穿衣服、收拾书包。我与她进行了深入的交流，明确指出她不是孩子们有求必应的姐姐，也不是事事包办的阿姨，她是一位老师，肩负着教育的责任。第二，副班主任需要对学校的规章制度有清晰的认识。我会向副班主任详细解释班级常规要求、管理目标、奖励机制等，并在每次全体教师会议、学段会议或年级会议后及时向他们传达新的要求。这样做的目的是确保他们在日常教学中能够与我保持步伐一致。第三，抓住机会为副班主任树立威信。我认为，如果想要副班主任在我需要时能够承担起“半边天”的责任，就必须让他们在学生心中树立威信。因此，我需要不断强化学生的意识——副班主任也是他们的老师。例如，对于现在的副班主任朱晶晶老师，我会寻找各种机会让她出现在学生面前，放学时、课间操时让她站在队伍前面，无论是带队还是提醒学生，我都会教给她如何观察学生的表现，并在回班后让她来总结活动，表扬学生的优点，并对存在的问题提出改进建议。通过一次又一次的实践，学生们逐渐认识到：副班主任是我的老师，副班主任的话我必须认真对待。

培养副班主任的过程就像培养班干部一样，需要教授方法、给予指导、树立威信，使副班主任真正成为班级教育教学的推动力。

四、身为教育合作者——以情育情，以爱换爱

苏霍姆林斯基曾指出：教育的效果取决于学校和家庭教育影响的一致性。教师不仅要教导学生，还要引导家长，汇聚教育力量，将家长变为教育路上的合作伙伴。于是，我会利用各种机会与家长分享我的教育理念、方法等，确保家长理解教育工作的重点，以及如何有效支持学校的工作，实现思想上的统一。自 10 班成立以来，我注意到学生家庭背景的多样性，因此，每次家长会之前我都会精心准备，仔细斟酌我的言辞，以确保每位家长都能有所收获。一个学期的努力已初见成效，家长们都非常重视孩子的教育，努力提升自己的教育理念和方法，并积极地与我们三位任课老师紧密合作，认真执行老师的要求。

为了使家校合作取得更好的效果，我们不应单方面地向家长提出要求，而是应

多换位思考，了解孩子的家庭背景，设身处地地为家长考虑。除了深入了解每个孩子的个性，实施因材施教之外，我还会探究每个家庭在配合学校工作方面可能遇到的问题与挑战，并根据实际情况提出具体可行的措施。以情育情，以爱换爱，老师们认真负责的态度和无私的付出家长们看在眼里，感动在心中，落实在行动上。

迎着朝阳，披星戴月，虽不敢自诩为太阳下最光辉的存在，但可以自豪地说，我们肩负着使命，从未有过懈怠！我们将用对教育的执着之爱，对学生无私的关爱不断提升教育和教学的质量，共同谱写外小新的篇章！

谢谢大家！

智慧与爱并存

小学部　李　蕴

从教三十余载，回顾漫漫教育之路，智慧与那份浓浓的爱似乎囊括了一切。是的，因为爱，所以无怨无悔地走在教育的路上。

一、“严”字开篇，“厉”字随后

（一）严明的纪律，明晰的要求

我班教室中并没有明确张贴班规，但从孩子们踏入校门的那一刻起，我便明确告诉他们如何按老师的要求去做。例如，早晨到校后，我会要求孩子们立即坐到座位上，并在两分钟内整理好书包，随后将书包整齐地放置在后面的作业隔断上，回到座位后需在两分钟内交完各科作业。在课堂上听写时，我强调了两个关键词：安静和迅速。我告诉他们，所有能够无声完成的任务都应安静地去做。从孩子们早晨踏入学校，直至下午离校，我都会不断提醒他们应如何行事，并明确我的要求。通过日复一日的提醒，这些无形的规则逐渐在孩子们心中留下了深刻的印记。

（二）严厉的执行

制定了明确的规则后，接下来便是严格执行这些规则。每当接手新一届四年级时，我都会在第一次班会课上向孩子们强调一个重要的概念——担当。我告诉他们，随着他们从低年级升入高年级，最大的变化就是必须学会对自己的行为负责，如果做错了事，就必须承担相应的责任和后果，这个过程可能会让人感到痛苦，所以在行动之前必须深思熟虑。同时，我也向学生们明确表示，老师有不可逾越的底线，那就是学习和纪律，一旦在这两个方面犯错，我一定严惩不贷，绝不宽容。

我现在教的班里有一个叫吕奕潼的孩子，他非常聪明，办事能力很强，因此我经常让他负责班级事务。然而，在五年级的一次室外课后，当孩子们回到教室上楼梯时，前面的一个孩子说了句：“谁在我后面谁是猪。”吕奕潼模仿了这句话，恰好被纪主任听到了。那个月正值文明月，学校特别强调了要杜绝不文明行为，一旦发现将一票否决，取消评先资格。吕奕潼被纪主任抓住后非常后悔，在教室里痛哭流涕，含泪向我求情：“李老师，看在我平时帮您做了那么多事情的份上，再给我一次机会吧。”看着孩子认错，我心里也很痛，很想给他一次机会，但我最终还是坚持原则，并告诉他：“犯了错误就要承担后果。如果同学们原谅你，你可以继续留在教室上课，否则你就要回家反思三天。”当然，孩子们都很善良，给了他改过的机会，让他能够安心地坐在教室里上课。

说到这里，大家可能觉得我是一位严厉且不讲情面的老师。那么下面我想强调的第二点就是距离并不产生美。

二、距离并不产生美

“距离产生美”这一说法在师生关系中可能并不适用，我更倾向于“亲其师，信其道”的理念。因此，在课堂上，看到孩子身体不适趴在桌上时，我会走到他身旁，用我的手轻抚他的头；发现有孩子忘记带水杯用同学的杯盖喝水时，我会默默地递给他一个纸杯；我会把装满热水的玻璃杯递给经期腹痛的女孩；课间休息时，我会坐在他们中间与他们闲聊，听他们讲述与家人间的故事。

新学期伊始，学校对孩子们的仪容仪表进行了多次检查。有一天早晨，一个小女孩刚到学校，还没来得及放下书包和手里的东西就冲进了我的办公室，让我大吃一惊。我惊讶地看着她，小女孩一脸委屈地指着自己的刘海说：“老师你看，太短了，太丑了。”我安慰她说：“不丑，很好看。”小女孩追问：“真的吗?”我肯定地回答：“真的，你是一个多么俊俏的小姑娘，很好看。”于是，小女孩背着沉重的书包满意地离开了。就这样，我用我温柔的一面走进了每个孩子的心里，拉近了与他们之间的距离。因此，若要描述我和孩子们之间的关系，我认为“亦师亦友”或许更为贴切。

三、关注小事情，讲述大道理

我想强调的最后一点，实际上许多班主任已经在实践了，那就是在活动中把握教育的契机，并将这些契机转化为宝贵的教育资源，以此来教导孩子们做人和做事。上个学期，我们年级成功举办了备受瞩目的篮球赛，孩子们表现得非常出色，最终我们班获得了冠军，然而这并非我今日想要讨论的重点。我想分享的是，在篮球赛期间我向孩子们传达了四个重要的道理。

（一）公平

随着第一场篮球赛的序幕缓缓拉开，首先是场地选择环节。场地选定后，我旁边的一个男孩突然说：“这不公平，我们班的篮筐似乎更高一些。”我瞥了他一眼，并未发表任何言论。实际上，这种所谓的不公平是不存在的，篮筐的高度是严格按照规定设置的，而且比赛规则要求双方在上下半场交换场地，因此这种不公平是毫无根据的。比赛结束后，我回到班里对这场比赛进行了点评，我没有指名道姓，但将那个男孩的言论转述给了全班同学。我向孩子们强调：“世上不存在绝对的公平，你能做的就是不懈努力、持续学习、不断奋斗，让自己变得越来越优秀、越来越强大。只有这样，你才能站在金字塔的顶端，傲视所有竞争者，这才是你唯一的成功之路。”

（二）格局

在第二场篮球赛即将开始之际，热心的家长为我们送来了矿泉水。当准备离开教室前往比赛场地时，我向孩子们提出了一个问题：“这些矿泉水搬下去后你们打算分给谁?”孩子们异口同声地回答：“给运动员。”我肯定了他们的回答，并补充道：“没错，运动员们非常辛苦，汗如雨下，除了他们我们还应该分给谁?”孩子们想了想，然后说：“给老师，还有裁判员老师。”我再次表示赞同，并强调：“裁判员老师也很辛苦，你们真是懂事，那么还有谁应该得到矿泉水呢?”孩子们面露困惑，我解释道：“孩子们，我们的对手也会有老师前来观战，他们同样是你们的老师。”话音刚落，我便不再多说，孩子们连连点头，兴高采烈地抬着水下楼了。

出乎意料的是，孩子们的表现远超我的期望，他们不仅为对手的老师准备了一瓶矿泉水，还为对方球员准备了一瓶。回到教室后，我向他们送上了热烈的掌声，并告诉他们：“你们做得非常出色，孩子们，有一个词可能现在你们还不太理解它的含义，那就是‘格局’。一个人只有拥有宽广的格局，在未来的道路上才会拥有更多真心朋友，他的路才会越走越宽。反之，如果一个人的格局狭小，那么他的朋友就会越来越少，路也会越走越窄。”

（三）上善若水

第三场篮球比赛时，赛场周围挤满了围观的孩子们，球在传递过程中意外碰到了一个孩子，反弹回了比赛场地，比赛得以继续。这时，我们班的一个小女孩不满地表示：“如果不是那个同学挡了一下球就出界了，那应该是我们发球，他们显然没看到球已经出界了。”她满脸的不悦，我默默地记下了她的话。回到教室后，我向同学们复述了小女孩的话，并告诉他们：“做人切不可斤斤计较。你们知道做人的最高境界是什么吗？那就是水的境界。上善若水，水滋养万物却始终处于万物之下；海纳百川，因为它的包容而变得宽广。我们应该拥有宽广的胸怀，去包容周围的一切。这样，周围的人也会以包容之心对待你，你的快乐就会传递给他人，他人也会回赠你快乐。”

（四）集体观念，大局意识

随着比赛的深入，我们面对的对手愈发强大，胜利的难度也随之增加，因此篮球队中技术稍差的孩子便失去了上场的机会。我从他们的眼神中捕捉到了那份对比赛的渴望，我能感受到他们心中的想法，但是没有一个孩子向我提出请求，因为他们深知，在这个时刻团队的利益高于一切。因此，我鼓励所有学生向这些在幕后默默付出的队员们表达敬意，同时我也向他们表达了我的钦佩之情：“我深深地敬佩他们，因为他们为了团队的利益愿意牺牲个人的利益。”借此机会，我向学生们阐释了什么是大局意识：当个人利益与集体利益发生冲突时，我们必须放下小我，以成就大我。

我们每位教师，无论是教主要学科还是专业课，无论是担任班主任还是非班主任，我们都是平凡的人。我们无法确保我们教导的每个孩子都能获得令人满意的成绩，也无法确保每个孩子都能取得非凡的成就。但是，只要我们用心就好，尽力就好，做到问心无愧就好！

心中有爱，春暖花开

小学部　吴　晓

时光荏苒，不知不觉中，我已在讲台上度过了十六个春秋。回望过去，从青涩的年华到如今成为教师、妻子和母亲，种种情感交织心头。我见证了一代代学生来来往往，他们在我的陪伴下稍作停留，随后又踏上各自的旅程，就像父母目送孩子离家远行，心中既有不舍也有期盼。我们每个人都在这样的循环往复中过着自己平凡的每一天。在这十几年的教学生涯中，我始终深信：只要教师心中充满阳光和爱，即便是最顽固的孩子、最棘手的问题，也会被那份温暖所融化。

一、做一个温暖的人

在这个快节奏、浮躁的社会中，我们每个人似乎慢慢变得冷漠和无助。作为一个群居动物，我始终渴望一个充满温暖的环境能够环绕着我，我猜大家也有着类似的愿望。当我们回忆起某些人时，他们的行为举止、对世界的理解和思维方式都在无形中影响着我们，每当我心中默默想起这些人时，我就会感到一股暖流涌上心头。我喜欢这样的人，并且一直努力成为这样的人。

在带每一届学生的过程中，除了在课堂上对他们严格要求外，我还希望营造一个温馨的班集体氛围，因此我会在我的班中引入书信、心里话信箱和留言本等。孩子们愿意与我分享他们不愿向他人透露的秘密，这或许看起来有些幼稚，但这代表了他们对我的信任。我会小心翼翼地收藏这些秘密，并给予认真地回复，随后，一个神秘的眼神、一个会心的微笑就会在班里传播开来。我想，这就是温暖的真谛。

每个班总会有几个需要特别关注的学生，他们各有各的特点，特别是备受瞩目的大程程，与他进行日常交流已成为我们所有任课教师的例行公事。我们将他视为一年级的小朋友，从基本的课堂礼仪开始，如上课时举手报告、不影响他人、不在课堂上唱歌或大笑、不在厕所爬、室外课后记得返回教室、放学铃响后才能回家等，我们一步步地引导他。虽然他仍沉浸在自己的世界中难以自拔，但他已经学会了进班报告、每天记录作业、坐在自己的座位上听课、在老师提醒后捡起地上的纸屑等基本行为。我们所有老师的耐心和关怀正在一点点改变他，我相信其他孩子也会将这份温暖继续传递下去。

二、做一个自律的人

安静有序、健康向上的班集体氛围是进行教育和教学活动的基础。开学第一天，我向学生们传达了我的期望：我希望我们班的每个成员都能遵守规则、承担责任，并学会宽容，我鼓励他们在日常的小事中逐渐体会这些品质。记得在一次美术课上，梁老师向我反映学生破坏了美术教室的整洁。我没有立即责备他们，恰巧那时学生向我报告其他班的同学在走廊上乱扔废纸的事情。我借此机会询问他们："你们对于在走廊乱扔废纸的行为有何感想?"一些学生表示愤怒，另一些则感到伤心。我向他们表达了我的感受："我感到同样愤怒和伤心，因为我们都将班集体视为自己的家，对于任何侵犯我们家园的行为，我们都不会轻易原谅。"随后，我引导他们思考："那么，美术教室是否也是梁老师辛勤打造的家呢?我们今天的行为又会给梁老师带来怎样的感受?"班里顿时陷入了沉默。片刻之后，有学生主动表示："我打算代表我们班向梁老师道歉，并帮助老师清理卫生。"我点头表示赞许，并告诉他们首先要约束自己的行为，避免给他人带来麻烦，同时也要尽力帮助他人。我相信，通过这次经历，孩子们不仅学会了如何保持环境卫生，还学会了自律和换位思考。这个学期，我始终坚持在进班后整理教室卫生、讲台和书架，当看到地面不干净时，我会亲自拿起扫帚和拖把，学生们看到后也会迅速检查自己的座位、桌斗和桌面是否整洁。我认为这种潜移默化的影响比单纯的说教更为重要。

三、做一个面对挫折依然微笑的人

四 13 班是一个新成立的班，班集体凝聚力的形成至关重要，而开学初的广播操比赛无疑是一个绝佳的契机。比赛前夕，我们 13 班通过班会、午会等多种形式共同探讨了广播操比赛中的几个重要方面。学生总结道："我们最需要展现的是饱满的精神状态、响亮的口号、挺拔的站姿以及熟练的操练流程。"确定了这些重点之后，我们便开始训练。在每节体育课前，我都会提醒学生认真练习，并与体育老师进行深入的沟通与交流。随后，我和程老师也会亲自参与体育课，严格把关每一个细节，以提高团队士气，训练成果初显成效。赛场上，13 班学生的表现赢得了体育老师和在场家长的一致好评。孩子们都自信满满，认为胜利在握，但最终结果却与一等奖失之交臂，领奖时他们显得垂头丧气。回到班里，孩子们个个情绪低落，这时老师的鼓励和安慰尤为重要，我鼓励他们抬起头，告诉他们：“今天的表现让我非常满意，看到你们每一个人都全力以赴我深受感动，在我心中，你们已经是当之无愧的第一名。之前承诺的无作业奖励依然有效。孩子们，在我们的生活中难免会有不如意的时刻，但只要我们努力过就无需自责，我们要正确对待成绩，不被困难击垮，要保持微笑，勇敢面对下一次挑战。”

生活总是伴随着泪水与欢笑，悲伤与喜悦。如果孩子们能在失望与绝望中不断超越自我，他们的生活才会更加精彩。或许孩子们会经历短暂的悲伤，但在克服挫折之后，他们会更加坚强，同时学会如何面对挫折，利用挫折，让自己的人生更加幸福。

四、做一个善于沟通的人

如今，许多家长过分溺爱孩子，导致他们在与他人交流时遇到重重障碍，这种过度保护的后果是孩子们失去了交往的能力。因此，班里的孩子经常发生冲突。通常，他们一开始玩得非常开心，但不久后就会出现不愉快，随后便会有孩子来告状，这种情况屡见不鲜。当老师试图介入教育时，两个哭泣的孩子可能已经和好如初。实际上，这反映了孩子们在交往上的困难，再加上家长的介入，简单的问题就会变得复杂，孩子们在交友方面变得更加困惑。

面对这样的问题，我通常会耐心倾听，避免给孩子贴上标签，鼓励他们表达自己的观点，然后我会告诉他们任何问题的出现都是双方的责任。接下来，我会引导他们各自反思自己的问题，通常在这个过程中，他们就会意识到自己的错误，并最终和解。同时，我也会向所有孩子强调以下几点：1. 遇到问题时，要控制情绪，尝试用语言进行沟通。2. 约束自己的行为，不能动手。3. 不要害怕吃亏，退一步海阔天空。告诉孩子们，即使在吃亏的情况下，也要学会摸索交往的技巧。

一个心中充满爱的老师，在工作和生活中都是温暖的。我相信这份正能量能够传递给每一个孩子。在温暖而灿烂的阳光下，我们融为一体，互助互爱，共同成长。每个人都应该以宽容的心态对待他人的过失，以期待的心态关注他人的进步，以欣赏的目光捕捉他人的闪光点，以喜悦的心情赞许他人的成功。

每个孩子都是一朵绽放的花，只要我们耐心等待，用心发现，一定会迎来春暖花开，芳香满园！

光阴里的故事

小学部　张　丽

似水流年，岁月匆匆，在集团工作已有二十三年了，在此期间，我荣获了“特殊贡献奖”“长期贡献奖”等多项荣誉称号。做了二十三年班主任，教了二十三年的语文。作为教师，我们的天职是教书育人，而这一过程充满了忙碌、充实以及复杂的情感体验。

一、没有爱，就没有教育

著名教育家苏霍姆林斯基曾言：教育技巧的全部奥秘在于如何爱护学生。教师对学生的爱并非溺爱，也不是单纯的情感作用，而是通过理性培养起来的一种普遍的高度责任感，是一种充满科学精神的教育之爱。班集体是学生心灵的港湾，是他们在学校的家。所有学生都渴望班主任能像父母一样关注他们、重视他们。对于教师而言，这种关注和重视应是无条件的、无私的、博爱的。

我曾在四年级的习作课上布置了一篇作文，主题是“我的爸爸或妈妈”。课后，一个平日里活泼开朗的小女孩悄悄走到我身边，低声告诉我：“老师，我没有爸爸……”我愣了一下，然后安慰她说：“大人的事情我们无法控制，但我们可以控制自己，要学会独立。平时多帮妈妈做些家务，学习上有困难老师会帮助你的。”后来，我总是会特别关注她，尤其是她每天的情绪，看到她每天快乐，我也就放心了。

班里还有个小男孩，他各方面表现都很出色，每天上下课他都会问我是否需要帮忙拿东西。有一次，他听到我咳嗽还提醒我要多喝水，他懂事得让人心疼，我总能从他的眼神中看出与其他孩子不同的地方。为了更好地了解他，我习惯性地拿起电话联系了他的妈妈。她告诉我：“张老师，孩子不和我一起住……”我没有继续追问，也不敢贸然联系他的爸爸。于是，在一个课间，我与孩子闲聊起来，了解到他的父母已经离婚了，父亲在外地工作，平时他和爷爷奶奶一起生活，而妈妈和弟弟一起住，他偶尔会在节假日被接过去一起生活。他还轻松地说：“爸爸妈妈分开多半是因为爸爸不会沟通……”这个孩子承受了他这个年龄不该承受的重担，因此他更懂得生活的不易。我们只有给予他们更多的关注、更多的帮助、更贴心的鼓励，才能让他们感受到温暖和爱。

冰心先生曾说：“有了爱，就有了一切。”那么，怎样才能拥有爱呢？我认为，只有热爱自己的事业，才能热爱自己教育的对象。只有把学生视为平等、自主的人，才能产生爱的情感；只有将学生的成长与自己的事业紧密联系起来，才能收获爱的情感。

二、要有一颗“容错、容差”的平常心

每个孩子都是独特的个体，他们中的一些人在某些方面表现出色，而另一些则可能在其他方面需要更多的提升。长期担任班主任，我们应当培养一颗宽容和接纳的心，理解那些问题较多的孩子更需要我们的耐心和关注。我们应当努力发现这些孩子身上的亮点，给予他们更多的鼓励和引导，减少批评，避免讽刺，帮助他们建立自信。

上周，我们结束了阶段练习。在周五的班会课上，我进行了总结和表彰，为表现出色和进步显著的学生颁发了奖状和奖品，这已成为我们班每周的传统。坐在前排的一个男孩自言自语道：“奖状和奖品都没有我的份，我真是个笨蛋。”尽管他的声音不大，但我还是听到了，一时间不知如何回应，只能安慰他。哪个孩子不渴望优秀？哪个孩子不渴望表扬？只要他们怀揣着一颗积极的心，我们就应该抓住机会，慷慨地给予表扬和肯定。一个鼓励的眼神、一个信任的微笑……如果这些能够激发他们的进取心，那我们何乐而不为呢？

在日常管理中，我积极推行基础知识满分机制，以激发学生内在的学习动力。班集体优化大师积分量化系统是一个有效的工具，它允许我们根据需要设定加分和减分的项目，包括早到校、课堂表现、作业完成情况、小测验成绩和值日工作等。智慧黑板和手机的同步加减分功能，不仅提高了效率，还让家长能够实时了解孩子在校的表现。

我的学生小谷，虽然他的积分常常是负数，但他非常在意积分，并经常在课后向我询问如何才能获得加分。我告诉他，只要有所进步，就能得到加分。出乎意料的是，他真的开始改变了：上课积极举手回答问题、认真完成作业、放学后帮助其他值日组……我立刻抓住机会给他加分，并给予表扬和鼓励。那一周，小谷仿佛脱

胎换骨，我认为这是他重视我们给予的肯定，而这正是培养孩子自信心的最佳方式。

小孔同学上个学期转学过来的，他学习基础薄弱，学习习惯也不佳，但他同样很看重积分，他经常提到自己从未获得过奖品。他虽然有他的问题，但他也是班集体的一分子，同样需要得到老师和同学的认可。这是积极的开始，是教育的契机。哪怕只是短短的一两节课，我们也应该抓住机会给予他加分。同时，我也奖励了他一支笔。他拿着笔，凝视了许久，虽然我不知道他在想些什么，但那一刻，他看起来是满足的。

三、坚守初心，终得桃李满园

前段时间，我的左腿神经痛得厉害，痛到让人忍不住哭出来。很多时候我都难以站着，躺下时同样感到疼痛，走路时不得不依靠右腿拖着左腿前行。由于腰腿疾病没有特别有效的治疗方法，加之我的同事们已经承担了两个班的教学任务，疲惫不堪，我若休息，势必会给他人带来不便。因此，尽管痛苦，我还是坚持不请假。疼痛持续了两三周之久，我的搭档玉晓、傅凯和敏娟每天都细心照料我，不让我参加早操，并协助我管理班里的事务。办公室的同事们也每日关心问候，学生们也同意我坐着上课。有几个学生甚至带来了膏药和艾灸贴，就连平时最顽皮的孩子们下课后也会围过来给我按摩，我感动得难以言表。

每年教师节，我都会读到来自全国各地学生发来的祝福，那一刻，我深刻感受到我们的付出是如此值得，真正是“一分耕耘，一分收获”。自从踏上这三尺讲台，已有二十多年，这么多年的坚持，是因为我们有一群志同道合的伙伴，有理解并支持我们的领导，同样也要感谢孩子们，是他们让我的教师生涯如此美好，如此值得怀念。

光阴如茶，慢慢变得醇厚浓郁；光阴如花，绽放自己的芳华；光阴如书，在时光的年轮中渐次厚重；光阴如禅，每一步都是修行。纵使年华老去，内心依旧丰盈。因为我们在一起砥砺前行，走过日月星辰，走过高山大海，所有的一切，终归平静，波澜不惊，落落清欢……

心若繁华　自有芳华

小学部　张丽丛

感谢学校领导对我们美术组工作的认可，我深感荣幸能代表美术组与大家进行交流。面对众多优秀的教师和专业组的同行，站在这里发言我感到些许紧张。在过去几年中，我和我的同事们默默耕耘，虽没有惊天动地的壮举，也没有感人至深的故事，但我们对美术教育的热爱始终如一，并且我们始终致力于为学生提供最优质的教育。我们并没有什么特别值得夸耀的经验，我想，我们所拥有的，不过是一份对工作的尽职尽责。谈不上经验分享，接下来，我就团队合作精神以及美术课堂教学中的实践和体会与各位老师进行探讨和交流。

一、“三爱”精神

“爱教育　爱学校　爱学生”，这是我们美术组工作的核心理念，组内每位教师都在默默无闻中，一点一滴地将这一理念融入到日常工作中。2017 年，董方亮老师因其在教育教学工作中对“三爱”理念的坚定实践，荣获校首批“品牌教师”称号。在“三爱”氛围的熏陶和优秀教师的榜样作用下，我们组的每位教师都展现出了“三爱”的精神风貌。爱教育：坚守初心，这是我们对教育热情不减的源泉。在平凡的日常工作中，我们虽无惊天动地的壮举，有的是无数细微的关怀。面对每一个充满活力的生命个体，他们的成长需要老师、家长及社会各界的共同努力，我们真诚地爱护他们，细心地培养他们，精心地照料他们，让他们幼小的心灵茁壮成长，这是我们每位教师的职责，也是对教育之爱的最佳诠释。爱学校：领导和同事们对我们美术组的评价是踏实稳重。的确，我们一丝不苟地备课、教课，尽心尽力完成每一项任务，并力求做到最好，形成了自己的教学风格，且不受短期利益的诱惑，这才是对学校之爱的真正体现。爱学生：我们循循善诱，关怀备至，精心准备每一堂课，努力让每个孩子都对美术课堂充满热爱。我们的努力也得到了令人欣慰的回报，每学期的教师评教结果显示，学生对美术课的喜爱程度总是名列前茅。总的来说，我们践行的“三爱”精神就是不断追求卓越，以最好的自己去影响学生、服务教育、贡献学校。

二、团队精神

上个学期，我经常听到校长、主任以及其他专业组的老师们赞扬美术组展现出的团队精神，以及老师们对待工作的热忱。上周，当我接到领导关于进行经验交流的指示后，我开始思考团队精神的真正含义。在王校长的领导下，上学期美术组的老师们正是凭借这种大局意识、协作精神和服务精神，在确保每节课正常进行的同时，完成了许多重要任务，如新功能场馆的环境布置、图书馆树屋的绘制、六一画展等。美术组的工作能够获得领导和同事们的认可，离不开每位老师的付出与努力。坦率地说，美术组的每一位老师都是我宝贵的遇见，德艺双馨的董方亮老师、创意无限的梁俊英老师、幽默风趣的朱钊磊老师、沉稳大气的董竞文老师、心灵手巧的姜平老师、热情有活力的梁晓瑶老师、温柔可人的吴玉颖老师。我无法用简短的话语来概括每位老师的优点，但可以自信地说，我们组里的每位老师都具备了领导所强调的团队精神。作为学科主任，我并没有在团队精神的培养上投入过多心思，我努力做到的只有两点：第一，我带头积极完成任务，用行动来激励大家。第二，我欣赏每位老师，我深信“每个人都是你生命中的老师”，组里的每位老师都有值得我学习的地方。我喜欢学习和欣赏他们，当然，如果发现问题我也会直接与大家沟通。在这里，我要感谢大家对我的包容和理解，我们在一起的时间可能比与家人相处的时间还要多，相互帮助、相互包容、相互理解、相互欣赏是我们的主旋律。即使在工作中多付出一些，我们美术组也没有人斤斤计较，大家的心情愉悦，职业幸福感满满，工作效率自然也就高了。

三、美术课堂

孩子们对美术课情有独钟，每次上课都充满热情，即便下课铃声响起仍意犹未尽。接下来，我将从培养良好习惯、提升课堂效率以及激发学生兴趣这三个方面，简要阐述我们美术课堂为何能如此吸引他们。

（一）习惯培养

一堂优质的美术课主要靠以下四个方面培养学生良好的学习习惯和课堂纪律。

默契养成：当老师发出一个指令或口号时，学生们能够迅速作出反应，明确下一步的行动。例如，老师一说“面向”，孩子们立刻回应“老师”，老师接着说“手放”，孩子们随即回答“膝盖”，仅需两秒钟，学生便能将目光集中在老师身上。再如，在“我三你二、我二你三”的拍手游戏中，老师能够迅速将孩子们分散的注意力重新集中起来。对于教师而言，一旦培养起这种简单而有趣的合作小游戏，课堂管理就会变得轻松且高效许多。

奖励：教师会依据不同年龄段孩子的特性，采取多样化的奖励策略，如分发小礼品或是与老师共同完成一项有趣的活动等，以此激发孩子们的积极性。

惩罚：当学生在课堂上干扰到其他同学时，教师应立即采取措施，让其静心五分钟，待学生调整好状态后再继续参与课堂活动。

统一标准：我们美术组的13位教师均严格执行统一的标准。教师对1—6年级学生从进入场馆上课到课后离开场馆的每个环节都设定了统一要求。例如，课前准备、课后整理、推椅入桌的习惯以及课堂创作时说话的音量等，都对学生提出了明确的要求，并依此对学生进行规范管理。

（二）课堂效率

在短短35分钟的美术课堂中，如何在提供充分内容引导的同时确保学生有足够的时间进行创作，进而提升课堂效率？这确实是一个值得我们深思的问题。经过持续的实践与探索，我们美术组最终决定采用微视频来增强课堂效率。在每次课程开始前，教师会播放1—2个时长不超过1分钟的微视频。这种教学策略不仅促使学生能够更清晰、直观地理解内容，而且还有助于吸引他们的注意力，有效提升他们的学习兴趣。

（三）兴趣培养

当学生对课堂内容产生浓厚兴趣时，这节课便成功了一半。近年来，美术课程经历了一些变化：我们对1—6册美术课本的内容进行了整合，在确保符合国家课程培养目标的同时，根据课程特色及学生年龄特点进行了合理分配。例如，对于五六年级的学生来说，他们正步入一个关键阶段——“视觉写实期”。在这个阶段，他们开始追求作品的真实感，并渴望获得专业绘画知识的支持，如果此时仍然提供以儿童画形式和主题为主的内容，可能会削弱他们的兴趣。因此，去年我们美术团队围绕创建“博·雅”课堂的目标，从学生兴趣、集团艺术衔接、中国传统文化传承四个维度出发，创新性地推出了8个专项课程：《造型基础专项》《中国画专项》《版画专项》《中国传统工艺专项》《设计与生活专项》《色彩专项》《陶艺专项》和《欣赏评述专项》。这些专项课程的主题虽然源自课本，但在专业深度和激发学生兴趣方面却超越了课本内容。

“艺纳百川，德容万物”，美术团队的同人们将继续在美术教育教学领域积极探索，勇往直前。

以上就是我对自己美术组工作的总结，谢谢大家。

我和我们的故事

小学部　张　静

亲爱的各位同人：

大家好！当我的名字出现在大屏幕上的时候，我敢肯定，有一多半的老师不知道我是谁。没错，像一抔泥土，一粒石子，一片树叶一般，我是如此的普通。那今天就请大家给我一刻钟的时间，让我来讲一讲我那些普通的故事。

一、播种

在 1989 年一个寒冷的夜晚，北风怒吼，雪花纷飞，我出生于陕西省汉中市南郑县喜神坝乡民生村的一个山顶生产队。从那一刻起，我便成了群山怀抱中的一个小小精灵，与爷爷奶奶一起，在郁郁葱葱的树林中奔跑、砍柴，在翠绿的山坡上歌唱、放牧，在结实的田埂上割草、呼喊，享受着无拘无束的田园生活。我的人生轨迹在小学期发生了转变。我的父亲是村里为数不多的高中生之一，在我未满 6 岁时，他坚持将我送入位于村山腰的唯一一所学校——民生小学。这所学校只有一位老师和两间破旧的教室，一间用于存放镇上小学淘汰的旧桌椅，另一间则是我们的教室。教室里排列着五排桌椅，从一年级的 10 名学生开始，到二年级的 8 名学生，直至五年级的 2 名学生。我们的林老师每天上课时会依次为每个年级的学生讲解 10 分钟，并留下作业。

在我的小学岁月中，最令我难以忘怀的是每周一早晨的升旗仪式。林老师会带领我们全校 30 名同学在操场的旗杆下列队，然后由 2 名五年级学生庄重地捧出五星红旗，并升至旗杆顶端。与此同时，林老师会吹着他的竹笛，奏响雄壮的《义勇军进行曲》，我们则面向国旗，肃穆地行少先队礼。后来，学校接受了镇上的邀请，参加乡中心小学的运动会，尽管我们没有校服，也没有像样的道具，但林老师鼓励我们："没关系，看看山坡上那些盛开的野花，它们就是我们最好的标志。"于是，在运动会开幕式上我们成了一道亮丽的风景线，每个同学手持一束黄花，笑容灿烂，呐喊声震天。

由于我们学校大多数学生家离学校较远，早上来校时家人会用一个洋瓷大碗装满煮熟的米饭和菜肴，用蓝格子大手帕包裹好，留作午餐。到了用餐时间，林老师会生火烧水，将我们冰冷的饭菜加热，蒸得热气腾腾的。然后，我们蹲在操场上排成一排，大口大口地吃着。那时，林老师给了我一种前所未有的感觉——原来世界上还有这样一种无所不能的人，他的名字，就是老师。

二、发芽

在那所由土墙和黛瓦构成的小学校里，林老师，这位既教书又回家种地的教师，面对艰苦的教学环境从未有过一丝退缩。当本子和铅笔极度匮乏时，他会在劳动课上带领我们背着箩筐，到校园外的茶园采摘茶叶并出售，以换取所需。当桌椅破到无法使用时，他布置了一项特别的暑假作业——每个同学需采摘 50 斤油桐，开学时换取新的桌椅。他常对我们说："生活的甜美与贫穷无关，只要我们愿意动脑筋、付诸行动，就能尝到甘甜的滋味。"

随着年龄的增长，我转到了乡中心小学。冬日的清晨，天色依旧昏暗，我们几个好友背着书包一同前往学校。张老师的房间总是比我们的声音更早亮起，我们便在那扇窗户透出的昏黄灯光下安心地跳跃、尽情地说笑。张老师曾告诉我们："照亮他人是一种天性，它源自内心深处，自然而然。"

四年级时，我转入了县里的一所厂子弟学校。尽管我前三年的数学成绩从未及格，但李老师却让我当数学组长。每天课间，我们 6 个数学组长会先将作业交给老师批改，通过后才回教室批改组员的作业，其他组长的作业总是满分，而我的作业上满是红色的叉，让我感到羞愧难当。但经过一个学期的努力，我终于取得了人生中第一个数学满分，李老师告诉我："犯错并不可怕，只要你愿意改正，那些曾经遥不可及的成就终将属于你。"

到了初中，我考入了县里的一所私立学校，与同学们相比，我这个地道的农村孩子有些自卑。值日表上没有我的名字，我只能默默打扫一个学期的厕所；春游大巴的座位表上也没有我的名字，我只能临时加入其他班。我感到委屈和愤怒，便将这些情绪一股脑儿地倾诉给了语文老师屠老师，他鼓励我："孩子，勇敢地走上讲台，表达自己，争取你应得的公正。"于是，在一次由我主持的班会结束后，我从那个安静自闭的"隐形人"变成了班里的"一把手"，并一直担任班长直到毕业。屠老师总是骑着一辆锈迹斑斑的自行车，穿着破旧的皮夹克，但只要他一开口全场都会安静下来。他坚守真理的态度总能让我们这些青春期的孩子们豁然开朗，屠老师告诉我：“高贵的人，拥有最纯粹的灵魂，他们始终不渝地追求善良、正直和公平。”

我初中毕业顺利地进入省重点高中。高三时，模拟考试的压力让我感到焦虑不安，在一个月光皎洁的夜晚，班主任庞老师叫我到阳台，面对着苍茫的天空和大地，我歇斯底里地大哭了一次，内心的焦虑也随之释放。庞老师只是轻轻拍了拍我的肩膀，平静地说：“不必看清遥远的未来，只需关注眼前的一步。”是的，正是对那一步的希望，支撑着我不断攀登，迎接高考的挑战。庞老师告诉我：“每个人都有脆弱的时候，在艰难时刻要学会给自己寻找出路。”

大学时，我来到了首都，这里高楼林立，车水马龙。作为一个直率的乡下女孩，我第一次睁大眼睛，对这个新世界充满了惊喜。我固执地坚持是非对错，对人情世故感到迷茫……当我无意中成为“异类”时，那位名叫 Stella 的英语老师，在精读课的周记评语中给予了我最真诚的赞赏，她告诉我：“尊重每个人本来的样子，是一种难能可贵的善良。”

我何其幸运，在人生路上遇到了这么多指引方向的“明灯”。他们的出现，让我的心田里长出了一株青翠的幼苗，并不断茁壮成长。她的名字，就叫做老师。

三、长叶

2007 年金秋时节，我漫步于中央民族大学社团招新活动的主干道上，四周喧闹声此起彼伏。就在这时，一个名为“关注三农协会”的易拉宝映入我的眼帘，引起了我的注意。我情不自禁地走近，只见一群朴实无华的学长学姐站在一旁，他们黝黑的肤色和真诚的笑容，以及那带有浓重口音的普通话让我在一刹那确信，这里是我的归宿。从那以后，我便与一群来自大山的农民子弟同行，每个周末前往郊区小学支教；每逢五一、十一假期前往附近的贫困山区开展支教活动；寒暑假期间，我加入了北京市西部阳光农村基金会的大学生志愿服务团队，负责支教工作。随着时间的流逝，河南商丘、河北保定、2008 年汶川地震后的陕西宁强县、甘肃陇南、四川金堂……这些地方的名字逐渐与我的生命紧密相连。

身边的同学开始称呼我为“支教狂人”“灵魂工程师”，沉浸在自我认可和感动中的我，逐渐清醒地意识到一些现实：乡村孩子们上课时总是无精打采，而一旦下课便活力四射；村民们将家中最好的房间和新鲜蔬菜慷慨相赠，自己却忍受着寒冷和寡淡；每次告别时，孩子们撕心裂肺的哭声……这些场景让我深思，一颗热忱的教育之心若缺乏能力和方法的支撑，最终可能只会导致悲剧的发生。因此，回到学校后，我开始打磨自己的教育技巧：由于我的家乡话口音较重，我便每天清晨6:00起床，手持散文集在操场上大声朗读，一年后我参加了首都师范大学的全国普通话水平测试，并顺利获得普通话一级乙等证书；在讲课时，我意识到自己只有零散的知识点，于是便结交教育学院的朋友，经常向他们请教，并主动报名参加教育学院的讲课大赛；为了提升自己的仪态和朗诵水平，我鼓励宿舍的两位室友与我组队，参加了文学院的朗诵大赛，最终我们被推荐进入校级决赛，并凭借《少年中国说》赢得冠军。

我的初心从未改变，反而愈发坚定，我找到了自己的方向，并不断磨炼自己的技能。这一切似乎让我越来越清晰地看到了理想中的自己——一个充满活力和激情的教师。

四、开花

2019年的夏末，我荣幸地加入了石外这个大家庭。作为一名新成员，在那些勤勉尽责、精益求精的石外人的指导下，我的教育之路开启了新的篇章。

面对前所未有的工作压力，我见证了师父张志丽老师的镇定与担当，她能迅速确认目标，保持冷静，清晰地安排团队成员的工作量和时间表。她总是率先垂范，亲身实践，探索方法，总结经验教训，然后与团队分享，引导我们脚踏实地地前进。跟随她，我学会了如何化解高强度工作带来的焦虑——将庞大目标分解为每日的小目标，并坚持执行。通过每天的小成就，那份焦虑逐渐消散，直至消失。

面对高精尖的管理目标，我目睹了前辈李蕴老师的坚持与执着。她数十年如一日的辛勤工作，铸就了她非凡的风采：无论是温和的细语还是铿锵有力的言辞，她总能让人如沐春风。她博学多才，无论是古今中外的知识，她都能运用得恰到好处。在管理班级时，她公正无私；在关爱学生时，她温柔如水，她的每一个教育细节发挥得那么恰如其分。在孩子们成功时，她骄傲地流泪；在孩子们失败时，她给予温暖的拥抱，每一个平凡的日子，都因她的真诚陪伴和无私支持而变得珍贵。

面对高质量、高效率的教学方向，我看到了王辰霞老师的积累与爆发。她能准确捕捉学生在学习基础字词上的难点，激发学生的内在动力，引导全班进行深入思考。她用浅显易懂的话语，带领学生深入教材文本，调动他们的生活阅历和文学积累，与作者产生共鸣。她保持对世界的敏锐观察和细腻感知，勤于记录自己的所思所感，并与学生分享，激发他们的创作欲望和灵感，传授写作技巧和精髓，潜移默化地将一种有情趣、有品质的生活态度传递给学生。

在这些优秀同事的引领下，我开始尝试与我的学生们一起做一些小事。新接的四年级有一个特殊的孩子，一旦遇到不顺心的事就会情绪失控，大喊大叫，摔东西，破坏物品。在目睹几次后，我带他去了小花园，我们并肩坐下，一起欣赏蓝天白云，聆听风过树梢的声音，闭上眼睛感受生命的气息。我问他：“现在还生气吗?”他腼腆地笑了：“老师，我不生气了，我现在很开心。”我告诉他：“记住，当我们发脾气时，其实是我们的心受伤了，找一个安静美丽的地方，与大自然相伴，她会治愈我们。”现在，这个孩子很少再情绪失控了，偶尔出现这种情况他会立刻离开教室，走向花园。

每天放学，大多数孩子离开后我会坚持和值日生一起打扫教室。我会先询问组长是否有请假的同学，如果有，我会立即补位。接着，我会询问今天哪个部分的工作较重，然后我第一时间去协助。如果组长不在，我就临时担任组长，检查大家的值日情况并及时调度。我们边干活边聊天，有时会发现“邋遢鬼”的抽屉不忍直视，有时会捡到班里同学传的小字条，有时会遇到一个清洁能手分享干活的小窍门……总之，在短短的15分钟内，我和孩子们轻松愉快地完成了工作，而我也收获了许多班里小秘密。

五、结果

追随教育，我成就了理想的自我：我的心态变得平和——热衷于做一些小事，给予心灵向阳的滋养：沐浴阳光、登山、聆听风拂过林间的声音。我的身体更加健康——规律饮食，多饮茶水，按时午休，每日享用新鲜水果。我与周围人的关系更加和谐——拥抱孩子，与伴侣轻松交谈，给予学生真正的尊重，共同成长。我的生活更加简单——坚持主要目标，放弃次要和更次要的目标，削减过多的欲望，摆脱束缚，轻装前行，一路绽放。

因为追随教育，武诗棋的家长感激地说：“感谢张老师一直以来对孩子的关照，她性格相对内向，却能多次借用您的手机打电话，这表明她在您面前感到特别自在。有一次，她模仿您的语气打电话给我：‘诗棋妈妈，今天诗棋不太舒服，晚上不能参加英语延时课了，请您来接她回家。’说完她就笑了，我也忍不住笑了起来。您教育的孩子没有压抑天性，保持了童真，对此我们深表感谢!”

因为追随教育，班里的每次民主选举被提名的孩子总是超过40人；因为追随教育，每周的班会课上几乎每个孩子都会得到同伴的赞扬；因为追随教育，淘气的刘儒宁在《我手写我心》中深情地说："我们笃行 1 班是一个充满温暖和友爱的大花园，每个人都是独一无二的花朵，我们色彩斑斓、姿态各异、芬芳不同，我们一起组成了这个美丽的地方，缺一不可。最重要的是，我们每个人都在这片沃土上快乐、从容地绽放。"

故事讲到这里，我想在座的各位对我已经不再陌生。你是否在求学路上看到了一位位恩师的身影？你是否回忆起了自己在教育一线的点点滴滴？你是否为成为一名教师而感到自豪？如果你被我的故事所感动，那么你一定与我有同样的感受。

教育的最大价值不在于教会孩子多少古诗、多少解题技巧、多少英语句型，而在于为渴望成长的孩子们提供人生的指引，尊重他们本来的面貌，发现他们的闪光点，并鼓励他们勇敢地追求理想的自我。教育最有效的手段不是规则和说教，而是投入时间和真心，陪伴孩子的同时更新和丰富自己，用日复一日的实践给他们最深刻的示范。教育的初级目标是培养成人，不给社会带来麻烦；高级目标是培养人才，为国家贡献力量；终极目标是成就自我，让世界因我的存在而更加美好。

向伟大的教育事业致敬！向所有探索教育真理的行动致敬！向每一个探索教育真理的你我致敬！

在“四环节”课堂上播撒兴趣的种子

小学部　张　薇

如果我是一粒种子，那么现在，在这片肥沃的土壤之外，我已经破土而出，成长为一棵树。虽然它尚未高耸入云，虽然它略显纤弱，虽然它的枝叶还不够繁茂，但树已成形，只待自己努力地伸展枝条，繁茂叶丛。一粒种子若无肥沃的土壤，难以萌发；一棵幼苗若无阳光和雨露的滋养，难以茁壮成长；一株小树若无园丁的细心栽培和修剪，难以挺拔直立。如今，在我的教师生涯中，阳光普照，歌声悠扬，除了身边人带来的正能量外，更多的是在多年教学实践中得到了锻炼与转变，在校园文化的熏陶下，我得到了启迪。

一、破土——和谐的师生关系是破土的阳光雨露

对于那些热爱园艺的人来说，种子在土壤中萌发前的等待无疑是最为漫长的时刻。我曾像一颗种子一样，经历了多年的求学之路，最终在石外这片肥沃的土地上破土而出。石外为我提供了成长所需的养分，而学生破土而出的养分，则是源于我们之间和谐的师生关系。

至今，我已教了两届学生。第一届学生，我从一年级开始带起，一直陪伴到毕业，并将他们送入初中。坦白说，最初面对这 65 个连牙齿都没长齐的“小猴子们”，我感到非常头疼。那时我还年轻，精力充沛，脾气也较为急躁，因此我的声音常常在教学楼一楼大厅里回荡。结果，每个班调皮的孩子都会在任何时间、任何地点被送到我们班。我的名声就这样被年级里几位经验丰富的班主任“毁掉”了，当白莹老师班上的于傲楠同学被他妈妈要求转到一个更严格的班主任的班里时，孩子听后大哭，只说了一句：“只要不是 8 班，哪个班都行。”我正好在 8 班任教。最终，那个孩子转到了我师父的 7 班，即便如此，他每次见到我还是会恭敬地敬礼问好。

那时的我，过于锋芒毕露。虽然孩子们在我的威慑下行为规矩、听话，但整个

课堂缺少了温暖的色彩。我并非不爱他们，而是不懂得如何去爱，或者说，我的爱太过激烈和急切了。记得有一次在二阶上展示课时，我带领六个小组上课，当教学环节进入小组讨论时，突然间，所有的声音都消失了，一年级的孩子们完全没有应有的活泼和个性。孩子们的拘谨和紧张，是我平时管教过于严格的结果。那时，希校长曾指出："你的学生在课堂上回答问题时，似乎总是在回答老师想要的答案，而不是他们内心真实的想法。"我的教学节奏过快，有些孩子跟不上，我就会变得焦虑。实际上，当我放慢速度时，孩子们不仅能够跟上大部队，还有许多孩子能够自由地发挥。如何让孩子们在课堂上做回自己，变得生动活泼，不再因为害怕而学习，而是因为喜欢和渴望学习，我总结出了三个"要"。

一要耐得住性子。学生常常渴望老师能够给予他们更多的关注和赞赏，希望老师能与他们一同分享快乐。作为学生的倾听者，与他们进行交流时，老师并不需要多发言，有时候只需耐心倾听，让学生把话说完，就能让他们感受到老师的尊重和理解。简而言之，给予学生关注、尊重和时间，是对他们最有力的支持，也是让他们在课堂上自由思考和积极参与学习的重要一步。

在上一届学生中，有一个特别的孩子名叫王书宁，听力障碍导致了她发音不准确，因此在班里总是最沉默的那一个。起初，我担心她会因为自尊心受损或影响课堂进度而避免让她回答问题，只是在课堂上多加注意她的听讲情况。然而，她课后和妈妈一起预习了课本，这使得课堂内容对她来说不再具有挑战性。因此，她在课堂上开始画画儿，偶尔还会读课外书，这促使我有意识地让她多参与课堂活动，如让同学们轮流回答问题。起初，她回答问题时声音微弱，但在得到老师和同学们的鼓励后，她变得自信了，性格也更加开朗了。尽管她没有放弃画画儿，但时间调整到了课下，她还组建了海报小组，并在毕业时送给了我一份特别的礼物——她自己创作的漫画书。

每一朵花都有盛开的权利，每一个孩子都是天使。即使课堂上的节奏较慢，我们也能听到那美妙的旋律。

二要弯得下腰。孩子们的评价标准与我们成年人不同，只有当我们弯下腰或蹲下来与学生平视时，我们才能真正理解他们看待世界的方式，洞察他们的思想。通过他们的视角观察周围发生的事情，我们才能真正理解他们，走进他们的内心世界。举个例子，在教孩子们解方程时，我总是强调第一步要写上"解"字，但班上仍有不少学生会忘记，我曾尝试过罚写的方法，但效果并不理想。然而，有一天我在黑板上演示时也忘记写"解"字了，一个学生立刻站起来指出了我的疏忽。我不仅表扬了这位勇于指出老师错误的学生，奖励了他 3 分，还当着全班同学的面在黑板右侧将缺少的“解”字写了 10 遍，并写下承诺：“我以后解方程再也不忘记写‘解’了。”从那天起，班上忘记写“解”的情况明显减少，即便是学习上有些吃力的孩子也会首先确保写上“解”字。我经常告诉学生：“盲目相信书本，不如没有书本；盲目相信老师，不如没有老师。”老师也会犯错，欢迎大家一起帮助我纠正。例如，在讲解圆的对称性时，我曾说“圆的直径就是圆的对称轴”。当晚，一位学生家长来电指出，孩子因为我的话查阅了大量资料，认为我的说法不够准确，应该是“圆的直径所在的直线才是圆的对称轴”。我认真地接受了家长的反馈，并承认了自己的不严谨。孩子在得到我的认可后，才满意地让母亲挂断了电话。

三要拉得起脸。老师的表情有两种方式，一种是上扬，一种是下垂。上扬的表情通常呈现为微笑，这有助于与学生建立良好的交流渠道；而下垂的表情则显得严肃，便于传达事情的紧迫性和引起学生的注意。在扮演数学老师这个角色时，我倾向于让我的表情保持上扬。

二、成苗——好的项目设置是成苗的黄金养料

我的课堂通常洋溢着欢乐的气氛，这不仅得益于语言上的优势，还得益于课堂中精心设计的趣味性项目，这些项目是吸引孩子们全神贯注听课的重要因素。为了让课堂上的小活动变得生动有趣，我们需要从两个方面着手：第一，活动的导入至关重要。常言道，良好的开端是成功的一半。如果学生一开始上课就提不起兴趣，课堂气氛就会变得沉闷，那么这节课基本就是老师的独角戏了。第二，项目设计必须能够吸引所有学生的参与，让每个学生都有事可做，有任务可完成，这是确保每个学生在课堂上都能提高自身能力并激发数学思维的关键。4 月 25 日，我有幸向美国一所小学的校长展示一节数学课，这是我首次与国际接轨，也是我向世界展示中国数学教育魅力的第一步。当时，谢主任轻松地告诉我：“下周五第一节，你给美国校长上一节课，自己准备一下。”之后便放心地让我自由发挥。我反复思考，最终决定上一节能够充分展示数学魅力的简便运算复习课。课程内容确定后，如何高效、有趣地导入，以及如何设置项目以真正面向全体学生，成为我面临的问题。在我们年级组的共同努力下，我们把简便运算的精髓归纳为“变与不变”，并以此作为我这节课的主题。围绕“变与不变”，我突发奇想，决定用魔术作为课程的导入。魔术中的变化不正是最直观的“变与不变”吗？于是，我邀请了上一届的魔术高手王伯亨和张涛宁两位同学，他们教会了我变骰子和小球移动这两个魔术。这两个魔

术正是简便运算中“形式变”和“位置变”的直观体现，也是吸引孩子们进入课堂的有效方法。至于全员参与，我们让每个小组都进行课前准备，每个学生在整理典型习题的过程中，实际上就是在对简便运算的知识进行初步整理的过程。课堂上，孩子们在小组内分享自己的知识储备，进行小范围的交流和思维碰撞，然后小组选出代表将讨论结果与全班分享。最终，全体学生对小学阶段所有简便运算运用到的五大定律和运算性质进行了整理和归纳，使课堂从习题练习提升到了知识方法的总结。美国校长听完后非常惊喜，这也达到了我们的预期目标。

去年五月，我参加了市里的素质赛，抽到的说课内容是《折扣》。刚拿到题目时我有些困惑，不是因为不会说，而是因为这节课的内容实在太简单了。如果按照传统模式上课，步骤无非是：介绍折扣是什么——了解折扣、原价、现价之间的数量关系（现价＝原价×折扣，折扣＝现价÷原价，原价＝现价÷折扣）——进行分层次练习。就在那天晚上10:00，谢主任给我打电话，让我不要着急，她第二天会来支援我。第二天一早，主任一来就告诉我，按照“四环节”课堂模式，在解决知识性问题后开始课堂活动——跳蚤市场。我顿时豁然开朗，这个课堂活动的设计正是我当时在上这节课时采用的，学生在掌握了基础数学知识后，能够在实践中亲自体验，并在体验的过程中进一步巩固本节课的知识难点和重点，使数学目标中的情感态度目标“让学生体验学习的乐趣，获得成功的喜悦”不再是空洞的口号。

一个优秀的项目设置是我们上好一节课的关键，它需要我们真正了解学生的需求和特点，需要我们静下心来仔细琢磨，更需要我们集体智慧的碰撞。知识的传播可以是沐浴，可以是灌溉，也可以是填充，但如果学生没有兴趣，那么再重要的内容也难以引起他们的共鸣；反之，如果学生感兴趣，即便是枯燥的习题讲解也会变得充满乐趣。我们班的家长反馈中，写得最多的就是：孩子喜欢上数学课，上课时总是特别高兴，老师讲的东西特别有意思，孩子很喜欢听。

三、化树——在“四环节”的课堂上播撒兴趣的种子

没有对孩子的爱，就没有教育；没有丰富多彩的经历，学生也难以茁壮成长。我曾与昔日的同事戏言，石外一年的活动和历练，恐怕你们十年也难以积累。每一次活动、每一次经历、每一次磨炼，对我来说都是成长的滋养。曾经站在众人面前说话紧张的我，如今却能自信而从容地面对远道而来的美国校长，并用中英文结合的方式上一堂风趣幽默的课；曾经为大班容量感到头疼的我，现在能与学生打成一片，与家长关系融洽；曾经教学方法青涩、年轻气盛的我，如今在课堂上游刃有

余，谈笑风生，引经据典，也有了自己培养的毕业生……

过去的过去，现在的现在，我从种子长成幼苗，从幼苗长成大树。我扎根于石外这片肥沃的土地，而石外无疑将培育我成为参天大树。最后，借用艾青的诗句来表达我最真挚的情感：“为什么我的眼里常含泪水？因为我对这土地爱得深沉。”

坚守耕耘二十二载，践行“三爱”勇前行

小学部　武敏星

时光荏苒，二十二年的光阴转瞬即逝。二十二年间，我在这个岗位上默默坚守，平凡而稳定地前行。跟随学校成长的脚步，我亦在学校这棵大树的庇护下逐渐成熟。与那些优秀的教师相比，我或许没有丰富的经验可以分享，但今天，我更愿意与大家分享这些年来在校园中经历的点点滴滴。

一、见证学校蓬勃发展，爱已融入彼此

自2002年大学毕业加入学校以来，我目睹了学校二十二年来的成长与壮大。初到学校时，小学部仅有60余位教师，办公室位于教学楼二楼的阴面，我仅用一周时间便与所有教师相识。那时，每个年级仅有4—6个班，行政楼与教学楼之间尚未架设天桥，我们可谓是将学校视为自己的家。如今，六个年级扩展至100多个班，拥有300多名教师，教室分布在三座不同的教学楼中。再看我们的多功能场馆：科技馆、图书馆、美术馆、心灵家园、音乐教室、啦啦操教室、武术教室、羽毛球馆、烹饪教室、木工教室、缝纫教室、机械加工教室、机器人科学教室、科学种植园……走遍这些场馆，至少需要一个小时。这说明了什么？它充分证明了我们学校及教育集团近年来的蓬勃发展。每当“你是我的爱，你是我的家……”的旋律响起，我的心中总会涌现出无尽的思绪。我想，在这二十二年里，我对学校的爱已经深深融入我的血液。记得2003年非典期间，为了保障师生安全，我们几位男教师身着厚重的防护服，背着三四十斤重的喷雾器，为每间教室进行消毒，一圈下来全身湿透；还记得2009年那场百年难遇的大雪之夜，我们冒着寒风，踏着没膝深的积雪，爬上教学楼顶清除积雪。这些年来，我们共同经历了风雨，逐渐成长，积累了满满的回忆，这些都转化成了我对学校的深情厚爱。在这里，我衷心祝愿我们的学校越来越好！

二、科学课是我不舍的情怀

我的“前半生”是一位科学教师，科学课是我难以割舍的情怀。众所周知，科技是推动社会进步的重要力量，科学的重要性不言而喻，因此全面提升学生的科学素养，对于培育新时代具有创新精神的青少年至关重要。经过多年的辛勤工作和不断探索，我在科学教学领域也积累了一些心得，我积极参与区级和市级的科学教研活动，并在多次素质赛和评优课中荣获一等奖，同时我也在石家庄市和裕华区的教研培训中多次上示范课和引路课。我的努力得到了认可，2013 年我被授予裕华区骨干教师的荣誉；2015 年，我荣幸地加入了石家庄市科学名师工作室，并与其他学校的优秀教师共同完成了教育部的一项科研课题；在 2017—2019 年的科学课教材改版过程中，我有幸参与了冀教版《小学科学》教材的编写工作。2007—2021 年，在这十四年的时间里，我一直担任科学备课组长。在个人取得成就的同时，我也带领着科学组的老师们共同奋斗，发挥了一名党员的先锋模范作用。在我们的共同努力下，科学组的王甫、韩洋、陈琳、吕婉明等老师在石家庄市和裕华区的科学学科评优课中屡获一等奖，其中韩洋和吕婉明在实验说课比赛中分别荣获河北省一等奖和全国一等奖。近年来，科学组的新成员尹雪薇、张雅茹已经展现出他们的潜力，而新入职的秦明和于晓雅也迅速适应了工作环境。

三、劳动实践，我的新阵地

习近平总书记强调，我们必须致力于培养德智体美劳全面发展的社会主义建设者和接班人，坚定地朝着建设教育强国的目标迈进。我们学校的领导团队高瞻远瞩，敏锐地把握时代的脉搏，并开始在学校积极探索劳动实践校本课程。

自 2012 年起，田亚老师开设的烹饪课成为学生最喜爱的课程之一。到了 2018 年，我们引入了木工课程。在领导的大力支持下，我积极参与木工培训，掌握了多项基础技能。为了能够更好地教授木工课，我利用一切空闲时间操作机器，熟悉其性能，并思考如何有效地进行教学。我不断观察周围的物品，如桌子、凳子、房屋、书架和盒子等，然后尝试制作小型模型。通过实践，我总结出了一套教学流程，包括先绘制图案、使用锯床切割，以及调试组装等步骤。

针对小学生几何图形概念理解不足、操作时用力过猛、速度过快以及左右手协调性不佳等问题，我不断调整教学内容，从基础的绘图方法开始，逐步提升他们的操作技能，最终形成了一套适合小学高年级学生的木工课程体系。

除了烹饪和木工课，我们学校还陆续开设了缝纫、机械加工、蔬菜种植和机器人科学等课。劳动实践课程日益丰富，劳动实践组也正式成为一个独立的学科组，我被任命为该学科组的主任。在劳动实践组的创建过程中，我们得到了丁校长、王校长等领导的高度重视和亲切关怀，曹爽主任和赵静主任也对劳动实践课程的教学情况给予了极大的关注，他们经常亲临教室听课、评课，并为我们提供宝贵的建议。

目前，我对自己的新岗位越来越得心应手，劳动实践组的工作也逐渐步入正轨。我将继续努力，时刻发挥一名党员的先锋模范作用，不忘初心，牢记使命，勇于担当，积极进取，致力于将我校的劳动教育工作推向新的高度，使其成为集团中真正的窗口课程和明星课程。

守护教育的良心

小学部　赵丽红

十八年如一日，我坚守在这三尺讲台，面对着一块黑板，手握着一支粉笔，这就是我的教学生涯。多年的执着，源自学生们真挚的呼唤、家长们深沉的信任以及学校的鼓励与支持。正是这份爱，让我以爱回应，我默默坚守在自己的岗位上，不追求显赫的成就，但求问心无愧。借用王冕的《墨梅》来表达我的内心世界："不要人夸颜色好，只留清气满乾坤。"

一、结识外小，在反思中成长

2006 年，我踏入石外的校园，带着些许的自信，然而我很快发现自己要面对的是一个由 70 多名走读和住宿学生组成的混合班。由于频繁更换数学老师，学生们对数学的热情明显受到了影响，一些学生开始跟不上进度。因此，课间休息时我经常与学生们交流，聊感受、聊兴趣、聊电影，希望尽快建立起和谐的师生关系，缩短学生与老师之间的适应期。

放学后，在班主任的全力支持下，我为学习困难的学生补习功课，帮助他们树立自信，坚信不到最后一刻绝不放弃。记得有个孩子身材高大，性格却非常害羞，他父母在县城工作，无暇顾及他，导致他数学成绩只有三四十分，孩子和家长几乎放弃了希望，但我没有。每节课后，我都会主动询问他哪里不明白，并一遍又一遍地指导他，看到他的进步，哪怕只是独立解出一道题目，我都会与他击掌庆祝。就这样，孩子的自信逐渐建立起来了，当他看到自己期末数学成绩及格时，简直不敢相信那是自己的试卷。即使过去了这么多年，我依然记得他拿到试卷时那难以置信又无比激动的表情。就这样，我的努力赢得了家长的认可，在一次关于师德的无记名家长投票中，我有 7 项指标的家长满意率超过 90%，其中 3 项更是高达 98%。

在接下来的几年里，我转到了住宿班工作，而我的孩子也进入了小学。为了避开交通高峰，我们每天早上 7:15 就到学校了，晚上上完自习后 8:30 再随我回家，我笑着告诉孩子，这就是成语“披星戴月”的真实写照。那段时间，我既是年级备课组长，也是住宿班的班主任，同时还兼任两个班的数学教师。一边是学校的工作，一边是家庭的辅导；一边是对住宿生学习成绩的担忧，一边是两个班学生的状况。在多重压力下，我的身体免疫力急剧下降，严重的鼻炎让我每天痛苦不堪，身体的严重透支迫使我重新审视我的工作方式。我意识到，教育是一项长期而艰巨的任务，不能仅凭一腔热血蛮干，而应善于调动学生的力量，巧妙地工作。调整了工作思路后，我变得更加从容和自信。

二、默默地，做石外坚韧的磐石

在外小工作时间久了，我逐渐对这份职业产生了深厚的情感。无论我身处何地，我始终坚守自己的职责，正如那句老话所说：在其位，谋其政。2013年，我负责的两个班被选为实验班，我们开始尝试引入国外的教学模式。教室内的桌椅被清空，取而代之的是便于小组合作学习的圆桌；授课时间也从每节课35分钟延长至60分钟；每节课都围绕一个主题，确保孩子们能够充分参与进来。虽然这个想法非常新颖，但在实际操作中我们遇到了不少挑战。一方面，我们需要完成既定的教学目标；另一方面，我们要确保孩子们在这样的大课堂上保持持续的兴趣。在那段时间里，实验班的老师们经常聚在一起讨论问题和困惑，学校领导每天放学后也会与我们座谈，帮助我们解决问题，并鼓励我们积极寻找克服困难的方法。同时，我通过阅读《让学生爱上学习的165个课堂游戏》和《听吴正宪老师上课》这两本书丰富了我的课堂活动，拓宽了我的教学视野。现在回想起来，我非常感激那段实验班的经历，因为正是在困难中，一个人成长的机会才得以显现。

2016年6月，一年级迎来了首次乐考。乐考应该采用何种形式？内容应该达到怎样的水平？如何确保乐考的趣味性？我们没有现成的模式可以模仿，也没有经验可以借鉴。姬校长多次与我沟通，共同探讨活动方案，乐考方案几经修改。从师生面对面的考核到让学生在参与中考核，从单一的数学题目到开放的活动项目，从封闭的考场到整个教学楼大厅，我们的乐考方案经历了许多波折，最终呈现出了一个完美的结果，数学考场更是成了本次乐考的亮点。乐考前一天，我们进行了一项庞大的工程，各班老师和家长一起将上百张桌椅布置成货台，将各班的货物收齐并分类摆放，文具区、生活用品区、水果区等都在考试前一天晚上准备就绪。像“超市欢乐购”“DIY工坊”“小小钟表店”这样新鲜有趣的名称本身就极具吸引力，再加上老师和家长们身着超市售货员的服装，数学考场成功地吸引了所有孩子的兴趣。

孩子们手里拿着钱，买到了他们喜欢的东西，这样的考试让他们非常开心。但乐考并不是简单的玩耍，而是通过巧妙的情景和游戏设计，让孩子们在闯关中运用所学知识解决实际问题。这种形式不仅有助于发现不同学生的潜能，还能激发孩子们对未来学习的期待。

三、保持童心，让爱成为师生的纽带

真心喜爱孩子的人自然就想探索孩子的世界，与他们一同玩耍“三个字”“一网不捞鱼”、跳大绳，一起看他们喜欢的动画片，孩子们的快乐总是能触动我。有时，我会情不自禁地为孩子整理凌乱的马尾辫，或是提醒他们脱掉过厚的外套，或是嘱咐他们穿上保暖的衣物……我对孩子们的爱是真挚的，因此我也欣然接受了他们对我的喜爱。

我曾在朋友圈分享过一个小故事，现在读来依旧觉得趣味盎然：有一天，我穿了一件旗袍，孩子们进班后对我的变化议论纷纷，他们七嘴八舌地说出了许多可爱的话语：“赵老师穿的衣服是什么呀?”“是中国传统服装!”“赵老师是要去约会吗?”听到孩子们这些天真的话语，我回答说：“是呀，我要去约会。”孩子们不依不饶地追问：“赵老师你有男朋友了吗，你是要和男朋友约会吗?”我笑着说：“我要和你们约会呀!”孩子们惊喜地睁大眼睛，说：“老师你为什么不早说，早知道我就穿得帅一点来上学了!”另一个孩子也表示赞同：“我觉得应该穿西服。”与孩子们的互动让我感受到了孩子们的童真。

还有另一个小故事：一天中午我到校稍晚，我快步穿过操场，脑海中满是学生在门前等待的场景，他们或蹲或站或追逐……当我到大厅，看到教室门前空无一人时，我悬着的心终于放下，因为负责开门的同学比我先到了。但正值学生陆续进校的时间，教室的前后门紧闭有些奇怪。带着疑惑，我打开门，却发现教室里空无一人。我还没来得及思考，孩子们就从桌子底下冒出来，咧着嘴笑嘻嘻地告诉我：“赵老师，这是我们给你的惊喜。”这件事并未就此结束，孩子们觉得效果不错，有些孩子还想再玩一次。某天中午，孩子们再次躲到桌子底下，而我在教室外早已察觉一切。我装作若无其事地开门进教室，环顾四周，假装惊讶地说：“班里怎么一个人都没有呢？这是怎么回事?”听到我的话，藏在桌子底下的孩子们满足了，他们兴高采烈地从桌子底下钻出来，一个个收敛笑容后乖乖地回到读书状态。

我曾经在书中读到过这样一句话：如果你想让孩子喜欢你，你就需要变得像孩子一样。调整自己的角色，站在与孩子们同龄的角度交流，这样不仅不会降低教师

的尊严，反而会让孩子们更愿意自觉主动地尊重老师，以及尊重和老师一起制定的规则。

四、立足于孩子的终身发展，让思想在交流中碰撞

教师的职责不仅限于传授知识，更在于培养学生的品德。传授知识相对容易，而教导学生如何成为有责任感的人则是一项挑战。作为班主任，我经常自问：孩子们将来踏入社会最需要具备哪些素质？答案并非考试中获得的高分，而是自律、尊重、遵守规则和团队合作等品质。我喜欢通过讲述小故事来启发孩子们，让他们在故事中发现学习的榜样。然而，口头表达比倾听更为重要，鼓励孩子们表达自己的观点，这不仅能够锻炼他们的语言表达能力，还能在辩论中培养他们辨别是非的能力。

今年再次担任一年级班主任时，我利用每周班会时间开设了“每周论坛”活动。在论坛中，我会提出一个话题，由学生担任小主持人，让所有同学自由发表意见，无论是简短的一两句话，还是稍微长一点的发言，所有人可以畅所欲言。例如，有一次论坛的主题是“你认为什么样的人最受同学欢迎?”这个话题源于孩子们刚进入一年级这个小社会，他们尚未形成美丑的观念，因此需要了解哪些品质受人欢迎，哪些榜样值得学习。令人惊讶的是，孩子们的能力不容小觑，一节课下来，我总结了孩子们发言中的关键词：爱干净、乐于助人、勇于发言、尊重他人、专注听讲、整理桌椅等。这些简短的话语反映了孩子们对尊重和规则意识的认同。

在另一期“文明课间大家谈”的论坛中，孩子们刚刚从幼儿园过渡到小学，他们对于能够自主支配的空间和时间感到兴奋不已，开始在大厅里尽情奔跑。因此，在班会上我引导学生讨论课间追逐打闹可能带来的后果，并通过模拟表演进行体验。通过这个活动，学生们体会到了合作的重要性，并认识到了责任与后果的关系。

在最近的一次班会中，我给孩子们的主题是“感谢我身边的人”，并提供了一个表达模式：“我想感谢谁，因为他做了什么事情。”我让每个孩子回想一下，“谁经常帮助你，谁在课间与你一起玩耍，谁帮助你解决问题，以及谁借给你学习用品等”。然后，我鼓励孩子们走上讲台，大声表达他们的感激之情，并与他们要感谢的人拥抱。

五、提升自我，是对教育的尊重

每个孩子都是独一无二的，他们是家庭的缩影，因此要想在教育工作中取得成

效，了解学生的家庭背景至关重要。今年假期，我们学校为一年级新生安排了为期三天的入学培训。培训结束后，我通过微信向每位家长简要介绍了孩子在培训中的表现，并尝试缓解那些因孩子即将升入小学而感到焦虑的家长。开学后，我继续对学生进行了细致的观察，并针对那些有特殊情况或个性鲜明的学生的家长进行了深入的沟通。

随着我对学生了解的不断深入，家长约谈工作也逐步展开。每周五下午，我会邀请当天值日生的家长来班上交流，了解孩子在家的学习习惯和基本情况，同时向家长反馈孩子在学习、习惯和社交等方面的表现。对于共性问题，我们共同探讨；对于个性问题，我们会进行更深入的交流。

十八年的教学生涯让我对小学生的特质和知识结构有了深刻的理解，但我从未感到满足，反而更加渴望充实自己。我渴望了解孩子行为背后的家庭因素，因此我非常喜欢与心理老师合作，交流学生的情况。为了更加系统地学习儿童心理学，我加入了石家庄心理学会，并成为一名专业会员，开始了为期五年的学习和培训。我希望在与家长沟通时能够提供更切实有效的建议，以平和的心态看待学生成长中的问题。

有人认为教师是平凡的，一生在三尺讲台上度过，也有人认为教师是清贫的，坚守着最初的教育理想。然而，每当我看到孩子们展现个性、充满活力，感受到他们的成长，收获他们的感激时，所有的辛劳都化作了甘甜的泉水。教师所体验到的幸福和快乐，岂是常人所能理解的？我不畏惧清贫，我接受平凡，我愿意默默地守护教育的良心。

家校携手，和谐育人

小学部　赵岩英

尊敬的领导、亲爱的老师：

大家下午好！首先，我要感谢领导为我们搭建了这个交流的平台。今天，我和大家分享的题目是《家校携手，和谐育人》。

作为一名教师，我日复一日地做着平凡而重要的事——教书育人。我没有什么惊天动地的先进事迹，也没有催人泪下的动人故事，我只是怀着一颗平和的心，默默无闻地做着日常的工作，我以最大的耐心和最深的爱心面对着形形色色的家长和活泼可爱的孩子们。我秉持"家和万事兴"的理念，精心经营着六（2）班这个温暖的集体，实现了家庭与学校的紧密合作，共同促进学生的成长。

作为经验丰富的班主任，我深知自己肩负着多重责任，也深刻理解自己所承担的重担。因此，无论我接手的是哪个班，我首先都会静下心来，理清思路，从营造一个温馨的集体氛围开始。我用真诚赢得家长的理解、支持和协助，从而推动学生的全面发展。

一、确定治班理念，凝心聚力

在我接管了现在的住宿班后，我向每个学生灌输了"家"的理念："我们因缘聚在一起，形成了这样一个温馨的大家庭。每个人都是和谐的音符，我们应当携手并肩，一起学习，共同进步。"因此，我们确立了一个共同的目标——致力于每个孩子的终身发展；我们采取了一致的行动——每个人自觉为我们的大家庭服务，无私奉献；我们拥有了一个美好、永恒且有凝聚力的主题——家和万事兴。这促使我们成立了以"家""和""万""事""兴"为名的五个小队，作为少先队活动的组成部分。同时，我们还拥有了一个共同的话语，以表达对彼此的感谢："一家人，无需客气。"正是这种"家"的概念，使得"家和万事兴"这句话深入人心，让六（2）班这个大家庭的每个成员凝聚在一起，共同营造出一个和谐欢乐的氛围。

二、明确角色定位，沟通无限

我们深知，家长是学校教育坚实的后盾，只有获得家长的理解与信任，我们才能有效地激发他们参与教育的热情，确保教育教学活动的顺利进行。在与各类家长打交道时，我始终以“朋友”的身份自居，扮演着“姐姐”或“妹妹”的角色，真诚地与家长沟通，针对学生的问题进行面对面的交流，实事求是地分析原因，共同探讨教育策略。无论面对哪位家长，我都会亲切地称呼他们为“朋友”，并利用所有可能的沟通方式，耐心地对待每一位家长。多年来，无论多晚，我都会耐心接听家长的电话，认真回复信息，并与家委会成员及任课教师一同家访，帮助家长解决难题，关注学生的日常生活，从而拉近了家校之间的距离。许多家长乐于与我交流家庭教育的问题，无论是寻求帮助、解决疑惑，还是倾诉家庭矛盾，他们都愿意与我分享，并期待我的建议和支持。

面对不同背景和需求的家长，我不断调整自己的角色，力求精准定位。我自视为一位积极的引路人，为家长答疑解惑，为家庭教育出谋划策。其中，小 L 的妈妈是求助最多的一位。事情是这样的：小 L 的父母突然将寄养在亲戚家的二儿子接回家中，这让原本活泼可爱的小 L 感到不安，他担心失去父母的关爱，因此故意制造麻烦，以求获得更多的关注。而忙碌的父母未能及时与他进行沟通，只是批评他，这反而使他的行为变本加厉，甚至开始对弟弟产生敌意。在听了他妈妈的倾诉后，我除了在周末接送孩子时与家长和孩子共同交流，对孩子进行疏导外，还会随时回应他妈妈通过短信和微信发出的求助，提供指导性建议。这些措施取得了显著的效果。至今，我仍然保存着孩子问题最为严重时与他妈妈的交流记录。在这里，我愿意与大家分享其中的几段对话。

小 L 的妈妈：“姐姐，我又得麻烦您了，有两个问题。第一个问题是，周日早上，我和孩子一起看《开学第一课》时，他看到一半就开始不耐烦了，而我却被深深感动了。我本想边看边向他解释一些感人的片段或他不太明白的地方，但他觉得自己已经看过就不愿意再看。后来我看完去做家务，他告诉我老师说要和家长一起写观后感。我说：‘妈妈还有很多活要做，妈妈就在家呢，你写吧，有不懂的地方再问我。’他听完有点不高兴。第二个问题是，他回家后总是把桌子弄得一团糟，我每次都让他收拾，他答应得好好的，但第二天还是老样子。今天下班回来我发现他的语文试卷虽然写了卷面分析，但落家里了，真的很沮丧。请帮忙解答！”

我：不好意思，我今天值完晚自习就去老公办公室打印我们班的表格和资料了，刚看了留言，我先找他聊聊吧。另外，我觉得孩子还是想让你们多关注他，你越忙可能就越感觉他好多方面做得不好，耐心也就不足了，这跟我们成年人的心态有关：我们希望的是我们越忙，孩子越体谅我们，越懂事，越让我们省心，但是孩子看到我们太忙顾不上管他们时，往往特别想引起我们的重视，对于小L来说可能更是如此。

小L的妈妈：说来也是，我总是期望很高，失望也随之左右了我的情绪。我发现，我现在做什么事都会发脾气，可能是单位积攒的情绪都发泄到家里了。我是想什么事情都做到尽美，其实那样会给自己好多无形的压力。那我该怎么办呢?

小L的妈妈：还有两件事，第一件事是晚上我和他爸爸拌了两句嘴，他就趁去厕所的时候空开了两次门，说："爸妈你们还不睡吗?"他的意思很明确，不想看到爸妈吵架。第二天早上我一开门就看到一张便利贴贴在门上，写着"爸爸妈妈请你们不要再吵架了，我以后的表现会有所改变的"，我当时心里真是说不出来的滋味，看到这些我真觉着自己的儿子长大了。

小L的妈妈：第二件事是上个星期六他和弟弟在爷爷家玩时把放花生皮的盘子打翻了，花生皮撒了一地，我和他说："自己弄脏的就要自己承担责任，把花生皮清理干净。"他不愿意做，我说要不然我给赵老师打电话了，这样要挟了几次，最后他终于收拾了。可见，他是很敬重您的。您说他为什么有时候做不好呢?

我：他所有表现都在告诉我们：孩子长大了，懂事了。这样的表现很正常，毕竟家是港湾，家是每个人可以撒娇，可以撒泼的地方，你不也经常把积压很久的不快在家里发泄吗?就连黄佳伟、赵欣雨的家长也向我反映了类似的问题，我真的觉得这是正常现象。再有就是你家儿子很要面子，很怕给老师留下不好的印象，那我们就抓住这一点想对策，你以后不要再抓住错误吓他说给我打电话了，以后遇到他表现好的时候告诉他，"我一定要把你这么好的表现和赵老师分享……"

有时，我还是不软不硬的"帮大姐"，调解家庭矛盾，为孩子扫除心里的阴影。对于"问题学生"，我不会把责任都推给家长，我会从多角度、多层面挖掘学生出现问题的根源，特别是关注其家庭氛围对学生的影响。只要是家庭不良环境给孩子带来的负面影响，我就会自觉当起"帮大姐"，以诚恳、热情、礼貌的语言和态度面对家长，做到以诚待人，以情感人，以理服人，赢得家长的信任和配合。

三、抓住契机，关注弱势家庭，有效家访

小R，一个自幼失去父亲的单亲家庭孩子，他的母亲在药厂工作，几乎没有休

息时间，因此年迈的姥爷常常负责接送他上下学。对于班上开展的丰富多彩的假日小队活动，如游园、采摘、登山和参观等，小 R 只能默默听着活动安排，无法参与其中。看着这一幕，我与家委会成员商议，决定伸出援手，我们选择小 R 母亲下班在家时，一同前往他家中进行家访。经过一个小时的深入交流，我们消除了这位单亲母亲不愿麻烦他人的顾虑，我们承诺会照顾小 R，让他能够愉快地加入我们的假日小队活动。自那以后，小 R 终于能够和其他孩子一样融入我们的集体了。

时间如同一把公平的尺子，我真诚的付出赢得了家长的认可，他们中许多人亲切地称呼我为“姐姐”，成了我们和谐大家庭的坚强后盾。

当我看到孩子们健康快乐地成长，看到他们脸上洋溢着幸福和甜蜜的笑容，看到家长们满意而赞许的目光，尽管工作辛苦，但我的心中依旧充满了甜蜜。我为自己能遇到这些充满爱心的家长而倍感欣慰，为我们能够携手合作、和谐育人而感到幸福……

心有阳光

小学部　赵　炎

尊敬的领导、同事们：

大家下午好！我叫赵炎，目前担任一年级15班的班主任，并兼任15班和16班的数学教师，同时我也是低年级德育备课组的组长，能作为低学段教师的代表与大家交流学习，我感到非常荣幸。今天，我分享的题目是《心有阳光》。

我们低学段"和爱团队"是一个充满活力、积极进取的团队，在谢校长和各位主任的领导下，我们团队的老师怀揣着爱心，眼中闪烁着希望之光。我们坚持从日常小事做起，注重细节，扎实执行一日常规工作，全心全意培养学生良好的习惯。尽管孩子们年纪尚小，但在我们专业指导和爱心的滋养下，他们已初步形成了良好的习惯，并且努力成为文明有礼、阳光向上、全面发展的"博·雅"少年。

在学期之初，我们仔细聆听了丁校长传达的学期工作规划，并结合了"质量提升三学年行动计划"，认真落实各项职责。作为班主任，我不仅要管理好学生和家长两支队伍，还要成为各学科教师之间的沟通桥梁，确保教育教学工作能够顺利进行。

一、学段工作：爱教育

班主任在教育教学过程中扮演着至关重要的角色，其不仅要把学校各项工作处理得面面俱到，还要把班级管理得井井有条。一个充满活力的班级环境，离不开班主任的用心、耐心、细心和责任心。我们低学段的全体班主任致力于实现以下工作目标：把常规工作做全，把学生习惯落实，把各项活动做精，把育人目标做活。

在开学之初，为了减轻班主任的工作负担，确保班级活动有序进行，并提高班主任的工作效率，谢校长组织了一次班主任培训，主题为"开学工作"。从时间顺序来看，首先是针对家长的培训，接着是对新学期班级的全面规划，与班级成员沟通新策略，以及开学后班级环境的布置等。这些任务都需要以班主任为核心，逐步分类实施。最终，我们制定了学生和家长的物品清单各 10 项，以及开学日的具体工作流程，以便教师们能够直接应用。

在低学段，教师在推进学生文明礼仪教育方面，根据年级的不同，分层次启动了“寻找文明小榜样”活动。通过杨主任、宋主任、李主任组织的年级大会，我们集体观看了文明行为视频，帮助学生理解文明行为的重要性。随后，各年级班主任利用班会课时间解读了《文明童谣》，推广以文明为核心的小游戏，如魔方、华容道、拍手游戏等。

二、年级工作：爱学校

在杨主任和薛主任的带领下，一年级梦想团队迎来了新篇章。为了迅速了解学生的个性特点，并缓解一年级家长的紧张与焦虑，两位主任指导我们对全体一年级家长进行了一次问卷调查。这次调查旨在探究孩子们的性格特点、兴趣爱好，以及家长希望老师特别关注的领域，从而使得我们的家访工作更有针对性，并提高效率。

回顾一年级的家访经历，老师们每天都仿佛在庆祝节日般地“串门”，既热闹又充实，家长们热切的期待让我们感受到被尊重和需要的喜悦。通过与家长们的交流互动，我们不仅增进了了解，还共同制定了关于孩子们的“专属规划”。实际上，只有真正踏入每个学生的家庭，我们才能找到那些在学校时让我们感到疑惑和不安的答案。

三、班级工作：爱学生

班集体成立时间：2021 年 9 月 1 日，年龄：9 个月，任课教师：张艺琳、高露，副班主任：仲轩逸、王瑜，人数：42 人，老师特点：漂亮好看，学生特点：稳重踏实，较为注重的地方：学生队伍管理，管理的原则：人人有事做，事事有分工。

建班初期的不易，每位班主任都深有体会。帮助孩子们迅速适应小学生活是所有工作的起点，一旦孩子们有了责任感，他们自然就会感受到归属感。

班集体凝聚力的培养标志着良好师生关系的建立和巩固。教师与学生需要在课堂活动中逐渐建立起一种默契，这种默契可以是通过一个眼神或一个动作来响应的。

文明礼仪的培养，包括学生之间的问候和师生之间的问候，是增进彼此情感的快速途径。

正如冷暖相遇形成雨，冬春交替带来岁月，天地相接造就永恒，教育是一场美好相遇的旅程。师生之间最美的相遇，是相互成就，共同成长为更优秀的自己。我相信在座的每位同事都像我一样坚守教育的初心，在爱的相遇中，记录下教书育人的点点滴滴，让我们的学生在温暖的阳光下勇敢地朝着自己的目标前进。

谢谢大家!

我是一道微光，愿能给你灿烂的光芒

小学部　赵敏娟

有人说，教师应像山间的小溪，以乐观的心态一路欢歌，奔向海洋；也有人说，教师当如馨香的百合，轻展带雨的花瓣儿，聚合摇曳的身影。而我，却更愿意做一道微光，集聚力量，给更多的孩子带来灿烂的光芒……

一、用博爱之心播撒春晖满园

教育的核心意义何在？在于教育者在孩子成长的道路上让他们记住了什么，为他们的人生留下了怎样的印记。真正的关爱，远不止于几个分数，也不局限于眼前的一学期或几年时光，而是着眼于孩子们的长远未来。我期望，在我的引导下，每一个从我这里毕业的学生，每一个孩子都能带着我独特的印记前行。我始终坚信这一理念："在细微之处追求卓越，持之以恒地培养远大的志向，方能铸就辉煌。"我更愿意以细心、爱心和责任心为孩子们提供两个通往成功的秘诀：保持乐观向上的态度和坚持不懈的毅力。

（一）快乐阳光的心态

学生唯有"亲其师"，方能"信其道"。为了真正走进孩子的心里，班主任老师需要在生活中展现个人魅力，赢得他们的喜爱与信任，从而达到"不令而行"的效果。我平日里热爱生活，热衷于唱歌，喜欢追求新鲜事物，我也期望我的学生能够兴趣广泛，乐观开朗，以积极的态度面对生活，将学习视为一种快乐。

在课堂上，我通过猜谜、做游戏、唱歌、讲故事等多种方式激发孩子们的学习热情，让他们对每一堂课都充满期待，从而喜欢上语文、爱上语文。课堂之外，我也总是能和孩子们打成一片，无论是跳大绳、踢毽子，还是闲聊，我都乐在其中。每当读到一篇好文章，我会立刻与孩子们分享；遇到一部优秀的电影，我也会毫不犹豫地推荐给他们。

（二）贵在坚持的恒心

我经常给孩子们强调："再平凡的事情，只要坚持做下来，那就是不平凡。博观而约取，厚积而薄发。”我不仅这样教导他们，也是这样身体力行的。

新闻播报是我们这学期新设立的课前环节，每天必有。正如那句话所言：“风声雨声读书声，声声入耳；家事国事天下事，事事关心。”孩子们轮流上台播报新闻，不仅锻炼了他们的表达能力，还增强了其对生活和社会的关注，拓宽了视野，丰富了知识，我也会利用这个环节适时地向孩子们传授一些生活智慧。

不久前，孩子们播报了一则关于《巴甲沙佩科恩斯俱乐部遭遇空难》的新闻。为了给予学生深刻而正确的教育，我向他们讲述了苏佩加空难的历史。那场灾难导致意大利失去了整整一代足球天才，陷入了长达十六年的低迷期。当时，“都灵神之队”在都灵机场降落时，由于雷雨天气，飞机试图避开云雾，却不幸撞上了山上的教堂，导致包括 18 名球员、2 名教练、2 名俱乐部官员、1 名队医、3 名记者和 5 名机组人员在内的 31 人全部罹难。这支意大利历史上最壮观、最辉煌的球队在这次空难中消逝，有 50 万人参加了他们的葬礼。这支自 1942 年起连续五次赢得意甲联赛冠军的球队，因空难让意大利足球沉寂了二十多年，直到 1968 年意大利在欧洲杯夺冠，并在两年后打入世界杯决赛，才重新确立了其世界强队的地位。故事结束时，我告诉孩子们：“历史没有如果，却可能重演。人生充满着未知和无法预测的灾难，因此我们更应该珍惜当下，珍惜现在。”

通过学习语文，我希望孩子们能够掌握两项技能：记录生活和表达自我。因此，上学期我们开展了“每日一记”活动。

为了鼓励孩子们，我带来了自己的日记本，并向他们讲述了我多年来养成的写日记的习惯。我还告诉孩子们，班里的每个人和每件事都会出现在我的日记中，因为每天回忆并记录他们是我最快乐的时光。

除了坚持批改每个孩子的日记外，我还采用了星级评价的方式给予他们鼓励。孩子们表示，看到我为他们评定的等级和写的评语时，是他们最幸福、最激动的时刻。“每日一记”不仅成为我和孩子们心灵交流的桥梁，也成为我管理集体的主要方式。

二、用强光之力消散阴霾冰雪

良好的班风建设需要全体学生的共同努力，但特殊学生有时会对班级产生不利影响。在这种情况下，班主任的角色尤为重要，他们应成为学生灵魂的塑造者，特别是要擅长转化这些特殊学生，成为他们的知心朋友，与他们进行深入的交流，坚持一视同仁，公正无私，以及在必要时给予一定的“偏爱”。

当我刚接手5班时，多位老师向我提到了李××同学。经过一段时间的观察，我发现这个孩子确实有其独特之处：上课注意力不集中、个人卫生习惯不好、与同学交往时表现出冲动和暴力倾向。因此，我首先做的就是及时与他的家长取得联系，多次沟通，并在开学之初特别关注他，时刻表达出对他的关心，如带餐时让他站在第一排、活动时牵着他的手，以及做游戏时安排同学主动邀请他参与等。

当特殊学生与其他孩子发生冲突时，孩子们往往会不自觉地排斥他们，这时，老师是否能公正地对待这些“弱势孩子”就显得尤为重要。记得有一次课间，我走进教室，发现五组那边异常热闹，并伴随着争吵。我走过去一看，几个孩子正在七嘴八舌地告李××的状，说他拿了李冠桥的笔。李冠桥急得几乎要哭出来了，但却因为紧张而无法清晰表达。为了公正起见，我先拿起了那支“肇事笔”，轻声且严肃地问李××：“这是不是你的笔?”他非常肯定地回答：“是妈妈买的。”尽管我内心有所怀疑，但我还是选择相信他。面对其他孩子，我表示：“笔我先保管，等调查清楚再处理，现在先上课。”当我走向讲台时，李冠桥跟了上来，告诉我那支笔不是他的，他本来是要还给李××的，但其他同学不相信。

上课铃声响起，我首先在全班同学面前澄清了事实，然后严肃地说：“李冠桥确实比李××表现得更优秀，李××也确实给小组和班集体带来了一些麻烦，但大家不能因此就带有偏见，更不能歪曲事实，故意偏袒。这样的话，被冤枉的孩子多么委屈啊，如果换作是你，你也会感到伤心和难受的，己所不欲，勿施于人。在面对问题时，我们要学会换位思考，坚持真理，实事求是。”

我说这些话时，看到李××眼中含着泪水，这让我深刻感受到他对公平的渴望，特殊生同样拥有强烈的自尊心，他们也需要老师的保护、爱护和维护。

班主任的力量是有限的，转化特殊生的工作还需要同学们的日常帮助。因此，我采取了换座位的方式，鼓励同学之间“结对子”式的互助，以促进李××的成长。说实话，如果可以选择，恐怕没有哪个同学愿意和特殊生同桌，因此我做了大量工作，鼓励大家包容和接纳他。我经常在班上表扬那些愿意帮助他的同学，如王圣然和林洁，称赞她们有包容心，乐于助人。在评选“身边的榜样”时，我也总是优先考虑她们。一段时间后，这些孩子真正接纳了李××，并且开始积极寻找他的优点。

王圣然在一次作文中写道：“我的同桌和其他同学有些不同，刚开学时，我们被分到一起我其实很不情愿，因为我之前就听说过他不受欢迎。和他坐在一起后，我确实发现他有一些不文明的行为，比如，上课坐不住、总是动来动去、有时吐口水，甚至咬红领巾。但相处一段时间后，我开始同情他，于是我们小组决定帮助他：上课时不认真、乱动，我们会提醒他；出现有不文明行为时，我们会制止他……渐渐地，我们也发现了他的优点，如他做值日时细致认真，打扫得非常干净。这让我们对他的看法有了很大改变。现在，我们更有信心帮助他融入我们这个快乐的大家庭了。”

教育是一场倾心的陪伴。投身于儿童教育的工作者，必须怀揣着一颗纯真的童心和满腔的爱心，从孩子的视角出发，为他们的长远发展着想，才能真正融入他们的世界，赢得孩子们的喜爱，赢得家长们的信任。在我的教育生涯里，我愿意默默奉献，潜心钻研，享受那份宁静与投入带来的喜悦。我更渴望成为孩子们身边的一束微光，为他们照亮前行的道路，带来希望之光……

追光前行　步履不停

小学部　赵　静

岁月不居，时节如流，我们每个人都在努力书写着自己的成长故事。记得大四那年，我有幸来到石外实习，毕业后，我顺利地留在了石外，走上了我热爱的讲台，成为一名小学音乐教师。这些年来，在领导的悉心指导下，在同事们的热情帮助下，我勤奋学习、努力钻研、不断成长，从青涩懵懂到成熟干练，已度过了十五个春秋。一路走来，有欢笑、有泪水、有困惑、有坚定，但最终都抵不过我对教育的执着与热爱。回顾过去的点点滴滴，“爱教育　爱学校　爱学生”的“三爱”精神已经深深镌刻在我的心中，就像一束光，指引着我踏着坚定的脚步不断前行。

一、爱教育：理想、责任、担当

（一）潜心钻研，深耕课堂

心有所信，方能行远；学有所悟，而后笃行。参加工作以来，我始终坚持汲取前沿的教学理念，不断提升自己的专业素养。我扎根于音乐教学，灵活运用所学知识将多年积累的教育心得和成果应用于教学实践，从而构建了高质量的“四自主·四环节”音乐课堂教学模式。这一模式不仅丰富了学生的文化素养，还培养了学生的兴趣和良好习惯。

（二）以赛促教，锤炼技能

成长源自历练，成绩始于积累。这些年，我勇于面对挑战，积极参与各级各类的竞赛活动，在比赛中思考，在思考中改进，在改进中进步。因此，我连续获得“一师一优课、一课一名师”部级优课、省级优课、市级优课的荣誉；荣获“基础教育精品课”一等奖；石家庄市评优课二等奖、裕华区素质赛特等奖。目前，我已成为裕华区小学音乐学科的骨干教师和优秀教师。通过这些比赛，我不仅提升了自己的能力，也让我对小学音乐课堂教学有了更加深入的理解。

（三）致力研究，探索前行

自踏上讲台的那一刻起，我便立志成为一名研究型教师。借助集团的教育优势，我致力于有效强化课程之间的衔接，提高学生的综合素质，培养他们的艺术核心素养。在王校长的指导下，我虚心向专家学习，不断充实自己的知识库，并结合教学实践和育人理念建立了一套小学音乐特色校本课程体系。这一体系全面推动了音乐拓展校本课程的建设。依据这一体系我们自主创作了六册音乐校本教材，包括：

一年级《音乐游戏与律动》；

二年级《唱游》；

三年级《演唱》；

四年级《音乐剧》；

五年级《尤克里里》；

六年级《音乐欣赏》。

随着新课程标准的颁布，我们音乐学科组的老师细致阅读并深入挖掘了教材的内涵，从而梳理并构建了小学音乐学科的课程框架。我们从指导思想、课程背景、课程目标、课程内容、课程实施、课程评价等多个维度进行了详尽的分析和解读，制订了10个专项编写计划，涵盖了《合唱》《民乐合奏》《室内乐》《唱游》《戏剧》《演唱》《音乐欣赏》《音乐游戏与律动》《音乐与舞蹈表演》以及《尤克里里》等课程。

（四）实干进取，培育英才

遇见光、追逐光、成为光。在教育教学中，我积极带领年轻教师参与不同级别和类型的竞赛活动，促使他们在实践中不断进步。在教师培养方面，我会毫无保留地向其他教师分享我的知识和经验，全力以赴地为其提供支持。例如，我指导李怡蕾老师在裕华区青年教师素质赛中荣获一等奖；同样，在石家庄市中小学生音乐美术教师美育优质课评比中，我指导刘扬老师荣获市级一等奖。

二、爱学校：感恩、坚守、传承

（一）向阳而生，同道而行

独行快，众行远。个人的成长与成就总是与一支优秀的团队密不可分。音乐学科组——德音雅乐团队，是一支具有专业素养、团结协作、积极向上的团队。我的师父王玉彩老师是石家庄市骨干教师，通过她的言传身教和身体力行让我深刻领悟到一位优秀教师应具备的品质：对教育事业的热忱、对课堂教学的严谨、对学生的关怀与耐心。在德音雅乐团队中，教师们以积极的工作态度和对创新的追求，展现了对音乐教学的热爱，他们将“有疑必问、有问必究、有究必答”的精神发挥得淋漓尽致，营造出浓厚的学术氛围。教师们怀揣着满腔的热情与学校共同进步、成长，致力于培养学生的艺术素养，打造高效优质的音乐课堂。

（二）踔厉奋发，笃行不怠

合唱节是每年10月石外集团一项盛大的活动，由音乐老师牵头，全校师生踊跃参与。作为音乐学科主任的我，全程投入，积极承担责任，并勇于创新，我们设计了多种表演形式，包括线上录制小视频、线下分班表演以及年级集体合唱等。针对每种表演形式，我们制订了详细的计划，从策划、创意、协调、排练到表演和总结，不断修改、完善和精炼。我们的目标是让每位学生都有机会站在合唱台上，或在镜头前展示他们的歌声和才华，这正是音乐老师最大的快乐所在。教育之路充满挑战，唯有不断思考和学习，我们才能勇往直前，不断进步与成长。

（三）传播文化，开拓视野

在不断挑战自我的旅程中，学校为我提供了更广阔的成长和提升平台。参加工作这些年来，我特别感激大石外，它让我有机会走出国门，开阔视野，传播中华优秀传统文化，并深入了解不同国家小学音乐教育的水平和状况。我有幸参与了韩国和美国的中文夏令营，向当地的孩子们介绍了传统音乐文化，让他们领略中华文化的博大精神。在这一过程中，外国学生不仅对中华文化产生了浓厚的兴趣，还表达了希望有机会能够来中国，来我们石外校园进行实地观摩和学习。

三、爱学生：关怀、无私、奉献

（一）春风化雨，润物无声

十多年来，我始终秉持着最初的信念，用爱心培育着音乐的种子。为了向更多音乐爱好者提供成长的机遇与展示的舞台，在丁校长的建议与指导下，我在音乐课堂中引入了“外小达人秀——音乐课课前5分钟才艺展示”环节。这一环节旨在鼓励所有学生积极参与，展现自身的才艺。它已然成为学生在音乐课堂上最为期待的时刻，极大地激发了他们对艺术特长的学习热情和兴趣，推动了他们在音乐艺术道路上的发展。

（二）用心施教，以爱育人

一切为了学生，为了学生的一切，这正是教师的立足之本。在我的音乐课堂上，我将每位学生视如己出，给予他们充分的理解与包容。记得有个小男孩，他在班中总是独树一帜，音乐课上我特意将他安排在我身边，并耐心地向他提问。某次课前，他兴奋地告诉我："老师，我最近创作了一首钢琴曲，名为《黑暗森林》。"我说："那就大胆地展示吧！"他弹奏完，在场的学生面面相觑，看着他略显失望的表情，我鼓励他说："这首曲子很有个性，但我希望你能创作一首更加积极向上的乐曲。"随后，我对全班同学说："我们看到了一位未来的音乐家，期待他能带来更优秀的作品！"几天后的一堂音乐课上，他再次兴奋地说："今天我创作的钢琴曲叫做《彩虹天堂》。"随着悦耳的旋律在教室中回荡，演奏结束后，掌声如雷，孩子们投来羡慕的目光。后来，从班主任那里得知，他现在已经成为一名品学兼优的学生了，我感到无比欣慰和幸福。我始终坚信：永远不要低估学生的潜力。

作为一名教育者，我深知教育之路的艰辛与漫长。我将继续秉持"三爱"精神，以工匠般的专注和教育的热情，不断提升我的教育理念和课堂效率。我将不忘初心，砥砺前行，潜心耕耘，追逐光明，努力成长为一名优秀的人民教师。

教育路上的行者

小学部　高学学

大家好！我是高学学，我的名字是学海无涯的“学”，学无止境的“学”，今天我交流的题目是《教育路上的行者》。作为一位充满活力的青年骨干教师，今天我有幸与各位探讨“三爱”这一主题，感谢学校领导对我的认可与信任。在十一年的教学生涯中，我始终将对教育和“三爱”的理解融入到我的日常教学实践中，努力塑造自己独特的教学风格。我深知在座的同人已经取得了更高的成就，我在此仅分享一些个人经历，希望得到大家的宝贵意见。

班主任工作常被比喻为多种角色，如保姆、警察、勤务员，甚至是消防员。然而，我认为班主任更像西天取经路上的孙悟空，历经磨难，既助人又自渡。初中住校时，我遇到了对我一生影响深远的班主任姚老师，那时起，我便立志成为一名温暖人心的好教师。

毕业后，我加入了石家庄外国语小学这个优秀的团队。实习期间，我遇到了知识渊博、积极向上的白莹老师，她的热情至今深深影响着我；初入教坛，我有幸跟随樊主任学习，她的课堂管理和的教学方法让我受益匪浅。2018 年，赵敏娟老师成为我的师父，在她的悉心指导下，我顺利度过了教学上的过渡期，短短一年，我变得更加自信。2019 年，付洁老师成为我的新师父，她在忙碌的六年级教学工作之余，始终关注我的成长，抽空听我的课、帮我分析课堂中出现的问题，她对教育的执着和对学生无私的关爱一直是我前进的动力。

“独木不成林，百花方为春”，在教育的道路上，挑战与挫折在所难免。正是与大家携手同行，才成就了我今日的成长与进步。我衷心感谢石家庄外国语小学这个人才辈出的大家庭，感谢丁校长、王校长的鼓励与支持，感谢希校长、谢校长的培养与指导，感谢吴主任，以及六年级组和 6 班、7 班团队中每一位同人的包容与帮助。在长达两个多月的班主任素质赛中，从 9 月 10 日到 11 月 19 日，谢校长、张丽老师、王玉彩老师、刘亚涵老师、王方旭老师、王荣英老师、郭雯婷老师、李仪老师、姗姗老师等众多同事克服重重困难，陪伴我一起努力，一起加班。乔主任提供资料支持，亚飞老师协助刻录光盘，姜平老师负责联系视频制作，大家无私的帮助深深感动着我。没有完美的个人，只有完美的团队，所有荣誉的背后都凝聚着大家共同的努力，荣誉属于我们每一个人。

一、爱出者爱返（爱学生）

泰戈尔曾言：非锤之击，乃水之歌，使石成卵。正如水之爱，能滋润每一颗幼小的心灵，班主任正是那生命之源。小J是我们大家心目中的小妹妹，由于出生时发生了一些意外，她的成长速度不及同龄孩子。初入新班时，她难以清晰地表达自己的思想，而同学们也不知道如何与她沟通。课间，她总是静静地坐在座位上，看着其他孩子玩耍。她那渴望的眼神让我心痛，我主动接近小J，并通过握手、轻抚她的头或拥抱她来传递我的关怀。当其他孩子围过来时，我们一起聊天、开玩笑、讲故事……小J享受着她的“特权”，像女儿一样坐在我腿上或与我手牵手，看着她眼中闪着得意的光芒，我常常忍俊不禁。随着时间的推移，同学们开始主动与她交流。不久，几个小姑娘一下课就跑去找小J聊天，邀请她一起做游戏、手把手教她写字。看到这一切，我感到无比欣慰。我与家长商量好，决定让小J在语文课上练习写字帖，并准备了一些小奖品激励孩子。家长对此感到非常欣慰，并私下告诉我，即使在炎热的夏天，孩子也坚持抱着我送的毛绒兔子入睡。

一次美术课后，小J兴奋地跑回教室，向我展示了她画的大海。画中，不同深浅的蓝色之间夹着朦胧的黄色，上方留白处也点缀着黄色，仿佛是深邃海面上月光的倒影。我被这幅画深深地震撼了，它不正是孩子纯净内心的写照吗？在接下来的语文课上，我让小J在实物投影仪下展示她的作品，全班同学报以热烈的掌声和真诚的欢呼，纷纷赞叹：“哇！太厉害了！”“你画的大海真美……”从那以后，小J在课堂上变得更加努力，每当有同学忘记带笔或值日生忘记擦黑板时，她总是第一个伸出援手，其他同学看到这些也更加爱护她，爱护我们的班集体了。爱的传递是教育中最神奇的力量，我用心中的星火点亮了每一颗童心，而这些善良的童心也反过来温暖了周围的人。最终，受益的不仅是孩子们，还有他们的家庭。六年级的时光转眼过半，我希望能拉着孩子们的手，让这段旅程走得更慢一些。

二、为有源头活水来（爱职业）

（一）从传统文化中汲取营养

作为一名语文教师，我在日常教学中不断反思，努力提升自己的教学水平。鉴于语文学科的特殊性，简单机械的重复认读和大量抄写只会让学生反感，那么，如何在学生初学汉字时就激发他们的兴趣，让他们主动识字呢？2016 年，我和刘佳老师一起参与了低年级识字教学的探索。在教学起始阶段，我们从认识学生的姓名开始，教室墙上贴满了学生的姓名标签，以便随时进行认读。同时，对于当天课堂表现优秀的学生，我们会将他们的姓名纳入次日的识字课件中，作为对他们的小奖励，激发他们学习的热情。

在探索阶段，我们从认识姓名逐步过渡到课文中的生字学习，帮助学生掌握汉字的构造规律，辨识同音字和形近字。我们还特意增加了对中国传统节日、节气等文化元素的渗透。随着课堂难度的增加，学生们不仅学会了读写汉字，也领略到汉字的魅力，并对中国传统文化产生了浓厚的兴趣。教学相长，在教授孩子们的同时，我也在不断学习。在学校的支教项目中，我先后前往灵寿县陈庄镇新开完小、平山县北冶小学、井陉测鱼镇中心小学，通过示范课传递这种识字教学理念，并与当地教师共同探讨如何在课堂上更好地融入汉字文化。我坚信，星星之火可以燎原，希望美丽的汉字和悠久的文化能够在我们的语文课堂上永远传承下去。

（二）望洋兴叹授之以渔

2016 年，我独自踏上了探索之旅，前往被誉为上帝后花园的新西兰，欣赏那里的自然美景，并在个人公众号上记录下了这段旅行的所见所感。在讲《准时的登陆表演》这篇课文时，我将手机中的照片投影到屏幕上，孩子们的眼睛立刻闪烁起光芒——他们恨不得贴近屏幕仔细观看。看到照片中还有我的身影时，教室里响起了“太可爱了！”和“好羡慕啊！”的赞叹声。在这样的学习氛围中，我们不仅学习了仙企鹅的习性，还讨论了当地居民禁止捕鱼、保护企鹅生态环境的措施，等等。

我将我的足迹留在了新西兰，而孩子们的目光则投向了更广阔的世界。故宫，这个无数孩子梦想中的地方，国庆假期，小潇自愿担任我们班的大使前往故宫。她独立策划，明确目标，然后踏上了旅程……归来后，小潇化身为我们的特约导游，带领我们走进了百年东方的神秘世界，共同领略了故宫的魅力。当她递给我她推荐的好书《紫禁城 100》时，我不禁感慨：哦！做学生的时光真是美好！

三、向死而生，反求诸己（爱岗位）

“质量提升、六年级、班主任、月测、期中测”这些词汇汇聚成一股压力，面对压力，人们常常想要逃避，我也不例外。2020年9月10日，教师节那天，在食堂代餐的我收到了希校长的信息，这是一份无声的认可和期待，当天提交的报名表也代表了我的决心。“向死而生，反求诸己”，我将压力转化为动力，不追求结果，只求无愧于心，这对我来说是一次重要的自我提升。

谢校长亲自带领班主任智囊团为我加油助威，智囊团中的老师们利用课余时间与我一起反复探讨参赛内容，即使回到家中我们也会通过微信讨论到深夜。我们有条不紊地进行赛前准备：研究以往班主任大赛的流程和规则，搜集各种材料，从服装到道具的构思，等等。最初准备的10余套服装不太符合我们的预期，于是我们重新购买服装，反复排练，力求达到最佳效果。10月28日比赛拉开帷幕，谢校长、刘亚涵老师和王方旭老师帮我出谋划策，张丽老师和李仪老师全程陪同我参赛。在等待比赛的过程中，评委对鞋子颜色和衣服搭配的多次点评让我们意识到，尽管差距不大，但细节决定成败。我们三人经过反复商议，决定做好两手准备。我和张丽老师在赛场准备，李仪老师则去寻找合适的鞋子。上场前，我们终于找到了和服装搭配完美的鞋子，服装和鞋子的巧妙搭配也赢得了评委老师的好评。比赛结束后，我们没有片刻休息，立即聚在一起回顾第一天比赛的优缺点，以及其他参赛选手的表现，并调整第二天的着装。同时，我们配合新舞台打磨才艺表演的细节，直到晚上7:00才匆忙赶回家。10月29日是现场抽题情景答辩，我发现前面几名选手使用的道具与我们相同，为了不影响效果，我临时决定更换题目和道具。我在赛场继续准备，张丽老师和李仪老师则跑到周边商铺寻找，最终在三个商店借到了三样合适的道具。正是大家精益求精的精神，才使得我们的才艺表演效果极佳，赢得了评委的一致好评。

11月12日晨跑时，突然传来比赛提前至11月16日的消息，于是我们马上开始排练石外版本的《石外十二时辰》。当晚，郭雯婷老师和我修改了第一稿《看我三十六计》，我们讨论到凌晨。11月13日，王荣英老师帮我修改了第一稿《一路播种，与美同行》。11月14日，我和谢校长整理了文字稿，张丽老师和亚涵老师下午再次结合我的情况修改到晚上6:00，新稿《行者》诞生。11月16日早上6:00，我带着道具出发了，谢校长、张丽老师、李仪老师、姗姗老师不停地给我加油，帮我整理道具。比赛时间虽短暂，但背后凝聚了无数人的心血，德育演讲、案例分析和班会设计的得分公布时，大家都松了一口气。这次比赛不仅锻炼了我的意志，提升了我的能力，更重要的是，我遇到了来自石家庄不同学校的优秀老师，开阔了视野，从他们身上我学到了很多，也更加清晰地认识到了自己未来努力的方向。

11 月 19 日，为期一天的班主任论坛开始了，前几届班主任大赛中优秀前辈们的教诲以及重阳老师的博学敏锐让我深感敬佩。世界很大，有机会一定要到更大的平台上去看看，不断磨炼和提升自己。学校为我们提供了这么好的平台，只有把握住这些机会，我们才能有更大的提升空间，才能在教师这个岗位上走得更远，看得更广。

“身已动，心更远”，教师的使命呼唤着我，激励我不断前进、探索，开启一段段心灵的旅程。“读万卷书，行万里路”，心中怀揣梦想，我们始终行进在教育的道路上，即便是微不足道的行者，也将不断超越，走得更远。

立足学情稳中求进　实践探索减负增效

小学部　董瑞雪

我于2009年踏入外小的校园，尽管我的记忆力并不出众，但我为何对那一年的冬天记忆犹新呢？原因在于那年石家庄遭遇了五十年一遇的罕见暴雪，导致城市交通瘫痪、供水供电中断。就在那场大雪后的第二天，我参与了学校的扫雪活动，目睹了老师们在操场上、甬路上热火朝天地忙碌着。这便是我对外小的最初印象——外小人热情奔放。

尽管我只是以实习生的身份参与其中，但我有幸见证了外小的另一个重要事件——外国语学校教育联盟大会。我的任务是负责统计会费——数钱，这项工作让我数到手软，直到凌晨2:30才结束。这便是我对外小的第二印象——天明不过宿。

工作步入正轨后，我成为徐凌燕和雷春辉老师的班助，整整一年的时间，我都在不断摸索和成长着。徐老师的智慧与从容、雷老师的细致与幽默，至今都是我取之不尽的宝贵财富。这便是我对外小的第三印象——人人皆宝藏。

一、养习惯、培兴趣、打基础——减负不减质

2021年1月7日至8日，全国教育工作会议在北京隆重召开。在此次会议上，教育部部长陈宝生提出了针对作业、睡眠、手机、读物、体质的五项管理措施。这些措施旨在通过减负增效，培养学生的自我管理能力和合理规划能力。此外，这些管理措施有助于确保学生有充足的睡眠时间，并鼓励他们放学后积极参与体育锻炼和拓展兴趣爱好。特别是对各学段的作业进行了明确的规定：小学阶段不出校门，随堂作者在校内完成，学校的责任回归学校、家庭的责任回归家庭。这一政策的出台，让许多家长如释重负。

2021年7月，国家正式发布了“双减”政策，旨在减轻学生过重的作业负担和课外培训负担。“双减”政策的核心目标是减轻负担、提高教育质量、增强教育效果。减负的目的是减轻学生沉重的学业压力、消除重复性的作业任务、缓解家长的

焦虑情绪。提质意味着去除无效的学习活动，激发学生的学习积极性，促使他们主动完成作业。增效则强调遵循学生发展的自然规律，避免急功近利，尊重教育的基本原则，确保教育过程的稳步提升。

教师应竭尽所能教，学生应全力以赴学，教与学之间有着无限的可能。作业是教育质量提升的关键环节，它不仅能夯实基础，还能检验学习成果。因此，在低学段 40 分钟作业指导时间里，教师需确保在校内指导学生完成作业，避免作业带回家，这无疑减轻了家长的负担，他们不再为辅导孩子作业而焦虑。同时，孩子在作业中遇到的小问题，如笔画不规范、拼音占格错误等，也能及时得到老师的纠正。然而，40 分钟的作业指导时间是否足够学生完成作业？在学生能力参差不齐的情况下，如何确保他们齐头并进？

这些现实问题对教师提出了更高的要求。在 40 分钟的课堂时间里，教师需要精讲精练，作业布置也需更加精炼。教师需要投入更多精力思考如何在有限时间内让学生巩固所学，如何科学合理地设计作业内容和形式，以及如何更好地统筹三个学科的作业。

作业应留什么？结合集团“质量提升三学年行动计划”，以“学的都会，考的都对”为宗旨，强化基础知识，综合考虑课堂难点和学生学习能力，低学段的作业形式主要包括：

数学：计算是根，思维是魂。扎实计算基本功，解题思路要讲清。口算、竖式计算、脱式计算，整理解决问题的思路与方法。

语文：教会识字写字，培养阅读写话的能力。一类字抄写组词、一遍过练习册、读书打卡、写话练习。

英语：听得多，说得多，模仿惟妙惟肖；说得多，读得顺；听读模仿、表演，单词书写。

此外，为了满足学有余力的孩子的需求，教师可以分层布置“个性作业”：依据学情分层推送“每日一题”。这样既提升了作业的针对性，又为不同层次的学生创造了差异化的作业空间，有助于其巩固知识。教师应重视作业指导，提倡面批、二次批改、书写评语等，注重培养学生的认真书写能力、独立思考能力，以及按时上交、及时订正等良好习惯，让这些习惯成就学生一生。

作业应如何完成？应遵循先易后难的顺序。英语作业形式活泼，以听读和表演唱为主，调动孩子们多种感官参与，使他们在完成听读作业后能充满活力地继续完成其他作业。数语两科随后，提前与搭班老师沟通好完成作业所需的时间，利用智慧黑板计时功能限时完成作业，要求学生书写速度快且质量高。

在计时完成作业的同时，教师需在班里巡视，特别关注成绩中等的孩子，观察他们的速度，找出慢的原因，如果问题普遍，应及时反馈给搭班老师，以便在第二天的作业点评和讲解中重点强化。语文作业中较难的是练习册中的仿写部分，教师可以鼓励孩子们进行尝试，对于有困难的学生可以抄写老师提供的例句，积累规范的词语和句子。在40分钟的作业课中，目标是让每个学生都能高质量地完成作业，对于无法按时完成作业的学生教师可以在延时课上进行重点指导。

如何处理习惯问题？有一句大家耳熟能详的话："培养兴趣与习惯比学习知识更重要。"如果孩子在低学段养成了良好的学习习惯，到了中高学段就会事半功倍。良好的习惯需要教师细化要求和家长配合督促，形成家校合力。以低学段语文教学中两个难以解决的问题为例，一是握笔姿势，一是书写汉字的笔顺。前者难在学生入学前握笔习惯已经形成，后者难在学生书写时落笔自成一派，这些问题关系到书写速度和汉字结构的正确性。经过研究，我们想到了有效的办法：针对握笔问题，教师可以使用猴皮筋等辅助工具纠正学生的不良习惯。针对笔顺问题，教师可以通过在学生手腕上画直线的方法予以提醒。而对于倒插笔问题，需双管齐下，一方面教师可以在课堂上针对笔画易错的汉字进行重点讲解，另一方面教师可以引导孩子们发现汉字笔画的规律。

教者有心，在指导完成作业的过程中，要严控书面作业总量、创新作业类型、提高作业设计质量、加强作业指导、认真批改反馈作业。学者受益，作业量减少但质量不降，时间缩短但效果不减。

二、健康身心、发展特长——不让一个孩子掉队

十个手指各不相同，每个班都可能存在一些反应较慢、能力有限、光说不练的学生。刚入学时我便注意到了小胡，典型的自来熟，缺乏规矩，总是喜欢插话，只要他在，老师的课堂效果就会大打折扣，只能讲到三句半。在作业课上，他每天都无法按时完成作业，一旦开始写作业他就会把头埋进桌斗或书包里。走近一看，书包里空空如也，如果找不到文具或书本他便认为无需完成作业，这是他的逻辑。既然作业不带出校门，那他的作业该如何处理呢？人们常说孩子是家庭的一面镜子，这实际上反映出了家长的教育问题。在班主任的引导下，我们首先与家长进行了约谈，试图了解家长的困扰，并探寻孩子出现这种情况的原因。

当夫妻俩坐下时，父亲显得有些急躁，他的话速和他儿子一样快，不停地念

叨：“老师，你快告诉他妈妈，你快和他妈妈说说，我说的她一个字都不信。”而母亲则说：“我家小胡是个特别优秀的孩子，任何美好的词语用在他身上都不为过。”“在我心中，他就是天使，是别人家的孩子。”“老师，请放心，下学期虽然不敢说能给你一个年级第一或第二的孩子，但至少会让他成为你们的骄傲。”问题显而易见，父母双方只看到了孩子的某一面，这可能意味着教育标准出现了偏差。

经过班主任的不懈努力，小胡的母亲终于抽出时间来陪读了。恰逢年级对各班上报的学习困难学生进行排查，每个孩子都要朗读几组词语和一小段话，这些都是基础知识，但由于小胡上课习惯不佳，他几乎读不出任何内容。在母亲充满期待的眼神和鼓励的大拇指下，他回到了教室，于是就有了我向其他老师解释情况的过程。“你们班那个在后面陪读的家长是谁?”“就是你刚才测试过的小胡的妈妈。”于是，老师为家长开具了“药方”，指出赏识教育本身没错，但关键是要恰到好处的表扬。

幸运的是，小胡的母亲逐渐意识到了问题所在，开始积极尝试家校合作，统一夫妻俩的教育标准，并主动学习家长课堂。一段时间后，孩子在纪律上有了明显进步，尽管作业仍需老师的督促和家长的陪伴才能完成，但愿意拿起笔来就是进步。为了发展孩子的特长，增强他的自信，本学期小胡的母亲为他报名了语言表演班，而这正是他的兴趣所在。

三、营造良好班风，打造崇德尚美的博雅班级

“独行快，众行远”，这句话道出了集体力量的重要性。通过发挥集体的智慧和力量，我们能够让学生在班集体这个大家庭中感受到成就和自豪，共同打造一个崇尚美德、追求博雅的班集体环境。在我的教师生涯中，小王是一个让我印象深刻的学生，他年纪虽小，却机智过人，颇具个性。每当我在校园里四处寻找他时，其他老师总会关切地问：“又在找你们班的那个小机灵鬼吗?”无论是花丛旁还是冬青树下，都留下了我们师徒俩你追我赶的足迹。

小王之所以显得别致，并非仅仅因为他淘气。在上学之前，他已经能够熟练掌握两千多个汉字，阅读报纸对他来说也是轻而易举，他常常随手拿起妈妈书架上的书阅读，并提出这样的问题：我上学有什么意义？在一年级的乐考活动中，当其他孩子都在积极准备时，他却在大厅里闲逛，被主任发现并没收了他的“积分卡片”，他却淡然地说：“没收就没收吧，反正也没什么意思。”

起初的一个月里，我将他视为一个让我头疼的学生，然而有一天一个同学无意

中的一句话触动了他的妈妈，也让我开始反思。“看，这就是我们班的傻子。”一个孩子笑着对他妈妈说。我开始思考，为什么这个聪明的孩子会成为别人口中的“傻子”，这与他特立独行、与他人疏离，以及老师的批评都有关系。于是，我开始着手改善他与同伴的关系，首先从他能够按时进班听课开始。我注意到班里有一个平时与小王关系较好的孩子，便让他上课时帮助小王回到班里，当小王走进教室的那一刻，全班爆发出热烈的掌声，同学们齐声说：“你真棒。”他先是惊讶，然后不好意思地回到了座位上。

初战告捷，接下来的进展也相当顺利，我给了他一个担任小老师的机会，还赋予了他“故事大王”的称号。当他站在讲台上看到同学们投来羡慕的目光时，我知道他在班中已经站稳了脚跟。尽管他偶尔还会给我带来一些意想不到的惊喜，但至少他已经走上了正确的道路。

当我敲击键盘记录下这些文字时，我想小王已经是一个高二的学生了。他已长大，而我则留在原地，能够见证并参与他的成长，对我来说是一种莫大的缘分。

都说“用众人之力，则无不胜也”，在“双减”的背景下，在“质量提升三学年行动计划”中，低学段全体同人目标明确：把自己打造成政治素质高、业务能力强、“三爱”精神深的教师！坚持立足学情、稳中求进，实践探索、减负增效，笃行致远，不负韶华！

爱是教育的底色

小学部　薛轶芃

2017年10月的一个雨天，我踏入了这所美丽的校园，邂逅了一个欢乐和谐的集体，以及一群可爱的孩子们。对于那时的我而言，这标志着人生的一个转折点。我向来不喜变化，但命运的车轮却将我带到了这里，我将在这里重新启程。回顾这些年走过的路程，人生像在奔跑，而在这条路上我并不孤单。

一、与学生相处，让爱在彼此的心里发芽

初次与学生见面时，我被他们天真无邪的眼神审视着，心中暗想，笑容是拉近彼此距离的最直接的方式。我深信，孩子们会喜欢上总是面带微笑的我。随后，我开始在课间主动与孩子们交流、做游戏，以缩短我们之间的距离。对于低年级的孩子们，积极的评价至关重要，我不仅赞扬他们在课堂上主动学习的精神，还表扬他们在课前准备、坐姿、团队合作和倾听等方面的良好习惯。在我的课堂上，我关注每一位学生，努力确保他们都能有所收获。渐渐地，孩子们下课后会开心地跑来拥抱我，我则弯下腰轻抚他们的头，与他们交谈，一个接一个……

这些孩子，他们真实而可爱，就像需要阳光和雨露滋养的种子，他们也会遇到困难和挫折，经历错误和修正，最终破土而出。每个孩子都是独一无二的“种子”，有的安静、有的吵闹、有的个性张扬、有的热爱思考、有的腹有诗书、有的善于运动。每个孩子都带着自己的个性和气质来到这个世界，如果我们爱他们，就应该尊重他们的差异，欣赏他们的优点，接纳他们的脆弱。我们班就有这样一个孩子，他胖胖的，很可爱，但似乎在学习英文字母上很吃力，每节课都无精打采的。当我注视他时，他会用那双大眼睛回望我，仿佛在无声地对抗。在学习英文字母时，其他孩子都能默写，而他只能写出三个，面对这种情况，我与班主任进行了沟通，并听取了建议。我没有严厉批评他，也没有在与家长沟通时传递任何负面或焦虑的情绪，而是决定放慢教学节奏，帮助他建立信心。之后，我利用课余时间和他一起玩

游戏，通过交替朗读英语，让他在轻松愉快的氛围中学习。有时我会故意读错，让他有机会刮我的鼻子，他玩得非常开心，就这样，他逐渐学会了读英文字母。当他开始尝试写字母时，我会称赞他："你写的字母真漂亮，甚至比我写得还好呢！你真是太棒了！"这些简单的话语却在他心中种下喜悦和自信的种子。每次学习后，我都会给他双份零食，并告诉他一份是给他的，另一份带回家给弟弟，让他告诉弟弟这是他学习英语挣来的。在这样的环境中，我给予了他最宽容的爱和最需要的认可，他的心也逐渐向我靠近，他会帮我整理讲台、搬书、搬电脑……

这两年与孩子们的相处，让我和他们变得更加亲近和默契。记得有一次，一个孩子在记忆单词上遇到了困难，我告诉她："没关系，这个单词确实很难，如果这个方法不管用，我们可以一起尝试新的方法，我的手就是你随时练习的黑板。"后来，她经常会在不经意间拉起我的手练习字母，我也希望她能感受到，无论遇到什么困难都有 Annie（我的英文名）的关注和陪伴。2018 年，我被家长和孩子们评为"最受欢迎的老师"之一，这样的荣誉对我来说是默大的鼓励。

在教育的道路上，我非常赞同苏霍姆林斯基的观点：教育是人与人心灵上的最微妙的接触。我相信，就像细雨滋润大地一样，每个学生都是有感情、有灵性的个体，尽管他们年纪尚小，但他们能感受到快乐和痛苦，懂得羞愧与恐惧，内心充满自尊和荣誉感。只要我们用欣赏的眼光和鼓励的笑容去温暖他们的心灵，他们就会逐渐向我们期望的目标靠近，在自信和勇敢中幸福地成长。

二、团体中的互助，让教育的成长之路走得更远

提及我心中的幸福与温馨，它们不仅源自与学生共同成长的喜悦，也源自我们这个和谐互助的团队。有句名言说得很贴切：一个人可以走得很快，但一群人可以走得更远。我深感庆幸，因为我遇到了这样一个班级共同体，他们拥有丰富的教育教学经验，性格宽厚、豁达，充满智慧，两年来，他们一直包容着我这个随性又任性的个体。我们在一起时，无论何时何地总能畅谈班级事务、学生情况，分享困惑，解决烦恼。这两年里，我最常听到的一句话是："没事，有我呢！"我们彼此相待如亲人般温柔，工作中的温暖与幸福不言而喻。

此外，我们英语备课组也是一个充满活力的团队。尽管我们的课堂风格各异，但我们拥有共同的理念和信念。例如，在讨论关于整理房间的单元时，我原本的目标是扩展对话，让学生明白自己的房间自己整理，但在组内的教学研讨中，大家一致认为，如何整理房间应与实际生活紧密相关。于是，我们共同设定了语言结构，

提供了一些语言支持。结果，孩子们在课堂上讨论得异常激烈，积极性也被充分调动起来了，同时贴近生活的主题也极大地激发了他们的学习兴趣。每次的听评课和教研活动都拓展了我的思路，给了我新的启发，有这样的团队的支持，我始终充满了动力。在这个团队中，在教育的道路上，我不是孤单一人。我们备课组还共同经历了过关课、公开课、外小英语艺术节、外小好声音等众多活动，每一次活动大家都集思广益，加班加点，尽管过程艰辛，但团队成员之间没有计较，没有怨言，只有会心的微笑。

实际上，我想说的是，无论是小集体还是大团队，都是我们教育之路上最坚实的支持。这种互助与团结，就是一种爱，它不仅是我们教育成长路上的能量补给，也是我们心灵深处的慰藉。有了它，我们才能携手走得更远，更坚定。

三、学校的培养，让自己的成长之路充满力量

如果说在三年级团队中我感受到了幸福，那么作为青年教师，我更是感到无比幸运。姬校长针对我们在日常教育教学中遇到的困惑和最迫切需要提升的技能进行了问卷分析和调查，并为我们精心安排了相应的课程。这些课程包括班级管理、心理培训、粉笔字、朗诵、美术手绘、课件制作等综合技能，以及针对不同学科的技能提升课程。得益于各位教师的全情投入，我每次培训都受益匪浅。

给我留下深刻印象的是美术手绘培训课。美术一直是我教育教学中最薄弱的一项，自小我就被美术老师认为是“缺乏美术天赋”的孩子，因此当我得知要参加美术培训时内心充满了抵触和恐惧。当董老师讲解完手绘知识，并布置了主题让大家开始创作时，我陷入了深深的迷茫。这时，董老师走到我身边，握着我的手，一起握着笔，轻轻几笔就勾勒出了一个可爱的图案。董老师提供的素材就像为学生设计的分层作业，让每个学生都能在自己的能力范围内完成作品，这让我开始全心投入到创作中。突然，我听到了一个声音：“啊，做得不错！”我抬头一看，是面带微笑的姬校长，他的这句话让我更加自信地投入到后续的创作中。在这次培训中，作为“学困生”的我也深刻体会到了老师的帮助和鼓励带来的动力，让我能够以更加平和和积极的心态去面对我的学生。

记得我们班有个孩子在课前典范朗读中读错了几处，我在点评时说：“我听出了他有两处错误，但我注意到一个问题，他读得比上次流畅多了，模仿得也更好听了，你们觉得呢？”孩子们纷纷回应：“对，真的！”于是，我接着说：“相信他下次会做得更好，我们下次还听他朗读，好吗？”这几句简单的话语为孩子留下了足够

的成长空间。第二天，那个孩子信心满满地告诉我："老师，这篇文章我已经背下来了，我可以展示给大家听吗?"我想，我们不应吝啬对学生的每一次帮助、欣赏和鼓励，哪怕是最微小的，也一定充满了力量。

对于我人生的这一次抉择，我想我是对的！我爱上了这所学校，我感叹于自己的成长，感受着外小教育路上博大的爱。教育之爱，一定不是简单的，一蹴而就的，它需要我们承担责任，更需要我们言传身教；它需要我们了解孩子们的年龄特点和个体差异，致力于高效而有趣的课堂，更需要我们关注学生能力和品格的发展；它需要我们鼓励学生发挥优势，张扬个性，同时还需要我们用宽容的心对待他们的失误，理解他们的困惑。这应该是这个世界上除了父母和爱人之外最辛苦，也是最有力量和最温暖的陪伴了，这种陪伴落在孩子们的心里，就是爱。

我们深知，一路的相伴，注定不是平顺的，但我相信，相伴的日子一定是心存温暖和幸福的，因为我们守护的是最真实、最稚嫩的心灵，因为我们遇上的，是他们人生中最纯真的年华。

走进心灵　师爱无痕

小学部　霍秀彦

尊敬的领导、各位老师：

大家下午好！我衷心感谢领导给予我这个机会，在我工作满三十年之际向大家汇报我的工作经历。在这三十年中，有十九年的时间是在外小度过的。这一点，是在与王校长讨论发言稿时我才突然意识到的。

随着心理课程的开设，从心理活动室、沙盘室、咨询室、测量室、档案室到宣泄室，一切设施的完善都见证了我们掌舵人的智慧与博爱。在体会这份博爱的同时，我也在传递这份爱，并利用不断提升的专业能力给予学生恰到好处的心灵关怀。这是一种深入心灵的爱，正如那句诗所描述的："随风潜入夜，润物细无声。"它是一种无形中滋养人心的无痕之爱。

一、爱学生，就让他们体会成长的快乐

在教二年级学生《寻找快乐》这节课时，我通过一则故事向同学们揭示了寻找快乐的三个秘诀：一是做自己喜欢且对自己有益的事；二是做自己喜欢且对他人有益的事；三是在适当的时间做适当的事。接下来我为学生们安排了创作个人心理故事的时间。学生们以不同的方式完成了自己的创作：有的同学写下了故事，有的同学结合绘画和文字，有的同学仅用绘画，还有的同学运用在美术课上学到的版画技巧进行创作……其中，一位男生在完成作品后，伸出沾满墨迹的小手对我说："老师，虽然在寻找快乐的过程中会遇到不快乐，需要付出和努力，但最终结果是快乐的！"我轻抚孩子的头，称赞道："你做得很好，你已经领悟到获得快乐的真谛了。"

为了确保每个学生在课堂上都能有所收获，我根据学生的心理发展特点和需求编写了适合不同年级的心理校本教材。一年级至二年级的《我的快乐我做主》，主要是对学生在学校的生活进行适应性辅导；三年级至四年级的《我的成长我做主》，主要是对学生的创造能力和自我约束能力进行辅导；五年级至六年级的《我的发展

我做主》，主要是对学生的学习记忆能力进行辅导。这些内容会随着时代的发展而不断更新，即便相同的内容在不同班级也会有不同的教学方式，例如，小组讨论、心理故事、团体活动、角色扮演、心理剧等。现在，我将分享唐子都同学对开展心理活动课的一些感受：

当我在学习和生活中遇到低谷时，心理课告诉我：要成为自己命运的舵手，这让我取得了好成绩；

当我遇到困难时，心理课告诉我：勇往直前，永远保持积极的心态，这帮助我克服了困难；

当我与朋友发生矛盾时，心理课告诉我：友直、友谅、友多闻，益矣，这让我懂得了广交朋友；

当我难以融入集体时，心理课告诉我：热情、开朗、待人真诚，融入集体，这让我成为集体中的一员；

当我学习没有目标时，心理课告诉我：人生如航海，有了目标，才会有前进的方向；

当我学习效率下降时，心理课告诉我：掌握良好的学习方法，才能提升效率。

心理课给了我许多启示，它让我以更积极的心态去面对日益复杂的生活。

二、爱学生，就让他们敞开心扉

在成长的道路上，学生会遇到各种挑战，当学生拥有接纳和面对挑战的勇气时，他们就能将这些挑战转化为促进自我进步和成长的动力，从而实现全面发展。因此，我们设立了多种渠道，让学生能够及时倾诉和寻求帮助，例如，每周二至周五下午 4:30 至 5:30 的“心灵有约”、每节心理活动课后的“心灵悄悄话”、每个学期的“心理自述”，以及每学年一次的“心理健康测评”等。特别是“心理自述”活动，它不仅让老师有机会了解每个同学，也给予了每个同学表达自己想法，解决问题，分享本学期收获、反思和成长的机会，并在“心理自述”中清晰地表明自己的需求。接下来，我将分享几个学生自己能够解决但希望老师了解的问题：

分享一：随着年龄的增长，我开始有了自己的小秘密，有些是不愿意与家长分享的，但我喜欢与同学和一些关系亲密的老师交流。小时候，无论男女，我们总是无忧无虑地玩耍，从未想过“男女有别”，但到了三年级我开始与女生们疏远，不再愿意一起玩耍，虽然说不出具体原因，但用我们的话来说就是“自然现象，无法避免”。更让我惊讶的是，到了五年级，我开始隐约感觉到自己喜欢某个女孩子，到了六年级，这种感觉变得真实，我特别喜欢和她互动，但在这事上我很有分寸，请老师放心！

分享二：从这学期开始，我喜欢上了班里一个帅气的同学，班上许多女生也对他有好感，但她们都不想让别人知道，于是给他起了各种昵称，如“楠宝儿”“阿帅”“呆呆”……我觉得她们起的名字不如我起的“小和”来得亲切，让人感觉容易接近。因为“小和”的座位离我很近，我便一直关注他，上课时看他发言，课间看他打篮球，放学后我也会悄悄等在校门口，直到“小和”出来，然后默默地跟在他后面，看着他的背影，我既高兴又有些紧张，担心被“小和”发现。老师，请您放心，这只是暗恋，我不会让它影响我的学习的！

分享三：老师，我要谢谢您！您是否还记得上个学期有两个孩子怀着忐忑的心情来找您，其中一个是我，另一个是我的朋友。我们俩原本学习成绩不好，每次考试都很难取得好成绩，甚至还会出现不及格的情况，这让我承受了巨大的压力。考试成绩不好让我总是担心会受到父母的责备，甚至在班里感到自卑，有时我不得不躲在一个角落里偷偷哭。随着学习的深入，考试的次数不断增加，我的压力也越来越大，每当我看到试卷时就会不由自主地颤抖，脑海中还会浮现出考试失败的场景。终于有一天，我的朋友向我提议：“你可以去知心小屋试试。”在与您的多次交流中，您不仅耐心倾听我们的烦恼，还传授给我们许多有效的学习方法。我们按照您的指导，努力学习，这个学期我的成绩有了很大提升，老师也称赞我仿佛脱胎换骨，这让我感到无比的喜悦，我的好朋友同样取得了巨大的进步。谢谢您！

三、爱学生，就要关注他们的家庭

家庭是人生的第一所学校，父母则是孩子的第一任老师。为了给孩子上好“人生的第一课”，我们必须帮助他们系好人生的第一颗扣子。家庭教育始于孩子的童年，从他们尚无意识时便开始潜移默化地影响，深入骨髓，是性格塑造和品性确立的真正基石。在每一个表现出色的孩子背后，几乎都能看到其父母的影子，同样，在每一个面临问题的儿童身上，我们也能找到家庭影响的痕迹。家庭教育是整个教育体系中最为根本和关键的一环。正如苏霍姆林斯基所言：优秀的学校教育建立在坚实的家教基础之上。没有良好的家庭教育，学校教育难以达到最佳效果。

因此，我将每周五下午放学后的时间定为家庭个案辅导时间，每次持续 90 分钟。以 10 月为例，我为家庭提供了总计 1260 分钟的个案辅导。此外，我还安排了以下会谈：10 月 14 日上午 8:30 至 10:30 与班主任、学生及家长进行会谈；10 月 28 日上午 8:30 至 9:30 与年级主任、班主任及家长会谈；10 月 31 日上午 9:20 至 11:30 与年级主任、班主任会谈；11 月 1 日上午 10:30 至 11:40 与年级主任、班主任、学生及家长会谈。这些会谈共计 380 分钟。因此，10 月我为家庭个案辅导投入了 1640 分钟，相当于 46.86 个课时，这已经成为我工作的常规部分。

正如老子所言："知人者智，自知者明，胜人有力，自胜者强。"唯有在心灵这片肥沃的土地上不断超越现状，我们才能使心灵变得更加美好、更加强大、更加健康。我将不懈努力，持续追求这一目标！

幼儿园

YOUERYUAN

奉献青春，挚爱之心

幼儿园　丁　兴

2011 年，带着一颗懵懂的心和坚定的信念，我踏入了石外幼儿园的大门，从此在这里扎根、发芽、成长。我凭借这份坚定的信念和满腔的热情，将对家长的责任感、对孩子的深情关爱以及对教育事业的无私奉献，全心全意地投入到我所热爱的幼教工作中。

一、践行“三爱”精神，从爱幼儿开始

“一切为了孩子，为了孩子的一切。”这是我奋斗的目标。当我初次踏入工作岗位，面对着几十双充满好奇与纯真的眼睛，我心中默默立下誓言：我将运用先进的教育理念、正确的教育方法和积极的教学态度，在孩子们这张“白纸”上绘出绚烂的图画。

记得 2011 年，刚从大学毕业的我踏入幼儿园，仅仅经过半个月的实习便在 8 月正式接管了一个新小班。当时，班上的情况非常特殊，有 8 名尚不满三周岁的幼儿，其中包括一名美国幼儿和一名自闭症幼儿。作为保育老师，我无惧辛劳，全心全意地关爱着每一个孩子。每天，我怀里都抱着三四个孩子，汗水常常湿透我的衣衫。尽管每晚我的胳膊都会感到酸麻胀痛，但第二天依然带着满腔热情，安抚着七八个“小尾巴”，给予他们爱的拥抱。如今，他们已经成为高中生，每次见面时都会亲切地称呼我为“丁妈妈”，并紧紧拥抱我。

“爱学生是教师的天职，是教师职业道德的基本要求。”只有全面了解和尊重孩子，才能真正地热爱他们，打开他们幼小心灵的大门。

2014 届中有一个叫恒恒的孩子，他总是动作迟缓、言语不流畅。当我发现他的智力发育并无问题，只是口齿不清、表达能力较弱时，我便用温柔的爱包容他，并承担起了教育他的责任。在一年的特别关注和教育中，我倾注了无数心血和希望，每天满怀期待地迎接他，与他分享悄悄话，每当他想要表达时我都会握着他的

手，凝视他的眼睛，鼓励他一字一句地说出来。在我们的相处中，我们亲如母子，他每天放学后都不愿回家，周末也想和我一起度过。正是这份爱，打开了他语言的大门，创造了爱的奇迹。

爱意味着发现和关注每一个孩子，不仅要爱那些聪明活泼的孩子，也要对那些特别的孩子给予更多的关爱。在担任保育员的这些年里，我始终用心照顾每一个特殊的孩子。

优优小朋友的父母长期在国外工作，他平日里只与姥姥姥爷相处，因此形成了孤僻的性格，心理上与其他孩子有距离，没有朋友，总是显得很忧郁。我看到这种情况心急如焚，于是主动为优优牵线搭桥，帮他找朋友，并创造机会让他们一起做游戏。渐渐地，优优的脸上有了笑容，话也多了，他开始有了朋友，教室里常常能听到他与同伴的交谈声。我鼓励优优在同伴面前多发言，并及时用动作、语言、眼神给予他表扬和肯定，以增强他的自信心。一年后，那个曾经沉默寡言、性格孤僻的优优变得活泼开朗了许多。

二、爱幼儿园和爱幼教的点点滴滴

陈鹤琴先生曾言：作为一名称职的、出色的幼儿教师要具有敬业、乐业、专业和创业的精神。为了达到这一标准，我克服了重重困难，无数个夜晚挑灯夜战，加班加点；无数次总结教育经验；无数次为准备玩教具废寝忘食；无数次顶着烈日，拖着沙哑的嗓子与家长交流。记得有一次，为了解决幼儿园教师紧缺的问题，我在休产假期间，急单位之所急，拖着尚未完全恢复的身体提前一个月结束产假，重返工作岗位。还有一次，为了帮助有困难的同事，我坚持连续带班，并圆满完成了工作计划。回顾过往，每一步都充满艰辛，但我却乐在其中。因为我知道，只有付出，才有收获；只有努力，才有成长和发展。

幼儿教育的成功离不开家园共育，我非常愿意与家长合作。在这一过程中，我通过日常个别交流、开学初和学期中的家长会、公开活动等，引导家长关注幼儿园的活动，了解最新的教育理念，形成教育共识，确保家长、孩子和老师之间沟通的桥梁畅通无阻。在工作中，我始终保持着“眼勤、手勤、口勤”的态度，当发现孩子身体状况不佳时，我会及时与家长联系，了解情况；当孩子情绪出现波动时，我会通过与家长面对面的个别交谈，了解孩子变化的原因；在传染病高发时期，我会及时了解孩子请假的原因，并向家长普及相关知识，共同做好预防工作。同时，我还会定期向家长反馈孩子在幼儿园的表现，帮助他们树立正确的教育观念，从而进一步加强家园之间的联系。

幼儿园的工作已经成为我生活中不可或缺的一部分，我的幸福生活也得益于这些年的教育经验和工作经历。我将继续践行“三爱”精神，为幼教事业奉献我的一生。

因爱而幸福

幼儿园　于艳云

您问我为何选择成为幼儿教师，答案在于我的性格和对孩子们纯真笑脸的喜爱。您问我为何能坚持十五年，那是因为我对这份职业的热爱和深感肩负的责任。2009年毕业后，我加入了石外幼儿园，那时我才18岁，对一切都充满好奇。幸运的是，经过半年五次考核，我终于收到了录用通知，那份喜悦难以言表。这里不仅是我的第一份工作，也是我坚守了十余年的事业。

在这十几年中，我从一个青涩的新手逐渐成长为一名专业的艺术教师。幼儿教师这份工作是一个良心活儿，我面对的是需要精心培育和呵护的稚嫩面孔，我怎敢有丝毫懈怠。正如苏霍姆林斯基所言：教师应成为儿童幸福的创造者，成为他们心灵的医治者和治愈者。

2015年，新小班里有个叫文文的小女孩，入园时因焦虑而哭闹，我心疼地俯身拥抱她，尽管她抗拒并踢了我，但我理解她是因为想妈妈而缺乏安全感。我忍着疼痛，继续温柔地抱着她，让她在温暖的怀抱中慢慢释放情绪。最终，她感受到了被爱的安全感，渐渐放松下来，并对我露出了在幼儿园的第一次笑容。文文的妈妈得知此事后，对我表达了深深的感激。她说："我家孩子性格倔强，我真的很担心，但没想到她回家后能那么开心地告诉我，于老师抱了她，她喜欢老师！"听到家长的感谢，看到自己的拥抱能帮助孩子快速适应幼儿园，我心中充满了幸福感。实际上，我们每一位幼教工作者都是这样做的，用充满爱意的目光关注孩子，轻抚他们的头，捧着他们的脸，蹲下来与他们轻声交谈。当孩子睡前思念妈妈时，我们会走到床前，轻抚他们的脸颊，轻声告诉他们："老师最喜欢你了！"让每个孩子都能感受到老师的关怀和爱。

"学高为师，身正为范"，为了给孩子提供更优质的教育，教师必须不断成长，提升自己的专业水平。因此，我抓住每一个锻炼的机会，认真准备课程，主动请园领导和同事们帮我看课、说课，不断寻找问题，从而得到更好的想法。在准备过程中，我反复试讲、反思，力求每一次展示都能有所进步。每次得到领导和同事们的认可和高度评价时，都成为我继续努力的动力。每当看到孩子们快乐地参与活动、做游戏和学习时，我才能真正感受到作为一名教师的价值。

幼儿教师是一个忙碌的职业。2020 年 10 月下旬，我的孩子还未满五个月我就回到了工作岗位，12 月我临时担任了班主任，工作量大增。恰逢元旦联欢会活动，为了让孩子们有精彩的演出，我不得不减少回家喂奶的时间，导致奶水减少，不得不给孩子添加奶粉。上个月，李园长推荐我参加裕华区素质赛，时间紧迫，任务繁重，仅有两天半的准备和录制时间。恰巧我家孩子反复高烧，但为了给幼儿园争得荣誉，我将孩子托付给姥姥，加班加点地练习。最终，我的努力得到了回报，我获得了裕华区素质赛第三名的好成绩。

在这些年的工作中，我虽未曾经历过什么惊天动地的大事，但却始终被无数温馨的瞬间所环绕。家长们经常提到，于老师那迷人的微笑、清澈的双眸以及和蔼可亲的话语，让他们能够安心地将孩子托付于我。有家长告诉我，他们的孩子在家里坐不住，每天都盼望着能回到幼儿园；有的孩子放学后喜欢通过微信与我交流；还有的孩子不时地紧紧拥抱我，对我说“老师，我好喜欢你”或“老师，你真漂亮”；甚至那些我曾经教过的孩子，每次见到我总是兴奋地大喊“于老师”，或者跑过来紧紧地抱住我……每当这时，我总是感到无比荣幸，不禁自问，我何德何能，竟能获得如此多的爱与信任。或许，这就是作为一名幼儿教师的真正意义所在。每一位幼儿教师都是平凡而伟大的。我将继续秉承“三爱”精神——“爱幼儿　爱幼教　爱幼儿园”，坚持到底。

心存感恩　砥砺前行

幼儿园　马　艺

自 2000 年建园以来，我在石家庄第二外国语学校附属幼儿园已经工作了二十四载。这二十四年里，我最深刻的体会是学习永无止境。我出身于一个教师家庭，我的爷爷和父亲都是教育工作者。自幼，我印象最深刻的就是家中那些被修补过无数次的书。初到幼儿园时，我住在学校的单身宿舍，闲暇之余，我常常独自坐在学校的操场上阅读、写诗、创作小说和散文，积累了大量的手稿。

怀揣着对教育工作的热情，我踏上了工作岗位。在园领导的带领下，我参与了各类岗位培训，包括课程培训、家长沟通、班级管理、体育游戏、心理辅导和区域活动等。随着学习的不断深入，我越发意识到自己的知识尚浅，同时也感到庆幸，因为我有机会向周围许多优秀老师学习。幼儿园对英语教师的专业要求非常高，那时学校门卫每天早上 6:00 开门，我便请求门卫每天早上 5:00 为我开门，然后我骑车前往人民广场进行口语晨练，7:00 返回吃完早餐后开始工作。下班后，我会到对面的邮专食堂用餐，然后去自习室背诵新概念英语。周末白天我会去上英语课，晚上则去参加口语角活动。现在回想起来，我非常感激年轻时的勤奋。尽管现在有了家庭和孩子，没有太多整块的时间来学习，可能两三天才能听完樊登读书会上的一本书，但我相信，只要静下心来学习，每一分钟都会有所收获。

在处理家长工作时，我深感同理心的重要性。每年新生入园时，家长对幼儿园和老师的不熟悉与担忧是人之常情。孩子们哭泣时，家长也会泪眼婆娑，甚至有家长会偷偷站在门口观察孩子。在孩子刚入园的第一周，无论自己多么疲惫，我都会坚持每晚向班上每个孩子的家长发送几条信息，经常忙到深夜，这些简短的留言对家长来说意义非凡。正是因为我们老师对每个孩子都倾注了真心，我们才能赢得家长的信任，并获得他们的全力配合。我印象最深刻的是其中一届家委会，在家委会主任的带领下，家长们自发地连续半个月来幼儿园加班，分工合作，帮助我们班完成了很多任务。记得那年圣诞节，近百个礼品盒和捧花都是家长们用废旧纸盒一个一个精心包装的。虽然有些事情可能做得不够完美，但我看到的是家长们用实际行动支持着我们的工作。三年的相处，我们成为彼此最信赖的朋友。

善待我们遇到的每一个人，珍惜对我们好的人，不埋怨那些不那么友好的人，在茫茫人海中，我们能够相遇就是一种缘分。每个孩子都有自己的个性，他们不总是“天使乖宝宝”。总有一些孩子调皮捣蛋，不守规则，挑战我们的耐心，甚至有时会让我们感到焦头烂额，但当我们静下心来，就会发现这些调皮的孩子往往给我们留下了最深刻的印象。

前几天，因为晚上孩子不舒服我没睡好，第二天一早起来上早班，到班里感觉有些疲惫。平时很调皮的王浩晨一直注视着我的眼睛，我们对视了一会儿，他说：“老师，你的眼睛肿了，你去坐一会儿吧，你去睡一会儿吧，我不捣乱了。”然后一上午他都按照班级常规进行各种活动，到了中午我发现他真的没有捣乱，要知道他平时可是个随时都会调皮捣乱的小家伙。

八年前，我曾带过一个特殊的孩子小明。在入园前的家访中，我们发现他不与我们交流，入园后也是独自一人走来走去，不与旁边的小朋友互动，后来我们得知，小明被诊断为轻度自闭症。自闭症的孩子不会像正常孩子那样玩耍和参与游戏，他们往往独自玩耍。因此，如何让小明走出孤独，参与活动成了我们急需解决的问题。有专家提出，要让孩子得到情绪上的成长，满足其某些发展需求，并获得自我结构上更统整的层次和情感控制。

首先，我们班的三位老师一起向小明的家长详细了解了孩子在家的情况。家长对自己孩子的情况最为了解，能够洞察孩子的心理、生理和情绪变化，了解孩子的长处和短处，以及现有水平和发展潜力。我们总结出孩子的行为语言特点，作为我们采取措施的依据。通过查阅书籍和资料，我们了解到自闭症有多种定义，它也被称为孤独症，是一种由于社交隔绝而产生的发展障碍。从遗传学角度看，自闭症是由大脑病变引起的综合症，其主要症状包括社交困难、语言发育迟缓和行为刻板。心理学家强调，对自闭症孩子来说，温暖、爱、耐心和鼓励至关重要。

经过近三个月的努力，小明有了很大进步。他乐于帮助老师做些小事，能听从老师简单的指令调整自己的行为；他开始尝试与其他幼儿交往，参与集体活动，并在晨间活动中与老师和小朋友一起做游戏；他的注意力持续时间也越来越长。看到小明现在的表现，家长也从最初的担忧和隐瞒转变为现在的欣慰和对我们由衷的感谢。以下是小明家长写给我们的信：

小明入园已有三个月了，我们每天都能看到他的成长与进步，真切感受到老师们的辛勤与伟大。小明从不懂得礼让和分享，到现在变得礼貌规矩，懂得感恩并乐于表达爱意；从懵懂无知到能背诵儿歌、跳舞、说英语单词；从吐字不清到能表达自己的意愿，我们享受着一个又一个惊喜。我们深知，这一切都是老师们辛勤教育的结果。三位老师不仅没有嫌弃他，反而为他倾注了更多的耐心和爱心，教授他知识，规范他的行为，关心他的生活，培养他的爱心……任何言语都无法表达我们诚挚的谢意。

我们很感谢集团的培养，每个人的成长都离不开背后的推动力量，这正是团队精神的体现。虽然与孩子们朝夕相处可能显得有些单纯，甚至在处理事务时略显稚嫩，但我们拥有一颗纯净无瑕的心，一个真正能够帮助他人的机会，享受着每一天的简单快乐。我们坚信，集团将会迎来更加辉煌的未来，让我们携手同行，心怀感激，勇往直前！

青春无悔　与爱同在

幼儿园　马　攀

同舟共济扬帆起，乘风破浪万里航。2010 年，我有幸成为石外幼儿园这个团结与充满爱心的集体的一员，初到幼儿园时，我虽满怀热情，但却在幼儿教育和家长沟通方面缺乏经验。幼儿园为我们提供了包括保教保育、心理疏导等多项培训，以及学习全国优秀教学案例的机会。每一次培训和学习，都能让我接触到国内外先进的教育理念，我不断地充实自己，为日常工作打下了坚实的理论基础和实践基础。在园领导和同事们的帮助，以及自己的不懈努力下，我逐渐对幼儿教育有了更深入的理解，掌握了许多育儿技巧，并提升了与家长沟通的能力。只有充分了解孩子和其背后的家庭，才能在教育中游刃有余。每个孩子都是独立的个体，每个家庭都有其独特性，因此，我们的教育策略也应灵活多样。作为教师，基于对孩子的了解，给予他们有效的指导和支持是我们必须具备的能力。常言道，技多不压身，只有不断提升自己的教育学知识和幼教专业技能，才能在工作中游刃有余，赢得孩子们的喜爱、家长的信任和同事的赞赏。在此，我要特别感谢那些给予我帮助、支持和历练的园领导和老师们，以及那些支持我、信任我的家长和孩子们。正是大家的帮助，才铸就了我今天的成长与进步！

如果一个人没有目标，就如同随波逐流的水草，失去了前进的方向。教师虽是一份平凡的职业，但自踏入幼儿园的那一刻起，我便不断提醒自己：必须成为一个有担当、有责任感的人，对得起“幼儿教师”这一称号，成为一位问心无愧的教育者。我渴望在孩子们与我共度的这三年时光里，让他们快乐健康地成长，帮助他们培养良好的生活习惯和学习习惯，以及养成友善、诚实、互助等美德。九年如一日，我始终坚守着自己的目标。孩子们欢乐的笑脸，毕业时依依不舍的泪水和拥抱，比赛中屡次挺进决赛的激动和喜悦，英语游戏和科学活动中我们默契愉快的合作，晨读绘本时孩子们渴望的眼神，以及区域活动中孩子们无限的创意，每当这些场景映入眼帘时，我都会告诉自己：这一切都是值得的。

人生的奋斗目标众多，一旦确定了一件事，只要投入兴趣和热情，持之以恒地去做，你就会收获成长。我曾梦想成为小学英语老师，但命运的转折让我发现，幼儿园才是我真正的归宿。虽然我不是幼教专业出身，也不自诩聪明，但我深谙“笨鸟先飞”的道理，认真对待每一项工作是我前进的动力。只要我们坚持不懈，梦想终将成真。在默默投身幼教的同时，我也不忘探索幼儿英语教育，并尝试将英文歌曲、绘本等方法应用于教学中，看到孩子们对英语学习的兴趣日益浓厚，我感到无比欣慰。

与孩子们相处久了，我们也变得容易满足了，满足于孩子们的一个拥抱、一个亲吻、一声问候，满足于毕业班孩子的一次探望、一个视频、一个电话，满足于家长对我工作的支持和认可，满足于同事间的和睦相处、友好合作，满足于园领导的关怀和指导……去年冬天的一个晚上，我正在听小班孩子们的英语趣配音作业，突然收到了已毕业的娴娴的妈妈发来的微信视频，视频中孩子正专注地唱着《Super Minds》中的《Tidy-Up》。这短短的视频唤起了我对往昔的回忆，让我热泪盈眶。正要为孩子点赞时，娴娴妈妈发来了一段文字：“每次做英语作业时，孩子都会说马老师教过我这个，我会，我想和马老师视频……”我被孩子的感恩和家长的认可深深感动了。作为幼儿园老师，我们或许没有惊天动地的成就，但孩子们毕业后仍记得我们曾经的帮助，这便是我们最大的成就。脚踏实地地做人，认真地做事，比任何豪言壮语都来得真实和有效。这条路上虽有荆棘和坎坷，但我们每天都能看到孩子们活泼的笑脸，听到他们纯真的笑声，体验孩童时的美好瞬间，见证他们的点滴进步，这或许就是我们幼儿园老师青春常驻的秘诀吧！静下心来，做我们应做的事，告别年少轻狂的自己，仰望前辈在幼教路上留下的坚实足迹，俯瞰自己脚下的路，多年之后回首远望，这条路不正是一道令我们自豪的风景吗?

冬去春来，周而复始，幼儿园的小主人换了一代又一代，唯一不变的是幼儿园里的爱和浇灌爱的园丁们。在这片幼教的沃土上，幼儿教师是我们最主要的身份，但我们的角色也时常发生转变。在每年的元旦联欢、六一联欢以及亲子运动会中，我们老师化身为编剧、导演、舞台美术设计、动作指导、后台服务等多重角色，只有想不到的，没有幼儿园老师做不到的，我们所做的一切，都是为了让孩子们在幼儿园的每一天健康快乐地成长，为孩子们的童年留下美好的回忆。我们的付出终将得到回报，当孩子们毕业后一次次回园探望，当他们向我们分享小学、中学的学习趣事，当家长朋友与我们坦诚交流时……我的幸福感便油然而生。一年 365 天，我们与孩子们朝夕相处的时间甚至超过了与家人在一起的时光。做幼教时间久了，最令我们感到畏惧的便是孩子们幼儿园毕业前的那段时光。在那个离别的季节里，与孩子们相处的点点滴滴都会触动老师们的泪点，与孩子们的离别对老师来说是一次次情感上的冲击。分别之际，老师的心底如同被抽丝一般，瞬间感到空旷和无助。一句“一切安好”是我们对孩子们最真挚的祝福！告别了令人留恋的离别季，我们又迎来了新的开始，那些可爱的“小豆丁们”已经蹒跚地踏入了幼儿园这个大家庭。三年前的一幕幕再次浮现在眼前：新奇的眼神、咿呀的话语、蹒跚的步子、初生牛犊不怕虎的性格，都是那么的熟悉。举办家长会、开展亲子活动、应对分离焦虑、培养生活常规习惯……三年后的“小豆丁们”将成为一批优秀的幼儿园毕业生。年复一年，我在幼教这片热土上已经摸爬滚打了十四个年头，从当年那个对幼教充满好奇的英语专业毕业生，成长为一名热爱幼教、热爱幼儿的资深幼教人。

作为一名幼教人，我为我的选择而骄傲，我将继续在这片土地上勇敢前进，继续用爱和努力实践我的教育梦想！

成长的十四年

幼儿园　马　鑫

我是一名幼儿教师，这是一个值得骄傲和自豪的名字；我是一名幼儿教师，在这个职业中我体会着青春涌动和激情四射的每一天；我是一名幼儿教师，我用自己的拼搏、奉献、无私、忘我诠释着这个职业的幸福；我是一名幼儿教师，这是我们共同的名字。在我十四年的幼教生涯中，我深深懂得教育是爱的事业，教师的爱是博大的爱。十四年前，刚走出校门的我带着五彩斑斓的梦走进了这圣洁的港湾，看着孩子们一双双天真无邪的眼睛，听着老教师一声声温暖亲切的教导，我一步步走进，一步步融入。十四个春夏秋冬转瞬即逝，岁月带走了当初的稚嫩和娇弱，留下的是成长后的成熟和自信，回想起走过的路，有沮丧、有彷徨、有惊喜、有欣慰……

一、懵懂时期

2007年，我从学校毕业后加入了石外幼儿园。毕业前夕，当大家都在忙着找工作时，我根据网上找到的地址来到总园。一踏入园内，天井的攀岩墙、楼道的环境等，都让我惊叹不已，我立刻被这里深深吸引了，那时我心中暗自下定决心："我一定要在这里工作。"恰逢总园计划开设分园——东方园，急需教师，园领导让我先来实习一个月。记得刚来时我对一切都那么陌生，唯一拥有的是满腔的热情。我跟随班里的老师学习了洗毛巾、口巾、杯子，消毒桌面和玩具，协助开餐、分发午点等日常工作，同时观察并学习了老师如何开展教育活动，以及如何与孩子们互动。随着实习期的结束，我迎来了正式的面试，包括弹唱、舞美展示，以及现场准备并讲一首诗歌，幸运的是，面试顺利通过了。接下来是与校长谈话，紧张程度可想而知，但我尽力保持镇定，与校长进行了一段愉快的交流。最终，我如愿以偿地加入了这个团队，开启了我长达十四年的幼教生涯。

2009年，东方园扩增班级，我这个资历尚浅的教师被任命为新小班的班主任。

担任班主任一年后，2010 年再次扩班，我再次接手新小班，并同时担任班主任、年级主任和备课组长。那时的我，初生牛犊不怕虎，既然领导给予了这样的信任和安排，我便决心不辱使命。我非常感激领导给予的机会，让我在工作的第三年就承担了这样的重任，为我提供了更广阔的成长空间。这段经历一直持续到 2017 年我怀孕生子。这些年的工作经历，真是既丰富多彩又跌宕起伏。

二、成熟时期

三年后，我跻身成熟教师的行列。2011 年，我荣幸地作为教师代表参加了裕华区第七届幼儿园青年教师素质赛，比赛分为唱舞讲以及幼儿心理案例分析两个部分。东方园迅速组建了赛前团队，同事们纷纷协助我整理资料，模拟比赛场景，并及时指出需要改进的地方。而我，则利用每天下班后和周末的时间，坚持在舞蹈教室里练习弹唱、讲故事、跳舞，轮番磨炼。这让我想起了孟子的话：“天将降大任于斯人也，必先苦其心志，劳其筋骨，饿其体肤……”参加比赛、展示课程，就是一次成长的过程，虽然过程充满了煎熬和焦虑，但破茧成蝶之后，留下的都是最珍贵的财富。

在成熟教师的这个阶段，我承担了班主任、年级主任、备课组长等职务，肩上的责任越来越重。现在，我不仅要管理好班级，还要统筹安排组内的各项活动，如公开课、运动会、六一活动、端午包粽子、中秋打月饼、冬至包饺子等。每一项活动都需要有详尽的计划，并且责任到人。在这里，我还要特别感谢家长朋友们，记得在与家委会沟通事项时，家委会成员对我说：“马老师，我们知道您是年级主任，我们一定起到带头作用，您就放心吧，保证完成任务。”我心里充满了感激和幸福。我们和同事虽非亲人，却胜似亲人；我们和家长虽非战友，却胜似战友。为了共同的目标——孩子的成长与发展，我们团结一致，共同努力。

三、自信时期

紧接着，我迎来了第三个阶段——成为骨干教师。在这个阶段，无论是教学、家长沟通还是班级活动，我都具备了丰富的经验，这些经验是在作为成熟教师的三年里，一点一滴积累起来的。2014 年，我参加了石家庄市教学能手大赛。裕华区的预选赛在总园举行，我上了大班打击乐课《老鼠娶新娘》，并以第一名的成绩代表裕华区参加市级比赛。

市级比赛的氛围非常紧张，全市共有 33 名教师参赛，他们都是各区精心选拔的佼佼者。比赛前一天，我们才得知第二天要上的课程内容。这意味着，所有人都只有短短一天的时间来准备教案、教具，并进行试讲、评课、再试讲、再评课。这对教师的心理素质和业务能力提出了极高的要求，需要在极短的时间内掌握课程内容，并展示其精华。我被安排在第一天第一组的第一个活动中，得知比赛题目后，领导和同事们纷纷伸出援手，帮助我备课、整理教案、准备教具，并一直给予我鼓励和支持。

比赛当天，我上完课后如释重负，回想起这次经历，我觉得非常宝贵，也算是经历过大场面的人了。更令人惊喜的是，我荣获了一等奖。那一刻，我感到无比兴奋，并深深感恩于我们的团队，因为没有完美的个人，只有完美的团队，我要感谢所有曾经帮助过我的领导和老师，谢谢你们！

时间飞逝，转眼间我已经工作了十四年。现在，我的身份也发生了转变。2017年，我迎来了自己的宝宝，成为一位母亲。这让我对孩子们、对教师的工作有了新的认识，内心也涌现出更多柔软的情感。在幼教生涯的第四个阶段，作为一名学科带头人，我感到肩上的责任更重了。我需要不断学习，努力提升自己，同时还肩负着指导新教师的责任和义务，我将毫无保留地将我的经验传授给新教师，就像曾经引领我成长的老师们一样，让我们的幼儿园一代代传承下去，永远保持青春与辉煌！

四、再见，我深爱的东方园

这十四年，我就像一个牙牙学语的孩子，一步一个脚印，开始是浅浅的脚印，随着我的成长和努力，以及幼儿园整个团队的支撑和鼓励，我的脚印越来越深，越来越扎实，是幼儿园成就了我，是东方园成就了我。今年东方园结束了，我心里万分不舍，舍不得夏天在绿树下嬉戏，舍不得冬天在雪地里奔跑，舍不得每周一冉冉升起的国旗，舍不得那一张张稚嫩的笑脸……东方园会一直留在我的心里，当初开园的日子历历在目，开展各项活动的画面就像过电影一样在眼前闪过，迎来送走一批又一批的孩子，迎来送走一批一批的老师。我始终坚守在这里，真的就像是我第二个家，东方的十四年，见证了我所有的成长、进步，喜怒哀乐，我也见证了东方的起始、辉煌和结束，感谢现在和曾经在东方园工作的姐妹们，感谢我们相遇在东方，感谢曾经一起并肩奋斗的日子！感谢幼儿园让我从一个青涩的大学生成长为现在一个成熟自信有能力有底气的老师，不管以后我到哪个岗位，不管我到哪个园，我依然会努力地工作，为我们的幼儿园贡献自己的一份力量！

不一样的缘分

幼儿园　王玉梅

在幼儿园这一方小天地里，每天都在上演着无数温馨而动人的故事。作为一名幼儿园教师，我深深地感受到，与每一个孩子的相遇，都是一场不一样的缘分，而这份缘分背后是无尽的爱与责任。每个孩子都是独一无二的存在，他们有着不同的性格、爱好和家庭背景。有的孩子活泼开朗，像一只欢快的小鸟，总是充满活力；有的孩子则安静内向，像一朵含苞待放的小花，需要更多的呵护与关爱。但无论他们是怎样的性格，我都会用心去倾听他们内心的声音，去感受他们的喜怒哀乐。

当孩子们第一次踏入幼儿园的大门，那一张张充满好奇和胆怯的小脸，就如同清晨带着露珠的花朵，娇嫩而纯真，他们用懵懂的眼神看着我，那一刻我知道，一段特殊的缘分就此开始。秉翰刚来园时显得有些孤僻，不愿意和同伴交流，我便主动靠近他，和他聊一些他喜欢的动画片人物，去户外时让他做老师的小帮手，帮着拎沙包、推小车，并鼓励引导他进入区域和大家一起做游戏。在我耐心地引导下，秉翰逐渐融入了新的环境，和小朋友们很快玩耍到一起，并且还交到了好朋友。

同样感到不适应和焦虑的还有孩子的母亲，由于秉翰家中孩子多，秉翰的母亲无法每日亲自来园接送孩子，而是委托住家阿姨代劳。尽管我不能经常见到秉翰的母亲，但我依旧坚持每天向她报告孩子在园的情况。起初，她仅以表情符号回应，但随着时间的推移，她开始用简短的文字回复“谢谢老师”，并逐渐向我咨询一些关于姐姐和弟弟的问题。通过多次电话交流，我察觉到了秉翰母亲态度上的转变，因此，我主动邀请她参加学校的开放日和家长会。在家长会上，我深入浅出地分析了孩子在成长关键期的需求，用既富有远见又贴近实际生活的讲解，让她感受到教育的温馨与力量，并理解家校合作的重要性。此后，秉翰的母亲积极参与幼儿园的各项活动，并将对幼儿园及教师们的信任与感激之情传递给了家庭中的每个成员。她决定让秉翰的二姐和弟弟也加入这个充满爱与希望的校园，成为我们大家庭中的一员。

这份特别的缘分，不仅让我们成为师生，更让我们在教育的路上结下了深厚的友谊。我想说的是，幼儿教师不仅仅是孩子们的第一任老师，也是家长们的第一任老师，更是亲密的伙伴和信赖的朋友。

乘风破浪二十载　爱心永驻续辉煌

幼儿部　王晓青

我是一个年近五十岁的“年轻”老阿姨，虽然我的年龄都可以当姥姥了，但我的心态永远停留在二十年前，我的青春活力也依旧保持在二十年前。今年是石外幼儿园二十年园庆，我见证了石外幼儿园的成长，从一个名不见经传的园所到今天全国闻名的优秀园所，而幼儿园也同样见证了我的成熟，从一名稚嫩的新教师成为一名专家型教师。经过二十年的沉淀与学习，我成为一名在科研型、创新型教师道路上奔跑的人，成为园里不缺少的“一块砖”。石外幼儿园“爱幼儿　爱幼教　爱幼儿园”的“三爱”精神也成为我终生奋斗的目标。

对幼儿的爱是一种本能的心理需求，同时也是教师进行教育的关键前提，缺乏对孩子的爱，就无法实现真正的教育。高尔基曾指出：爱孩子是每个母亲都会做的事，但要善于教育他们，则是国家的重要事务，就需要渊博的知识和科学的方法。因此，我不断学习科学的教育理论，以增强我的专业性，并将其灵活应用于我的日常教学工作中。

幼儿期是通过动作进行思维和学习的阶段，因此，教学方法应以游戏为主，充分激发幼儿的多种感官参与。我利用幼儿的这一特点，在每次课程开始前都会引导他们参与各种有趣的软棒游戏等，这不仅起到了热身的效果，还有效提升了幼儿的兴趣，拉近了师生之间的关系。

每年，幼儿园都会为新中班的孩子们安排啦啦操课。课程初期，一些孩子可能会出现情绪波动。为了帮助他们尽快适应，我坚持将“爱”作为首要原则，并根据每个孩子的不同特点，采取不同的“爱”的方式。例如，有个叫胡梓桐的孩子，最初情绪反应特别强烈，每当她进入教室我都会给予她拥抱，并告诉她：“我爱你。”在训练过程中，我会录制视频并分享给她的父母，让他们看到孩子的进步，并给予她鼓励。在啦啦操课的休息时间，我会让胡梓桐担任小老师，分发零食给其他孩子，帮助她建立自信。经过两三个星期的持续努力，胡梓桐在爱的鼓励下每天都能愉快地上课了。

我是一名专业课教师，对待专业不认真可以吗？不严格可以吗？严师出高徒，在我严肃的外表下，跳动着一颗专业教师炽热的心。因此，在我的课堂上，节奏的把握必须精准，动作的执行必须规范，这也导致我的课堂上经常出现对某个节奏或动作的认真探讨。直到有一天，我有幸参加了国内音乐教育界许卓娅教授的“游戏化音乐课程”培训，这彻底改变了我的教育理念，让我重新审视“专业”的含义。许老师的一句话深深触动了我：“对幼儿园的孩子而言，音乐教育不是单纯地教授音乐，而是通过音乐活动促进孩子全面发展，最终帮助他们成长为完整的人。”于是，这让我深刻反思了过去对“专业”的执着是否真正有利于幼儿的成长。我不断思考，我们究竟应该培养怎样的孩子？在学习的过程中，我逐渐意识到，只有让孩子在课堂游戏中感受到快乐，才能获得成功的体验，这才是课堂最大的价值所在。记得有一次在大班上专业课时，活动内容是游戏化律动《酸酸葡萄》，班里有一个特别的女孩子，她从不参与任何活动，只是静静地坐着观看和聆听。起初，我尝试用眼神和语言鼓励她，但她并未作出回应。然而，我注意到她的手有轻微的舞动，这让我意识到她内心渴望参与，只是缺乏自信。于是，我在做动作时走到她面前，温柔地牵起她的手一起参与，并不断鼓励她加入。课程进行到一半时，她已经能够自信地跟随大家一起做动作了，尽管节奏上还有些偏差，我便耐心地注视着她的眼睛，一遍遍地念着节奏，给予她支持。课程结束时，她竟然能够和大家一起愉快地游戏了，连本班老师都说这节课对她而言是一个质的飞跃，这就是音乐游戏的魔力！回想起当初，在我的课堂上，孩子们那既喜欢又有些胆怯的眼神让我深感懊悔，从那以后，在严谨的王老师前面，又多了一个温柔快乐的王老师。我希望在我的音乐课堂中，能有更多这样的标签：快乐、愉悦、挑战、成功……我愿意为此不懈努力！

我爱我的幼儿园，我爱我的幼教事业，我更爱天真可爱的孩子们。我坚信，在我们悉心的照料与培养下，他们能健康快乐成长。一个能在自己热爱的领域度过美好时光，是一种珍贵的幸福。我明白，前方的道路依旧漫长，但我坚信，今日在操场上追逐皮球的孩子们，或许明日就能站在世界冠军的领奖台上；而那些在音乐声中初露稚嫩歌喉的童声，未来也许会在世界音乐的殿堂中回荡。

我只有一个心愿，就是把心中所有的热忱化作无数份爱心奉献给我所热爱的幼教事业，把爱与智慧献给活泼可爱的孩子们！在爱的事业上，发光发热，真挚无悔！

稳稳的幸福

幼儿部　王琳娜

2020年迎来了我们幼儿园二十岁生日，同时我也特别荣幸地接到了幼儿园“2020‘三爱’脱口秀”剧组的邀请。借着这次经验交流的机会，我把我最爱的职业生涯做了一次认真梳理，回顾我在幼儿园教师这个一线的岗位上的二十四年青春岁月。

一、爱之毛躁篇——二十岁时充满热情

2000年9月10日，幼儿园迎来了第一批孩子，记得那时我带的是小二班，班里只有17个孩子，看到一个个天真可爱的小宝贝，我的母爱油然而生，抱抱这个，摸摸那个，我用眼睛捕捉着每个纯真的心灵，并暗自发下誓言：孩子们，你们放心吧，在我这个负责的老师身边，你们永远都会快乐的！

我会平等地对待每个孩子。当孩子们用渴望的、委屈的、求助的或是俏皮的眼神看着我，并向我倾诉时，我会蹲下身来认真倾听，用心去感知。我用自己最真诚的心平等地爱着身边的每一个孩子，无论他相貌如何，无论他是否聪颖，每个孩子都有被爱的权利。尤其是那些常常被遗忘在角落里的“丑小鸭”，更需要一份特殊的关爱。我们班有一个性格胆小怯懦的小男孩，他叫乖乖，由于父母工作太忙没有时间陪他，每次都是爷爷接送，在孩子们玩游戏时，常看到他孤独的身影，在孩子们欢乐的笑声中也很少有乖乖的声音，他总是一个人坐在小椅子上不爱说话，不会沟通。在之后的日子里，我对他倾注了更多的关心和照顾，小心翼翼地呵护他，轻轻为他擦去流下的鼻涕、蹲下身来帮他卷起拖在地上的裤管，像朋友一样和他一起聊天。乖乖一开始只是认真地听，渐渐地，他跟我分享起了小秘密：“王老师，昨天我把爸爸的烟藏起来了，因为我不喜欢爸爸抽烟，烟味太呛了！”

再后来，我们成了无话不谈的好朋友，我开始鼓励他和小朋友一起玩耍，同时上课时要大胆举手，等等。当乖乖第一次走到前面给小朋友们讲故事的时候，教室

里响起了热烈的掌声，乖乖脸上第一次露出了自信的笑容，看到他的笑容，我心里甜甜的。我的二十岁，初尝了幼儿园老师幸福的滋味，我的青春的热情，也因可爱的孩子们变得更加炙热。

二、爱之浮躁篇——三十岁时，你倦怠了吗?

试问一下，亲爱的老师们，你感觉幸福吗？是不是生活和工作的重担使你忘记了幸福的味道，使你离幸福越来越远？常听老师们抱怨：我们有做不完的教具，打扫不尽的卫生，写不完的教案、随笔，开不完的会。是呀，在外人看来快乐的“孩子王”其实并不那么轻松，我们很辛苦。但是工作中的一件件小事也让我们找回了幸福，并感觉到幸福就在身边，那便是孩子的一个电话：“老师，我想你!”心情不好时孩子的一声问候：“老师，你怎么了？我再也不淘气了!”工作时的一句慰藉：“老师辛苦了。”身体不舒服时孩子的一丝关切：“老师，我明天早点来，不迟到了，这样你就不难受了。”这些零零散散的只言片语，汇成了一幅幅温馨感人的画面，在脑海中不断闪过。他们的语言行为没有我们成人复杂，有的只是真与纯、善与美。就是这些让我忘记了工作的辛劳和烦琐，让我收起挂在脸上的“职业微笑”，用真实的自己面对他们、接触他们、感受他们，我发现一切都变得很美好，幸福其实很简单。

我怀孕期间，孩子们对我格外关注，小脑袋里还藏着许多疑问。有的孩子对我的肚子很感兴趣，会歪着脑袋问我：“王老师，你的宝宝就住在你的肚子里?”我说：“是呀，他在里面睡觉呢。”有的孩子对我走路的姿势很感兴趣，会好奇地问：“王老师，你怎么那么像天线宝宝?”我说：“我的肚子太大了，所以走路就一摇一摆啦。”有的孩子对小宝宝的性别很感兴趣，说：“老师，你的宝宝是男孩还是女孩?”我说：“我也不清楚，你觉得呢?”孩子笑着说：“我觉得是个可爱漂亮的女孩。”有的孩子对我怎么生宝宝感兴趣，会关切地问：“王老师，过几天你是不是要去医院生宝宝了?”我说：“是呀。”“你害怕吗？我妈妈说医生要把肚子切开，把小宝宝拿出来?”我说：“王老师会像小朋友一样勇敢，不害怕!”对于这些千奇百怪的问题，我都很乐意和孩子们去探讨。

我们还通过生日会“小宝宝从哪来的”主题活动让孩子们了解了关于宝宝从何而来的科学常识，感受妈妈对自己的爱并懂得回报爱，上演了一场关于爱的教育。回想起那段时光，我是多么的幸福，谢谢你们的爱，我亲爱的孩子们，我给予了你们一个人的爱，却收获了你们这么多的爱。是你们的爱让我急躁不安的心沉静下来；是你们的爱让胆小的我无所畏惧；是你们的爱让我懂得要加倍的爱你们。我的三十岁，感受着爱的流动，温暖着我的生活。

三、爱之尘埃落定篇——四十岁稳稳地幸福

2020年，我已经满四十二周岁了，我告别了二十岁时的毛躁，三十岁时的浮躁，不知不觉地我找到了幸福的真谛：幸福，就是多一点关爱；幸福，就是多一点理解；幸福，就是多一点奉献。其实，幸福就在每一个人的身边，首先，能有一份自己喜欢的职业是我们的幸福。其次，能天天和孩子们在一起，我们很幸福。最后，当一届届孩子毕业时，他们的成长就是我们的幸福。清晨走进校园，听到孩子稚嫩的问候声，就足以带给你一天的好心情，去发现孩子的进步，去欣赏孩子的调皮，跟着孩子一起跳跃、奔跑，你会发现你的心是永远年轻的。每一个孩子都是春天里含苞待放的鲜花，每一朵鲜花都闪烁着一颗晶莹透亮的童心，童心的光芒给予我们低于这个世界物欲横流的亮色和希望。我们有时会碰到孩子们带来这样或那样的麻烦，但当孩子在我们的引导下明白了自己的过错，真诚地说出“老师我错了”的时候；当我们解析了孩子想知道的秘密，看到他们眼里闪烁着快乐光芒的时候；当我们从孩子的眼睛里读出愿望，为他们插上梦想的翅膀的时候，甚至是孩子学会了一句话、一首歌，学会了做第一件事的时候，我们的心里就会有成功的快乐。看似一件件不起眼的小事，对于我们和孩子来说却是一种心的感动，一片珍贵的温馨，一曲纯洁的生命乐章，和孩子在一起的每一分钟都能给我们带来温暖和幸福。孩子的父母付出了一切，只得到了一份爱，而我们却同时拥有了数颗水晶般的童心，这真的很值得！

如果，你问我到底有多爱学前教育事业，今天我很认真地告诉你：我要做一个有温度的幼教人，我要挺起胸膛屹立在学前教育的战场上，秉承对祖国的热爱，扬我幼教之魂，树我行业正气，坚定我是好老师的信念，在稳稳的幸福中默默耕耘。

和你们相遇的每一天都阳光灿烂

幼儿部　王慧芳

每个人的一生中都会遇见很多的人和事，而我是一名跟孩子有着不解之缘的幼儿教师。我们感恩遇见，因为每一个遇见都是生命中的运气。记得德国著名教育学家福禄贝尔曾说过这样一句话："教育之道无他，唯爱与榜样而已。"这句话后来也成了我教师生涯中永远的座右铭，鞭策着我成长。

因为爱，让我们相遇。"爱"这个字赋予了我们太多的力量、无穷的生命力，以及无限的希望。只有爱才是最好的教师，它远远超过责任感，"爱"会为孩子指引未来的方向，连接通往光明的前方。

十年的从教生涯，让我越来越爱我的工作，爱和你们一起成长的岁月，爱与你们共同写下的童话故事。记得刚工作的时候，每月要交一篇教育笔记，记录发生在我和孩子身上有趣且有教育意义的好故事。记录过程中充满了乐趣，我也慢慢地喜欢上了随笔，用心记录孩子们发生的趣事和孩子们的妙语连珠，记录的频率从每周一篇变成了每天一篇，我乐此不疲。这几百个小事汇集成了十年之久的美好岁月。

作为一名幼儿教师除了奉献爱与耐心外，身上还肩负着深深的责任。还记得2014年4月16日，那是有惊无险的一天，班上的孔甜甜小朋友低热惊厥，我赶紧抱着她一边往保健室跑，一边叫着她的名字，当时我的腿脚都软了，从操场到医务室大约需要5分钟，我的胳膊越来越沉，我咬牙坚持将她送到保健室进行急救。保健医掐人中，我掐虎口，甜甜终于醒了过来，那一刻我的感觉是爱怜、焦急、心疼，至今想起都很揪心。我特别欣慰，因为我尽自己最大的努力坚守住了那一份沉甸甸的责任。

作为一名幼儿教师要有百变的本领。有时我是记忆大师，新小班两天的亲子活动就能把家长和孩子一一对应，3天内名字一定能记清楚，或小名或大名；有时我是"超人"，上下楼梯时，我能及时扶住不小心踩空的孩子；有时我是法官，帮助孩子解决难题，找到答案；有时我是木匠，随时能够修好班里的桌椅；有时我是绣娘，将小毛巾一块一块地缝好挂到毛巾架上；有时我是孩子们的朋友，和孩子们一起在草地上打滚、嬉闹，比赛跳绳、比赛跑步、比赛拍球。每一项本领都让我感受到幼师职业的幸福是多么浓烈。

作为一名一线教师，我们用心爱人，用行动诠释着做榜样的力量。我也真正理解了“教育之道无他，唯爱与榜样而已”的含义，并将其转化为实际行动，应用到我和孩子们相处的每一天里，无悔地用生命去影响生命！

爱让我收获着幸福

幼儿园　尹　倩

做一名称职的幼儿教师，爱每一个孩子，尊重每一个孩子，精心为他们创设良好的精神环境和物质环境，让他们在和谐的童年生活中获得有益于身心发展的经验，是我们作为幼儿教师的责任。

人们对美好的事物总是向往的，孩子也一样。良好的环境创设可以给孩子带来安全感，帮助新入园的孩子减轻对陌生环境的分离焦虑，使他们能够更快地适应幼儿园集体生活，同时不断更新和创新的环境也有助于在园的孩子时刻保持着新鲜感和期待。

我大学读的是美术专业，对环境创设比较感兴趣，看到适合孩子年龄特点的创作就会让他们亲自动手做一做、画一画。自小班下学期起，我在孩子们离园前组织了一项绘画日记活动，我鼓励他们通过绘画来表达所见、所闻和所感，然后为自己的作品起一个喜爱的名字，并用语言描述它。这些作品仿佛是日记，却比纯文字的日记更加生动和活泼。随着时间的推移，孩子们逐渐养成了绘画日记的习惯。这种做法不仅满足了他们爱涂鸦的天性，让他们尽情享受表达自我感受的乐趣，而且还有助于培养他们观察和分析事物的习惯，增强了孩子们的想象力、创造力、观察力和语言表达能力。

深秋的树叶是大自然送给孩子们的礼物，为了激发孩子们的想象力和创造力，培养孩子们发现美、感受美、创造美的能力，我带着孩子们开展了“秋叶画意浓”作品创作活动。户外时间我带着孩子们捡了很多种类、大小不一，颜色各异的落叶，并通过画、粘、拓印等不同方式进行美术创作。五彩斑斓、形象各异的树叶在孩子们手中大放异彩，并赋予了其新的生命，孩子们用双手不仅留住了秋天的美好，也体验到了无限的快乐和成就感。让我印象最深刻的是璐璐的作品，她给自己的作品取名《董望叶》，我很好奇这是什么寓意，于是问璐璐作品名字的含义，璐璐解释说：“我叫董宇璐，在望着叶子的意思，就是董望叶啦。”听完真是佩服孩子们的奇思妙想。

陈鹤琴先生说过：如果你要了解孩子的个性和兴趣，明了孩子的能力和情感，自己一定要参与到孩子的队伍中去。所以一个称职的教师，在奉献一颗赤诚爱心的同时，还要放下架子，和孩子们建立朋友和伙伴的关系，以不泯的童心叩开孩子的心灵之窗。

在一次区域活动中，孩子们在完成计划后便进入各自选择的活动区。婷婷选择了家庭区，并走进了“爱心医院”，她穿上医生的白大褂，拿起儿童玩具的小针管和听诊器，认真地扮演起医生的角色。她对同样在家庭区的天天（班上一个非常活跃调皮的孩子）说：“天天，我们要玩游戏就必须遵守规则，老师说过，只有遵守游戏规则，别人才愿意和你一起玩。在教室里，我们不能到处乱跑乱跳，否则可能会受伤。不过别担心，如果你受伤了可以来找我，我是医生，可以帮你治疗。”听完她的话，我愣了一下，开始反思自己的言行。

幼儿期是语言发展的关键阶段，孩子们的语言能力在很大程度上是通过模仿和外界刺激自然习得的。幼儿园老师的语言是孩子们模仿的重要对象，因此幼儿教师在幼儿语言发展中扮演着至关重要的角色。无论是日常生活中的互动，还是游戏活动，老师所使用的语言都具有示范作用。老师的一言一行都会对孩子产生深远的影响，孩子们会观察并记住老师不经意间说出的每一句话和每一个小动作。幼儿的年龄特点决定了他们偏爱生动、有趣、形象、活泼的语言，特别是当老师配合丰富的表情和适当的动作时，这样的语言更容易被幼儿接受和模仿，从而更有利于他们语言能力的发展。

人的一生总会遇到几个贵人和伯乐。大学毕业，我来到石外幼儿园成为一名幼儿教师，说实话对于刚毕业的我来说是完全不知道从何入手的。我要感谢人生中的第一个贵人——任园长，是她告诉我什么是幼儿教师，也让我对幼儿教师有了初步的认识。同时，也是任园长让我感受到人间自有真情在，之所以这么说，是因为这是我的亲身感受，在我离开幼儿园三年后家里亲人过世，任园长和同事们知道后来家看望我和家人。当时任园长跟我说了很多体己的话，同事们也忙前跑后，让我感觉背后有一个强大的后盾支撑着我，一个有人情味的领导和一个有人情味的团队，在这样一个充满爱的团队中工作我是骄傲的，心里是暖暖的，是舒坦的。

如果说总园是我职业生涯的起航之地，那么众美无疑是我扬帆远航的港湾。我要特别感谢我的第二个贵人——郑园长。2009 年，郑园长带我加入了众美分园的大家庭，在这里度过的岁月，正是我职业生涯成长的关键时期。一个大家庭是否和谐，关键在于一家之主，而众美的领航者正是郑园长。回顾建园初期，她夜以继日地工作，常常忙碌至深夜才回家。她与我们一同跪在地上擦洗地板、清扫卫生、布置环境，她的汗水洒满了我们深爱的幼儿园，那种铁人般的毅力令我们每一位教师都深感敬佩。我尤为钦佩的是她那幽默而睿智的管理方式，细致严谨的工作态度，以及浓厚的人情味。众美虽人少，但每位教师都怀揣着利他之心，常常在领导还未安排任务之前就已经主动承担起工作，每个人都是众美的主人翁。面对突发事件或同事请假，保健医杨老师、干事海思以及各位教师总是轮流顶班，从无怨言。陈师傅和强老师也经常加班，这让我真切体会到“我为人人，人人为我”的精神并非空谈。我想，这样的团队精神，正是团队应有的模样。

2017 年李然园长担任众美园园长，我也迎来了职业生涯的转折，担任中班班主任一职，岗位的变动激励着我不断提高自己的业务能力。好的开始是成功的一半，进入新班后的第一次家长会对于我工作的开展起着至关重要的作用。为了开好第一次家长会，李园长帮我梳理内容，每个细节都帮我分析整理，有了充分的准备让我心里踏实了很多，家长会顺利进行并得到了家长的认可。

石外集团是一个不断成长、不断壮大的大家庭，就像是站在巨人肩膀上，让我站得高，望得远，给我提供了一个更专业、更广阔的发展平台。对我而言，更珍贵的收获是认识了身边每一位可爱的老师，让我真切地感受到集团大家庭的爱，感恩生命中遇到的每一个人。

用爱为孩子的成长护航

幼儿园　石　琳

在孩子的眼里，老师就是“百事通”，我们上通天文地理、四大发明、融古贯今，下知迪迦、小猪佩奇、巴拉巴拉魔法变变；在家长的眼里，一个经百事、通万事的老师更是对我们这个职业的期待和肯定，我们掌握着各种传染疾病、突发状况、急救常识，熟悉各个年龄段孩子的身体和心理成长规律，所以“百事通”这个词形容我们石外幼儿园的老师再合适不过了。

还记得一个早上，班里的一个家长发给我一张孩子下肢布满出血点的照片，家长问得很含蓄：“老师啊，孩子最近在班里有没有和小朋友发生不愉快啊？班里有没有针之类的东西呢？孩子有没有不小心扎到啊？”言外之意是什么，家长在质疑这些像针尖一样的出血点是不是人为扎的？什么人扎的？会不会是老师所为？看到图片，我第一时间把电话打了过去。我很笃定地告诉家长，这些出血点不会是人为造成的，然后我问了他三个问题：第一，这些出血点出现的部位是在什么地方？第二，按压后有没有消失？当这两个问题问出去之后，我能明显感觉到电话那头家长的气息调整了，他心里的那个答案被这两个专业的问题抹掉了。第三，孩子近期有没有吃海鲜或者热带水果等易发生过敏的食物？经过询问我知道了，这些出血点主要分布在孩子的下肢，并且左右腿都有，按压不褪色，孩子昨天晚上吃了小龙虾。我心里基本就有答案了，很有可能是过敏了，而且不是普通的过敏，很有可能是过敏性紫癜。我把分析出来的大概情况跟家长说了，并且建议家长赶紧去医院，一定要验血和验尿，看看内脏上有没有出血的情况。

家长按照我说的建议立刻带孩子去了医院，当家长听到医生说就是过敏性紫癜，并且要验血验尿，看看内脏上会不会有出血的时候，家长疯了似的打电话给我，说：“石老师你都神了，你怎么知道的?”我那时候坚定地说：“嗯，我们石外幼儿园的老师对孩子常见病的基本症状都很了解!”这是我第一次把小朋友送进医院，从那之后，我们幼儿园就在这个家长心里埋下了踏实的种子，逢人就说这个园的老师专业，这个园的老师懂得多，这个园的老师救了他家孩子一命。所以，这真的不是一份一般的工作，做这份工作的人也注定不是一般人。

在我带小班时，我遇到了一个孩子，他当时的表现是畏高，不敢尝试滑梯，无法走直线，跑步会经常跌倒。基于这些观察，我建议家长带孩子去儿童保健科进行检查，以排除感统失调的可能性。然而，家长误解了我的建议，认为我是在质疑孩子的精神状况，因此他们带孩子去了精神科。在此期间，班里的老师持续与家长沟通孩子的情况，但家长似乎不愿意正视问题。到了大班，当我再次见到孩子时，他的症状已经十分明显了：无法控制地发出怪声或大笑，无法进行眼神交流，在榻榻米上不停地转圈，走路时用脚尖着地。这时，我意识到问题可能不仅仅是感统失调，更可能是心理层面的。因此，当我再次联系家长时，他们表现出抵触情绪。确实，没有人愿意承认自己的孩子存在问题，但这种病症在孩子 6 岁前得到早期干预，治愈的可能性会更大。于是，我和班里的老师一起拍摄视频，搜集资料，反复与家长沟通，最终家长开始重视这个问题，并带孩子去医院进行了检查。检查结果显示孩子处于临界状态，如果不及时干预可能会发展成相关疾病。家长感激地说："石外幼儿园的老师救了我们的孩子！"这是第二次我把孩子送进医院了。虽然"把孩子送进医院"听起来有些刺耳，但正是我们的专业精神和责任感，以及我们对工作的严谨态度和不放弃的决心，让原本忽视孩子状况的家长开始关注孩子的身体和心理变化，并为需要帮助的孩子争取到了及时的治疗，这正是我们工作的意义和幸福感的来源。

你在心尖，爱在心间

幼儿园　代　捷

作为一名优秀的幼儿教师，我总是把每位幼儿当作自己的孩子一样悉心呵护着，每次鼓励的眼神，每次亲密的拉手，每次真诚的抚摸，都表达着我对孩子们无尽的爱。我善于走进孩子们的童心世界，在无微不至的关心中了解每位幼儿的性格特点、兴趣爱好；帮助家长与幼儿正确沟通，促使幼儿在家长循循善诱的鼓励中茁壮成长，并让自己成为每个幼儿家庭的连心桥；善于用平等的身份对待幼儿，在良好的教育氛围带动下幼儿对新知识的渴求；善于发现幼儿的优点，即便是顽劣的幼儿也能在我循序渐进的正面鼓励中树立自信，从而更加快乐地成长——爱孩子就像妈妈一样。

我一直认为孩子的情感、思想有时候比成人还丰富，同时并不认为他们是一张“白纸”，而这关键是要看我们成人是不是懂他们。在我带过的孩子里，有一个相当淘气的孩子叫球球，老师们总是拿他没办法。有一次球球坐在椅子上不停地哭，无论别人怎么问都问不出原因，于是老师就试着猜测，但始终都没有猜出球球哭闹的原因，而这间接导致了球球开始发脾气。就是这件事情把我敲醒了，我不懂孩子？从那时候起我便开始着重探究幼儿心理学。

我记得我带过一个小女孩依依，她整天乐呵呵的，但忽然有一段时间依依不说也不笑了。在一次区域活动中，她在艺术区画画儿，主题是“我们的家”。其他孩子画了很多“家”的东西，可是依依在她画的“家”的正中间画了一盆花，她对我说：“这个是奶奶种的花，奶奶已经走了。”依依说完抬起头看着我，我看到她的眼睛已经红了，于是我赶紧把她抱过来跟她说：“我们每天给它浇水，细心的照顾它，奶奶就会看到的。”过了一阵子，依依早上来园时突然抱着一盆花，高高兴兴地跑到我身边说：“代老师，代老师，你看奶奶种的花开了。”那个时候我觉得，我懂孩子的心了，反过来孩子也更加信任我了。

在我的记忆里，有一个特别倔强的孩子诚诚，每当他遇到不满意的情况就会立刻在地上撒泼打滚。虽然他有时能安静玩耍，但不久后，他就会动手打其他小朋友。家长认为“可能是我们太宠他了”，但我并不这样认为，经过我的观察，我认为诚诚是不懂得如何与他人交往。那么，该怎么办呢？我决定有意识地安排他担任小值日生的工作，分配给他帮助其他小朋友的任务，以及协助老师整理玩具等，逐渐为他创造与他人沟通的机会，让他能够获得别人的认可和感谢。采取这些措施之后，老师们逐渐注意到，诚诚开始能够和其他小朋友一起玩耍了。几个月后的一天，他妈妈发来微信告诉我：“代老师，我发现我的儿子真的变了……”

其实做妈妈的我很惭愧，我闺女曾在5岁时跟我说过：“妈妈，你在家里跟幼儿园是两个人，你的精力都放在幼儿园了。”我对自己的女儿特别亏欠，我确实反思到我的所说所想可能更多的是我们班的孩子们，对闺女的关注共鸣实在是太少了。

还记得那年我带过一个名叫海鸥的孩子，她发育有些迟缓，眼神不能与他人对视，动不动就会哭闹，说不清言语，有时坐在座位上不是拉了就是尿了，还要抱着哄着才能入睡，就这样在老师们的呵护下她度过了小中班将近两年的时光。当孩子临近毕业的时候，海鸥的进步真的特别特别明显，敢于在众人面前表现自己，自理能力也基本赶上了同龄的孩子们。有一天，我在街上还看到海鸥了，此时她已经是小学六年级的学生了，个子都快比我高了，她妈妈看到我后热情地跟我打招呼，便转头问她：“你不记得吗？这是你幼儿园的老师啊。”其实，孩子有可能不记得我了，但是家长却没有忘记这份感激的情谊。

很多人都觉得，幼儿园老师就是带孩子，别磕着碰着，吃好喝好就行了，其实，在幼儿园阶段，老师带给孩子的东西是会影响他一辈子的。而我，就像一位孩子家长所评价的“代老师，已经将这份职业融入了自己的骨髓中”热爱着我的工作，我的幼教事业。

因为喜欢，所以热爱

幼儿园　白玉哲

童年时，电视里的旋律《长大后我就成了你》深深地烙印在我的内心深处，悄然播下了一颗梦想的种子——成为一名幼儿教师。那优美的旋律如同春风拂面，轻轻拨动着我幼小的心弦，让我对未来充满了无限的憧憬与向往。

初至石外幼儿园，我有幸担任全托班副班主任一职，当满心欢喜地踏上那充满期待的岗位时，现实如同一盆冷水，无情地浇灭了我最初的热情。迎面而来的是一系列前所未有的严峻挑战：不知道该如何与那些天真无邪的孩子们进行有效的交流；不知道上课时该怎样与经验丰富的主班老师默契配合；被班里不同物品烦琐的消毒程序搞得一头雾水，以及每晚要为孩子们洗澡、洗衣服等这一系列令人应接不暇的繁杂事务。儿时在心中为幼儿教师精心描绘的神圣光环也在瞬间黯然消逝，取而代之的是如潮水般涌来的无尽迷茫以及不知所措。

面对这接踵而至的重重挑战，我深刻地明白学习无疑是我手中唯一能够突破困境的锐器，于是我开始全神贯注地潜心钻研幼教专业知识，努力塑造积极向上、坚韧不拔的人生态度。我精读了《理想中的教学点子》《童年的秘密》《捕捉儿童敏感期》《遇见更好的自己》等众多蕴含着丰富教育智慧的书，并虚心地向艺术教师潜心研习奥尔夫音乐，向英语教师虚心请教一日生活中英语口语的巧妙运用。让我感到无比幸运的是，当我遇到困难时，身边的老教师总是能够及时伸出援助之手，她们即是我的良师益友又是我的亲密伙伴。正是在同事的陪伴与鼓励下，我学会了如何直面挫折与失败的考验，懂得了理论知识与实践操作相互融合、相辅相成才能让我的幼教专业之路走得更加扎实。

我深知没有完美的个人，只有完美的团队，要想做好各项工作，唯有团结一心、默契协作才能成就自我、成就幼儿。我也正是凭借着与搭班教师之间的默契协作才使得班级常规管理工作井然有序，赢得了家长和同事们的一致认可。在担任副班主任工作的那段日子里，我不断总结主班教师带班过程中好的方式方法，结合实际情况调整和尝试自己的带班工作，为主班教师提出可行性建议，并全力以赴协助主班教师有序而高效地完成工作。为了给孩子们营造一个优良、有序的规则环境和积极向上的学习氛围，如今我在班主任、年级主任的工作岗位上不断带领班级、年级教师精心制定一日流程，耐心细致地对幼儿进行学习能力、生活能力及好习惯的培养。在日常的带班过程中，无论是发现幼儿身上存在的问题，还是偶然听闻某个小朋友说了一句充满童真的话语，我都会格外珍惜这些宝贵的瞬间，并将其记录、分享给其他教师，从而做到时刻关注幼儿成长。

每一个孩子都是独一无二的，他们拥有着与众不同的鲜明个性。有的孩子活泼好动；有的孩子文静内向；有的孩子善于表现；有的孩子谦虚谨慎……当然，班中也不乏一些调皮捣蛋的小男孩，我们班有一个调皮的小家伙叫昊昊，他是一个情商很高的孩子，但是学习习惯却不尽如人意，游戏活动中他总是小动作不断，讲故事时他总要站到老师面前，然而令人意想不到的是在那场“篮球嘉年华”活动中，他宛如一颗耀眼的星星大放异彩。当欢快的音乐响起时，他犹如瞬间充满能量的“小马达”，积极乐观、自信大方的展示球技，根据昊昊在篮球方面展现出的优势，我果断抓住这难得的契机，让他当上了班里的“篮球操队长”。这一小小的改变，不仅让他在篮球领域找到自信和乐趣，更神奇的是，这种积极的影响逐渐渗透到他的学习和生活中，使他在学习上拥有了源源不断的奋进动力，如今的昊昊已成为老师得力的小助手，小朋友们信任的好兄弟。

在教育的道路上抓住契机，用无微不至的爱守孩子们健康成长，用永不熄灭的光点燃孩子们成长路上的每一个拐角，终有一日孩子们会化作爱的使者去照亮更多闪亮的星。

因为热爱我选择了这份职业，因为责任我全心投入这份事业，因为满足我无怨无悔地在这条道路上砥砺前行。作为一名幼儿教师，“爱幼儿　爱幼教　爱幼儿园”不仅是情感的表达，更是一份责任的担当。在幼教之路上，我定会始终如一用心做好每一个细节，用全心全意的爱和关怀陪伴孩子们健康快乐成长！

不经历风雨怎能见彩虹

幼儿园　尼培媛

《凳子操》太让我记忆深刻啦！我清晰地记得 2017 年的夏天，王老师带着我们在总园天井练习凳子操，那是我第一次接触器械操，老师们练完以后都开玩笑说：“今天这运动量可以减肥了。”的确如此，凳子操是基本体操项目的一种，它既能锻炼身体各部位肌肉的能力，又包含着各种队形变化，可谓是一个运动量非常大的器械操项目。

对我而言，那是我首次尝试这类器械操，自然需要投入更多时间进行练习和理解，然而我未曾预料到更大的挑战接踵而至。当我得知副班老师要带领幼儿在家长开放日上向所有家长展示凳子操时，我的脑海中瞬间一片空白。让我倍感压力的是，距离大班家长开放日活动仅剩不到一个月的准备时间，而我们班的情况是：一位主班老师和一位副班老师同时被调往分园，班主任张贝老师也因参加国培而外出学习，我临时接任了主班教师的岗位。在此次开放日活动中，我不仅要负责引导幼儿向家长展示凳子操，还要担任临时英语教师，向家长展示晨谈活动和户外游戏活动。

时间紧，任务重，于是我带着孩子们先在榻榻米上练习动作，等熟练以后再带着孩子们去三楼平台进行队形练习。每天加班加点的和刚刚加入我们班的两位新教师一起梳理开放日当天的活动流程，有的时候半夜突然想起来一件事情还会赶紧在教师群里和姐妹们说一声。在这两周里，我得到了刘丽园长、金主任以及年级主任汤主任对我的关心、支持和帮助，而这成为我职业生涯里个人能力提升最快的一段难忘的经历。

2020 年，当机会向我招手时，我满怀信心地来到了塔坛分园，李园长和张主任热情地迎接我，并非常信任地让我担任了小小班的班主任。因为有了之前的锻炼，我在小小班的筹建过程中以及新班成立后的各项工作中都能做到得心应手。现在在高园长和汤主任的带领下，我从班级管理、带班一日流程、家长工作以及如何成长为一名专家型教师等方面得到了更加专业的指导和帮助。2022 年的第二学期，园领导又委以重任让我担任艺术学科主任，我想，我会凭借当初学习器械操时那种百折不挠的精神，遇到问题迎难而上，从中不断积累能量，夯实自身能力，继续砥砺前行！

因为爱着，所以幸福着

幼儿园　吕晓苗

果实的事业是尊贵的，花的事业是甜美的，但是让我做叶的事业吧，叶是平凡而谦逊地垂着绿荫。幼儿教师就是叶的事业，我深切地感受着幼儿教师这一职业的辛劳与荣光，因为它代表着一份责任、一种使命。

我深深地懂得：我不是栋梁，但我的事业是栋梁，我不是未来，但我的孩子是未来！当人们把更多的热情与尊重、理解与关怀给予我时，便让我和孩子们一起度过的每一个平凡的日日夜夜有了不寻常的意义。我在伴随孩子从稚嫩走向成长的生命历程中，也同样体验着成长的艰辛与快乐，体会到了教师的神圣、育人的严肃和教师职业的崇高。

教育之道无他，唯爱与榜样，教育的幸福与快乐就是陪伴成长。还记着最初的我带着一身稚气加入幼儿教师的行列，成为别人眼里的“孩子王”，从一开始有些排斥这份工作，到现在回忆起这些年和孩子们共同度过的点点滴滴，孩子已经成了我人生中不可缺少的一部分。走过了二十四年的工作历程，我可以说是真正地爱上了这份职业。那是因为在风风雨雨的日子里，有欢声、有笑语、有失落、有泪水，还有幸福和快乐，而所有的这一切给了我真真切切的感受。

记得刚步入幼教工作时，面对孩子们撕心裂肺的哭喊声：“我要妈妈，我要回家……”我曾经是那么的无助。但是褪祛青涩之后，我当上了孩子们的妈妈，成了孩子们的朋友。当孩子们欢呼雀跃奔向我时；当孩子们牵着我的手拽着我的衣服，呼啦啦地跟在我的身后时，我体验到了作为幼儿教师的那份自豪与温馨。就这样，我从一个单纯的小姑娘变成了一个经验丰富的老教师，从自己还是个孩子变成一堆孩子的妈妈。

感受着他们的天真，体验着他们最纯真的爱，我告诉自己我必须用心去对待这份职业，用心去对待每一朵花蕾。因为只有爱才能教育孩子，使孩子茁壮成长，我以这种爱感染着、教育着孩子们，看到孩子们的进步，也使我增强了想做好这份工作的信心。

很早就想用文字表达自己对幼教的情有独钟，对孩子们无法割舍的爱，静下心，拿起笔，一幕一幕浮现在眼前，那份浓浓的感动总让我热泪盈眶，让我觉得再美的语言都无法表达与孩子们在一起的那份发自内心的爱，无法表达时刻萦绕着我从事幼教事业的幸福感……

幼教几乎是我的全部，我清晰地记得我女儿对我说："妈妈，你为什么对你们班的小朋友总是微笑着，为什么不对我微笑？你为什么总跟别人说她的孩子，你却从来不夸我？为什么你下了班还要经常打电话，不陪我玩？为什么你们班小朋友那么喜欢你？"当时我的眼泪夺眶而出，我知道我的时间和精力都给了班上的孩子们。记得班上有一个男孩有些自闭、感统失调，不会与人交流，也不说话，对此我无数次和家长沟通，有一次和家长聊起来就忘记了自己的孩子，直到晚上 9:00 才想起来孩子还在班里等着我，甚至连饭都没吃。我的内心真的无比愧疚，可是，谁让我是一名幼教工作者呢。自己的孩子无暇顾及，有时连父母都照顾不到，爸爸妈妈生病从不主动通知我，打电话过去问候总说没事。我问他们："为什么不告诉我，你们岁数都大了，你们也需要我的陪伴。"可是父母说："你的工作不能耽误，那么多孩子需要你照顾，我们没事。"我的内心瞬间崩溃了。

付出总会有收获的，我的孩子们做到了从懵懂哭啼入园到自信阳光毕业；从羞涩不语到勇敢有担当。特别是那个自闭的男孩，大班毕业时他可以自信的登台表演，与小朋友一起朗诵毕业诗，可以和小伙伴一起玩耍嬉戏……在大班毕业典礼的那天，孩子妈妈抱住我失声痛哭，说："感谢老师的付出，感谢老师的爱，感谢老师的包容，感谢老师的不放弃……您是孩子一生的恩师。"也许这就是幼儿教师的荣光之处吧。

我和孩子们在一起的时光是那么的美妙：多少次，与孩子们游戏时笑得前仰后合，使我感受到了孩子的圣洁和童真；多少次，跳起小熊舞来神气活现，使我回到了永生难忘的童年；多少次，和孩子们围在鱼缸旁观察金鱼是那么专注、投入，使我走进了天真无邪的世界；又有多少次，和孩子们在一起忘却了烦恼，没有了忧愁，体验到了工作的幸福。而这无数次的"多少次"充实了我的教师生涯，也装点了我的人生。虽然我没有轰轰烈烈的成就，更没有惊天动地的业绩，但是，我仍以拥有这份平凡和富有创意的事业而骄傲自豪。

我爱我的事业，感谢孩子们给我太多的感动，有着一群天使般的孩子们围在我的身边，我倍感生命的绚丽和多彩。一个人的时候常想：即使有朝一日"皮肉之躯完全衰老”时，冲腾的青春之火仍将使我对儿童充满爱恋之心；对“天空中闪烁的星辰”永怀奇异的幻想；对一切闪光的事物和崇高的思想敬仰倍至。

我庆幸，为了我从事的这一份神圣的事业，为了我所拥有的那一份爱心；我快乐，因为终身与儿童为友；我幸福，因为我们拥有天下最博大的爱；我们播种，所以我们青春常驻。

因为爱着，所以我幸福着。

我爱这片灿烂的星空

幼儿园　任　跃

有人说，人总要守望些什么，哪怕是一轮红日、一弯新月，抑或是一种精神、一个梦想。因为守望是一种昂扬的生存姿态、是思考的张力、行动的动力、生命的活力。回眸二十四年的教育历程，我涌动着幸福，徜徉着快乐，因为一路走来，我一直追逐着梦想，心中有阳光，用爱去守望。

时间如流水般匆匆，美好的回忆总是能温暖我们的心灵。自 19 岁中等师范学校毕业参加工作至今，我已经在这片沃土上工作了二十四年。在二十四年的幼教生涯中，我做过托班和小班的英语教师、幼儿园的内勤干事、人事劳资干事、教育干事、党务劳资干事，到现在成为中层干部。二十四年来，带着豆蔻年华的激情，带着稚气未脱的脸庞，带着对美好未来的憧憬，我立足本职，无私奉献，把自己的青春融入幼儿园的工作之中，在自己的岗位上取得了骄人的业绩，赢得了同事们的高度赞誉。从事干事的十几年里，我处处留下了闪光的足迹，多次被授予校级、区级先进工作者，优秀教育工作者。欢声笑语中，所有的一切仿佛发生在昨天，历历在目，一路走来，我的成长，我的发展，都离不开石外这个平台。陶行知先生曾说："爱是一种伟大的力量，没有爱就没有教育。"在爱的指引下我努力工作着，奉献着我的爱，同时也收获了许多爱！

常言道："专一行，爱一行，精一行。"正是这份敬业精神的驱使，让我在任何岗位上都能很好地履行职责。作为幼儿园的行政核心，办公室对个人综合能力提出了极高的要求，为了不断提升自我，我积极利用闲暇时光，致力于提升专业技能，以满足工作需求。十余年来，我深入学习了各种理论知识，不断充实自己，提高对新情况和新问题的洞察力。同时，我坚持在实践中学习，在工作中成长，将每一项任务视为对个人综合素质和能力的考验与挑战，力求将理论知识与实际操作相结合，以学习来增强应对挑战的能力。在工作与日常生活中，我始终以高标准严格自律，以提升个人素质和能力为根本，勤勉工作，诚实为人，尽职尽责，不辞辛劳，圆满完成了各项任务。

俗语讲：“兵马未动，粮草先行。”作为幼儿园的干事，具有清晰的思路才能不断提升工作效率，因此，我认真做好“学期计划”“月计划”“周计划”“日计划”，并有条不紊地落实，增强工作的计划性，在实际工作中有针对性地开展工作。总园的摊子大，事务性工作及突发性工作较多，但无论情况多么紧急，我总能在最短的时间将事情圆满解决。做了十几年干事，我印象最深的工作之一就是每年的招生工作。报名登记工作通常是在6月，在这一个月中，我每天都会在幼儿园门口设立的报名登记处接待家长的报名和咨询，并详细、耐心地解答家长们提出的每一个关于幼儿园或有关学校方面的问题。直到最后的分班、公布结果，为各班老师整理打印幼儿花名册及各种表格，等等，我都会事无巨细，认真仔细地完成。

建园初期，从达市级一类幼儿园到2005年12月达到省级示范园，迎接着各种检查、达标复查、年检、绿色学校、文明校园、语言文字校园、5A级民办社会组织等，每次我都要整理大大小小的档案盒、厚厚的迎检资料。现在我们屋的档案盒大多是我当年迎检时所用，有好几百个档案盒，这真是“我整理，我骄傲”。

记得在迎接省级示范园达标复查时，我和园领导、老师们一同经历的那段紧张、充实、累并快乐的日子。为了能尽量全面具体地反映我园的发展历程以及教育教学工作的系统性、科学性，文书档案工作是重中之重。幼儿园的文书档案大大小小总共需要整理近200个档案盒的材料，所有材料我都要把它们一一分类整理放入档案盒中，并给每个盒子打上标签、目录等，那工作量可想而知。整理工作在整个文书档案工作中占有举足轻重的位置，它是档案管理工作中重要的基础建设，起着承上启下的作用，而它也是最枯燥、最烦琐的环节。在那段忙碌的日子里，我每天加班到晚上十点多，第二天还要早早来园继续工作，由于档案工作的枯燥和烦琐，需要我时时刻刻保持头脑的清醒，一点儿都不能松懈。

办公室责任重大，位置非同一般，一言一行都为教师所关注，自己的任何一点不慎都会给领导及幼儿园造成不良影响。因此，我严格遵守幼儿园的章程和各项规章制度，在工作和生活中严格要求自己。一是加强团结，一方面，认真维护与领导、同事之间的团结，强化大局观念和“一盘棋”思想，大事讲原则，小事讲风格，学人之长，容人之短，谅人之难，互相帮忙不添乱，不利于团结的话不说，不利于团结的事不做。另一方面，认真加强同教师的团结，我坚持做到态度和蔼，主动热情，认真倾听，耐心解释，果断杜绝冷、横、硬。二是廉洁自律，办公室工作没有规律，加班加点是常事。多年来，我一直严格要求自己，不浮躁，积极培养理头苦干的实干精神，精益求精的敬业精神，甘于清贫的奉献精神，不断进取的创新精神，力求工作的高标准，默默奉献，无怨无悔。三是搞好传帮带，在自己努力工作的同时，作为一名老干事，认真搞好传帮带，把自己工作中的经验、教训传给新同事，互帮互学，在工作上给予新同事力所能及的指导，使她们少走弯路，尽快适应新的岗位，提高工作效率。

建园至今，我经历了总园从一个干事到两个干事，到三个干事……直到六个干事，又回到三个干事，到现在的四个干事，干事换了又换，变了又变，但是我始终没变。2005 年强校长提出了“时时事事有人管，干事工作保运转”“高效有序保质量，学校管理网络版”的工作口号。我感觉我的工作就是强校长讲的“全覆盖无盲点”的工作岗位，因为我负责过的工作有：内勤工作、教育工作、人事劳资工作、党团工会工作、兴趣班工作、淘气堡工作、学籍管理、家长工作、固定资产管理、档案管理、图书阅览室工作、安全工作、基建工作、购置工作、法治工作、维修工作、组织各种大型活动等等，岗位职责共计 898 条，你们说我是不是全覆盖，无盲点呢？这真是，我是干事，我骄傲。

最早的行政只有我一名干事，办公室方方面面的工作除了领导之外，都由我一人来协调。当时刚工作不久，比较青涩，工作态度有时比较急躁，但随着年龄的增长，工作经验也在不断丰富，我在工作态度上也有了很大的变化，学会了沉下来、学会了微笑、学会了等待……用心看，用心听，体会当下最真实的感受，让心安静下来，回归生命最自然的状态，让内心保持一种平静，让心做主。在这个过程中，我不断成长，不断进步，幼儿园的发展也由一所园发展到现在的九所园。作为总园的干事，我的职责范围也发生着变化，但是我的人没变，不管如何调整，我作为一名干事都会认清自己的角色，恪守岗位职责，严于律己，团结同志，并与各位干事之间做到分工不分家、互通有无，共同做好园内的各项工作。

在日常工作中，我认真遵守职责做好每项工作，使自己能够做到沉下去、静下来。同时我也坚持做到了：一学会简单。抓住重要的事，抓住当前的事，抓住主要工作的主要方面，复杂事情简单做，理清思路，统筹安排。二学会“借力”。通过领导的各项会议，协调好各园干事之间的关系，聚人之智，合人之力，使幼儿园各方面工作都能顺利并圆满地完成。

人们用无数美好的词句来形容美丽的青春。的确，青春充满了理想与信念，充满了激情与希望。我常常在想，美丽的青春到底是什么？当我面对一群群活泼可爱的孩子，我恍然大悟，原来青春是一种责任，更是一种幸福。

在这里我想说：让我感到幸福，也特别幸运的是，我身边一直有如此和谐的团队，姐妹们个个温暖贴心、善解人意，大家都知道，几个人一起工作就像居家过日子，只有大家关系融洽，才有温馨和谐的家庭关系。在此要特别感谢园领导的敏锐分析，高瞻远瞩，在我们石外幼儿园这个的团队里，我每天都能带着愉悦的心情工作，心无杂念。在接下来的日子里，我希望继续和姐妹们互帮互助，并肩作战。

作为一名普通的幼教人，怀揣着理想在这片热土之上耕耘了二十四载，在自己的工作岗位上做着平凡的事。也许，我不是最美丽的，但却是最可爱的；也许我不是最聪明的，但却是最勤奋的；也许我不是最富有的，但却是最充实的……人生能有几个二十四年，我把所有的青春年华奉献在了这里，回首以往，展望未来，青春无悔！我沉思，为什么能坚守如初？我释然，因为我的爱——在这里，我爱这片灿烂的星空！

爱在这里

幼儿园　刘　畅

弹指一挥间，我们的幼儿园走过了十七个春秋，从刚开始的青涩到如今的辉煌。在十七年的幼教生涯中，我由一个普通的教师一步一步成长为幼儿园的中层干部，由开始的青涩到逐渐成熟，我深刻体会到我每天面对的是一个特殊的群体——一个个不谙世事却又天真活泼、朝气蓬勃的幼儿。要做好这份工作，不能单靠热情，需要真爱的付出，需要心与心的交流，更需要无私奉献自己的爱，只有这样才能促使幼儿健康成长。陶行知先生曾说："爱是一种伟大的力量，没有爱就没有教育。"在爱的指引下我努力工作着，奉献着我的爱，也收获了许多爱！

爱孩子，首先就要给孩子一个温馨的、优雅的、美丽的环境。还记得十七年前刚刚迈出大学校门，怀里揣着无限理想踏进石外校门的我，还是那样的稚嫩，那时面对刚刚落成不久还在施工的幼儿园，面朝空荡荡的一座楼，我想我将要在这里施展我的才华、实现我的梦想。然而，刚刚开始的幼师梦就被没完没了的清洁工作和整理工作所代替，为了给孩子们一个干净整洁的环境，我们必须把遗留下的建筑垃圾及时清理干净，当时活动室的木地板还没来得及让工人们把打上的蜡清理掉，我们就跪在地上"一休哥"式的一块一块用布擦，致使许多老师已经达到了一种忘我的境界，见到长条木头就想擦。再后来擦出来的木地板上还是有胶，我们就拿小铲子一点一点铲。老师们经常是一跪一蹲一半天，干完起来头晕眼花，我想所有经历过开园时代的老师们都会有深深的记忆和感触。

有了整洁的基础环境，加之幼儿园一直秉承的"环境育人"理念，不得不说在环境布置上，幼师的心灵手巧、奇思妙想就在这时展现得淋漓尽致。作为爱画画儿的我，这时有了用武之地。记得那是一年冬天，我们的环创主题是在冬季把幼儿园打造得生机勃勃，绿色盎然，我们在白墙上、玻璃上、橱柜上、墙裙上或绘画或粘贴，幼儿园一下子由一个四面白墙的新楼变成五彩缤纷的童话城堡。幼儿园的每一个角落都有我勾画的痕迹，尤其是大门口，原本是两个花岗石的柱子，被我勾画成两棵有了生命力的参天大树，树干上还画着向孩子们微笑的“调皮”的五官，不同深浅的绿叶枝蔓像一把大伞般地蔓延开来。当看到孩子们每天清晨入园第一个映入眼帘的便是我的作品时，我心中多了一份自豪与喜悦，已全然顾不得那是整整花了一下午心血完成的作品。说起绘画，还有个小故事：记得当年班上有一个叫杜杉的女孩子，性格大大咧咧的像个男孩子，做事总是很莽撞、不细心，经常欺负其他小朋友，好多孩子都不愿意和她交朋友。但是我发现她有个天赋——特别爱画画儿，她经常出神且非常安静地看着我画教具、布置环境，我就有意观察她，只要一画画儿，杜杉再也不是那个毛毛躁躁的小丫头，而是变成小淑女了。每次看到她画的画时，无论多么简单、多么幼稚我都会表扬和鼓励她，还让她当着全班小朋友的面讲自己的画，并且建议她妈妈给她报一个美术兴趣班，培养她的美术天赋。于是，她慢慢有了自信心，也让其他孩子接受了她，后来杜杉考上了理想的大学，学的就是她心仪的美术专业，将这一兴趣爱好变成了自己的一技之长。我想能在她幼小的心灵里播下一颗艺术的种子，也算作为她的启蒙老师的一种骄傲吧，这就是人们常说的一分耕耘一分收获!

作为幼儿园教师，我们的职责不仅在于为孩子们创造一个有益的物质环境，更在于营造一个积极的精神氛围。我深知，只要我们付出努力，就一定能够收获成果。在过去的十年里，我带了两届小托班和两届插班生，经历了无数挑战。其中，大七班是我职业生涯中最具挑战性的班之一，这个班由 32 名未能按时升入小学的留园幼儿和 20 名新加入的翰墨儒林幼儿组成，共 52 人。我们的班设在由原美术教室和绘本馆改造的新教室中，这在我们总园建园十五年来的历史上是首次扩增至第 19 个班，大七班因此荣幸地书写了我园的新篇章。

这些孩子们年龄各异，行为习惯也大相径庭。加之新环境的不规则布局，作为班主任的我，在环境设计、家具摆放、常规要求等方面投入了大量心思。我们本着节约和关注孩子身心健康的宗旨，采用了拼接式榻榻米床铺。为了方便孩子们上下床，我们设计了四个独立的矩形方块，四周和中间都设有通道，便于孩子们自由活动。这种设计不仅充分利用了空间，还能在中午铺上被褥供孩子们休息，起床后则可收起被褥，让四个方块成为孩子们进行区域活动、阅读和玩耍的理想场所，深受孩子们的喜爱。

每天午睡前后的被褥整理工作是我们的主要任务之一。孩子们需要将被褥叠成小方块并整齐地放入柜中，我安排他们分组进行，这充分锻炼了他们的动手能力、合作精神和思维能力。由于卧室空间有限，我们要求孩子们将鞋子和外衣脱在活动室的小椅子上，然而活动室是瓷砖地面，孩子们赤脚走动可能会对健康不利。因此，我们在卧室门口铺设了泡沫板，让孩子们将鞋子放在泡沫板四周，然后踏着“红地毯”走进卧室，确保他们的脚不会受凉。

厕所上方有一块未安装玻璃的空白区域，随着冬季临近，我担心孩子们上厕所时会感到寒冷。于是，我带领班里的老师用最原始的纸糊窗户方法将这个空缺填补上，以防孩子们受风寒感冒。在带班的同时，我经常像“包工头”一样与各方人员沟通，无论是采购人员、施工队还是广告公司设计人员，我都尽心尽力地为班里的每一个细节付出努力。

在孩子们第一次上轮滑课的前一晚，尽管已是晚上 11:00，我还在微信群里提醒家长和孩子们注意各项事宜。平日里，下班回家后，我仍不断在微信群里解答家长们的疑问，接听他们咨询的电话。

我们老师始终秉承着临时建班也要正常运行，样样都要和其他班看齐的原则，给孩子们营造一个宽松、有序、温馨、有爱的环境，并且老师之间的团结合作、关爱如一家人的心态也影响着孩子与家长，大七班是个团结向上的班集体，时时处处体现着老师对孩子们的爱。经过一年的相处，老师们的辛苦得到了家长的一致好评，家长的理解也是我们继续用心工作的动力。同时，家长反映孩子比原来爱上幼儿园了，看着老师们一个个累病了热心家长纷纷送来了治嗓子的药品和菊花茶；为了孩子们的健康，家长们带来了空气净化器、绿植、柠檬给班里除味；时间充裕的家长还经常帮着打扫班里的卫生……对于这样一个团体，家长们竖起大拇哥赞美咱们石外幼儿园的老师真是太敬业了、太负责了，真是没有选错！

真诚的付出会感动自己，也会感染孩子。每当活动中孩子情不自禁顺口喊我一声“妈妈”时；每当我患咽炎孩子给我带来金嗓子喉宝时；每当我悬挂饰物孩子们担心地说“刘老师，小心点”时；每当走在街上，曾带过的毕业生扑进我的怀里说“刘老师，好想你”时，那一刻，我深切地感受到一种幸福，一种当幼儿教师的幸福。

冰心曾说：“有了爱，就有了一切。”作为一名普通的幼师，我怀揣着理想在这片热土之上耕耘了十七载，在自己的工作岗位上做着平凡的事。也许，我不是最美丽的，但却是最可爱的；也许我不是最聪明的，但却是最勤奋的；也许我不是最富有的，但却是最充实的……人生能有几个十七年，我所有的青春年华都奉献在这里，回首以往，展望未来，青春无悔！我沉思，为什么能坚守如初？我释然，因为我的爱——在这里！

“三爱”，LOVE

幼儿部　刘　佳

“没有爱，就没有教育。”这句话是著名教育家苏霍姆林斯基的名言，也一直是我的座右铭。作为一名年轻的一线教师，我始终坚定地认为，爱是成功教育的原动力，也是获取为师之乐的最大保证。

爱是什么？英文翻译是Love，而我对孩子们的爱就是由这个英文单词构成的。“L”——long（长久），爱孩子可以是对孩子说一句简单的话语，爱孩子可以是给孩子一个温暖的拥抱，爱孩子可以是对孩子一句轻声的责怪，爱孩子可以是和孩子唱一首喜爱的歌，爱孩子可以是和孩子一起做游戏……爱可以是任何东西，但是爱的基本前提是持续不断的，爱是要经过长久的考验。只有源源不断地给予孩子爱，孩子们才能感受到爱，才能让他们学会接受爱并施与他人爱。“O”——oriented（方向），孩子上了幼儿园后，老师就成了他们生活中不可或缺的一部分，甚至对老师有一定的依恋心理。老师的一句表扬、一句批评、一个眼神、一个动作都会带给孩子不同的反应，也许还会成为孩子模仿的对象。这时的我就是他们的方向标，给予他们正确的航向，不要偏离航线。菲利普·比格勒曾说过：当教师迈入课堂，他们都将对未来的世界施加影响。是呀，这句话是多么的正确！所以我更要做好方向标，在孩子们人生的道路上给予正确的引导。“V”——virtue（德行），贝多芬曾告诫后人：把“德行”教给你的孩子，使人幸福的是德性而非金钱。幼儿期是一个人个性、品德开始形成的重要时期，错过这个时期，许多好的品性就很难形成了。

孔子曰：“少成若成天性，习惯如自然。”只有在孩子们成为一个有爱心、有良知、有责任感的人时，我们的付出才会有回报。我要用我的爱来引导孩子们从小克服“一切以自我为中心”的不良意识，从小懂得关爱他人，关心集体，懂得承担责任，这样孩子长大后才能爱家人、爱集体、爱祖国，才能对亲人、对集体、对国家承担起相应的责任。“E”——evolution（发展），我的爱就是给孩子们提供有利于他们发展的条件，不论是身体发展还是心理发展，教师都要给予正确的评价，让孩子在一个健康、愉快的环境中自由发展。爱是人类特有的最伟大的情感，如果说亲子之爱是基于血缘关系的本能的爱，那么老师的爱则更多的是博爱，因为教育是无选择性的，所有的孩子都有权利获得爱。爱是我对教育事业的承诺，我将在这条路上不断探索创新，让我的每一个孩子都能获得快乐和进步。因为爱是老师最美的语言。

秉承这样的信念，我又迎来了新的小班，这一届的小班让我的职业生涯中第一次出现了“无奈”这个词。阿信，一个阳光可爱的宝贝，总能给你带来出其不意的“惊喜”，刚开学的那几天让我们手足无措，他自言自语，随处游荡，跟他说话时眼睛从来不会看着老师，每天推着椅子到处跑，喝水困难，滴米不吃，这都是日常他最正常的状态。如果哪天心血来潮还会毫无原因的来个“出其不意地反戈一击”，刚刚还可以安安静静地看着小朋友们做游戏，在你转身的一刹那，他就会突然把小朋友推倒，被推倒的小朋友痛哭流涕，因为不知道为什么被人平白无故推倒了，而小朋友哭得越厉害，他越变本加厉。最痛苦的是中午，入睡再困难的孩子只要老师陪一会，拍一拍、抱一抱，一会儿就睡着了，可是阿信偏偏不是这样的孩子，如果你要抱抱他、拍拍他，他会很抗拒，而且还会发出各种奇怪的声音。小朋友都睡着了，他会在榻榻米上跑来跑去，以至于有一段时间他一来幼儿园我都身心紧张，真的做到了升级版的“放手不放眼，放眼不放心”。

每当看到他，我就对自己说：“他一定是老天爷派来考验我的。”因为自从毕业后我的职业生涯一直都是一帆风顺的，从实习到担任艺术老师、艺术备课组长，再到担任班主任，一路走来，虽遇到过很多特殊孩子，但从来没有哪个特殊孩子在这么久的时间里行为上还是没有转变。那段时间，我每晚梦中的主人公都是他。一会儿他把别的小朋友推倒了，我赶紧抱住他；一会儿他把所有的饭都扔到别的小朋友脸上了，我赶紧拉着他的手；一会儿他把所有小朋友的被子都掀起来了，我在他后面一个一个给小朋友盖被子……一觉醒来，我发现我又该和他见面了！为了他，我们班的四位老师大大小小开了无数个“专题会”，最后总结的办法是——每天都要对他说“我爱你”。这是刘园长在第一学期开学初对我们所有人提出的希望，这个方法也让我们看到了希望。阿信不管做什么，我们总会温柔而坚定地对他说：“我爱你!”慢慢地，我发现每当我们说这句话时，他的眼睛会跟我们对视，我们拥抱他时，他也会把手放到我们的肩头，中午喂饭时他不再那么抗拒，有时候还会吃上那么几口，这对我们来说是莫大的惊喜与安慰。在我们都以为他会越来越好的时候，阿信病了，在家休息了一周，回来后又被打回了原形，我的心又一次遭受到了重创，后来我们决定找阿信妈妈聊聊。

阿信的妈妈是初中老师，平时很忙，没有时间照顾孩子，孩子是由姥姥带大的。这是石外集团子弟最正常的成长环境，相信在座的各位都有所感触，因为这样的背景，让我从心底里心疼这个孩子。在咱们学校，不管是哪个部门的老师，都像陀螺一样不停地转。在高强度的工作下，陪孩子的时间真的少之又少，甚至有时候回家后发现孩子已经睡了，只能蹑手蹑脚地走到孩子的床边轻轻吻一吻。相似的经历，让我在他的身上看到了佳宝（我的孩子）的影子。多少次回到家，她已沉沉入睡；多少次她想跟我玩却被我所谓的“再等一会儿”而搪塞；多少次她说“妈妈，你抱着我睡吧”却被我所谓的“妈妈还在忙”而拒绝，我相信阿信也是这样的。通过跟阿信妈妈聊天，得知她和阿信的亲子时间真是太少了。那一天，我记得很清楚，阿信妈妈还特意让同事先帮忙把孩子带走，她自己留下等待谈话，看着她双手握在一起搓来搓去，我知道她很紧张，很忐忑。这样的感觉，我也曾有过，那是佳宝刚刚上幼儿园的时候，我接孩子时班里的老师总会说：“等会啊，跟你聊聊！”我的心一下子就提到了嗓子眼，脑子开始不听使唤地瞎想：她是不是又不听话了，是不是又哭起来没完没了，是不是又带着转转“私奔”了，是不是伤害别的小朋友了……我看着阿信妈妈的表情，想到了当初的自己。我想到了当初因为佳宝入园焦虑时孩子老师对我说的每一句话：“孩子是好孩子，所有的问题都是家长的，所有的问题都是因为你陪伴的不够，给她的爱不够。”我本打算跟她例数阿信的表现，但想到这些突然就不想那么做了，当我俩面对面坐下的时候，我表明了立场：“首先，你不用那么紧张，今天就是纯聊天，咱俩都放下教师的身份，我们都是孩子的妈，互相交流一下育儿心得，我就是想更多地了解一下孩子。”本来坐得直直的阿信妈妈好像松了一口气，我听她讲了她的家庭状况，还有好多阿信在家的表现，似乎她也知道孩子的行为异常，真的是“知儿莫如母”。她的无措、她的隐忍、她的无奈……种种情感顺着她的眼泪一涌而出。望子成龙的心每个父母都会有，更何况这么要强好胜的她，孩子出现问题她更是接受不了。我把纸巾递给她，拉着她的手说：“你现在的心情我特别能理解……”我跟她讲了佳宝刚入园的状态，以及我做出的改变，最后我告诉她：“我对阿信有信心，我对你也有信心！”本来握着的手互相握得更紧了，我看到了她无比坚定的眼神。

有一句话：“不是所有的付出都会得到回报。”用这句话来形容我们真的太贴切了，似乎我们的努力在阿信身上没有得到任何回报。而且我真的觉得我的耐心已经快达到临界值了。就在我快要崩溃的时候，刘园长伸出了援助之手，她发现了阿信的特殊之处，也跟我分析了阿信为什么会这样，她的一句话点醒了我："这个孩子在探索，他在用他自己的方式探索。"是呀，我怎么会没想到呢？可是回想一下，每次他在随处游荡的时候我总会找个老师把他叫回来，每回他想走进小朋友的时候也会有个老师拉着他……我们阻止了他的探索！刘园长说："你们试着让他在不伤害别人的前提下随他游走。"我们真的这么做了，就这样他游走了一个多星期，老师也没有过多的干涉。当我们要集体活动时，老师叫他过来，他的反应让我们大吃一惊，他居然真的过来了，而且可以和小朋友们坐在一起了。与此同时，刘园长还亲自约谈阿信的妈妈，给出了更具体的指导方法，让阿信妈妈更加坚定陪伴孩子的决心。

现在的阿信，虽然有时还会调皮捣蛋一下，但是绝对不再需要"专人看护"了。那天户外时，他突然跑过来对我说："佳佳老师，我爱你！"被一个这样帅小伙深情告白，我的心都被暖化了，他在我的职业生涯中可以记上重重的一笔。现在我还会想：他真的是老天爷派来考验我的，只不过我认为这个考验我合格了。

我的"三爱"故事真的不是那么惊天动地，不是那么豪情壮志，但是这是我们在座的每一位老师最简单不过的日常工作，甚至你们比我做得更好。我相信在座的各位都有一颗爱孩子的心，它像涓涓细流，慢慢地流进孩子们的心里。孩子在感受到我们的爱时，也学会了爱身边的人，他们以后的人生一定会幸福快乐的，让我们做快乐的教育，那就是"孩子快乐＋老师快乐＝教育快乐"！

我与孩子共成长

幼儿园　刘建莉

大家都上过早班吧？晚班也上过吧？替班就更别说了，但是在幼儿园有全托的时候我上的是夜班。请看我的作息表：22:00之前帮孩子们洗漱，22:00以后开始备课、写教案，自己设计制作教具，然后抓紧时间休息一会儿。第二天早上等孩子们起床洗漱完毕后，我就去其他班替班，给别的班的孩子们上课，下午回家休息，因为晚上还要上夜班。那段时间几乎是连轴转，同事们见到我就说："你是革命的一块砖，哪里需要哪里搬。"

上夜班时，每当夜幕降临，当大多数人都在享受家庭的温馨时，我却还在幼儿园里忙碌着。上夜班，对于很多人来说可能是一个挑战，但对于我来说却是一份责任和担当，要确保每一个孩子都能得到精心的照顾，从进餐到洗漱，从做游戏到睡觉，每一个环节都不能有丝毫的马虎。

在这里，我要特别提到的是，当时孩子们一周只能回家一次，他们离开熟悉的家来到这个陌生的地方，心中的不安和焦虑可想而知，但是我用无私的爱和关怀让孩子们感受到了家的温暖。我不仅是老师，更是孩子们的"妈妈"，用温暖的怀抱和耐心的话语安抚着孩子们的心灵，让他们在这里找到了安全感。

在无数个夜晚，孩子因为想念家人而哭闹不止，我们会耐心地陪在他身边，给他讲故事、唱歌，陪他做游戏。慢慢地，孩子的情绪稳定了下来，他感受到了老师的关爱和温暖，随后进入了梦乡。望着孩子熟睡的脸庞，就像一个一个小天使赶走了我身心的疲劳，孩子们也渐渐爱上了这个"新家"。

当然，全托班的工作并不轻松，家长们因为工作忙碌、家离幼儿园太远等原因无法经常陪伴在孩子身边，便把孩子交给我们，就是对我们最大的信任。因此，我更要用心、用爱去照顾每一个孩子，不仅要关注他们的身体健康和心理健康，还要关注他们的成长，让他们在这里度过一个快乐、充实、有意义的童年。

回想起以前的点点滴滴，我很欣慰也很有成就感。我全程见证了他们的成长，如今他们已经长大了，有的在上大学、有的在工作、有的在国外深造……当我在大街上与孩子偶遇时，他们会兴奋地叫我“刘老师”，虽然我已记不得他们的名字，但仍会激动地与他们聊聊天。

作为教育工作者，我们肩负着培养下一代的重要使命，让我们携手共进、共同努力，为孩子们创造一个更加美好的未来！

爱的力量

幼儿园　刘　菲

刚入职的我，对于幼儿教育这个词很模糊，只是觉得认真做好每一项工作就可以了，虽然经验不足，但也干得有滋有味。当我从一名初出茅庐的毕业生成长为勇挑重任经验丰富的教师，从青涩懵懂到成熟稳重的骨干教师，每走一步都给我留下了深刻的回忆。当我第一次走进幼儿园，面对那些稚嫩的脸庞和清澈的眼神时，我被深深震撼了。我发现，与孩子们相处，快乐变得如此简单而纯粹，每当我看到他们眼中闪烁的光芒，我就知道，这是我继续前行的动力。

作为幼儿教师，我们不仅是知识的传递者，更是孩子们心灵的守护者，不仅要在生活中无微不至地照顾他们，时刻心中有爱，还要在情绪情感上关注孩子们的发展。幼儿的情绪情感正处在不稳定的初级时期，对情绪情感的调节能力较弱，培养幼儿积极向上的情绪情感，对幼儿的发育成长有积极意义。

那么，我们如何用爱来促进幼儿的情绪发展呢。首先，用爱的环境营造良好的情绪。良好的环境有助于孩子形成良好的情绪。如将孩子居住的房间或活动的空间布置得整洁、鲜活；多让孩子观赏美丽的图画、倾听悦耳的音乐；多带孩子到户外欣赏大自然的风光……孩子经常置身于这些优美的环境中，自然就容易产生并积累愉快的情绪。

其次，用爱的行为给予良好的情绪。幼儿的模仿能力很强，成人的任何一种情绪和行为都会在孩子心里留下深刻的印象，潜移默化地影响着孩子。如某天刮台风，电闪雷鸣，孩子就会本能地产生恐惧，而这时妈妈要镇静地告诉孩子："这是打雷，我们一起来听听这声音像什么？像不像敲锣打鼓?"孩子便不会有恐惧的情绪了。

最后，用爱的游戏释放压抑的情绪。当孩子产生负面情绪时，家长应为孩子提供适当的游戏，让他们将压抑的情绪充分发泄出来。心理学家认为，玩沙、玩水、玩手工泥游戏，蹦蹦床游戏，抛掷球类游戏，竞赛类游戏，表演游戏等都能使孩子受压抑的情绪找到一个正常的宣泄渠道。

我们要帮助幼儿消除和克服不良情绪，使其保持和形成积极的情绪情感。只有这样，每个幼儿才会具有积极良好的情绪情感，并在轻松愉快的环境中成长。当然，除了调整好幼儿情绪外，作为家长，我们的情绪也要积极起来，如描述孩子的行为或者描述这件事时，可以使用提示、写便条、用一个词来说，说出自己（家长）的感受。在这个过程中，当你能控制自己的情绪时，你就是优雅的，当你能控制自己的心态时，你就是成功的。

在我看来，幼儿教育还是一项充满挑战的工作，我们需要用心感受孩子的需求和变化，用心呵护他们健康快乐成长。身为幼儿教师的我，爱体现在和孩子们相处的每一个细节中。记得一次活动时，我有些疲惫了，坐在旁边的椅子上拍着自己的腿。这时一个女孩跑过来对我说："菲菲老师，你腿疼吗?"我开玩笑地点点头说："是啊，老师浑身都疼。""那我给老师揉揉吧。""不……"还没等我说完，她的小手已经在我的腿上拍拍打打了。这时又跑过来几个女孩，她们将一双双小手放到我身上。"老师，我也给你捏捏，我捏得可舒服啦。"刹那间，一双双肉乎乎、暖融融的小手抚在我的腰间、腿上，我心中温暖了许多。如果没有做过老师，是很难体会这份心情的，但这确实是一个老师最值得骄傲的时候了，这是我们用满腔的爱换取的一份厚礼——一份世俗的天平无法衡量的感情和幸福。当时，我的眼睛湿润了，再没有任何语言，只有一种力量推动着我去拥抱这些可爱的孩子们许久许久，原来爱时刻陪伴在我左右。

当然，在多年的幼师生涯中，感动无处不在。正所谓"不积小流，无以成江海"，正因为这些点点的感动，才让我更加热爱这份职业，如小班孩子刚刚上幼儿园，自己还照顾不好自己呢，就知道对老师嘘寒问暖："老师你生病了、你多喝水、生病了就要去医院、老师你要勇敢、老师我帮你捶捶背……"孩子们那稚嫩的小手、那懵懂的眼神、那真诚的问候，让我久久难以平复感动的内心。

"没有爱，就没有教育。"给孩子一缕阳光，孩子会给你一个太阳，用心、用爱，努力做到最好，与孩子共同成长！

与爱同行，岁月留香

幼儿园　刘雪娜

幼儿园这片净土宁静、美丽，我像一个无忧无虑的人在这纯真的爱河里徜徉。心中感悟：童心，如金子般的珍贵。

一、爱我所爱，无悔青春

当年，刚刚毕业的我自豪而又兴奋地来到石外幼儿园，刚到孩子们中间时，我感到几许羞涩，几多紧张。在同事们的鼓励和传帮带下，我很快摆脱了内心的恐慌，进入了角色，将自己融入到孩子们的学习与生活中。那时的我，常常着眼于孩子们学得像不像，做得好不好，而对教育如何既符合幼儿的现实需要，又有利于孩子的长远发展缺少全方位的考虑。

记得有一次户外体育活动，有个小朋友想上厕所，我赶紧请他回教室，可他偏要固执地在一棵小树旁小便，我见他一点儿也不听我的话，便不由分说地批评他不讲卫生，行为很不文明。起初，他用疑惑的眼神望着我，而后振振有词地说："老师，这棵树太小了，我给它施施肥，让他快快长大。"看着他那天真无邪的脸蛋，我无言以答，内疚占据了我的内心。和蔼可亲的园长对我说："我送你一句高尔基曾经说过的话：爱孩子是母鸡都可以做到的，但要教育孩子就不是一件容易的事情了。"我不断揣摩着这句话，细细领会其中的涵义。

如今的我，脑海中还不时地想起高尔基的话语。一句普普通通、简简单单的话，却包含着许多育儿的方法和教育理念，让我受益无穷。在孩子中间，那种放松、无拘无束、融洽的气氛是多么吸引我，那些玩耍时的赖皮、游戏中时而天真又深沉的交谈，常给我无穷的回味。当孩子们进步时，带给我的那种成就感是其他任何工作都无法比拟的，慢慢地，我爱上了这个职业。这种爱，是我最好的教师，这种爱，更是一份沉甸甸的责任。

二、与爱同行，岁月留香

在我心中，孩子们的眼最真、情最美、心最善。2018 年 9 月从总园来到红石幼儿园，从副班主任转岗到小小班的班主任，刚入园不满三周岁的孩子们稚嫩的笑声感染了我，我就像一个袋鼠妈妈，把宝宝抱在怀里，每天搂着、哄着、晃着。就这样，搂着搂着一天过去了，哄着哄着一周过去了，晃着晃着两个月过去了，在这两个月里，我带领班里的老师每天研究不满三周岁宝宝的生理特点、心理特点、行为特点、学习特点，然后对症下药，用情境导入，拿手指谣吸引，靠互动游戏组织。就这样，入园焦虑期在我和老师们满满爱意的浇灌下，孩子们顺利度过了。每当午睡时，我都会把目光投向熟睡中的孩子们，红扑扑的脸蛋，时而努起小嘴，时而呓呓梦语，带着几分天真，几分稚气。我亲昵地摸摸这个、又亲亲那个，周围一片静寂，只是偶尔听到孩子们均匀而清澈的鼾声。此时，望着进入甜美梦乡的孩子们，我总觉得自己跟孩子们已经产生了一种无法言喻的情感，我越来越舍不得离开这些可爱的小家伙了。承蒙领导信任与厚爱，我荣升为小小班的年级主任，但作为年级主任，我的任务不是管理，而是帮着大家提升业务素质，所以每周我都会和大家一起分享幼儿案例，探讨与家长沟通的技巧，以及设计课程思路等，让组里的老师找准进步的方向。赠人玫瑰，手留余香，组里老师进步的同时，我也在进步，所以感谢这个职务、这份分享。

三、以爱之名，奉献一生

记得曾有人这样问过我："做幼儿园教师你真的幸福吗?"不少人习惯把教师比做蜡烛、人梯、春蚕、铺路石，把教师的劳动与这些牺牲者、悲苦者的形象相连，于是便有了感慨："当老师有啥意思?"而我认为，老师应该有老师的境界，老师更应该有老师的情怀——"传道、授业、解惑"，舍我其谁?

孩子快乐成长的过程正是教师生命不断增值的过程，人生还有什么比这更幸福的呢?幸福要靠自己去品味，尽管你不能指点股市，笑傲政坛；尽管你不能独步学界，踏浪商海，但是当你在生病的时候，有一句句暖人的话语，一张张灿烂的笑脸……有孩子们的关心和爱护，你能不感到幸福吗?当你假装生气，听到这样一句温暖的话——"老师，我们再也不调皮了，你别生气了"的时候，你能不感到幸福吗?当你感到劳累，想休息片刻，孩子们呼喊着——"我来帮老师捶捶背"的时候，你能不感到幸福吗?

从事幼教行业八年来，我从老师姐姐变成了老师阿姨、老师妈妈，等我老了，我将会变成老师奶奶。到那时，我满头银丝，戴着老花镜，笑眯眯地给他们讲“是谁嗯嗯在我的头上”的故事，而孩子们就像小鸟一样围在我身边，听完了摇着我的手央求我再讲一个，那是一幅多么美丽而温馨的画面啊。

作为一名老师，也许永远享受不到鲜花簇拥的非凡风光，但是有一种非凡是可以完全由我自己来创造和把握的，那就是把我的能量发挥到极致。所以，无论富贵也好，贫贱也好，掌声雷动也好，孤寂独处也好，我将永远保持持久的创造力和火一样的激情。

我，一个朴实而又平凡的人，没有辉煌的业绩、没有耀眼的荣誉，有的只是默默无闻的奉献；没有花的多姿多彩、没有果的芬芳香甜，只吐露着叶的平实与执着。从事幼儿教育工作八年来，我甘当一粒铺路石默默奉献，宛如一片春泥，用沁人心脾的芳香滋润着“幼苗们”幸福快乐。将一颗滚烫的执着之心献给孩子，用辛勤播种希望，用赤诚浇灌花朵，留下了一串串坚实的脚印。

心里种下一颗爱的种子

幼儿园　刘微娜

记得我上幼儿园时的老师姓吴，个子高高的，很年轻也很漂亮，对待小朋友总是笑眯眯的非常和蔼，她经常会给我们带一些好吃的，还会带我去她家里玩，也正因如此，吴老师给我留下了很深的印象。年纪大一点的时候我喜欢唱唱跳跳，我们场院的礼堂经常搞一些活动，我就带着一群小伙伴在上面表演，现在老妈一说就是："也不知道你哪来的那么大胆子，我都觉得不好意思。"可能受小时候的影响，长大后我也当了一名幼儿教师，正式踏上了幼儿教育这条路。工作这么多年来，我也由当初那个懵懂、缺少经验和耐心的女孩变成了成熟、踏实、学会给予和等待的妈妈了，是的，我就是孩子们的刘妈。作为一名幼儿教师我热爱这个职业，把一颗火热的心捧出来去爱孩子，熟悉他们、了解他们、关心他们，让他们感到师生之间的真诚和依赖，用实际行动践行着我们的"三爱"教育。

美儿小朋友性格内向，面对陌生人时容易感到紧张和焦虑，缺乏自信，当然这与家庭的教育方式和影响密不可分。例如，在晓帅老师的一次公开课上，当进入绘画环节，其他老师都在欣赏孩子们的作品时，美儿却用手遮住了自己的画作。还有一次，当许子熙的叔叔来班上讲故事时，美儿恰好在图书区，她开始感到紧张，并刻意避开叔叔。在教育活动中，她很少主动举手发言，即使被点名也常常显得羞涩。尽管我不断尝试引导她勇敢地回答问题，但都未能成功。

针对美儿的这种情况，我们及时与家长进行了沟通，了解到美儿的奶奶在家较为严格，对事情要求完美，然而作为孩子，美儿不应该承受过高的期望。与爸爸沟通后，我们达成共识，决定以鼓励为主，每天通过拥抱来表达爱意。同时，我们还为孩子提前规划各项活动，并将当天的安排提前告知，以便他们能够有所准备，遇事不慌。此外，我会利用梳头的时间特意为美儿梳一些漂亮的发型，并利用这个机会与她交谈，就这样我逐渐走进了她的心里。有一次户外活动时，美儿主动跑来邀请我去她家玩，听到她的邀请我非常高兴，这标志着美儿迈出了与老师交流的第一步。于是，我抓住这个机会与她爸爸及时沟通，建议美儿每周进行晨谈，慢慢地，美儿开始举手为大家播报天气，虽然声音不大，但这对她来说是一个巨大的进步。

随着时间的推移，美儿开始与我分享她周末的安排，有时还会聊聊她的妹妹……我为她的进步感到欣慰，在教师不断鼓励下她的自信心逐渐建立起来了。因此，爱孩子意味着要密切关注他们的成长、表现和需求，并提供适时适当的引导和支持。

爱孩子需要体现在行动上，老师一个不经意地抚摸、一个鼓励的眼神、一个拥抱，都能使孩子感到老师在意他、喜欢他、信任他、关心他。刚上小班的孩子不会穿衣服，或是衣服经常穿反，我会说小手“钻山洞啦!”或者教一些朗朗上口的儿歌，帮他们一起翻翻衣领、塞好衣服、提提裤子；每天离园前我都会和孩子进行三秒钟的拥抱，简单的一句：“我看到你自己把饭吃完了。”“你主动回答问题了，老师真替你高兴。”相信孩子们都会感受到老师的爱，现在我经常会对孩子们说：“我爱你哦，你爱我吗?”爱是需要表达出来的。

2017年我送走了大班，兜兜转转来到了众美园，接了小班的孩子。时间紧任务重，没有时间家访，我们就进行约访了解每一个孩子的情况。班上的小男生点点是一个“大难题”，他很少说话，是个有主意的小伙，想做的事情就和大家一起做，不想做的事情就两个字：“我不”。比如，走到班门口就不再进来了；爸爸妈妈跟他说事情也是两个字：“我不”。于是我们每天都会主动迎接点点并且抱抱他，有时会提一个小小的要求：“点点，你在门口当礼仪宝宝迎接小朋友吧。”或者变一种方式说：“今天点点自己主动站到门口了，选一张自己喜欢的小贴画。”他听到后就会自己进班参与活动了。而点点的午睡也是一个大问题，从一开始不上床每天中午抱着才能入睡，到选择一本自己喜欢的书看完再上床，再到在床上坐一会儿自己入睡，最后到可以自己上床睡觉。毫不夸张，在点点可以自己主动上床睡觉的那一天我们四位老师都很欣喜，从入园到现在，点点的进步和改变都是爱的诠释和懂孩子的体现。起初我们会认为这是“执拗”的敏感期，其实并不完全是，点点是一个头脑和思维非常清楚且对外界事物很敏感的孩子，他会先观察环境，熟悉感知周围的人和事物，得到充足的安全感后他才会放开自己的行为和想法，就像现在一样，他能够帮助小朋友，也是老师的小助手，每天还会黏在我们身上互相抱一抱了。

爱孩子就要是理解和尊重他们，记得有一次区域活动的时候，泽泽小朋友在画板上用各种颜料进行喷画，色彩鲜艳，很有艺术美感，在我帮助完旁边的小朋友时，我看到泽泽把一张色彩鲜艳的画喷得一片漆黑，我刚想生气地质问泽泽时，突然想到近期读的一本书《孩子的画笔会说话》，于是我问："我很好奇，画面为什么都成了黑色?"泽泽说："天黑了，什么也看不见，所以就喷成黑色了。"面对孩子的作品学会理解、学会赞赏、学会耐心倾听，这就是爱。只有了解了孩子的想法，就不会随意的批评和指责了，放下"师道尊严"的架子，让自己作为一个听众、朋友，让爱的教育走进孩子的心灵。

还有一个小故事，我们班上有 23 名小女生，全部都要梳辫子，这对于我们来说是个大工程。有时为了让孩子们高兴，我会给宝贝们变换漂亮的发型。班上有个叫邢冰妤的小姑娘，每天都梳着一个马尾辫，那天我给她换了一个发型，她突然哭了起来，说就要梳一个辫子。我说这样多好看，可她坚持要换回来，我心里有点不开心，我俩僵持了一会儿，我突然想到了秩序的敏感期，便默默地给孩子换了回来。晚上我和她妈妈进行了电话沟通，妈妈说："怪不得小妤说老师梳了两个辫子，然后变成一个了，我还没明白什么意思，老师这么一说明白了，您真是费心了。"妈妈还说小妤每天都要把被子折得平平的才肯钻进被窝，自己的玩具也要按原样摆放，看来小妤秩序的敏感期到了，我也推荐妈妈听听我们学习群里秩序敏感期的录音，共同学习。

爱孩子就要给他们创造美的环境与空间，闲暇时间我喜欢逛一些有特色的小店，感受艺术氛围的同时，汲取灵感或从中找到可以借鉴的地方。另外，节假日我还爱去商场走一走，看看里面的吊饰环创。今年过年的时候我去了一趟北京，亲戚朋友都以为我去哪个景点玩了，其实不然，我去北京的芳草地购物中心和大悦城转了一圈，看看商场在装饰上有没有什么可以借鉴到我们幼儿园的。因此，在园所环境上，我会以节日、季节等为主题进行打造，印象比较深的有：为了打造新年气氛，孩子们用纸盘装饰的龙头龙身；园所装修的色彩搭配，如墙与墙裙、窗帘与墙的色彩……我觉得一定要做个有心人，只有不断学习才能更好地充实自我。

班级环境的打造也是如此，我记得和丁老师搭班的时候刚刚开展区域活动，动静分开，哪些活动要离水源近一些，我们可是费了不少功夫，每天搬过来试过去，发现问题及时整改，有时候还会因为位置调整展开讨论，最终以适合孩子方便孩子为出发点。来到众美，由于场地问题，每天下班后我们四位老师都会总结一下带班情况或孩子操作不舒服的地方进行整改和打造新的区域空间。而班里的环境我也会随季节、节日、每月主题进行调整，有的作品是孩子们小组活动上创作的，有的作品是利用小假日完成的亲子作业……生活中不是没有爱和美，只是缺少发现的眼睛和心境，所以捕捉眼前的美好让孩子感受到美，因为发现美也是一种爱。

作为一名幼儿教师，我深深地感到做一名教师的光荣与自豪。我们是一群默默无闻的人在做着默默无闻的事，感恩身边所有领导和同事的帮助，让我慢慢成长，让我们用自己的爱去浇灌身边的幼苗，用爱开启每个孩子智慧的心灵。愿所有的教师心中都充满真爱，让爱的种子在孩子的心里生根发芽，结出累累硕果！

言传身教　静待花开

幼儿园　刘　薇

我们会用“一瞬间”“一眨眼”“时光如梭”“白驹过隙”等词语来形容时光的飞速流逝，的确，时间总在人们的忙碌中或者在不经意间悄悄流逝着。我也从一名怀揣梦想刚毕业的大学生变成了两个孩子的妈妈，从青涩的新教师成长为幼儿园的骨干教师，从一名普通教师成长为班主任、年级主任。时光把我变得内心坚韧，使我更加成熟、更加睿智，面对问题不再那么焦躁，应对难题不再那么伤悲，而是心胸更加开阔，想问题更加全面了，虽然还不能练就宠辱不惊的心态，但能处之泰然了。这些变化除了时间的沉淀，更要感谢我身边的每一个人，是他们让我的生活更加丰富多彩。我一直秉承初心：做一名专业型爱幼儿的好教师。教师要以身作则，为人师表，要关心爱护孩子，给孩子树立榜样，既要做孩子的老师，又要做孩子的朋友。孔子说：“其身正，不令而行。其身不正，虽令不从。”我也一直鞭挞着自己，向目标迈进。

一、夯实能力

幼儿园的工作琐碎又复杂，学习内容涵盖的知识面非常广，为了提升自己的专业能力，我开启了初生牛犊不怕虎的模式。每一次培训，我都聚精会神地听，奋笔疾书地记，并将音乐律动、手指谣以及舞蹈动作等反复练习，把最好的一面展现在孩子们面前。最近参加的一次戏剧培训给我留下了深刻的印象，原本中午时分，大家都有些疲倦，但当老师们被要求现场表演时，气氛立刻变得活跃起来。围绕着主题词，老师们分组进行即兴表演，那场面仿佛是在拍摄一部电影，随着表演的深入，每个人都沉浸在了角色之中。我猜想，既然老师们如此热爱这种表演方式，孩子们肯定更会乐在其中。

回到班里，我立刻尝试将这种形式融入教学中。由于大班的孩子们自主性很强，我为他们提供了充分的表演空间，结果出乎意料的好，没有出现混乱，也没有人大声喧哗，孩子们的创造性思维和想象力得到了充分的展现。

除了参与培训课程外，我们教师之间每个学期都会根据各自的专长来制订培训计划，并利用每周的备课时间进行交流和学习。我曾参与过折纸、剪纸、编辫子、手指谣等多种形式的培训，每一次都让我有了新的体验和领悟。

此外，我认为每一次的听课和评课都是很好的锻炼机会，整个过程虽然费尽心思，痛苦万分，但最终的成果却令人欢欣鼓舞，成就感十足。一堂精彩课程的呈现，需要教师不断地试讲和磨课。我相信，每一位教师和我一样，准备一堂课需要投入大量的时间和精力，然而，这为孩子们带来的高质量教育和独特的情感体验，是无法用任何标准来衡量的。

在我教中班时，我有幸主持了一堂国培晨谈的示范课。我清晰地授课步骤、简洁的语言、恰当的反馈以及和谐的师生互动，给在场的教师留下了深刻的印象，同时，在晨谈活动中，我们班的小播报员也获得了园长和主任的表扬。这正是我们从小班开始培养孩子们的一个好习惯——让孩子们按顺序进行晨谈播报，从简单的日期、天气预报到英文播报，家长们也非常支持我们的工作，他们会认真和孩子一起准备展示内容。这种做法不仅使孩子们取得了明显的进步，帮助他们克服了恐惧，还有助于培养孩子们倾听和专注的良好习惯。

孩子们的成长与变化激励我不断前行，持续努力。我与其他教师肩负着共同的责任：认真对待每日的区域活动，做好观察记录，提供有效的语言支持，适时进行指导，并成为孩子们的陪伴者。我们精心策划并组织了许多丰富多彩、引人入胜的教育活动，特别关注那些胆怯或注意力易分散的孩子，给予他们更多的鼓励；对体弱的孩子给予额外的关怀，同时为能力较强的孩子设置更多的挑战。通过我们的付出，孩子们逐渐养成了良好的活动习惯，学会了与同伴分享与合作，并且他们的动手能力、想象力和创造力也得到了提升。此外，我坚持阅读专业书籍以增强我的理论知识，如《捕捉儿童的敏感期》《如何说孩子才会听，怎么听孩子才肯说》《正面管教》《3—6 岁幼儿学习与发展指南》《童年的秘密》等。这些专业知识与实践经验的结合，为我的教育工作打下了坚实的基础。

二、师生情谊爱缠绵

这些年和孩子们在一起的点点滴滴历历在目，发生的各种事情像海浪一样奔涌而来……

那是我带的最完整的三年毕业生，也是红石园的第一届毕业生。在大班表演月举行的成语故事活动中，孩子们对成语很感兴趣，有一次孩子讲“画龙点睛”这个成语时，班里一个孩子说那不是曹晓龙的龙吗？对啊，他这句话给我了灵感，为何不做一个姓名成语呢？每个人都有一个专属于自己的成语，那应该会很好玩！于是我就发了一个通知：请每个孩子起一个成语名字，里面要包含自己名字中的汉字，如果没有谐音也可以，这下大家兴趣可来了。每天一个小朋友利用晨谈时间进行成语小讲堂，可以讲讲自己的成语名字、含义或者讲个成语小故事，然后再用这个成语说一句话。每到这个时刻大家都非常期待，无论是讲的孩子还是听的孩子都全神贯注，比上课还重视。我们还把成语名字打印出来进行塑封，粘在走廊的一面墙上，大家一散步就指着名字说起来，于是班里“炸了锅”，“绝代佳人”“玉树临风”“扬扬得意”“登峰造极”“诚心诚意”“惠风和畅”……大家全都以成语名字自称，老师们也受到感染，一张嘴便是：‘皓月当空’来了吗；‘累累硕果’请假了；请‘琴瑟和鸣’报餐名……”其他老师听见了说你们班在干嘛？丈二和尚摸不着头脑。而孩子们之间也是：“老师！‘赏心悦目’把我作品弄坏了；老师！‘闻鸡起舞’又不排队了；‘心照不宣’和‘一鸣惊人’打架了……”我们班那段时间天天沉浸在成语的世界里，发生了好多有趣的故事。有一次，马园长来我们班，听见一个小男孩说：“‘一诺千金’选了积木区，我也要去积木区跟他一起玩。”马园长觉着好玩就问他：“你叫什么名字啊？”他说：“我的名字很威武，我叫‘气吞山河’。”园长一听，说：“嗯，这名字不错，有气势，你能给我起一个吗？”“当然啦，你叫什么名字啊？”“我叫马亚然。”他想了一会儿说：“就叫你‘马到成功’吧，而且你这个‘马’和我们班的马萧然是一个‘马’，反正都是‘马’，是成功的意思哦。”园长在班主任会上还说起这个事，并号召其他班也开展这样的成语活动。

家长们也对我们这项活动满口称赞，因为回到家孩子嘴里说出来的全是成语，家长特别吃惊，孩子们能记住这么多成语，而且还能恰到好处地说出来。其中有一个家长跟我说了一件有趣的事：班里有一个叫翟佳若的小女生，她的成语名字是“绝代佳人”，这个成语是美人的意思，从此以后她就叫“绝代佳人”了，她爸爸妈妈让她在家里叫叫也就行了，结果她说在外边也要叫她“绝代佳人”，妈妈觉得晚上和她遛弯时这样叫她特别不好意思，说幸亏是晚上呀。

总之，我们那段时间的成语学习可真叫一个热火朝天，出其不意，哭笑不得啊，孩子们沉浸在那样的环境中，不仅知道了成语的含义，记住了中国的汉字，而且还会活学活用，真是趣味无穷。真的像我们园的理念“游戏＋体验＝学习”，孩子们真正品尝到了成功的喜悦，获得了最深刻的认知。

每个孩子都是独特的，就像每朵花都有自己盛开的花期。作为幼儿教师，只需要慢慢地观察，静待花开。喝水时间，班里的孩子总不忘给我也接上一杯水；我累得坐在榻榻米上的时候，孩子们争先恐后地给我捶背揉肩；发午点的时候，他们一个个非常负责的帮我分配水果；晨读时间，我与他们一起吟诵古典，一较高低。忘不了冬天天冷时他们热乎的小胖手给我暖手的感动；忘不了教师节他们暖心的祝福；忘不了他们十万个为什么那不停地提问题；更忘不了离别时的难舍难分……很庆幸自己是一名幼儿教师，选择了这个职业，身边可以有无数孩子的纯真与快乐陪伴在我的左右，这是一般职业都无法拥有的幸福。

感动，不仅是心中的一片温暖，更是雨后晴空中彩虹般的灿烂，感谢孩子们给我的这份感动，让我进一步了解生活，体会生命的意义。带着这份感动，我会一直秉承“三爱”精神，用实际行动关爱每一个孩子。对待天资聪颖的孩子，有意识地培养他们的品格意志；对待性格内向的孩子，用爱心铸成一把钥匙，助他们寻找自信，打开心灵之窗；对待顽皮好动的孩子，安抚他们躁动的行为。不管对待怎样性格的孩子，我都会用专业知识因材施教，帮助每一个孩子健康成长。当然，我会在教师这一领域不断学习，不断更新，不辜负学校对我的栽培，不辜负家长对我的信任，不辜负每一个孩子宝贵的童年，不辜负我爱孩子的初心。我会始终在幼教道路上勇敢前行。

岗位虽平凡　匠心自峥嵘

幼儿园　池雅楠

时光在一年一年中度过，细细想来，我在幼教这条道路上工作了近十七个年头，这十七年里，我做过副班主任、保健医、教育干事、教学干事，现在负责总园的内勤和学籍工作。

行政工作烦琐，如果没有做好时间管理，就会导致计划好的工作不能及时开展，基于这样的情况，我反复研究工作方式，最终设立了待办事项清单，把碎片时间整合，并按节点高效完成工作。我把工作按照日完成、周完成、月完结进行分类，把紧要的事情放在前面，通过日程表形成自己的工作逻辑，并每日按计划完成待办事项。同时，我还注重细节管理，着眼修炼内功、磨炼心性、锻炼本领，以这样的工作方式使幼儿园行政工作高效快捷，不断提高工作效率。

以上是我对内勤工作的思考，下面我来聊一聊我接待家长咨询的一个小故事。

国庆节放假回来一早，办公室招生电话就响了，一位妈妈想带着孩子来幼儿园转转，当我去大厅接待她时才知道今天来园的原因很随机，因为茉茉小朋友今天哭着不想去原来的幼儿园，妈妈带她在马路上溜达，正好看到咱们园就想进来看看。茉茉一开始很抵触迈进幼儿园的大门，我就在幼儿园大厅陪她聊天，陪她看看幼儿园大厅的小鱼、陪她数数幼儿园大厅的小鸡、听她聊聊周日去商场玩蹦床的快乐回忆……这让家长感受到，我没有着急向她介绍幼儿园的情况，而是石外集团幼儿园的老师眼里和心里一定是装着孩子、想着孩子、体会着孩子感受的。当孩子感受到我能接纳她的情绪后，她开始愿意跟随我的脚步走进一楼长廊。茉茉妈妈很焦虑，不停地说着自己的孩子在原来的幼儿园表现得自由又散漫，没有规则意识，上课坐不住……说着走到淘气堡，茉茉走进去玩了一会儿，到该从淘气堡离开的时候茉茉怎么也不想走，妈妈想发脾气。我安抚妈妈，别着急，咱们有方法："茉茉，我们定个闹钟吧，定个三分钟的闹钟，闹钟响了以后咱们就要出去了，这个规定茉茉、老师和妈妈都要遵守。"我一边安抚焦躁的妈妈，一边给她示范当发生教育问题时应该如何解决。在边走边聊中，一个多小时过去了，妈妈看到幼儿园丰富的活动和我对茉茉耐心又有方法的引导，下午立刻带着孩子来报名办理了入学手续，孩子妈妈说：“茉茉想来我的班里，说我是一个温柔又有趣的老师，相处了两个小时，我就这样走进了一个抵触上幼儿园的小女孩的心中。”

其实我只是幼儿园中众多温柔又有趣的老师中的一员，平时我经常思考，如果我是一名想要咨询报名的家长，我最想听到幼儿园的哪些介绍、最想看到幼儿园的哪个活动……那么在接待家长时，我也会将心比心地解答家长的问题。同时我发现家长会经常拿咱们园跟其他幼儿园做比较，我便通过公众号等社交媒体了解其他园的活动，看看其他园有没有值得我们学习的长处。

历史只会眷顾坚定者、奋进者、搏击者，不会等待犹豫者、懈怠者、畏难者。回首以往，展望未来，我还会继续在行政岗位上开拓进取，践行“螺丝钉精神”，以“春雨润物”的奉献争做“我将无我”的践行者，以“春草破土”的拼搏，淬炼“锐意进取”的斗争心。我会用一名幼教工作者的无怨无悔，带着为祖国育苗的宗旨和使命，用热血和青春奉献在幼教事业中。

幼教之路：从“喜欢”到“热爱”的转变

幼儿部 汤 淼

提及当初我选择成为幼儿教师的初衷，源于我对孩子们的深厚喜爱以及对教育事业的热忱。我渴望通过不懈努力，为孩子们的成长和进步贡献自己的力量，同时我也期望在这个充满挑战与机遇的领域中，不断提升自己的专业技能和教学水平，实现个人价值。在这十六年里，我一直在石外集团总园工作，在此期间，我深刻体会到了幼儿教育的关键作用和深远意义。幼儿时期是孩子身心发展的黄金阶段，这一时期的教育将对他们的未来产生持久的影响，因此作为幼儿教师，我们承担着重要的责任和使命。在日常工作中，我始终将爱作为教育的核心，全心全意地关爱每一个孩子，用爱心呵护他们的成长。我坚信，只有真正的爱孩子，才能赢得他们的信任和尊重，使他们在快乐中学习，在学习中茁壮成长。

一、真心对待孩子和家长

要想做到真心对待孩子和家长，就要求我们有良好的服务性态度，树立良好的服务性宗旨。我们不仅是为家长服务，也是为孩子服务，更是为社会服务，我们要从孩子的角度出发，为他们的成长和发展负责。

在工作中，我也曾遇到过一些“难缠”的家长，但我始终相信“精诚所至，金石为开”。大宇是一个比较特殊的孩子，父亲工作很忙经常不在家，母亲对孩子的照顾也比较少，孩子平时主要和姥姥在一起，姥姥看电视他就跟着看电视，要不就是自己玩电脑游戏，而且经常是玩赛车或是打斗的游戏。由于大宇缺乏父母的关爱和教育，所以在幼儿园里表现得比较调皮，经常欺负其他小朋友，集体活动时也不认真听讲，注意力不集中。为了帮助大宇，我采取了以下措施：

（一）与家长沟通

我与大宇的母亲进行了多次沟通，向她介绍了孩子在幼儿园的表现，并分析了孩子出现问题的原因。我建议她多花一些时间陪伴孩子，关注孩子的成长和发展，并给予孩子足够的关爱和教育。

（二）培养孩子的兴趣爱好

我发现大宇对绘画比较感兴趣，于是便经常鼓励他参加绘画活动，并给予他一些指导和帮助。通过绘画，不仅提高了孩子的创造力和想象力，在耐心和专注力方面也得到了改善。

（三）帮助孩子建立自信心

我经常鼓励大宇在课上回答问题，并给予他积极的反馈，同时当他有进步时我会及时表扬他，给他一些小奖励。通过这种方式，孩子逐渐建立了自信心，性格也变得开朗了。

（四）与孩子建立良好的关系

在日常生活中，我经常与大宇交流，了解他的想法和感受，学会尊重他的意见和选择，并给予他一些建议和指导。通过这种方式，我与他建立了良好的关系，他也更加信任和喜欢我了。

通过努力，大宇在幼儿园取得了很大的进步，他不再欺负其他小朋友，集体活动时也能认真听讲积极回答问题了，他的绘画作品也经常受到老师和小朋友的表扬和赞美。看到孩子的进步，孩子的母亲非常高兴和感激，现在大宇发展得很好，已经在天津上高中了，我们还一直保持着联系。

二、用心去做每一件事情

用心做每一件事，就要求老师要有创新性，工作要细致入微，不要拘泥于传统做法，别人都做的事情不一定是好事情，别人都不做的事情可能是创新的好点子。在工作中，我一直不断尝试、不断试错，只要对孩子成长有好处都会坚持去做。

在组织孩子们进行户外活动时，我发现传统的游戏方式已经无法满足孩子的需求，于是我开始尝试创新，引入了一些新的游戏元素，如角色扮演、情景模拟等。这些新的游戏不仅有助于激发孩子的兴趣，还能培养他们的想象力和创造力。在教学过程中，我发现孩子们对于抽象的数学概念很难理解，于是我尝试用一些具体的物品来帮助孩子们理解，如用积木表示数字、用卡片表示图形等。这些具体的物品不仅能够让孩子们更加直观的理解数学概念，还培养了他们的动手能力和思维能力。

通过这些尝试，不仅提高了孩子们的学习兴趣和学习效果，也让自己的教学水平得到了提升。同时，我也深刻体会到，创新是幼儿教育发展的动力，只有不断创新，才能让孩子们得到更好的教育。

三、用爱去传承

用爱去传承教育，这就要求老师要有传承和奉献的精神，要将自己的经验和知识传授给年轻教师，帮助他们成长和发展。我在工作中一直传承着这种精神，用爱去帮助年轻教师成长。在园内开展的师徒结对活动中，我先后与几位年轻教师结为师徒，并在日常工作中定期与她们交流教学经验和方法，分享自己的教学心得和体会。我在进班听完她们的课后会及时给予指导和建议，帮助她们提高教学水平，同时我也会鼓励她们参加各种培训和学习活动，不断提升自己的专业素养。在园内开展的教研活动中，我会积极带领组内年轻教师参与讨论和研究，分享自己的教学案例和经验，并引导年轻教师思考和探索新的教学方法和策略。

通过传帮带，年轻教师收获了成长和进步，在教学水平和专业素养上都有了很大提高，并且在园内各种活动中表现得都很出色。同时，我也深刻体会到，传承是教育发展的重要保障，只有用爱去传承教育的精神，才能够让教育事业不断发展和进步。

幼儿教师是一个伟大的职业，我们要珍惜这个机会，不断学习和进步。从“我喜欢孩子”到“我爱孩子”，需要我们的努力和付出。如果幼儿教育是汪洋大海，我们每一位幼教人则是一滴滴水珠，只要我们去努力，就能荡起漂亮的浪花；如果幼儿教育是参天大树，我们每一位幼教人则是一片片绿叶，只要我们去奋斗，就能遮下斑斑荫凉。

把爱种进孩子心中

幼儿园　祁春利

今年是我在石外幼儿园的第二十三个年头，在石外幼儿园，我带过好多好多孩子，每一个孩子都有不同的气质，每一个孩子都有各自的特点，每一个孩子都是鲜活灵动的精灵。虽然他们会淘气、会犯错误、会让我生气，但是我仍然深深地爱着他们。

刚满 3 岁的孩子第一次来幼儿园时，有的不肯离开妈妈的怀抱，有的抱着书包不肯松手，有的对老师拳打脚踢……看着满脸鼻涕眼泪的他们，我们经常是一只手抱一个孩子，另一只手拉一个孩子，还有孩子拽着老师衣服的。这么多年的经验告诉我——别看他们是孩子，其实他们什么都懂，你爱他们，他们自然也会爱你。爱孩子，其实并不难，哭的时候抱抱他们；尿湿裤子对他们说句“没关系，老师给换”；空闲的时候跟他们聊聊天，告诉他们老师喜欢你。当我蹲着喂他们吃饭时，会发现有一双稚嫩的小手为我搬来小椅子；当我给他们提裤子时，他们会给我一个“天线宝宝式”的拥抱。慢慢地，我发现他们即使早上哭着来幼儿园，一看到我也会立刻投入我的怀抱，他们用表情、行动告诉着我，他们也爱我。

也许很多人都喜欢聪明伶俐的孩子，但多年的副班工作让我有更多的机会接触人们眼中的“个性孩子”，他们是需要更多爱、信任、鼓励的孩子，更是让人喜欢的孩子，如果我们因材施教，用对方法，你能看到他们大踏步式的进步。

户外回来，小朋友在厕所小便出现了让人诧异的一幕：多多小朋友正往旋转拖布池里尿尿。“多多。”我没带任何情绪地叫他，他看了我一眼，眼里已然充满了不安，此刻他一定知道自己错了。我轻轻地把他抱起来：“跟我说说为什么要在墩布池里尿？”多多一开始是有轻微挣扎的，但是后来看到我在跟他聊天也就放松下来。“小便池太高我尿不进去。”其实小便池要比墩布池低多了，纯粹是因为孩子好奇或者想与众不同。“那尿到那儿对吗？”“不对。”“应该尿到哪里？”“小便池。”“是啊，尿到小便池多好，里边有许多小洞洞，你尿的时候试试能不能尿到小便池的洞洞里。”“好!”我们经常面对孩子的一些行为发脾气，是因为孩子的行为没有按照我们的标准执行，给我们添乱了，但当我们耐心倾听他们的想法，分清自己的情绪和孩子的行为时，可能处理孩子的这些问题就会是另外一个态度。爱孩子，就要允许孩子在错误中成长，鼓励比批评指责更重要，鼓励他习得正确的行为并信任他，因为我的这份鼓励和信任，多多再也没有出现过这种情况。

我们爱孩子的方式有许多种，相信老师们每个人都有自己的感悟：爱孩子就要用主动学习的策略教会孩子正确表达情绪和独立解决问题；爱孩子就是即使孩子没有达到我们的期许，我们也不会一味地施压，而是认识到孩子有自己的节奏，他也想做好，只是暂时还缺时间、缺方法、缺实践；爱孩子就是即使孩子失败了，我们没有嫌弃他“输不起”，而是会鼓励他重拾信心，直到再次做成它；爱孩子就是尽管孩子看起来有点害羞、胆怯、无能、自私，你也不会轻易给他们贴上标签，而是接纳孩子的不完美，并关心他遇到了什么困难，观念里出现了哪种偏差；爱孩子就是不会拿孩子和别人比，而是尊重孩子的个性，顺势而为，静候花开；爱孩子就是让孩子的内心充满力量，感受到温暖，从而拥有克服困难的勇气和力量。

孩子们不仅眼睛是亮的，心更是亮的。你爱他，他会加倍回报你，从他们身上得到的乐趣和感动，和教育文字里所有油墨比起来实在不是语言所能说出的。我只能说，我爱孩子，更多的是行动上，我觉得这样的爱比较具体。二十三年的时间里发生了太多太多的故事，有孩子带给我的幸福，也有家长带给我的信任，太多的家长跟我说：“孩子们有你在，是他们的福气。”大家都说幼儿园老师是最容易被孩子遗忘的，但是许多上小学、初中，甚至高考后的孩子们都会来给我汇报优异的成绩，当年我带过的小宝贝现在上研究生了依然跟我保持着联系。

二十三年的幼儿园生涯中，更是有领导对我这样默默无闻的老师的支持和鼓励，郑园长从我朋友圈里看到了我的日常小记录，做了《日子温暖且明亮》的分享。每个人都需要被看见，正是这份看见让我为之感动，给了我无限的力量，鼓舞我继续做好我们这份普通、平凡又伟大的工作。工作二十多年来，从跟我搭过班的姐妹身上学到了很多优秀的品质，今后我将继续耕耘于石外幼儿园这片沃土，用爱浇灌出更多石外幼的“幼苗”。

眼中有光　心中有爱

幼儿园　许　璐

前几天翻看照片回忆起和孩子们在一起的一幕幕，就像昨天刚刚发生的事情，可是细细一数九年过去了。

我清楚记得上班第一天的信心满满、干劲十足，到一天结束后的脑袋懵懵、浑身瘫痪，好像还能听到孩子们号啕大哭地拽着我说要妈妈。慢慢地，随着时间的沉淀，我和孩子们都在成长。我认为耐心和方法是第一要素，学会观察孩子读懂孩子，只有这样才能抓住时机，走进孩子们的内心世界。

就像我和萱萱，她头脑灵活，有自己的想法，做事情很谨慎，没有十足的把握是不会去做的，同时她也是一个比较挑食的小姑娘，完全拒绝胡萝卜、虾和青椒。我告诉她这些食物的营养价值是对身体有好处的，并尝试喂饭，以及边讲故事边吃饭，结果都不行，萱萱妈妈也说这孩子道理都懂，就是不愿意尝试。有一天萱萱在家庭区拿了各种各样的食材，厨师的衣服也装扮上了，我一看这时机不就来了吗，赶紧冲恺恺说："我好饿啊，可不可以点餐啊?"恺恺愣住了说："我是医生啊，不管做饭。"萱萱立刻过来说："我可以。"我问她："都有什么菜呀。"她说："青椒炒鸡蛋、胡萝卜炒虾，还有米饭。"我一听心里就有数了。我开始模仿她说："我不爱吃这些。"把萱萱平时拒绝的理由全都用上了，于是她就模仿我平时劝她、喂她吃饭的样子。最后我说："要不你陪我吧，我吃一口你也吃一口，这样我就有勇气尝试吃一口试试了。"于是我俩就像互换了角色，沉浸在游戏中。

有一天午饭是胡萝卜炖牛肉，我走过去看见萱萱把胡萝卜戳来戳去，我说："要不你尝尝?"我拿碗盛了几块胡萝卜对她说："咱俩可以一起吃，我陪你，就像我们俩在区域里你陪我吃一样。"她没同意也没拒绝，而是想了很长时间。

我问其他小朋友："胡萝卜有奇怪的味道吗?"他们都说："没有。"她纠结半天说："那你能等我吗?"我说："那必须的啊。"于是我先吃了一口，然后惊讶地说："有一丝丝甜。"她吃了一小块以后眼睛亮闪闪地看着我，说："是甜的吧。"我马上击掌鼓励她，同时她把其余几块胡萝卜也吃了。从拒绝到尝试到接受，想要更好地解决问题就要学会用孩子的视角找到解决问题的方法。顺从孩子的童心，给予孩子足够的爱与自由，尊重他、理解他、成为他、成就他，不像教育的教育才能像呼吸一样自然，我希望我的孩子们都能在自由温馨的环境下成为更好的自己。

青春无悔

幼儿部　孙素彦

孩子们带给我的不仅是成长、感动，还有那颗幼小心灵给予我们的触动和震撼，让我们无时无刻、无怨无悔地为他们付出爱和青春！

有这样一个地方，它像一座美丽的花园，充满着阳光，每一朵花、每一丛草、每一棵树，都是那样生机盎然；有这样一个地方，它是一座艺术的殿堂，充满着欢声笑语，有歌声有琴声，显得那样五彩斑斓；有这样一个地方，它是一个成长的摇篮，充满着希望，有梦想有渴望，显得那样美妙动人——它，就是石家庄第二外国语学校附属幼儿园。

在这里，每位老师都是那么平易近人，和蔼可亲，她们对幼儿教育事业的执着和热爱令人感动。2001 年 4 月，我非常荣幸地成为这里的一员，转眼间在这里已经工作了二十多年，真的是弹指一挥间，有很多像我一样的老师，在这里奉献了自己最美好的青春。算一算，加上这届，我已经带了七届毕业生，他们有的已经工作、有的在上大学、有的在上高中、有的在上初中、有的在上小学、有的在国内、有的在国外。相信很多老师和我一样，过节时会收到孩子们的问候，看着孩子们真挚的祝福，我的心里真的是特别的温暖和满足。是呀，作为一名老师，最感动的莫过于多少年过去之后，在校园里或者马路上一句亲切的：孙老师，您还记得我吗？我是谁谁谁？我是您的学生，或者是我是谁谁谁的爸爸/妈妈。每每此时，我的心里都会感到无比的欣慰和自豪。

带过这么多孩子，给我印象最深刻的是我们班的“兔子姐”，从园长到主任，从干事到保健医，从老师到门卫，真是无人不知，无人不晓啊！想当年，我们这位“兔子姐”想哭就哭，想闹就闹，想喊就喊，从门口到楼道，从教室到操场，真是想往哪躺就往哪躺，主打一个随心所欲。在我们班马鑫老师、李渊老师、王佳宁老师的共同努力下，在和家长无数次的沟通和配合下，“兔子姐”终于长大了。快毕业时，“兔子姐”不仅在全园的升旗活动中当了出旗手，更厉害的是在全年级的六一联欢会上不仅跳了舞，还打了鼓，真的是让我们刮目相看。

像这样真实、平凡的故事每天都在发生，像这样负责、朴实的老师在我们幼儿园还有很多。陶行知先生曾经说过：“真教育是心心相印的活动，唯独从心里发出来的，才能达到心的深处。”作为一名幼儿教师，我要用我的爱去呵护，去关爱这些可爱的孩子们，为他们编织一个美丽的、如童话般的成长之路。

不忘教育初心　追梦砥砺前行

幼儿园　孙　菲

2013年7月我来到石外幼儿园，怀揣着对幼教梦的憧憬，满心欢喜。现在停下来回想，思绪万千，我仿佛回到了2013年的那个夏天，熙熙攘攘的人都在石外幼儿园楼道里等待着面试，大家或是摩拳擦掌练习着各自的才艺，或是喃喃自语准备着自我介绍。感受到这个紧张的氛围，我才更加清楚地意识到我要面试了，在这么多人里面我该怎么做？紧张忐忑的心情现在仍然能够感受到，面试的一点一滴都浮现在眼前……幸运的是，我最终通过了面试，成为石外幼儿园的一员，能够和我爱的幼儿园一起成长。

第一天上班对我就是一个打击，刚毕业的年轻大学生都是初生牛犊不怕虎，可是现实情景却和我想象的不同，在石外的每一天都督促着我不断学习上进，不断丰富自己的专业，提升自己的技能。刚开始我是一名懵懵懂懂的新教师，每一天都在学习探索，转眼就到了2016年的暑假，我有幸参加了幼儿园的英语夏令营，并在这次助教活动中有了一个展示自己的平台。之后，我成为英语老师，从班主任到英语学科带头人再到年级主任，这是一个不断积累的过程。从步入工作岗位开始，我每一天都在成长，在此真的感谢我背后强大的幼儿园给了我一个平台，同时我也很珍惜自己的经历，使我可以慢慢积累自己，沉淀自己。

刚来到石外幼儿园时，我就被前辈们的方法技能所折服，被园长、主任们的气度和专业度所吸引，被学校的教育理念所征服。我很庆幸能够找到一个可以带领所有人成长的集体，回想上班的第一年，没有管理方法，不懂怎么照顾孩子，孩子来园哭闹我只能抱着哄着，到了中午睡觉的时候孩子哭累了，我在小床上陪着，一直抱着孩子，陪着孩子，这一幕被班里的其他老师拍下来，传到了班集体相册里。本来就是微乎其微的一件事情却让孩子的家长念叨了三年，最后参加第一届毕业典礼的时候，这个孩子的家长走过来和我说："谢谢老师，那张照片会一直留在脑海里。"说完这句话，让我每天忙忙碌碌的生活更加清晰化了，这只是所有老师都会做的一件小事，就能让家长一直记在心里，感谢在心里，支持在行动，还有什么理由让我不用心对待每一个孩子呢？孩子们其实很聪明，他们知道谁是用心去爱他们的，他们才会接纳你，用心去爱你。爱是相互的，让他们感受爱，他们才会对幼儿园放心。孩子的爱是单纯的，很直接，寒假过后，我在门口碰到家长，家长激动地说："老师终于开学了，我家阳阳改变特别大，之前遇到人不敢说话，现在出去了都拉不住，谁都聊，多亏了你们啊！"有家长的理解支持，所有辛苦的付出都是值得的，虽然每天的工作很烦琐，不仅要面对全班孩子们出现的各种问题，下班后还要和家长们进行有效的沟通，不过看着一张张纯净的笑脸，就会让人觉得世界如此美好。为了这一群可爱的娃娃们，我们要对每个孩子负责，这就要求我们在一日流程中的每项活动、每个教育时机都要把握住，随时随地做好教育。看似简单的教育其实需要老师们的前期准备，经验积累，并且在教育的同时也要讲究方法，就是因为有了这份对孩子的爱与责任，我们才会全情投入，用心做好每一件事。和孩子们在一起是无忧无虑的，和家长们在一起是被信任的，我们每天都被百分之百的爱包围着。

一路坚持走来只因心中有爱，并且每一天我们都在感受孩子们给予的爱，家长们给予的信任。我觉得幸福感可以用 9 个字来概括：有希望，有事做，能爱人。"春蚕到死丝方尽，蜡炬成灰泪始干。"我们用青春和信念诠释着教师职业的本质——爱与责任。在教育的热土上，不追求轰轰烈烈的表象，而要立足于平平淡淡的真诚、实实在在的耕耘，这才是真谛。

幼儿园的工作是充实的、是满足的、是光明的、是播种希望的。既然选择了这个行业，就要好好面对，既然认定了这个专业，那就不能辜负它，用心把自己所做的事做好，去享受其中获得的乐趣，这时你会发现生活其实很充实、很简单、很幸福，而你自己也在不断地成长，不断地收获。

坚守初心，做幸福的幼教人

幼儿园　杜海霞

我和在座的教师们一样平凡而伟大着、奉献而快乐着、成熟而年轻着，我们把全身心的爱播撒在每一位幼儿的心田，让孩子们在爱的沃土里茁壮成长。没有完美的个人，只有完美的团队，我很庆幸我是石外人。泰戈尔说过：果实的事业是珍贵的，花的事业是甜美的，但是让我做叶的事业吧，叶总是平凡而谦逊地垂着绿荫。

有人说快乐的时间总是过得特别快，是啊，在幼教这个行业我已经整整快乐了二十八年。2001 年我来到石外幼儿园，感谢园领导的栽培、姐妹们的关照，我们不是亲人胜似亲人，我们互相见证着成长，我们在成就孩子的同时也成就了自己。

我出生在书香世家，家中很多人都是教师，受家庭影响，我光荣地成为杜家军教师队伍中的一员，做了一名幼儿园老师。毕业后我一直在幼儿园工作，2001 年 2 月来到石外幼儿园，我们学校始终“以人为本”，幼儿园秉承着“游戏＋体验＝学习”的办学理念，超前的办学体制，独具特色的办学思路，以及优美的校园环境，完备的硬件设施，雄厚的师资力量吸引着所有人。身为幼儿园的一员我感到无比自豪和骄傲，当然光环背后有这么一群幼教人各司其职，踏实肯干。

一、在这里我学会了珍惜

幼儿园工作是细琐而又忙碌的，工作性质决定了我们要做一群事无巨细的人，始终不能停下工作的脚步。那时我是一名副班主任，孩子们的一日三餐需要我们一桶一桶、一盆一盆地从一楼提到三楼，老师们都练就了很完美的肱二头肌。三餐后，还有一个大工程就是清洗碗筷和口巾，每天出勤 40 人，每餐每人 2 个碗，每个碗洗洁精和清水共洗 2 遍，一天 3 顿饭，一天下来副班要洗 480 个碗，每周洗 2400 个碗，餐后还要把清洗干净的碗筷送回食堂。每周副班还有擦玻璃、洗玩具、搞卫生、擦床、洗床单、洗孩子的衣裤和各种消毒工作，总之我们就是家政小能手。如今，幼儿园有了新的变化：安装电梯、聘请专门的洗碗师傅、送饭师傅，让老师们有更多的时间学习，研究孩子的心理特点，做专业的幼教人；合理利用空间，将原来的隔断打通并做了榻榻米，孩子的活动空间更大了；改造了厕所，新添置了直饮水、儿童淘气堡、户外游乐设施……幼儿园变成了真正的儿童乐园。现在的分园也像雨后春笋般遍地开花，已经有九所园了，无论身在何处，老师们始终在学习石外精神，传承石外精神，发扬石外精神。

人是很容易被感动的，而感动一个人靠的未必是慷慨激昂的言语，一句暖心的问候，一个甜美的微笑就能感人至深。有一天广播站突然传出女儿稚嫩的声音："妈妈，今天是你的生日，祝妈妈生日快乐！"那天我一如既往在幼儿园忙碌地工作着，甚至忘记了我的生日。然而，当我听到广播站传来女儿的声音时，我的心被满满的幸福填满，一整天都沉浸在幸福中，这个特别的生日祝福，也让我更加珍惜自己的职业。作为一名幼师，我每天都能和孩子们一起度过快乐的时光，见证他们的成长，而我的女儿也在这个幼儿园里茁壮成长，她的快乐和进步是我最大的动力。

岁月流转，星辰更迭，时光的脚步匆匆向前，但在幼儿园这片纯真的乐园里，爱如暖阳，始终熠熠生辉，未曾改变。所以我更加珍惜这一切，珍惜孩子们的天真无邪和纯真可爱，用心去教育和引导他们；珍惜家长们的信任和支持，与他们携手合作，共同为孩子们的成长努力；珍惜幼儿园这个大家庭，团结协作，共同创造一个温馨、和谐的教育环境。

二、在这里懂得了爱

我们从事的是很有挑战性的工作，每一个孩子都是一个世界，要想成为每一个幼儿的朋友、得到幼儿的信任，需要付出很多的心血，用个人的魅力征服他们，用自己的热情和朝气感染他们。每届幼儿中总会有些特殊的孩子需要照顾，我曾经遇到过一个非常调皮的小男孩，他总是喜欢在课堂上捣乱，不听从老师的指挥，但是我发现他其实很聪明，只是缺乏自信和安全感。于是，我经常和他聊天，鼓励他要勇于表达自己的想法和感受，并且给他一些小任务，让他感受到自己的重要性。慢慢地，他变得更加自信和开朗，不再那么调皮捣蛋，也学会了尊重他人，并且能够更好地控制自己的行为了。看到他的变化，我感到非常欣慰，我相信只要我们用爱和耐心去引导和教育孩子，他们一定能够茁壮成长。令我没有想到的是，毕业时孩子的姥爷在幼儿园门口当着全班家长和老师的面，给我深深地鞠了一躬，激动地说："谢谢杜老师，谢谢杜老师！"我内心百感交集，有点手足无措，这一鞠躬让我感受到了信任、认可、支持和温暖，这是一种无法用言语表达的感受。当然，我也知道家长的鞠躬不仅仅是对我个人的感谢，更是对整个幼教团队的肯定。我决心倍加珍惜这份信任和尊重，不断努力提高自己的教育水平，为孩子们的成长和发展贡献自己的力量。

三、在这里提升了教育教学能力

置身于我园这支能力强，素质高的队伍中，压力、责任感倍增，我深刻认识到只有不断学习，充实自己，才能不被这支队伍淘汰。“日出而作，日落而息”这或许是农夫的写照，而对于教师，特别是石外教师，那便是“日出而作，日落而不息”，那一个个忙碌的身影，一个个精彩的观摩活动，使我懂得了“累”字的内涵，懂得了“爱”字的结构，懂得了该怎样去教我的孩子们。随着时代的发展和教育理念的不断更新，我学会以积极的心态迎接挑战，深入研究最新的幼儿教育理论，并与自己多年的实践经验相结合，形成了独特而有效的教学方法。第一，在课堂上我善于运用多样化的教学手段，激发幼儿的学习兴趣，无论是生动有趣的故事讲述，还是富有创意的手工活动，都能让孩子们沉浸其中，快乐学习。第二，观察每个孩子的特点和需求，因材施教，给予每个孩子充分的关注和引导。对于学习较慢的孩子要有耐心，用鼓励的话语和温暖的拥抱帮助他们建立自信。第三，在与年轻教师的交流中，我会毫无保留地分享自己的经验和心得，同时也会虚心向年轻教师学习他们身上的创新思维和新的教学技术，不断完善自己的教学策略。第四，通过参加学校组织的各类培训和研讨会，不断拓宽自己的教育视野，并将前沿的教育理念引入课堂，探索更适合幼儿成长的教育模式。

在幼儿教育的这片天地里，我始终坚守着那颗炽热的初心，在与孩子们相伴的每一天里，我收获着无尽的幸福与满足。坚守初心，做幸福的幼教人，坚持最初的梦想与热爱，我将继续在这片充满希望的土地上，用爱浇灌每一朵祖国的花朵，在孩子们的世界里播种希望的种子，静待其生根发芽，陪伴他们茁壮成长，为他们的未来奠定坚实的基础。

叶的事业

幼儿园　李艺凝

记得当初报志愿时只因为一句“幼师吧，到时候好就业”，我便踏入了学前教育的大门。那时候的我根本没意识到，未来我将会在这份事业中投入多少爱、花费多少耐心、肩负起多少责任。

七年前，我来到石外幼儿园，正式开启了我的幼教生涯，跨入幼儿园大门之后，我才知道做一名幼儿教师有多么不易。那时我刚到幼儿园不久，就要面对新小班的幼儿，这也是我带的第一届孩子。稚嫩的我和更稚嫩的他们四目相对，我笑脸相迎，蹲下轻声对他说：“宝贝你好，我是凝凝老师。”之后就像开盲盒一般，他们有淘气的、有活泼的、有安静的、有腼腆的……但盲盒最大的价值在于惊喜感。是的，他们带给了我无数的惊喜和前所未有的感受。

新小班入园，一部分孩子带着分离焦虑哇哇大哭。我们班一个小朋友每天都哭得很伤心，但神奇的是，只要我在的时候他就不哭了，于是我经常陪着他，他也变得很依赖我。当时正值暑假期间，老师们轮休，我上午来幼儿园拿东西，他看到我就跑来拉着我的手不放，等到我要走的时候他大大的眼睛里含着泪花，带着哭腔对我说：“我不想让你走。”当时我的心像是被揉了一把，甚至那一瞬间我体验到了当妈妈被孩子需要的时候是什么感觉。这也是我在这份事业中收获的第一次感动，令人记忆深刻。

另一个让我难以忘怀的感动是一个小女孩和她妈妈带给我的。这个小姑娘有一些腼腆，自尊心很强，有一天中午她尿床了，我看她不说话也不穿衣服，只是坐在那儿。我走过去在她身边坐下，若无其事地轻声问她：“宝贝，老师给你找一件衣服换上吧，现在穿的这件有点湿了。”她点点头，于是我去给她拿干净的衣服。回来后，我发现有小朋友在她旁边说：“呀！你尿床了！”我坐到她身边一边帮她换衣服一边对她和旁边的小朋友说：“这是很正常的事情呀，悄悄告诉你们，老师小时候也尿过床呢！所以没关系呀，衣服湿了换上干的就好啦!”我相信每一位老师遇到孩子尿床的事情时都会考虑到孩子的自尊心，给孩子一些安慰。这于我们而言，是再平常不过的事。

晚上下班后我收到了小姑娘妈妈发来的信息，她说孩子回家拉着她进到卧室，哭着说自己今天尿床了。妈妈刚想安慰她，她却止住了哭声，对妈妈说：“妈妈你知道吗，是凝凝老师帮我换的衣服，凝凝老师还说她小时候也尿床，尿床了没关系。”家长说孩子性格腼腆，真的很感谢老师能够这样保护孩子小小的自尊心，说了很多很多感谢的话。说实话，在这之前我都没有仔细想过，这一个小小的安慰会给孩子带来多大的力量，会让家长回馈给我们多大的信任。在孩子和家长感谢我的同时，我更感谢她们让我明白我付出的每一份爱和耐心她们都记在心里。

我们的工作是烦琐的，一点一滴积累着和孩子之间的开心、生气、惊喜、感动……在毕业那一天，我们终于从这些点滴中获得了巨大的成就感。毕业典礼开始时，他们站在领奖台上，脸上充满着自豪，从我手中接过毕业证书，我们流着泪互相拥抱，我不舍地对他们说：“恭喜你毕业了！”他们抱紧我，在我怀里哭着说：“谢谢老师！”这时，浮现在我脑海中的画面是刚入园时，他们也像现在这样在我的怀里哭着，那时候他们嘴里说的是：“我要找妈妈。”那一刻的感受无法用任何言语来形容。我们牵着孩子们的手，在他们漫长的人生旅途中陪他们走过了最重要的一段路。我们就这样用心地陪伴他们成长，与此同时，我在他们身上也看到了自己的成长。

有人曾说：果实事业是尊贵的，花的事业是甜美的，但是让我们做叶的事业吧，叶总是平凡而谦逊地垂着阴荫。这份叶的事业，没有金光闪闪的荣耀、没有波澜壮阔的事迹，而我的心却在这日复一日的平凡谦逊中被爱填满。爱如果有形状，我想它一定是我们和孩子拥抱的形状，是我们蹲下来和孩子说话的形状，是我们一点点教孩子穿衣叠被的形状。每一个我们付出爱和感受爱的时刻，都会定格成一个独特的爱的形状。我爱我的孩子们，我爱这叶的事业！

爱要用心诠释

幼儿园　李丽娜

记得 2000 年那个金色的秋天，刚刚走出大学校门的我成为石家庄外国语教育集团的一名幼儿园老师。我憧憬着我的生活应该像歌曲里唱的那样："领着一群小鸟飞来飞去。"而现实是：我第一次见到这么多小孩子一起围在我的身边，领教了那么多哭哭闹闹的小孩子在我身边抹鼻涕让抱抱的感觉。当时的我除了慌乱就是不知所措，我可真不知道该怎样领着这群哇哇哭的"小可怜"飞到哪里。那时候就希望自己会一些魔法可以使这些小家伙们不要再哭了。而我唯一能做的，就是把一个个"小泪人"揽在怀里抱着，让他们暂时找到一些妈妈的感觉。每天每天，我似乎都在奔波于孩子们的眼泪和鼻涕里，就连晚上睡觉做梦时候，耳边都是孩子们嘤嘤的哭声。

一、爱的初级阶段

爱的初级阶段是带有情绪的爱，简单的爱，不稳重的爱。记得班里有一个小女孩中午要摸着别人的耳朵才能入睡，我开始觉得这还不简单啊，"奉献"出耳朵不就行了。后来才发现这是一件挺痛苦的事情，她要摸着我的耳朵，我就得猫着腰，不是蹲在床旁边，就是跪在床边，更可怕的是她不是一两分钟就能睡着，每次都要半个小时，我都腰酸背痛了她还没有睡着。一天两天还可以，天天这样我受不了了，终于有一天我"爆发"了："小宝贝啊，我的耳朵又没有租给你，你摸着我耳朵我多难受你知道吗？你怎么不想想我的感受呢？"我转身走后耳边立刻传来哇哇的哭声，我跑出教室以后自己也哭了。现在想起来我挺辛苦，同时也挺可笑的，一个 3 岁的孩子哪会懂得想对方的感受呢，她只是依赖老师。对于我来说，刚上班的初期，还不太懂儿童，也没有儿童观，类似不理智的、急躁的、很随性的事情时常发生。那时候的我还不懂得站在一个 3 岁孩子的角度看问题，虽然身体蹲下来了，但却没有真正地把心也放低去观察儿童。

按照我自己的推理，应该不出一个星期，我就会被孩子们的鼻涕眼泪和哭声打垮了。但是，一天又一天，我见了一个哭的就去爱一个哭的，一周又一周，我见了一群哭的就去爱一群哭的。我就像一只袋鼠，不管不顾地把孩子放到我爱的口袋里晃一晃，一直晃到孩子们的眼泪少了笑容多了。嗯，终于有一天我可以领着“小鸟们”飞来飞去了。

二、爱的成长阶段

前两年的“简单爱”，指的是在没有任何工作经验、没有任何思想顾虑的前提下，一种与生俱来、发自内心对孩子的爱。经过两年积累和沉淀以后，我迎来了一群全托班的孩子们，和他们在一起的三年，是我在各方面成长的三年。曾经看过这样一个比喻：一个坏人，如果让他去教大学，这个人身上的东西基本上不会被大学生吸收。如果让他来教小孩子，小孩子就会完全吸收他身上的东西。用一句简单的话概括就是——老师就是孩子的“环境”。如果你细心观察就会发现，一个孩子跟了老师三年以后，他们的神态、语气，甚至是走路的姿势都能找到这个老师的影子。孩子们看上去是天真简单的，但实际上老师的每一句话、每一个行动他都注意到了，同时也全部吸收了。在全托班的那三年中，我这个小姑娘老师为班里35名刚满3岁的孩子撑起了一片“不是亲娘胜似亲娘”的天空。孩子们的父母虽然为他们提供了丰富的物质条件，但却忽视了最重要的爱和陪伴，孩子们得到的爱都是不完整的，所以我的角色，除了是老师还是朋友，更是妈妈。

还记得小浩是中班转来的一个小男孩，刚到班里的时候总是低着头不敢和别人说话，要不就是说话时磕磕巴巴的，一点儿都不像班里其他孩子那样，爱打打闹闹的和老师一起，说说笑笑地扭成一团。通过和家长了解才知道，小浩其实是个很活泼淘气的男孩，但在前一个全托园里老师为了让他“老实”，总是把他关到厕所或是阳台的小黑屋里，在家里的时候还会被爸爸打，导致孩子做什么事情都是战战兢兢的，极度没有自信。孩子送到我手里的时候简直就是惊弓之鸟。有一次我总是闻着班里一股臭臭的味儿，就是找不到从哪发出来的，后来我在小浩的床底下发现了粑粑，我刚想问他为什么不到厕所拉粑粑时，他简直害怕得要命，身体都发抖了。我一把把孩子搂在怀里，说：“孩子别害怕，没关系的，下次到厕所里拉粑粑就行。”他抬起头用惊讶的眼神看着我，也许在他的记忆里，从没有老师会这样轻易地原谅他，他也从没敢正眼看过老师。从那以后，我总会特意给小浩各种锻炼的机会，如摆口巾、发碗筷等等，去哪儿我都带着他，逢人便夸我有个能干的“儿子”，让他知道原来自己是一个会做很多事情的孩子，是个很聪明的孩子，是个被人需要的孩子。一天、两天过去了，小浩能说完整的话了，他的头抬起来了，眼中的惊恐不见了，脸上多了自信的笑容。

每天下班吃完饭后我都惦记着孩子们，总是回到班里和他们腻在一起，直到看他们一个个躺到床上，还得摸摸他们小屁股、亲亲小脸才满足。当其他老师下班回家，享受和家人的快乐时光时，我还在值夜班，给孩子们一个一个地洗脚、洗屁股，等他们进入梦乡，我又开始给他们洗衣服、搓袜子、缝裤子、缝扣子，晚上怕孩子们蹬被子了、发烧了、咳嗽了，整晚整晚不敢睡觉。这份工作真的很累很辛苦，但是我始终相信：只要真心爱孩子，总会有回报的。这个回报就是孩子叫的一声声“老师妈妈”，家长说的一声声“谢谢老师”。

三、爱的稳定延续阶段

爱是走进童心世界的前提。在成为一名真正的幼儿教师时，我在想：嗯，做一名幼儿老师应该是很好的，和孩子们打交道轻松、快乐。当我成为一名真正的幼儿老师时，我体会到了幼儿教师的难。尤其是有了自己的女儿，才真正理解了做母亲的心，孩子的健康、快乐、幸福比什么都重要。所以，我会用妈妈的目光去看待每一个孩子，因为只有妈妈的眼光里才有关注、有欣赏、有爱、有宽容。有一句话是这样说的：爱自己的孩子是人，爱别人的孩子是神。从某种程度上说，爱自己的孩子体现了一种本能，而爱别人的孩子就是一种超脱和飞跃了。班上有这样一个小男孩，高高壮壮、虎头虎脑的，聪明懂事也很调皮，我经常跟他说：“当我干儿子吧，正好我还没儿子呢。”他就真的“干妈干妈”地叫我。有一次孩子说爸爸和妈妈要离婚了，爸爸不许他见妈妈，连电话都不让打，于是我很小心地问：“儿子，想妈妈吗?”他出乎我意料地说：“不想。”“为什么?”他说：“我有你就行了，你是妈妈。”孩子的话让我一把抱住他掉下眼泪来，他把对妈妈的爱转移到了我的身上，那一刻我觉得我的责任和意义是多么重大：对孩子的爱，真的不单单是职业意义上的爱，而是发自内心的妈妈的爱，这样才能真正走进孩子的内心世界。所以说，老师是孩子的环境，与其让环境不断恶劣，还不如想一些巧妙的办法“治理环境”，老师快乐所以孩子也快乐，孩子们快乐不就是我们老师最大的安慰吗?

三毛在她的作品中曾提到：“我不穿高跟鞋，这使我步子悠闲。”瞧，我们幼儿园老师脚穿一双平底鞋，头梳一把马尾辫，穿梭在小朋友中间。这就是我们，一个幼儿园老师真实的风采，你不觉得这样的生活很踏实很快乐吗?爱是什么?是忍耐、是慈祥、是凡事包容、是凡事盼望，爱就是永不止息的等待。爱是土壤、爱是阳光、爱是孩子成长的一切，我想用爱伴随孩子一起成长，这将是一件妙不可言的事情，真的。

爱满天下

——激情燃烧的岁月

幼儿园　李林娇

在幼儿园这片纯真的天地里，我们幼教人以爱为墨，以情为笔，书写着属于自己的教育诗篇。我深信，陶行知先生那句“爱是一种伟大的力量，没有爱就没有教育”的真谛，将“爱满天下”的教育理念深植心田，化作对每一个孩子无微不至的关怀与引导。

我自幼怀揣着成为幼儿园教师的梦想，踏入了这片充满童真与梦想的世界，初心未改，只为让每一个遇见的孩子能够因我而绽放出更加绚烂的笑容。初涉幼师之路，方知学海无涯，需勤勉不辍，于是我广纳博采，琴棋书画以静养性，舞刀弄剑以动强身，每一份才艺都化作教育旅途中的璀璨星光，照亮了孩子们的成长之路。

2009 年，命运之轮轻轻转动，刚刚毕业的我有幸踏入这片幸福的殿堂，成了幼儿园的一名艺术教师。在这里，我遇到了生命中的伯乐——郑韦园长，七载春秋，园长如灯塔照亮我的前行之路，让我这只勤勉的“笨鸟”终能翱翔于教育的蓝天。幼儿园的日子，对我而言，是激情燃烧的岁月，每一天都洋溢着无尽的热爱与奉献。

在这片充满爱与梦想的土地上，我收获了其他职业难以企及的快乐与满足。我能够以美术为媒，引领孩子们在色彩的海洋中遨游，共创艺术之美，连园墙也披上了孩子们灵感的华服；我能够以舞蹈为桥，虽非专业舞者，却以满腔热情赢得了孩子们的喜爱与掌声。每年的联欢会，指挥、主持、各种风格的舞蹈、策划等等，都成为我圆梦舞台的璀璨时刻。我能够将胸中满溢的爱国情怀，化作细雨，润物无声地滋养着孩子们的心田。我深信，即便他们尚幼，那一颗颗纯真的心灵亦能承载起对祖国的深情厚谊，让爱国精神在他们心中生根发芽。在传承与发扬传统文化的道路上，我愿做那盏明灯，照亮他们前行的方向，启迪他们的志向与梦想，让中华文化的璀璨光芒，在他们未来的岁月里熠熠生辉。在梦想的坚守中，岁月流转，我的性格亦随之改变，从昔日的温婉和平到如今的活泼开朗，这一切的改变，皆因我深爱的教育事业。

幼师之路，虽非坦途，却满载着感动与力量。我始终坚信，每一位坚持下来的教师，都怀揣着对教育事业的无限热爱与坚定信念，她们如同“百变女王”，面对挑战从不退缩，传承着自强不息的中华魅力。我在这样的氛围当中，也学会了勇于挑战自我，从对球类的抗拒到成为篮球节目的编排高手，从害怕小动物到与孩子们一同观察蚂蚁、蚕宝宝的成长，从开家长会紧张的发抖到自信大方的侃侃而谈，每一次跨越都是对自我的超越，每一次成功都让我心潮澎湃，感叹于自己的潜能无限。

在幼教的征途上，我深知，我不仅是一名教师，更是孩子们心灵的引路人。我要以爱为舟，以智慧为帆，载着孩子们驶向梦想的彼岸。我总会骄傲地高喊：“幼儿园教师，天下无敌，无所不能。”这份自豪，源于我对教育事业的热爱与执着，更源于我见证每一个孩子成长的幸福与满足。

在那片被纯真与梦想轻抚的幼儿园里，最深的感动源自一群小天使——我的孩子们，他们如同星辰，永远照亮着我心灵的夜空。帅帅，这位初识便以“小大人”姿态闯入我生活的孩子，用他稚嫩的肩膀扛起了坚强与勇敢。小班初遇，他强忍泪水的模样让我心生怜爱，一句“我是男子汉”，不仅震撼了我，也悄然在我心中种下了坚韧的种子。岁月悠悠，帅帅从那个需要安慰的小男孩，成长为班里的“小哥哥”与“开心果”。他的爱，如同我给予他的那般，满溢而出，温暖着周围的每一个人。在我初为人师、紧张万分的公开课前夕，是他，以超乎年龄的淡定与信任，轻轻一句“李老师，别紧张，我相信你”，如同春风化雨，瞬间驱散了我心中的阴霾。而他那句“李老师，其实你挺白的”，更是以孩子特有的纯真与幽默让我的世界充满了欢笑与温馨。三年又三年，我们在幼儿园里不断地轮回着，遇见着又离别着。幼儿园老师是最容易被遗忘的，但他们毕业后依旧会找你分享自己的成长、戴上红领巾、第一次当班长、得了三好学生、考上了好学校还依然想着你。这让我深刻体会到，作为教师的幸福，莫过于在孩子们心中种下爱与智慧的种子，看着他们茁壮成长，即使毕业后，那份情谊依旧跨越时空，温暖如初。那一声声跨越岁月的问候与分享，如同最美的旋律，在我心间回响。我畅想着未来，或许有一天，我的孩子会带着他的孩子再次踏入这片充满爱的土地，那一刻，将是何等的幸福与圆满。

然而，这份职业的甜蜜背后，是无尽的付出与辛劳。我深知，教育的道路从不是一片坦途，但正是有了幼儿园这个大家庭的支持与陪伴，让我有了坚持下去的勇气与力量。在这里，我们共同经历了风风雨雨，每一次挑战都让我们更加紧密地团结在一起。幼儿园的“人人上”文化，如同一股温暖的力量，让我们在相互扶持中共同成长。回首往昔，那些研课时的唇枪舌剑、活动中的齐心协力、生活中的点滴关怀，都化作了我心中最宝贵的记忆。我们虽痛并快乐着，但这份痛，因爱而甜蜜，因梦而值得。在未来的日子里，我将继续怀揣着对教育的热爱与执着，与我的孩子们、我的同事们，共同书写更多关于成长、关于爱的美好篇章。

在我披荆斩棘、勇往直前的“女汉子”征途上，家人的身影如同灯塔，照亮我前行的道路，那份深沉而无私的支持，是我最坚实的后盾。父母与公婆以他们宽厚的肩膀，为我挡下了生活的风雨，让我得以轻装上阵，无惧挑战。他们的话语，如同春风化雨，温柔而坚定：“孩子，你不仅是家的骄傲，更是那群稚嫩心灵的守护者。记住，你的责任重大，幼儿园里有无数双眼期待着你的光芒。”这份无条件的奉献与理解，如同暖流，深深刻印在我心田，成为我不断前行的动力源泉。

世人皆言，幼儿园老师的笑容犹如孩童般纯真无邪，是世间难觅的瑰宝。我深知，这份美好源自内心深处对这份职业的热爱与执着。在这日复一日，看似平凡却充满奇迹的日子里，我以一颗细腻敏感的心，捕捉着每一个细微的喜悦与感动，每一次与孩子们的眼神交汇，每一次共同探索知识的奥秘，都是生命中最绚烂的篇章。幼教人用心浇灌，以爱滋养，让这片小小的天地里处处洋溢着幸福与欢乐。

幼儿的心灵，如同初升的太阳，温暖而光明。当我以满腔的热情与积极的情感去触碰他们纯真的世界时，收获的是加倍的、绵延不绝的快乐。这份回馈，不仅仅是孩子们成长的足迹，更是自我灵魂深处的一次次洗礼与升华。我深知，这是一场双向的旅行，我们彼此成就，相互治愈，在爱与被爱的循环中共同编织着幸福的篇章。

我立于幼教之隅，这方天地常被世俗轻描淡写，却殊不知，正是这细微之处，孕育着未来之林的勃勃生机。犹如苔花虽小，却敢于在米粒之微中绽放，不畏牡丹之艳，独自诠释生命之顽强与尊严。在这片平凡而又不凡的岗位上，我们幼教人以满腔情怀为墨，以爱心为笔，勾勒着孩子们成长的蓝图，为国家培育着未来的栋梁，为社会默默奉献着一份绵薄之力。

身为一名党员，我深爱我的祖国，深爱我的家园，深知肩上的责任重于泰山。在时代的洪流中，我愿做那冲锋在前的勇士，不仅守护孩子们纯真的笑容，更致力于在他们心中播撒梦想的种子，培育出能够引领未来浪潮的英才，让祖国的明天因他们而更加辉煌。用行动诠释党员的担当与使命，在一线岗位上，不仅传授着知识，更传递着信念与希望，激励他们成为有理想、有本领、有担当的时代新人。

如此，幼教人虽身处平凡，却心怀高远，以苔花之姿，绽放出属于自己的光彩，为祖国的繁荣昌盛贡献着一份不可或缺的力量。福禄贝尔说：“教育之道无他，唯爱与榜样而已。”我视此为座右铭，时刻提醒自己，要以最饱满的热情、最纯净的爱意，去拥抱每一个稚嫩的生命。在未来的日子里，我将继续踏上这条充满爱与希望的旅程，将“三爱”进行到底。

以爱为帆　扬帆起航

幼儿园　李学科

今年，是与石外幼儿园相遇的第二十四个年头，也是我入党的第二十六个春秋。二十四年的岁月，宛如一部悠长的电影，在脑海中逐帧放映。作为一名拥有二十六年党龄的党员教师，我深切地明白自身责任之重大，在这悠悠漫长的岁月里，我始终以党员的标准严格律己，真心奉献，用爱浇灌。每一个与孩子们相伴的瞬间，每一次为教育事业的奋力拼搏，皆如璀璨的星光。待心境宁静时，那些由真心与爱铸就的画面，再度清晰地浮现于眼前，它们是我践行党员使命的有力见证，亦是我砥砺前行的强劲动力。

记得班里有个孩子叫帆帆，入园时妈妈颇为随意地说："老师，孩子的眼睛不太好，诊断为视网膜半脱落，没啥大事，就是需要孩子大一些进行手术治疗就行。"身为老师的职业敏感让我的第一反应便是：眼睛的问题不应及早介入、及早治疗吗？这个问号暂且被我藏在了心底。随着孩子入园，我发现孩子根本看不清物品，所见皆是模糊的，他需要将所有物品贴近眼睛去"探索"。然而，上天也算公平，在为他关上眼睛这扇门的同时，却打开了听力灵敏这扇窗，他的耳朵灵敏度着实高于其他幼儿。或许正因如此，家长才显得如此"随意"。直至有一回，孩子选择了艺术区，试探性地拿起剪刀，当剪刀靠近他眼睛的那一刻，使我不得不郑重地面对这个问题。于是，在确保孩子安全的前提下，我将孩子使用剪刀以及看书时等贴近眼睛的行为都录制了下来。我邀约了家长，先是把孩子日常活动中的表现以及听力灵敏为孩子带来的益处讲述给家长，也将需要动手或者阅读的时候孩子所遭遇的困难告知了家长。妈妈看到老师的用心后非常感动，并表示一定会带孩子再做检查，尽快帮孩子找到解决之法。可是，这次约访犹如一颗石子激起了层层涟漪，却又缓缓消失不见。

面对不太重视的家长，身为老师，无论家长如何，我们对待孩子依旧始终如一。于是，我们帮孩子在毛巾架上贴上了红色的贴纸，让他能够找到自己的毛巾；

在照片上贴上了鲜艳的绿色，使他可以找到自己的照片签到……诸如此类，事无巨细地帮助着孩子。随着时间的流逝，孩子们即将告别小班升入中班，在篮球操的学习中，孩子由于看不清楚，动作与其他人截然不同，班里的老师们只能单独提醒辅导他。所以，无论从孩子安全的角度，还是身体更好地发展层面考虑，身为班主任的我再度较真起来。于是，我联系了之前的医生家长，将孩子的情况如实陈述，家长又找到了眼科的同事，认为这个手术需要尽快进行，不然会影响孩子眼睛的整体发育。我再一次约访了他的妈妈，告知她孩子在班里看不清的状况下，老师们所做的努力，妈妈感动得当场流下了眼泪，我趁机又拿出了医学建议，妈妈当时便十分肯定地说：“老师您放心，我暑假就带孩子去北京，一定认真检查，正确面对这件事情，听从大夫的安排。”到了北京的医院，医生把家长数落了一通，说倘若更早带孩子来检查、做手术，孩子的眼睛不至于变成现在这样。家长晚上打来电话，声音哽咽，我想这个“哽咽”中包含了对老师的感激，也包含了对她自身的自责。

像这样的事情，其实每位老师都曾经历过，而且不止一件，只不过我有幸将这段经历记录下来，而促使我做这些事情的动力其实是一名共产党员的爱与责任。以爱为帆，去帮助每一个需要帮助的孩子，于我而言，便是做了一件功德无量之事；扬帆起航，让我们继续在石外幼儿园这个温馨和谐的大家庭里倾洒自己的爱心，滋养每一颗幼苗茁壮成长。

我与孩子的成长

幼儿园　李建芳

大家好，我是逸景园幼儿园大一班的李建芳，今年是我来幼儿园的第十一个年头了。认识我的人发现我好像越来越瘦了，没错，本人成功将体重降到 3 字开头，别误会，是 39 公斤！你们都想知道变瘦的秘诀吗？且听我娓娓道来。

今年我有三“新”值得骄傲，一新：大一班的班主任；二新：我成为我园的英语学科主任；三新：我迎来了我的三位新搭档。新的身份、新的组合，瞬间觉得自己成了一个“女汉子”——压力很大。

然而更大的挑战还在后面，我这人气旺得哟，班里人数就像股票的牛市一样，一路飙红，从 20 多个孩子涨到 40 多个孩子。也不知道这帮孩子从哪得知他们的李老师能运毽如飞，人球合一，瑜伽柔术样样精通。新加入的孩子们就像来拜师学艺一样，时不时地展示他们的武功绝学。上课猜拳的、摔椅子的、走到操场抓不住的、榻榻米上满场跑的、午睡推床满屋走的、脚踩桌子摘吊饰的……面对这些“侠女好汉”齐放招，我只能开启“见招拆招”的模式。

但我这个“女汉子”居然迎来了猴子“大圣”。对，就是齐天大圣。他真是人如其名啊，每天上蹿下跳，不管是上课还是吃饭没有一刻是安安稳稳的，午睡时还得来个筋斗云。为了让他得到释放，每次户外活动时别人跑五圈，我会让他双倍跑。别人跳一下，他会双倍跳。接下来就是上课的问题了，他是转学过来的，他的口音一开口说话别的小朋友就会笑他、模仿他。这让“大圣”觉得很不好意思，于是他就不再说话了，能动手解决的事绝不吵吵。为了解决他的语言沟通问题，每次他用标准的普通话和我问好时，我就会给他一个大大的拥抱，慢慢地，“大圣”愿意开口和别人交流了，英语课也变得特别积极。记得在一次英语课上我带着孩子们一起欣赏东京奥运会中国体育健儿夺冠的精彩瞬间时，我们学到的单词是：faster（更快）、higher（更高）、stronger（更强）、together（更团结），“大圣”那节课学得特别认真。在后来的一次户外活动中他在助跑跨跳时超过了其他小朋友，他兴奋地跑过来对我说：“Rita 老师（我的英文名），你看我 faster、higher、stronger、together 了。”说完后，我又想笑又感动，泪水在眼睛里打转……

我想，爱孩子就要培养他敢于在众人面前表达、表现自己，并给予每一个孩子平等的机会。

学高为师，让我们继续努力奋斗，一起向未来！

爱与责任同行

幼儿园　李俊佳

2008年，初出茅庐的我刚毕业就满怀自豪地走进石外，投身于幼儿教师的队伍，自此开启了作为一名幼儿教师的平凡生涯，从那时起，我的人生就与那些可爱的孩子们紧密交织在一起。从毕业至今年迈进石外已整整十五年，这一路走来，有欢笑、有泪水，但更多的是满满的成就感和对未来笃定的信念。

2018年7月，承蒙园领导的重托，我调任至红石原著幼儿园，接任新中一班的班主任，同时肩负红石园的年级主任工作，这既是一份莫大的认可与殊荣，同时也意味着更艰巨的责任与挑战。在全新的工作环境中，我深切领悟到自己所肩负的使命，因而全力以赴，绝不辜负领导的信任与期望。于是我用更为饱满的热情和精湛的专业素养，全身心投入到每一项工作和任务之中。

红石园最初的工作就如同将城中村的毛坯房建设成如今配备电梯、花园洋房的豪装小楼。从8月1日暑期工程竣工，到8月24日正式迎来红石园的第一次家长会，这23天里，除去周六日，仅余17天。在这近半个月的时间里，我带领老师们进行分类、规划以及统筹安排。新园开园，首先，硬件要完备。需要申报大量的购置物品，我粗略整理了一番，购置单多达90余张，涵盖种类600余种，大到办公机器，小到锅碗瓢盆，数量总计上万个。其次，环境要新颖。除了打扫教室卫生、归置物品外，还需要进行大量环境创设工作。短短一周的时间，老师们高品质地完成了各班和楼道的每一处环创，最终以崭新的面貌迎接家长和孩子。最后，各项开学准备及各项活动要精心。我带领老师们细化每日流程、开展安全培训，精心梳理3天的亲子活动、2次家长会以及开学典礼工作。针对每项活动的开展，我都全力以赴，事无巨细地做好充分准备。

红石园从无到有，在时间紧迫、任务繁重的情况下，迅速磨合，圆满完成了开园的各项工作，这一切都离不开红石园每一位老师的辛勤耕耘。每位老师犹如一颗螺丝钉，让红石原著幼儿园这架机器得以顺畅运转。

在忙于园里整体工作的同时，我也时刻留意班里的各类事务。我所带领的班是临时组建的中班，这些孩子多数是从其他幼儿园因调皮捣蛋转来的，而且男女比例严重失衡，全班仅有6名女孩，整个班的孩子较为浮躁。家长与老师之间毫无感情基础，起初都以挑剔、对比的眼光看待幼儿园的一切，致使班里的工作阻碍重重。另外，班里的两名新教师也需要磨合，我在管理好中班的同时，还要帮助新师生成长。

针对班里的特殊状况，我们着力强化一日常规培养，老师保持统一的常规要求，面对具有个性的孩子也要保持平和。同时通过家长会和离园交流转变家长的教育理念，积极组织家长学习《如何说孩子才会听，怎么听孩子才肯说》这本书，为家长提供实用的育儿方法，让家长们能够拿来就用。经过两个多月的坚持和努力，家长和孩子都发生了明显的变化。家长不再敏感挑剔，对老师也更加信任了，孩子们也将常规铭记于心，行为变得井然有序，与老师建立了深厚的情谊。

教育是一场温暖的修行，我将始终坚守爱与责任，不断探索创新，为孩子们的成长全力以赴。

在“爱幼儿”中不断创新促进步

幼儿园　李　娅

2009年9月，刚刚踏出大学校园的我开始了在石外幼儿园的工作旅程。从工作开始至今，我始终将“爱幼儿”作为自己的工作标准，让自己的每日工作中都能够充满与幼儿之间爱的互动。在自己工作的十几年中，脑海中记录了很多“爱幼儿”的故事，让自己印象深刻的也有很多，在此我想与大家分享几个小案例。

记得有一次轮到我们班举行升旗仪式，这是孩子们第一次在全园面前举行升旗仪式，提前一周老师们就开始分工进行排练。周一早上吃完饭，菲菲小声说：“娅娅老师，一会儿我敲不好鼓，跟不上节奏怎么办?”当时我就想起来菲菲爸爸早上和我沟通过这件事情，我蹲下来凑到菲菲耳朵前小声地说：“没关系的菲菲，你感觉不太对的时候可以看看旁边小朋友的节奏或者看前面的老师，大家都会帮助你的。”菲菲点点头说：“好的。”等到正式升旗鼓乐队奏乐的时候，我特意观察了一下菲菲，从她认真的眼神里的确能够看到孩子内心的紧张，但是鼓点都对了，她的眼睛一直看着老师。等到升旗仪式结束，我对菲菲说：“菲菲，今天你很棒哦!”菲菲腼腆地笑了。事后我进行了总结与反思，其实在公众场合展示的时候每个人都会紧张，我们除了肯定孩子的紧张之外，还要告诉孩子解决问题的办法，这样孩子才会知道怎么做。我想，帮助孩子解决遇到的困难就是爱幼儿的体现，相信有了这份爱会让班里的孩子们更加有安全感，因为老师的爱会帮助孩子战胜内心的紧张。

“爱幼儿”不仅能让孩子感受到来自老师的关爱，同样老师也会收获不一样的快乐。记得有一天下午，德德拦下我说：“娅娅老师，你忙吗?”我说：“德德，有事情吗?”德德说：“你不忙的时候我给你出几道数学题呗？肯定能难倒你。”当时我心里很好奇德德会出什么样的题，于是弯下腰说：“我现在有时间，你出题吧!”德德开心地说：“有十只蜡烛，吹灭了一只，还剩几只蜡烛?”当时我在想，吹灭了一只其他蜡烛也就灭了，于是我说：“0只。”“哈哈，娅娅老师你错了，蜡烛虽然吹灭，但是蜡烛还在，一只也没有少。”我恍然大悟，意识到这是脑筋急转弯，自尊心被小娃娃击败之后，我又问：“德德，再出一个，我肯定会!”德德说：“树上有 7 只小鸟，打下来一只，树上还剩几只?”这次我心里乐了，这肯定是 0 只。德德听后，边夸奖我边说：“你真棒，答对了，我再问你一个题昂，娅娅老师，听好了。”我点点头，好奇德德的小脑袋里面还有哪些问题。“什么食物是从屁股里面出来的。”当时的我就在想，这从屁股里面出来的还能吃？当我正在想的时候，德德可能看出我的疑惑，仰头大笑说：“娅娅老师，你不会吧？我厉害吧？告诉你吧，是鸡蛋!”

我的心里仿佛看到太阳一样明亮，虽然我没有答上来德德的问题，但是我开心的是，在忙碌的一天中，因为德德的几个问题让我能够跳出当前的工作状态获得短暂的放松。感恩这份童真，感恩这份遇见，感恩这份陪伴，我想真正的爱幼儿也许就是我们在忙碌的工作中能够静下心来与孩子聊聊天。

作为幼儿园老师，除了照顾孩子们每天的生活之外，教学活动也是非常重要的一部分，而如何在教学活动中体现自己“爱幼儿”的工作准则呢。记得 2023 年初，在园领导的组织下，在总园全体教师的共同尝试下，我们进行了教学活动游戏化的教研活动，促使每一位教师在教研中挖掘游戏的魅力。当时我展示的听评课内容是小班单词课《拍手、跳跃、扭动》的教授过程，在活动中，我不仅充分调动了幼儿的运动天性，让孩子在运动中不断输出所学内容，还将小朋友之间的友谊渗透其中，让孩子在一种同伴互助的状态下去学习。除此之外，我将音乐元素加入其中，让孩子们在一种情境中通过运动元素再次巩固和加深所学知识。其实，通过教研活动，我深刻地感受到，当老师发自内心地投入到角色与游戏中时，自然就会带动孩子学习的兴趣，与此同时孩子们也就能在一种轻松愉悦的氛围下掌握知识了。我想通过游戏化教学的模式让孩子喜欢学习，无论是五大领域中的哪一方面，游戏都将是孩子们最爱的活动方式，而设计好的游戏也是最能直接体现“爱幼儿”的方式。所以在今后的工作中，我将继续努力创造出更多适合幼儿参与的游戏，让孩子们真正感受到“游戏＋体验＝学习”的理念，让孩子在不断创新中进步。

另外，作为班主任的我，2022 年 7 月在准备迎接新一届小班孩子到来的同时，园长亲自指导我们准备家长会的内容，通过和园长的沟通，我们领悟到任何一种学习，包括第一次与家长沟通，都需要在一个轻松的环境下进行，不能是刻板的教授与习得。所以无论是在平时的教学活动中，还是与家长见面的展示活动中，游戏化的方式都是营造一种轻松自在的最好氛围。这也让我自己领悟到，面对新时代的家长、新时代的幼儿、新时代的教学环境，作为老师要不断创新更多的教学方法以及沟通技巧，要让自己保有一份不断创新的精神，让自己在创新中不断提升自身素养，同时也要时刻谨记“爱幼儿”的工作准测，让每一份付出都是在爱的包围下进行的。

回想自己在石外幼儿园工作的经历，那真的是一段充满激情与感恩的历程。石外幼儿园是我青春的旅程，是我青春的记忆，有哭声、有笑声、有成功，也有失败。但我依然不忘初心，我永远记得当年面试的时候回答校长的那句话：因为爱孩子，所以我会把这份工作做到最好！在接下来的日子里，我会与石外幼儿园的姐妹们一起携手前进，不断创新，在“爱幼儿”中不断创新，共同进步！

甘作一片绿叶，奉献一片真情

幼儿园　李　渊

也许，你不会留意春天破土的那一丝新绿；也许，你不会留意绿叶蓬勃生机所带来的活力，只因为那一点点绿意太平凡了。而作为一名幼儿老师的我正如那绿色的叶，默默地奉献着我的绿茵。我喜欢这绿叶的事业，因为当花满枝头的时候，我是如此幸福。喜欢看着他们笑、听他们交谈；喜欢他们唱你教的歌曲；喜欢他们拉着你的手跟你撒娇……就算是他们调皮到让你着急生气，你却还能发现他们身上的闪光点。

在幼儿园这片沃土中，我与孩子们每天朝夕相处，共同成长，我用汗水和爱心浇灌着孩子们稚嫩的心田。同样，孩子们也用他们的天真、坦率和真诚感染着我、激励着我，促使我一直奋斗在幼儿教育的事业中。每当听到已经毕业的孩子的好消息，我倍感欣慰；接到孩子们的来电，我深感幸福……我选择幼教事业十七年了，无怨无悔，因为，我爱孩子，我爱幼儿教育事业。

记得当年选择幼教时，我还是个不谙世事的小姑娘，对幼儿园的理解还停留在自己上幼儿园的时候。当初的我认为这个工作很轻松，就是和孩子们一起玩、一起唱、一起跳、一起闹，可当我深入地走进这个工作岗位后，我才深知一个幼儿教师的工作不仅是这些，而是尊重、理解和发自内心的责任。幼儿也是有思想的人，他们需要被尊重、被理解，而这些尊重与理解不是表面的，是发自内心的，当爱在我和孩子之间流动的时候，我是被信任的，我们之间是没有距离的。

在我刚入职不久，我们班上有一个多动症的孩子，中午不睡觉，而且还会在小床上蹦跳，影响其他幼儿午睡。于是我就坐在他旁边和他说："你这样会影响其他小朋友，如果不想睡就躺下休息一会儿。"我顺手扶他躺下，可没想到他低头就咬了我的胳膊。当时我就委屈地哭了，幸亏岳老师及时介入才帮我处理好这件事。事后我就想为什么岳老师说他就听，我说就不行，我想是我的亲和力不够吧。于是我就制订了每天和这个宝贝聊天的计划，并且认真听他的回应，希望能让他感觉到他的一言一行对我来说很重要。一段时间后，他竟然能够主动找我聊天了，聊天让我走近了他的内心，依赖和信赖由此而生，我的话在他的心里也有了分量。是他让我懂得：只要用心和孩子交流，就会走进孩子的心里，当你能走进每一个孩子心里的时候，你就能安定“天下”！

“心”是情的流露，老师只要有热心和爱心，同时细心的观察、理解、尊重孩子，就能走进孩子的内心世界，发现他们的闪光点，而孩子们也会用他们最单纯、最直接、最真诚的爱回报你。

我们班曾经有个“女一号”，“闯红灯”的事情准有她，于是我尝试用“攻心”战术，想要攻心就要找到孩子的兴趣点。经过细心观察，我发现她爱穿裙子，有一天她穿了一条新裙子，我就赶忙夸了她，她有点不好意思地笑了。然后我马上蹲下来，搂着她说：“这条裙子真好看，下午起床我再给你梳个漂亮的公主头好不好？”她咬着下嘴唇，我知道这是一个好的开始，她给了我一个走进她内心的机会。于是下午起床我就给她编了一个“心形”的披肩发。辫子梳好了，我拍照片给她看，说：“漂亮吗？”她笑着点点头。我赶忙说：“你真是个漂亮的小公主！今天下午就当个小公主怎么样？”她说：“好。”于是，我们讨论了公主的行为表现，这一下午她都在很努力地做一个小公主。第二天妈妈送她来时说：“李老师，她昨晚就不拆这辫子，说这是李老师梳的，就给她一个人梳了这样的发型，她可自豪，可高兴了。今天早上也不让我给她梳头，她说她还要当公主。”我说：“行，今天我还帮我的小公主梳头。”其实，从妈妈的话里让我觉得孩子虽小，但她是能感觉到老师在关注她的，我知道孩子是多么想让人关注，于是我总是关注她更多一些，甚至每一个眼神我都会给她回应，也会经常和她聊天。久而久之，我走进了她的内心，她有什么事儿都会跟我说，规则意识也越来越强了，比刚插班的时候有了很大进步。妈妈私下和我说：“李老师，我家 betty（孩子的英文名）就喜欢你，啥都是我们李老师说的，她就听你的。”还有什么比这句话听了还让人感动的吗？这一句话，让所有的辛苦都烟消云散，是所有的努力最好的回报！

我的爱是真的，孩子们的爱也是真的。当用真爱和孩子们建立好情感后，幼教工作就变成了一种生活，让我深切地感受到一种自然的幸福。

因为爱，我读懂了孩子们一双双明亮的眼睛中闪现的那份天真与烂漫。因为爱，我明白了孩子们纯真的笑容和稚嫩的声音背后那份无忧与快乐。冰心曾说：“有了爱就有了一切。”是的，我爱我可爱的孩子们，我爱我的工作，我爱我的幼教生活。我愿奉献出我的一片爱心，倾吐出我的一片真情，用我的爱和孩子们一起快乐飞翔，用我的爱托起明天的太阳，感受幸福的真谛！

用爱前行　教育相伴

幼儿园　李　琪

教育就像一缕阳光，照亮每个孩子的心房，把温暖注入教室，让我和孩子之间充满关爱和互动。大学毕业后我来到了向往的石外幼儿园，我的成长经历了从副班主任到主班再到班主任的转变。我深知自己责任的重大，跟所有教师一样，平凡而伟大、奉献而快乐、成熟而年轻着。在这里特别感谢领导对我的信任，感恩遇到的每一位传帮带师父、每一位搭班的同事，有了你们对我的引导和帮助，才有今天这个充满自信的我。

石外集团每个老师都会制订自己的提升计划，我也一直坚持给自己制订计划和目标，一路前进，不断反思和进步。转眼间，智汇二园建园，所有老师都有起早贪黑、困难重重的经历，那时候的我们身兼数职，如搬运工、瓦工、泥工、修理工，再到现在的顺利开园。我们的心情是快乐幸福的，有领导的陪伴和关心、有环境布置后的成就感、有孩子和家长的喜悦和认可。

新小班里有个可爱的小男孩叫泽泽，他是我们班年龄最小的孩子，在跟他的妈妈进行开学前约访的时候，妈妈告诉我们："孩子从小跟着爷爷奶奶在外地生活，有些腼腆，想让老师帮忙把泽泽培养成一个具有男子气概的男生。"因为从来没有上过幼儿园，泽泽刚来园的第一天对于一切都是陌生的，新的班、老师、小朋友，孩子处于懵懂的状态，有好几次想要哭，但是由于新事物和老师的吸引，孩子第一天算是坚持下来了。但是第二天来园孩子的情绪绷不住了，进门就放声大哭，边哭边说："我不想来幼儿园，我要找妈妈。"我们一边照顾孩子的情绪一边照顾孩子的饮食，有时间我还会坐下来抱抱他，陪他说说话。第一天孩子早晨来园哭了大约有半个小时，第二天也是如此，不过哭的时间只有 20 分钟，第三天、第四天，孩子哭闹的时间越来越少了，终于到了第三周，早晨是爷爷送来的，泽泽竟然自己一边走一边笑着，而且还扭头冲爷爷说再见。看到这一幕，我满心激动地问泽泽："你怎么这么高兴呀?"泽泽一边笑一边小声说："我喜欢来幼儿园，喜欢琪琪老师。"

听到这句话，我的心里满是感动、欣慰、满足。

在幼儿园里，孩子们的情感表达是非常重要的，我们会尊重理解他们，并给予孩子们足够的关爱与呵护。我们平时非常注重与孩子们的情感交流，只有这样才能更好地了解他们的需求和情感，亲一亲、抱一抱孩子，让他们感受到温暖和关爱，走进孩子的世界，关注孩子、尊重孩子、欣赏孩子、鼓励孩子，在爱的长河里与孩子们共同成长。

虽然在工作中会遇到很多挑战和压力，但是也让我收获了幸福和快乐，因为我热爱这份工作、热爱幼儿园、热爱我的孩子们。教育不仅是知识的传授，更是关怀和包容的展现，让我们用爱心和耐心温暖每个孩子的心灵，让他们感受到被尊重和被理解，成为一颗快乐成长的“种子”。我们是太阳底下最光辉的职业，托起的是明天的希望，让我们一起加油，满怀激情，继续向前！

感恩一切遇见

幼儿园　李　琳

曾有人问我，你工作至今已经十多年了，搭过班的老师也不少，你还能记起所有和你搭班的老师吗？

那肯定忘不了，从我刚进幼儿园开始有姚琳老师、祁春利老师、王慧芳老师、蒋倩老师、朱明辉老师、耿叶璇老师、张贝老师、尼培媛老师、刘雪娜老师、石敬亚老师、李程老师，这些名字铭记于心。三人行必有我师，每次三人组合搭班总能让我受益匪浅。我忘不了第一次家长会，姚琳园长和春利姐帮我逐字推敲家长会内容；我忘不了第一次和王慧芳老师因为带班理念不同到后来的默契配合；我忘不了第一次当班主任，朱明辉老师、璇姐和倩倩对我的指点和帮助；我忘不了第一次和张贝探讨特殊儿的问题；我忘不了产假回来上班，亚姐、媛媛、雪娜对我的包容和体谅；我忘不了第一次和程子一起准备美术活动……

在众多的第一次中，让我至今刻骨铭心的还有第一次遇到晕厥的孩子，这一说已经过去十六年了。当时我带的是小六班，正在操场上玩吹泡泡的游戏，突然有一个孩子直挺挺地倒了下去，我一看是甜甜，在入园家访时甜甜妈妈就说过孩子先天不足，体弱，有惊厥史，没想到这么严重。我第一反应是赶紧找保健医，我抱起甜甜就往保健室跑，说是跑，我抱着她根本就跑不动，几次都是从我怀里滑下去再抱起来的。终于到了幼儿园小西门，从来没有发觉我们的走廊如此之长，我抱着甜甜穿越走廊时，远远地看见保洁师傅，大声呼叫师傅帮我叫保健医。低头再看甜甜面色已经开始变得黑紫，当时的我还是刚毕业的小孩，已经慌得不知所措，甜甜躺在我的怀里一动不动，我害怕极了，总得做点什么不能就这样下去，我是真的害怕。突然想到安全培训中提到按压人中可以开窍醒神，于是我抱着甜甜坐在地上，第一次给孩子掐人中我不太敢用力，发现没有反应，便鼓足勇气使劲按下去，甜甜终于有了反应，脸色也开始慢慢恢复。高大夫赶来了，当时还有谁已经记不清了，只记得我的手抖得很厉害。在这之前每次安全培训都觉得一切有保健医，我知道怎么处理就好，但是真的实操起来大脑一片空白。事后高大夫告诉我掐人中的位置不够精准。难道人中不是鼻子下面嘴巴上面那个凹沟吗？你们知道人中的正确位置吗？此后我真正体会到每学期初安排的安全培训有多重要了，就是因为一次次的培训才让我真的学会并能熟练的实操。

后来在河北师范大学学习时遇到了一起突发事件，就在我前面不远的地方，有一个人强直身体直接倒地。这次我没犹豫，直接冲了过去，扒开人群，我蹲下去拍着她的肩膀叫了叫没反应，我就按准人中的位置掐了下去，这次的力道一次到位，人一下就醒了，看她坐起来已经清醒，我默默地穿过人群走了。当时我心里特自豪，我觉得作为一名幼儿教师不仅会教书育人，在关键时刻还能用我所学来帮助别人。

这要感谢我们的幼儿园、感谢园领导，为我们提供了各项专业的培训，再加上专业且经验丰富的团队，让我有机会不断学习和实践。感谢和我一起搭班的老师，和我一起成长的一届届孩子们，让我不断成长，成就自己。感恩一切遇见！

爱是感恩

幼儿园　杨　苗

刚从校园毕业，我便踏入了另一个校园，我还是我，只是身份发生了改变。我从一名学生变成了一名老师，一干就是十一年，在这十一年里我收获了快乐、收获了知识、收获了感恩、收获了太多太多。我庆幸选择了幼教这个行业，每天清晨我踏着轻快的脚步来到幼儿园，看到一张张纯净的脸，我就觉得世界是如此的完美，他们教会我真心地去面对所有人，他们教会我全心地爱身边的每一个人。我为我能遇到这么多可爱、天真烂漫的孩子们而感恩，我感恩孩子们、感恩幼儿园。

我将我的心融入到幼儿园的每一个角落，不管开不开心，我都会用微笑迎接每一个孩子，我会给他们一个轻轻地拥抱，我会在他们想家的时候给予妈妈般的温暖。记得我们班有一个小朋友，他是一个非常聪明的小男孩，有可能是他对所有的事情都太明白了，所以给自己的压力很大。刚来园时，他会默默地哭泣，每当看到他哭泣的时候我也会默默地抱抱他，表示理解，他会看着我微微一笑，我也看着他微微一笑，就在慢慢地抱抱和微笑中孩子适应了幼儿园的生活。

脑海里还有多很多记忆。我记得大班的时候转来一名小女生从不吃绿叶菜，只吃肉类，父母很发愁，怎么办呢？于是我跟小女孩讲了绿叶菜的好处，然后让她选择是多吃还是少吃？她说：“少吃!”刚开始的时候我每次给她盛很少，她依然吃不完，那怎么办呢？我就让她自己选择盛多少，每次盛的要吃完，她愉快地答应了，同时她每次吃完我都会及时给予鼓励。就这样从刚开始的几片绿叶菜到一点绿叶菜再到少量绿叶菜，到最后毕业这个小女孩每次饭菜里的绿叶菜都能吃完了，我为她的进步感到开心。

幼儿园中这些事情还有很多，不管什么时候我都本着陶行知的“捧着一颗心来，不带半根草去”的先导，让爱在幼教事业中感化孩子，使他们在爱的氛围中成长。感恩幼儿园，我始终怀着一颗感恩的心在工作，刚来幼儿园时看到身边这么多有经验、有才华的老师们，我是有点恐惧和自卑的，不过有句话我一直记得很清楚：取人之长、补己之短。我很快调整好情绪，认认真真地投入到工作中，暗暗地向老教师学习。我学习老教师怎样快速干净地清洗口巾、毛巾，怎样打扫卫生，怎样带班，怎样与幼儿沟通，怎样与幼儿相处，怎样处理幼儿之间的纠纷，怎样与家长沟通，怎样开家长会，等等，我在不断学习中还要进行反复实践，最终才会成为自己的东西。

我深深知道，当一名幼儿园老师必须要有超人的耐心和博大的胸怀。我是这样想的，也是这样做的，我给予孩子们的是一份真心真意的关爱，孩子们也会给我最真挚的回报。

我深深感到，与孩子们相处的分分秒秒都是那么快乐。有时，他们会悄悄地塞给我一颗糖；有时，他们会画一张卡片送给我。虽然这些在成人眼中不起眼，但我知道这是孩子们的一片心意啊，一颗颗懂得感恩的童心真的让我感激不尽。当我需要帮忙的时候，他们随时都会出现在我身边，有的帮我捶背、有的帮我收拾饭碗、有的帮我扫地、有的帮我挂毛巾……也许是缘分让我和孩子们走到了一起，也正是这份缘分使我深深地爱上了幼师这份平凡而烦琐的职业。我爱幼教，我爱幼儿园，我更爱这群孩子们!

有爱陪伴　闪闪发光

幼儿园　杨哲欣

有爱陪伴的孩子，终会闪闪发光。我愿做那个让孩子闪闪发光的老师，如太阳一般照耀着每一个人。

我们班有个男孩子叫正正，虽然叫正正，可起床时穿的衣服和鞋子经常是反的，姥姥都会打趣说道："你怎么叫正正还总穿反鞋和衣服呢?"正正是个活泼型的男孩，课堂上表现得非常活跃，站队时经常会撞到其他小朋友，说话时会兴奋地唾沫满天飞，所以很多小朋友不喜欢和正正做朋友。因为正正身体超重，小朋友还会叫他"大块头"。

妈妈来园接正正时经常被小朋友告状，妈妈也是又焦急又无奈，于是我们几个老师一起商讨，如何让正正赢得其他小朋友的认可与信任呢。每个孩子都有闪光点，我发现正正做值日时特别认真负责，每次扫完地，地上连一粒米都不会有，于是我就当众表扬了他，并宣布让正正当小组长，以激发他的责任心和自律意识。正正组织站队喊口令时，他会一本正经地纠正小朋友的站姿：你们两个拉好手，站到线上……他喊的口令异常响亮，我也会不失时机地表扬正正："哇，正正真帅气！口令喊得像军人叔叔一样有气势！"当然，我也会适时录制一些小视频给他妈妈看，他妈妈看了很感动，并由衷地说："还是老师们有办法。"就这样，正正逐渐得到了小朋友们的认可，愿意和他一起做游戏的小伙伴越来越多了。

考虑到正正超重的问题，户外活动时我便有意识地陪着正正练习跑步，并通过与其他小朋友比赛、超越老师等各种方式，激励正正多运动，他虽然满头大汗，却是满脸笑容意犹未尽。让我倍感欣慰的是，经过一年多的锻炼，正正的体重恢复正常啦！

每个孩子都是独一无二的存在，在困难面前他们需要理解与支持，在充满爱与温暖的幼教道路上，我会和可爱的孩子们一起成长！

以爱育爱　一路生花

幼儿部　吴　莹

如果说，人生是一场旅行，那么，我的旅途中最美丽的风景一定是我的孩子们。在幼儿园这片沃土，我和孩子们朝夕相处，共同成长，和孩子之间爱的流动所带来的幸福感是任何工作都无法比拟的。于是，我渐渐爱上了这个职业，用汗水和爱心浇灌着孩子们稚嫩的心田，同样孩子们也用天真、坦率、真诚的爱感染着我，促使我一直奋斗在幼教行业中，在充满童趣的世界里描绘自己五彩的人生。

记得在带大班时，我曾遇到过一个叫洋洋的孩子，他活泼开朗，会经常和我聊天，分享趣事，有一天他带了一辆消防车来幼儿园。洋洋在孩子们羡慕的眼光中向大家演示了消防车的功能及玩法，之后他被大家簇拥起来，可是午休过后，洋洋发现消防车的车门坏了，便泪流满面地跑来，举起小拳头，眼看就要挥落在我身上。我握住他的手，安慰他说："没关系，坏了一点点，车还可以玩的。"哪想到他更有力地挣扎，我继续温柔而坚持地说："洋洋不是要打人，我知道你很难过，因为你的消防车坏了。"我知道他把我当作可以化解他难过情绪的对象了。我抱着他，慢慢地，他的情绪平静下来，和我讨论着用什么材料或方法修好消防车，此时，我明白他需要是安慰和共情。

我爱孩子们是一种幸福，得到孩子的爱更是一种幸福。作为一名专业的幼儿教师，我相信自己有能力和责任将所学的教育方法面对班里所有的孩子。当遇到淘气的孩子时，我开始细心观察，发现他们的闪光点。例如，在手工制作环节，我鼓励他们当小老师，在大家面前讲一讲制作方法；在盥洗环节，我鼓励他们当小组长，提醒小朋友们认真按照"七步洗手法"洗手；在户外活动中，我鼓励他们当我的小助手，帮忙收取器械。孩子取得的任何一点进步，我都会把发生的事情说给全体小朋友听，当全班小朋友把赞许的目光投向他们时，我看到他们眼神中流露出的自豪感。我知道，这就是我的价值，这就是我的幸福。

孩子只有"亲其师"，才会"信其道"，爱是走进孩子心灵的钥匙。关爱每一位幼儿是我的责任，为孩子播下爱的种子，我自己也会收获幸福。幸福，是孩子们赞美我说：“老师，你今天穿紫色的衣服真漂亮。”幸福是每年教师节，手机“滴”的一声，一条信息映入眼帘：“吴老师，教师节快乐！您的学生：小宝。”幸福是上了初中的瑶瑶在高考前夕发来给我儿子加油打气的祝福……或许，若干年后，他们不记得在 3—6 岁成长时我的陪伴，或许寸草难报三春晖，但这就是幼教的魅力，教育应该是润物细无声。相信，今天的一株株幼苗，将是明天的一棵棵参天大树，这就是生活给予我的最丰厚的馈赠。很简单，就这样走下去，不离不弃！

孩子和我的那些事儿

幼儿园　何苏瑞

若说工作是大浪漫，那我们的个人工作就是小人间。在工作中遵循我园“游戏＋体验＝学习”的办园理念，认真学习我园的《爱幼儿 23 条》，只有将其运用在自己平时的教育教学活动中，才能为孩子们的成长增光添彩。

作为一线老师，和可爱的孩子们在一起的时间是最长的，或许孩子还不懂得“分享”是什么意思，但他不介意把好吃的给你，或许孩子还不会表达，但你的辛苦他都看在眼里。孩子在用自己特殊的方式表达着爱，或者有些幼稚，甚至让人哭笑不得，但只要你用心感受，你会发现，他们在用他们自己的方式爱着老师，温暖着我们。

一、相遇

有一次下班后，我骑车从青园街到图书大厦去还书，突然听到我的身后有一大一小两个人在喊：“何老师，是你吗？”我停车扭头看去，原来是我们班的大普和他妈妈，他妈妈气喘吁吁地蹬着车子赶到我跟前，原来从幼儿园接了大普准备回家，孩子在后座上看到我后不让妈妈回家，他让妈妈换了回家路线舍近求远骑车子追上我，为的就是能跟我打声招呼。他是班里的超重儿，妈妈一路骑车带他追上我累得满头大汗。后来，当我骑车在路上时，总会时不时地想，不知道孩子们会不会在某个地方等着我，只为和我相遇呢。

二、等待

所谓师生一场，不过是相互滋养，当我们苦了累了，他们总能默默地温暖着我们。有时候，孩子看起来有点调皮，总有惹不完的“麻烦”，但他们暖起来也很让人动容。那年的我和今年一样带着小班，大家都知道，刚入园的孩子我们会把班门上的插销锁上，以免孩子自己跑出去。一个入秋的早上，天已转凉，我上晚班推门进班，发现有个小家伙坐在教室靠近门口的位置，我问他为什么不跟大家一起参加“情感空间”活动，班里的老师说：“你总算来啦，一开始不让关门，担心你进不来，做了半天思想工作，关上门吃完饭就坐在这儿等着你呢，说等着何老师来了，得为何老师开门。”孩子坐在小椅子上守着门等着老师来的画面，用一句浪漫的话说就是：打开门的一瞬间胜过秋冬所有的暖。

三、期望

阳光灿烂的六月，大班要毕业啦，一次进行幼小衔接教育时，班里的金豆突然说：“何老师，我们去上小学，你是不是也去小学教我们?”我说：“老师还在幼儿园，会接着带新小班。”他说：“我长大有了孩子，也让他上这个幼儿园，让你当他老师!”

孩子对我们的爱，是不假思索的本能；孩子对我们的爱，很单纯，却能瞬间融化我们的心，其实陪孩子长大的过程里我们也重新成长了一次。学会珍惜和孩子在一起的每一个三年，多给他们一些笑脸和爱意，多给他们一些耐心和宽容，以温柔待之，因为你永远想不到，我们的孩子有多爱老师，我们要小心呵护这份爱。作为一名普通老师，孩子们和我的故事只是众多姐妹们中的一个缩影，能和孩子们在一起就是满满的幸福。

爱与美好如期而至

幼儿园　辛　玮

还记得那是2008年的冬天，一个大新闻在学校传开：石家庄第二外国语学校附属幼儿园要来咱们系招聘啦。带着激动的心情，我参加了幼儿园的面试和选拔，幸运地来到了咱们幼儿园，从此命运的齿轮开始转动，我和石外幼儿园的缘分开始了。

还记得那年我刚刚21岁，还是孩子们口中的“辛姐姐”，时光如梭，经过十六年岁月的洗礼，如今我已成为孩子们的“辛妈妈”，跟我一起长大的还有我带过的可爱的孩子们。大家看照片上这个小帅哥，如今已经是三年级的小学生了，他的名字叫天天，前几天他来班里看我，看着天天现在自信开朗的样子，不由得让我回想起天天小的时候。

在我接的那个新小班里，天天是个特别的存在，他在班里从不和老师、小朋友们说话，为此我经常和天天妈妈沟通，了解到原来天天在上幼儿园前是和奶奶在老家长大的，因为说话是农村口音，天天怕小朋友们听到后嘲笑他，所以白天在幼儿园从不肯开口说话，但是晚上回到家就会打开话匣子说个不停。妈妈说孩子憋一天一定挺难受的，也特别希望孩子能够接纳自己，放下担忧。了解到这个原因后，我每天坚持鼓励天天：“天天，你今天来得真早！是咱们班的喔喔之星。”“天天，你今天晚饭吃得又多又干净，小朋友们都要向你学习！”每天一句鼓励的话，虽然天天从不回应我，我也不会强迫天天和我说话，但我每天我都会在全班小朋友面前从各方面肯定他，帮他建立自信。我想这些自信的累积会成为打开天天心门的一把把钥匙，总有一把是正确的。

一天晨谈，讲到绘本《好朋友》时，孩子们纷纷告诉我他的好朋友是谁，这时我灵机一动对大家说：“今天我也要给大家介绍我最好的朋友，他就是天天。”天天没想到我会突然叫他，他震惊了一下，眼睛充满了疑惑和不可思议。我接着说：“天天，到辛老师这儿来。”天天愣了一下走了过来，我拉着他的手，把他拥在怀里，对小朋友们说：“瞧，这就是我最好的朋友天天。”我转过头问他：“天天，你愿意做辛老师最好的朋友吗？”天天不好意思地笑了，然后点了点头。这是天天第一次回应我，或许这次机会给了天天更多的勇气和信心，他开始觉得自己其实也挺不错的。天天妈妈说那天回家天天非常高兴，告诉妈妈他是辛老师的好朋友了。虽然他一直不和我们说话，但我发现他越来越喜欢老师、小朋友们了，我常以“好朋友”的身份和他聊天，他点头或摇头回应我的次数越来越多了，偶尔还会在我问问题时告诉我是或不是，天天从我的肯定中找到了安全感，我想也许就快到他能突破自我的时候了。

天天真正的改变是在“小小故事家”活动中，那时每个小朋友都会准备一个好听的故事讲给幼儿园的小伙伴听。天天妈妈和我说他在家讲得特别好，我决定帮助他把这个故事讲出来。那天午后在小院散完步，孩子们坐在小台阶上晒着太阳，我把天天拥在怀里，对孩子们说：“小朋友们，你们知道吗？今天我的好朋友天天也给大家准备了一个好听的故事，我们一起来听听吧！”我拉着天天的手，对天天说：“我的好朋友，你愿意给大家讲这个故事吗？”天天一听要让他讲故事连忙摇头，我抱紧他，温柔地对天天说：“天天，妈妈说你的故事讲得特别好，我和小朋友们都很好奇到底是什么故事？你看，辛老师还给你准备了小话筒，你可以小声讲，我们都能听得见！”天天有点紧张，但看到我赞许的眼神他仿佛受到了莫大的鼓舞，居然真的开口讲起了故事。小朋友们第一次听到天天说这么多话，大家纷纷给天天鼓起掌来，于是我立刻拿出手机录下了这激动人心的时刻，故事讲完了，天天发现没有一个小朋友嘲笑他，他很高兴，然后害羞地躲到了我的怀里。天天妈妈告诉我：“当看到这段视频的时候流下了激动的眼泪，特别感谢老师给予天天鼓励，帮他突破了自我。”也就是从那天以后，天天的说话“按键”开启了，他渐渐融入了集体，可以和小朋友们正常交流了，后来他还主动报名当元旦联欢会的主持人，天天妈妈说：“看到孩子的进步简直惊呆了！感谢辛老师为天天开启了一扇通向成功的大门，是老师们的鼓励和支持让天天找到了自信，这是孩子一辈子的财富！”

多年过去了，如今我也成了妈妈，我突然可以感同身受天天妈妈当年的焦虑和惊喜，庆幸那时自己温柔地鼓励着孩子，成为一束照亮他们的光，陪他们度过了焦虑和彷徨的日子。现在的我，依旧每天坚持鼓励班上需要帮助的孩子，随手记录着孩子们的成长与进步，每天和家长沟通着孩子们的大事小情。幼儿园老师的工作虽然琐碎，但却不平凡，相反这是一种神圣的使命，所以我会用爱心和耐心对待每一个孩子，用责任心和专业素养来履行我的教育使命。正如园长说的那样：我们的福气来自哪里？对，来自孩子！我要做那个在幼儿园温暖孩子的人，为孩子做温暖他的事，孩子们纯粹的童真就像天空中闪耀的星星，我会守护好他们，相信一切美好都会在爱中如期而至。

“三爱”教育与我的人生价值

幼儿园　宋　涛

“爱幼儿　爱幼教　爱幼儿园”，这是我园一直提倡的“三爱”教育，作为一名幼儿教师，践行“三爱”教育是我的职责和义务，更是我人生价值的体现。如何才能真正做到“爱幼儿　爱幼教　爱幼儿园”呢？我想，就是从身边的点点滴滴做起。

一、“爱幼儿”篇

爱是一种情感的交流，用语言来播种、用汗水来浇灌、用心血来滋润。对孩子充满爱的教育，就是在为孩子打开一扇扇窗户，让他们看到一个个色彩斑斓的新世界。英语课上好玩的热身游戏，数学课上给孩子们提供丰富的教学材料，美术课上为孩子们精心准备的各种彩笔、画纸、操作材料等等，无不体现着老师的爱。当孩子流着鼻涕走到我面前时，我会亲手用纸巾帮他擦拭干净；当孩子离开父母哇哇大哭时，我会像妈妈一样抱起他，给他温暖、给他安慰……我用我的行动表达着我的爱意，一个不经意的抚摸、一个鼓励的眼神，都会使孩子感受到老师在意他、喜欢他、信任他、关心他。

爱是相互的，当我腿疼跳操时，我跟孩子们说：“抱歉宝贝们，宋老师腿疼，有些动作我可能做不到位，你们要认真做哦！”孩子们做的非常认真，做操结束后，小家伙们立刻围过来关心地问：“宋老师，你的腿没事吧？你别站着了，你坐在这辆小车上休息一下吧！”晚上下课，我送孩子们下楼，宝贝们还记着我腿疼的事，他们叮嘱我说：“宋老师你走慢点。”说着还专门跑过来扶着我下楼。被人爱着是多么幸福的一件事情呀，我可是被很多很多人爱着呢，爱我正如我爱他们，双向奔赴，爱意满满，永不停歇。

爱更是一种理解和尊重：当孩子犯错时，能多给孩子一个机会；当孩子取得成绩时，会给孩子送上一片掌声；当孩子大胆表现自己时，我是最好的欣赏者。一个甜甜的微笑、一个鼓励的眼神、一句真诚的赞美、一个友善的态度、一颗充满爱的心……我要用这份真诚的爱深深地去感染每一个孩子。

从“管孩子”到“尊重孩子”，从“育才观”到“育人观”，从“专制型”到“支持型”的这些转变，我想这就是“爱幼儿”。正如我国近代教育家夏丏尊所说：教育之没有情感，没有爱，如同池塘没有水一样。没有水，就不能成其为池塘，没有爱，就没有教育，这应该是我们所有幼儿教师的共识。愿所有的幼儿教师心中都充满真爱，把爱献给不同的孩子，让我们把真爱的种子种进孩子的心里，相信它能生根发芽，并结出喜人的硕果。

二、“爱幼教”篇

二十三年前，当我接到大学录取通知书，上面写明大学专业是“幼儿教育”时，其实心中还是一片茫然，当时头脑中唯一的概念就是毕业要当一名幼儿园教师，给刚满三岁的小朋友上课、带他们玩，心里还是美滋滋的。读大学期间，我也没有真正从老师的课堂上彻底了解什么是“幼儿教育”，毕业后，怀着一种既向往又迷茫的心情，我来到了咱们美丽的石家庄第二外国语学校附属幼儿园，开始了自己的幼教生涯。

当我在班上组织活动，面对乱作一团的孩子们时；当我给家长们开会，面对有丰富育儿经验的家长们时；当我要上一节公开课，面对无数个理论观点时，我才深深感受到：要想成为一名优秀的幼儿教师，要想真正爱上幼儿教育，只凭一些简单的技能技巧是远远不够的。要想跟上幼儿教育改革的步伐，就要不断提高自身的理论水平，适应形势发展，不断更新自己的教育观念。感谢这些年来领导给我提供的各种学习和培训机会，让我能够从各个领域的幼教专家身上汲取营养，丰富自己。“幼儿园里无小事，时时处处是教育”是我从教二十三年来最大的一个感受。在每次的班主任会上，园长都会带领老师们进行一次又一次地学习、培训。根据所学的知识，理论结合实践，小到幼儿一日生活的吃喝拉撒，大到引领家长与幼儿园同步、科学的家园共育，我一直在不断努力学习着。

从毕业到现在，二十三年的幼儿园教师工作，我慢慢理解了什么是幼儿教育：如果我是一颗星星，那幼儿教育就是那片天空。没有了天空，再灿烂的星星也会变成一块陨石；如果我是一棵大树，那幼儿教育就是那方沃土。没有了泥上，再茁壮的大树也会变成一段枯枝。幼儿教育就是我终生无悔的选择，是我快乐的源泉！

三、“爱幼儿园”篇

从教二十三年，爱园如家的种子早已在心中播种，曾经有四年时间自己的“家”就是学校的单身宿舍，白天在幼儿园工作，晚上在校园散步，那时幼儿园就是家，家就是幼儿园。这个家无比温馨，领导和同事就像家人一样是那么的亲切和熟悉，而自己作为其中一员，毋庸置疑要为家的和谐与辉煌付出自己百分之百的努力。首先，作为一名教师，组织好每一节教育教学活动，使孩子们在愉快中习得知识，养成受益终生的好习惯。其次，做班主任时，当好班里的领头羊，做好上传下达的工作，忙时累时调整好心态，从而带动班内的其他老师，增强集体的凝聚力，共同为幼儿园的建设努力。最后，做备课组长、年级主任时，带领组内的老师搞好教研、组织好各种活动，多学习多沟通，为幼儿园的每一步发展献计献策。在园内主动捡起一团被人丢弃的纸屑，及时关掉走廊内白天亮着的灯，拧紧仍在滴水的水龙头，进班换鞋、爱护地板，不说有损幼儿园、有损学校的话……我感觉这就是我对幼儿园的爱、对家的爱、对家人的爱，只有我们每个小家和谐了，我们的大家——“幼儿园”才会更加和谐美满。

爱幼儿园，就要为她的建设增砖添瓦。二十三年前刚刚进入这个大家庭的我面对这样一个有着一流环境的高端园所，我为能成为里面的一员而感到骄傲，我每天都会把教室打扫得干干净净，物品摆放得整整齐齐，有时即使下了班也总是愿意在教室里多待会。每年新学期开园前，我和班里的老师们总是晚上加班加点的打扫卫生，从来不觉得累，为的就是给新学期来园的孩子一个干净整洁的环境。每次从一个教室换到另一个教室时，就像自己搬了新家一样，提前计划怎样布置能让自己的新家更加温馨与漂亮。时间一天一天地过去了，感觉自己肩上的担子也越来越重，幼儿园的每一步发展都时时牵动着我们每一名教师的心。当我们的幼儿园得到来自全国各地幼教同人们的认可时，那是我最开心的时刻，“园兴我荣，园衰我耻”的观念在我心里早已扎根。

“爱幼儿　爱幼教　爱幼儿园”，我会将它作为自己的终身使命来完成，这样我的人生价值才能真正地实现。愿我们的幼教事业蒸蒸日上，愿我们的幼儿园越办越好，愿我的孩子们永远健康、快乐、平安，愿我们石家庄外国语教育集团的明天更加灿烂辉煌！

爱在点滴

幼儿园　张　贝

我在幼儿园工作已经十三年了，从对幼教行业的懵懂无知，到现在的深深喜爱，幼儿园给了我广阔的成长空间。平凡的幼教工作是数不尽的琐碎日常，也是日复一日地默默坚守。

今年班里来了一个小姑娘名叫小月儿，“公主范儿”十足，不吃幼儿园的饭菜，甚至看都不看一眼。我问她：“小月儿，你为什么不吃饭呢?”她说：“我吃饭我的肚子就晕了。”她的可爱不禁让我笑出声来。

爱孩子就要了解孩子的心理和生理特点，作为一名老教师，我知道如何来解决。第一步，蹲下来沟通。“月儿，这是幼儿园专门为小朋友做的，香喷喷的大米饭，绿绿的小油菜，这个是滑溜溜的小粉条，还有酱焖鸡翅，哎呀真香，尝一口吧，就一口。”她扭头不理我，她的执拗表现在我意料之中。第二步，保持微笑继续交流。“我知道你在家是妈妈喂着吃饭，我也可以喂喂你，如果你觉得不好吃就吐出来也是可以的。”果然，她开始犹豫了。“这是学校阳光种植园的蔬菜，外边买不到的。”面对我的真诚，月儿终于半信半疑地吃了一口，她皱眉，继而咧嘴，我猜到她要吐，我赶紧说：“是不是脆脆的、甜甜的特别好吃，我也喜欢吃。”听到我夸张的语气，她又咽了回去。在别人眼里张口吃饭是再平常不过的小事了，但我当时的心情却是无比激动，因为她离适应幼儿园生活又进了一步。我一定要做到言而有信，第二天我就带她去了学校的阳光种植园，告诉她：“你昨天吃的菜就是在这个漂亮的园棚中长大的，这些蔬菜又营养又健康，你看它们每天都接受阳光的照射，吃到肚子里又有营养又健康!”阳光蔬菜大棚的作用果然不容小觑，短短几天的时间，小月儿开始自己吃饭啦。

在家从来不睡午觉的小月儿让我见识了什么叫“活体八爪鱼”，在垫子上滚来滚去，摸这个摸那个，静不下来，嘴里还唱着歌。我说：“小月儿，睡觉要躺在自己床上。”她却忽闪着大眼睛，身体依然来回扭动。我决定采用温柔坚持法——她爬走，我就拉回来，她摸别人我就抱起来，经过两天的努力，她终于能躺在自己床上不干扰他人了。第三天，我采用了绘本引导法，给她讲了管住身体里“小怪兽”的故事，她虽然不动，但还是没有睡。第四天，轻拍催眠法，各种频率的拍法都用上了，还是没成功。第五天，我决定用肢体亲密接触法，我说：“要不你拉着我的手睡吧。”她把手伸到我的胳膊上，又顺着小臂摸我的大臂，看她够不到，于是我弯下身让她躺在我的臂弯里，就这样她慢慢睡着了。从那天开始，哄睡成了一种默契，这样维持了一个多月，小月儿终于能够自己独立入睡了。

我想，爱孩子就要从语言上尊重孩子，从情感上感染孩子，从行动上帮助孩子，只有从儿童视角理解并正确引导，才能走进孩子的内心，才能真正赢得他们的信任。

用青春，书写一场爱的坚持

幼儿部　张雪娇

人们常用无数美好的词句来形容美丽的青春。的确，青春充满了理想与信念，充满了激情与希望。我常常在想，美丽的青春到底是什么？当我面对一群活泼可爱的孩子时，我恍然大悟，原来青春是一种责任，青春更是一种幸福，这种幸福便是我和孩子们在一起的快乐，它让我深刻地感受到青春的激情会在孩子们中间迸发、激荡、升华。

教师是太阳底下最光辉的职业，十年的幼儿教育生涯使我深深懂得，教育是爱的事业。和孩子们在一起让我体会到对孩子的爱是可包容的、可理解的，更是博爱的。

2017 年 11 月在怀特分园中三班的一场奇妙缘分至今让我历历在目。如果你们班里有一个调皮的幼儿，那恭喜你比我们班少 9 个。在活动中乱跑的、一发脾气就打人摔椅子的、走到操场上抓不住的、午睡时在榻榻米上满场跑的、推着活动床满屋子走的……面对新的挑战没有时间让我们思考，只能迎难而上，一切从头开始。我作为班主任带领新组建的教师团队从常规出发，细到一日流程的路线、每一个环节教师的站位、每天对待不同特殊幼儿的策略等。转变他们不是一天两天的事，也不是班主任一个人能做到的，感谢一直与我同行的戴薇、王娅琼、梁佳老师，无论班里出现什么问题，我们都一条心，共同为班集体变得更好而努力，有接纳胸怀的我们，坚持做一名“被认可”的好老师。

带领这个班的老师一定要兼容爱与智慧，无谓地嘶吼不会改变孩子，更走不进孩子的心。记得有一次我们班的小房因为座位被别的小朋友坐了，于是大发脾气摔椅子，我就耐心地坐在他对面以静制动，无论他怎样爆发，我都一次次抱住他，对他说：“老师知道你心情不好，我会一直陪着你的！”

当幼小的心灵感受到我真切的关爱时，小房一把抱住我放声大哭说出了自己的委屈，我们的关系更近了一步，我也真正走进了小房的心里，以后再遇到任何事，小房都愿意跟我敞开心扉，沟通解决他的每一个困惑了。正因为有一群这样的孩子，我把更多的爱和关注都分给了他们，一个微笑、一声鼓励、一次牵手、一个拥抱、一次抚摸，在爱的互动中，我与孩子们的距离越来越近，孩子们也对我有了更多信任。而孩子们的每一次发现、每一个收获、每一次进步，都让我在辛劳琐碎的工作中收获了成就感。爱是最美好的表达，当他们感受到了尊重和爱就会回馈给你更多的爱与信任。

作为一线老师都知道，每一个问题幼儿的背后都有一个需要我们支持和帮助的家庭，家长工作是一大难题。在郑园长和姚主任的带领下，我们对班里的家长做了详细分析，把家长分为“放任不管型”“溺爱放纵型”“包办代替型”“碎碎念型”和“脾气暴躁型”，在两个月的时间里对症下药，约访了全体家长，把带班中我们发现的问题有策略、有方法地反馈给家长。同时，我抓住每个家长的特点，并有针对性地和家长进行育儿交流，跟个别家长每天进行电话约访指导。通过我们的努力，孩子们可以带队去户外正常分组上课了。孩子们的改变让家长对我们投来了肯定和信任的目光，家长们也逐步改变了自己原有的教育观念，开始积极配合班里的各项工作，看着孩子们一天天进步，我们五位老师心中有说不出的欣慰。

说到班里的孩子，那就不得不说作为幼儿教师的孩子了，他们永远都不是得到爱最多、陪伴最多的那一个。还记得生完孩子上班后我就接下了素质赛的任务，刚刚六个月的孩子，早上还没醒我已经走了，晚上睡着了我才回家。欣慰的是功夫不负有心人，在2018年青年教师素质大赛中我荣获区、市素质赛一等奖的好成绩，特别感谢当时任园长的信任，让我有勇气迎接这份挑战，有了更大的进步。

幼儿教师就是这样，我们的爱是无私的，我们用一片至真至诚的爱心去拥抱每一个孩子。正如雷锋同志在日记中写道：“青春啊！永远是美好的!”一个人的青春是有限的，而我的事业是常青的，我的青春在孩子身上延续，我的价值在幼儿身上得到了充分的体现，我愿在热爱的事业中，用无限的热忱和挚爱创造出美好的明天。

教育孩子是一场美丽的修行

幼儿部　张　静

每个孩子来自不同的家庭，生活背景也不尽相同，他们看人看事、待人接物的态度也各有不同。一个孩子就是一个丰富多彩的世界，老师面对的是一个个独立的、有思维、有判断力的个体，简单概括就是：教育应该因材施教，以及“亲其师，信其道”。幼儿教育如果没有爱的支撑，只停留于表面，那只能起一时的、短暂的作用，对长远的教育毫无意义。所以，所谓的幼儿教育其实就是爱的教育，我们应该带着爱来看待每一个学生，教育每一个学生。

追忆往昔，我还是副班的时候刘园长曾跟我们说过，副班主任是班里很重要的角色，在搞好班里卫生的同时，要不断提升自己、锻炼自己。当时，我跟张雪娇老师一个班，记得有一次她上公开课需要钢琴伴奏，娇跟我说：“静，你来帮我钢伴吧，曲子很简单，就是《王老先生有块地》。”我立马拒绝了。对于学英语出身的我来说五线谱都闹不太明白，让我弹琴简直就是不可思议。娇说：“没事，我相信你可以的，我陪你一起练，你看，左手只弹 do so mi so 就行。”我真是不相信我自己啊，但为了雪娇给我的这份信任，也想到刘园长说的那些话，我硬着头皮同意了。从那天起，每天下班以后我们班都会传来时断时续的《王老先生有块地》的钢琴声。当时我们班就在园长办公室对面，有时候园长追随着琴声来到我们班，打趣地说：“这王老先生的地怎么样啊？我可听了好几天了。”毫不夸张地说，我练了一周的琴，手都磨出泡了。到了公开课当天，前面两遍揪着心弹得确实挺好，但第三遍时有的部分说什么也弹不对了，我都想放弃了，甚至几次想冲到电脑旁边播放音频，但扭头看到园长、主任和听课老师们向我投来的支持的眼神，我做好了最后一搏的打算，咬着牙坚持总算弹过去了，我感觉所有人都替我长舒了一口气。我还记得下课后大家不但没有责怪我，还在一直鼓励我，我特别感谢这些在我成长道路上帮助我的领导、老师们。

在幼儿园工作的这些年里，是我成长最快、感受最多的。在幼儿园这片沃土中，我与孩子们每天朝夕相处，共同成长，在这七八年中发生了很多暖心的事情。我们班有一个小女生优优，平时做事很认真，但性格比较害羞、胆小，为了帮她增强信心，我便让她勇敢地在众人面前大胆展示自己，那次我们特意选她来做国旗下演讲。起初并不尽如人意，虽然她背得很流利，但怯于在众人面前开口，于是我就给她讲了我大学毕业前在中学实习时不敢上讲台讲课的故事。我也不知道我的小故事优优听懂了没有，但我想让她知道，不是每个人都可以自信满满地大胆发言的，只要经过不断练习与尝试肯定会成功的。在我们的精心准备下，那次升旗仪式很成功，她自信大方的演讲相当精彩，从此她真的越来越自信，越来越优秀了。我以为这么多年过去了，大家都慢慢淡忘了这件事，但就在两三周前的周一，我看到她的妈妈发了一条朋友圈，配图是优优胳膊上佩戴着大队委的三道杠，自信地拿着话筒站在飘扬的国旗旁，她妈妈说：“孩子，你的努力妈妈看到了，你代表全年级的大队委第一次主持升旗仪式，妈妈很欣慰!”于是我给她妈妈评论：“看到这么优秀的宝贝，我们真的感到很骄傲!”我以为她妈妈会简单回复“谢谢”之类的话。没想到她妈妈说：“老师，还记得优优第一次站在舞台上，站在她身边的老师是您啊!”每次感动我们的不是什么轰轰烈烈的大事，而是我们和孩子朝夕相处中孩子的点滴进步与成长，以及家长带给我们的微小的肯定，也许这就是我们幼师的职业幸福感吧!

爱是教师最美的语言，幼儿教育的实际途径就是“发现优点”“赏识优点”。通过这一途径，可以培养幼儿的自信心以及学习的积极性、主动性和创造性，从而达到教育的目的。无论哪个孩子，只要我们仔细观察，就一定能发现他的优点，即使他做错了事，我们也可以从中找到闪光点，关键是一个“爱”字。爱是最伟大的情感，如果说亲子之间的爱基于血缘的本能，那么老师的爱更多的是博爱，因为教育是无选择性的，所有的孩子都有权利获得爱。

教师这个职业不仅是一种光荣，更是一份责任，我们是人类灵魂的工程师。我们可以感染同事，同心同德，齐心合力；可以感染家长，树立威信，真诚沟通；可以感动社会，爱岗敬业；可以感染孩子，进取向上，勤奋努力。

实实在在工作，平平淡淡生活

幼儿园　陈丽红

某一日，一位母亲带着孩子与我擦肩而过，只听她喊“陈老师”，我方才恍然认出，她是曾我带过的孩子，而如今竟已为人母。望着她身侧的女儿，我不禁慨叹时光如白驹过隙，匆匆二十余载已逝。时间都去哪儿了？

多年来，每每回溯往昔，我皆会从旧照中寻觅往昔点滴，那皆是弥足珍贵的美好回忆。学校与幼儿园的旖旎风光，深深烙印于我的脑海：幼儿园那温馨的教室、清幽的小院、宽阔的操场；校园里，春有繁花似锦，夏有绿树成荫，秋有金黄银杏，冬有白雪皑皑，还有那夜晚璀璨的灯光，皆令我流连忘返。纵我踏足过诸多风景绝美的胜地，然在我心中，我们的幼儿园始终是最美之所。只因这里是我倾尽生命与青春奉献之地，故而它是我心中无可替代的至美之境。

每次与家人朋友途经幼儿园门前，我总会自豪地说：“瞧！这是我们的学校，这是我们的幼儿园。”这么多年，于我而言，幼儿园宛如一个温馨和睦的大家庭，堪称我的第二个家。毕竟每日与同事交流的时长多过与家人交谈的时间，诸多事务皆在单位与同事协同处理。组里的老师们时常言道：“同事乃是我们的后天亲人。”当下，虽与同事并非血亲，然而平素我们皆以姐妹互称，是以老师相处仿若亲人。不管是教师自身还是其亲人抱恙，家中有事，领导与同事都会亲自探望，领导和同事的关怀让老师心生温暖，激动之情溢于言表。

这么多年来，回忆之中，于幼儿园工作，或许未曾有惊天动地之大事，幼儿教师的工作亦非伟大非凡，尽是些平凡而琐碎之事。然而，孩子乃每个家庭的珍宝，幼儿教师肩负的责任重大，我要为每一个孩子、每一个家庭负责。故而，我深感幼儿教师平凡却又伟大，选择成为一名幼儿教师，我从未后悔。我想，这便是我的日常，实实在在做事，平平淡淡生活。孩子们那一张张可爱的笑脸，每当他们绽放开心的笑容，便是我最为欢乐的时刻。面对这些初涉世事的幼童，当他们那明亮的眼眸望向我时，我深感责任之重，幼儿园是他们离开父母、初次接触社会的首要场所。所以，我认为作为一名幼儿园老师，心中定要有爱，需怀揣一颗爱心，满怀深情地投入工作，诚如“教育之不能没有爱，犹如池塘之不能没有水”。

这么多年来，我始终深信，教育的本质便是爱的教育。爱孩子，即真心呵护每一个孩子，付出诚挚爱心、真心对待每一个孩子。每日清晨，我都会面带微笑迎接每一个孩子，以亲切温柔的话语与他们交流，用心倾听孩子的诉说，通过抱抱、搂搂、拉拉小手等举动亲近孩子，给予他们温暖和安全感，让他们体会到老师如妈妈般的关爱。孩子天性活泼好动，在一同玩耍嬉戏时难免会有磕磕碰碰，因此，每日面对随时可能身处危险的孩子们，我们必须做到眼观六路、耳听八方，熟知每个孩子的性情，了解每个孩子的特点，对谁易有突发状况、谁常患病等皆要了如指掌。老师所充当的角色多样，每日皆是如此。

这么多年，身为一名幼儿教师，“三爱”——“爱幼儿　爱幼教　爱幼儿园”，乃是每一位教师都应具备的品质。在我从事幼教工作的生涯里，我在业务上不断进取、刻苦钻研，努力提升自己的幼教理论知识与专业技能。但我深知，欲成为一名出色的幼教工作者，不仅要有过硬的专业技能，最为关键的是要有一颗热爱孩子、热爱幼儿园、热爱幼儿教育的心。

以爱为本　不改初心

幼儿园　陈萍萍

在浩瀚的宇宙中，每一颗星星都承载着无尽的梦想与希望，而在这片充满希望的教育天空下，老师如同辛勤的园丁，用爱滋润着这片沃土。

时间如白驹过隙，不知不觉在教育岗位上已是十几个春秋，从一个对幼教懵懵懂懂的新教师到现在的骨干教师，有过会心微笑的时候、有过委屈哭泣的时候、有过深深被感动的时候，一直从未动摇过，那是孩子给予了我力量，让我有了足够的信心。在每一天与孩子们相伴的时光里，都像是被精心编制过的画卷，充满五彩斑斓的色彩；在与孩子们的相处中，找到了属于自己的教育宝典，那就是践行"三爱"行动。既然选择了幼儿教育这一行业，那么就应该投入自己的精力。

记得那是一个夏末秋初的季节，我们班转来一个男孩，他会对其他孩子表现出一些攻击性行为，虽然刚加入我们班，但一系列举动影响到了班上的小朋友，并且在家长圈里也渐渐传开，面对外面的流言蜚语，作为班主任的我有责任挺身而出。我每天除了眼观六路耳听八方外，在不带班时也常驻班里观察情况，同时每天写着观察记录、每天分析着行为举止、每天想着改进措施，不显著的办法屡屡改动，反思成了家常便饭，家长也是非常配合工作每天和我沟通想办法。当时他妈妈休产假，每每来园都是抱着仅四个月大的二宝，日复一日，我们从来没有放弃，并一直坚定着初心。两个月后男孩发生了变化、一学期后脱胎换骨，在几次活动中他还代表我们班登台演讲，那时妈妈和我流下了眼泪，我用实际行动的爱拯救了一个孩子、成就了一个家庭。

仰望星空，我感悟到：把每一件平凡的事做好，就是不平凡；把每一件简单的事做好，就是不简单。在这个平凡的岗位上，我也会继续踏踏实实、兢兢业业、严以律己，继续发光发热，实现着我的人生价值与理想。在教育这个神圣的岗位上，在未来的人生征途上，我将继续奋斗，在教育这片多彩的百花园里勤奋耕耘，以更大的热情倾注阳光般的爱心，奉献无悔的青春，让每一株幼苗都茁壮成长，让每朵鲜花都灿烂绽放，用自己那份热忱和爱去呵护着每一个孩子，用实际行动书写幼儿教师的美丽篇章。

不驰于空想　不骛于虚声

幼儿园　邵思源

“凡事都要脚踏实地去作，不驰于空想，不骛于虚声，而惟以求真的态度作踏实的工夫。以此态度求学，则真理可明，以此态度做事，则功业可就。”这是李大钊的名言，也是我作为一名党员教师的信条。在从教的十年里，我始终以一种敬业、乐业、奉献的精神，默默耕耘，始终把“爱幼儿　爱幼教　爱幼儿园”作为自己至高无上的事。我紧紧追随党的步伐，时刻以一名党员教师的职业道德“爱幼儿　爱幼教　爱幼儿园”要求自己，也始终保持着满腔热血未曾改变。

我们班有个孩子总是不能和大家一起游戏，专注力只有五分钟，会习惯性在班里随意跑动。由于缺少父母的陪伴，导致孩子严重缺乏安全感，只要闲下来就会吃手，吮吸大拇指，拇指都被他吮吸的少了一大块皮，同时他还会时刻追求老师的关注，不停地插嘴，想要引起老师的注意。因此，我和班里的老师决定多方入手，改变孩子的现状。我和他的妈妈进行了约访，详细了解了孩子从小的生长环境和经历，并向她反映了孩子的在园表现，希望家长能够引起重视，多陪伴孩子。可是结果却不尽如人意，父母虽表示赞同，但只是停留在口头，并没有实质的行动，于是我们本着“不抛弃、不放弃”的原则，决定采取迂回战术。每当班里有开放活动，如中秋节打月饼、国庆红歌会，我们都会邀请他的家长来园参观，公开课和听评课活动也邀请家长前来“捧场”。慢慢地，家长也发现了孩子和同龄人的差距，开始主动找我谈话，这也让我看到了希望和转折，于是我抓住机会向家长介绍了《捕捉儿童敏感期》等专业育儿书籍，并且在了解了父母双方的想法后，建议他们针对孩子“多动”的问题咨询心理医生。在和家长反复沟通后，他们带孩子做了心理诊断，确诊为“多动症”。在这之后的一年里，这个小家庭发生了翻天覆地的变化：爸爸主动提出了辞职，开始专心陪伴孩子，做起了奶爸；妈妈根据我的建议每天坚持对孩子说“我爱你宝宝”，并时常拥抱孩子；全家一起制定了“家庭日”，在那一天一起做游戏，一起打扫房间。在幼儿园里，班里的老师也总是找机会表扬孩子的进步，增加和他交流、拥抱的机会。在家园共同的爱意滋养下，孩子有了很大转变，可以和小伙伴一起参加活动、专注力最长能达到十五分钟、吮吸拇指的次数也越来越少了，并且他还会经常向他的伙伴说“我喜欢你”。毕业典礼的前一天，他妈妈拉着我的手流下了激动的泪水，这泪水里有喜悦、有感激，但更多的是对老师工作的认可，对我们付出的肯定。

有人说，有什么样的老师就有什么样的学生，我深深赞同这个说法。在我带过的众多班里，每个家长都能与我和谐相处，每个孩子都叫我“妈妈”。我相信，孩子是不会说谎的，正因为他们感受到了我真切的爱意，实在的关怀，才将“妈妈”这么伟大的词汇用在我的身上，这就是师德的力量，也是一个党员该做的事。我不求自己说出掷地有声的豪言壮语，更不奢望有什么惊天动地的丰功伟绩，我希望能够在平凡的岗位上默默奉献自己，超越自我。

我时刻牢记着在党旗下做出的承诺，时时告诫自己要带头起到党员的先锋模范作用，事实证明我真的做到了。每当在走廊遇见以前的学生，每当听到他们隔得很远喊着我的名字，我作为幼教人的初心总会被唤醒，它时刻提醒着我，用自己的知识和爱心去点燃红烛的事业，再创辉煌业绩。“未正人，先正己”，这是古代先贤们的训诫，在新的岗位上，我将沉淀自己，勤修技养，我相信时间和经历会像水流一样滋润我的心田，在我的心底催生出一朵朵美丽的鲜花，我也会把这份爱和芬芳传递给身边的每一个人。

热爱的事要竭尽全力

幼儿部　武海宣

如果不是那份对教师职业的热爱，我现在可能是一名医生，也可能是一名空乘。也许就是在爸爸给我亲手做的那个小黑板上写写画画的过程中，让我对教师这个职业如此情有独钟。

毕业实习后，我很幸运地留在了咱们石外集团幼儿园工作，那时我刚带班手忙脚乱的，可每当看到那一张张稚气可爱的笑脸，我觉得自己再累也是开心的。慢慢地，我能轻松驾驭副班的工作了，那个时候园服口袋里永远有两样“宝贝”：卫生纸和小贴纸。每天我都会做好班里的清洁消毒，照顾好每一个孩子，积极向老教师学习经验，跟班里的教师做好配合，工作的每一天都过得很充实。每当孩子们围着我一起嬉戏玩耍时，每当孩子们亲切地叫我“宣宣老师”时，总有一股浓浓的幸福感涌上心头。我清楚地知道，幸福的背面就是责任，我努力学习，和孩子们一起成长，第一次家长会、开放日、听评课、情景剧、大型活动等，我都会用心准备，力求创新，不断提升自己各方面的能力。

记得老师们每天中午都会聚在一起自主培训，在做好本职工作的同时勤练专业技能技巧。谁的英语好就带领大家练口语，谁的美术美工好就带领大家剪剪贴贴。我当时负责舞蹈培训，正好遇到咱们园十年园庆，我们也很想为十年园庆献礼，于是我就利用每天中午和下班时间紧锣密鼓地给大家排练群舞《醒莲》，回到家我还会反复看光盘练动作、画队形，画了一本又一本，勾勾画画涂涂改改，为求莲花开花这一完美的造型和舞台呈现出最佳效果。老师们也是尽善尽美，服装颜色偏浅，大家拿起针线缝制演出服；舞蹈音乐时间过长，便开始反复听反复截取；PPT 背景制作也精益求精。在园领导的大力支持下，整个舞蹈惊艳全场，雷鸣般的掌声足以表达对我们每位教师的肯定。自老师们的舞蹈《醒莲》之后，我又开始创编幽默情景剧《迟到》《都要爱》和《瞧！咱这一班》等，并根据每位教师的性格特点和外形特点量身打造，你能想象马园长成为马小跳垫着垫背巾的样子吗？你能想象付园长梳着两个大辫子成为校花的日子吗？你还记得郑园长变身“这是嘛？这是牌子”的东北爷们吗？你还记得赵欣姐成为全能班主任的经典吗？退休的高霞老师对我说：“宣宣你圆了我光明正大穿旗袍的梦。”朱丽尔老师说：“宣宣你让我找到了新的爱好，能不能再加戏。”让我最难忘的是，任园长变身女儿国国王，她和她的“假玉帝哥哥”李主任的“石外”对白；每期“三爱”的主题无论是“夏日嬷嬷茶”“芳华”，还是“客栈古风”“奥运国风”“哈利·波特与石外”……在制作创意节目的过程中，我自己被所有老师那份纯真的幼师梦点燃，让我更加投入，只为不负最好的你们。

2018年智汇一园开园，我担任干事，上传下达，跑前跑后，粗中有细，以点带面，面面俱到，力争做到干事保运转，树立服务意识。我是石外一块砖，哪里需要哪里搬，虽岗位不同，但我的爱，我的激情一直都在。

我庆幸自己从事了最爱的事业，此生无悔，此刻，回荡在心中的只有一句话：“热爱的事要竭尽全力!”

闪光的青春　无悔的选择

幼儿园　岳　谈

幼教意味着什么？幼教意味着希望，意味着成功，意味着责任，意味着挑战，意味着汗水，意味着配合。

自 1990 年 8 月参加工作以来，至今已经有三十四个年头了，因为爱孩子，所以默默耕耘在幼教的第一线至今无怨无悔。这么多年来，我一直希望自己成为一名智慧爱心型老师。通过这三十多年的教育教学，我更加深刻地认识到教育是自我学习、自我探索、自我提高的过程，每一次活动的开展，每一天的工作感受，每一点一滴的小事都能使我从中反思，收获不同的经验，使我不断进步。作为一名幼儿教师，我们做的是实实在在、默默无闻、不求索取的工作，这使我更加深刻地感受到教师职业的崇高，责任的重大，也使我更加热爱这份工作！

一、了解幼儿，用爱关注每一位幼儿

作为一名幼儿教师，我的大部分生活都是与孩子联系在一起的，在我的教学生涯中，有欢笑，也有眼泪，但无论什么时候我都没有退缩，我认为自己个性当中最大的特点就是不轻言放弃，一件事要么不做，要做就尽力做好。我用一件一件的小事，一点一滴的行动履行着一名幼儿教师的职责，谁爱孩子，孩子就会爱她，只有用爱才能教育孩子，只有用爱才能发现每个孩子的闪光点。我班上有一个小朋友，他说话和做动作都比别的孩子迟缓，生理上的缺陷使他常常受到其他孩子的嘲笑和欺负。他变得更加沉默胆小了，并且常常流露出一种自卑的眼神，这一切我看在眼里痛在心里，我一定要让他自信起来。经过仔细观察我发现了他身上的闪光点——心细，记得一次游戏课上，孩子们在你追我赶中一条白色的小毛巾不知道让谁碰到了地上，许多小朋友都从小毛巾边走过，但却没有一个人将它捡起来，更糟的是居然有一位小朋友一脚踩到了小毛巾上。后来，我看见这个男孩捡起了小毛巾，然后用手抖了抖，拍了拍，把小毛巾放回原处挂好，这时我轻轻地走过去摸摸他的小脑袋，说：“你真棒，做得真好，教师爱你。”他开心地笑了，他笑得是那么甜那么美。下课后，我将发生的事编成小故事说给大家听，并请大家猜猜老师说的到底是谁，当大家把赞许的目光投向他时，我看到了他那双大眼睛流露出从未有过的自豪，他慢慢有了自信，也慢慢融入了小朋友当中，大家也都非常喜欢和他一起做游戏。

二、以良好的常规带动教育教学工作

幼儿园孩子的日常生活常规训练和自理生活能力的培养是一项繁重而艰巨的任务。现在的独生子女由于父母的溺爱大多数过着衣来伸手，饭来张口的“幸福生活”，让孩子们适应幼儿园的集体生活是个漫长的过程，期间渗透着我们老师太多的耐心、汗水和智慧。在培养孩子们一日常规方面，我发挥自己在音乐方面的长项，寻找适合孩子、孩子喜欢的音乐来进行一日常规的培养，如用音乐组织教学活动、用音乐排队上厕所、用音乐引领户外活动后有序归队、音乐中的美餐、播放轻音乐为幼儿营造良好的午睡环境等，另外在一日生活各环节中，我还会加强对孩子的观察与指导，积极鼓励幼儿学做自己的事。在常规培养的活动中，给幼儿提供轻松愉悦的教学环境，让幼儿在“玩中学”，在“学中玩”，我根据常规培养目标设计了一系列游戏：听着小铃拍拍手，即模仿小铃节奏强弱拍手，让幼儿感受不同节奏带来的不同感受，吸引幼儿的注意力。当小铃敲的节奏很强时，幼儿有力地拍手，当小铃敲的节奏很弱时，幼儿轻轻地拍手，随之慢慢安静下来。这个活动的主要目的是让幼儿感受不同节奏带来的快乐感和敏锐感，从而使幼儿的注意力更加集中。通过一段时间的实践后，老师只要在上课前摇摇小铃或者拍拍手，孩子们就能自然而然地明白老师的意思，然后安静下来。我还设计了节奏点名、节奏问好等活动。通过坚持不懈的努力，班里的常规好了，孩子们自我管理的能力也提高了，带班老师轻松了，各项工作完成得井然有序。

三、以身作则，言传身教，做好表率

这虽是一种“无声的教育”，却能达到“此时无声胜有声”的效果，言教不如身教，作为老师，我时刻不忘自己的表率作用。要求孩子怎么做，首先自己要做到：每天早晨主动大声地与幼儿问好；从不乱丢垃圾；当和孩子说话时蹲下来亲切地注视着他；经常和他们聊天，多倾听他们的想法……通过不懈的努力，我们班的孩子们学会了讲文明，懂礼貌，受到了家长和同事们的一致好评。

四、注重家长工作，家长的支持是良好工作的开始

大家都知道，要提高孩子的素质，首先要提高家长的素质和家园共育的意识。那么如何调动家长参与的积极性形成教育合力，发挥他们教育同盟军的作用，以及如何提高家长这支队伍的素质？以情感人，激发他们教育的主动性和积极性是关键。因此，作为一名班主任就要发挥自身的人格魅力，深入细致、不厌其烦地做好家长的思想工作和教育观念的转变工作，如通过约访、微信等方式与家长沟通，通过教师的责任感赢得家长的信任和信赖。教师要认真筹备并召开学期初、学期中、学期末三次家长会，让家长对幼儿园本学期的各项工作有充分的了解，有计划地做好家长交流工作，让家长及时地了解孩子的点滴进步和需要改进的方面，并提醒家长调整心态，以正面、真诚的态度面对幼儿，真正做到家园配合，与幼儿共同成长。

五、与班里老师密切合作，共同开展工作

作为班主任要与本班其他教师密切合作，互帮互助，只有这样才能完成各项工作。在幼儿园工作的十几年中，我先后与不同年龄层次的同事合作过，而我每次都能发现她们身上值得学习的东西，并彼此支持，积极配合。在每学期初，我都会和班里的老师商量制订本学期的计划和要求，并努力协调好各项工作，通力协作，共同完成本班的教育教学任务。几年来，我们班得到了家长和领导的认可，这些都是我与本班教师默契合作分不开的。

六、加强业务学习，提高自身素质

只有不断学习才能让头脑更加充实，为了提高自己的理论水平，我经常学习前沿的幼教理论，并将理论应用于教学实践中。同时为了提高自身的业务能力，我积极参加教研活动、业务学习，以及观摩课评议、优秀园所参观等活动，汲取有益的教育经验。所谓“不积跬步，无以至千里；不积小流，无以成江海”，在今后的工作中我会继续学习新知识，努力提高思想水平和业务素质，大胆创新教学方法，做一名具有创新精神的、新时代的幼儿教师。

作为一名老教师，我要把自己多年积累的经验毫无保留地传承下去，为我们幼儿园的壮大增砖加瓦。在今后的工作中，我将继续发扬团结协作、改革创新、不断进取的精神，严于律己，奉献自己的一切，不辜负领导给予的支持与关爱，为了幼教事业、为了我们的幼儿园更加努力地工作！

让青春为幼教事业闪光

幼儿园　金　蕾

时光易逝，岁月如梭，细细数来，我踏入幼教行业已二十四载。从青涩到成熟，从束手无策到游刃有余，一路走来，有山重水复疑无路的困境，但更多的是柳暗花明又一村的惊喜。作为一名教师，良好的师德师风是一切工作的前提。我始终对自己严格要求，对孩子从爱心出发，对自己从廉洁出发，将为人师表谨记在心，在师德师风方面不敢有一丝一毫的懈怠。

记得刚刚参加工作时，我作为年级主任带领本组的 17 名教师认真学习了《幼儿园教育指导纲要》《3—6 岁儿童学习与发展指南》等相关幼教理论，践行着“爱幼儿　爱幼教　爱幼儿园”的“三爱”精神，踏实工作，努力进取。在工作中，我会虚心向老教师请教，同时把自己的教学经验无私地传授给新教师，用亲切和蔼的态度对待身边的每一个人，并以自己特有的人格魅力带动和影响全组教师，使各项工作稳步前进。

每年 9 月小班新生入园都是老师们最犯难的事，我便带领老师们将 3 岁幼儿的生理、心理等方面的知识重新学习、讨论，并利用业余时间从网上搜集了大量的实用信息，与老师们一起分享如何解决小班幼儿入园时的紧张焦虑情绪，甚至连新生来园后怎样喝水、喝几杯、幼儿哭闹严重时的吃饭问题、如厕问题、午睡问题等等进行了一一梳理，并找出相应的解决对策以应对不同幼儿的反应。准备工作就绪后便开始家访工作，为了保证家访的实效性，老师们把家访时间安排在了双休日和晚上，这样就能见到孩子的父母，更多地了解孩子的情况了。我们骑着自行车跑遍了市内的各大小区，在那几天里老师们晒黑了、跑瘦了，有时因为家长的原因还会吃闭门羹再跑第二次，可我们并没有一句怨言，因为在老师们的心中这些都是值得的。

终于迎来了盼望已久的孩子们，看着他们那一张张稚嫩的小脸，听到的却是那一声声撕心裂肺的哭声，看到孩子们委屈的样子，我就像妈妈一样，一会儿抱抱这个，一会儿又哄哄那个，生怕冷落了哪一个孩子。我使出浑身解数和他们一起唱儿歌、讲故事、玩区域……想办法转移孩子们的注意力，使他们不再想念妈妈。到了午睡时间，这往往也是孩子们哭闹最严重的时候，我就把哭闹严重的孩子抱在怀里哄他入睡，一抱就是一中午。一天下来我的嗓子哑了、胳膊酸了，可是看到家长们接孩子时那一双双渴望的眼神，一声声询问，我顾不得嗓子的疼痛，一遍遍耐心地向每一个家长介绍幼儿一天的表现，喝了多少水、吃了多少饭，有没有大便、情绪如何……把所有家长和幼儿送走后，这才发现自己的水杯空空地放在窗台上，已经整整一天没有打开过了。

2015 年我从一线带班教师转岗为教育教学主任，岗位角色的变化让我身上的责任更重了。作为教育教学主任，我不仅要带领老师备好课，还要凝结教师团队的力量，协调好各方面的关系，以及组织开展各类教育教学活动。第一，我带领老师们认真研究幼儿的教育规律，积极探索“游戏＋体验＝学习”的学段理念。通过灵活有趣的游戏活动把一个个复杂的道理变得简单明了，让孩子们明白其中的道理，从而养成良好的习惯，为孩子们的发展打下坚实的基础。第二，我带领教师们不断学习幼教专业技能，提升自身业务水平。通过各类培训引领其专业化成长，先后开展了裕华区集团教师关于如何有效开展幼儿园绘本阅读的培训、区域活动展示、主动性学习培训等活动。

师者如光，微以致远。师爱是明灯，照亮了孩子们前行的路；师爱是火焰，点燃了孩子们心灵之火；师爱是力量，鞭策着孩子们勇往直前。立师德，树师表，是我们共同的心声，更是我们人生坚定的誓言，我们要做有理想信念、有道德情操、有扎实学识、有仁爱之心的“四有”好老师。

星光不负赶路人，岁月不负有心人。愿所有的教育工作者：源于热爱，始于坚持，勿忘初心。让我们一起静心教育、静待花开，唯有热爱可抵岁月漫长。

做“孩子王”的幸福

幼儿园　郑　韦

这是我做“孩子王”的第二十四年。从 2000 年入职石家庄第二外国语学校附属幼儿园成为一名普普通通的一线教师起，这是我做幼儿教师的第二十四年。

做“孩子王”的幸福，就是你永远不知道惊喜在哪里等着你。我从教二十多年，对我评价最高的是来自第一届的学生。两个 3 岁的娃去屋里的盥洗室，一个娃问另一个娃：“你觉得郑老师是女人吗?”这个问题对于另一个 3 岁的娃是个难题，他说：“我不知道。”能够让两个 3 岁的孩子在盥洗室研究我与其他老师的不同，我觉得，人嘛，总要活个与众不同。幼儿园要演情景剧，我穿着自己最喜欢最贵的裙子演了一只在“动物社区”吸烟引发大火的坏老鼠，我这一身儿算是深入人心了。一天，我穿着这件裙子走进幼儿园的时候，一个娃指着我告诉她妈妈：“就是她抽烟!”我当时想了一千种语言，竟然觉得人家说得没错，所以孩子教会我的是做人要谨慎。做了行政之后，我去班里听课，孩子们拍手，我也跟着拍，班里一个孩子回头冲我说了一句啥，我还傻乎乎地点头，旁边的老师提醒我：“人家说我们拍手，你拍什么!”多好啊，原来幼儿园是他的“地盘”。在我们园，孩子比老师更有话语权，那才是我做园长的骄傲。所以，当老师们在园里遇到我时，老师们会善意地跟孩子们说：“孩子们，跟园长妈妈打招呼。”孩子们会马上反驳：“她是姥姥。”看，孩子们教育我们，做人就是要实事求是。

从一名普普通通的老师，到成为一名行政，再到主任、分园园长，再到总园园长，我的从教历程会让很多人羡慕。“郑老师怎么这么幸运”，我也常常在想，我怎么这么幸运，那么多出色的老师，我怎么这么幸运。直到成为九所园的总园长，我也常常感慨我何德何能啊。一个外乡人，从一无所有到现在在他乡有了家，有了自己的事业，我怎能不努力，当我们身上肩负着越来越多家庭的信任时，这就要求我们为人师者，一定要不断学习。

当我对幼儿教育一窍不通的时候，石外幼儿园就为我们这些新人设计好了一场学习之旅。学习什么？为谁而学习？对于新入职场的我们真的是一头雾水。直到我真的开启我的职场之旅，我才知道，与 3 岁的娃打交道是需要智慧的，而非蛮力。所以当遇到《大卫不可以》里面的大卫时，我们会选择《正面管教》里温柔的坚持；孩子们愿意和我们合作，是因为《如何说孩子才会听，怎么听孩子才肯说》这本书教会我们很多策略；当家长们苦恼最近我家那个小家伙咋总说“脏话”，我们会告诉他们这是孩子们发现了语言是有力量的，《捕捉儿童敏感期》告诉我们，孩子的“秽语期”到了……做教师的幸福，大抵就是如此吧。人生百年，立于幼学，幼儿教师作为孩子们的启蒙老师，我从未小视我们身上的责任。爱学习，是我从教二十多年的幸运。

幼儿教师都知道，孩子们是在“直接感知、实际操作和亲身体验中学习”的，这是《3—6 岁儿童学习与发展指南》对于儿童学习方式的诠释，所以作为一线教师的我，满脑子想得就是如何寓教于乐。要“读懂幼儿”就要从游戏上下功夫，因为我们幼儿园的教育理念就是“游戏＋体验＝学习”，所以，如何在“玩中学，做中学，生活中学”，是作为一线教师常常思考的问题。要把职业做成事业，一定要有研究的精神，因此做老师的时候，不论是区里课程的评比，还是市里的活动，无不夺魁，这或许是让领导关注到我这样一个普普通通的一线老师的原因吧。

从教师跨到行政岗位，于我而言，是诚惶诚恐的，那么多优秀的人，我又何德何能啊。我想，作为行政就要有作为行政的担当，想到别人前面，干到别人前面，就是一种担当，所以做好教师们的表率，无论是做人还是做事，这才是带好队伍的前提。都说有一个好园长，就会有一所好幼儿园，做众美园园长的八年时间里，我们在活动上推陈出新，我们在名师培养上从不懈怠，在家长工作上将“你就是孩子最好的榜样”发挥得淋漓尽致。

幼儿园的任何一场演出，都是家长、老师、小朋友们一起参与的盛会，用“神仙打架”来形容我们每一次的活动，大家或许能够体会到参与的火爆程度。所以一所只有三个班的小幼儿园，要在两所大幼儿园的衬托下成为一个特殊的存在，作为园长的我从不懈怠。从建园初期手把手地带老师，到形成一个教师梯队，众美分园一个只有三个班的小园的情况下，为我们集团的干部梯队输送了一个分园园长，两个主任这样的成绩，一起共事的八年，她们也从青涩的“菜鸟”成长为当年那个我的样子。所以，育人，要先带好自己的教师团队，因为没有捷径可言。做干部的日子，让我经历了几次告别，告别了自己带了八年的众美园，开启了华堂园三年的历程，之后又告别了华堂园，开启了创办智汇城第二、第三分园的历程。每一场离别对于一个走心的我而言，都是一种不舍和挑战，虽有不舍，但我深知这也是集团领导对我的一种锻炼，干部的担当和责任就是为学校排忧解难。直到 2021 年 12 月，当集团领导把九所园总园长的角色给了我时，我第一次觉得这是不是在开玩笑。做执行园长的笃定，即使同时操盘两所十八个班配置的新园我都从未紧张。为什么紧张？3000 多名家长的信任啊，九所园的发展啊。不同角色，就要有不同角色的站位，所以每一个人在面对新的挑战的时候，都会有焦虑紧张的情绪。可这并不能成就发展，冷静地思考未来之路才是王道。所以，我常常在思考九所园的不同定位，常常在思考如何让教师团队充满活力，常常在思考如何让老师们“读懂幼儿”，常常在思考如何让“一人入园，全家受益”。

我，还只是个做幼儿教育的初学者。在“倾听幼儿，相伴成长”的二十四年里，我和孩子们学会了做人要实事求是，我和老师们学会了待人要真诚，我和领导们学会了做事要有担当，我和家长朋友们学会了幼儿教师不等于幼儿园教育，做“孩子王”的幸福，大抵如此吧。

有一种爱叫做默默奉献

幼儿园　赵　鑫

老师，是这个世界上最美丽的名词，是一份神圣的职业，他们就像阳光，默默地照耀和温暖着大地上那群稚嫩的花儿。我作为一名普通的幼儿教师觉得自己很幸运，能够陪伴在这些幼小的孩子身边，和他们一起学习、一起游戏、一起成长。当看着这些祖国的花朵茁壮成长起来时，我怎能不感到无限的幸福呢？人们常说：教育事业是太阳底下最光辉的事业。在教师的队伍中，最容易让人忽视的就是幼儿教师。别人说，幼儿教师不就是“孩子王”吗，也有人说幼儿教师就是高级保姆……然而，我觉得幼儿教师并不是人们说的那样，这是个播种爱的职业，所以，我毅然选择了幼教——当一名幼儿教师。

那年，带着豆蔻年华的激情，带着稚气未脱的脸庞，带着对美好未来的憧憬，我迈进了幼儿园的大门，跟最年幼的人在一起。从此我将在充满童趣的世界里描绘着自己五彩的人生，然而，迎接我的不仅仅是稚气的脸和天真的笑，而是一份沉甸甸的思考。

算一算时间，我做幼儿教师已经二十五年了，每当听见孩子们以甜美的声音叫我“老师”的时候，我就感觉心中很美很美。那一张张可爱的小脸，一双双天真的眼睛，给我带来快乐的时候，也让我深深感到了对他们的责任。每天，当早晨的阳光出来后，我会和孩子们一起拥抱阳光的温暖，一起为明媚的清晨歌唱，将美好的时光珍藏在孩子们的脸上。每当孩子们围住我，和我一起嬉戏玩耍的时候；每当孩子们亲切地叫我“老师”，在我身边快乐嬉戏的时候，一股浓浓的爱意就会打心底生出，这是很幸福的感觉。作为幼儿教师，我明白，他们就像我的孩子一样，我一定要他们迎着太阳，茁壮地成长。我永远都记得一句话，它是我对孩子们的教育理念：没有对孩子的爱就没有教育。作为一名幼儿老师，拥有一颗无私的爱心是首要条件。幼儿园就像一个春的花园，而我作为一名园丁，栽树剪叶，施肥浇水，只为让每朵花能鲜艳地盛开。

记得刚刚建园的那几年里，我还是个小姑娘，每天都会在自己的班里忙忙这个，忙忙那个，想把自己的班做得再好一点，不让别人比下去，所以我每天都忙碌在各种环境的布置中。记得 2001 年的冬天，马上就快过新年了，为了能让孩子们在新年有个焕然一新的感觉，我和班里其他两位老师等家长接完孩子后便开始布置教室。从大环境到小环境，一点一点地准备、布置，而时间也一点一点地过去了，当觉得饿的时候已经是晚上 9:00 了，简单吃了点东西后我让另外两名老师先回家了。我当时想，自己收下尾也回家了，突然这个时候看到刚刚装饰上的画掉下来一块，于是考虑到第二天孩子们在班里的安全问题，我又把原来很沉的画进行再加工，重新制作了一幅新画，用的纸也是轻的，当我自己往墙上挂的时候，妈妈给我打来电话，第一句话问的就是：“几点了，你还没到家，不是有什么事情吧!”听着妈妈着急的问话，我抬头一看已经接近晚上 11:00 了，天呀，真是够忘我的，我赶紧和妈妈说我还在单位，今天晚上不回去了，明天还要上早班，妈妈嘱咐了很多就挂了电话。这是我第一次在幼儿园过夜，也是第一次体会到了以园为家是什么意思。

有了第一次，之后也就有了很多次在幼儿园过夜的经历，但是让我印象最深刻的是 2003 年，我代表幼儿园参加区级评优课的那次。我上的是《10 以内的相邻数》，由于这是幼儿园第一次参加区里的评优课，所以园长、主任都很重视。当时，任园长和刘园长一次次帮我说课、改课，尽可能做到完美，还有同事们也一直帮助我做教具。就在上课的前一天，我们又把课程梳理了一遍，而这次梳理让我们意识到要调整教具，本来我打算简单弄一弄就可以了，可同事却说：“赵鑫，既然咱们干了，就把事情做得更完美，这一点儿也不麻烦!”于是，我俩晚上下班后重新制作教具，一直干到晚上 9:00，同事临回家之前还不忘嘱咐我把所有的教具试一试，把所有衔接的话过一遍。这天晚上，我又成功的以园为家，住在了这里，并在第二天区级评优课上获得了一等奖的好成绩。成绩虽然是我自己的，但功劳是大家的，这和大家的帮助是分不开的。

记得有一年下大雪，我们班有个叫旭旭的男孩，他胆子特别小，每天来幼儿园都会一直默默地哭。他的爸爸妈妈在石家庄郊区有个农场，每天他们都会先去农场工作，之后再往回赶接孩子，所以旭旭每天都是最后一个被接走的。这次大雪正好赶上我上晚班，晚上 6:00 他妈妈给我打电话说下大雪路不好走，所以可能会晚点接孩子。这天，我为了分散旭旭想妈妈的注意力，就陪他一会儿讲故事、一会儿做游戏、一会儿做手工、一会儿给他找吃的……时间就这样一点一点过去，最后到了晚上 9:00，我看他已经困得不行了，我就和他说："这样吧，我抱抱你吧。"他看着我点了点头，就这样他在我的怀抱里睡着了。那时，没有当妈妈的我第一次感觉到，孩子对你的需要，哪怕只是个陪伴、拥抱，他都会有安全感。他妈妈一直到晚上 9:30 才来接孩子，并一直说要送我回家，我看看睡着的旭旭，再想想自己家的距离，便委婉地拒绝了。这一天，我又选择住在了幼儿园，因为我已经坐不上回家的公交车了。

工作了这么久，我说的只是这些年的一点点小事，不止我会这样做，其他的老师也会这样做。在幼儿教师这个岗位上，我们透过孩子们一双双清澈的眼眸，透过孩子们一张张天真无邪的小脸，我看到了我工作的真正意义。我会将自己的这份爱永远传承下去，就像一首歌里唱的那样："辛勤耕耘望丰收，精心培育盼硕果。丰收硕果献给你，祖国未来更美丽。"我愿意将我的爱倾情地挥洒在幼儿教师的岗位上，培育出更多更美丽的花朵。二十五年的风雨相伴，我见证了大集团的壮大，大集团也见证了我的成长，此刻回荡在心中的只有一句话：今天我为大集团骄傲，明天大集团为我自豪！

用爱做服务　用心保运转

幼儿园　郝建敏

2009 年我来到了石外大家庭，先后在副班主任、艺术教师、班主任、干事等岗位上工作，每一个岗位都给我留下了深刻的记忆和宝贵的财富。

现在作为一名行政人员，我的中心工作就是做好服务保运转。做服务要全面具体。一要服务教师，有人请假有我、需要照相有我、播放音乐有我、上报教材有我、提供资料有我、查看监控有我。二要服务幼儿，幼儿报名我登记、幼儿保险我统计、幼儿门禁我来办、幼儿买书我联系、幼儿出勤我来打、幼儿外出我上报、幼儿退园我申请。三要服务家长，家长信息我提供、家长会议我协调、家长问卷我来做、家长反馈我整理、家长学校我通知、家长电话我来接。

保运转要事无巨细。记得建园初期，园内一无所有、垃圾满地，在园长和主任的带领下，老师们加班加点进行园所各项准备工作，经常是有点上班、没点下班。有次凌晨四五点冒雨接收家具，我突然接到儿子打来的电话："妈妈我睡醒了你怎么不在家呀？你去哪儿了？你已经很久没有陪我了！""妈妈正在加班，等忙过这段时间妈妈一定好好陪你。"

慢慢地，家具有了，水电有了，各项设施设备也齐全了。审批局、教育局也成了我经常去的场所，有时一周要去三四次，通过不断完善，材料由薄变厚，证件由少变多了。

上级管理部门的上报工作是重中之重。每周的教研培训，每月的督导信息，每年的教育年报、基建年报、教育年检、民非年检、托育年检等资料的统计是常态化工作，还有不定时的通知统计，我都会做到随时待机、随时上班、随时布置、随时协调、随时整理、随时上报。

同时，每月的教工考核、幼儿考勤上报、大型活动组织、家长工作宣传、会议培训记录、工会工作慰问、档案工作归类；日常会议提纲准备，会前布置、会中记录、会后完善、拍照留档，经常性的事务工作我都做到了月月做、月月清、日日做、日日清。同时我也有了新的挑战，那就是要通过量化指标高效完成教师招聘、入转调离、实习转正、选修招生、信息宣传、考勤统计等各项工作。

随着各项工作的深入开展，我慢慢感受到了行政岗位的真正意义，那就是“用爱做服务用心保运转”。

爱的教育

幼儿园　郝梦思

现在回想起2016年“三爱”脱口秀中我们的旗袍秀展，当时在台上的场景历历在目，犹如昨天刚发生的事情一般。因为感触颇多，留在脑海中的记忆也就更加深刻。

清晰记得当时开场台词“自打吴莹走了我就来了，现在该称呼吴园长，自打我来了东方分园就扩班了，接着就满员了，我们用事实证明，幼儿园因我而精彩。我们石外幼儿园在幼教的发展道路上更是一枝独秀……”，这不仅是台词，也是现实写照。当时回忆起自己为什么选择这个行业，其实年少无知的我想法很简单，当老师多么神气，工作环境很简单，和孩子们在一起多好玩，也适合女孩子工作。怀揣着简单的梦想开始了幼教生涯，一转眼我在这个岗位上已有十六载有余，现在面对幼儿问题、家长工作都能游刃有余地处理和面对，同时也实现了自我价值。

每个班总会有特殊的孩子，我们班妞妞当时表现出的情况像是选择性缄默症，到中班下学期才开始慢慢开口说话。2013年8月，妞妞转到我们小班时不跟任何人交流，也拒绝任何人的帮助，我们从不强迫她去做什么，而是给她充足的适应时间。2014年7月主任来班里问她谁给你梳的头发时，她用手指指着我，在我们再三鼓励下她对着主任说出了我的名字，这是她第一次开口回答别人的问题。第二天户外，徐老师跟她打招呼，问她谁带你们户外呢？她马上开口说出了我的名字。骄傲、开心、感动这些情愫一下涌上我的心头，我知道妞妞已经开始接纳我、信任我了，于是我也试着走进她、了解她。起初，妞妞只能跟别人用眼神和肢体语言交流，到现在几乎能正常说话了，今年元旦她当小主持人主持了节目，她的妈妈很感激我们的努力与付出，还写了封感谢信给我们。妞妞的进步我们真的倍感欣慰，点滴的小事改变了一个孩子，我觉得所有的付出都是值得的，这就是我引以为豪的工作，这就是最大的意义和价值。

下面聊一聊“游戏＋体验＝学习”的教育理念，我从户外活动这个角度分享一下我的理解：户外活动不仅能带给孩子们健康的体魄，还能在小组合作中锻炼孩子的交际能力、合作能力，如传统的民间体育游戏跳皮筋，起初老师把活动材料和环境交给孩子，放开手让他们大胆探索皮筋的玩法，在玩的过程中，有的孩子把皮筋当跳绳玩，有的孩子把皮筋撑开玩过家家，有的孩子还发现了绳子的高低可以调整，距离的远近也可以调整，他们试着用小椅子、木马等玩具来代替小朋友撑绳，还试着两个人撑绳变为三个人撑绳。这时我们趁热打铁把传统的跳皮筋游戏《马兰开花》教给孩子们，孩子们就更感兴趣了。在合作跳皮筋的过程中，孩子们遇到了各种各样的问题，我们没有着急介入，而是让孩子们一起动脑筋想办法。慢慢地，孩子们掌握了跳皮筋的方法，不仅增强了腿部力量，提高了动作的协调性和灵敏性，还锻炼了孩子们合作、交际以及解决问题的能力，并从游戏中收获了幸福和快乐。当时我还是一位青涩的年轻教师，在领导和同事的帮助下，陪伴我成长，一步步走向成熟，成为一名经验丰富的班主任，每一项工作也得到了家长们的支持和认可，一面面锦旗就是对我们最大的认可。我的生活也因为有了你们而更加精彩。

为人师，有所悟。从步入幼师学校的那一刻，我就立志成为一名优秀的幼儿教师，同时深知要达到这个目标要付出很多努力。在石外幼儿园这十六年的工作中，我明白了一件事，那就是我们要在工作中善于发现乐趣，实现自我成长的价值。在自然界中，适者生存，生存第一，生存至上，但是如果仅仅把这份工作变成赚钱的途径，那么生活和工作就是没有意义的。作为幼儿教师的我们，职业幸福指数表现在和孩子们一起的时间、家长的肯定与支持、领导的赞扬、同事之间的融洽。生活和工作有意义与否取决于个人的心态，老师对孩子的爱是最重要的教育力量，是幼儿身心健康成长的前提。只有真正爱幼儿，才能了解、接纳幼儿的一切，包括他们的优点与弱点。

“一个孩子是一个家庭的希望，一群孩子是一个国家的未来。”体现了我们幼儿教师的责任之重。在这些年的工作历程中我感悟到作为一名幼儿教师不易，我工作目标就是在幼教行业里不断成长与进步，让孩子在我的精心培养下健康快乐地成长。我要走好自己的幼教之路，幼教行业是美好的，美好的人生经历是人生的真正财富，我要在这里谱写出更美好的篇章！

始终如一　用心释爱

幼儿园　姚立欣

2003年，我还是一名刚刚踏出大学校门的学子，便怀揣着对幼教事业的无限憧憬，踏入了石外幼儿园这片温馨的天地。这里有高瞻远瞩的园领导、温柔可亲的师长、天真无邪的孩子，共同谱写着一段段欢声笑语，我默默告诉自己：这就是我梦想启航的地方。

幼儿教师的工作既忙碌又琐碎，但更多的是充满挑战和幸福。面对一群年龄尚幼的孩子，我们不仅要照顾他们的生活起居，更要肩负起引导他们健康成长的使命。结合幼儿教育五大领域目标，我因材施教，努力让每个孩子都能得到最好的发展，虽然工作艰辛，但当我看到孩子们纯真的笑脸，听到他们稚嫩的童音，所有的疲惫都烟消云散了。时光荏苒，我逐渐从一名新手教师成长为经验丰富的“老”教师，我学会了像匠人般精益求精，把每一件小事都做到极致。在与孩子们的相处中，我更加懂得他们的心理，与他们建立了深厚的感情。

每当区域活动时间，阳光透过窗户洒进教室，孩子们沉浸在各自的游戏中，而我则坐在一旁，静静地观察着他们的每一个动作、每一个表情。琳琳小朋友最近有哪些变化？我该如何更好地支持她？每当看到孩子们取得点滴进步我都会感到无比的欣慰和自豪。这时，一个小男孩走过来，轻轻地捧起我的脸，用稚嫩的声音说：“老师，我爱你！”那一刻，我们的心灵相互温暖着，前行的力量油然而生。

平日里，我陪不爱吃饭的小朋友一起阅读绘本《我绝对绝对不吃番茄》，鼓励他们好好吃饭，多吃青菜，不要挑食，引导他们养成良好的饮食习惯；中午哄不睡觉的小朋友安静入睡，让他们养成良好的作息习惯；组织丰富多彩的集体活动，让孩子们在活动中得到锻炼和成长，让孩子们学会爱自己、爱家人、爱同伴、爱老师，并爱上幼儿园的生活。

在幼儿园里除了孩子、老师，我们还有一群好伙伴、好战友，他们就是我们亲爱的家长朋友们，我们有一个共同的心愿，就是把我们的孩子培养得更加优秀。我细致入微的工作得到了家长们的高度认可与好评，他们也特别喜欢和我探讨关于教育孩子的话题，此时，我也会知无不言，言无不尽地从专业角度给予家长更多的帮助。而这就是为什么孩子们毕业多年，依然会回到熟悉的幼儿园来看我，而这些家长们也成了我要好的朋友，因为在我们共同相处的时光中彼此建立了深厚的情谊，成了永远的朋友，一路相伴同行。

几十年如一日，我不忘初心，始终如一，用心诠释着“爱幼儿　爱幼教　爱幼儿园”的“三爱”精神，与孩子们相处的日子里，有太多的故事值得回味。或许这些故事并不惊天动地，但它们却是我与孩子们共同度过的美好时光，正是这些看似微不足道的小事，印证了我们共同成长的足迹。孩子们在这些美好的时光中茁壮成长，而我也在这过程中收获了无尽的快乐和幸福。让我们共同成为夜空中最闪亮的星星，用爱点亮了彼此的世界。

初心　爱心　匠心

幼儿园　徐　阳

"小时候我以为你很美丽，领着一群小鸟飞来飞去……长大后我就成了你。"这是我小时候最喜欢听的一首歌，每当我听到这首歌的时候，就在想我长大一定要做一名教师，后来长大了我的愿望真的实现了，成了一名光荣的幼儿园教师。今年对我来说意义非常大，我和我的幼教事业一起携手走过了第十个年头。十年对一个老师来说是一个青春的纪念，今天也是对时间的回顾与展望。经常听老师们说幼师是一个良心活，它没有一把很明确的尺子可以衡量，全凭自己那份执着的爱心。在幼教这条路上虽然有坎坷、疑惑，但更多的是那些发生在我的身边的温馨故事。

让我记忆最深刻的是我们班有一个叫丞丞的小朋友，他是一个胖嘟嘟、可爱腼腆的小男生，胆子非常小。有一次他拉了裤子不敢说，我从他身边走过时闻到有一股异味，于是我就像探测器一样寻找。当我看到丞丞的时候，他的眼睛不敢直视我，我瞬间就明白了，然后看了看他的裤子，悄悄地把他带到卫生间，蹲下来跟他说："我知道你拉裤子了，没关系，老师告诉你一个小秘密，老师小时候也这样，只要我们把裤子脱下来换上新的就没事了。"丞丞听完点了点头，我接着跟他说："以后发生这样的事情一定要第一时间悄悄地来告诉老师。"然后我们达成了共识。接下来我就把孩子的屁股洗了，衣服也洗了，晚上离园的时候，班里的老师告诉了孩子妈妈："徐老师给咱丞丞洗得可认真了，怕洗不干净连手套都没带。"孩子的妈妈回家后给我打电话表示感谢，说："丞丞回家之后就说徐老师说下次拉裤子要悄悄告诉她。一直都知道幼儿园老师们对孩子特别好，可是真没想到老师会亲手把孩子的脏衣服洗了，还帮孩子把屁股洗了，说实话我觉得这只有妈妈才能做到。特别是对一个刚工作两年的老师，不嫌弃做这样的事情，不但做了还保护了孩子那颗自尊心，真感觉老师们对孩子太好了，老师太辛苦了。"听完丞丞妈妈的话我鼻头酸酸的，但心里甜甜的，感觉再苦再累都值了。

幼儿园里没有轰轰烈烈的大事，都是生活中点点滴滴的温情小故事，有些在不经意间被人遗忘，但更多地留在了我们的心上。岁月匆匆，十年过去了，数不清多少次被不肯离开父母的孩子“拳打脚踢”；数不清多少次被哭泣的孩子吐脏了衣服；数不清多少次为孩子擦屎擦尿换上干净的衣裤……

日复一日，年复一年，一路走来留下了很多酸甜苦辣的故事，而让我欣慰的是——我用爱心铺就的道路越来越长，我用爱心哺育长大的孩子越来越多。作为一名幼儿教师我要不断提升自己的专业能力和业务能力，为了自己的幼师梦想不断前进，只要坚持就没有做不到的事情。还记得 2015 年我代表幼儿园参加素质赛，这是一个非常难得的机会，也是一个能够展示教师综合能力的平台。在我接到这个通知之后就没有了假期，每周六日都泡在幼儿园的舞蹈教室里，练完舞蹈练弹唱，就希望把自己最好的状态呈现出来，心里想着逼自己一把或许可以做得更好。在指导老师听我弹唱某一首曲子的时候，她们觉得尾音收的不太好，换一个和弦加上一个滑音就更好了，然后我就开始使劲练这个音，当时练到左手中指关节磨掉了一块皮。就这样我觉得还得练，直到我认为弹得比较完美了，认为在比赛当天不会出现太大失误才停止，结果是我在比赛中获得了市级一等奖第一名，完美收官。我从最初的懵懂到现在的成熟，每一次锻炼都是一次提升，每一次经历都是一次成长。在 2017 年国培活动中我代表幼儿园展示了韵律活动《阿里巴巴和四十大盗》，在 2018 年裕华区教研活动中展示了原创诗歌活动《水乡古镇》，均获得了评委老师和听课教师们的高度赞扬，这也让我更加努力工作。

在挑战中成长，在成长中升华，我坚信只要努力了就会有好的结果，只有坚持不懈努力，终有一天梦想之花会灿烂绽放！

以爱为桥　联结心灵

幼儿园　徐　岩

雅斯贝尔斯说过：教育的本质意味着一棵树摇动另一棵树，一朵云推动另一朵云，一个灵魂唤醒另一个灵魂。教育其实是一场关于如何学会爱与被爱的旅行，教育是一场温柔的坚持，在这方立德树人的沃土，细心呵护小小的种子，期待每一个孩子都成长为参天大树。

作为一名幼儿园老师，我已经在石外幼儿园这片热土上度过了二十一个春夏秋冬。二十一年的任教生涯，有过太多温暖与感动。我用温暖的关怀，绘就着一幅幅绚丽的画卷；用真挚的情感，触碰着一个个纯真的灵魂。

一、聆听来自星星的故事，做擦亮星星的人

美国诗人谢尔·希尔弗斯坦曾创作过一首小诗《总得有人去擦亮星星》：总得有人去擦亮星星，它们看起来灰蒙蒙；总得有人去擦亮星星，因为那些八哥、海鸥和老鹰，都抱怨星星又旧又生锈；想要个新的我们没有，所以还是带上水桶和抹布，总得有人去擦星星。这首诗让我感触颇多，每一个孩子都是一颗星星，有的星星熠熠生辉，而有的星星还藏在浩瀚夜空中。自我参加工作以来，我就信奉着这样的理念，而作为一名幼儿园老师，我就是那千万个擦亮星星的人。

在这个充满欢声笑语的幼儿园里，我每天都见证着孩子们的成长与变化。然而，其中有一个特别的孩子小宝，每天他都静静地坐在角落里，眼神中充满了对世界的迷茫与不安。妈妈带他去医院诊断出小宝有轻微的自闭倾向，他不愿与人交流，总是独自躲在角落里，偶尔还会有一些暴力行为。正是这样的他，让我深深感受到了教育的力量与爱的伟大。

初见小宝时，他就像一只迷失在森林中的小鹿，对外界充满了恐惧与不安，他的眼神中缺少了同龄孩子应有的灵动与好奇，取而代之的是一种深深的孤独与无助。他不愿意与人交流，也不愿意参与任何集体活动，总是独自一人在角落里默默

地玩耍，有时会突然发起攻击，甚至对我这个老师也毫不留情。

面对这样的孩子，我深知自己肩负的责任。我告诉自己，要用全部的爱温暖他，帮助他走出困境，于是我开始了一段漫长而艰辛的“旅程”。我尝试与小宝建立联系，在带班时间我会坐在他身旁，轻轻地与他说话，试图引起他的注意，开始他并不理我，甚至会用眼神躲避我。我耐心地陪伴在他身边，观察他的行为举止，尝试理解他的内心世界，我告诉他我是他的朋友，会一直陪伴在他身边，保护他、帮助他。小宝仍然十分抗拒和我交流，但我并没有气馁，而是更加坚定地相信，只要我付出足够的爱和耐心，总有一天他会感受到我的温暖。

渐渐地，我发现小宝对画画儿很感兴趣，于是我特意为他准备了一些画笔和画纸，让他在画画儿中表达自己的情感。每当我看到他认真画画儿时，我都会轻轻地走过去对他说：“小宝，老师看到你画的这条线分明就是条活灵活现的小蛇；这只小鸟身上的绿色用得很好，简直就是点睛之笔!”这样具体又舒服的夸奖让小宝逐渐对我产生了信任，随着时间的推移，他逐渐接受我了，也不再那么抗拒我的接近，有时甚至会主动与我分享他的玩具。我知道，这是他在向我敞开心扉，这是他对我的信任和依赖，他开始愿意与我交流了。

在建立了基本的信任之后，我开始尝试引导小宝参与集体活动。我知道，对于这样的孩子，最重要的是培养他的社会适应能力，让他能够更好地融入集体。于是我鼓励他与小朋友交流，教他如何表达自己的需求和情感，我特意安排了一些简单有趣的游戏，让他在游戏中感受与人交往的乐趣。一开始，他并不愿意与其他孩子交流，总是独自一人玩耍，我便利用音乐游戏《小蝌蚪找妈妈》对小宝进行引导，我和小宝一起扮演小蝌蚪去找妈妈，随着故事变化，小宝开始由我带着询问谁是他的妈妈，到后来小宝冲上前去主动寻找妈妈……看到小宝的突破，我渐渐退出游戏做一个安静的观众。慢慢地，小宝开始融入集体，勇敢迈出了那一步，他加入了我们的游戏，虽然动作有些笨拙，但他的脸上露出了久违的笑容。

然而，小宝的成长之路并非一帆风顺，他仍然会表现出一些让人猝不及防的情况，如突然发起攻击或者在小操场上疯跑。每当这时，我都会耐心地安抚他：“看得出来你很开心，开心得恨不得让滑梯知道、让操场知道，让整个幼儿园都知道。”他忽闪着大眼睛冲我咧嘴笑，于是我趁热打铁告诉小宝这样跑出来老师会很担心的，如果碰伤自己就不能天天来幼儿园了，他似懂非懂地点点头。为了避免这样的事情再次发生，我在教室的娃娃家设置了一个“发泄角——大沙袋”，无论孩子们开心或不开心，都可以到“发泄角”释放自己的情绪。我打心眼里感谢小宝，他用自己的行为在引导我做一个发现孩子的老师。此事之后，我与他的家长进行了深入的沟通与交流，让他们了解孩子的情况，并一起制订了教育计划。

在与小宝家长交流的过程中，我深深感受到了他们的无奈与无助。他们告诉我曾经尝试过各种方法帮助小宝但都无果而终，我理解家长的苦衷，也明白他们的无助。我告诉小宝的妈妈：“我会尽我所能帮助孩子，并告诉他们‘接纳、陪伴、降低要求’是你们现在最需要做的三件事。”

首先是接纳。我们要接纳孩子的现状，只有当我们真正接纳了他，才能以更平和的心态面对他的问题，而不是一味地责怪或抱怨。其次是陪伴。我们要用更多的时间陪伴孩子，了解他的内心世界，倾听他的声音。只有这样，我们才能更好地理解他，帮助他适应幼儿园的环境。同时，高质量的陪伴也能让孩子感受到家庭的温暖和安全感，从而更加愿意与人交流。最后是降低要求。小宝是一个特殊的孩子，他不能像其他孩子一样更容易适应幼儿园的生活。因此，我们在教育他的时候不能要求过高，而是要根据他的实际情况制订教育计划，让他在自己的节奏下慢慢成长和进步。

在我的耐心引导和家长的积极配合下，小宝的进步很明显。他不再像之前那样独自躲在角落里，而是愿意主动与其他孩子交流了；他也不再像之前那样突然发起攻击，而是学会了用语言表达来宣泄自己的情绪；他还学会了唱歌和跳舞。看到孩子的变化，我感到无比的欣慰和自豪，因为我知道这一切都离不开爱的力量，我用爱擦亮了一颗曾经暗淡无光的星星。

正因为有了爱，我们才能够接纳每一个孩子的不同；正因为有了爱，我们才能够陪伴每一个孩子的成长；正因为有了爱，我们才能够降低对孩子的要求，让他们在自己的节奏下慢慢成长和进步。在未来的日子里，我将继续以爱为桥联结每个孩子的心灵，以真心回应童心。

二、成长，永恒的教育道路

在不断努力下，我被任命为年级主任，负责整个年级的管理工作，这对我来说既是荣誉也是挑战。我深知自己肩负的责任重大，因此需要更加努力地工作和学习，以带领整个年级的老师为孩子们的成长贡献自己的力量。

还记得 2021 年的夏天，我来到红石园的第三年。此时班里配备的都是新老师，每年 7 月的新小班对老师们来说都是一次新的挑战。作为年级主任的我，深感压力重大，于是我分析了整个年级组的优势和弱势。年纪轻、精力充沛这是优势；新老师的家长沟通经验不足这是弱势。经过反复推敲，我决定取长补短，制订了详细的亲子活动计划，并指导新教师在每天的活动中关注能力弱的幼儿。第一，利用离园后的时间段召开三个班老师的交流会，分析活动中遇到的问题，大家各抒己见，群策群力。第二，提出在活动中多发现孩子的优点，并进行及时的表扬和认可。新小班开学的第一个月，在我的带领下老师们每天下班后都要进行“圆桌”会议，从一开始的问题不断，到后来的经验分享，组里的新老师克服了重重困难，慢慢找到了成就感和自信。

我和我的姐妹们在无数次的挑战和磨砺中坚定了自己的教育信念和追求。我深知，教育需要我们不断地学习、探索和实践。只有不断学习新的教育理念和方法，才能更好地适应时代的发展和学生的需求；只有不断探索新的教育模式和途径，才能更好地激发幼儿的潜力和创造力；只有不断实践新的教育理念和方法，才能更好地提升教学质量和幼儿的综合素质。

回首过去的二十一年，我感慨万千，从一名副班主任到班主任再到年级主任的成长历程中，收获了无数的成长和喜悦。我深知自己的成长离不开领导的支持和同事们的帮助，也离不开自己的不懈努力和学习。在这条教育之路上，我始终铭记着自己的初心和使命，将继续用智慧和力量点燃幼教人的心灵之火，让孩子们在教育的阳光下茁壮成长、展翅高飞！

走近孩子　走进幼儿教育

幼儿园　高丹莉

在孩子成长过程中，我们有幸陪伴孩子走过最初踏入社会的三年时光。每一个孩子带着父母的疼爱，家人的希冀，懵懵懂懂地来到我们身边，在幼儿园短短三年的时间里，不但要培养幼儿学会用餐、饮水、如厕、穿脱衣服鞋袜等自理能力，还要教育幼儿懂得热爱祖国、热爱家乡、懂得感恩、善于表达，使幼儿养成良好的生活习惯、学习习惯，培养幼儿人际交往、团队合作能力，从而使其健康、阳光、乐学、好学的踏入小学的学习生活中。

2000年大学毕业的我走出大学校园走进石外成为一名幼儿园教师，2001年9月我开始担任新成立的小三班班主任。那年秋天校园里的树叶一片金黄，秋风吹来总有三五片树叶随风起舞、缓缓着陆。我带着孩子们在操场玩游戏时，虎虎拿来了一片树叶笑嘻嘻地问我："Dannia（我的英文名），你知道树叶的英语怎么说吗?""你来告诉我好吗?""Leaf."虎虎认真地说着，然后拿起我的手用他的小手在我的手心里边写边说："就是L-E-A-F。"这时候我已经很欣赏身边这个刚满三周岁的小家伙了，于是我俩商定每天他当小老师，教我学习英文单词，虽然没有很好地坚持下去，但是只要孩子想过过老师瘾的时我都会尽力配合。至今身在异国他乡的虎虎还一直保持着对英语的热情，每天他都会在英文软件上学习英文单词。

在孩子们小的时候，老师一个无意的善举就可能缩短成人与孩子之间的距离，成为孩子铭记一生的恩情，反之老师一个不当的言行、不友好的眼神也可能成为孩子永远的伤痛。因此我们需要睁大眼睛认真观察，敞开心扉用心交流，抓住孩子生活中每一个教育的契机，提高幼儿对生活、对环境、对游戏、对伙伴的兴趣和敏感度，使其在生活中、游戏中和交往中学习和成长。同时教师需保持良好的吸收性心智，理解并尊重孩子的个体差异，不带偏见和评判地参与到孩子的成长中。

3—6岁幼儿阶段是孩子成长中不可或缺的组成部分，因此我们一直秉承着"游戏＋体验＝学习"的教育理念陪伴并参与幼儿的成长。过早地进行抽象学习，会影响孩子认识真实的世界，不同的游戏设计会让孩子在不同的方面得到长足的体验。在幼儿园里，室内外各种区域活动可以让孩子体验生活中的不同角色、不同职业；各个功能场馆可以为孩子提供专业的器具、材料。我们小的时候经常会玩一些现在孩子们在区域里玩的游戏，如挑冰糕棍儿、用报纸糊风筝、画风筝、沙包擂鸭子、自制肥皂水吹泡泡、捉蛐蛐、养宠物（小猫、小狗、小鸡、小鸭等）、摔胶泥、玩沙子、画丁老头、跳山羊、过家家、弹玻璃球、拔老根儿、玩石头子、玩羊拐子、穿妈妈的高跟鞋、穿爸爸的白衬衫扮医生……小时候我们利用生活中、大自然中顺手拈来的一些材料做游戏，就如同现在的孩子选择区域，在各个区域中进行游戏。通过艺术区、玩具区、积木区、家庭区提供的材料以及和好朋友共同参与游戏，不断提高孩子对生活的体验感，使其在一次次的操作、体验中获得各方面能力的提高，如交际能力、协作能力、文明意识、创新意识。

自 2000 年大学毕业起我就进入了石家庄第二外国语学校附属幼儿园这个有爱的大家庭。我从一个幼教“小白”一步步成长为班主任、年级主任，在二十几年的工作历程中我不断为自己树立目标，我的年级团队中有经验丰富、做事严谨的岳谈老师；有条理清晰、行事有序的汤森老师；有充满活力、年轻朝气的张贝、刘佳、辛玮老师；有做事一丝不苟、踏实认真的宋涛、聂芳老师……团队里的每一个人都有着独特的魅力和卓越的专业素养，她们用心付出着爱、收获着爱、守护着爱，播撒着爱的种子。总园是集团幼儿园中最庞大的团队，也是各分园的“老大姐”，总园为东方、众美等各分园培养了一批又一批的优秀教师和团队带头人，所以作为总园团队的一员，我们需要不断学习专业知识和相关法律法规，了解国际国内学前教育的前沿思想和理念，并将其运用到实际工作中，继续高质量的服务于幼儿服务于家长。

谈到哪位教育家对我的职业影响最大，我首先想到的便是最接地气又全心全意做好基层教育工作的强校长，他是我们身边的教育家，我们学习的榜样。从河北省第一所外国语学校的创办到幼、小、初、高一条龙的集团式教育体系；从家长无人问津、学生纷纷转校离开到备受全市人民的关注和认可；从一片荒无人烟的庄稼地到学子人数过万、教学楼林立、绿树成荫的整洁校园，每一片土地都记录着开拓者的高瞻远瞩。一位好的校长能够点燃教师心中的热情，亦能够唤起教师乐于奉献的敬业精神和教育情怀。强校长是一位头脑灵活、立足于现实、办学思想开放、思路清晰、目标明确、观念新、眼光远、起点高、标准严的教育家。我从大学毕业就来到这里，二十四年来我也同我们的学校一起成长，不断学习和领悟新的教育理念、教育思想，从而学会思考、力求进步。

读书是我们学习生活的一部分，如果说推荐一本好书的话，我会推荐孙云晓老师的《教育从尊重开始》，书中讲的是作者作为一个独生女的父亲的教育经历和感悟，通过一个个耐人寻味的教育实例让我们感受到“好的关系胜过许多教育”，闲暇之余让我们静下心来一起约读。

幼儿园的工作琐碎且繁多，因此我们需要不断梳理一日流程中的每一个环节；在班级管理中如何更好地引领其他教师向更好的发展；在家长工作中以专业的理念、诚恳的态度、用同理心打动家长，用科学的方法指导孩子健康发展……这些都是需要我们思考的问题。

每一次悉心的倾听，每一句暖人的叮咛，每一段平等的对话让我们走近孩子；每一次专业学习，每一节课程打磨，每一轮教研和培训提升让我不断完善自我、汲取能量，走进幼儿教育。

不负阳光不负爱，为幼儿健康保驾护航

幼儿园　高　珊

和之美、谐之妙——和谐充满着令人向往的意境。2006 年夏天我荣幸地加入了这样一个和谐友爱的大家庭——石外幼儿园。从刚开始的青涩到如今的成熟，我已经在石外幼儿园这片沃土上耕耘了十八年，回望这十八年，无论在工作中还是个人生活中我都收获了很多，也在这十八年里体会到了什么是爱？

爱是一种感动，这是一种身为保健医所独有的幸福感。尽管保健工作忙碌烦琐，似乎永无止境，但更多的时候被“爱的力量”感动着。感动于每天早上我微笑着迎接着孩子们的到来，感动于晨检时一个个小脑袋簇拥在我周围，让我享受着明星般的欢迎。他们有的活泼可爱、有的淘气顽皮……但无论是谁，只要甜甜地叫一声“保健老师，早上好”，我就觉得一切都是值得的。正是这一份份感动，让我也一直怀着一颗感恩的心，怀着一颗尊重、真诚、理解的心去热爱每一位孩子，我想，这是我一生回味无穷的快乐时光。

爱是一种责任，这是一种身为保健医发自内心的责任感。保健工作说简单而又烦琐，说容易而又复杂，要做好保健工作并不容易。我们需要进行幼儿晨检、班级常规卫生消毒管理、传染病防疫防控、幼儿各项体检数据的分析、营养膳食的搭配、食堂的管理等等与幼儿健康有关的工作。同时保健医要具备很强的医学知识，孩子身体出现异常时能够果断采取措施，小问题留园观察，紧急问题快速急救送医，有疑惑问题及时向领导报告并通知家长配合治疗，等等。当班里教师紧缺时，我化身教师进班带娃；当食堂工作人员紧缺时，我化身厨师进食堂包饺子；当园里需要种花时，我又化身园艺师，每一次角色的转换我都发挥了很大作用。

我依然记得初来幼儿园工作之际，恰巧遇上园里需要达成省级保健示范园的任务，当时，我们依据《省级示范幼儿园的评估标准》逐项梳理保健资料。回首那段经历，对于初出茅庐的我来说，既倍感紧张又格外小心，唯恐哪个环节出现纰漏，所幸在同事们的悉心指导下，我们不负众望顺利通过了省级保健示范园的评估。能够参与到园里如此重要的工作之中，并获得领导与同事们的认可，我深感荣幸，亦倍感自豪。

爱更是一种成长，作为一名保健医，如果我们始终停留在原有的保健理论知识中，就会慢慢变成无源之水，无本之木，而新时代赋予了保健医新的使命，学习新的知识与时俱进是我们不懈的追求。回想起来这十几年的每一个瞬间都历历在目，我也从一个青涩的小姑娘到了三十而立四十不惑的年纪。2015 年，在领导的信任与同事们的支持下我担任了保健医组长，在实际工作中，我更加有针对性地开展了各项保健工作，以及对于突发性事务及时有效的应对处理，同时传达、督促、指导各园保健医的工作。作为成熟的保健医，我会认真做好传帮带工作，并结合自己的工作经验将每一项保健工作的流程、完成的时间节点进行了梳理并打印成册，尽可能让新保健医少走弯路，尽快适应工作内容，从而提高工作效率。

我爱我的工作，如果再给我一次选择的机会，我依然会执着地选择保健医，我要用我的健康之船载着孩子们到达成功的彼岸，这是我无悔的选择。因为我爱孩子，我愿意为他们付出，为他们奉献。我的生命之花将在石外这片土壤上继续绽放，就让园内的保健工作涓涓细流汇成爱的海洋，奏响健康和谐的乐章！

教育是一场温暖的修行

幼儿部　陶　颖

2005 年，我带着无限的憧憬和向往走进了石外幼儿园这个大家庭。在这里，我深深感受到石外幼儿园教师队伍的专业和敬业，在这样的团队里，我得到了无限的力量和信心，也促使我加快前进的步伐。

记忆犹新的是 2011 年 8 月，我从总园来到东方观邸分园，担任大三班的班主任。大三班的孩子是由其他幼儿园转过来的，其中很多孩子来自周边村县幼儿园。孩子们的常规五花八门，一日生活中的各个环节存在着这样或那样的问题，根深蒂固的“不良习惯”一时半会儿很难纠正，再加上我们班的出勤率很高，几乎每天都是满勤 39 个孩子。那时，我带班的每一天精神都处于高度紧张的状态，生怕因为常规问题出现安全事故。我深知，班级良好的常规是顺利开展一切活动的前提，在这样一个情况特殊的班里，三个老师的配合就显得尤为重要。我们只有一年的时间，常规和良好习惯的建立迫在眉睫，于是我每天抽时间和两位搭班的老师曹老师、梁老师沟通常规解决办法，反反复复在一日活动中的每一个环节帮助孩子树立常规。我们经常在中午午休和下班的时候讨论，并针对每一个孩子出现的问题一一沟通，商讨出不同的解决方法和应对措施，然后共同实施，看看是否有效，然后再随时沟通调整。针对问题比较严重的孩子，我们会重点和家长进行沟通，提出问题，给出建议，得到家长的大力配合，并在园给予孩子较多关注，当孩子有一点点进步时就不失时机地多多鼓励他们。我们发现这个方法非常奏效，孩子们的行为习惯在短时间内有了很大改观。那时，园长和主任经常到我们班及时了解存在的问题，并针对我的困惑给予可行性的建议和指导，在精神上给了我非常大的鼓励和支持。姐妹同心，其利断金，在我们三个人的合力下，大班上学期快结束时班里的常规有了明显改善，常规不再成为我们的困扰，各种活动都能够轻松顺利地开展了。于是，我们又把更多的精力投入到幼小衔接工作上，在我们共同努力下，孩子们顺利升入小学，我们的工作也得到了家长们的高度认可。

幼儿教师的工作是细致而琐碎的，但同时我也在享受着教育职业带来的喜悦和幸福。在我身体不舒服情绪低落的时候，孩子们会用特有的方式表达对我的安慰，要么塞给我一张卡片、一块奶糖、一张贴画，要么搂着我的胳膊，抱着我的大腿，久久不肯撒开……每当这个时候，我的心情就会由阴转晴，孩子们真是太治愈了。当他们和我在街上偶遇时，会激动地大喊“陶老师，陶老师”，那开心劲儿溢于言表。教师节，孩子们会在精心描绘的卡片上写下稚拙的字：“祝陶老师节日快乐，老师我爱您”。面对着孩子的爱，看着一张张纯真而稚气的笑脸，我感到无比幸福，因为一颗颗晶莹的童心温暖了我。

我给了孩子们最纯真的爱，孩子们也给了我最真挚的回报。在我所带的班里曾经有这样一个孩子，她叫蕾蕾，蕾蕾由于发育迟缓，长的几乎比同龄的孩子矮一头，性格内向，生活自理能力差，害羞、腼腆，比别的孩子少了几分活泼和自信。她常常怯生生地躲到角落里看着别的孩子开心地做游戏，那稚嫩的眼神里常有让我心痛的自卑，深深的怜惜之余，我给了她更多的关注。每当她表现出害怕的时候，我都会用信任的眼光和激励的话语鼓励她：“蕾蕾，你来试一试，不管结果怎样，敢于尝试最重要!”同时我给她找了很多好朋友关心她、帮助她。有时她因为害羞不敢表达，会出现拉裤子、尿裤子的情况，对此我从来没有斥责，而是默默地给她清洗干净，换上干净的衣裤，并把她轻轻地拉进怀里，告诉她下次不用告诉老师，尽快去厕所就好。很多时候，我更愿意用眼神默默和她交流，给她爱抚和帮助，给她信任和鼓励。同时，我知道，导致孩子有这样极端胆小内向的性格，其背后的家庭一定是存在问题的，经过和蕾蕾家人的沟通，蕾蕾妈妈积极配合，调整了自己的教育方式。渐渐地，蕾蕾在我的帮助下逐渐开朗起来，她稚嫩的脸上开始浮现出难得的笑容，看着她和其他孩子快乐地玩耍，我的心中有说不出的欣慰。每当这个时候，我就真切地感受到了别人无法感受到的幸福与快乐。是的，累并幸福着!

人们用无数美好的词句来形容美丽的青春。的确，青春充满了理想与信念，充满了激情与希望。我常常在想，美丽的青春到底是什么？当我面对一群群活泼可爱的孩子时，我恍然大悟，原来青春是一种责任，青春更是一种幸福，这种幸福便是我和孩子们在一起的快乐，它让我深刻地感受到了青春的激情会在孩子们中间迸发、激荡、升华。感谢园领导的敏锐分析，高瞻远瞩，总能把班里的老师搭得那么互补、合适。无论是班级、年级，还是整个园所，在我们石外幼儿园这个和谐互助的团队里，我每天都带着愉悦的心情工作，心无杂念。

教育是一场温暖的修行，在接下来的日子里，我会继续和姐妹们互帮互助，并肩作战，努力创建和谐团队。我愿遵从那份不变的初心和热爱，用心浇灌每一颗生命的种子，静待花开！

有“你”我很快乐

幼儿部　陶　蕾

从事幼教工作已经有十五年的时间了，在对这六千多个日日夜夜所发生的事情进行梳理和回顾之后，我很慎重地得出了一个结论：我真的真的是一个非常有福气的人。因为我身边有太多太多伸出温暖的手，不图任何回报来帮助我的人；有太多太多带给我快乐，并和我一起快乐的人。这些人都是由数不清的每一个“你”组成，因为有“你”，我才会很快乐，因为有“你”，我才变得如此幸运。

一、“你”是我引以为豪的工作单位

记得刚毕业的时候，我就像一只无头苍蝇一样乱打乱撞地到处找工作，在看到学校的招聘启事后就来面试了，我非常感谢当时面试我的任爱君园长，可以说是我人生中的第一个贵人。是她给了我工作生涯中一个最好的开始，让我幸运地成为一名幼儿园教师，而且是一名石外幼儿园的教师，虽然只是一个配班教师，但是我真的很高兴。后来，经过两年半的努力，在园领导的信任和提拔下，我终于实现了我的愿望，成为一名艺术教师兼班主任。刚上任的时候真的觉着自己毛手毛脚干什么都很吃力，就在我工作慌乱出错的时候，领导没有批评我，而是根据我的实际情况，像大姐姐一样跟我谈心，指出我的不足并告诉我努力的方向。这就像一盏指路明灯一样，帮助我找到努力的方向，给了我了更大的动力。说真的，我很感谢她们，在一个这样工作单位，在这样如此温馨的工作环境下，我还有什么理由不好好干呢，再苦再累也是应该的，只有这样才对得起园领导对我的支持和信任。

二、“你”是我周围的热心同事

我们的幼儿园就像一个大家庭，而我们每一位同事就是我至亲的亲人。是他们教给了我很多知识，是他们给我示范了做人和做事的榜样，是他们帮助了我不断成长。2009 年我来到众美，在这个充满温情的集体中，每一个人无私奉献的精神都让我感动。回想起我们刚刚建园的时候，郑园长从6月开始连续一百多天都没有休息，而且每天都会熬夜到很晚，这个责任心很强的女人经常为了园里的事着急地掉眼泪，两个电话更是全天不停，她就像一个陀螺一样高速运转，忙得连电话都顾不上打给身体不适的母亲；保健医杨雪燕老师，她真的很不容易，除了做好自己的本职工作外，在我们大家培训开会时，她却开着车跑来跑去地为我们盯工程、拉东西，晚上常常加班到很晚，连老师们的早餐都成了她分内的事；干事蒋海思老师为了不影响单位的工作，连奶奶去世的消息都没有告诉我们；何苏瑞老师更是把私家车完全当成公车用，她的车每天都没闲着，在我们去南三条采买时，何老师二话不说自己垫出了2000元，让园里先用。假期值班时孩子没人看，就带到尚未装修好的园里一起值班；杜鹏老师的孩子刚满1岁，母亲也身体不好，可她坚持和大家一起加班，甚至冒着酷暑去采购所需物品；石敬娅老师为了工作放弃了自己的婚假，连婚纱照都没时间去拍；李林娇老师不顾工作的辛苦，晚上加班为大家建QQ群，方便业务资料相互传递，并在晚上家访结束后又继续回园里布置环境；马攀老师刚做完手术需要静养，可她连假期都没休完就来上班了；路远方老师原本请好了假要给母亲过六十大寿，可为了单位的工作主动放弃了假期。后来的杨晓楠、杨苗、赵敬三位老师更是踏实肯干，盯班替班毫无怨言。看，这就是我们可爱的同事们，我能不为他们感动吗？

三、“你”是我身边可爱的孩子们

在这十五年的时间里，我迎来送往了一批批可爱的孩子们。多少个日起日落，我与孩子们相守在一起，共同游戏，共同成长，孩子给予我的以及我给予孩子的，让我这一生都难以忘怀。仿佛就像自己的左手与右手相握在一起，那种感觉似乎很平淡，却又深深地缠绕纠结，似脉脉根须。特别是做了妈妈以后，我更明白孩子的心理和需求，我会陪着难过哭泣的孩子任他发泄，对他说“哭吧，哭出来就舒服了”，我也会抱着想妈妈的孩子对他说“我就是你的妈妈，妈妈就在你的身边”，和孩子们在一起，有时会让你哭笑不得，有时会让你顿生怜爱，有时又会让你感动不已……这所有的一切注定让我的一生锤炼得灿烂又纯净。

记得那天是我的生日，我在课间喝水的时候跟孩子们随意提了一句，没想我随口而出的一句话就让乖巧的司雨记在了心里。下午家长接完孩子后，司雨和她的妈妈又返了回来，我还以为是忘拿东西了，只见司雨举起小手递给我一个非常好看的发卡，用稚嫩的声音对我说：“Eva（我的英文名）祝你生日快乐！这是送给你的生日礼物!”司雨妈妈对我说:“司雨非得给你送生日礼物，要不然就不走!”听到这些我真是太感动了，也为孩子的真情表白而落泪。孩子们真的很懂事，千万别认为他们还小，不懂怎样来表达爱，其实他们的心真的会让你为之感动，也会让你更用心地去爱他们。

在石外幼儿园感人的事情还有很多很多，用一句话来总结就是：我珍惜，孩子们赐予我的这份充实与幸福；我坦然，我的生命里能有这样一种美丽而平凡的快乐，浪漫又诗意；我自豪，我能成为石外幼儿园的一员；我荣幸，我身边有这么多个大大小小的可爱的“你”。有你，我很快乐!

幼儿园里的“爱的教育”

幼儿园　曹立芹

爱是一种情感的交流，是一种行动的体验，爱更是理解和尊重。钱兜兜现在已经是一名六年级的小学生了，回想起她在幼儿园大班时的一次意外，我仍心有余悸。她在一次活动中不慎摔倒受伤，手被门下的钢板割伤了，伤口位于大拇指的肌腱区域，当下流血不止。事发后，我立即给她家长打电话。孩子哭泣着请求我联系她的父亲，因为她认为父亲比较勇敢，母亲容易晕血，姥姥的心脏状况不好。在前往医院的途中，兜兜一直哭，看到她的痛苦，我内心深感难过，甚至希望受伤的是我而不是她。尽管如此，她还努力安慰我说她一点儿也不疼。到医院后，兜兜的父亲也赶来了，但让我出乎意料的是，他最先关心的不是孩子的伤势，而是安慰我，我也更多地表达了对孩子未来是否能弹钢琴的担忧。直至进行了X光检查并确认只是皮肉伤后我才安心，当天处理完毕，孩子跟我又回到了幼儿园。晚上奶奶来接孩子，我说：“孩子受罪了。”老太太拍着我肩膀说：“曹老师，看这么多孩子你们真是辛苦，别往心里去啊!”

在游戏中，孩子们能够更好地体验、理解和掌握知识，无论是集体教学、“四环节”教学法，还是区域活动和户外游戏，它们的核心理念都是基于这一点的，如在集体活动中扮演小金鱼，或是参与“老狼几点了”的户外游戏，都体现了这种教育理念。如今，这种“游戏＋教学＝学习”的理念已经深深融入我们的日常生活中，并在我们的点滴中得到了充分体现。除此之外，我们与孩子的互动本身也是一种学习，生活中的点点滴滴都有教育的痕迹，这对于老师也提出了更高的要求。

爱的教育是一种温暖而强大的力量，它不仅是知识的传授，是心与心的交流，更是灵魂的触碰。理解与尊重是爱的教育中至关重要的一环。爱是感受、体验和表达，爱是相互的，我们在播撒爱的同时收获了更多的爱，我们再将更多的爱播撒下去，源源不断，生生不息。

爱是基石。有了爱，如何让孩子在幼儿园收获更多呢？若想使幼儿在幼儿园能够有所收获，关键在于如何激发他们的学习欲望，并根据他们的年龄特征开展适合教育教学的活动。我国著名儿童教育家陈鹤琴先生曾指出：孩子天生好动，游戏是他们的生命，因此通过游戏来引导孩子学习是一种有效的方法。

幼儿园在孩子的成长过程中扮演着至关重要的角色，它不仅是孩子接触社会、学习与人交往的第一个平台，还对孩子未来发展具有深远的影响。因此，为了能够更好地引导孩子，我们必须致力于自身的成长和提升，做好孩子的榜样。

温柔的坚持

幼儿园　崔玉娜

在孩子心中播撒爱的种子，是我们作为教育工作者的神圣使命。2015 年修学归来，历经层层选拔，最终用我的弹唱舞讲打动了每一位考官，使其垂爱于我。我的梦想实现了，开心、喜悦围绕着我，但是两个月后我被残酷的现实打败了。我带的第一届孩子——朵朵小朋友，整个小班阶段一直在哭，哭到中班结束，我做得最多的就是耐心安抚她、拥抱她、开导她，温柔的坚持就是我的法宝。

九年的幼儿园生活，发生在我和孩子以及家长身上的故事数不胜数，最值得我和大家交流的是当我们面对特殊孩子的时候，我们应该用读懂孩子的心态去帮助他们。我想告诉大家，在这些事情上只要我们心中有爱，那这项工作不仅可以成就孩子，成就家长，更会成就我们自己。家长是孩子成长过程中的重要伙伴，也是“三爱”教育的重要参与者，我们鼓励家长积极参与到孩子的教育中来，与孩子一起成长和学习。

记得我们班尧尧小朋友有攻击性行为，经常遇事就用拳头来解决问题，今天打了这个小朋友，明天又抓了那个小朋友，每天都有不同的状况发生，让我应接不暇。看着不会解决冲突的尧尧，我心里真的很着急，一味地批评解决不了问题，于是我开始了对尧尧的“爱之旅”。每天给予最多的就是和孩子说：“老师爱你。”“宝贝过来。”“让我抱抱你。”然后问孩子发生了什么？需要老师帮你做什么？一天天，一遍遍，反反复复，温柔的坚持，终于有一天我发现尧尧能够和小朋友们一起玩游戏了。当我听见尧尧说不可以拿我的玩具，不可以拿我的玩具时，我明白他开始表达自己的想法了，也让我这个每天唠唠叨叨的老师终于安静下来了。原来爱就是懂他，爱就是等待，爱就是温柔的坚持，在成就孩子的同时，孩子也成就了我，所以选我所爱，爱我所选。

原来唯有爱可以改变一个孩子，原来唯有爱可以成就一个家庭，原来唯有爱可以让我们老师更有魅力。我会一直在幼儿园教师这条路上继续坚持下去，做一名爱孩子的好老师。

愿我们在教育的路上，始终怀着一颗温柔的心，坚持不懈，给孩子温暖与鼓励，让孩子在教育的道路上茁壮成长。我们相信在教师与家长的共同努力下，我们的孩子一定能成为有爱心、有责任感、有担当的优秀人才，为社会做出自己的贡献，让我们一起携手前行，为孩子们的未来播撒希望的种子。

不忘初心　砥砺前行

幼儿园　康晓帅

一、初识石外，让我感受到爱

回想起自己刚毕业时，家里人说石家庄外国语学校在招老师，这所学校大家都熟知以外语教育为特色，学校设施、特色课程、师资力量数一数二。这所学校和我所学的专业符合，提供的教师平台和学习机会深深地吸引了我，于是我迅速投简历，并通过自己的努力被录取了，成为石外的一名教师。

二、爱是初心，是我一生的追求

作为石家庄外国语学校的老师，锻炼与学习机会很多，除了平时自己要带好班以外，我们就像一块砖，哪里需要哪里搬，于是我接到了外办一对一接待外宾的翻译工作。接到这个工作时，我的内心很激动，首先我要以最好的状态迎接外宾，于是我开始上网查找相关内容，苦练自己的口语、听力，以及礼仪等。

我接待外宾 Brad 时租了一辆车，从学校开车到石家庄机场接他，然后送他去希尔顿酒店办理入住，他是唯一一个在希尔顿酒店入住的，所以我的接待工作会比其他人稍微烦琐一些。每天早上我都会叫好专车在希尔顿酒店门口等他，然后我们一起去学校。通过接待工作，让我意识到了学习英语的重要性，我虽然在幼儿园，但是我们石家庄外国语学校的教育理念就是从幼儿园开始让宝贝们学习英语，让我们的孩子从小就接触英语，做好英语启蒙。

在幼儿园里，我们会根据不同幼儿的年龄特点设计各类游戏，让幼儿在体验中收获学习英语的乐趣。记得有一次在学习英语单词时，有一个小朋友发音不标准，旁边几个小朋友嘲笑他，他顿时脸就变红了，而且很不好意思，我注意到他的表情后和孩子们说："请你们安静听。"我没有做过多的解释。当轮到他的时候，他犹豫了一下，不过还是说出来了，我立刻抓住这次机会表扬了他的声音好听，希望下一次能听到更多他的声音。就这样的一句简单的话，让这个小朋友的眼神发生了改变，并在后续的英语游戏中也越来越敢于表现自己了。我约谈过他的妈妈，妈妈说以前担心孩子说话不清楚会影响英语发音，但是现在看来是她多虑了，孩子的改变让她意识到我们不能随便给孩子下定义。每个孩子都是独立的个体，幼儿之间存在着个体差异性和自身的闪光点，作为老师，我们要善于发现每个孩子的闪光点，尊重幼儿的差异性，多进行适宜的鼓励，我相信每个幼儿的潜力都是无限的。德国教育家福禄贝尔曾经说过：教育之道无他，唯爱与榜样而已。对于每个幼儿我们都应该蹲下来耐心倾听，去了解他们的所思所想所感，只有我们更加了解他们，才能更好地引导他们。

三、爱校如家，砥砺前行

在石家庄外国语学校这个大舞台，它给老师提供了广阔的视野，让我们感受到石家庄外国语学校这个超前的教育模式和教师的专业性。在今后的工作中，我将继续保持自己的初心，不断完善自己，做有准备并能读懂幼儿的好教师，同时我也会将“爱幼儿　爱幼教　爱幼儿园”的“三爱”精神更好地付诸行动之中。

学习与成长

幼儿园　蒋　倩

2013 年进入石外总园后，我开始担任副班主任，经过七年的学习和积累，2020 年 8 月我有幸加入智汇二园这个大家庭，成为一名英语老师，并担任班主任。在这里非常感谢园领导对我工作的肯定和认可，让我有机会迎接更大的挑战。

这是我第一次做班主任工作，也正是这次经历让我真正感受到了它的不易。在这过程中，我会担心自己不能处理好班里的各种问题，担心自己处理不好与家长间的关系，因此每次准备在班群发信息的时候，总会请教园领导和各位姐妹们帮我看看文字是否合适，直到确认无误才敢发。不过这还不是最让人担心害怕的，当你工作结束到家想放松一下的时候，突然收到某位幼儿家长发来的超过 30 秒的语音，我的心瞬间就会紧张起来。于是我就把这个孩子从早晨进班到下午离园的各种片段像过电影一样在脑海中闪过，然后马上和另外两位老师联系了解孩子在园有什么特别的事情发生，当确认无异常时我再点开留言听一听家长的语音并进行回复，帮助家长了解孩子的在园情况。通过这件事情也让我意识到，孩子在园的所有表现是每位家长都想了解的，在以后的工作中我会用心，用心，再用心，关注每个孩子，这样才能更有针对性地对孩子进行指导，同时也能及时和家长进行有效的沟通。

每学期总有那么几次最重要的时间要和全班家长汇报班里的情况，那就是家长会。一说到家长会真是让我最头疼焦虑的事情，因为总怕家长会上的内容准备不够充分，也会担心自己紧张而语无伦次，以至于我包里经常备着止疼片，如果头疼那就随时来一片，还好园里给了我们这些新手班主任学习和观摩的机会，于是我就把老教师的方法和经验录了下来，回去后再进行梳理和总结。就这样在一次次的锻炼中，我在面对家长时腿也不哆嗦了，语气也不颤抖了，会后通过大家的反馈我也感受到了家长对我工作的认可和信任。

时光匆匆，就这样在石外走过了十一个春夏秋冬。我深爱着石外这片热土，也深爱着智汇二园这块福地，这里集结着无数优秀的幼教老师，我会努力向大家学习，带着迎难而上的精神，在幼教岗位上贡献出自己的一份力量。

最后感谢帮助过我的领导、同事们，感恩有你，愿我们石外集团的幼儿园越来越好!

让我感动的家园

幼儿园　蒋海思

随着知识经济的到来，社会对教育提出了培养高素质人才的要求，幼儿教育作为基础教育的根基，一样受到了社会和家长的重视，建立高素质的教师队伍是提高办园质量的根本。作为幼儿教师，是落实幼儿园教育目标的具体实施者，一定要站在新时代教育发展的高度，明确自己所肩负的历史使命，尽到自己作为文明的传播者和灵魂的塑造者应有的职责，用自己的爱和智慧、劳动和能力让每一个幼儿都得到最大可能的发展，做好"育苗"工作。爱是人类特有的情感，它存在于每个人的心中，尤其是当教师面对着稚嫩无邪，天真烂漫的幼儿时，心中那份怜爱更是油然而生。而幼儿工作的关键是怎样有利的调动、激励教师能够长久地保持对幼儿这份纯真的感情，不因时间的消磨而淡化，不因未曾受到鼓励而丧失信心，并且要公平地去爱每一个幼儿。

作为一名党员教师，我严格执行教师《十不准》，为人师表，不做任何违反教师职业道德规范的事情，用严格的纪律和制度来要求自己的行为，不断提高思想认识，并把先进模范作为自己前进的动力，鞭策自己不断进步。同时，我积极配合领导、同事，廉洁自律，始终保持共产党员的政治本色，带头接受监督，秉承言行一致的工作作风，做好老师的榜样。

所谓说：和谐的团队来自每个人的付出，这十年来众美分园的大变化、小变化都是每个人的心血，但是，我们的家文化不变，作为自己的家，那么付出的力量总是百分之百的，尤其在保教后勤库管几岗合一的情况下更是如此。比如，一个屋子的下水道不通了、一个桌子位置不合理等，小小的事情都是脑子里的，因为经历过，所以清楚。众美分园建立的十年里，每次施工都能看到我穿梭在幼儿园的各个角落，即使在怀孕期间也是一如既往，因为这是我的家，亲力亲为做着每一件细小的事，一年 365 天，大概在幼儿园待了 350 天的时间。其实我是在做自己喜欢的事，在一个舒服的环境中工作，所以没觉得一天天过得很辛苦，而是看到送走的一个个孩子，一个个老师，又迎来的一个个孩子，一个个老师。

在这十年里，我坚持每天早晨 7:30 准时来园，不为别的，就为能够早晨不出安全事故，如果有，也有行政第一时间解决。服务幼儿，服务家长，服务教师，事事有人干，时时有人干，说的就是我们这个岗位的所有干事。事儿虽多，但有条理，事儿虽杂，但有计划，随时来的通知，随时来的任务，都能无缝隙应对，这就是我们的干事团队。记得刚生完孩子时，一个大班孩子对我说：“老师，你的肚子呢!”为什么我对这个孩子印象那么深刻呢，是因为他从来没跟我说过一句话，在班里也只是一个人默默地玩，所以我惊讶的是其实他一直关注着我。曾经的我，还是带班时候的我，一个小姑娘的我，每天跟在主班屁股后面转悠：我帮你干这个吧，干那个吧，但实际干起来却又不知道怎么做，但就是因为有了带班的经历才让我懂得老师的一日流程是什么样子的、怎样开展的、应该注意哪些问题……到后来在行政岗位上，我才有了一定基础，才有了后面的管理。

每个人都有自己的优势，如有的教师善于和不同的孩子交流，有的教师善于和不同层次的家长沟通，等等。我们要根据每个人的特长发挥其优势，帮助教师实现自身的价值，使每个人都能自信、自立、自强。所以，管理者一定要尊重每位教师的劳动，着眼其长处，多给教师一些赞许的眼光和创造的机会，让其展示优势的一面。

最后，将“三爱”教育落实到我的日常工作中。具体要做到以下三方面：爱幼儿，与幼儿轻声交流；爱幼教，认真钻研业务；爱幼儿园，以园为家。我将继续踏实工作、戒骄戒躁，认真履行自己的岗位职责，严格要求自己的言行，在工作中起到模范带头作用。

回顾这十年，我以平常之心处事；以关爱之心待人；以敬业之心治园。回想我们走过的这些日子，我心里满是感动，我想和大家一起携手走得更远!

行政部门

XINGZHENG BUMEN

且行且思，成长在路上

管理中心　孔彦一

时光流逝，我在石家庄教育集团工作已有十五个年头了，十五年来，我与学校共同成长，不知不觉中，对它的这份难以割舍的感情早已深埋在心中。回顾这些年来的工作，我在学校领导及各位同事的支持与帮助下，严格要求自己，按照领导要求，较好地完成了自己的本职工作。在工作中，我遵章守纪、团结同事、乐观上进，始终保持严谨认真的工作态度和一丝不苟的工作作风，勤勤恳恳，任劳任怨。在生活中发扬艰苦朴素、勤俭耐劳、乐于助人的优良传统，始终做到老老实实做人，勤勤恳恳做事，处处严格要求自己，在任何时候都起到了模范带头作用。

一、思想方面

在工作中，我认真学习、贯彻执行《中华人民共和国会计法》，熟悉各项财务管理制度，做好预算内及预算外资金的收、支工作。同时，我不断总结、完善岗位职责，细化岗位工作程序，把日常工作做全、做精、做实、做活，思想和行动与领导要求相一致，做到活学活用所学知识，解决实际工作中思想问题和业务问题，更好地服务于本职工作。

二、工作方面

（一）爱岗敬业、乐于奉献

爱岗敬业就是要做好本职工作，把一点一滴的小事做好，履行职责、踏踏实实做好基础工作。爱岗敬业就意味着奉献，上下班时间不是衡量工作好坏的尺度，工作做到位才是衡量的标准。

我校规模大、学生多，在裕华区乃至我市也是屈指可数的，因此每年的收费工作可谓是重中之重，既要保证该收的费收到位，又要保证工作质量，不错不乱。按照以往的收费情况，我们提前做好准备，各部门之间团结协作，合理安排人力，并提前与银行沟通好，为收费工作做好了充足的准备。收费期间，为节约老师们的时间，我们三组人员默契配合，人停机器不停，工作热情高涨，不怕辛苦，为了尽量少去厕所，我们常常是一连几个小时连口水都不敢喝，一天下来口干舌燥。

最令我难忘的是2006年暑期新生收费期间，那时我已有五个多月的身孕。洪姐因病休假，小学的财务工作几乎全落在了我一个人的肩上，同时我还兼任食堂出纳。为了确保收费工作顺利进行，我向领导请示后，在没有进行工作交接的情况下，开始独立负责小学每月的工资核算。如果有人注意到，一个孕妇和帮我携带点钞机的何老师一起走向小学阶梯教室的情景，那就是我们去进行收费工作的时候。尽管工作强度大，但我并没有因为怀孕而要求特殊待遇。那时的零星收费不像现在这样集中，几乎每天都有，我总是随叫随到，即便雨天我也毫无怨言。2006年，我的暑假加班天数累计达到了40天。

（二）灵活工作、不计得失

中学的财务事务已经整合进财政集中支付体系，目前每周仅在周二、周三和周四开放申请支票和现金提取业务。今年，由于教育局的人事调整，一段时间内因缺少明确的签字审批人员，导致区教育支付分中心暂停业务办理。在此期间，我与区支付中心进行了多次沟通，最终他们同意支付单位日常运营所必需的水费、电费、燃气费和电话费。同时，我们确定了审批签字流程，必须由区教育局财务科科长和支付分中心科长共同签字审批，这无疑加大了我的工作难度，经常需要往返多次才能完成一项业务。

在区支付中心更换打印机后，支票数字位置的调整出现了问题，导致无法正常打印，于是我主动协助小檀调整了打印机的卡尺，解决了支票打印位置偏差的问题。虽然这是一件看似不起眼的小事，但对于支付分中心来说，无法打印支票就意味着无法办理业务。而对我们学校而言，这可能意味着无法按时支付费用，从而面临停电、停气、无法发放工资等严重后果。鉴于区支付分中心工作时间的限制、备用金的限制，以及不可预测的因素等，我必须提醒相关部门在每月必须支付的水电气费用和月末各类工资发放时提前做好准备，提供准确的金额和同步进行借条签字，以确保能够按时付款。

（三）履行职责、踏踏实实做好基础工作

出纳工作是财务部门最基本，也是最琐碎的岗位，是学校财务工作的窗口，工作时间性较强，每天要清点现金，月末要与支付分中心对账，同时工作随机性很强，备用金不足时要及时到银行提取，费用报销随来随报等。这就要求我们，第一，要有很强的计划性，合理安排时间，保证各项工作的正常进行。第二，在日常工作中认真做好各项资金的记账、算账、对账、报账等日常会计核算工作，同时工作中要讲原则，做到凭证合法、手续完备、内容真实、数字准确、账目清楚。第三，各种会计凭证应及时传递，不得积压，按期装订成册，交会计档案保管。

财务是一项专业性很强的工作，每当有人对此感到困惑时，我总会认真、耐心地进行解释和沟通，以便大家能够顺利报账。同时，针对定额发票可能存在的伪造问题，我会及时向前来报账的教师或部门工作人员讲解如何查询发票的电话和网址，确保教师们在第一时间辨别发票的真伪，从而避免因收到假发票而无法报销的情况。此外，对于涉及教师个人利益的事务，如生育保险和公积金支取等，一旦业务处理完成，我也会立即通知相关教师前来领取。

回顾过去，是为了更美好地迎接明天。我衷心感谢集团为我提供的发展平台，以及和谐团队给予我的无私帮助。在今后的工作中，我将会继续坚持“五特”“八相互”精神，努力学习提高业务知识、坚持原则，树立良好的职业道德。同时，我会及时学习新的财务法规，遵守财经纪律，严格把关，提高服务意识，增强大局观念，转变工作作风，继续发扬团队精神。

初心不与年俱老，奋斗永似少年时

管理中心　池雅贤

尊敬的领导、同事们：

大家好！很荣幸有机会站在这里和大家分享我的工作感受。春华秋实，寒来暑往，不知不觉，我已经与在座的各位同事共事八年时间。我们看不见时间，却可以看见时间的力量。回望这一路的历程，我在出纳的岗位上默默耕耘，见证了石外的蓬勃发展，也深刻体会到了自己在这个岗位上的成长与变化。在此，我要衷心感谢王校长的领导，感谢同事们的支持与帮助，是你们让我有了不断前进的动力和信心。

我清晰地记得，2016 年 7 月，当我第一次踏入石外的大门时，便被一股热浪席卷，而那硕大的地球仪在行政楼前闪烁着银色的光芒。心中怀揣着对财务工作的热情与期待，经过三轮面试和一轮笔试的考验，我终于在 9 月中旬走进了 203 财务室，成为一名出纳。尽管我对出纳工作已有一定的了解，但在实际操作中发现自己仍有许多不熟悉的地方。刚进入财务室的时候，我主要负责小学出纳工作，面对一个全新的环境和职责，我感受到了前所未有的压力和挑战。2016 年 9 月，教育局首次下拨了城乡义务教育补助经费，小学生秋季学费收费标准也发生了变化，由于当时学费收费方法的限制，需要对大批学生的学费进行调整和退费，因此我上岗后的第一项任务就是整理庞大的收费数据。由于没有电子版的收费表，我们只能使用纸质银行流水和学费交费回执，对成千上万笔缴费记录进行逐笔核对和登记，制作收费表和退费表。我们财务团队的成员们耐心地为我解答各种问题，同时严格要求我按照财务规定和流程进行操作，在他们的帮助下，我逐渐熟悉了出纳工作的各个环节，包括日常收支管理、票据审核、凭证登记等。我也逐渐领悟到，出纳工作不仅仅是简单的收支记录，更是对学校财务稳定和合规的重要保障。从填写支票、审核凭证这些看似微不足道的小事中，我深刻体会到了同事们对工作的严谨和认真，他们在业务上对我进行了严格的指导，同时在工作态度和职业操守上也树立了榜样。

这让我更加明白，作为一名出纳，不仅需要扎实的专业知识，更要有高度的责任心和敬业精神。

财务工作虽然看似简单，但需要我们认真对待、细致处理，只有从小事着手，认真干好每一件事，才能确保学校的财务工作有序进行，为师生提供优质的服务。随着学校的不断发展和人员变动，在过去几年里，我也一次次面对着新的挑战和变化。从接手吉祥岛、快乐园食堂出纳工作，接替二外出纳工作，到现在的小学、二外小学部出纳工作，我始终要求自己保持高度的警觉性和责任心，严格遵守财务规章制度，确保每一笔资金的流动都有明确的记录和凭证。我深知在财务工作中，一个小小的错误都可能导致严重的后果，因此，在处理每一笔业务时我都会格外小心，绝不放过任何一个可能的疏漏。

财务工作历来被视为必须严格遵循既定流程和规定的工作。但在当今这个快速发展的时代，仅仅满足于遵循传统流程已无法充分应对日益增长的挑战，特别是对于出纳这样基础且关键的岗位，持续学习和适应新技术至关重要。随着技术的不断发展，我们的财务工作也经历了多次重大变革。以收取学费为例，我们从传统的现金收费方式，发展到使用 POS 机刷卡，再到如今利用教育监管平台进行扫码支付，每一步变革都伴随着对新技术的探索和应用。正是通过不懈的学习和实践，我们逐渐熟悉了新平台的各项功能，并成功实现了从旧系统到新系统的平稳过渡。

此外，发票查收平台的更新也为我们带来了新的挑战。新的发票查收平台不仅功能强大，而且更加注重安全性和用户便捷性。在这个过程中，我们不仅要学习新的操作界面和流程，还要适应更加严格和细致的发票查验及签收流程。正是这些挑战激励着我们不断学习和进步，确保了发票管理的准确性和高效性，进而使我们更加高效地完成各项任务，减少错误的发生，不断推动财务部门朝着数字化、智能化的方向发展。

出纳工作并非孤立存在的，它要求我们与会计部门及其他部门的同事保持紧密的合作。在与同事们的交流、沟通和协作中，我不仅对工作更加得心应手，也从他们身上汲取了诸多灵感。他们的专业精神、积极态度以及对财务工作的热爱和责任感每天都在鼓舞着我。

作为财务团队的领头人，李会计始终保持着严谨的工作态度，为整个财务部门树立了榜样。他强调，我们必须一丝不苟地对待每一个细节，确保每个数字的精确无误。在李会计的带领下，我们逐渐培养出严谨和细致的工作习惯，有效减少了财务风险，保障了学校的财务安全。作为部门中为数不多的男性同事，李会计在日常工作中从不计较个人利益，展现出了极强的责任感和奉献精神。

郭会计是我的老搭档，多年来我们并肩作战。在日常工作中，他不仅耐心地向我解释复杂的财务概念，还给我分享了很多处理各种财务状况的技巧和方法。在对小学部财务工作的梳理中，在对每一张凭证的仔细检查和审阅中，我见证了这位资深财务人员对工作的认真和坚持。

煜姐和阳姐身兼数职，她们在平凡而普通的岗位上坚守职责，勇敢面对一个又一个新的挑战。无论遇到多大的困难，她们都能保持冷静和乐观，并积极寻找解决问题的方法。

尚会计在我们遇到问题时总是慷慨地分享她的经验，耐心地解答我们的疑惑，并为我们提供了很多实用的建议和指导。

小宁和小陈两名出纳总是第一时间与我分享他们的工作经验，以及新系统的操作使用心得。他们通过实际行动践行了团队协作和互助精神，使得整个财务团队更加团结和高效。

时间在一页页凭证中翻过，枯燥但充实，年龄在数字里一天天跳跃，单调但生动。没有豪言壮语，也没有丰功伟绩，但是始终用行动践行着“三爱”，在一言一行中做着表率，任劳任怨，不辞劳苦，始终充满热情。作为财务团队的一员，我也一直在努力用实际行动去诠释着我的职业精神和责任感。

匠心守初心，笃行以致远

管理中心　李合阳

各位领导、同事：

大家好，我是来自财务团队的李合阳。今天，我感到非常荣幸能够代表我的团队在此发言，我非常珍惜这次机会，但同时我也意识到，我从未像现在这样在表达上感到困难。我发现自己难以用言语来表达我对集团、管理中心、行政部门以及财务工作的深厚感情。回顾过去，我在这个大家庭中已经度过了十六个春秋，从最初的怀揣理想、充满激情，到现在能够冷静、沉着地审视和反思自己的工作，我真切地感受到了自己从适应期到成熟期的成长历程。

在管理中心，经常听到的一句话就是爱岗位、有补位意识，回顾在财务工作的十几年里，我有过一人兼任五个单位出纳的经历，无数次在出纳人员变动人手短缺时立马接手工作的经历。以前的我觉得能干好自己的本职工作就是爱岗位，能接替其他出纳的工作就是有补位意识。

开学前夕，我突然接到领导的电话，在通话中，我得知小学的会计因健康问题无法按时报到，因此需要我临时接替其工作。回想起来，那天我刚刚结束了家中长辈的葬礼，精神尚处于恍惚之中，但得知平日里朝夕相处的同事生病的消息，我的内心受到了极大的触动，生命之脆弱、人生之无常的感慨瞬间涌上心头。尽管如此，我并未有太多时间沉浸在感慨之中，而是迅速投入到紧张的工作之中。

最初，我从基础的财务工作开始，负责申报收入、缴纳保险和编制工资表，这些看似简单的任务，在实际操作中却比我预期的要复杂得多。我的会计同事们临时担任起教师的角色，耐心地指导我如何编制工资表、处理各种保险的缴纳，并向我解释了财务报表之间的相互关系。

常言道，万事开头难。我一入职就遇到了事务所审计、中央经费自查、企业所得税申报等一系列挑战，3 月初又接到发改委的通知，要求对民办中小学教育收费进行专项调研，这些对我来说都是前所未有的工作。然而，工作并没有因为我是个新手而降低难度，每项任务都有明确的截止日期。我只能硬着头皮，通过会计软件查找相关数据，对于找不到的数据则参考之前会计提交的统计年报，并根据近几年的实际发展情况编写发改委的调查函。在加班加点修改草稿后，我又添加了近三年的详细数据进行分析说明。之后，我还根据 2021 年的财务数据填写了生均成本分析表。

我的同事李会计经常开玩笑说，即使做了这么多年，他也没遇到过这些工作，而我作为一个从未接触过这些全新任务的人，更是感到困惑和压力巨大。面对未完成的工作，我常常不知道如何下手，即使完成了，也担心是否有瑕疵。多少个夜晚，我因为手头的工作而难以入睡，甚至在面对繁杂的数据时忍不住躲出去偷偷哭泣。时间紧，任务重，我的同事们忙于处理各种报表，无暇安慰我，只能在空闲时抛出一句经典语录："想哭就在屋里哭会儿，别出去丢人。"而我也是默默地哭完，擦干眼泪，继续努力工作，不让个人情绪影响到工作进度。

3 月，教育局组织了财经秩序专项整治行动的部署会议，重点讲解了如何合理使用民办学校财政资金，并对民办中小学和中职学校进行了财务管理规范培训。利用周末时间，我们仅剩的三人小组对 2020 年和 2021 年的二外、二外小学以及小学 172 本凭证和 3600 页报表进行了自查，以及按照要求对所有凭证进行了财政支出经济分类的自查工作。

在繁忙的会计工作之余，我的本职出纳工作也未受影响。每学期初，出纳工作最为繁重，今年尤其忙碌，在完成学费收取工作后，学校通知部分学生需要退费。3 月初刚收到教育局下发的补助经费拨款，随后政策变动，要求全部退回并重新拨付。5 月，我负责初中教辅收费工作，大多数老师都是利用课间时间缴费。考虑到初三老师的情况特殊，我利用中午休息时间完成了三个年级的收费工作，并在核对金额后统一缴存银行。

可以说，这两个月是我职业生涯中最具有挑战性的一段时期，连续不断的会计工作让我深刻认识到，我们所学的一切终将派上用场。在这样的时刻，更需要坚持不懈，因为问题不在于井里没有水，而在于挖掘得不够深；成功不是来得慢，而是放弃得太快。我以良好的职业道德、严谨的工作作风和认真负责的态度对待每一项工作。通过勤劳的双手，将一张张支票、一摞摞单据化为一册册凭证、一本本账簿、一份份会计报表，简单的数字变成了跳动的音符，谱写出悦耳动听的财务工作交响曲。在平凡的工作岗位上，忠诚的信念和坚韧不拔的精神，让小事成就大事，让普通成就非凡。

时光飞逝，我始终认真学习相关专业知识，并根据集团的工作目标制订了个人工作计划。我时刻提醒自己，无论做什么工作，都要将“三爱”“四做”“五特”“八相互”等工作精神贯彻到实际工作中。立足本职，在稳定中寻求创新，在创新中寻求发展，稳扎稳打，在自己的工作岗位上与集团共同成长。

追光而遇，沐光而行

管理中心　李　志

今天，很荣幸站在这里跟大家分享工作经验，感谢学校的培养，感谢领导的支持，感谢同事们的帮助！我们在工作中取得的成绩，是领导以身作则、正确领导的结果，是同事相互帮助、团结奋斗的结果。

一、学生学费、住宿费收费

每学期，小学需收取超过 4000 名学生的学费和住宿费。面对如此多的学生，情况大致可以分为两类：

（一）已办银行贷记卡或借记卡的学生交费

对于已经办理信用卡的学生，前期准备工作包括：收集卡号，即根据班主任提供的学生新办理的信用卡信息，逐一在收费系统中输入卡主姓名和信用卡号，确保信息的准确性。随后将新卡号反馈给银行，并整理出包含班级、学生姓名、学生身份证号、卡主姓名、卡主身份证号以及信用卡号的信息，提交给银行信用卡中心，以便进行扣款准备。

已办卡的学生扣款收费工作：依据学籍室提供的收费名单，逐一核对收费表，删除离校生信息，调整转班生的班级归属，并将新生信息加入收费数据库。完成这些调整后，整理出本学期的收费表，并筛选出持有校园卡的学生的信息，以便编制扣款文件并发送至银行，用于扣除学费。

已办卡的学生扣款完毕收尾工作：根据银行提供的反馈文件，我们将在收费表中更新学生的缴费信息。对于扣款成功的学生，我们准备打印发票；而对于未扣款成功的学生，我们将名单反馈给学籍室，进行学费的补收工作。

（二）未办银行贷记卡或借记卡的学生交费

对于未办信用卡的学生收费前期准备工作有：提供学校的完整名称以及开户银行的账号信息。对于尚未办理银行卡的学生，可以选择直接前往银行缴纳费用、采用汇款方式进行支付，以及通过网上银行进行转账操作。

未办信用卡的学生收费工作有：前往银行获取账户对账单，随后根据对账单内容将数据输入收费表格。整理并收集班主任提交的学生缴费凭证，将这些凭证与每日录入的收费信息进行核对。核对无误后，打印出当天的学费发票。

对于未办信用卡的学生，在缴纳学费时可能会遇到一系列问题。例如，学生家长选择通过网上银行转账的方式支付费用，但若在转账时未明确标注学生的姓名，且缴费凭证未能经由班主任转交给我，我便无法确认这笔款项属于哪位学生的学费。另外，对于已经有银行信用卡的学生家长，他们同样可能通过网上银行进行转账缴费。在这种情况下，我们需迅速通过缴费信息来核实款项归属，以确保不会发生重复收费的情况。

二、代收学生书费

根据图书馆提供的收费标准、人数收取学生书费，当天收到的现金与交费名单金额核对无误后交存开户行。当天收到的现金与交费名单金额核对无误后填写现金缴款单将现金交存开户行，收到现金后给班主任开河北省行政事业单位资金往来结算票据。

三、日常报销

日常报销流程包括以下几点：第一，必须遵循财务制度和现金支付范围的规定，执行收付报销程序，坚决拒付不合规的凭证。第二，每日需准备支票、电汇凭证和备用现金，确保每位报销人员在第一时间办结业务。第三，对于采购员提交的报销票据，应上网核实票据的真伪及报送信息，核对收款单位的名称和税号是否正确，以及发票上的货物名称、数量、单价和金额是否一致且完整，确保计算无误。第四，检查手写发票的开票日期是否填写完整，无后加或涂改痕迹，付款单位名称是否正确，以及开票人签字是否齐全。第五，确保明细与发票金额相符，并加盖收款方单位的财务专用章或发票专用章。核对无误后进行付款结账，同城使用转账支票，异地则通过电汇。如对于差旅费报销，需审核报销单上填写的详细信息是否完整，包括部门、日期、出差人员、出差原因、出发和到达时间、交通工具、总金额及报销人签字。第六，对于票面填写齐全的票据，核对附带的票据张数及金额是否与票面一致，如涉及培训费，需附上相关政策性文件以供查阅。

敬业，本质上是一种责任感，它要求我们每个人都要恪守自己的工作职责。敬业并非一项艰巨的任务，它要求我们脚踏实地地完成自己的本职工作。敬业是一种基础的职业道德，理应成为每位职场人士必备的品质。

实际上，做到敬业并不难，它需要我们付诸行动并持之以恒。完成当天的工作，绝不拖延至次日，这是敬业；承担起应尽的职责，不将工作推诿给他人，这是敬业；始终守时，严格自律，这是敬业；对待工作认真负责，不敷衍塞责，这是敬业；实事求是，不弄虚作假，这是敬业；面对困难不抱怨，积极寻求解决之道，这是敬业；不消极怠工，积极主动地投入工作，这是敬业。只要我们坚守岗位，认真履行职责，就是在践行敬业精神。

作为学校职工，我们应以“五特”精神为指导，以崭新的精神风貌塑造石外集团的新形象。我们需持续努力，在任何岗位上都应尽职尽责、无私奉献、勤勉工作。从每一件小事做起，从细节入手，在工作中严格要求自己，不断提升个人技能，为集团的发展贡献力量。

牢记责任　勇于担当　不断创新

管理中心　张运龙

尊敬的领导、老师们：

大家好。今天，我非常荣幸能代表管理中心与大家分享一个石外人虽然平凡却绝不轻松的故事。“人生须知负责任的苦处，才能知道尽责任的乐趣。”每当我回想起梁启超先生的这句话，我的内心便增添了一份负重前行的勇气。

我是一名从事人力资源工作的教育工作者，也是一名基层党员，参加工作的十三年里，我不断成长，逐渐成熟，但始终没有改变的是对责任与担当的坚持，和一名党员为党和人民履职尽责的坚守。

与石外广大行政工作者相同，我的核心职责是为一线教师提供服务，确保他们能够以轻松愉悦的心态投身于教育教学工作。在人事工作中，职称评审是教师们最为关注和期待的环节。职称评审的材料准备和网上申报过程既复杂又漫长，从每年的6月持续至9月。教师们需要准备的材料分为五大类，总计近三十项。一份申报材料大约有200页，其中包含十余项文字报告，总计约三万字。这些材料的组卷标准缺乏详尽的说明，主要依靠经验积累，而且不同学段、不同专业的教师在组卷要求上也存在差异。面对如此繁复的任务，即便是平日里在讲台上充满激情的老师们，脸上也难免流露出迷茫和忧虑。特别是那些年长的教师，他们焦急不已，因为他们多年争取到的机会竟被这组卷任务的难度所困扰。

为了帮助教师们解决这一难题，我毫不犹豫地承担起了这份责任。我收集了教师们的疑问，不断向教育局的相关负责人和有经验的前辈请教，并反复研究政策文件，在理解透彻后，我逐一解答了每位教师的问题。在2021年暑假，我与27位参与评审的教师共同经历了档案借阅，撰写报告，开具证明材料，准备荣誉材料，三次资格审核，答辩，装订上交，网上申报培训，网报材料准备、提交、审核等众多环节。经过无数个日日夜夜的努力，我们最终圆满完成了组卷及网报工作，所有参与申报的教师都顺利通过了审核。这样的成果，是我们与教师们共同努力的结晶。

整个暑假我们没有休息，经常陪伴教师们加班至深夜，工作量比平时更加繁重。能够做到这一点，体现了我对石外人无私奉献精神的实践，也是我坚守党员责任与担当的体现。

截至 2022 年，职称评审工作量激增，达到了之前的两倍以上，共有 63 位教师参与职称申报。为了提升工作效率，我决定摒弃传统方法，转而尝试使用飞书文档辅助组卷工作。在整个申报过程中，教师们仅需在微信中收藏两个飞书文档：一个是实时更新最新任务的通知文档，另一个是详细阐述各项材料组卷标准的组卷指南文档，基于以往的经验，我还创建了参照模板并整合到文档中。有了这些清晰的指导，教师们在组卷时轻松许多，如有疑问，他们还可以在飞书文档的评论区提问，我会及时回答。其他教师也可以参考这些答案，避免重复提问，这样做不仅有效降低了沟通成本，还显著提高了工作效率和组卷质量。我们愿意投入更多时间，承担更多责任，并持续探索创新，以确保为教师提供更好的服务。

每当我看到职称申报结束后，老师们脸上洋溢着发自内心的感激笑容，我的心中便充满了喜悦。他们对我的称呼，也由“张老师”转变为更加亲切的“运龙”。我的经历或许平凡，但那些真挚的笑容却深深触动了我，以及像我一样普通的石外行政工作人员。正是这样的笑容，激励我们铭记责任、勇于承担、不断创新。

当我放眼望去，见证着石外的繁荣发展，想到自己也为此贡献了一份力量，一种自豪感便油然而生。这种满足和畅快，只有那些始终铭记“责任、担当、创新”的人才能真正体会。愿我们保持初心，无畏将来，继续坚定地向前迈进。

爱洒石外大集团，求真务实讲奉献

管理中心　郭　玲

我是小学财务部的郭玲，今天我非常荣幸能够代表我们的财务团队在此进行汇报和交流。我演讲的题目是《爱洒石外大集团，求真务实讲奉献》。首先，请大家通过一段视频来了解一下我们的团队。

随着繁忙的去年落下帷幕，我们又迎来了充满挑战的新一年。在校长的带领和主管主任的直接领导下，203 团队的全体成员齐心协力，确立了“全覆盖、无盲点”的服务理念，并严格遵循“做全、做实、做精、做活”的四项工作原则，以确保财务工作有序开展。

我们的财务团队始终秉承“五特”“八相互”精神，不断优化会计和出纳的岗位职责，充分发挥每位成员的优势，努力激发每个人的潜力，持续保持财务室认真、细致、踏实的工作态度。在王主任的带领下，203 的财务人员重新审视并梳理了各自的岗位职责，以“四做”为标准，完善了各项工作流程图。同时，财务室的成员勤奋学习，积极交流，各抒己见，致力于深入理解国家和地方的相关政策、法律法规，确保在工作中有明确的指导方针和法律依据。

一、学费调价磨砺出，历年细账娓娓来

物价调整是近两个月的核心任务。自学校成立以来，我们从未经历过三家同时调整价格的情况。在王主任的领导下，李志作为二外的会计，率先整理了基础材料，为小学和幼儿园的价格调整奠定了基础。

我们梳理了 2014—2016 年的各项财务数据，包括人员经费、公用经费、材料费、固定资产购置以及取暖、水电、维修等费用，所有工作都以历年数据为基础和参考。

日常工作不能忽视，因此物价调整就需要在晚上和周末加班时完成。只有这个时候，我才能享受独立、安静且不受打扰的工作环境，从而提高工作效率。基于详

实的数据，我们编制了 2017 年收入及成本预测，为价格调整提供了坚实的数据支持。

在将材料提交给物价所后，他们进行了逐项审核，并检查了我们三年的账目。记得有一次，那是一个周五，物价所要求我们根据新的要求提供 2017 年的收入预测和新增人员经费预测，为了尽快完成价格调整，我们放弃了休息日，与王主任反复核对数据，整理各种报送材料。最终，两后周一将所有资料提交给物价所，为价格调整争取了宝贵时间。这就是我们石外的节奏，也是管理中心的速度。

二、不经一番寒彻骨，哪得梅花扑鼻香

2016 年初，根据国家政策，食堂业务开始实行独立核算。我们相继成立了小学食堂、吉祥岛食堂和快乐园食堂，食堂会计工作直接关系到师生的切身利益，对学校的和谐稳定至关重要。为了深入了解，我广泛查阅资料，咨询了相关部门，并借鉴了高校食堂的管理模式，决定将食堂和小学的账目分开独立核算，这样做既符合税务要求，又能清晰地展示各自的经营活动。

由于食堂属于餐饮业，其会计制度与学校的民间非营利组织会计制度存在显著差异。从会计账套的设置到会计明细科目的建立，我逐项仔细审查文件，确保以文件规定为依据建立食堂会计账套。我以不屈不挠的精神克服了重重困难，边学习边处理各种纷繁复杂的票据。

为了确保食堂财务账套和明细科目设置的合理，能够真实地反映食堂的经营活动，我与食堂经理进行了深入沟通，并对食堂的人员、材料和物料进行了分类设置科目。在确保账目与实物及经营活动有效对接的同时，我边记账边探索食堂会计报表的编制，经过无数次的修改，食堂的财务数据框架终于确立了。与此同时，由于小学食堂已有基本户，再增设两个并行的基本户在银行历史上尚属首次，因此，我多次不辞辛劳地前往银行咨询政策，并及时向王主任汇报了解的情况。在领导的支持和帮助下，我们成功办理了基本户，确保了食堂经营活动的有序和良好运行。

在确保食堂财务工作质量的同时，我还根据文件和会计制度的要求，逐一向领导汇报了结账流程、签字流程和票据要求。在得到领导的同意和支持后，我又与食堂经理及配送中心的报账员进行了沟通，最终达成共识，确保新的工作和管理程序能够顺利运行并形成良性循环。

在完成食堂会计工作后，我又转向小学的会计工作。长时间面对电脑整合各类数据，我的颈椎开始“抗议”，但食堂的结账、报表编制和物价调整工作不容拖延。

在针灸治疗后，我坚持返回工作岗位。办公室里，我早来晚走，同事们笑称我几乎把学校当成了家。我将"五特"精神作为自己的座右铭，全心全意为学校贡献自己的时间和精力，认真、仔细、求真、务实是我一贯的原则。

三、重担压身乐接受，凡事成于讲奉献

自 2015 年 3 月起，财务室便面临人手不足的问题，常常出现一人身兼多职的情况。鉴于财务工作对时效性要求极高，我们不能让人员短缺影响到工作的正常进度，于是在任务的安排与协调上，每个人都积极带头，强调团队合作与奉献精神，确保了各项任务得以顺利完成。

年初，小董因休产假暂时离开，尚胜敏便同时承担起幼儿园会计及部分出纳的工作。在与领导的交流中，她表达了自己已准备好迎接各种挑战的决心。为了确保开学后能及时进行托收工作，避免与二外和小学的托收高峰冲突，她从寒假开始就着手准备收费表。每月的收费表都有其特定的重点，她通过与幼儿园领导、干事、班主任的沟通，分析托收失败的原因，并总结出成功率高的班级所采用的有效经验和方法，以便及时推广。她还定期进行各园及班级间托收结果的对比分析，以引起园领导和班主任的足够重视。

李合阳自 2015 年 3 月起工作职责就发生了变化，原本负责二外出纳的她，听从领导的安排，接手了小学出纳和小学食堂出纳的工作。在小学出纳岗位上，尽管之前有过人员的频繁更替，但她依然坚守在自己的岗位上。去年 9 月，小学出纳岗位终于有了稳定的人员，但随即又成立了吉祥岛食堂，她依然负责三个出纳岗位的工作。另外，她不仅要处理大量的发票和明细审核工作，还要负责收取小学生的餐费，这些工作都是她独立完成的，我们经常可以看到她加班忘记吃饭的情景，她的敬业精神在工作中得到了充分的体现。

池雅贤刚加入财务室便面临着收取学费、义务教育补助经费退费、年底结账等繁重工作。由于年初财务室人员紧张，她不得不同时担任吉祥岛和快乐园食堂的出纳，工作量瞬间增加了一倍。面对这样的重担，她自然有过各种担忧，担心工作量过大难以完成，担心账目繁多容易出错。然而，在 203 团队小伙伴们的鼓励和支持下，她将压力转化为动力，欣然接受了挑战。学期初，最重要的工作便是收费工作，考虑到打印发票耗时过长可能会影响三个食堂的结账工作，她便在扣款工作一完成立即开始打票。尽管她刚做完近视手术不久，而打票工作本身又十分费眼，但她还是利用周末时间，在四天内全力以赴完成了 1500 多份发票的打印工作。对她

来说，“必须特别能吃苦，必须特别能战斗”已经成了她的工作信条。

一切已成为历史，未来我们将继续秉承财务室求真务实的工作作风。无论是大事还是小事，我们都会全力以赴，坚守初心，勇往直前，持续自我总结与完善，不断激励自己，以适应集团的发展需求，并且尽职尽责地迎接每一个挑战。

老同志，新岗位，大挑战

党办室　马丽君

一、撸起袖子加油干

在自己从教第三十个年头的初冬，和七年级学生扫完 2018 年 1 月 23 日冬天的第一场雪后，我来到集团行政楼 101 党办室，开启了新的工作旅程。

才知道，姚书记带领的党办在过去的一年中不仅党务、工会工作样样做得好，而且创建全国文明城市工作、创建文明校园工作也是走在前列，并在 2017 年为集团获得第一届全国文明校园荣誉称号立下了汗马功劳，我为自己能加入这样的团队感到自豪。

才知道，张庆祥主任回到安全处、郭韶琳老师调回公共资源部，党办室全部工作由三人变成了我和刘晓老师两个人做。才知道，党务和工会的工作是庞大而烦琐的，那就多请教张庆祥主任和郭韶琳老师，刘晓老师更是成为师父常常受到我的叨扰。所幸，集团党务和工会干事团队是一支政策性、执行力极强的集体，从他们身上我看到了集团各部“三爱”的影子。

把党建嵌入集团各项工作，引领集团中心工作，创建全国先进基层党组织，是集团对党办的工作要求，对于我这个“党务新兵”压力很大啊。有集团党委的领导，有大行政“五特”“八相互”精神的引领，有姚书记、张庆祥主任、郭韶琳老师和刘晓老师前期的勤奋工作和未来的精诚合作，面对新岗位、新任务、新挑战，没说的，撸起袖子，干就是了。

二、明确职责，团结协作，心系干群，扎实工作

（一）学习永远在路上

初次涉足党办室工作时，我被“两学一做”“三会一课”“四个自信”等党建制度和专业术语弄得一头雾水。尽管我有政教背景，但对党务知识的了解不足，让我

感到无从着手。党委会、党总支、党支部、党小组、入党积极分子、预备党员、“口袋”党员等组织结构和管理术语、名词、操作流程等，对我来说如同谜团一般难以捉摸。此外，工会的常规活动，退休老干部的管理、体检、日常慰问以及生日鲜花蛋糕卡等任务，各种压力接踵而至，使得我本已稀疏的头发更加稀少，还催生了不少白发，正如那句古诗所言：“白头搔更短，浑欲不胜簪。”

没关系，撸起袖子，干就是了，不明白，就多请示，姚书记总是微笑着耐心给我讲解，同时还给了我许多意见和建议；不懂，就随时请教，刘晓老师就是师父，知无不言，言无不尽，真的很贴心；不明白，就打电话找张庆祥主任和郭韶琳老师，多道感谢，总能得到全面解惑，心中暖暖的……仅是这样还不够，50 万字、近百个党规党纪的学习，我快速补充党务知识；我发动做党务的同学、家长和自己的弟子提供资料和信息，向他们“取经”；我将众多党务网站和微信公众号纳入每日必须浏览学习的事项，让自己与时政联系更加紧密；编写《石外党建》也是初学，我找到做编辑的朋友给我做框架结构、行文规范、标点符号的使用、编辑校对的专业培训；挤出时间参观学习，每次听讲座我都尽力往前坐，看得清、听得细、拍得真，结束后还能抢到与专家交流的机会。此时的我，就像刚参加工作时的新手，样样新奇、处处留心、时时学习，五十有一的我，真的很累，但是，职责所在，不容懈怠。

（二）不用扬鞭自奋蹄

“四做”为标。全面落实“做全、做实、做精、做活”的管理工作标准，用制度规范人。

表 1　石外集团各项活动工作标准

月份	名称
4 月	《石外集团党员佩戴党徽工作标准（修订）》
5 月	《石外集团《石外党建》编辑出版工作标准》
6 月	《石外集团党员干部志愿服务活动工作标准》
9 月	《石外集团“开门红”党员标兵评选工作标准》
10 月	《石外集团工会组织教职工年度体检工作标准（修订）》
11 月	《石外集团“红心向党，放飞梦想”党员歌咏比赛工作标准》
12 月	《石外集团预备党员转正工作标准》

完善制度。制定并修订了以下制度：党建橱窗出版制度、党群阅览室管理制度、《石外党建》各栏目每月推稿制度、暑期党员“1+1+1”山区贫困学生结对帮扶活动工作制度、《中华人民共和国宪法》（晨读本）的管理规定、工会教职工慰问品领取制度以及关于设立老干部接待日的规定。

加强阵地建设。全力推进活动室、荣誉室、健身室、谈心室等“六室”建设，以营造浓厚的党建氛围。编辑并出版《石外党建》月刊，积极宣传党的路线方针政策，展示集团党建的风采。开辟“红色长廊”作为集团党建、团建和少先队工作的展示窗口。

（三）创新开展“两学一做”“三会一课”和组织丰富多彩的“对标争先”党建活动

完善党委会议纪要，坚定执行“会前一课”以及党委成员“四深入”制度，发挥其领导、示范和监督作用。

学期伊始，集团成功举办了以“彰显身份，展现风采，依法执教，争做先锋”为主题的系列活动，其中包括展示团队名称、口号和目标。今年，我们已经顺利完成了第三届和第四届“开门红”党员标兵的评选工作，共计表彰98人。

印发党员学习手册，并组织党员教师开展以“三爱”为主题的演讲活动。

3月，我们组织观看了裕华区教育局举办的纠正“四风”及师德师风专项整治动员部署大会的网络直播，并策划了“三八”妇女节庆祝活动，以及《厉害了，我的国》的集体观影活动。

4月，组织学习了十九大报告、组织学习宪法的书法比赛。

5月，组织观看纪念马克思诞辰200周年大会，并举办了以“善行河北德润燕赵”为主题的先进典型基层巡讲活动。

6月，为深化“学宪法讲宪法守宪法”系列活动，集团全体师生积极参与了宪法晨读活动。接下来，各支部将依次开展教育部全国青少年普法网宪法知识学习、宪法书写比赛、优秀宪法教育课件征集以及“学宪法讲宪法”主题演讲比赛。提交的视频作品在“石家庄教育发布”微信平台上进行展播。

8月28日—31日，集团党委及各党支部相继举行了新学期的民主生活会和组织生活会，以此党建活动引领集团的各项工作。

9月、10月，深入贯彻中共中央、国务院《关于全面深化新时代教师队伍建设改革的意见》，认真学习习近平总书记关于教育的重要论述，我们依此组织了系列党课学习活动。

10月底至11月初，组织开展了第一届“红心向党放飞梦想”党员合唱节。

全年组织了两次全体党员干部“依法执教廉洁自律”和“党员干部网络行为‘十不准’、参加网络活动‘七不得’”的承诺书。

（四）积极迎接各级党建工作检查督导并开展广泛学习交流，展示集团党建工作风采

4月24日，中组部和教育部的领导们莅临集团，开展了一次关于党建工作的督查与调研。他们对集团在教育发展、体制运行以及党建工作方面取得的成效表示了肯定。

5月18日，石家庄市党建示范校考核检查组莅临我校进行检查。

5月22日，市委大督察组对集团的非公党建工作进行了细致的督察。

5月29日上午，接待来自省干训中心的农村校长参观学习。

5月29日下午，接待了精英教育集团的党务工作学习观摩团。

6月12日，省委组织部的《两新党建》主编莅临集团进行督导工作。6月13日，集团的党建经验材料《抓基层党组织建设，办人民满意教育》在河北共产党员网发表。

7月25日，接待河北省社会组织党组织书记示范培训班两批百余名学习者，李红霞书记作了题为《做实党建工作打造教育品牌》的专题汇报。

8月31日，党办主任马丽君向邯郸市非公企业和社会组织党组织书记及党建指导员示范培训班介绍了石家庄外国语教育集团的党建工作经验。

9月21日，邯郸市委组织部非公党建处李志献带领超过10位党务工作者前往集团进行参观学习。

10月23日，幼儿园党支部书记任爱君以及党办的刘晓老师参与了由省教育厅干部处举办的中小学党建工作调研座谈会。

11月22日，李书记携手刘晓老师前往邢台市，为河北省民办学校党组织书记示范培训班呈现了一场题为《做实党建工作打造教育品牌》的精彩讲座。

11月29日至12月2日，在四川德阳举办的第四届中国青年志愿服务项目大赛暨2018年志愿服务交流会上，以“青春志愿行·奉献新时代”为主题，全国共有590个杰出的志愿服务项目通过公开评审和路演答辩的形式展开竞争。其中，石家庄外国语教育集团的山区帮扶励志项目“阳光小讲台”脱颖而出，荣获全国银奖。

（五）工会工作，老干部工作，双创工作，样样都奋进

如今，我已习惯于一到学校便启动电脑，查看是否有职工慰问的单子待处理；

习惯了时刻关注并回复各种工作群的信息，确保不遗漏每一项任务；习惯了随时接待老干部的咨询，热情地与他们交流，因为集团今天的辉煌成就，他们有着不可磨灭的贡献；习惯了每天为教工送上生日祝福的鲜花，代表工会和个人发送温馨的生日快乐信息……教工之家，充满了深情厚谊，我们始终不忘初心，持续给予关怀。

三、每盏灯后都有自己的故事

记得刚得知我调至党办工作时，许多老师都说：“真不错，你去行政楼了，二线了。”似乎行政楼充满了神秘色彩，工作环境轻松惬意，仿佛我即将开始一段悠然自得的退休生活。然而，现在老师们见到我都会说：“老马，你的工作节奏比在初中时还要快，真是厉害!”的确，以前在教学一线时，我并不完全了解行政工作的艰辛，只知道在会议中接受任务。如今，每当我踏入那座静谧的行政楼，每一盏亮起的灯光背后都隐藏着一段故事。强校长全心全意为集团服务，经常亲临党办指导工作，事无巨细；裴校长的微笑背后是满满的担当；李书记声音沙哑，步履匆匆；姚书记一开口便是重要任务；段校长日复一日地在集团各处忙碌；王主任的头脑就像一个活生生的大数据系统；于主任虽然身材单薄，却肩负着繁重的人事劳资工作；段主任连桌上的鲜花都似乎传递着信息；康主任提供的每包红茶背后都紧跟着任务；总务处和安全处的三何一张以及国际交流中心的赵主任，他们的日程总是排得满满当当……这一切让我深刻体会到了大行政工作的节奏和强度。

赵晓旭和我一样，每月总有那么几天焦虑不已，我负责编辑校对《石外党建》，而他则忙于每月的绩效核算；在等公交时，我经常与谢东晴不期而遇，而山区扶贫总是我们俩必谈的话题；时跃总是主动帮我订饭；下班时，当孔维景看到我在搬展牌，她会立刻说我来帮你；遇到急用物品需要维修时，总务处的老师们总是“一路绿灯”地提供帮助；不会开票时，会计小孔会手把手地教我；在大型接待活动中，安全处、总务处和保洁人员都会齐心协力；一声“沫沫”，她便知道我又需要图文信息了。我对于有大局意识的姚书记、业务精湛的刘晓老师，以及温婉细致的刘津老师，都怀有深深的感恩、感谢和感激之情。

还有一千多天我也要加入退休大军的行列了，不舍这蒸蒸日上的大集团，不舍这激情燃烧的大行政，不舍这朝气蓬勃的莘莘学子，那就把每一天都当做刚工作的第一天，做个学生学习学习再学习；那就把每一天当做总结日，三十余年的教育教学经验与党务工作紧密结合，用党建为实现集团中心工作添加动力；那就把群策群力、沟通协调、转校园检查等当做锻炼身体的抓手，生命在于运动嘛。更何况，还有那个时时感党恩、戴党徽的老父亲的叮嘱，还有家人的全力支持。

教育是我最美的事业，我相信积极乐观的态度，我相信钢铁意志般的意志力，我相信破釜沉舟的勇气，我相信与孩子在一起我们才快乐，我相信风和春天正走在路上。我们要继续做基础教育改革创新的探索者，做素质教育的先行者，做国际化教育的推动者，不驰于空想，不骛于虚声，一步一个脚印，踏踏实实干好工作。

老同志，新岗位，让挑战来得更猛烈些吧！

以爱为词　五载经历　甘之如饴

党办室　孔维景

一、曾经学子，又回母校，却是换了身份

清晰地记得，那是2013的8月28日，结束了三伏天的炎热，到处微风和煦，鸟语花香，我带着对母校的热爱和对未来的憧憬踏入了阔别七年已久的校园。初进校园，脑海中充满了中学时代的回忆，让我亲切，让我感动，也让我对未来能在这片土地上贡献我的力量而自豪。

初来乍到，迎接我的是人事劳资的岗位，那真是每天在不知所措中战战兢兢，但又在战战兢兢中认真学习，所向披靡。早来晚走一点儿也不夸张，带着刚毕业时的干劲和对学校的热爱，我竟不觉得苦也不觉得累，以至于头晕发烧都不会请假，脑子里想的还是工作。“奋斗的青春是有意义的”我想我是做到了。更重要的是我在一个很棒的团队中，王主任真的是手把手带我、教我，陪我一起加班熬夜，却没有一丝的埋怨，蒋乾作为并肩作战的小伙伴也是热心帮助我，许多大任务都是我们一起完成的。

二、产假归来，岗位调整，依旧以爱为词

转眼间来到2016年，我负责党务和山区的工作，尽管我正处于哺乳期，身体有些虚弱，但我依然勤勉尽责，全心投入新的岗位。记得那年我们遇到了党费大排查的任务，我毫不犹豫地将孩子托付给家人，连续两个晚上在单位加班，最终顺利完成了任务。敲打这些文字时，我心中对孩子充满了歉意，但我相信，我的工作态度也能激励孩子，培养他积极向上的品质。

2017年初，随着内部调整，我的工作职责变更为档案用章管理，这又是一个全新的领域。档案是单位历史的见证，记录了学校的发展和变迁，我对此深感敬畏，并倍加珍惜。从工作交接到利用假期自学相关资料，我全情投入，确保开学后

工作能够顺利进行。公章管理是一项政策性和原则性极强的工作，我必须提前考虑如何面对不同家长，如何解答教师的咨询，如何审核学生证明，以及哪些材料可以盖章，哪些不可以，这不仅需要符合国家政策和学校规章制度的要求，还要让家长、教师和学生都满意。我们的回答代表了学校的形象，因此，在王主任的带领下，我们多次研究制度和方法，现在我能够更加自信地处理这些工作了。

岗位调整后，我和蒋乾在王主任的带领下组成了充满活力的 202 档案内勤团队。王主任作为管理中心的大主任，每天工作勤奋，头脑清晰，认真负责，临危不乱，行事果断，雷厉风行，在她的影响下，我们对待工作也坚持高标准、严要求。记得 9 月 4 日，我们被告知第二天要到学校进行教师节慰问，王主任迅速分配了工作，我们各司其职。我负责审稿和制作优秀教师展板，那天凌晨 1:18，我和王主任的微信记录了我们当天工作的结束，我的生日也在那天的忙碌中度过。虽然生日在工作中度过，但第二天领导的赞誉，以及李书记和王主任的温暖关怀，让我感到内心温暖，同时也更加热爱这片赋予我知识和成长的校园。

三、临危受命，一人两岗，不说不行不能

在蒋乾怀孕期间直至产假，以及家琳休息的这段关键时期，我在做好自己的本职工作的同时，还要兼顾内勤岗的工作，包括文件的传阅、会议记录以及信息的上传下达等任务，这要求我必须保持头脑清晰，合理安排工作的优先级，确保每项任务都能井然有序地完成。尤其是会议记录工作，同时负责记录班子会和行政办公会这两个高强度的会议绝非易事，在那周，我感觉自己像是一个木头人，思维几乎停滞。为了高效整理会议纪要，我必须在记录时就对校长的讲话进行总结和提炼，这是一项极其耗费脑力的工作。周四的会议结束后，回到办公室，我常常会遇到等待盖章的家长和老师，我只能迅速调整状态，用凉水洗脸以清醒头脑，尽可能满足他们的需求。然后，我还要准备迎接第二天上午的班子会，尽管内心感到压力重重，但我始终提醒自己要保持高质量的工作。这一个学期，我似乎总是在记录会议或整理会议纪要的路上。

每天白天处理完临时性工作以及自己的紧急和常规任务后，下班后我还要完成当天的文件传阅工作，确保集团的信息上传下达畅通无阻。对于我这个没有相关工作经验的人来说，文件传阅的上传工作无疑是一次全新的挑战，在询问了上传位置后，为了避免过多打扰正在休产假的蒋乾，我大部分时间都是独立思考完成的。幸运的是，结果还算令人满意。在孩子特别黏妈妈的阶段，我深知自己不能请假，因

此即使孩子生病我也未曾放下工作。每天早上，我都是在孩子“妈妈别走”的哭声中离开家。当然，我也明白，管理中心的每个人都是这样，为了集体的利益，舍弃个人的小家，全心全意地投入到工作中。在李书记的指导下，在王主任的带领下，我们管理中心的同事们就是这样，愿意吃苦，乐于奉献。

四、十一载经历，获得成长，更是爱得深沉

十一年的工作经历，让我不断成长，现在的我更多的是思考如何在有限的时间内高效优质地完成工作，如何在“五特”“八相互”精神指引下更好地为学校为一线老师服务。在这个每一个支部都是一座堡垒，每一名党员都是一面旗帜的大集团，我必须时时学习，不断创新工作的方法和思路，才能跟上大集团发展的步伐。毕业十一年，在大集团工作十一年，我想不是每一个人都能这么幸运地回到母校工作，我是幸运的，同时也多了一份热爱和宣传母校的责任，我愿意用我的一己之力，助力大集团，也许微不足道，但却是最真实的热爱。

勇气与热爱的交汇

党办室　孔维景

我在人事劳资的岗位上，在管理中心的大家庭中，有酸有甜有苦有辣，收获了许多宝贵的经验。首先，感谢集团领导给了我成长的机会与支持，感谢领导对我工作的悉心指导，感谢同事们对我的耐心帮助与包容。在这里的每一天，集团的文化和办学理念一直影响着我，“特别爱学校、特别爱岗位、特别能吃苦、特别能奉献、特别能战斗”的“五特”精神是石外集团管理中心人人敬业和职业素养的体现，“做全、做实、做精、做活”的“四做”工作标准是石外集团管理中心人高、品质高、效率高的凸显，相互尊重、相互理解、相互包容、相互学习、相互欣赏、相互支持、相互配合、相互沟通是石外集团管理中心人和谐融洽氛围的写照。我也一直在向这“五特”精神和“四做”工作标准努力着。

记得元旦联欢上，强校长的一首《月亮代表我的心》唱出了所有石外人的心声，那也是我的心声，能够回到母校工作是我的梦想，这片土地承载了我太多青春时期的情感与希望。当最初以学校老师的身份走在校园时，学生一句“老师好”会让我有点不知所措，但内心却充盈着幸福和满足，我喜欢老师这个称谓，但也深深地懂得要付出非常大的努力才配得起这个称谓，我需要做的还有很多。石外的一切对我都是那么的亲切，我的班主任、我的老师、校园内的一草一木，所有这些亲切的回忆都让我很庆幸能拥有这个工作，我会珍惜这份幸福和归属感。

刚来到办公室工作之初，面临着各种烦琐的事情，有很多的茫然与惶恐，看着大家虽忙碌但却井然有序的工作，我也在跌跌撞撞中开始了自己的办公室生涯。管理中心是整个集团的核心和命脉，它链接和牵引着集团的前进方向和步伐，很多时候直接传达的是校长的指示，这让我更加清楚在管理中心工作所肩负的责任与使命，也让我明白了团队合作的重要性。不管是会议会务，还是教师培训评优评先，都是在与各部门配合的前提下圆满完成的。有一句话说得很好：“要想走得快，一个人就可以。要想走得远，必须有一个团队才可以！”我们管理中心是一个大的团队，在领导的带领下我更是我们这个小团队中的一员，我们的团队都在相互支持、相互理解、相互配合中携手并进，作为一个新人，这样的工作环境给了我很大的勇气和信心，我感谢我的团队。

记得刚来时对人事劳资工作一无所知，小到接待应聘电话，大到教师培训评优评先的管理，李校长都会在百忙中指导我工作的方法和方向，王校长会耐心地给我讲解细节，这让我的心温暖和淡定了很多。记得第一次组织会议，同事们牺牲下班时间帮助我一起安排布置，他们待我亲切的笑容和真诚的关怀让我倍感温暖。在日常的工作中，大家都给了我很大的帮助，天生对数字不敏感的我，在工资和报销工作中，会计室的同事更是给了我家人般的包容，非常感谢你们。还有司机团队和外事办的同事们，因为有你们，才让我有了进步，让我少走了弯路，让我平日烦琐的工作在愉快的氛围中快速前进。

经过一学期的努力，人事劳资的工作我已经能够顺利开展了，也让我知道了井井有条的规划和协调统筹的能力是工作中必备的品质之一。这学期我又接到了新的任务，需要在不耽误本职工作的前提下，完成好文件传阅、各类文件与稿件的催收、管理中心每周工作安排汇总、每周各部完成情况一览表、干部碰头会会议记录、每周全体会幻灯片制作，以及其他内勤上的各种临时性紧急性工作。这就需要我在做本职工作与行政内勤工作之前，将工作分为紧急重要型与不紧急重要型，按照事情的轻重缓急来安排自己的时间，争取效率最大化。在处理文件传阅时，我会将手头上的文件按照时间顺序与传阅程度分类，将紧急的放在最首位，然后将传阅进程相近的归为一类，安排时间分类找领导签字，这样就提高了工作的效率。在领导和同事们的帮助和我自身的努力下，我顺利完成了这些工作，没有影响到集团管理中心正常工作的运转。

在这段时间里，尽管工作强度与工作压力倍增使我每天到家已是晚上十点多，躺在床上经常能听到自己加速的心跳声，生怕遗忘了哪一项工作。但我告诉自己必须将每一项工作做好，不能辜负领导的期望，在关键时候不能影响管理中心乃至集团的正常运转。记得有一天早上起床两眼冒圈，头晕地走不直路，大夫告诉我是脑部血管紧张和休息不足导致的，要放松精神好好休息，但那天是周四，有很多的工作，下午还要汇总上交材料，晚上要考取干部指纹记录。当时我脑子里只有一个念头，那就是不能耽误这些工作，不能因为我个人的原因影响集体，于是坚持到了晚上十点多将考勤整理完毕，才安心休息下来。我知道我做的这些根本不算什么，因为在集团，在管理中心有很多这样的人，更有很多比我付出多得多的领导与同事，我向他们致敬，向他们学习。

在管理中心还让我明白了工作中要有持之以恒的毅力和坚持严谨客观的精神，如考勤方面，俗语说“不规矩不方圆”，对于拥有900名教职工、12000名学生的教育集团，教工的考勤尤为重要，只有制度规范、管理严格的团体，才能激发每一位教师的热情和工作战斗力，才能确保教育教学的正常运行。因此，我必须本着高度负责的态度，遵循客观公正的原则对待这项工作。本学期集团继续完善校门口的安保工作，除了每周的部门考勤反馈与干部早操晚寝值班反馈、体育组早操考勤反馈外，还增加了中层干部上下学时段门口值周制度，根据领导的指示，需要以指纹机为考勤标准。在这项工作中，要充分考虑到干部的时间，在不影响教育教学工作的前提下录入，八年级由于班会活动和晚自习，白天没时间，只能约到晚上8:30到乾元楼录，因此，晚上录完八年级后再依次将每个指纹机挂回相应的大门，确保第二天干部值周能够用上。

在第一个周四考取指纹记录时，东门的指纹机突然无法读取优盘，由于指纹的考取工作只能在每个周四晚上6:30以后等最晚放学的部门干部录完，所以当时已经是晚上9:00了。为了保证集团的正常工作，确保班子会正常通报，不影响学生第二天上下学安全与干部的正常值周，在与多处协商未果的情况下，我只能通过搜官网系统尝试导出数据，在没有说明和文件指导的情况下，终于在凌晨时分找到与这款指纹机匹配的软件，数据导了出来。这样就保证了班子会的正常使用，更重要的是确保了集团安保工作不受影响。

在这项工作中，我意识到自己：在“做全”方面，仍然欠缺一些全面统筹的意识；在“做实”方面，需要将每一项工作真正落实到位；在“做精”方面，需要对细节更加关注；在“做活”方面，需要锻炼自身灵活机智的应对能力。最重要的是，我告诉自己做任何工作都要做到无愧于心。

为母校奉献我是值得的，为石外奉献我是快乐的，虽然我深知目前自身距离集团的“四做”标准还有很大的距离，但在接下来的工作中，我会继续深化“内勤干事保运转”的管理意识，继续严格以“四做”为工作标准，认真努力做好每一件事，做好每一个细小环节。

为教育的理想　为理想的教育

党办室　谢东晴

各位领导、各位老师：

大家好，我是谢东晴，今天我和大家分享的题目是《为教育的理想　为理想的教育》。

一、因为认同，所以热爱

第一次了解集团，是参加山区教育扶贫课题研讨会，直到今天，我依然清晰地记得，当听到和看到“阳光小讲台”“不出校门放眼世界”等教育扶贫工程时的激动和欣喜。因为我知道，对一个贫困地区的孩子，视野和见识是多么重要，让每一个孩子能够享受到优质的教育是每一个教育人所憧憬的画面，我默默地说：“真好!”这便是我对石外集团最初的印象。

带着这样的赞同与敬畏，我来到了石外集团，来到了管理中心。随着工作时间的推移，随着对石外教育了解的深入，我认识到“面向全体、全面发展、突出特色”在石外的校园真的不只是一句口号。每当看到课堂上孩子们的自信大方、看到场馆中孩子们的生龙活虎、看到活动中孩子们的多才多艺，我都会感慨，这就是理想中教育的样子吧。没能在这里接受教育，能够在这里工作，也是一种幸福。

来石外工作近七年了，我也见证了石外作为一所高质量发展的优质学校，以一己之力带动山区六县十二所学校发展的扶贫事业，也参与到了新课程新教材背景下，学校课程体系建构的探索和教育教学的改革中。在石外，我意识到，通过研究解决实际问题，才是教育研究重要的价值所在。慢慢地，我发觉石外成为离教育理想最近的地方，因为在这里，我找到了工作的意义，也在集团给我提供的发展平台中感受到了自我价值的实现。

二、因为热爱，全心投入

带着对教育、学校和工作的热爱，我全身心地投入到自己分管的工作中，希望尽自己所能，为教育、为学校贡献自己的力量和智慧。

2017 年 3 月到 2020 年 8 月，我有幸加入康主任的团队，参与到集团教育扶贫的实践与研究中。三年来，在康主任的带领下，我参与到集团九大帮扶工程中，除了活动的组织接待、帮扶数据的整理、经验材料的撰写、帮扶奖励的发放，还有一项重要任务，就是山区帮扶国家级课题的研究。作为一项实践性课题，既需要充分参与到各种帮扶实践工作中收集材料，还需要静下心来进行规律的总结和理论的提升，然而鱼和熊掌不能兼得，大量的实践工作占用了静心研究的时间，所以使我养成了晚上熬夜写材料的习惯。由于课题庞大，下设 4 个二级子课题，18 个三级子课题，每年的暑假和寒假就成了课题集中研讨的最佳时间。为了做好课题研究的相关工作，我曾多次心惊胆战地坐在凌晨一两点的出租车上，也曾熬了整个通宵修改材料，还曾夜宿小学图书馆。然而，当接到全国教育科学规划领导小组办公室关于课题通过结项的通知时，我认为一切的辛苦和付出都是值得的。

2020 年 9 月，我来到了段主任的团队，负责教科研和教育教学档案管理工作。在段主任的指导下，我迅速适应岗位的调整，积极思考工作的规划。作为一个档案管理的“小白”，初来乍到，就遇到了各大督导。开学初的检查，三年一次的河北省示范性普通高中复核、四年一次的河北省义务教育均衡发展督导评估、石家庄市普通高中督导评估。虽然没有经验，不清楚检查的重点和标准，但在王校长和段主任的带领下，我认真学习评估指标体系，灵活掌握评估要求，严格审核各项档案，迅速了解档案的借阅与归还流程和要求，顺利完成了各项督导评估工作。

接管教科研工作半年多以来，我对每一位老师的申报材料和结题材料进行认真研究和指导，共指导了集团各部课题立项 22 项、课题结项 13 项，2020 年是建校以来获得课题立项和结项最多的一年。此外，我也非常开心地加入了集团“双新”背景下课程体系建构的研究中，参与到集团高中部新一轮教育教学改革中，目前在李书记的带领下，我们成立了包含 4 名高中青年教师在内的研究小组。经过多次分享、交流与研讨，我们逐渐找到了研究的方向和重点，我们期待也相信，一定能够为集团“双新”示范校的建设贡献我们的智慧。

三、在热爱中学习和成长

回看来到石外的七年，有心酸与不易，有收获与成长。在管理中心共同体中，身边的领导和同事都是我学习的榜样。王校长对待每项工作都能做到极致；段主任以及所带领的宣传团队从不说困难，而是积极主动地做好各种沟通协调，想方设法地扩大集团的影响力；康主任以及所带领的帮扶办总能别出心裁，创新工作思路；于主任以及所带领的人事、劳资、学籍团队头脑清晰，每项工作都能准确无误；财务处的兄弟姐妹们团结友爱，严谨又充满活力。当然还有我们办公室的蒋乾老师和孔维景老师，我还要努力向她们学习，在纷繁杂乱的工作中理清思绪，做好规划，有条不紊，高效工作，努力向优秀看齐。

2020 年，我们又迎来了集团“质量提升三学年行动计划”，是挑战，也是机遇，作为一名青年人，我希望能够不忘初心，带着教育人的理想和情怀，带着热情和向上的心态，带着对理想教育的期待，不断成长，不断进步，为集团“第三个十年发展规划”和“质量提升三学年行动计划”的实现而奋斗。

因为爱　所以爱

外宣办　张炜宸

今年六月，我告别了校园生活，自实习期起，我在石家庄外国语教育集团已经度过了九个月的时光。清晰地记得初到之时，王苗校长询问我为何选择石外，我回答说因为对石外的喜爱。校长进一步追问这份喜爱的程度，我毫不犹豫地表达了我对石外的深厚情感。在过去半年多的时间里，我将所学的理论知识应用于日常工作中，迅速与处室的同事们打成一片，融入了石外这个大家庭，成为管理中心信息宣传团队的一员。

我和关汉东老师、王沫老师合作剪辑了《高三百日誓师大会》《小学党支部朗诵与合唱》《劳动课教程》等视频，在制作视频过程中高标准严要求，不放过任何一个小细节，在自己能力范围内做到最好。在信息宣传工作中，有两件事让我印象比较深刻。

第一件事是，在我实习的第二周，我接到了一项拍摄校园春景的任务，听从王沫老师和关汉东老师的建议，我仔细观察校园内植物的特性，并参考过去两年的视频资料，对视频的风格进行了创新性的调整。我运用长焦镜头和大光圈技术巧妙地虚化了前景和背景，以突出植物的细节之美，同时我还使用稳定器进行大范围的环绕拍摄，捕捉校园标志性建筑的动感画面。影片中，我加入了鸟类的镜头，这些生动的元素为影片注入了勃勃生机，完美契合了春天万物复苏的主题。

经过两周的辛勤拍摄，我收集了包括雨天、雨后和晴天在内的多种天气条件下的画面素材，这些多变的场景使影片更加生动有趣。在后期制作阶段，我首先剪辑出了一个粗略的版本，以便及时发现并解决其中的问题，并根据段主任的建议进行了补拍和修改。在剪辑过程中，我遵循了动态与动态、静态与静态相接的剪辑原则，并利用不同色系的植物与鸟类作为视觉分割线，使画面过渡自然流畅。在音乐方面，我选择了欢快活泼的曲风，对影片进行了风格化的调色处理，以增强视觉效果。最终，根据段主任的修改意见，我完成了视频的定稿制作。这段视频成为石外集团微信视频号发布的首个作品，并且获得了近 11 万的播放量。

第二件事是，《永远跟党走》——这场庆祝中国共产党成立 100 周年的大型情景歌舞剧，是我实习期间参与的规模最为宏大、耗时最长的活动。在此次盛会中，我负责舞台全景照片的拍摄以及所有拍摄素材的拷贝与备份工作。活动期间，我们四人组成的宣传团队忙得连水都顾不上喝，大家相互协助，在紧密合作中顺利完成了演出的摄影任务和开场短片的制作。演出圆满结束后，我按照段主任的指导制作了一个三分钟的精彩片段，并将其发布在微信公众号上。

对于我这个初次接触大型晚会的人来说，这无疑是一个巨大的挑战。在剪辑过程中，我与段军主任和范洁主任不断交流，通过思维的碰撞，我们提出了很多创新的剪辑方案。从整体的剪辑风格到字幕的颜色和字号的大小，我们反复修改，力求将演出的观赏性达到最佳。经过一个月的精心剪辑，视频最终定稿。

近期，集团积极推广短视频工作，我们信息宣传团队在两周内利用各部门全体会议的时间成功举办了八场短视频培训。从最初的迷茫无措，到第二场培训时的信心倍增，再到随后几场的从容不迫，我逐渐掌握了如何有效地进行培训。对于我这个刚步入职场的新手来说，这是一次很好的锻炼机会。在培训会上，我们团队成员之间默契配合，共同营造了积极的会场氛围，并现场指导老师们学习社交媒体的操作技巧，以及如何加入部门的短视频宣传群等。

每场培训结束后，集团的短视频账号粉丝数量都有明显增长，各部门的加入率也显著提升。在石外集团这半年多的时间里，在段军主任、王沫老师和关汉东老师地悉心指导和帮助下，我在工作中不仅提升了专业技术能力，还增强了交流与沟通技巧，尽管日常工作紧张忙碌，但我们的办公室总是充满欢声笑语。在段主任的带领下，每个人都坚守岗位，高效地完成每日的工作任务。我们处室常常是行政楼里最后熄灯的，尽管加班频繁，但信息宣传团队始终以能吃苦、能战斗、能奉献作为工作准则。

近几个月来，关哥的肠胃一直不适，但他依然带病坚持工作，即便是去医院检查也选择在周末进行，他的敬业精神令人敬佩；沫姐每天早出晚归，晚上加班时还要辅导孩子的学习，她是我工作中的榜样；孔令辉老师，我们亲切地称他为“哥哥”，因为他总是乐于助人，像一个有责任感的大哥哥；猛哥每次出车归来都会提醒我们给设备充电，并分享一段暖心的笑话帮助我们缓解压力。

这段在石外集团工作的经历给我留下了深刻的记忆，让我学到了许多课堂之外的知识，拓宽了我的视野，增长了我的见识，为我未来的发展奠定了坚实的基础。

我衷心感谢段主任、沫姐、关哥、猛哥和孔哥哥的关怀，让我在愉悦的工作环境中迅速成长，也感谢信息宣传部门的每一位同事。同时，我要向所有支持我工作的领导和老师们表达最深的感激之情！

“暖阳”相伴再启程

外宣办 赵 欢

今天，我站在这里心中充满了感激与感慨。去年 4 月，我加入了石家庄外国语教育集团这个新单位，开启了全新的职业生涯。在不到两年的时间里，我经历了无数的挑战，也收获了宝贵的经验。借此机会，我想分享一下我的工作感悟。

一、再启程，融入新“家”，奋进从头越

我要感谢学校给予了我一个展示才华、实现个人价值的舞台。在这里，我有幸结识了许多优秀的领导和同事，他们无私的帮助与支持让我迅速融入了新的工作环境。在这个团队中，我不仅收获了宝贵的专业知识，还学会了人际交往的技巧和培养了团队合作的能力。

去年 4 月，我踏入学校的大门，入职的第一天，段主任便让王沫老师带我参观了学校的每一个角落，包括校史馆，并向我介绍了石外三十年来的辉煌发展与变革历程。校园的美丽与大气，以及先进的教育理念给我留下了深刻的印象，然而最令我震撼的是段主任和王沫老师在介绍学校时所流露出的那份真挚的自豪感。尽管我之前有过多次工作经验，并自认为是一个敬业的员工，但在目睹同事们谈及学校时眼中闪烁的光芒时，我不禁自问：这是一所怎样的学校，竟能吸引如此众多的优秀人才为之不懈奋斗？这进一步坚定了我在石外努力工作的信念。我下定决心，迅速调整自己，摒弃过往的工作经验，一切重新开始，尽快融入工作环境，边学习边实践。

我陆续承担了校刊《石外教育》的编辑，与新闻媒体沟通协作，管理集团实体档案以及部门文书档案的工作。

在接管校刊《石外教育》后，我对其进行了全面的改版，从封面、目录到内文，从字体到图片，都力求简洁大气，在保证每月出版一期的同时，我还确保了每期《石外教育》能够及时送到石家庄市裕华区教育局以及区委手里。

新闻媒体的宣传与沟通至关重要。为此，我创建了一份《媒体记者联络登记簿》，详细记录了记者的姓名、所属单位、访问情况以及发布的信息等。同时，我积极与学籍管理部门和家委会合作，联系那些在媒体和自媒体领域工作的家长，以加强联系并拓展学校的宣传途径。此外，我还亲自前往报社和电视台拜访记者，以建立良好的关系。每当有记者来访，我都会亲自到门口迎接，并全程陪同，直至他们离开校园。

在最近的一次联盟大会上，我陪同中国网的记者一起跟随外宾深入山区进行采访。出发前，我准备了大量关于过去十年帮扶工作的资料，包括一些感人的小故事，计划利用旅途时间向记者进行介绍。我们随窦校长的团队一同前往，途中窦校长向外国宾客和记者详细介绍了我们学校十年来在帮扶工作中所付出的努力和取得的成就。在窦校长介绍完毕后，我利用剩余路程时间，以帮扶过程中发生的感人故事为引子，继续向记者进行介绍。在讲述过程中，我竟然被自己的话感动得流下了眼泪。当时，我内心感到十分尴尬，心中自问：这些资料我已多次翻阅，为何每次还是会如此动情？即便如此，我边擦去眼泪，也没有忘记继续向记者介绍。记者可能未曾遇到过这样的情况，急忙提议："原本计划撰写一篇关于联盟大会的综合报道，现在看来，应该单独为这次山区之行写一篇。"最终，正如她所承诺的，联盟大会结束后，记者发表了两篇相关报道。一篇是关于联盟大会的综合报道，另一篇则是专门针对山区之行的详细报道。

接手档案工作后，我把前些年的档案进行了重新梳理，前前后后加班加点进行了一个月，看着弄得一排排整整齐齐的档案，内心的满足感和成就感冲淡了这一个月的腰酸背疼。

二、纵然辛苦，却总有"暖阳"相伴

在过去一年多的时间里，我们共同经历了无数挑战和困难。通过大家的不懈努力，我们逐一克服了重重障碍，成功解决了许多棘手的问题。

"36524"——即全天候的工作模式，已成为我们每一位宣传人员的标配。加班加点成了我们工作的常态，我们办公室几乎总是最后一个熄灯的。即使回到家中，我们也随时待命，部门工作群的消息在 24 小时内随时可能响起，没有人因为担心影响休息而将手机调至静音，我们深知，工作的性质要求我们必须随时待命。因此，在过去一年多的工作中，我从未请过假，也从未迟到，每次需要加班时我都义不容辞。我们严格遵循了石外集团倡导的"特别爱学校、特别爱岗位、特别能吃苦、特别能战斗、特别能奉献”的精神。

在这个过程中，我也深刻体会到了团队合作的重要性。我们部门的工作虽然有明确的分工，但实际上又超越了分工，在分配新任务时，从未有人以“我手头还有工作未完成”为由推脱。相反，我们经常听到的是“这个任务我来承担，让其他人留在办公室处理微信更新和剪辑工作，今天必须完成”这样的主动请缨。部门的每一个成员在做好自己本职工作的同时，都会全面考虑，整个团队像一盘棋一样协同作战，齐心协力，共同推进工作。

我们部门的工作具有极高的专业性，面对日常的事务性工作，我总是主动承担，总是愿意多做一些，以便同事们能够腾出更多时间处理其他任务。在我们办公室，除了段主任，我是年纪最大的成员，同事们亲切地称呼我为“欢姐”，我也真诚地将他们视为我的兄弟姐妹。在完成自己的工作之余，我总是考虑如何帮助他们减轻负担，使他们能够更加轻松地工作。

在过去一年多的时间里，我目睹了自己的成长与进步，我深知，这一切都离不开一个优秀的平台，感谢集团给予的机会，我将竭尽全力追求完美，以回报集团的栽培和大家的鼓励与帮助。展望未来的工作，我将继续努力提升自己的技能和素养，努力成为自己理想中的样子，同时我对未来的工作抱有坚定的信心和美好的憧憬。我坚信，在领导的带领和同事们的帮助下，我将继续茁壮成长。我也期望我们能够携手并进，共同为集团的繁荣发展贡献我们的力量。

石外的美丽不是天生的，是从 1994 年建校以来，近三十年的不懈努力得来的；石外的成绩也不是一蹴而就的，是一届一届开拓进取的石外人造就的。

愿我们一起拥有工作中的梦想，拥有好好生活的梦想，让我们携手共进，共创美好未来！

谢谢大家！

呵护校园　甘于奉献

安全处　邵　慧

在四季轮回中，多少人，为一个梦想，奔跑一生；多少鸟，为一次迁徙，忍受苦寒；多少莘莘学子，为一个静美的校园，憧憬十载，努力多少春秋。学校是一片承载梦想的净土，而我从事的工作恰是对这片净土的守护。上班第一天姚书记就教导说："安全无小事，这项工作是实打实干出来的，要以'爱教育　爱学校　爱学生'为主要工作出发点。"半年多来，我谨记书记教诲，竭尽全力扎实做好每一项工作，把对学校和学生的热爱深深融入到日常安全工作中去。

安全工作的核心理念强调："以人为本、安全第一、预防为主、教育为先。"作为新员工，我始终保持着谦逊和求知若渴的态度，认真学习业务知识，以确保学校安全教育工作的有效性。学生们的自我保护能力有限，安全隐患难以彻底消除，特别是复杂的社会治安状况为教育教学安全带来了潜在的挑战。为了推动学校校方责任险工作的顺利进行，保障学生和学校的合法权益，维护正常的教育教学秩序，我从基础做起，逐字逐句深入研究责任险的相关内容。尽管面对枯燥的法律条文我曾感到畏惧，面对紧张的工作间隙我也曾想放弃，但一想到岗位职责的需要、学校的期望，以及孩子们切身利益的重要性，我便重新振作，鼓起勇气继续前行。我将电子版的条款复制到手机里，在一天工作结束后疲惫地躺在床上时，在外出办事排队等候时，在任何可以利用的闲暇时刻，我都会拿出手机阅读条款，尽可能多地吸收知识。在掌握了校方责任险的知识后，我又在网上搜集了大量消防知识和安全法律法规，并同样存入手机，开始了对新业务的学习。正是得益于我持续不断的学习，我的业务水平在短时间内得到了显著而迅速地提升，使得各项安全工作得以顺利开展。

春季研学项目是我首次承担的重大任务。我清楚地记得，在某天晚上下班前的5:40，我收到了相关文件。为了确保学校研学活动的顺利进行，我仔细阅读了文件，并用红笔标出所有要求的材料，以防遗漏。对于我从未接触过的车辆道路运输证、第三方责任人险、客运承运人险等文件，我通过网络进行了深入研究，下载了每项所需材料的详细信息和样本。最终，我将这些材料仔细分类，分别准备了教育局和交警大队所需的两套资料，以备不时之需。完成这些工作后，我惊讶地发现窗外只剩下几盏路灯在微弱地闪烁。

第二天，我主动与研学部门沟通，确保资料及时提交，并对小学六个年级近100个班级上报的材料进行了细致的审核，以提高教育局和交警队审核的一次通过率。记得我们的第一个活动定在4月8日，从接到文件到活动开始，我们只有不到五天的时间，期间还包括三天的清明假期，实际上我们只有两天的有效工作时间。时间紧，任务重，我们不得不以秒为单位计算报送活动的时间。我计划上午前往教育局报审活动，下午则去交警队报审车辆，以确保两边的工作都不受影响。由于交警队下午1:00才开始上班，我便在中午十二点多就去排队，争取第一个审核。正是因为我工作的细致和扎实，我的材料在审核过程中被交警队作为重点案例，供其他学校参考学习。

研学报审活动成功通过后，我进一步总结了经验，并制定了石家庄外国语教育集团师生外出活动备案表。该表格详细列出了活动名称、参与人数、所需报审材料等信息，使得各部门在未来的活动中可以参照此表准备材料，一目了然，极大地提高了工作效率。

安全工作虽然重要且烦琐，但我始终保持着积极向上的态度，全力以赴地做好每一项工作。我所付出的百倍努力并非为了得到回报，而是因为我对这份事业、这个校园以及这些可爱的孩子们怀有深深的热爱。我愿意继续奉献自己，在奉献中成长，在奉献中寻找快乐！

爱是教育的灵魂

安全处　邵　慧

时光荏苒，我来到集团安全处工作已不知不觉一年了，在这一年里有艰辛、有汗水、有困惑、有感悟，然而收获更多的是在集团大家庭中体验到的美好，真切体会到爱才是教育的灵魂。正如我初入安全处时，由于是第一次接触有关安全的工作很不自信，好在姚书记、两位张主任和李老师给予了我很多指导与帮助，让我渐渐了解了学校安全工作“以人为本、安全第一、预防为主、教育为先”的核心理念，了解了安全工作的工作重点和开展方式，更重要的是让我学会了如何通过实际行动践行“爱教育　爱学校　爱学生”的“三爱”精神。

安全处人手有限，而日常工作却十分繁重，尤其是李晓剑老师被借调至教育局后，对于我这个新加入安全处的成员来说，工作压力倍增。我负责处理两个平台的统计工作、办理临时出入证、审批外出申请以及核对临时工工资等任务。特别是核对临时工工资，对于我这个对数字不太敏感的人来说，无疑是一项巨大的挑战。安全处共有 77 名临时工，我必须仔细统计每个人的出勤天数、请假情况以及中班夜班的工作时间。每一分钱的差错都可能影响校园守护者的心情，而任何超出的支付都可能导致集团财务损失。正是因为我对集团的负责态度、坚持公平公正和细致入微的工作方式，才确保了工资单的制作没有出现过纰漏。

在师生外出审批这一核心任务上，我同样坚持着零瑕疵的标准。我严格按照文件要求，对每次外出活动和车辆审批进行详细核对，并用记号笔清晰地标记车辆的车牌号、司机姓名、身份证号以及车辆保险的有效日期。正如交警队的齐警官所言：“像外国语学校这样坚持规范审批手续的学校并不多见，而你们能够将车辆和驾驶员信息整理得如此清晰、井井有条实属罕见，我们对此表示感谢!”每当听到齐警官的肯定，我都感到无比自豪。我为集团在教学和对外工作方面获得的广泛认可而骄傲，更为自己能成为这个优秀团队的一员，并为集团贡献自己的力量而自豪。

在到安全处的第一天，姚书记就向我强调：“仅在办公室内从事安全工作是远远不够的，我们必须多走动、多观察。”育才街在早晚高峰时段总是车水马龙，家长和孩子络绎不绝。为了保障孩子们上下学的安全，我养成了一个习惯，在学校门口驻足片刻。记得有一次在学校东大门，早高峰时入校的学生特别多，一名一年级的孩子在进入大门后突然转身向外跑去，一边跑一边喊着：“爸爸，爸爸。”出于职业本能，我毫不犹豫地追上去，拦住了正要冲出校门的孩子。我蹲下身子，轻柔地握住孩子的手，询问她发生了什么事。原来，孩子因为出门匆忙，忘记佩戴红领巾了，担心被大队委查到扣分，所以想跑出去找爸爸买一条。看到爸爸已经离开学校，没办法买红领巾了，孩子的眼泪开始啪嗒啪嗒地掉。我安慰她说：“孩子，你做得很好！你已经具备了集体荣誉感，但一定要记住自身的安全也很重要。一旦我们进入学校，就不能再单独跑出去了，遇到问题我们可以找老师帮忙，不是吗?”尽管如此，孩子还是不愿意进校。为了确保学生的安全，我将她带到学校门口内侧，并告诉她：“等我一下，老师去给你拿条红领巾。”我迅速跑到马路对面，为她买了一条红领巾，并帮她戴上。孩子擦干眼泪，开心地说了声：“谢谢老师!”从那以后，我每天都会随身携带一条红领巾。

初三的毕业典礼是学校每年都要举办的大型活动之一，由于涉及众多学生和家长，安保工作是活动的重中之重。为了确保万无一失，安全处每次都会根据具体情况深入讨论并制订安保方案。活动当晚，我们不仅要在操场的舞台区域和观众区域进行巡查，还要检查学校附近的铁栅栏，以防外来人员翻墙进入。校园内充满了欢声笑语，热闹非凡，而校园外则显得冷清，只有月光相伴。活动通常持续到半夜十二点多，我已经记不清围着校园转了多少圈。尽管我是女性，领导多次出于安全考虑让我先回家，但我依然坚定地选择留下，与大家一同坚持到最后，确保活动的安全。虽然我是在克服个人困难坚持工作，但这并不是什么高尚的行为，这只是因为这是安全工作岗位的职责所在，也是作为一名教师、一位母亲，内心深处对孩子们的爱的自然流露。

安全处的工作不是直接为孩子们传道授业解惑，也不是天天和孩子们在一起嬉戏游戏。安全处的工作很平凡，平凡到我们虽擦肩而过，却从不了解；安全处的工作很渺小，渺小到我们几乎感受不到他们的存在；安全处的工作很重要，重要到我们每时每刻都在接受它的呵护。安全处的工作倾注着每一位安全工作者的爱，来自灵魂深处的爱，正如雨果所说：“慈母的胳膊是由爱构成的，孩子睡在里面怎能不香甜?”

志存高远，不断前行

安全处　袁　涛

歌德曾言："你要欣赏自己的价值，就得给世界增添价值。"尽职尽责，你将洞悉自己的价值所在。奉献，这一被世世代代所尊崇的高尚道德品质，通过向师生提供卓越服务，确保他们接受优质教育，最终成为社会的宝贵财富，正是我们所追求的奉献精神。在校园管理实践中，我始终将安全工作置于首位，坚守"安全无小事，责任重于泰山"的信念，坚持预防为主、防治并举、强化教育、群防群治的方针，确保师生的生命安全始终处于首位。

一、高度重视、落实职责

在工作中，我致力于加强工作制度和岗位职责的建设，遵循集团的"四做"工作标准，以提升工作能力和效率。在此基础上，我整合了安保、保洁和消防队伍的建设，旨在提高服务意识和服务质量。在安保方面，我们建立了"三防"体系，提升了业务技能和人员素质，确保了校内师生的人身安全。保洁团队实行"谁的区域谁负责"的包干责任制，确保校园及楼宇内外的清洁和环境卫生能够保持良好状态。

二、教育为本、宣传到位、提高警惕

我们以教育为核心，确保安全教育工作得到实际执行。通过将普法教育、思想教育、班主任工作以及课堂教学等多种教育实践相结合，我们构建了一个从课堂到课外、从教师到领导、从专题教育到综合教育的多元化、全方位的宣传教育网络。我们充分利用学校资源、班会、国旗下演讲等多种形式，以及广播站、安全教育画报、班级板报等宣传平台，开设专栏，大力推广安全教育。我们从多个角度对学生进行安全教育，包括交通安全、运动安全、用电安全、卫生安全、燃气安全和食品安全等。同时，我们通过多种形式加强学生关于火灾消防的训练，以提高他们的自救和自护能力。

三、加强协作配合、完成长效机制

确保校园及周边地区的治安秩序是一项复杂的任务。集团党委书记率先垂范，各级领导和教师纷纷签署安全责任书，积极投身于集团的安全治理活动中，通过大力整治校园周边环境，为学生打造了一个健康的生活和学习氛围。

安全处依托上级政府和教育主管部门的领导与支持，与公安、城管、环保、质监局、街道办等部门紧密合作，及时交流信息，并制定了针对性的解决方案，有效应对校园及周边安全管理中出现的各种挑战。新学期伊始，我们邀请了石家庄市裕华区交警大队的工作人员进校园，与教职工及部分家委会成员进行面对面的交流，共同探讨了交通安全综合治理的问题。根据师生和家长的建议，交警大队实施了七项措施以缓解交通压力。经过十余天的交通运行观察，早晚高峰时段的人流和车流明显变得更加顺畅，得到了显著的改善。家长们对缓解交通拥堵看到了希望，安全处的积极努力也增强了他们对学校的信任，同时家长们表示将全力以赴宣传和倡导遵守交通规则，为了我们的孩子每天都能在安全有序的交通环境中进入校园而努力。

为了推动辖区的平安建设，共建和谐社区，共创美好未来，打造一个安全、稳定、繁荣的家园，安全处在槐底派出所和槐底街道办事处的邀请下，参加了长安万达步行街警务站举办的槐底平安建设中心启动仪式。石家庄外国语教育集团作为裕华区教育系统内首支"爱心护校志愿者队"，积极与槐底派出所合作，广泛开展法治宣传和巡逻防控工作，助力构建"党政主导、部门协同、全员参与、社会支持"的基层社会治理新模式，推动平安建设联盟迈向新的高度。

在未来的工作中，我们安全处需依托信息化和科学化的管理工具，以提升标准和效率为前提，进而增进个人及团队的工作品质。我们将运用先进的管理理念，对安保、保洁以及消防队伍的建设进行整合与完善，以提升服务意识和服务水平，确保校园安全与持续发展。

谢谢大家！

踏实做人　认真做事

总务处　孙卫华

回顾过往，我在工作中始终严格自律，积极与团队协作，在领导和同事的支持下，我顺利完成了各项任务。我以集团的“三爱”为指导思想，以“四做”为工作准则，始终将服务教学放在首位，将德育作为核心，严格遵守学校的各项规章制度。展望未来，我将继续深化思想认识和提升业务素质，积极履行我的职责。我努力让领导放心，让教师满意。繁重的工作磨炼了我的意志，多样化且复杂的任务拓展了我的思维，我将充实的工作视为一种快乐，并为之不懈奋斗。现在，我将根据“四做”的工作标准，对我的工作进行总结。

一、做全

（一）承担初中各年级试卷印刷工作及完成情况

首先，我积极协调三个年级的印刷任务，确保了单元测试、间测试卷、午测卷、培优补弱卷以及周末自主学习试卷的顺利印刷。其次，我主动与各学科教师进行沟通和协调，与印刷厂紧密合作，遵循主管主任的指导方法，并严格按照工作流程和职责完成每一项任务。对于存在任何特殊情况的试卷，我会及时与相关教师沟通，确保上传试卷格式无误。最后，我致力于全面提升印刷质量，在今年印刷任务量增加、时间紧迫的情况下保证了印刷品的质量，使得老师和学生能够使用到比去年更加整洁、清晰的试卷。

（二）本学期期中的重点任务和目标

1. 做好本学期开学前各年级各学科的项目书印刷工作。

2. 做好本学期各年级返校测试卷、期中试卷和阶段测试卷，初二微机中考模拟练习题，以及初三理化实验中考资料的印刷工作。

3. 做好本学期公共资源部音体美上课所用教学材料和学校春季运动会秩序册的印刷工作。

4. 做好大型活动的印刷准备和临时性工作，初中部各类大型活动较多，如开学典礼、期中教育大会、三五表彰大会、教师培训会、逃生演练、家长会、家长学校、安全教育大会、大型心理教育活动、各类社会实践活动、住宿生会等，提前印好各种活动所需材料并及时存档。

二、做实

在印刷资料之前，我会仔细检查版面、页数、份数以及主要内容，确保每份印刷资料的版面在节约纸张的基础上，做到既清晰又有序。对于每次重要考试的试卷，在交付印刷之前，我会请教研组长们再次审查版面，以保证印刷质量。此外，我负责每天接收和上传学校大数据中的试卷和材料，并及时进行统一归档。每月底，我会对本月印刷的试卷按年级和学科进行整理，并统计印刷数量，及时上报给主管领导，并做好印刷资料的保密工作。节假日，一旦学校有紧急印刷任务通知，我和耿腾飞老师能够做到随叫随到。例如，上周初二年级临时增加了信息技术考试，晚上十点多接到加班印刷的通知，我迅速赶到印刷厂并完成了试卷的印刷工作。第二天中午，又有新的题型需要及时分发给学生，我克服了所有困难，确保学生能够提前看到试卷并进行复习。对于我和耿腾飞老师来说，这些紧急任务已经成了工作中的常态，我们始终以满腔的热情，及时、高质量地完成所有印刷任务。

三、做精

目前，学生使用的试卷和教材均为学校统一印刷。为了节约资源、保护环境，并增强节约意识，我们应从节约用纸做起，培养良好的习惯。在印刷每份资料时，我们都会确保在节约纸张的同时调整版面，力求版面整洁且布局合理。在发送试卷样稿时，我们尽量利用大数据上传，这样既节约了纸张，又保留了材料。对于某些纸稿材料，为了节约纸张并提升印刷质量，我们会协助或亲自帮助老师们重新排版。此外，为了防止出现错误，我会与印刷厂的师傅合作校对稿件和制版。在印刷过程中，我们严格控制样稿的数量，确保正反面印刷，避免不必要的印刷，以减少纸张浪费。

四、做活

我和耿腾飞老师注意到，用 A4 纸印刷的书与 B4 纸印刷的书的成本相差很多，一本 A4 纸印刷的书的最低成本是 5—6 元，对于页数较多的书成本可能超过 10 元。

我们迅速将这一情况汇报给了主管领导，经过仔细比较，我们发现，在确保印刷品质的前提下，改用 B4 纸印刷并装订项目书是可行的。目前，B4 纸印刷的项目书成本普遍控制在 5 元以下，这为学校在项目书印刷方面的开支节约了近一半的费用。

工作中付出几分耕耘，就会回馈几分收获，感谢部门领导和同事对我工作和生活的关心、帮助。尽管我在工作中有许多值得令人欣喜的地方，但同时也存在着很多不足，在今后的工作中我一定戒骄戒躁，认真反思，夯实自身的业务基础知识，抓好基本技能，团结协作，顽强拼搏，用汗水和勤奋做好自己力所能及的事情！

多思考　勤动脑

总务处　李冬梅

作为1998年来到学校的一名老员工，我亲眼见证了从建校初期的艰辛到如今走向辉煌的创业历程，一花一树，随影同行，一砖一瓦，相伴左右。绿茵场上的顽强拼搏，教学楼中的挥汗如雨，中高考后的捷报频传，那是我们对学校最深厚的感情。

由于身体原因，我患有重疾，在校领导的亲切关怀和照顾下，我由教学一线来到了总务诚信超市工作，内心充满了感激。来到新的工作部门，虽然与教学有所不同，但依然是为广大师生服务的。作为教师，热爱教育事业是职业之本，也是我校倡导的“三爱”之首，不同的岗位，相同的奉献。在日常工作中，我努力克服身体上的不适和家庭困难，以学校的大局为重，在努力工作中获得了人生的快乐，实现了新的自我价值。

在秉承“以人为本”的教育理念和在“四做”精神的引领下，我始终将对学生的关爱融入到日常的工作中，细心做好每一个环节。正如古语所言：“人无信不立，业无信不兴，国无信则衰。”在校园超市中，学生们通过诚信购物，培养了自我约束和自我管理的能力，他们在日常消费中坚守诚信原则，从而提升了个人诚信品质。对于每一位光临超市的学生，我总是以满腔的热情提供帮助，解答疑问，引导选购，或是协助其解决购物中遇到的难题。每当看到孩子们买到所需的学习用品或是解了燃眉之急，带着笑容离开时，我就感到无比的满足和充实。此外，这个过程也让我学到了许多新知识，并加深了我对超市工作重要性的认识。

首先，日常的清洁工作。每学期伊始，超市便迎来了一年中最繁忙的时刻。从早晨8:00直至中午，我们会进行彻底的大扫除，同时不停地整理、补货和拆卸商品，一气呵成。多年来，我们养成了良好的工作习惯和生活习惯，与同事间的默契配合确保了开门红任务的高效完成。一个干净明亮的购物环境不仅能让学生在购物时感到愉悦，还能帮助他们轻松地找到所需的商品。我们的日常工作包括打扫门窗、地面，以及货架的清洁和货物的摆放与整理等，我们始终追求美观与实用的完美结合，并不断追求卓越。学校超市拥有超过 1000 种商品，根据学生的购买习惯，我们分类摆放。与普通超市相比，校内超市的特点是购物集中、需求迫切，学生课间时间有限，因此我们会利用上课时间进行整理、拆货、补货和重新调整，确保及时解决问题。文具的指示清晰醒目，温馨提示随处可见，所有商品摆放整齐，质优价廉的文具不仅为学生节省了生活费，节约了外出购物的时间，还确保了试用和使用的安全性。

其次，超市设有失物招领处，为学生提供了便捷的拾物上交和失物招领服务。我经常提醒自己在工作中要细心观察，勤于思考，超市的每个角落我们都应给予关注。在失物招领处，我们利用拆卸的货物包装纸盒进行分类标注，物品摆放有序，认真登记核对，为同学们提供了一个方便的认领环境。拾金不昧是诚信教育的体现，学生主动上交捡到的物品，展现了他们的优秀品质，对我们来说，这也是对我们的信任。我们积极与各年级保持沟通，及时表扬学生的好行为，以此树立诚信的风气。在本学期，已有 19 名学生上交捡到的物品，同时有 12 名学生领回了遗失的物品。

最后，超市承接了模商社团的模商活动。这是由超市和团委共同组织的学生活动，同学们对模商活动表现出了浓厚的兴趣，在活动中学习，在学习中成长。2018 年春季运动会期间，模商社的同学们亲力亲为，从搬运货物、摆放和销售，到收入账的计算，每一步都见证了他们的努力和付出，这让他们对学习和生活有了更深刻的理解。

诚信超市是一个洋溢着温馨与诚信的场所，在同学们遇到困难、孩子们需要帮助时，我们总会毫不犹豫地伸出援手。尽管在日常工作中，我们偶尔会遇到个别学生存在侥幸心理和不良的购物习惯，但我们始终坚持教育为先的原则，致力于解决问题。展望未来，我将立足本职，遇到问题积极寻求解决方案，不断提升自己的专业能力，与时俱进，为师生提供更优质的服务，并与大家携手共创一个纯净而美好的校园超市文化。

淡淡的烛火

总务处　吴卫国

我是1997年来到咱们学校的，那时的我也只是个26岁的小伙子，可以说我是和咱们学校共同成长起来的，见证了学校二十多年的发展历程。这二十多年来，在强校长的正确领导下，在我们全体教职工的辛勤付出下，我们学校实现了跨越式发展。随着学校的快速发展，信息化建设已成为现代教育的重要组成部分，作为信息化建设的先行者，从硬件的更新迭代，到软件的日新月异，都需要我们不断了解、学习、掌握，在这个过程中，我也在一点点成长。作为一名党员教师，我深知学校的发展对于我们每个人来说都是至关重要的，学校发展得好，我们才能更好。

我先后在教学一线、教务处、公资部、管理中心、总务处这些部门工作过，对我们学校的管理方式比较熟悉。每到一个新的工作岗位，我总会接触到一些重复性高、数据处理困难的工作，为了提高工作效率，我与同事们共同研究，尝试着用数据库和网络编程技术解决这些困难。其实，我的专业是物理，计算机这块是完全自学的，因为感兴趣，所以学习起来特别舍得下功夫。有时遇到一些搞不懂的地方，我就到处查资料，看教程，不断尝试、突破，有时在电脑前一坐就是一整天。如今，我先后为学校自主开发了学籍管理、成绩管理、人事管理、学生考勤、学生体测、选课系统、文书档案管理、中考成绩分析、保送生组材料、教师体检项目选报、课后服务登记、食堂库房管理等等一系列网络办公软件，使学校的管理工作更加高效、便捷，为学校的发展贡献了一份力量。

在这个过程中，我深深地感受到学校对我的信任和支持，同事们对我的关心和鼓励。一说到“三爱”事迹，我总觉得没什么可说的，因为在工作中没有什么轰轰烈烈的事迹，只有点点滴滴的日常，只是觉得要把该做的事情做好罢了。说到工作的成绩和贡献，我认为这要看所在的岗位了，有的岗位本身就是默默无闻的服务工作，日复一日，年复一年，没有最耀眼的时刻，只有淡淡的烛火，也许只能照亮一小片区域，但贵在持续不断的光和热。

今天，我想借此机会向大家传达一个重要的信念：只有团结协作、不断进取，我们才能创造更加美好的未来。我将继续发扬党员的先锋模范作用，为学校的建设和发展贡献自己的力量。

谢谢大家！

为师生安全用餐，站好第一班岗

总务处　耿腾飞

尊敬的领导、老师们：

大家下午好！我是总务处食堂收货员耿腾飞。首先向大家介绍一下我们这个新部门的成员及工作职责，部门主管陆红静主任，专收货员耿腾飞和康帅老师，专录单员张立艳老师。我们的工作职责是：负责集团两个大食堂和所有幼儿园食堂的日常管理，食品原材料的进货收货，供货商的管理，以及每月货款对账结账等。我们的工作目标是：坚持“四做”标准，弘扬“五特”精神，为集团师生安全用餐站好第一班岗。

今年是我在石外集团工作的第八个年头，对我来说也是意义非凡的一年，因为 2017 年 12 月底接到集团调令，让我负责学校食堂的收货工作，当时心情和思想十分复杂，既不想离开熟悉的文印岗位，也不乏对新工作充满了向往。经过主管领导段明建校长和管理中心王苗主任以及陆红静主任和我的谈话，我逐渐了解了这项工作的内容和意义，思想包袱也放了下来，从思想上清晰了自己的目标，2018 年 1 月 1 日正式开始了我的新工作。工作初期，在没有任何工作经验可以借鉴的前提下，陆主任带领我，我们两个人共同摸索进货收货模式，如何与商家沟通，如何掌握市场价格，如何辨别货品的好坏，等等。每天我和陆主任都是早上 5:00 到校收货，晚上十点多了还要和商家沟通，为第二天货品正常到校做好准备。那段时间离放假还剩一个月，我们给自己定的目标是：这学期摸索、学习，下学期就要步入正轨，工作就要规范化。到了 3 月，新学期开始了，康帅、张立艳加入了我们的团队，我们明确了收货员和录单员的工作职责和工作流程，一起召开供货商大会，与食堂库管明确报货及进货流程，录入好第一次单据，做好第一次对账和结账等工作，管理越来越细化了。这学期，小卖部的进货也由我们负责收货了，工作量明显增加，因为收货时间冲突，要确保货品清点后入库是有难度的，因此陆主任要求我们在人员不足的情况下，调整进货时间和频率，实在调整不了的陆主任和录单员一起收货。

以上是向大家介绍一下我们部门的工作，接下来我与大家交流一下我的具体工作：

一、收货工作

1. 严格遵守《中华人民共和国食品安全法》相关规定，贯彻落实岗位职责，严格把关每一种货源的安全性，拒绝“三无”产品。

2. 如实登记每天进货单据，不以权谋私，细致检查每一个货品的相关资质（如肉类需仔细查看当天所出具的动物检疫合格证，粮油类需查看货品对应日期的批次报告，以及副食调料类查看生产日期和保质期）防止食品安全问题在集团食堂出现。

二、报货工作

经过不断摸索，我们推行了“双向”报货方式，由食堂每天上传给收货员次日货品到货品种和到货量，再由双方对供货商双向报货，促使报货工作更加严谨规范。在这半个学期里，每次所报货物均以如数到达。

三、调货工作

为进一步完善和丰富食堂菜品的样式，我们应食堂需求，在保证货品安全性的前提下进行调货工作，即保证了广大师生的用餐安全，又为食堂饭菜的多样性打下了基础，使集团的饭菜“众口不再难调”。尤其是应幼儿园食堂指定“科学食谱”的要求（即幼儿园为了幼儿膳食要求两周更换一次食谱），我们积极与供货商协调提供相对应食谱标准的优质新增货品，并对近期不再使用的定型包装副食调料进行调换货，确保食品的“新鲜度”。

四、供货商管理

1. 每月召开一次供货商会议，传达集团近期供货相关事项，从而进一步规范供货商对集团供求关系的认知和了解。

2. 在“京津冀一体化车辆限行”的大趋势下，为了更好地解读集团“四做”标准和人性化管理，我们为部分因车辆限行存在供货困难的供货商在不影响食堂工作的情况下积极调整供货时间。

3. 为保障广大师生在校园内的安全，在安全处领导的指导下，我们积极配合安全处为各供货商整理更换出入证年审手续，在保障供货商供货的同时也时刻提醒他们对校园出行及行车安全的认知。

在工作中，我会努力学习，不断摸索工作方法，以提高和完善自己的业务水平，力争在未来的工作中做得更好。

排除万难，再接再厉

总务处　邢永波

尊敬的各位领导、同事：

大家好！首先自我介绍下，我是来自总务处的邢永波，突然接到要上台发言的通知有点不知所措，不知从哪开始，也不知道说些什么。下面我就介绍一下自己的一些情况和日常工作吧，不足之处请领导批评指正。

2007 年 10 月，我荣幸地加入了石外这个大家庭，成为其中的一员。那时，学校新开设了保龄球课程，我与体育老师王焱携手合作，各司其职。王焱老师在幕前负责教学，而我则在幕后负责保龄球场馆的设备维修和清洁工作，我的日常工作围绕着课前清洁、上课、设备维护和课后清洁这四个环节展开。每周有 16 节课，几乎每天都有课，偶尔还有参观团来打球。有时，中午 12:50 刚结束一节课，参观团便在下午 1:00 到达，开始打球，活动至少持续一个半小时，到了下午 2:30，我又得准备下一节课。就这样，我在这一岗位上默默奉献了十一年。

2018 年，经过校领导的深思熟虑，保龄球馆被改建成了滑冰场，同年学校还新建了游泳馆，并开设了游泳课。我在游泳馆工作了半年多，到了年底，我从游泳馆调至现在的总务处，接替了即将退休的石文海老师的工作，负责石外高中部的电力维修。目前，我的工作内容有：游泳馆设备的维护和修理、全校空调系统的维修、学校展览室的维护和上传资料，以及监督假期的施工等。

让我先来谈谈游泳馆的情况。游泳馆的水温全年保持在 27 ℃—28 ℃，室内温度则维持在 26 ℃左右。每年，游泳池需要更换两次水，换水工作总是在寒暑假进行。排空 400 吨水大约需要一整天的时间，而重新注满则需要一天半。最近一次换水，我从早上 7:00 开始，一直忙到第二天半夜 12:20，才勉强将一池水排空，回到家时已经是凌晨 1:00 了。水放完后，开学前还需要注入新水，因此，第二天早上我又来注水，一天只能注半个池子。晚上 10:00 离开时，我不敢开大阀门，只能开小阀门继续注水，以防出现问题。为了安全起见，我还把摄像头放在泳池边上监控晚上的注水情况。第二天早上，我再开大阀门全力注水。水注满后，需要撒上几袋消毒氯粉进行消毒，然后检查设备，开启过滤和加热系统。水温达到27℃大约需要4—5天的时间，这样就可以确保开学时游泳馆能够正常使用了。

夏季是空调使用的高峰期，我们学校拥有上千台空调，既有新设备也有老旧的，质量参差不齐。目前，负责学校空调维修的有三家公司，每家都有其独特的优势，有的维修技术精湛，有的擅长安装和移机工作。我会根据具体情况合理分配维修任务，对于一些简单的问题，我会自己动手及时处理，确保当天的维修任务得到妥善解决。如果遇到我无法处理的问题，我会确保当天有工人在学校时所有维修单都能得到解决。若当天没有工人在校，我会立即联系能迅速到场的维修团队，确保问题不会拖延超过三天。对于特殊情况，如空调压缩机损坏，我们会尽快更换新机或压缩机。

在维修高峰期，我特别担心维修师傅遗漏维修任务，或者在未完成所有工作的情况下离开，这可能会影响孩子们第二天上课。因此，我会亲自监督每项维修工作，逐一确认，直到所有问题都得到妥善处理后才会放心回家。通常，我离开学校已经是晚上八九点了。

去年5月，小学综合楼更换了新的空调系统。在何主任和张主任的领导下，我们团队加班加点，第一天一大早就到校开始工作。我们安排工人边拆卸旧空调边安装新设备，一直忙碌到晚上10:00。第二天，我们继续加班，直到晚上11:00才完成安装工作，并在进行开机试机一切正常，周一能够正常使用后，大家才放心回家。

五一假期，无疑是加班施工的好时机。学校新建的教学楼负一层设有配电室，计划在五一期间启用，这涉及安装十几条动力电缆的接头，必须进行停电作业。为了不影响日常教学活动，我们只能选择在假期做这项工作，这也是总务处早已制订好的计划。5月1日清晨5:30，我启程前往邯郸接孩子回家，往返耗时5小时，10:40到家。我11:20匆匆赶回学校，随即投入到紧张的工作中。接下来的四天，我都在学校加班，与施工团队紧密合作。提及假期加班，我不得不提及去年暑假期间乒乓球馆和西教学楼6楼外教公寓的装修工程。尽管工期紧迫、任务繁重，但在何主任和张主任的领导下，总务处依然高质量地完成了校领导交办的任务，为全校师生打造了舒适便捷的办公和学习环境。每年随着假期的临近，等待我们的又是一场硬仗，而总务处全体也会发扬“五特”“四做”精神，全力以赴，排除万难，迎接新的任务，再接再厉，更上一层楼。

谢谢大家！

立足“三爱”向未来

国际交流中心　杨子倩

尊敬的领导、同事们：

大家下午好！我是国际交流中心的杨子倩，今天我与大家分享的题目是《立足“三爱”向未来》。

首先，我非常感谢学校为我提供了这个与大家交流和分享的机会。我的工作内容主要有两项：第一，作为外语专业委员会的干事，我致力于为集团的外语教师提供优质的服务，并为丰富集团校园文化、彰显其特色贡献自己的力量。第二，作为国际交流中心的一员，我负责处理与日本相关的国际交流和接待事务。

当今世界正经历着百年未有之大变局，如今的石外正是青春三十扬帆远航的关键期，身为石外的一分子，如何为这艘航船增添动力呢？在我看来，“爱教育　爱学校　爱学生”的“三爱”精神就是最好的答案。

“师也者，教之以事而喻诸德者也。”在《礼记》中，古人对教师这一古老的职业提出了明确的要求，即但凡为师者，都要德才兼备，不仅要教授学生“谋事之才”，更要传授学生“立世之德”，而传德更为重要。每一个孩子都是一个家庭的未来，更是一张未经涂鸦的“白纸”，每一名教育工作者的责任都重于泰山，我始终坚信爱的教育才能更好地促进学生的成长和发展。我不是一线教师，不能面对面地教学生学知识，但是我一直把“为学生发展提供平台”作为自己的工作箴言。每年外专委都会组织学生参加各项比赛：上半年的21世纪杯英语演讲比赛，北外杯阅读比赛、拼词大赛，外文读书节；下半年的“我爱家乡生态美”视频比赛，外研社杯小语种基本技能展示，外语艺术节系列活动，等等。每当看到学生举起奖杯，每当看到获奖名单中熟悉的“石家庄外国语学校、石家庄第二外国语学校、石家庄外国语小学”时，我都激动万分。

国之交在于民相亲，民相亲在于心相通。人文交流是人与人的交流、心与心的沟通，是促进国家间民心相通、人民友好，夯实国家关系，社会民意基础和提高对外开放水平的重要途径，是构建人类命运共同体的基础。今年是河北省与日本长野县友好交流四十一周年，也是石家庄市与长野市建立友好城市关系四十二周年。日本长野县日中友好协会会长一行16人到我校参观交流，12名日本学生到我校日语学生家庭住宿，这是我第一次作为主要策划人完成来访团的接待工作。为了圆满完成本次接待，我提前认真查阅资料，与日语老师交流，了解当地的风土人情，同时积极向国际交流中心的赵主任及各位老师请教，制定具体的接待方案，准备合适的礼品，等等。为了确保双方交流的高效，我多次与省外办和市外办的负责人联系，并根据来访团学生的需求和兴趣安排了周密的行程，让他们在交流访问之余，充分体验我们石家庄当地的美食和风土人情。在接待的过程中，国外友人对我们这里的一切充满好奇，经常会提出一些问题，我都会细致耐心地予以解答。访问结束后，我一方面整理来访团的信息，为将来的接待活动留下宝贵的资料，另一方面收集参与教师及学生的感想，梳理简讯，交外宣办发布。整个接待的过程我十分紧张，既担心外宾不能很好地了解我校“五育并举”的课程，又担心外宾的体验会有不舒适的地方，但是当我看到中国学生和外国学生愉快交流的场面时，看到外国友人临走依依不舍的神情时，我感到一切都是值得的。

“老师的样子决定着教育的样子，教育的样子决定着国家的未来。”每位老师对教育和对学生的爱都在感染并影响着学生，充满爱意的用心付出一定会收获丰硕的果实。人才只有在优秀的环境中才能发光发热，一个真正能够干事的平台是不可多得的，而石外就是这样一个优秀的平台，对于莘莘学子来说，它有着科学的育人机制、丰富的社团活动、勤恳敬业的教师以及德智体美劳全面发展的培养模式。对于教师而言，它提供了良多的成长、学习机会，在一次次的接待工作中，我真切地感受到：我们的对外交流培养了学生的国际视野、对多元文化的理解力、国际规则的意识，发挥了交流育人的功能等。

感谢集团为我们创造的交流平台，今后我将继续在工作中提升自己的工作能力，立足本职，用实际行动为学校发展贡献自己的一份力量！

新形势、新挑战

——线上国际交流精细精彩

国际交流中心　张东博

大家好！我是国际交流中心的张东博，很荣幸今天有机会与大家交流工作中的一点感受。

作为一名党员，我通过深入学习政治理论不断提升自己的思想境界和陶冶情操；确立正确的人生观和价值观，端正思想作风，不断提高党性修养水平，并在实践中发挥先锋模范作用；引导周围群众全面认识党的历史，培养对党的热爱、忠诚，进一步增强对党的感恩之情，听党指挥，坚定跟随党的步伐。在进行国际对外友好交流的工作中，我不断精进业务能力，为学校吸引更高质量的教育资源，开展更有价值的国际合作与交流。我始终坚守“爱教育　爱学校　爱学生”的“三爱”精神，确保国际交流活动真正服务于学校和学生的长远发展。

全球基础教育研究联盟是我负责的主要工作，在工作中，我始终秉承着“爱教育　爱学校　爱岗位”的精神，用“做全　做实　做精　做活”的“四做”工作标准严格要求自己。全球基础教育研究联盟第六届年会决定在线上召开，共有 14 个国家和地区的 31 位嘉宾参会，举行 24 场主题报告。这是首次在线上举行的大型国际会议，筹备工作面临着一系列全新的困难与挑战，我不断咨询学习，想尽一切办法克服困难。

学校决定举办一场纯线上会议，要求所有外宾提前录制发言视频。由于筹备时间紧迫，我迅速与外宾取得联系，请求他们提交录制好视频，同时我及时向有国际会议经验的专业人士寻求建议，以解决在可能存在网络限制下，如何与国外传送发言视频等大格式文件。鉴于 31 位参会嘉宾来自不同国家，时差问题使得与他们保持沟通变得复杂，因此，我不得不不分昼夜、不计假期地与外宾沟通细节、收集视频，并解决问题。在这个过程中，我经常遇到外宾发送的文件无法打开或下载的情况，这时我会及时向计算机专家求助，并在条件允许的情况下，请求专人利用技术手段协助下载国外网站的视频文件。我竭尽全力解决了网络和技术问题，确保了来自 14 个国家和地区的 24 个发言视频顺利接收并完成下载。

线上会议与现场会议不同，翻译工作是会议成功的关键。在筹备会议期间，我广泛咨询了翻译公司和有相关经验的专家，并综合考虑预算、展示效果和操作性等因素，探讨了现场同声传译、配音或添加字幕等不同翻译形式的可行性，力求找到最合适的翻译方式。最终，在学术委员会专家的建议下，我们决定为所有会议视频制作中英文字幕。由于工作量巨大，我们争分夺秒地翻译和制作字幕，同时严格把控质量，确保视频呈现的是高质量、地道的翻译，展现出翻译的精妙之处，确保翻译作品的品质。

联盟年会的圆满成功，得益于国际交流中心的紧密合作与共同努力。在冯校长的领导下，赵主任负责整体规划和协调各项任务；张亚亚老师精心编写了开闭幕式的主持词，并制作了联盟年册；刘晓丹老师负责撰写领导致辞，并妥善保存了会议的录屏截图；梁金朵老师编写了 24 个发言的中英文串场词，并制作了开闭幕式的 PPT；林默和杨子倩老师负责挑选发言报告中的精彩片段。全体成员齐心协力，共同为年会的成功做出了贡献。此外，联盟工作的顺利进行也离不开行政各部门的大力支持，我们对管理中心、总务处、安全处、党办、外联办等各处室的鼎力协助表示衷心的感谢。

在今后的工作中，我会不断学习、总结、反思，提升自己的工作能力水平，始终贯彻集团领导提出的专家治校的管理理念，紧紧跟随学校的发展大局，使外事工作真正服务于学校的教育教学。

新环境　新挑战　新成长　新收获

国际交流中心　陈　姿

大家好！我是国际交流中心的陈姿，很荣幸今天有机会与大家分享交流工作中的一点心得体会。从进入国际交流中心工作到现在将近一学年了，回想这段时间的工作经历，虽紧张忙碌，但却充实有意义。在赵主任和各位老师的悉心指导和耐心帮助下，我对国际交流中心的各项工作有了系统全面的认识，在学习探索的同时收获了历练与成长。

我主要负责集团外籍教师管理工作。这项工作内容广泛、烦锁且复杂，需要极大的耐心。聘请外籍教师、处理外籍教师的手续、每月计算并发放工资、定期组织外籍教师会议以及解决他们在生活中遇到的问题，这些都是外籍教师管理的常规任务。这些任务不仅需要细致入微完成，还需要不断反思和总结，以求持续改进和创新。在处理这些任务的过程中，我收获了成长，从最初给外籍教师手续办理时的迷茫，到后来熟练掌握每个环节并游刃有余地完成任务；从最初组织外籍教师会议时的无从下手，到后来充分准备并逐渐形成自己独特的会议风格。这些变化对我来说，都是自入职以来最宝贵的财富。

为了展现学校深厚的人文关怀，提升外籍教师的归属感，我主动发起并开展了许多超出常规工作范畴的活动。例如，通过组织外籍教师培训会议，为新老教师搭建了一个有效的沟通和交流平台，帮助新教师快速适应学校的工作和生活环境；通过举办教师节表彰大会，既肯定了老教师的教学贡献，又激发了新教师的工作热情；通过安排新老教师与领导的座谈会，一方面了解了老教师对学校工作的感受和对学校发展的建议，另一方面也了解了新教师对自己新生活和新工作的想法。此外，外籍教师圣诞联欢活动的策划和组织，不仅让外籍教师感受到了家的温暖，也为我提供了一个极佳的锻炼机会，对内对外的工作对接与协调，在培养我的组织和沟通能力上起到了关键性的作用。

外事工作主要聚焦于接待来访的代表团和组织暑期海外研学项目。我负责从安排德国县长团、美国校长团以及美国艾奥瓦州教育代表团的日程和名单，到规划校园参观路线和组织来访团体验我们学校的特色课程。此外，我还制订了美国黑格里学生团和丹麦锡尔克堡学生团的接待计划，协调分配住宿家庭，安排学生团的校内活动，并组织他们前往山区学校进行交流。这些任务不仅考验了我与各部门间沟通协调的能力，更关键的是，通过与各部门的紧密合作，为来访团打造了独一无二的校园活动体验，让他们深入了解了集团的历史与概况，感受了校园文化，并领略了我们集团独特的教育理念。在每次接待工作中，我都会由衷地赞叹集团的发展迅速和卓越水平，而这一切都归功于校领导的远见卓识和教师们对教育事业的无私奉献。来访团对学校的连声称赞，也让我对学校的自豪感和热爱之情愈发强烈。

对于暑期学生出访团的工作我并不陌生。得益于之前寒假学生出访团工作的经验积累，我现在能够更加熟练地与合作机构对接，确定出访时间与行程安排，与各部门协调组织学生报名和安排签证培训会，以及协助领导确定带队老师等事宜。在此，我要特别感谢赵主任的帮助与指导，他让我明白了如何跟进每个出访团的安排与计划，确保能够有条不紊地完成每一项任务。

一学年的工作经历虽短，但却让我收获颇多，我得到的不仅能力的锻炼与提升，更多的是对外事工作认知的提高。我知道自己在工作中还有很多不足之处，有时候做事情缺乏主动，欠缺思考，考虑问题也不全面周到，但我会及时改正并努力学习，不断总结经验教训，时刻以集团的“四做”标准严格要求自己，贯彻集团领导提出的专家治校的管理理念，并牢固树立外事无小事的工作理念，注重细节，争取将各项外事工作做得更加周全精细，使外事工作真正服务于学校的各个教育教学环节。

我的支教之旅：成长与感悟

国际交流中心　陈　姿

2022—2023 学年第一学期伊始，在集团领导的工作安排下，我和集团的 13 名老师被分配到不同的学区帮扶校去当代课老师。我们克服困难，勇挑重担，积极配合集团的工作安排，带着集团对我们的信任和帮扶校对我们的希望，开始了我们的支教之旅。

2022 年 9 月 13 日，我正式走进了石家庄市东南实验中学的课堂。在来到学校工作的第六个年头，我第一次站上了三尺讲台，真正体验了一回当老师的感觉。从三个星期到三个月，再到整整一个学期，我在东南实验中学教学期间经历了很多，也成长了很多。从一开始对自己在教学上零经验的忐忑不安，到面对一百多名学生的表现自如；从一开始不知道如何顺利开展课堂教学，到能够按照自己的节奏完成教学任务；从一开始的慌乱紧张，到后来的泰然自若，这些都是我真真切切的经历，也是我实实在在的进步与成长。

这次支教经历带给我最大的收获就是结识了一群非常可爱的学生们，这是我第一次真实地感受到“老师”这个职业带给我的力量。每当走进教室，每当看到他们注视我的眼神，每当听到他们一声一声地喊我老师，我都能感受到一股无形的力量在支撑着我，让我更有勇气、更有信心去迎接教学中的每一个挑战。令我触动最深的一件事是，我在和课代表的一次对话中得知，她是因为我才去竞选英语课代表的，也是因为我才建立起对英语学习的兴趣的。我从未想过，初进课堂、初次教书的我能对学生产生这么大的影响力和驱动力，而这也更加坚定了我要认真对待每一节英语课的决心。

“老师的样子决定着教育的样子，教育的样子决定着国家的未来。”每位老师对教育和对学生的爱都感染并影响着学生，充满爱意的用心付出一定会收获丰硕的果实。这让我想到了强校长在接待艾奥瓦州客人并回答他提出的问题时所说的：“作为校长，所有的课程我都喜欢，因为只有喜欢，才能够认真研究并开发这些课程，学生们才会真正地在这些课程里有所收获。”作为老师也是一样，只有发自内心的爱教育爱学生，才能够讲好每一堂文化课和人生课，学生们才会学有所得。

最后，我要再次感谢集团对我的认可与信任，感谢集团为我提供这样一个难得的机会，创造这样一次与众不同的经历。这次的支教时光虽然短暂，但却足以让我回味终生，我相信这次的支教经历一定会为我的人生增添浓墨重彩的一笔。